# भारत का इतिहास

# भारत का इतिहास

CSAT/State PCS, NDA/CDS, NET/SET
BANK PO/Management, CTET/STETs
**एवं अन्य सभी प्रतियोगी परीक्षाओं के लिए**

**अजातशत्रु सिंह**
एम.ए., एल.एल.बी.
सचिव
सेंटर फॉर पॉलिटिकल स्ट्रैटेजी

प्रकाशक
यूनीकॉर्न बुक्स

F-2/16, अंसारी रोड, दरियागंज, नई दिल्ली-110002
☎ 23275434, 23262683, 23250704 • Fax: 011-23257790
ई-मेल: info@unicornbooks.in • वेबसाइट: www.unicornbooks.in

**शाखा : मुम्बई**
23-25, जाओबा वाड़ी, ठाकुरद्वार, मुम्बई-400002
☎ 022-22010941, 022-22053387
ई-मेल: rapidex@bom5.vsnl.net.in



ISBN: 978-81-7806-361-4

**संस्करण : 2015**



मुद्रकः परम ऑफसेटर्स, ओखला, नई दिल्ली-110020

# प्राक्कथन

इतिहास के पाठक इतिहास लेखन की विभिन्न विचारधाराओं एवं पूर्वाग्रहों से प्रायः परिचित रहे हैं। इतिहास की इन विचारधाराओं के अध्येताओं एवं इतिहासकारों ने इतिहास के विभिन्न पहलुओं पर ज्ञानवर्धक एवं उपयोगी जानकारी प्रस्तुत की है। इससे इतिहास संबंधी हमारा ज्ञान अधिक समृद्ध हुआ है। इससे इतिहास के विकासक्रम, उसकी गति एवं विभिन्न पहलुओं के बारे में नई-नई जानकारी से हम परिचित हो सके हैं। इतिहास के अध्ययन ने मानव सभ्यता के विकास को भी रेखांकित किया है। इतिहास के नवीनतम शोध एवं पुरातत्त्व संबंधी हमारे ज्ञान ने इतिहास की पूर्व धारणाओं को नए रूप में स्थापित किया है। इतिहास व्यक्ति और सत्ता केंद्रित ज्ञान से सामाजिक, आर्थिक एवं सांस्कृतिक पहलुओं के अध्ययन एवं विश्लेषण की ओर प्रवृत्त हुआ है। इस कारण इतिहास का अन्य विषयों के साथ अन्तर्संबंध भी बढ़ा है। इतिहास संबंधी ज्ञान, अर्थशास्त्र, समाजशास्त्र एवं राजनीतिक दर्शन के अध्ययन में सहायक साबित हो रहा है। शायद यही कारण है कि सामान्य अध्ययन (ज्ञान) की जानकारी के क्षेत्र में इतिहास की महत्ती भूमिका को स्वीकार किया जाता रहा है।

इतिहास के नवीनतम एवं वैज्ञानिक अध्ययन ने इसे एक सुरुचिपूर्ण विषय के रूप में स्थापित कर दिया है। गणित एवं विज्ञान पृष्ठभूमि के छात्र भी अब इसके अध्ययन में अधिक रुचि रखने लगे हैं। दुनिया के कई बड़े-बड़े विश्वविद्यालयों में इतिहास के अध्ययन के लिए विशेष पीठ (Chair) स्थापित किए गए हैं। व्यावसायिक पाठ्यक्रमों की बढ़ती लोकप्रियता के साथ इतिहास पढ़ने वाले छात्र/छात्राओं की संख्या भी लगातार बढ़ रही है। यह इस विषय की लोकप्रियता का परिचायक है।

प्रस्तुत पुस्तक में इतिहास के नवीन एवं विश्लेषणात्मक अध्ययन (Study) को शामिल किया गया है। इसमें किसी विचारधारा के प्रति खास आग्रह आपको नहीं मिलेगा। उपयोगी सामग्री का अधिक से अधिक संग्रह ही इस पुस्तक के रचनाकार का मुख्य उद्देश्य रहा है। छोटी-से-छोटी एवं बड़ी परीक्षाओं में पूछे जाने वाले प्रश्नों एवं उनकी प्रवृत्ति (Trend) को ध्यान में रखते हुए तथ्यात्मक एवं विश्लेषणात्मक अध्ययन का भरपूर समावेश किया गया है। सिविल सेवा परीक्षा की तैयारी करने वाले छात्र/छात्राओं के साथ अक्सर होने वाली लम्बी और ज्ञानवर्धक चर्चाओं ने इस पुस्तक को साकार रूप देने में मुख्य भूमिका निभाई।

मैं डॉ. रामशरण शर्मा (दिल्ली विश्वविद्यालय), इम्तियाज अहमद (पटना विश्वविद्यालय), हरिश्चंद्र वर्मा (दिल्ली विश्वविद्यालय) एवं विपिन चंद्र (जवाहरलाल नेहरू विश्वविद्यालय) जैसे महान इतिहासकारों एवं अपने शिक्षकों के प्रति विशेष आभारी हूँ, जिनके साथ होने वाली क्लास चर्चाओं एवं व्याख्यानों ने इतिहास संबंधी मेरी धारणाओं को सुस्पष्ट करने में मुख्य भूमिका निभाई।

सेमिनारों एवं व्याख्यानमालाओं जैसी विषयेतर गतिविधियों में मेरी अक्सर होनेवाली भागीदारी ने हमेशा ही मुझे कुछ लिखते रहने की प्रेरणा दी। इन सबका कहीं-न-कहीं योगदान इस पुस्तक के लेखन में भी रहा है। कई विषयों पर मैंने अपने आलेख ज्यों-के-त्यों शामिल कर लिए हैं। पाठकों को ये रुचिकर प्रतीत होंगे। और अंततः सिविल सेवा परीक्षा की तैयारी के दौरान विषय के गहन अध्ययन एवं तैयार किए गए अपने नोट्स से भी मुझे काफी सहायता मिली। ये सब कहीं–न–कहीं इस पुस्तक के हिस्से बन सके हैं।

इस पुस्तक को लिखने की प्रेरणा परोक्ष-अपरोक्ष रूप से मुझे अपने शिक्षाविद् पिता श्री जनार्दन प्रसाद सिंह से मिली। उनकी निजी पुस्तकालय की कई सारी पुस्तकें मैं बार-बार पढ़ता और दोहराता रहा हूँ। कुछ अच्छा लिखने के लिए अच्छी चीजों को पढ़ने की शिक्षा मुझे उनसे ही मिली। माँ (जनकराज सिंह) हमेशा ही मेरा मजबूत संबल और आधार रही हैं।

समय प्रबंधन में सहयोग के लिए मैं अपनी पत्नी रश्मि एवं दोनों बेटियों अंशुप्रिया एवं सृष्टि के प्रति कृतज्ञ हूँ। मैं अपने प्रकाशक अशोक गुप्ता जी के प्रति विशेष आभारी हूँ, जिन्होंने मुझमें विश्वास प्रकट किया एवं यह पांडुलिपि मुझसे तैयार करवाई। मिथिलेश कुमार झा ने सम्पूर्ण पांडुलिपि को सावधानीपूर्वक पढ़कर महत्वपूर्ण सुझाव दिए। उन्हे यथास्थान पुस्तक मे शामिल किया गया है। विनोद रोहिल्ला एवं वीरेन्द्र सिंह ने पांडुलिपि को पुस्तकाकार रूप देने एवं उसकी साज-सज्जा में मुख्य भूमिका निभाई। इन सबके प्रति मेरा आभार।

नई दिल्ली  
अक्टूबर, 2014

**अजातशत्रु सिंह**

# विषय-सूची

***

# 1

# प्रागैतिहासिक काल

भारत में पुरापाषाणयुगीन सभ्यता का विकास हिमयुग या प्लाइस्टोसीन युग से हुआ। मानव द्वारा प्रयोग में लाए गए पत्थर के उपकरणों की बनावट तथा जलवायु में होने वाले परिवर्तन के आधार पर पाषाण युग को तीन भागों में बाँटा जा सकता है–

1. पुरापाषाण काल
2. मध्य पाषाण काल
3. नवपाषाण काल

## पुरापाषाण काल

इस काल में पत्थरों को तोड़कर हथियार बनाए गए, जिसके अवशेष पंजाब की सोहन नदी घाटी में मिलते हैं। इस काल का मानव पर्वत की कन्दराओं में रहता था, ऐसे शैलाश्रय प्राप्त हुए हैं। इस काल के मानव के औजार और हथियार कुल्हाड़ी, तक्षणी, खुरचनी, छेदनी आदि थे जो परिष्कृत व तीक्ष्ण नहीं थे। पुरापाषाण काल में उपलब्ध पशु जिनसे मानव परिचित था–बंदर, हिरण, बकरी, भैंस, गाय-बैल, नीलगाय, सूअर, बारहसिंगा, गैंडा, हाथी आदि थे। इनके अवशेष शैलाश्रय की कलाकृतियों से उपलब्ध होते हैं। पुरापाषाण युग के मानव द्वारा प्रयुक्त होने वाले हथियारों के स्वरूप और जलवायु में होने वाले परिवर्तनों के आधार पर इसे तीन वर्गों में बाँटा जा सकता है–

(क) निम्न पुरापाषाण काल

(ख) मध्य पुरापाषाण काल

(ग) उच्च पुरापाषाण काल

**(क) निम्न पुरापाषाण काल**–कुल्हाड़ी या हस्त कुठार (हैंड-ऐक्स), विदारणी और गंडासा के अवशेष से यह ज्ञात होता है कि अधिकांश हिमयुग आरम्भिक पुरापाषाण युग में ही व्यतीत हुआ। निम्न पुरापाषाण युग के अधिसंख्य स्थल सिंधु नदी की सहायक 'सोहन' नदी की घाटी (सम्प्रति पाकिस्तान के पंजाब प्रांत) तथा कश्मीर एवं थार के मरुस्थल में

मिले हैं। इसके अलावा इस काल का हथियार मिर्जापुर जिले की बेलनघाटी (उ.प्र.), भीमबेटका की गुफाओं (भोपाल, म.प्र.) में भी मिले हैं।

**(ख) मध्य पुरापाषाण काल**–इस काल में मनुष्य ने अपने उपकरणों को ज्यादा सुन्दर एवं उपयोगी बनाया। इस काल में क्वार्टजाइट की जगह जैस्पर, चर्ट इत्यादि चमकीले पत्थरों की सहायता से फलक-हथियार ही बनाए गए। प्रसिद्ध भारतीय पुरातत्ववेत्ता डॉ. एच.डी. सांकलिया ने मध्य-पुरापाषाण काल को फलक-संस्कृति का नाम दिया है। फलकों की सहायता से मुख्यतः बेधक, खुरचनी, बेधनियाँ इत्यादि बनाए गए थे। कहीं-कहीं हाथ की कुल्हाड़ियाँ भी मिलती हैं। इस काल के हथियार पहले की अपेक्षा ज्यादा सुडौल, छोटे, पैने और उपयोगी थे। इस समय अग्नि का व्यवहार बड़े पैमाने पर होने लगा एवं मृतक-संस्कार की परिपाटी भी प्रचलित हुई। इस संस्कृति के प्रमुख स्थल बेलन घाटी (उत्तर प्रदेश), उड़ीसा, कृष्णा घाटी (कर्नाटक), आंध्र प्रदेश, धसान तथा बेतवा घाटी (मध्य प्रदेश), सोन घाटी (मध्य प्रदेश), नेवासा (महाराष्ट्र) इत्यादि हैं। सिंध, राजस्थान, गुजरात इत्यादि क्षेत्रों में भी इस संस्कृति के प्रमाण मिलते हैं। भारत में इस संस्कृति के अवशेष उत्तर-पश्चिमी क्षेत्र की अपेक्षा प्रायद्वीपीय क्षेत्र से ज्यादा प्राप्त हुए हैं। मध्य पाषाणकालीन जीवन भी शिकार पर अधिक निर्भर था।

**(ग) उच्च या उत्तर पुरापाषाण काल**–इस युग के प्रस्तर फलक और तक्षणियाँ आंध्र प्रदेश, कर्नाटक, महाराष्ट्र, केन्द्रीय मध्य प्रदेश, दक्षिण उत्तर प्रदेश और बिहार के पठारी भाग में पाए गए हैं। इस समय पत्थर के ब्लेडों के उपकरण बनाए जाने लगे, हालाँकि ब्लेडों (पत्थर के पतले फलकों) से हथियार बनाने की कला मध्य पाषाणकाल में प्रचलित थी, किन्तु इस समय इसका प्रयोग बढ़ गया। पत्थरों के अतिरिक्त, इस युग में हड्डी एवं हाथी दाँत के उपकरण भी तैयार होने लगे। मनुष्य की जीविका का मुख्य साधन शिकार ही था। भारत में इस संस्कृति से संबद्ध अनेक स्थल प्रकाश में आए हैं, जिनमें प्रमुख हैं-बेलन घाटी (उत्तर प्रदेश), रेनुगुंटा (आंध्र प्रदेश), शोरापुर दोआब, बीजापुर (कर्नाटक), इनामगाँव (महाराष्ट्र), सोनघाटी (मध्य प्रदेश), विसादी (गुजरात), सिंहभूम (झारखंड) इत्यादि।

## मध्य पाषाण काल

मध्य पाषाण काल में लोग शिकार करके, मछली पकड़कर एवं खाद्य वस्तुएँ इकट्ठा कर पेट भरते थे। आगे चलकर वे पशुपालन भी करने लगे। मध्य पाषाण काल में आखेट के क्षेत्र में भी परिष्कार हुआ, व तीक्ष्ण व परिष्कृत औजारों का प्रयोग होने लगा था। इस काल में तिकोने धार वाले हथियार, नुकीले औजार प्रयोग किए जाने लगे थे। भारत में अनेक स्थलों से इस संस्कृति के प्रमाण मिलते हैं। कुछ प्रमुख मध्य पाषाणकालीन स्थल निम्नलिखित हैं–आदमगढ़ (मध्य प्रदेश), बागोर, तिलवार (राजस्थान), वीरभानपुर (पश्चिम बंगाल), बलसाना, लंघनाज

(गुजरात), मोरहना पहाड़, सराय नाहर राय, माहदहा (उत्तर प्रदेश) इत्यादि। दक्षिण में संगनकल, रेनुगुंटा तिन्नेवेली से मध्य पाषाण-युगीन अवशेष प्राप्त हुए हैं। पूर्वी भारत में मयूरभंज, सुन्दरगढ़, सेबालगिरि से मध्य पाषाणयुगीन पुरातात्विक अवशेष के साक्ष्य मिले हैं। बागोर में मध्य पाषाण युग में पशुपालन के प्राचीनतम साक्ष्य प्राप्त हुए हैं। इस काल में प्रयुक्त होने वाले उपकरण आकार में बहुत छोटे होते थे। इनको 'माइक्रोलिथ' (लघु पाषाण उपकरण) कहते थे। पुरापाषाण काल में प्रयुक्त होने वाले कच्चे पदार्थ क्वार्टजाइट के स्थान पर मध्यकाल में जैस्पर, एगेट, चर्ट जैसे पदार्थ प्रयुक्त होने लगे।

## नवपाषाण काल

सर्वप्रथम 1860 ई. में 'ले मेमुरियर' ने इस काल का प्रथम प्रस्तर उपकरण उत्तर प्रदेश की टोंस नदी की घाटी में प्राप्त किया। इसके बाद 1872 में 'निवलियन फ्रेजर' ने कर्नाटक के 'बेलारी' क्षेत्र को दक्षिण भारत के नव पाषाणकालीन सभ्यता का मुख्य स्थल घोषित किया। भारत में नवपाषाणयुगीन सभ्यता के तीन प्रमुख क्षेत्र हैं–1. उत्तर-पश्चिम क्षेत्र, 2. उत्तर-पूर्वी क्षेत्र, 3. दक्षिणी क्षेत्र।

सबसे पहला और स्पष्ट प्रमाण मेहरगढ़ (सिंध और बलुचिस्तान) से मिलता है। संभवतः इस जगह 7000 वर्ष ई.पू. में ही कृषि उत्पादन आरंभ हो चुका था। यहाँ से 5000 ई.पू. में गेहूँ और जौ की विभिन्न प्रजातियों के उगाए जाने का प्रमाण मिलता है। कश्मीर में बुर्जहोम एवं गुफकराल नवपाषाण युग के प्रमुख केन्द्र थे। बुर्जहोम में गर्त्त आवास, विविध प्रकार के मृद्भाण्ड, पत्थर के साथ-साथ हड्डियों के औजार, गेहूँ और जौ के अतिरिक्त मसूर, अरहर का उत्पादन, औजारों पर पॉलिश आदि के अवशेष मिले हैं। यहाँ पर मनुष्य की कब्र में कुत्ते को भी साथ दफनाए जाने का साक्ष्य प्राप्त हुआ है। बिहार में सारण जिले के चिराँद नामक स्थान नवपाषाण युग का प्रमुख स्थल था। यहाँ हिरणों के सींगों से बने उपकरण बहुतायत में मिले हैं। यहाँ से टेराकोटा की मानव मूर्तिकाएँ प्राप्त हुई हैं। उत्तर प्रदेश के कोल्डीहवा में चावल के प्राचीनतम साक्ष्य मिले हैं। दक्कन में चन्दौली, नेवासा, दैमाबाद, एरण, जोखे आदि नवपाषाणयुगीन स्थल थे। यद्यपि यहाँ के मानव धातु युग में प्रवेश कर गए थे। दक्षिण भारत में नागार्जुनकोण्डा, मास्की, पिक्लीहल, ब्रह्मगिरी, हल्लूर, कोडिक्कल, उतनूर आदि प्रमुख नवपाषाण काल की बस्तियाँ थीं। असम व मेघालय में नवपाषाणयुगीन महत्वपूर्ण स्थल प्राप्त हुए हैं। इस क्षेत्र से प्राप्त मृद्भांड विशिष्ट हैं।

इन सभी स्थलों में विकसित बलुचिस्तान और सिंध की नवपाषाणिक संस्कृतियाँ थीं, जिन्होंने ग्रामीण सभ्यता की स्थापना की तथा आगे चलकर हड़प्पा संस्कृति के शहरी स्वरूप को प्रभावित किया। नवपाषाण काल में मानव ने पहली बार कृषि करना सीखा। अनाजों के संग्रह हेतु मृद्भांडों का निर्माण प्रारम्भ किया। कुंभकारी सबसे पहले इसी अवस्था में दिखाई

देता है। आरंभ में हाथ से बनाए गए मृद्भांड मिलते हैं। बाद में मिट्टी के बर्तन चाक पर बनने लगे। इन बर्तनों में पॉलिशदार काला मृद्भांड, धूसर मृद्भांड और मंदवर्ण मृद्भांड शामिल हैं। कृषि-कर्म की आवश्यकताओं के अनुरूप प्रस्तर उपकरण अधिक धारदार व सुघड़ बनने लगे। उन पर पॉलिश भी की जाने लगी। अनाज उत्पादन से जीवन में स्थायित्व की प्रवृत्ति उत्पन्न हुई तथा ग्राम संस्कृति की स्थापना हुई। जनसंख्या में वृद्धि हुई और बड़ी संख्या में बस्तियाँ बसाई गईं।

***

# 2

# सिंधु घाटी सभ्यता

सिंधु घाटी सभ्यता का उदय भारत के पश्चिमोत्तर भाग में हुआ। यह कांस्य युगीन सभ्यता थी। इस सभ्यता के आरंभिक अवशेष हड़प्पा नामक स्थान से प्राप्त हुए हैं। अतः इसे हड़प्पा सभ्यता भी कहा जाता है। यह भारत की प्रथम नगरीय सभ्यता थी। सिंधु घाटी सभ्यता पश्चिम में सुत्कागेनडोर से लेकर पूरब में आलमगीर तक और उत्तर में हिमालय की तलहटी में स्थित मांडा से लेकर दक्षिण में महाराष्ट्र के दायमाबाद एवं गुजरात के भगतराव तक फैली हुई थी। यह पश्चिम से पूर्व तक 1600 किमी. और उत्तर से दक्षिण तक 1100 कि.मी. क्षेत्र में फैली थी। इसका क्षेत्रफल 12,99,600 वर्ग कि.मी. था।

## जानकारी के स्रोत

1. **खुदाई से प्राप्त स्थल** : इनसे सिंधु घाटी सभ्यता के विस्तार के बारे में जानकारी मिलती है। इस सभ्यता से संबंधित 1000 से भी अधिक स्थान प्रकाश में आ चुके हैं।
2. **मनके** : ये मनके विभिन्न धातुओं के बने हुए हैं, यथा-सोना, चाँदी, तांबा, कांसा एवं टीन। सिंधु सभ्यता के लोग तांबे के बने मनके का प्रयोग अधिक करते थे। मनकों से उनके धातु संबंधी ज्ञान की जानकारी मिलती है।
3. **मुहरें** : सिंधु सभ्यता के लोग विभिन्न प्रकार के मुहरों का प्रयोग करते थे। आयताकार एवं वर्गाकार मुहरें सर्वाधिक संख्या में प्राप्त हुई हैं। ये मुहरें सेलखड़ी की बनी होती थीं। इन मुहरों पर स्वास्तिक, कुबड़वाला बैल, हाथी, एक श्रृंगी पशु, गैंडा एवं भैंसा की आकृति अंकित है। इनसे सिंधु सभ्यता के लोगों की आस्था एवं धार्मिक विश्वास के बारे में जानकारी मिलती है। मुहरों का प्रयोग लेन-देन एवं व्यापार में भी किया जाता था।
4. **मृण्मूर्तियाँ** : सिंधु सभ्यता के विभिन्न स्थलों से काफी संख्या में मूर्तियाँ प्राप्त हुई हैं। मोहजोदड़ो से खंडित मानव की मूर्ति मिली हैं। योगासन की मुद्रा में बैठे पुरुष की मूर्ति हड़प्पा से प्राप्त हुई है। मृण्मूर्तियों पर पक्षी, कुत्ते, भेड़, बैल एवं बंदर की आकृति बनी है। इससे ज्ञात होता है कि सिंधु घाटी सभ्यता के लोग इन जानवरों से परिचित थे।

5. **मृद्‌भांड** : सिंधु सभ्यता के लोग हस्तनिर्मित मृद्‌भांड का प्रयोग करते थे। कुछ मृद्‌भांड चाक पर भी बनाए जाते थे। ये मृद्‌भांड सादे एवं अलंकृत दोनों प्रकार के हैं। लाल रंग पर चित्रित काले मृद्‌भांड अधिक प्रचलन में थे। इससे इस सभ्यता के लोगों की कारीगरी एवं शिल्प कला के बारे में जानकारी मिलती है।

## सिंधु सभ्यता का उत्थान

आज इतिहासकार प्रायः इस मत से सहमत हैं कि सिंधु घाटी सभ्यता का उत्थान बलुचिस्तान की ग्रामीण संस्कृतियों से हुआ। बलुचिस्तान में 5000 ई.पू. के आसपास ग्रामीण संस्कृतियाँ अस्तित्व में थीं। इनका विस्तार उत्तरी बलुचिस्तान, दक्षिणी अफगानिस्तान एवं क्वेटा घाटी तक था। इस काल में लोग हाथ के बने बर्तन का प्रयोग करते थे। मकान कच्ची ईंट के बनाए जाते थे। लोगों का मुख्य पेशा पशुपालन था पर सीमित पैमाने पर लोग अनाज का उत्पादन करने लगे थे।

3300–2500 ई.पू. के आसपास इस संस्कृति के लोग बड़े पैमाने पर कृषि कार्य करने लगे थे। स्थायी ग्राम जीवन का भी विकास होने लगा था। अब बड़े आवास बनने लगे। शवों को कब्र में दफनाने के भी साक्ष्य मिलते हैं। मुण्डिगक, किली गुल मुहम्मद, पेरिआना घुंडई एवं नाल से इस चरण के साक्ष्य मिलते हैं।

2500–2300 ई.पू. के आसपास स्थायी एवं विकसित ग्राम्य संस्कृतियाँ अस्तित्व में आईं। गांव के क्षेत्रफल में अब पहले से अधिक विस्तार हुआ। बड़े पैमाने पर कृषि कार्य आरंभ हुआ। बस्तियों की घेराबंदी (कोटडीजी), तांबे एवं कांसे का प्रयोग एवं बर्तन पर चित्रकारी की जाने लगी। इस अवस्था के साक्ष्य कुली, नाल, आमरी, कोटडिजी एवं कालीबंगा से मिलते हैं। यही सिंधु सभ्यता की आरंभिक बस्तियां हैं।

## सिंधु सभ्यता के प्रमुख स्थल

**हड़प्पा** : यहां के दुर्ग में ईंट के बने चबूतरे पर दो पांतों में 6 कोठार मिले हैं। प्रत्येक कोठार 15.23 मीटर लंबा और 6.09 मीटर चौड़ा है। हड़प्पा में दो कमरों वाले बैरक भी मिले हैं जो शायद मजदूरों के रहने के लिए थे। यहां से एक अन्नागार मिला है जो गढ़ी के बाहर निचले शहर में स्थित है। यहां किले के दक्षिण में एक शवस्थान पाया गया है जिसे पुरातत्वविदों ने आर–37 नाम दिया है। खुदाई के दौरान यहाँ 14 ईंट के भट्ठे मिले हैं। इस स्थल से एक नृत्यांगना की मूर्ति भी मिली है जिसकी तुलना पुरातत्वविदों ने नटराज शिव के साथ की है। हड़प्पा से एक मृण्मूर्ति प्राप्त हुई है जिसके गर्भ से एक पीपल का पौधा निकलता दिखाया गया है। इस संस्कृति की अभिलेखयुक्त मुहरें सर्वाधिक हड़प्पा से ही प्राप्त हुई हैं।

**मोहनजोदड़ो** : यह हड़प्पा सभ्यता का सबसे बड़ा स्थल है। यह पाकिस्तान के सिंध प्रांत में स्थित है। यहां से नगर निर्माण के 9 चरण प्राप्त हुए हैं। मोहनजोदड़ो का सबसे महत्वपूर्ण सार्वजनिक स्थल है विशाल स्नानागार जो गढ़ी के अंदर स्थित है। यह 11.88 मी. लंबा, 7.01 मी. चौड़ा और 2.43 मी. गहरा है। मोहनजोदड़ो की सबसे बड़ी इमारत है अनाज रखने का कोठार, जो 45.71 मी. लंबा और 15.23 मी. चौड़ा है। यहां से बुना हुआ सूती कपड़े का एक टुकड़ा मिला है। यहां से कांसे की नृत्य करती हुई नग्न मूर्ति प्राप्त हुई है। मोहनजोदड़ो से मेसोपोटामिया जैसा बेलनाकार मुहर मिला है।

**हड़प्पा सभ्यता के स्थल**

| स्थल | नदी | उत्खननकर्ता |
|---|---|---|
| हड़प्पा | रावी नदी | दयाराम साहनी |
| मोहनजोदड़ो | सिंधु नदी | राखालदास बनर्जी |
| लोथल | भोगवा नदी | एस.आर.राव |
| कालीबंगा | घग्घर नदी | अमलानंद घोष |
| रोपड़ | सतलज नदी | यज्ञ दत्त शर्मा |
| कोटडीजी | सिंधु नदी | फजल अहमद खां |
| चन्हुदड़ो | सिंधु नदी | एन.जी. मजूमदार |
| रंगपुर | मादर नदी | एम.एस. वत्स |
| आलमगीरपुर | हिंडन नदी | यज्ञ दत्त शर्मा |
| सुत्कागेनडोर | दाश्क नदी | ऑरेल स्टाइन |
| बनवाली | सरस्वती नदी | रवीन्द्र सिंह विष्ट |

**लोथल** : लोथल गुजरात के अहमदाबाद जिले में स्थित है। इस स्थल से समकालीन सभ्यता के पांच स्तर पाए गए हैं। यह एकमात्र ऐसा स्थान है जहां कृत्रिम बंदरगाह का अवशेष प्राप्त हुआ है। यह गोदी समुद्री आवागमन तथा व्यापार के लिए महत्वपूर्ण थी। 1800 ई.पू. के चावल के अवशेष यहां से प्राप्त हुए हैं। इस स्थल से अग्नि पूजा के साक्ष्य मिले हैं। यहां मनकों का एक कारखाना मिला है। इस स्थल से एक ऐसी मुहर मिली है जिस पर जहाज का चित्र अंकित है। यहां से युगल शवाधान की प्राप्ति हुई है जिसके सिर पूर्व में तथा पैर पश्चिम में है। फारस की खाड़ी के प्रदेश वाली मुद्रा यहां से मिली है। लोथल को लघु हड़प्पा या लघु मोहनजोदड़ो भी कहा जाता है। यहां पूरी बस्ती एक ही दीवार से घिरी थी। लोथल सिंधु सभ्यता काल में सामुद्रिक व्यापारिक गतिविधियों का केंद्र था।

**कालीबंगा** : कालीबंगा से हड़प्पा सभ्यता के साथ-साथ हड़प्पा पूर्व सभ्यता के अवशेष भी प्राप्त हुए हैं। कालीबंगा राजस्थान के गंगानगर जिले में स्थित है। यहां शहर के दोनों भाग दुर्गीकृत हैं। यहां के घर कच्ची ईंटों के बने हैं। यहां से लकड़ी के हल तथा जुते खेत के साक्ष्य मिले हैं। यहां कुछ अग्निकुंड मिले हैं जिसे यज्ञ प्रणाली से जोड़ा जाता है। दो फसलों को उगाने का प्रमाण यहां से मिला है। यहां के फर्श पर अलंकृत ईंट के प्रयोग का साक्ष्य मिला है। कालीबंगा से प्राप्त बेलनाकार मुहर मेसोपोटामियाई मुहरों के समरूप थी।

**चन्हुदड़ो** : यह एकमात्र ऐसा नगर है जो दुर्गीकृत नहीं हैं। यहां हड़प्पा पूर्व की संस्कृति झूकर एवं झांकर संस्कृति के अवशेष प्राप्त हुए हैं। यहां से मनका बनाने का एक कारखाना प्राप्त हुआ है।

**बनवाली** : बनवाली हरियाणा के हिसार जिले में स्थित है। यहां से हड़प्पा-पूर्व, हड़प्पाकालीन तथा उत्तर हड़प्पा कालीन संस्कृतियों का पता चला है। यहां से हल की आकृति के खिलौने की प्राप्ति हुई है। यहां से प्राप्त कुछ मृद्भांडों के टुकड़े एवं मुद्रा पर सिंधु लिपि में लिखे हुए लेख प्राप्त हुए हैं।

**रंगपुर** : यहां पर पूर्वकालीन हड़प्पा संस्कृति के अवशेष मिले हैं। इस स्थल से चावल की भूसी के ढेर मिले हैं। यहां के दुर्ग कच्ची ईंटों के बने थे। रंगपुर से उत्खनन में न तो कोई मुद्रा और न ही कोई मातृदेवी की मूर्ति प्राप्त हुई है।

**सुरकोटडा** : गुजरात राज्य के कच्छ क्षेत्र में यह स्थल स्थित है। यहां से घोड़े की हड्डी के अवशेष मिले हैं। यह स्थल हड़प्पा के विदेश व्यापार का केंद्र था। कलश शवाधान के साक्ष्य भी यहां से मिले हैं।

**धौलावीरा** : यह स्थल गुजरात राज्य के कच्छ जिले में स्थित है। यह नगर हड़प्पा सभ्यता के सबसे बड़े नगरों में से है। अन्य हड़प्पाई स्थल के विपरीत धौलावीरा नगर तीन खंडों में विभाजित है। इस स्थल से एक बड़ा जलाशय उत्खनन के द्वारा खोजा गया है।

**सुत्कागेनडोर** : यह स्थल हड़प्पा सभ्यता के पश्चिमी सीमा का निर्धारण करता है। सुत्कागेनडोर में बेबीलोन से व्यापारिक संबंध का साक्ष्य मिला है। परिपक्व हड़प्पा संस्कृति के अवशेष यहां से मिले हैं।

**आलमगीरपुर** : उत्तर प्रदेश के मेरठ जिले में आलमगीरपुर स्थित है। यह हड़प्पा सभ्यता का सर्वाधिक पूर्वी पूरास्थल है। यहां से मिट्टी के बर्तन एवं मनके मिले हैं।

**रोपड़** : यहां हड़प्पा पूर्व एवं हड़प्पाकालीन संस्कृतियों के अवशेष मिले हैं। यहां के मकान पत्थर एवं मिट्टी से बनाए गए थे। यहां से मानव के साथ कुत्ते के दफनाने के साक्ष्य मिले हैं।

**कोटडीजी** : यह स्थल हड़प्पा पूर्व और हड़प्पाकालीन दोनों समय अस्तित्व में था। यहां मकान कच्ची ईंटों के बने हैं परंतु नीव में पत्थरों का प्रयोग हुआ है। यहां से किलेबंदी का साक्ष्य प्राप्त नहीं हुआ है।

**राखीगढ़ी** : यह स्थल हरियाणा राज्य में स्थित है। यहां से सिंधु पूर्व सभ्यता के अवशेष भी प्राप्त हुए हैं। भारत में हड़प्पा सभ्यता के विशालतम नगरों में राखीगढ़ी एक है। यहां से तांबे के उपकरण प्राप्त हुए हैं। यहां से एक लिपिबद्ध मुहर भी मिली है।

## निर्माता

सिंधु सभ्यता के निर्माता किसी एक जाति के नहीं थे। इस सभ्यता का निर्माण कई जातियों के सम्मिलन से हुआ था। मोहनजोदड़ो से प्रोटो-ऑस्ट्रेलॉयड या काकेशियन जाति के तीन

सिर प्राप्त हुए हैं। सिंधु प्रदेश में सबसे अधिक संख्या भूमध्यसागरीय जाति की थी। पिगट और मैके के अनुसार मंगोलियन बाहर से आकर इस देश में बसे थे। अल्पाइन जाति पामीर पठार क्षेत्र से आई थी।

## नगर–योजना

सिंधु सभ्यता में नगरों का निर्माण एक निश्चित योजना के आधार पर हुआ था। सिंधु सभ्यता के नगरों की योजना जाल-पद्धति की थी। नगर दो भागों में विभक्त थे-ऊंचे टीले पर स्थित प्राचीर युक्त बस्ती नगर दुर्ग तथा पश्चिम की ओर स्थित आवासीय क्षेत्र निचला नगर था। प्रत्येक मकान में स्नानागार, कुएं एवं गंदे जल की निकासी के लिए नालियां बनी थीं। सड़कें पूरब से पश्चिम की ओर तथा उत्तर से दक्षिण की ओर जाती थीं। सड़कें प्रायः सीधी न होकर एक-दूसरे को समकोण पर काटती थीं। मकानों में पक्की ईंटों का प्रयोग होता था। हड़प्पा में अन्नागार मिले हैं। जिनका प्रमुख प्रवेश द्वार नदी की ओर था। दो कतारों में छः-छः धान्यकोठार विभक्त थे। इनके लिए ईंटों के चबूतरे बनाए गए थे। हड़प्पा में दो कमरों वाला बैरक बनाया गया था जो संभवतः मजदूरों को रहने के लिए बनाया गया था। मोहनजोदड़ो में सबसे प्रमुख सार्वजनिक स्थल दुर्ग में स्थित विशाल स्नानागार था। स्नानागार का फर्श पकाई हुई ईंटों से बनाया गया था। समीप के कमरे में बनाए एक बड़े कुएँ से पानी निकाला जाता था। संभवतः इस स्नानागार का प्रयोग आनुष्ठानिक स्नान के लिए होता था। हड़प्पाकालीन नगर धौलावीरा तीन मुख्य भागों में विभाजित था। दो-दो किलेबंदी से युक्त धौलावीरा की नगर-योजना यूरोपीय दुर्ग महलों के समान है जिनमें दो किलेबंदी युक्त क्षेत्र होते थे।

## प्रौद्योगिकी, कला एवं शिल्प

सिंधु सभ्यता के लोग विभिन्न तरह के पत्थर के औजारों का प्रयोग करते थे। सिंधु वासियों द्वारा प्रयुक्त धातुओं में तांबे का सर्वाधिक प्रयोग किया गया। तांबा तथा टिन को मिलाकर कांसा तैयार किया जाता था। कांस्य की मूर्तियाँ मोहनजोदड़ो से प्राप्त हुई हैं। हड़प्पावासी सूती, ऊनी, रेशमी कपड़ों का प्रयोग करते थे। ये कपड़ा बुनना, सूत काटना व रंगना बखूबी जानते थे। रंगरेजों की नाँदों (बड़े बर्तन) के मिलने से यह स्पष्ट हो जाता है। मोहनजोदड़ो से बुने हुए सूती कपड़े का टुकड़ा मिला है। मूर्तिकला अतिविशिष्ट थी। मिट्टी की अनेकानेक कलाकृतियों से यह स्पष्ट होता है। धातुओं की मूर्तियाँ भी बनाई जाती थीं। प्रस्तर मूर्तियों में पुरोहित की मूर्ति सर्वोत्कृष्ट है। सेलखड़ी से बनी पद्मासन में बैठे पुरुष की मूर्ति मिली है। हड़प्पा से प्राप्त अन्नागार के निकट दो अन्य नर्तकों की मूर्ति मिली है। यह नृत्यरत रूप में नटराज की मूर्ति प्रतीत होती है। हड़प्पा सभ्यता के शिल्पकारों द्वारा बनाई गई कांसे की नर्तकी मूर्तिकला का सर्वश्रेष्ठ नमूना है। इसके गले में हार है तथा मूर्ति पूरी तरह नग्न है।

**मृद्भांड** : हड़प्पा संस्कृति में कुम्हार के चाक से निर्मित मृद्भांड काफी प्रचलित थे। गाढ़ी लाल चिकनी मिट्टी पर काले रंग के ज्यामितीय एवं प्रकृति से जुड़े डिजाइन बनाए जाते थे। बर्तनों पर वनस्पति-पीपल, ताड़, नीम, केला और बाजरा के चित्र अंकित हैं तथा पशुओं में बकरे, हिरण, मुर्गा आदि के चित्रण भी बर्तनों पर हैं।

**मुहरें** : इस काल की अधिकांश मुहरें सेलखड़ी की बनी हैं। ये मुहरें दो प्रकार की हैं-वर्गाकार और आयताकार। वर्गाकार मुहरों पर पशु की आकृति को उत्कीर्ण तथा मुद्रालेख को अभिलिखित किया गया है जबकि आयताकार मुहरों पर केवल मुद्रालेख अभिलिखित हैं। वर्गाकार मुहरें सर्वाधिक संख्या में मिली हैं। अब तक लगभग 2500 मुहरें प्राप्त हुई हैं। मोहनजोदड़ो से ही सिर्फ 1200 मुहरें मिली हैं। मोहनजोदड़ो से पशुपति की मूर्ति से युक्त मुहर मिली है उनके दायीं ओर एक हाथी, बाघ, तथा बायीं ओर गैंडा तथा भैंस हैं। पैर के नीचे हिरण की दो आकृतियाँ हैं। मुहरों पर चित्रित पशु आकृतियों में कूबड़-वाले बैल की आकृति सबसे अधिक है।

**भाषा एवं लिपि** : सिंधु सभ्यता की लिपि का ज्ञान उनकी मुद्राओं से होता है। लेकिन अभी तक यह लिपि पढ़ी नहीं जा सकी है। इस लिपि में कुल मिलाकर 400 तक लिपि चित्र पहचाने गए हैं। हड़प्पाई लिपि वर्णनात्मक न होकर भावचित्रात्मक है। अधिकांश विद्वान इसे द्रविड़ समूह की भाषा मानते हैं।

**मापतौल एवं मानकीकरण** : सिंधु सभ्यता के निवासी माप की मानक इकाई का इस्तेमाल करते थे। सेलखड़ी के बाट सबसे अधिक संख्या में मिले हैं। छोटे बाटों को द्विआधारी पद्धति पर तथा बड़े बाटों को दशमलव व्यवस्था के आधार पर प्रयुक्त किया जाता था। तौल में 16 या उसके आवर्त्त का प्रयोग होता था। मोहनजोदड़ो से सीप का तथा लोथल से हाथी दांत का एक पैमाना मिला है।

## आर्थिक जीवन

सिंधु सभ्यता की अर्थव्यवस्था पशुपालन, कृषि तथा उन्नत व्यापार' पर आधारित थी। आर्थिक जीवन में पशुओं के उपयोग के प्रमाण मिलते हैं। ऊँट की हड्डियाँ कालीबंगा से मिली हैं। घोड़े का साक्ष्य सुरकोतड़ा से प्राप्त हुआ है। हड़प्पावासियों को कुबड़ वाला सांड विशेष प्रिय था। हड़प्पा सभ्यता के प्रमुख पशु थे-बैल, भेड़, बकरी, भैस, सूअर, हाथी, कुत्ते, गधे आदि। हड़प्पावासी भिन्न-भिन्न प्रकार के अनाज उपजाते थे। गेहूँ उत्पादन के पर्याप्त प्रमाण मिले हैं। इसकी मुख्यतः दो किस्में थीं-क्लब गेहूँ और लघु आकार का गेहूँ। लोथल और रंगपुर से चावल की भूसी और बालियाँ मिली हैं। मोहनजोदड़ो से कपास उत्पादन का पता चलता है। कालीबंगा से जुते हुए खेत का साक्ष्य प्राप्त हुआ है। अतः हल से जुताई की जाती होगी। जुतने के लिए लकड़ी का हल या कुदाली का इस्तेमाल किया जाता होगा। सिंधु सभ्यता के लोग

राई, मटर, तिल, चना, कपास, खजूर एवं तरबूज का उत्पादन करते थे। पर रागी एवं गन्ने का कोई साक्ष्य नहीं मिला है।

**व्यापार** : आंतरिक व्यापार के अंतर्गत सिंधु सभ्यता के लोग पत्थर, धातु एवं खाद्यान्न आदि का व्यापार करते थे। वस्तुओं का आदान-प्रदान वस्तु-विनिमय द्वारा होता था। धातु के सिक्कों का प्रयोग लेन-देन में नहीं होता था। राजस्थान के खेत्री से ये लोग तांबा मंगाते थे। व्यापार हेतु हड़प्पा में ठोस पहियों वाली गाड़ियाँ प्रचलित थी। वे दो पहियों तथा चार पहियों वाली गाड़ियों का प्रयोग करते थे। सिंधु सभ्यता का बाह्य व्यापार काफी उन्नत था। सिंधु सभ्यता अपने समकालीन सभ्यताओं से व्यापार के कारण ही आगे बढ़ी थी। वास्तव में व्यापार तंत्र ने नवाचारों के आगमन को सुलभ बना दिया था जो विकास में अहम भूमिका निभा रहा था। मेसोपोटामियाई अभिलेखों में मेलूहा के साथ व्यापार का उल्लेख मिलता है। मेलूहा संभवतः सिंधु प्रदेश था। एक अन्य प्रदेश डिलमुन का उल्लेख मिलता है, जो संभवतः बहरीन था।

| वस्तुएँ | आयात स्थल |
|---|---|
| बिटुमिन | दजला फुरात नदी के तट से। |
| चाँदी | अफगानिस्तान एवं ईरान से। |
| टिन | अफगानिस्तान एवं ईरान से। |
| सीसा | अफगानिस्तान, ईरान, राजस्थान से। |
| सोना | दक्षिण भारत से। |
| सेलखड़ी | बलुचिस्तान, राजस्थान एवं गुजरात से। |
| लाजवर्द | मेसोपोटामिया से। |
| फिरोजा | खुरासान, अफगानिस्तान से। |

## धार्मिक जीवन

हड़प्पा तथा मोहनजोदड़ो से मातृदेवी की मूर्तियाँ मिली हैं। कालीबंगा में एक आयताकार गड्ढा, एक कुआँ तथा अग्निवेदी प्राप्त हुआ है। मोहनजोदड़ो एवं हड़प्पा से भारी संख्या में पत्थर के लिंग एवं योनियाँ मिली हैं। कूबड़वाला बैल हड़प्पा सभ्यता के निवासियों के लिए विशेष पूजनीय था। सिंधु वासी नाग की भी पूजा करते थे। वे वृक्षपूजा भी करते थे। मोहनजोदड़ो की एक मुहर पर तीन मुखवाला एक पुरुष योग-मुद्रा में बैठा है। इसको तीन सींग हैं। जिसकी तुलना पशुपति से की गई है। सिंधु सभ्यता के धार्मिक जीवन को देखकर यह सहज अंदाजा लगाया जा सकता है कि यह काफी विविधतापूर्ण थी। पुनः इस विविधता को देखकर समाज के वैचारिक वर्गीकरण का भी पता चलता है।

**अंत्येष्टि सम्बन्धी प्रथाएँ** : मोहनजोदड़ो में शवाधान के तीन प्रमुख प्रकार देखने को मिलते हैं-पूर्ण शवाधान, आंशिक शवाधान तथा शव के दाह-संस्कार के बाद अस्थि अवशेषों का शवाधान। अधिकांश शव का सिर उत्तर दिशा में तथा पैर दक्षिण दिशा में होता था लेकिन हड़प्पा में एक शव के सिर को दक्षिण में रखकर दफनाया गया है। व्हीलर ने हड़प्पा में 37 कब्रों से युक्त एक शवाधिस्थान की खोज की है, इसे T-37 नाम दिया गया। इससे प्रतीत होता है कि शवाधान अंतिम संस्कार की सामान्य प्रथा थी। हड़प्पा में दुर्ग के दक्षिण-पश्चिम दिशा में एक कब्रिस्तान मिला है जिसका नाम कब्रिस्तान-एच दिया गया है। अधिकांश कब्रों में शवों के साथ दैनिक उपभोग की वस्तुएँ यथा-बर्तन, छुरियाँ, दर्पण, आभूषण, पात्र आदि रखे जाते थे। अनुमान किया जाता है कि समाज में मान्यता रही होगी कि व्यक्ति को मृत्यु के पश्चात् भी इन सब वस्तुओं की आवश्यकता पड़ती है।

## सिंधु सभ्यता का पतन

सिंधु सभ्यता के पतन के निम्न कारण बनाए जाते हैं- • प्रशासनिक अव्यवस्था • विदेशी व्यापार का पतन • साधनों का अत्यधिक दोहन • वर्षा की मात्रा में कमी • नमी क्षेत्र का विस्तार • बाढ़ का प्रकोप • जलप्लावन की समस्या • आर्यों का आक्रमण।

| विद्वान | दृष्टिकोण |
|---|---|
| अर्नेस्ट मैके एवं मार्शल | बाढ़। |
| ह्वीलर एवं गार्डन चाइल्ड | विदेशी व आर्य आक्रमण। |
| लैम्ब्रिक | नदियों का मार्ग परिवर्तन। |
| एम.आर.साहनी | जलप्लावन। |
| डी.डी. कौशांबी | आग। |
| ऑरेल स्टाइन एवं अमलानंद घोष | जलवायु परिवर्तन। |
| सर्विस | अपने साधनों का जरूरत से ज्यादा व्यय। |

कुछ विद्वानों के अनुसार सभ्यता के नगरीय जीवन का ही पतन हुआ। इस कारण लोगों का अन्य स्थानों पर प्रवास हुआ। फलतः सभ्यता के कई तत्व अनुजीवित रहे। ये तत्व बाद की ग्रामीण संस्कृतियों में मिलते हैं। पर ऐसा मानना ठीक नहीं। हम यह नहीं जानते कि नगर के उजड़ जाने से वणिक और शिल्पी लोग देहात की ओर चले गए और वहां हड़प्पा के तकनीकी कौशल को फैलाया। हमें सिंधु, पंजाब, हरियाणा की नागरिकोतर काल की स्थिति के बारे में कुछ जानकारी है। सिंधु क्षेत्र के भीतर हम कृषिक बस्तियां तो पाते हैं लेकिन पूर्व काल की संस्कृति के साथ उनका संबंध स्पष्ट नहीं होता। इस बारे में अभी स्पष्ट और पर्याप्त जानकारी की अपेक्षा है।

# हड़प्पोत्तर भारतीय संस्कृतियाँ

हड़प्पा सभ्यता के पतन के बाद उसी भू-भाग पर अनेक क्षेत्रीय संस्कृतियों का उदय हुआ। सिंधु में झूकर संस्कृति, प. पंजाब और बहावलपुर में कब्रिस्तान-H संस्कृति, राजस्थान, पूर्वी पंजाब, हरियाणा और पश्चिमी उत्तर प्रदेश में पीला मृद्भांड संस्कृति एवं गुजरात में चमकीले लाल मृद्भांड संस्कृति अस्तित्व में आईं।

**अहाड़ संस्कृति (2100-1500 ई.पू.)** : बनास नदी की घाटी में स्थित होने के कारण इसे बनास संस्कृति के नाम से भी जाना जाता है। इसका विस्तार दक्षिण-पूर्व राजस्थान एवं मध्य प्रदेश के मंदसौर तक था। अहाड़ और गिलुंद इसके दो प्रमुख केंद्र थे। सामान्यतः घर गारे और पत्थर के बनाए जाते थे। नीवों में पत्थर का प्रयोग किया जाता था। छत ढलवां बनाए जाते थे लेकिन इस काल में गृह-निर्माण की विस्तृत योजना नहीं मिलती। गिलुंद में भंडार गर्त मिले हैं। इससे इस बात की पुष्टि होती है कि संभवतः लोग अधिशेष उत्पादन कर रहे थे। गिलुंद में भवन निर्माण में पक्की ईंट का प्रयोग किया जाता था जबकि ताम्रपाषाणिक संस्कृतियों में ऐसे साक्ष्य कम मिले हैं। काले और लाल रंग के मृद्भांड प्रयोग में लाए जाते थे। मृद्भांडों पर तरह-तरह की आकृतियां बनाई जाती थीं। पाषाण के सूक्ष्म उपकरण सीमित मात्रा में प्रयोग किए जाते थे। पत्थर की तुलना में तांबे का प्रयोग अधिक व्यापक था। लोग मुहरों का प्रयोग भी करते थे। खेती के साथ पशुपालन भी लोगों का मुख्य पेशा था। अहाड़ में चावल की खेती की जाती थी।

**कायथ संस्कृति (2000-1800 ई.पू.)** : यह मध्य प्रदेश में मालवा के उर्वर पठारी प्रदेश में स्थित थी। इस इलाके में अनेक स्थलों का उत्खनन हुआ है। इनमें कायथ, एरन तथा नवदाटोली प्रमुख हैं। नवदाटोली में घर मिट्टी, बांस और फूस के बनाए जाते थे। ये घर दो प्रकार के हैं-चौकोर और वृत्ताकार। लोग लाल और काले मृद्भांड का प्रयोग करते थे। मृद्भांडों को अलंकृत करने के लिए उन पर ज्यामितीय आकृतियां बनाई जाती थीं। तांबा प्रचलित धातु था, हालांकि इसका प्रयोग काफी सीमित था। तांबे की वस्तुओं में चपटी कुल्हाड़ियां, अंगूठी, मछली कांटे एवं छेनी मिले हैं। मनके का भी प्रयोग होता था। नवदाटोली संभवतः प्रमुख कृषि प्रदेश था। यहां से गेहूं की दो किस्में एवं चावल के साक्ष्य भी मिले हैं।

**जोरवे संस्कृति (1400-700 ई.पू.)** : महाराष्ट्र के अनेक स्थलों से इस संस्कृति के साक्ष्य मिले हैं। ये स्थल हैं-नासिक, जोरवे, नेवासा, दायमाबाद, चंदौली, सोनेगांव और इनामगांव। दायमाबाद इस दृष्टि से अत्यंत महत्वपूर्ण है। यहां से आद्य् ऐतिहासिक जीवनयापन के आधारभूत अनुक्रम प्राप्त होते हैं। इसके आरंभिक काल में ऐसे सांस्कृतिक स्तर के साक्ष्य मिले हैं जिन पर सिंधु सभ्यता का प्रभाव लक्षित होता है। इसकी तिथि ईसा पूर्व 1400-1000 के बीच निर्धारित की गई है। यहां घर वृत्ताकार एवं आयताकार बनाए जाते थे। दीवारों का निर्माण मिट्टी और गारा मिलाकर किया जाता था। लाल आधार पर काले डिजाइन वाले चाक

निर्मित बर्तनों का प्रयोग अधिक होता था। यहां के लोग टोंटीदार बर्तन का भी प्रयोग करते थे। पत्थर के छोटे उपकरण अधिक कुशलता से बनाए जाते थे। इनके अनेक समृद्ध उद्योग स्थापित थे। तांबे की वस्तुओं का भी प्रचुरता से प्रयोग किया जाता था। यहां के लोग जौ, गेहूं, मसूर, कुलिथ, मटर एवं चावल उपजाते थे। नेवासा से पटसन उपजाने के भी साक्ष्य मिले हैं। कृषि के साथ पशुपालन भी होता था। घोड़ा प्रमुख पालतु पशु था। लोग हल्के रत्नों के बने मनके का प्रयोग करते थे। मृण्मूर्तियां भी काफी संख्या में बनाई जाती थीं। इनमें मातृदेवी की मूर्ति अधिक प्रसिद्ध है। इस संस्कृति की एक मुख्य विशेषता थी–कलश शवाधान की प्रथा। ये कलश घरों के फर्श के नीचे रखे जाते थे।

**दक्षिण भारत** : दक्षिण भारतीय संस्कृतियाँ मुख्यतः कृष्णा और तुंगभद्रा के दोआब क्षेत्र में विकसित हुईं। ब्रह्मगिरि, मास्की, पिक्लीहल तथा नागार्जुनकोंडा इसके प्रमुख स्थल हैं। यहां के लोग गोल एवं चौकोर आकार के बने मकानों में रहते थे। इस क्षेत्र की मृद्भांड कला में पर्याप्त विविधता पाई जाती है। तांबे का प्रयोग सीमित मात्रा में ही होता था। गोमेद की अन्य हल्के रत्नों के बने मनके प्रयोग में लाए जाते थे। दक्षिण भारत के स्वर्ण खानों का उपयोग इस काल में होने लगा था। दक्षिण भारतीय लोग बाजरा और चने की खेती करते थे। कृषि के साथ पशुपालन भी किया जाता था।

**पूर्वी भारत** : पूर्वी भारत के कई स्थलों से ताम्र पाषाणिक सभ्यता के साक्ष्य मिले हैं। इनमें कुचाई स्थल (उड़ीसा) पांडु, राजरढीबी, माहिस्दाल (प. बंगाल) तथा चिरांद और सोनपुर (बिहार) प्रमुख हैं। प. बंगाल में चावल की खेती पर आधारित एक विस्तृत ताम्रपाषाण युगीन ग्राम संस्कृति विकसित थी। चिरांद से काले एवं लाल मृद्भांड मिले हैं।

**ऊपरी गंगाघाटी और गंगा-यमुना दोआब** : दोआब की सांस्कृतिक परंपरा उस संस्कृति के साथ शुरू होती है जिसे अपने अत्यंत विशिष्ट मृद्भांड के नमूने के कारण गेरूवर्णी मृद्भांड संस्कृति कहा जाता है। हस्तिनापुर और अतरंजीखेड़ा में इसके साक्ष्य मिले हैं। यह संस्कृति ईसापूर्व तीसरी सहस्राब्दी में विकसित हुई। अतः यह हड़प्पा सभ्यता के समकालीन मानी जाती है। अतरंजीखेड़ा में चावल की खेती के साक्ष्य मिले हैं। दोआब की सांस्कृतिक परंपरा की अगली अवस्था में काले-लाल मृद्भांड चरण की छाप देखने को मिलती है। अतरंजीखेड़ा में इसके पुरातात्विक साक्ष्य मिले हैं। अगले चरण की विशेषता चित्रित धूसर मृद्भांड संस्कृति है। इसमें लोहे के प्रयोग के संकेत मिलते हैं। अतः यह लौहयुगीन संस्कृतियों की श्रेणी में आता है।

## लौह प्रयोक्ता संस्कृतियां

**(क) चित्रित धूसर मृद्भांड संस्कृति** : यह संस्कृति सिंधु एवं ऊपरी गंगा घाटी में फैली थी। इससे जुड़े कई स्थलों का पता चला है। इनमें अहिच्छत्र, आलमगीरपुर, अल्लाहपुर,

अतरंजीखेड़ा, हस्तिनापुर, मथुरा, रोपड़, श्रावस्ती, नोह आदि प्रमुख हैं। इस संस्कृति के लोग कई तरह के बर्तनों का प्रयोग करते थे। इनमें लाल मृद्भांड, सादे धूसर मृद्भांड, काले-लाल मृद्भांड और काले पुते मृद्भांड प्रमुख हैं। इस काल में निर्वाह अर्थव्यवस्था का आरंभ हो चुका था। दोआब क्षेत्र में चावल की खेती भी होने लगी थी। इस काल की अर्थव्यवस्था खेती और पशुपालन पर निर्भर थी। पक्की मिट्टी के मनके, अस्थि और प्रस्तर निर्मित वस्तुएं तथा मृण्मूर्तियां प्रयोग में लाई जाती थीं। अतरंजीखेड़ा में कपड़े के छापे और नोह में ठीकरे के साक्ष्य मिले हैं। तांबे की जानकारी तो थी, पर इसका सीमित प्रयोग ही होता था। इस काल में लोहे का प्रयोग अधिक होने लगा। लोहे की ढलाई के भी संकेत मिलते हैं। इस काल में लोहे से भाले, तीर, कांटे, कुल्हाड़ी, कुदाल, दरांती, चाकू आदि बनाए जाते थे।

**(ख) मध्य भारत** : नागदा और एरण में लौहयुगीन संस्कृति के साक्ष्य मिले हैं। एरण में यह पुराने ताम्रपाषाण संस्कृति का ही विस्तार लगता है। इसमें सिर्फ लोहा जुड़ गया। यहां काले और लाल मृद्भांड काफी प्रचलन में थे। नागदा में कुछ नए तरह के मृद्भांड भी मिले थे। जैसे-काले-पुते मृद्भांड, दानेदार सतह वाले खुरदरे मृद्भांड आदि। घर कच्ची ईंटों के बनाए जाते थे। कलाकृतियां में हाथीदांत की मानव आकृतियां प्रमुख हैं।

**(ग) पूर्वी भारत** : पांडु, राजरढीबी, माहिस्दाल, चिरांद और सोनपुर की ताम्रपाषाण अवस्था के अगले चरण में लोहे का प्रयोग होने लगा था। इस स्तर में काले-लाल मृद्भांड देखने को मिलते हैं। इसकी तिथि 750-700 ई.पू. प्रतीत होती है।

**(घ) दक्षिण भारत** : दक्षिण भारत में महापाषाण अवस्था में लोहे की प्रचुरता का साक्ष्य मिलता है। हल्लूर से लोहे की सामग्री भारी मात्रा में प्राप्त हुई है।

अतः अब यह कहना ठीक नहीं है कि भारत में लोहे का आरंभ आर्यों के आगमन के साथ हुआ। जब उन्होंने लौह तकनीक तंत्र पर हिती एकाधिकार को नष्ट कर दिया। उपमहाद्वीप के पश्चिमी भाग में लोहा तभी मिलता है जब भीतरी भारत में मिलता है उससे पहले नहीं। और मध्य एवं दक्षिणी भारत में लोहे की अतिशयता को देखते हुए यह मानने में कोई कठिनाई नहीं होनी चाहिए कि भारत लौह तकनीक तंत्र का एक पृथक आरंभिक केंद्र था। यह भी उल्लेखनीय है कि उपमहाद्वीप के उत्तर-पश्चिम भाग, बलुचिस्तान और स्वात में जिस स्तर पर लोहा मिला है, वह भीतरी भारत में लोहा मिलने के बाद का स्तर है।

## सैंधव सभ्यता की देन

सामाजिक जीवन के क्षेत्र में चार वर्णों की व्यवस्था का आरंभ हुआ। विद्वान, योद्धा, व्यापारी, श्रमिक वर्ग इसी समय अस्तित्व में आए। **सामाजिक विषमता**–श्रमिक वर्ग के लिए अलग निवास स्थान होता था।

**आर्थिक**–चावल, गेहूँ एवं कपास की खेती की जाती थी। हल एवं बैल से खेती की पद्धति का आरंभ। पशुपालन की पद्धति। शिल्प एवं उद्योग का सहसंबंध। मृद्भांड, मृण्मूर्ति, मनके। व्यापार–आंतरिक एवं बाह्य। खनन–तांबा खेतरी से, सोना–कोलार से प्राप्त होता था। मानक बाट एवं माप की इकाई का प्रयोग। ये सारी चीजें आज भी प्रचलन में हैं।

**धार्मिक**–मातृदेवी की पूजा होती थी। इससे शक्ति मत का विकास हुआ। पशुपति शिव की पूजा का आरंभ इसी समय। लिंग पूजा की प्रथा भी प्रचलित थी। वृक्षपूजा का प्रमाण भी मिलता है। पीपल के वृक्ष की पूजा होती थी। पशुपूजा का प्रचलन था। वृषभ एवं भैंसा की पूजा की जाती थी। नागपूजा का भी प्रचलन था। जल को पवित्र माना जाता था। एवं सामूहिक स्नान की प्रथा थी। स्वास्तिक, स्तंभ एवं प्रतीक पूजा का आरंभ हुआ।

**कला**–दुर्ग एवं प्राचीर निर्माण की प्रथा का आरंभ इसी समय हुआ। सुनियोजित ढंग से नगर बसाए गए। स्तंभयुक्त भवन का निर्माण। मूर्तिकला का आरंभ। पाषाण, तांबा एवं कांसे की मूर्तिया बनाई जाती थी। वृषभ की आकृति। रामपुरवा में इसका अनुकरण। नर्तकी की मूर्ति। बाद में यक्ष–यक्षी की प्रतिमा बनी। नगर जीवन की आधार शिला, सुरक्षा, स्वास्थ्य एवं स्वच्छता पर बल। सड़क एवं रोशनी की व्यवस्था। उन्नत नाली प्रणाली।

इस तरह हम देखते हैं कि सिंधु सभ्यता की निरंतरता आगे भी बनी रही। आर्य तथा आर्येतर तत्वों के मिश्रण से ही भारतीय सभ्यता का सम्यक विकास हुआ। इस प्रकार परवर्ती भारतीय सभ्यता हड़प्पा सभ्यता का प्रभूत मात्रा में ऋणी है।

***

# 3

# वैदिक संस्कृति

सिंधु सभ्यता के पतन के उपरांत उत्तरी भारत में एक नई सभ्यता प्रकाश में आई। इसकी जानकारी वैदिक ग्रंथों से मिलती है। यह एक ग्रामीण सभ्यता थी। इसका विस्तार 1500 ई. पू. से 600 ई.पू. के बीच था। वैदिक काल को दो भागों में विभाजित किया गया है–ऋग्वैदिक काल (1500–1000 ई.पू.) और उत्तरवैदिक काल (1000–600 ई.पू.)।

## जानकारी के स्रोत

**ऋग्वेद** : यह 10 मंडलों में विभक्त है। इनमें 2 से 7 तक के मंडल प्राचीनतम माने जाते हैं। प्रथम एवं दशम मंडल बाद में जोड़े गए हैं। इसमें कुल 1028 सूक्त हैं। इसकी भाषा पद्यात्मक है। ऋग्वेद में 33 देवी-देवताओं का उल्लेख मिलता है। प्रसिद्ध गायत्री मंत्र जो सूर्य से संबंधित देवी सावित्री को संबोधित है, ऋग्वेद में सर्वप्रथम प्राप्त होता है। 'असतो मा सद्गमय' वाक्य ऋग्वेद से लिया गया है।

**यजुर्वेद** : यजुर्वेद में यज्ञ विधियों का वर्णन मिलता है। इसमें मंत्रों के साथ-साथ धार्मिक अनुष्ठानों का भी विवरण है जिसे मंत्रोच्चारण के साथ संपादित किए जाने का विधान सुझाया गया है। यजुर्वेद की भाषा पद्यात्मक तथा गद्यात्मक दोनों है। यजुर्वेद की दो शाखाएँ हैं–कृष्ण यजुर्वेद तथा शुक्ल यजुर्वेद। कृष्ण यजुर्वेद की चार शाखाएँ हैं–मैत्रायणी संहिता, काठक संहिता, कपिष्ठल संहिता। शुक्ल यजुर्वेद की दो शाखाएं हैं-मध्यान्दिन तथा कण्व संहिता। इसी ग्रंथ में पहली बार राजसूय तथा वाजपेय जैसे दो राजकीय समारोह का उल्लेख है।

**सामवेद** : सामवेद तीन शाखाओं में विभक्त हैं–कौथुम, राणायनीय और जैमिनीय। सामवेद को भारत की प्रथम संगीतात्मक पुस्तक होने का गौरव प्राप्त है।

**अथर्ववेद** : इसमें रोग तथा उसके निवारण के साधन के रूप में जादू-टोनों आदि की जानकारी दी गई है। इसमें अनेक प्रकार की औषधि का वर्णन है। अथर्ववेद की दो शाखाएँ हैं-शौनक और पिप्लाद।

**ब्राह्मण** : ब्राह्मण ग्रंथों की रचना संहिताओं के कर्मकांड की व्याख्या करने के लिए की गई थी। यह मुख्यतः गद्य शैली में लिखित है। ब्राह्मण ग्रंथों से हमें बिम्बिसार के पूर्व की घटना का ज्ञान प्राप्त होता है। ऐतरेय ब्राह्मण में राज्याभिषेक के नियम प्राप्त होते हैं। शतपथ ब्राह्मण में गंधार, शल्य, कैकेय, कुरु, पांचाल, कोसल, विदेह आदि का उल्लेख प्राप्त होता है।

| वेद | उपवेद | ब्राह्मण |
|---|---|---|
| ऋग्वेद | आयुर्वेद | ऐतरेय, कौषीतकी |
| यजुर्वेद | धनुर्वेद | तैतरीय, शतपथ |
| सामवेद | गन्धर्ववेद | पंचविश, षड्विश, जैमनीय, छान्दोग्य |
| अथर्ववेद | शिल्पवेद | गोपथ |

**आरण्यक** : आरण्यक की रचना जंगलों में ऋषियों द्वारा की गई थी। इसका प्रमुख प्रतिपाद्य विषय रहस्यवाद, प्रतीकवाद, यज्ञ और पुरोहिती दर्शन है। सामवेद और अथर्ववेद का कोई आरण्यक नहीं है।

**उपनिषद्** : इसमें मुख्य रूप से शाश्वत आत्मा, ब्रह्म, आत्मा-परमात्मा के बीच संबंध तथा विश्व की उत्पत्ति से संबंधित रहस्यवादी सिद्धांतों का विवरण दिया गया है। उपनिषदों की संख्या 108 है। 'सत्यमेव जयते' मुण्डकोपनिषद से लिया गया है।

**वेदांग और सूत्र साहित्य** : वेदांग को स्मृति भी कहा जाता है क्योंकि यह मनुष्यों की कृति मानी जाती है। वेदांग की संख्या छः है:

| | | |
|---|---|---|
| शिक्षा | – | स्वर ज्ञान |
| कल्प | – | धार्मिक रीति एवं पद्धति |
| निरुक्त | – | शब्द व्युत्पत्ति शास्त्र |
| व्याकरण | – | व्याकरण |
| छंद | – | छंद शास्त्र |
| ज्योतिष | – | खगोल विज्ञान |

## पुरातात्त्विक स्रोत

**1. अभिलेख** :

**बोगाजकोई अभिलेख** : यह अभिलेख 14वीं शती ई.पूर्व का है। इसमें वैदिक देवता इंद्र, मित्र, वरुण एवं नासत्य का उल्लेख मिलता है।

**कस्सी एवं मितन्नी अभिलेख** : यह अभिलेख 1600 ई.पू. का है। इसके अनुसार आर्यों की एक शाखा भारत आई।

2. चित्रित धूसर मृद्भांड।

3. भगवानपुरा (हरियाणा) से प्राप्त 13 कमरों वाला मकान-यहां से हड्डियों के ढेर एवं चित्रित धूसर मृद्भांड मिले हैं।

## ऋग्वैदिक काल

आर्य एक भाषायी समूह है। आर्य लोग कई वर्गों में विभाजित थे। इनमें पंचजन विशेष प्रसिद्ध था। ये पंचजन थे–अणु, द्रयु, यदु, तुर्वस और पुरु। भरत, क्रिवि और त्रित्सु आदि जन मुख्य रूप से उल्लेखनीय हैं। जन को गविष्टि से जोड़ा गया है। गविष्टि का शाब्दिक अर्थ है 'गायों की खोज'। ऋग्वेद में इसका प्रयोग युद्ध के लिए किया गया है। दसराज्ञ युद्ध परूष्णी (रावी) नदी के तट पर हुआ था जो जनों के आपसी कलह का परिणाम था। विश्वामित्र के आह्वान पर दस राजाओं के नेतृत्व में अनेक जनों ने भरतों के राजा सुदास पर आक्रमण किया, जिसमें सुदास विजयी हुए। इस काल में आर्य और अनार्य के बीच परस्पर संघर्ष होते रहते थे। अनार्य जातियों में मुख्य थे-अज, यसु, क्रिकट, पिशाच, शत्रु आदि। आर्य गोरे वर्ण के तथा लम्बे थे जबकि अनार्य काले वर्ण के थे। अनार्य को ऋग्वेद में दस्यु कहा गया है। संभवतः वे ही भारत के मूल निवासी थे। इस काल में वशिष्ठ और विश्वामित्र दो महान पुरोहित थे।

## राजनीतिक संगठन

वैदिक समाज मूलतः कबीलाई था। जनजातीय ग्रामों को सामूहिक रूप से 'विश' कहा जाता था। जनजाति का नेता 'राजन' कहलाता था। प्रत्येक जनजातीय कबीला ग्रामों में विभाजित था। ग्राम का नेता ग्रामणी कहलाता था। जनता राजा को चुनती थी। चुनाव के बाद राजा का राज्याभिषेक होता था। नियम कानून के अनुसार कार्य नहीं करने पर राजा को विश द्वारा पदच्युत किया जाता था। धीरे-धीरे राजपद वंशानुगत हो गए। राजा पर विदथ, सभा और समिति का अंकुश बना रहता था अर्थात् राजा निरंकुश नहीं था। राजा सर्वोच्च न्यायाधीश था। वैदिक कालीन न्यायाधीश को 'प्रश्नविनाक्' कहा जाता है। ऋग्वेद काल में राजा की सहायता के लिए पुरोहित, सेनानी तथा ग्रामणी प्रमुख अधिकारी थे। 'सेनानी' सेना का प्रधान होता था तथा युद्ध स्थल में सेना का नेतृत्व करता था। 'स्पश' गुप्तचर होते थे जो जनता की गतिविधियों पर नजर रखते थे तथा राजा को सारी गतिविधियों की जानकारी देते थे। 'प्रजापति' चारागाह का अधिकारी था। 'विदथ' आर्यों की प्राचीन संस्था थी, जिसे जनसभा भी कहा गया है। सभा और समिति के वास्तविक अर्थ पर विद्वानों के बीच मतभेद है। 'समिति' संभवतः सामान्य जनता की प्रतिनिधि सभा थी जो राजा को चुनती थी। यह राजा का चुनाव, पदमुक्ति व उस पर नियंत्रण रखती थी। इसमें ग्रामीण, सूत, कर्मकार और रथकार भी सम्मिलित होते थे। समिति के अध्यक्ष को 'ईशान' कहा जाता था। 'सभा' वृद्धों व अभिजात वर्गों की संस्था थी। अथर्ववेद में सभा एवं समिति को प्रजापति की दो पुत्रियों की संज्ञा दी गई है।

## प्रशासन

| | | |
|---|---|---|
| पुरोहित | – | राजा का परामर्शदाता |
| सेनानी | – | सेना–नायक |

| | | |
|---|---|---|
| ग्रामणी | – | ग्राम प्रमुख |
| विशपति | – | विश का प्रधान |
| भागदुध | – | कर संग्रह अधिकारी |
| व्राजपति | – | चारागाह का अधिकारी |
| कुलपति | – | परिवार का मुखिया |
| गोविकृत | – | वन का अधिकारी |
| अक्षवाप | – | द्युत अधिकारी, लेखाधिकारी |
| पालागल | – | राजा का मित्र |
| महिषी | – | राजा की पत्नी |
| सूत | – | राजा का सारथी |
| संग्रहीत | – | कोषाध्यक्ष |
| स्पश | – | गुप्तचर |

इस काल में राजा नियमित सेना नहीं रखता था। युद्ध के अवसर पर सेना एकत्र की जाती थी। इसे व्रात, गण, ग्राम एवं शर्ध कहा जाता था। इस काल में नियमित कर प्रणाली का विकास भी नहीं हुआ था। लोग स्वेच्छा से संपति का एक भाग राजा को देते थे जिसे बलि कहा जाता था।

## सामाजिक जीवन

सामाजिक संगठन का आधार गोत्र या जन्ममूलक सम्बन्ध था। समाज की आधारभूत इकाई 'परिवार' थी। परिवार का प्रधान 'कुलप' कहलाता था। कई परिवारों का समूह ग्राम और कई ग्राम मिलकर 'विश' बनता था। समाज में संयुक्त परिवार की परिपाटी थी। परिवार पितृतन्त्रात्मक था जिसमें पिता मुखिया होता था लेकिन परिवार में स्त्रियों का भी सम्मान था। ऋग्वैदिक काल में वर्णव्यवस्था के चिह्न भी दिखाई देते हैं। ऋग्वेद के 10वें मंडल के पुरुषसूक्त में ब्राह्मण, क्षत्रिय, वैश्य और शूद्र चार वर्णों का वर्णन है। सामाजिक संस्कारों में विवाह महत्वपूर्ण संस्कार था। विवाह वयस्क होने पर ही होता था। समाज में बाल विवाह प्रचलित नहीं था। समाज में सामान्यतः एक पत्नी प्रथा प्रचलित थी परंतु उच्च और धनी वर्गों में बहुपत्नी-प्रथा प्रचलित थी। अंतर्जातीय विवाह भी होता था। विधवा स्त्री अपने देवर या अन्य पुरुष से विवाह कर सकती थी अर्थात् पुनर्विवाह होते थे। इस प्रकार का विवाह पुत्र प्राप्ति के प्रयोजन से ही किया जाता था, जिसे नियोग कहा जाता था। बहुपतित्व प्रथा के भी चिह्न दिखाई देते हैं। ऋग्वैदिक काल में पुत्र एवं पुत्री की शिक्षा को बराबर महत्व दिया गया। पुत्री को गृहकार्य, ललितकला के अलावा वैदिक शिक्षा दी जाती थी। पुत्र की तरह ही पुत्री का भी उपनयन संस्कार कराया जाता था। शिक्षा गुरुकुल पद्धति पर आधारित थी। जहाँ मौखिक शिक्षा दी जाती थी। स्त्रियां सभा और समिति में भी भाग लेती थीं। सती एवं पर्दा प्रथा का प्रचलन

नहीं था। इस काल में दास प्रथा प्रचलित थी। दास की बजाए दासियों का दान ज्यादा प्रचलित था।

आर्य जौ (यव), धान तथा दाल में उड़द, मूंग आदि का उपयोग करते थे। गाय अघन्या अर्थात् न मारने योग्य थी लेकिन अतिथि सत्कार के अवसर पर गो-मांस खाया जाता था। अतः कहा जा सकता है कि ऋग्वैदिक आर्य मांस भी खाते थे। आर्य सुरा भी पीते थे। सोमरस का भी प्रचलन था।

| नदियों के प्राचीन एवं नवीन नाम | |
|---|---|
| **प्राचीन नाम** | **आधुनिक नाम** |
| वितस्ता | झेलम |
| अस्किनी | चिनाब |
| विपासा | व्यास |
| परुष्णी | रावी |
| शतुद्रि | सतलज |
| कुभा | काबुल |
| क्रुमु | कुर्रम |
| गोमती | गोमल |
| दृषद्वती | घग्घर |

## आर्थिक जीवन

ऋग्वैदिक सभ्यता ग्रामीण सभ्यता थी। पशुपालन मुख्य तथा कृषि उनका गौण पेशा था। पशुओं की वृद्धि हेतु देवताओं से प्रार्थना की जाती थी। गाय एक महत्वपूर्ण पशु के रूप में स्वीकार किया गया था। गाय का प्रयोग मुद्रा के रूप में भी होता था। बढ़ई, रथकार, लोहार, चमड़ा रंगने और ऊनी कपड़ा बुनने का शिल्प विकसित था। इस काल में पणियों का उल्लेख मिलता है, पर वे व्यापारी नहीं थे। संभवतः वे आर्यों की पशुएं चुराया करते थे। ऋग्वेद में कीनाश-हलवाहा को, लांगश-हल को, वृक-बैल को, करीष-गोबर की खाद को, पर्जन्य-बादल को, सीता-हल से बनी रेखा को कहा जाता था। अयस धातु के लिए प्रयुक्त होता था। इससे तांबे एवं कांसे का बोध होता था। आरंभिक आर्य लोहे से परिचित नहीं थे।

| ऋग्वेद में उल्लेखित शब्द | | | |
|---|---|---|---|
| **शब्द** | **संख्या** | **शब्द** | **संख्या** |
| इन्द्र | 250 | यव | 15 |
| अग्नि | 200 | ब्राह्मण | 14 |
| वरुण | 30 | सोम | 114 |
| जन | 275 | गंगा | 2 |
| विश | 170 | कृषि | 24 |
| गौ | 176 | सभा | 8 |
| विदथ | 122 | समिति | 9 |
| आर्य | 33 | | |

## धार्मिक जीवन

वैदिक कालीन लोग ईश्वरवादी थे। पितृपूजा एवं देवपूजा वैदिकयुगीन धर्म के अंग थे। इस काल के देवता प्रकृति की शक्तियों के कल्पनात्मक मानवरूप थे। इन्द्र सर्वप्रमुख व प्रतापी देवता था। इसे आर्यों का युद्ध नेता कहा गया है। ऋग्वेद में इन्द्र के लिए 250 सूक्त हैं। दूसरा

स्थान अग्नि का था। इनका कार्य देवता और मानव के बीच मध्यस्थता स्थापित करना था। इसी के माध्यम से देवताओं को आहुतियाँ दी जाती थीं। ऋग्वेद में अग्नि के लिए 200 सूक्त हैं। तीसरा स्थान वरुण का था जो जल या समुद्र का देवता था। इसे प्राकृतिक संतुलनकर्ता भी कहा गया है। इसे 'ऋतस्य गोपा' कहा गया। वनस्पतियों का देवता सोम को माना जाता था। ऋग्वेद का नवां मण्डल सोम को ही समर्पित है। आँधी का देवता मरूत थे। ऋग्वेद में अदिति, सूर्या, उषा आदि देवियों का उल्लेख है। ऋग्वेद में मंदिर या मूर्तिपूजा का उल्लेख नहीं है। इस युग में उपासना का मुख्य उद्देश्य भौतिक सुख की प्राप्ति था।

## उत्तरवैदिक काल

इस काल में आर्यों ने अपना विस्तार यमुना, ऊपरी गंगा और सदानीरा (गंडक) के मैदानों तक किया। दक्षिण में विन्ध्य तक आर्य संस्कृति का प्रसार हुआ। इस संस्कृति का मुख्य केन्द्र मध्य प्रदेश अर्थात् सरस्वती से गंगा के दोआब तक का प्रदेश था। कुरू, पांचाल और काशी उत्तरवैदिक काल के प्रमुख जनपद बन चुके थे। अनुमानतः महाभारत का युद्ध 950 ई.पू. के लगभग कौरवों और पाण्डवों के बीच लड़ा गया, परिणामतः सारा कुरू कबीला नष्ट हो गया।

## राजनीतिक स्थिति

उत्तर वैदिक काल में कबीलाई सत्ता का विस्थापन क्षेत्रीय सत्ता द्वारा हुआ। कई कबीलों ने मिलकर राष्ट्रों या जनपदों का निर्माण किया। पुरू एवं भरत मिलकर कुरू और तुर्वस एवं क्रिवि मिलकर पांचाल कहलाए। इस काल में राष्ट्र शब्द प्रदेश का सूचक था। उत्तर वैदिक काल में शासन तंत्र का आधार राजतंत्र था। राजा का पद वंशानुगत होता था यद्यपि जनता द्वारा राजा के चुनाव के उदाहरण भी मिलते हैं। स्थायी जीवन पद्धति की शुरूआत, कबीलों का एकीकरण तथा नियमित कर संग्रहण के कारण राजा की शक्ति में वृद्धि हुई। क्षेत्रीय राज्यों के उदय होने से अब 'राजन' शब्द का प्रयोग किसी क्षेत्र विशेष के प्रधान के लिए किया जाने लगा। सर्वप्रथम ऐतरेय ब्राह्मण में राजा की उत्पत्ति का सिद्धांत मिलता है। राजा के राज्याभिषेक के समय 'राजसूय' यज्ञ का अनुष्ठान किया जाता था। ऐसा माना जाता था कि इन यज्ञों से राजा को दिव्य शक्ति प्राप्त होती है। इसमें रत्निन नामक अधिकारियों के घर जाकर देवताओं को बलि दी जाती थी। साम्राज्य विस्तार के उद्देश्य से अश्वमेध यज्ञ किया जाता था। यह यज्ञ तीन दिन तक चलता था तथा इसमें घोड़ा प्रयुक्त होता था। इस यज्ञ से विजय और संप्रभुता की प्राप्ति होती है। वाजपेय यज्ञ का उद्देश्य राजा को नवयौवन प्रदान करना था। यह सत्रह दिनों तक चलता था। राजा की सगोत्रीय बंधु के साथ रथ दौड़ होती थी, जिसमें राजा का रथ सबसे आगे चलता था।

अथर्ववेद में राजा परीक्षित को मृत्यु का देवता कहा गया है। अथर्ववेद से राजा के निर्वाचन की सूचना प्राप्त होती है। राजा के मुख्य कार्य सैनिक और न्याय संबंधी होते थे। प्रशासनिक

संस्थाएं सभा और समिति का अस्तित्व तो था परंतु इनके पास पहले जैसे अधिकार नहीं रह गए थे। स्त्रियों का अब सभा, समिति में प्रवेश निषिद्ध हो गया। इस काल में विदथ पूर्णतया लुप्त हो गया। इस काल के अंत तक बलि और शुल्क के रूप में नियमित कर देना लगभग अनिवार्य हो गया था। संभवतः आय का सोलहवां हिस्सा कर के रूप में लिया जाता था। भागदूध कर संग्रह करने वाला अधिकारी होता था तथा संग्रहीता राजकोष के नियंता को कहा जाता था। सूत राजकीय चारण, कवि या रथवाहक था। राजा न्यायिक व्यवस्था का सर्वोच्च अधिकारी था। न्याय व्यवस्था में दैवी न्याय तथा व्यक्तिगत प्रतिशोध का स्थान था। गांवों के छोटे-मोटे विवाद 'ग्रामवादिन' द्वारा निपटाये जाते थे। स्थाई सेना अभी भी नहीं थी युद्ध के समय कबीले के सदस्य ही योद्धा का कार्य करते थे।

## सामाजिक जीवन

उत्तरवैदिक समाज स्पष्ट रूप से चार वर्णों में विभाजित हो गया-ब्राह्मण, क्षत्रिय (राजन्य), वैश्य और शूद्र। ऋग्वेद के पुरुष सूक्त में 'वैश्य' शब्द का प्रयोग सर्वप्रथम मिलता है। वैश्यों का मुख्य कार्य कृषि व पशुपालन था। ब्राह्मण, क्षत्रिय तथा वैश्य का उपनयन संस्कार होता था। अतः इन्हें 'द्विज' कहा गया। शूद्रों का उपनयन संस्कार नहीं होता था। शिल्पियों में रथकार को यज्ञोपवीत पहनने का अधिकार था। जाति परिवर्तन कठिन कार्य था।

**आश्रम-व्यवस्था** : उत्तरवैदिक काल में जीवन ब्रह्मचर्य, गृहस्थ, वानप्रस्थ और संन्यास इन चार आश्रमों में बंट गया। आश्रम व्यवस्था का उल्लेख सर्वप्रथम जाबालोपनिषद में मिलता है। धर्म, अर्थ, काम तथा मोक्ष इन चारों को पुरुषार्थो की संज्ञा दी गई तथा इनकी प्राप्ति हेतु आश्रम व्यवस्था स्थापित की गई। गृहस्थाश्रम का इस काल में विशेष महत्व था लेकिन संन्यास आश्रम इस समय विशेष प्रतिष्ठित नहीं हो पाया था।

**स्त्रियों की स्थिति** : इस काल में स्त्रियों की दशा खराब होने लगी थी। अथर्ववेद में पुत्री के जन्म पर दुख प्रकट किया गया है। ऐतरेय ब्राह्मण में पुत्री को 'कृपण' या नृपत्रि कहा गया है। स्त्रियाँ उपनयन संस्कार से वंचित हो गईं। विवाह के अलावा उनके अन्य सभी संस्कार बिना वैदिक मंत्रों के संपन्न किए जाते थे। हालांकि पत्नी के रूप में उसे सम्मान प्राप्त था, क्योंकि कई स्थानों पर उसे अर्द्धांगिनी की संज्ञा दी गई है। स्त्रियों को नृत्य, संगीत, वाद्ययंत्र तथा ललित कलाओं की शिक्षा दी जाती थी। अथर्ववेद के अनुसार स्त्रियाँ यज्ञों में भाग लेती थीं। इस काल की विदुषी स्त्रियों में गार्गी, मैत्रेयी आदि का उल्लेख मिलता है। कहीं-कहीं स्त्री शिक्षिकाओं का भी वर्णन मिलता है। स्त्रियाँ सामाजिक कार्यों में हाथ बँटाती थी। सूत तथा ऊन की कताई-बुनाई का कार्य स्त्रियाँ सम्पन्न करती थीं। इन सबके बावजूद स्त्रियों का सभा में प्रवेश निषिद्ध हो गया।

**गोत्र** : ऋग्वेद में गोत्र का अर्थ था–'गोशाला' या गायों का झुंड। इन्द्र को पणियों द्वारा बंद गोशाला को तोड़ने वाला बताया गया है। इसी कारण इन्द्र को गोत्रभिद् की उपाधि दी

गई, जिसका उल्लेख ऋग्वेद में मिलता है। गोत्र कृषि व्यवस्था के लिए अत्यंत आवश्यक थी। अथर्ववेद् में 'विश्वगोत्र' का उल्लेख मिलता है, जिसका तात्पर्य परिवार की गायों से लिया जाता है। गोत्रों का आधुनिक प्रयोग धर्मसूत्रों के काल से आरम्भ हुआ। बौधायन श्रौत सूत्र के अनुसार विश्वामित्र, जमदग्नि, भारद्वाज, गौतम, अत्रि, वशिष्ठ, कश्यप एवं अगस्त्य इन्हीं आठों की संतानें अलग-अलग गोत्र कहलायीं।

**संस्कार** : इस काल में वर्ण और आश्रम के साथ संस्कारों की व्यवस्था की गई। ये व्यक्ति को संगठित और अनुशासित करने के विभिन्न उपाय थे, ताकि वह समाज में रहकर सुखमय जीवन व्यतीत कर सके। इनसे व्यक्ति और समाज दोनों का हित संपादित होता था। संस्कार धार्मिक और कर्मकाण्ड-क्रियाओं के रूप में जन्म से मरण पर्यन्त किए जाते थे। इनका उद्देश्य मानव की भौतिक और सांस्कृतिक उन्नति ही नहीं उसकी शुद्धि करना भी था। गृह्यसूत्र में संस्कारों की संख्या बारह से लेकर अठारह तक दी गई है, किन्तु आगे जाकर इनकी संख्या सोलह निश्चित हो गई जो इस प्रकार है-1. गर्भाधान, 2. पुंसवन, 3. सीमंतोन्नयन, 4. जातकर्म, 5. नामकरण, 6. निष्क्रमण, 7. अन्नप्राशन, 8. चूड़ाकर्म, 9. कर्णवेध, 10. विद्यारंभ, 11. उपनयन, 12. वेदारंभ, 13. केशान्त, 14. समावर्तन, 15. विवाह और 16. अन्त्येष्टि।

**मनु स्मृति में विवाह के 8 प्रकार बताए गए हैं।**

1. **ब्रह्म विवाह**-दहेज सहित उसी श्रेणी के पुरुष के साथ।
2. **दैव विवाह**-यज्ञकर्ता पुरोहित के साथ।
3. **आर्य विवाह**-वधु के संरक्षक को एक जोड़ी गाय या बैल देना होता था।
4. **प्रजापत्य**-बिना दहेज का योग्य वर से विवाह।
5. **असुर विवाह**-इस विवाह में कन्या को उसके पिता से क्रय कर लिया जाता था।
6. **गन्धर्व विवाह**-इसमें कन्या तथा वर परस्पर प्रेम विवाह करते थे। इसमें माता-पिता की अनुमति नहीं ली जाती थी और यह गुप्त रूप से किया जाता था।
7. **राक्षस विवाह**-कन्या का अपहरण करके उसकी इच्छा के विरुद्ध संपन्न विवाह था।
8. **पैशाच विवाह**-इसमें कन्या को नशायुक्त पदार्थ पिलाकर या सोयी हुई कन्या से अर्द्धविक्षिप्त अवस्था में शारीरिक संबंध स्थापित किया जाता था।

## आर्थिक जीवन

**कृषि** : उत्तरवैदिक काल में आर्यों का मुख्य व्यवसाय कृषि हो गया। तैत्तरीय उपनिषद् में अन्न को ब्रह्म कहा गया है। कृषि हल-बैल की सहायता से होती थी। कभी-कभी हल को छः से बारह बैल तक खींचते थे। शतपथ ब्राह्मण में जुताई, बुआई, कटाई, मड़ाई आदि का उल्लेख मिलता है। फसल वर्ष में दो बार उगाई जाती थी। भिन्न-भिन्न प्रकार के अनाजों का उत्पादन होता था। यथा-जौ, गेहूँ, धान, उड़द, तिल, गन्ना, मूंग, मसूर आदि। सामाजिक

वर्गीकरण पर दृष्टि डाली जाए तो पाते हैं कि कई अनुत्पादी वर्ग मौजूद थे जिनमें ब्राह्मण, क्षत्रिय, व्यापारी, सेवा से जुड़े लोग थे। इतने वर्गों की उपस्थिति कृषि अधिशेष की स्पष्ट सूचना देती है।

**धातु ज्ञान** : आर्य सबसे पहले तांबा से परिचित हुए (धातुओं में)। वे तांबा और कांसे के साथ लोहे से भी परिचित हुए। गांधार प्रदेश (पाकिस्तान) में 1000 ई.पू. के आसपास लोहे का प्रयोग होने लगा था। पुरातात्विक साक्ष्यों से यह ज्ञात होता है कि 800 ई.पू. के लगभग पश्चिमी उत्तरप्रदेश में तीरों के फलक और भालों के फलक जैसे लौह औजार बनने लगे थे। उत्तरवैदिक काल के ग्रंथों में लोहे को 'श्याम अयस' या 'कृष्ण अयस' कहा गया है।

**व्यापार** : अथर्ववेद के अनुसार देश के व्यापारी अपनी सामग्री के साथ एक स्थान से दूसरे स्थान पर जाया करते थे। शतपथ ब्राह्मण में सिक्के के रूप में शतमान का वर्णन है। यह भी तौल में निष्क के बराबर था। व्यवसाय में कई समूह शामिल थे जिनके भिन्न-भिन्न कार्य होते थे। रथकार, कर्मकार, सूत्र, सूराकार, तक्षक मुख्य व्यवसायी थे। श्रेणी (एक प्रकार का व्यापारिक संगठन) का प्रयोग विभिन्न ग्रन्थों में मिलता है। वणिक एवं व्यापारियों के भी संगठन थे।

**मृद्भांड कला** : उत्तरवैदिक काल के लोग चार प्रकार के मृद्भांड से परिचित थे-काले व लाल मृद्भांड, काले रंग के भांड, चित्रित धूसर भांड और लाल भांड। चित्रित धूसर भांड इस युग की विशेषता थी। लाल मृद्भांड भी काफी लोकप्रिय था। व्यापार किए जाने वाले वस्तुओं में धातु, अनाज, मृद्भांड एवं विलासिता की वस्तुओं को प्रमुखता से रखा जा सकता है।

## धार्मिक जीवन

उत्तरवैदिक काल में इन्द्र और अग्नि का महत्व कम हो गया। इस काल के देवकुल में सृष्टि के निर्माता प्रजापति का स्थान सर्वोच्च हो गया। रुद्र जो पशुओं का देवता था। इस समय महत्वपूर्ण हो गया तथा आगे चलकर रुद्र और शिव का समन्वय हुआ। पूषन शूद्रों के देवता बन गए तथा विष्णु आर्यों के संरक्षक देवता के रूप में उभरे। इस समय तक आते-आते मूर्तिपूजा आरंभ हो गई थी। याज्ञिक कर्मकांडों की प्रधानता बढ़ गई। यज्ञों में पशुबलि की प्रथा आरम्भ हुई। मंत्रोच्चारण का महत्व बढ़ने लगा तथा पुरोहित के मान और प्रतिष्ठा में काफी वृद्धि हुई। कर्मकाण्डी प्रथा के कारण पुरोहितों की संख्या में काफी वृद्धि हुई अब होतृ (ऋग्वेद), उद्‌गातृ (यजुर्वेद), अध्वर्यु (सामवेद), ब्राह्मण (अथर्ववेद) में से प्रत्येक के अनेक सहकारी हो गए। जादू-टोना तथा भूत-प्रेत में लोगों का विश्वास बढ़ने लगा। वनों में वानप्रस्थों द्वारा रहस्य विद्या का ग्रंथ 'आरण्यक' की रचना हुई। इन सबको देखकर यही अंदाजा लगाया जा सकता है कि इस काल में समय के संदर्भ में कर्मकांडीय विचारधारा बढ़ती जा रही थी। बढ़ते कर्मकांडों ने समाज के प्रत्येक क्षेत्र पर प्रभाव डाला था जैसे-सामाजिक संघर्ष बढ़े, राजनीतिक क्षेत्र में राजा की शक्ति में वृद्धि हुई, आर्थिक विकास के बाद भी अर्थव्यवस्था पर दबाव पड़ रहे थे।

उत्तरवैदिक काल के अंतिम दौर में यज्ञ, पशु बलि तथा कर्मकांड के प्रति तीव्र प्रतिक्रिया हुई। उपनिषद् इन्हीं भावनाओं की अभिव्यक्ति हैं जिसमें यज्ञ और कर्मकांड के स्थान पर ज्ञान को मुक्ति का मार्ग बतलाया गया है। आर्यों ने मृत्यु के पश्चात पुनर्जन्म से संबंधित विचारों को ग्रहण किया। बृहदारण्यक उपनिषद् में पहली बार पुनर्जन्म के सिद्धांत को मान्यता प्रदान की गई।

## सिंधु और वैदिक सभ्यता में समानता एवं असमानता

### समानता

1. भौगोलिक समानता-दोनों संस्कृतियां उत्तर भारत की थीं। पंजाब से गंगाघाटी तक इनका विस्तार था।
2. दोनों संस्कृतियों में पशुपालन एवं कृषि मुख्य पेशा था।
3. दोनों संस्कृतियों में सिक्के का प्रयोग नहीं होता था।
4. धर्म की प्रधानता दोनों संस्कृतियों में थी पर मंदिरों का अस्तित्व नहीं मिलता। लोग प्रकृति की विभिन्न शक्तियों की पूजा करते थे।
5. दोनों संस्कृतियों में सामाजिक स्तरीकरण और विभेद थे।
6. दोनों संस्कृतियों में उन्नत मृद्भांड का प्रयोग किया जाता था।।
7. दोनों संस्कृतियों में वस्तु विनिमय प्रणाली प्रचलित थी।

### असमानता

1. सिंधु सभ्यता के निर्माता भारत के मूल निवासी थे, जिन्हें द्रविड़ कहा जाता था। वैदिक सभ्यता के निर्माता मध्य एशिया से आए लोग थे जो आर्य कहलाते थे।
2. वैदिक सभ्यता ग्रामीण एवं कृषि प्रधान थी, जबकि सैंधव सभ्यता नगरीय एवं व्यापार वाणिज्य प्रधान थी। सिंधुवासी शांतिप्रिय थे जबकि आर्य युद्धजीवी।
3. आर्यों के मकान घास-फूस तथा बांस के बने होते थे किंतु सैंधव लोग पक्की ईंटों का प्रयोग करते थे।
4. सैंधव सभ्यता के निर्माता पाषाण तथा कांसे के उपकरणों का प्रयोग करते थे, और वे लोहे से परिचित नहीं थे। इसके विपरीत वैदिक आर्यों को लोहे का ज्ञान था।
5. वैदिक आर्य वरुण आदि देवताओं के उपासक थे, वे यज्ञ करते थे तथा लिंग पूजा एवं मूर्ति पूजा के विरोधी थे। परंतु सैंधव लोग मुख्य रूप से मातृ देवी तथा शिव के पूजक थे। लिंग की पूजा करते थे तथा मूर्तिपूजा के समर्थक थे।

6. आर्यों का प्रिय पशु अश्व था, जिसकी सहायता से वे युद्धों में विजय प्राप्त करते थे। किंतु सैंधव लोग अश्व से परिचित नहीं थे। सिंधु सभ्यता के लोग व्याघ्र एवं हाथी से परिचित थे क्योंकि इनकी मुद्राओं पर इनका अंकन हुआ है। इसके विपरीत वैदिक आर्यों को इनका ज्ञान नहीं था।
7. आर्यों के धार्मिक जीवन में गाय की महत्ता थी। इसे अघन्या कहा गया है। इसके विपरीत सैंधव लोग वृषभ को पवित्र एवं पूज्य मानते थे।
8. सैंधव निवासियों की अपनी एक लिपि थी जबकि आर्य लिपि से परिचित नहीं लगते। उनकी शिक्षा प्रणाली मौखिक थी।

इस प्रकार हम देखते हैं कि दोनों सभ्यताओं का स्वरूप एवं आधार बिल्कुल ही अलग था। अतः समानता की तुलना में असमानता के बिन्दु अधिक स्पष्ट थे।

***

# 4

# महाजनपद काल

ई.पू. छठी शताब्दी में भारतीय राजनीति में एक नया परिवर्तन दृष्टिगत होता है। वह है अनेक शक्तिशाली राज्यों का उदय। लोहे के उपयोग के फलस्वरूप अब कृषि व्यवस्थित ढंग से होने लगी। इसके कारण लोगों में स्थायित्व की भावना पनपी। छोटे-छोटे कबीले अब राज्य के रूप में परिवर्तित होने लगे। अधिशेष उत्पादन एवं नियमित कर प्रणाली ने राज्य संस्था को मजबूत बनाने में योगदान दिया। सामरिक रूप से शक्तिशाली तत्वों को इस अधिशेष एवं लौह तकनीक पर आधारित उच्च श्रेणी के हथियारों से जन से जनपद एवं साम्राज्य बनने में काफी योगदान मिला।

## जानकारी के स्रोत

1. **बौद्ध साहित्य** : इनमें महाजनपद काल की स्थिति का वर्णन मिलता है। अंगुतर निकाय में 16 महाजनपदों का उल्लेख एवं मगध तथा कोशल के राजनीतिक संघर्ष का वर्णन मिलता है। जातक ग्रंथ में कुरु प्रदेश की राजधानी इंद्रप्रस्थ का उल्लेख मिलता है। महापरिनिर्वाण सुत के अनुसार अजातशत्रु ने बुद्ध की अस्थियों को लेकर राजगृह में एक स्तूप का निर्माण करवाया था। दिव्यावदान में कालाशोक का नाम काकवर्ण मिलता है।
2. **जैन साहित्य** : भगवती सूत्र में 16 महाजनपदों का उल्लेख मिलता है। इनमें मगध सबसे शक्तिशाली था। इसमें अजातशत्रु का वज्जि संघ के साथ संघर्ष का उल्लेख है।
3. **हिंदू धर्मग्रंथ** : पुराणों के अनुसार बिम्बिसार ने मगध पर 28 वर्षों तक शासन किया। मगध शासक शिशुनाग द्वारा अवन्ति पर आक्रमण कर उसकी सेना के नष्ट किए जाने का वर्णन मिलता है। पुराणों में महापद्मनंद को नंद वंश का वास्तविक संस्थापक बताया गया है एवं उसे सर्वक्षत्रांतक कहा गया है।

## प्रमुख जनपद

**अंग** : बिहार राज्य के भागलपुर जिले के समीपवर्ती क्षेत्र में यह महाजनपद अवस्थित था। चंपानगरी इस महाजनपद की राजधानी थी, जो गंगा नदी के तट पर बसी थी। यह नगर सभ्यता, संस्कृति तथा व्यापार का प्रमुख केन्द्र था। ब्रह्मदत्त यहां का प्रसिद्ध राजा था जिसने संघर्ष में मगध के शासक राजा भट्ठिय को पराजित किया था। बाद में इस राज्य की शक्ति क्षीण होने पर मगध सम्राट बिम्बिसार ने अंग को पराजित कर उसे मगध में मिला लिया।

**मगध** : बिहार के पटना और गया जिले की सीमाओं में विस्तृत यह महाजनपद अपने समकालीनों में सर्वाधिक महत्वपूर्ण था। इसकी प्राचीन राजधानी गिरिवज्र (राजगृह या राजगीर) थी। बाद में राजा उदयन नें पाटलिपुत्र की स्थापना करके उसे अपनी राजधानी बनाया। वृहद्रथ और जरासंध यहां के प्रमुख शासक थे। बाद में हर्यकवंशीय शासक बिम्बिसार तथा अजातशत्रु के काल में यह उत्तर भारत का सबसे शक्तिशाली राज्य बन गया।

**काशी** : इसकी राजधानी वाराणसी थी जो वरुणा और अस्सी नदियों के संगम पर बसी हुई थी। यह भारतवर्ष की प्रथम नगरी थी। तेइसवें जैन तीर्थंकर पार्श्वनाथ के पिता अश्वसेन काशी के राजा थे। वैभव, शिल्प, बुद्धि और ज्ञान की दृष्टि से यह नगरी प्रसिद्ध थी। इस राज्य का सर्वाधिक शक्तिशाली शासक ब्रह्मदत्त था। कोशल राज्य से लंबे संघर्ष के कारण इसकी शक्ति क्षीण हो गई और कालांतर में कोशल ने इसे अपने राज्य में मिला लिया।

**कोशल** : इस महाजनपद की राजधानी श्रावस्ती थी। इससे पूर्व इसकी राजधानी अयोध्या या साकेत थी। प्रसेनजित जो महात्मा बुद्ध का अनुयायी था, यहां का प्रसिद्ध राजा हुआ। शाक्यों की राजधानी कपिलवस्तु इसी महाजनपद के अंतर्गत थी। कोशल शासकों ने लंबे संघर्ष के बाद काशी को अपने राज्य में मिला लिया। बाद में मगध ने कोशल को अपने राज्य में मिला लिया।

**वज्जि** : यह आठ राज्यों का एक संघ था, जिसमें 'विदेह', 'लिच्छवि', 'ज्ञातृक' तथा वज्जि संघ सर्वाधिक प्रसिद्ध थे। यह राज्य आधुनिक बिहार के उत्तरी भाग में विस्तृत था, इसकी राजधानी वैशाली थी। कालांतर में मगध के राजा अजातशत्रु ने इसे अपने राज्य में मिला लिया।

**मल्ल** : वज्जियों के उत्तरी भाग में स्थित इस महाजनपद की दो शाखाएँ थीं। एक भाग की राजधानी 'कुशीनारा' थी, दूसरे भाग की राजधानी 'पावापुरी'। कुशीनारा में महात्मा बुद्ध ने अंतिम भोजन की तो पावापुरी में उनकी मृत्यु हुई। वज्जियों की भांति यहां भी गणतंत्र था। कालांतर में यह मगध साम्राज्य का अंग बन गया।

**चेदि** : वर्तमान बुंदेलखंड में स्थित इस महाजनपद की राजधानी शुक्तिमती थी। महाभारत में उल्लिखित शासक शिशुपाल यहीं का शासक था। चेदियों का संबंध मत्स्य, कुरू एवं काशी से था, बाद में यह महाजनपद शक्तिहीन हो गया।

**वत्स** : चेदि महाजनपद के उत्तर-पूर्व में स्थित इस महाजनपद की राजधानी कौशाम्बी थी। यह आधुनिक इलाहाबाद से 45 कि.मी. की दूरी पर स्थित है। इस महाजनपद का महत्व व्यापार के दृष्टिकोण से अधिक था। छठी सदी ई.पूर्व में उदयन यहां का प्रसिद्ध शासक हुआ। समकालीन अवन्ति महाजनपद से इसका संघर्ष चलता रहा।

**कुरू** : वर्तमान दिल्ली और मेरठ के समीपवर्ती प्रदेश कुरू राज्य के अंतर्गत थे। इसकी राजधानी इन्द्रप्रस्थ थी। उत्तराध्ययन सूत्र में इक्ष्वाकु नाम के राजा का उल्लेख मिलता है जो इसी महाजनपद का शासक था। महात्मा बुद्ध के समय यह एक गणतंत्र के रूप में विद्यमान था।

**पांचाल** : वर्तमान रूहेलखंड तथा उसके समीपवर्ती जिले इस महाजनपद के अंतर्गत थे। महाभारत के अनुसार उत्तरी पांचाल की राजधानी 'अहिच्छत्र' तथा दक्षिण पांचाल की राजधानी 'काम्पिल्य' थी। महाभारत की नायिका द्रौपदी इसी महाजनपद की राजकुमारी थी। ब्रह्मदत्त पांचाल देश का महान शासक था जिसके बारे में साहित्यिक स्रोतों से जानकारी मिलती है।

**अस्मक** : यह महाजनपद दक्षिण भारत में गोदावरी नदी के तट पर स्थित था। इसकी राजधानी सौंदर्य (आधुनिक पोतन या प्रतिष्ठान) थी। यहां के राजा प्रवर अरूण तथा उसके मंत्री नन्दिसेन का उल्लेख चुल्लक लिंग जातक में मिलता है। अवंति महाजनपद से इसका संघर्ष हुआ, बाद में अवंति ने इसे अपने राज्य में मिला लिया।

**अवंति** : आधुनिक भारत का मालवा प्रांत प्राचीन भारत का अवंति जनपद था। उत्तरी अवंति की राजधानी 'उज्जयिनी' तथा दक्षिणी अवंति की राजधानी 'महिष्मती' थी। दोनों नगर सांस्कृतिक तथा धार्मिक दृष्टिकोण से अत्यंत महत्वपूर्ण थे। महात्मा बुद्ध के समकालीन चंड प्रद्योत नामक शासक के अधीन यह महाजनपद अत्यधिक शक्तिशाली हो गया। कौशल तथ मगध से इसका लंबे समय तक संघर्ष चला। अंततः यह मगध साम्राज्य का एक अंग बन गया

**मत्स्य** : इस महाजनपद के अंतर्गत वर्तमान जयपुर-अलवर तथा भरतपुर के कुछ भाग शामिल थे। विराट नगरी इस महाजनपद की राजधानी थी जिसकी स्थापना विराट नामक शासक ने की थी। महाभारत में मत्स्य राज 'शहाज' का उल्लेख है। पहले यह चेदियों के अधीन था, बाद में मगध साम्राज्य का अंग बन गया।

**शूरसेन** : मत्स्य महाजनपद के दक्षिण-पूर्व में स्थित इस महाजनपद की राजधानी मथुरा थी। बौद्ध ग्रंथों में उल्लिखित 'अवन्तिपुत्र' शूरसेन का ही राजा था। काव्य मीमांसा में यहां के एक राजा कुविन्द्र का उल्लेख है। पहले यहां गणतंत्र था, बुद्ध के समय यहां राजतंत्र की स्थापना हुई। अवन्ति तथा शूरसेन राज्यों में वैवाहिक संबंध थे, बाद में यह महाजनपद मगध में मिला लिया गया।

**गांधार** : यह आधुनिक अफगानिस्तान में स्थित था। कश्मीर, पश्चिमोत्तर प्रदेश, पेशावर, तक्षशिला के प्रदेश इस महाजनपद के अंतर्गत शामिल थे। 'तक्षशिला' इस राज्य की राजधानी थी, जो व्यापार एवं शिक्षा का एक प्रसिद्ध केन्द्र था। बुद्ध के काल में यहां के शासक (पुष्कर सरीन) ने मगध नरेश बिम्बिसार के दरबार में अपना एक दूत भेजा था।

**कम्बोज** : यह महाजनपद आधुनिक कश्मीर, पाकिस्तान तथा पामीर के भू-भाग में विस्तृत था। संभवतः यह गांधार महाजनपद का पड़ोसी था तथा उसके उत्तर-पश्चिम में स्थित था। 'हाटक' इस महाजनपद की राजधानी थी। महाभारत के अनुसार यहां राजतंत्र था जबकि अर्थशास्त्र के अनुसार यहां गणतंत्रीय व्यवस्था लागू थी।

इन महाजनपदों में राजतंत्रात्मक व्यवस्था थी। इसी काल में गंगाघाटी में कई गणराज्य उपस्थित थे :

| गणराज्य | क्षेत्रीय विस्तार |
|---|---|
| 1. कपिलवस्तु के शाक्य | नेपाल की तराई में |
| 2. सुसुमार पर्वत के भग्ग | मिर्जापुर (उत्तर प्रदेश) जिले में |
| 3. अल्लकप्प के बुलि | आरा एवं मुजफ्फरपुर (बिहार) के मध्य |
| 4. केसपुत्त के कालाम | संभवतः सुल्तानपुर (उत्तर प्रदेश) के निकट |
| 5. रामग्राम के कोलिय | गोरखपुर (उत्तर प्रदेश) के निकट |
| 6. कुशीनारा के मल्ल | देवरिया (उत्तर प्रदेश) जिले में |
| 7. पावा के मल्ल | देवरिया (उत्तर प्रदेश) पड़रौना में |
| 8. पिप्पलिवन के मोरिय | गोरखपुर (उत्तर प्रदेश) के निकट |
| 9. वैशाली के लिच्छवि | वैशाली (बिहार) बसाढ़ में |
| 10. मिथिला के विदेह | दरभंगा (बिहार) के निकट |

## मगध का उत्कर्ष

16 महाजनपदों में चार अधिक महत्वपूर्ण थे-(1) कोशल, (2) वत्स, (3) अवन्ति तथा (4) मगध। इन चार राज्यों में मगध राज्य सर्वाधिक शक्तिशाली सिद्ध हुआ। कालांतर में मगध का इतिहास ही भारत के इतिहास में परिवर्तित हो गया। मगध साम्राज्य का संस्थापक बिम्बिसार था वह महात्मा बुद्ध का मित्र एवं संरक्षक था।

मगध के उत्थान के कई कारण थे-

1. **भौगोलिक स्थिति अनुकूल**-गंगा के दोआब क्षेत्र में स्थित होने के कारण यह प्रदेश कृषि के लिए उपयुक्त था। आसपास के क्षेत्र में लोहे के समृद्ध भंडार थे। उससे प्रभावशाली हथियार बनाना संभव हुआ।

2. **राजधानी का सुरक्षित होना** - पाटलिपुत्र की स्थिति जलदुर्ग की थी। राजगीर चारों ओर से पहाड़ी से घिरा हुआ था।

3. **प्रमुख व्यापारिक मार्गों पर मगध का नियंत्रण** - गंगा प्रमुख जलमार्ग था। इस पर नियंत्रण के कारण अधिक मात्रा में धन की प्राप्ति हुई। इससे नगरों का विकास संभव हुआ। अब सुदृढ़ सेना रखना संभव।

4. संगठित सैन्य व्यवस्था का लाभ। घोड़े और रथ के साथ हाथी का प्रयोग। सामान ढोने एवं दुर्ग पर आक्रमण के लिए हाथी अधिक उपयोगी होते थे।

5. मगध का आर्यीकरण काफी बाद में हुआ। इस कारण राज्य के विस्तार का उत्साह अधिक था।

6. **शासकों की भूमिका** - युद्ध एवं वैवाहिक नीतियों के कारण साम्राज्य का विस्तार करने में सफल रहे।

**बिम्बिसार (544-492 ई.पू.)** : इसने हर्यक वंश की स्थापना की तथा अपनी राजधानी राजगृह को बनाया। अंग पर अधिकार कर उसका शासन अपने पुत्र अजातशत्रु को सौंप दिया। इसने वैवाहिक सम्बन्ध द्वारा अपनी राजनीतिक स्थिति मजबूत की। इसने तीन विवाह किए–प्रथम पत्नी कोशल की राजकुमारी तथा प्रसेनजित की बहन कोशल देवी थी। इस विवाह के फलस्वरूप काशी ग्राम मिला जिससे एक लाख की आय होती थी। द्वितीय पत्नी लिच्छवी राजकुमारी चेलन्ना थी तथा तीसरी मद्रदेश (पंजाब) की राजकुमारी थी। अवन्ति के शासक चण्ड प्रद्योत से बराबर संघर्ष चलता रहा लेकिन अंत में दोस्ती हुई। बिम्बिसार ने प्रसिद्ध वैद्य जीवक को उसके इलाज के लिए अवंति भेजा था।

**अजातशत्रु (492-460 ई.पू.)** : उसका वास्तविक नाम कुणिक था। अपने पिता की हत्या कर वह सिंहासन पर बैठा। अपनी साम्राज्य विस्तार की नीति के तहत काशी तथा कोशल पर अधिकार किया। एक लम्बे संघर्ष के बाद प्रसेनजित ने अपनी पुत्री वाजिरा की शादी अजातशत्रु से कर दी। उसका संघर्ष वैशाली के साथ भी हुआ। वैशाली पर अधिकार करने में अजातशत्रु को 16 साल लगे। वस्सकार उसका मंत्री था, जिसकी सहायता से उसने वज्जि संघ की एकता को भंग करने में सफलता पाई। युद्ध में उसने रथमूसल एवं महाशिलाकंटक जैसे हथियारों का प्रयोग किया था। उसने अवंति के हमले से सुरक्षा हेतु राजगृह की किलेबंदी की। उसी के समय प्रथम बौद्ध संगीति का आयोजन किया गया।

**उदयन (460-444 ई.पू.)** : परिशिष्टपर्वण, गार्गी संहिता एवं वायु-पुराण के अनुसार उदयन ने गंगा एवं सोन नदी के संगम पर पाटलिपुत्र नामक राजधानी की स्थापना की। उदयन के बाद अनिरुद्ध, मुण्ड तथा नागदशक ने 412 ई.पू. तक शासन किया। नागदशक हर्यक वंश का अंतिम शासक था।

**शिशुनाग वंश (412-344 ई.पू.)** : शिशुनाग ने हर्यक वंश को समाप्त कर शिशुनागवंश की स्थापना की। महावंश टीका में उसे एक लिच्छवि राजा की वेश्या पत्नी से उत्पन्न बताया गया है परंतु पुराणों में उसे क्षत्रिय कहा गया है। शिशुनाग की एक मुख्य उपलब्धि अवंति पर विजय प्राप्त कर उसे मगध में मिलाना था। उसका वत्स तथा कोशल पर भी अधिकार हो गया। शिशुनाग ने वैशाली को अपनी राजधानी बनाया। कालाशोक या काकवर्ण ने पुनः वैशाली के स्थान पर पाटलिपुत्र को राजधानी बनाया। इसी के समय द्वितीय बौद्ध संगीति का आयोजन किया गया जिसमें बौद्ध सम्प्रदाय स्थविर एवं महासंधिक दो भागों में बँट गया। इस वंश का अंतिम शासक नंदिवर्द्धन था।

**नन्द वंश (344-323 ई.पू.)** : पुराणों के अनुसार इस वंश का संस्थापक महापद्मनंद था। पुराणों में उसके लिए पृथ्वी का राजा एकछत्र, अनुलंघित शासक एवं एकराट की उपाधि का प्रयोग किया गया है। नन्दों की सेना तत्कालीन राज्यों में सर्वाधिक शक्तिशाली थी। नंदों ने पाटलिपुत्र को समस्त भारत का केन्द्र बनाया। महापद्मनन्द के आठ पुत्रों में घनानंद सबसे छोटा था तथा उसी के समय सिकन्दर ने भारत पर आक्रमण किया। नंदों ने सबसे पहले साम्राज्य तथा केंद्रीय प्रशासन की नींव डाली। इसी कारण उन्हें भारत का प्रथम साम्राज्य निर्माता कहा जाता है। महापद्मानंद के आठ उत्तराधिकारियों ने इस क्रम में शासन किया- 1. पण्डुक, 2. पण्डुगति, 3. भूतपाल, 4. राष्ट्रपाल, 5. गोविशांक, 6. दास सिद्धक, 7. कैवर्त, 8. घनानंद। घनानंद इस वंश का अंतिम शासक था।

***

# 5

# धार्मिक आंदोलन

ईसा पूर्व छठी शताब्दी में गंगा के मैदानी भाग में अनेक धार्मिक संप्रदायों का उदय हुआ। इस युग में करीब 62 संप्रदाय अस्तित्व में आए। इनमें से कई संप्रदाय पूर्वोत्तर भारत में रहने वाले विभिन्न समुदायों में प्रचलित धार्मिक प्रथाओं और अनुष्ठान विधियों पर आधारित थे। इनमें जैन एवं बौद्ध संप्रदाय अधिक महत्वपूर्ण थे। इन दोनों का उद्भव धार्मिक सुधार के परम शक्तिशाली आंदोलन के क्रम में हुआ। बौद्ध एवं जैन संप्रदाय के उदय के निम्न कारण थे–

1. **नवीन कृषिमूलक अर्थव्यवस्था का विकास** – लोहे के औजार का कृषि में प्रयोग। फलतः अधिशेष उत्पादन संभव हुआ। कृषि मूलतः हल–बैलों से। फलतः पशुधन की रक्षा की माँग उठी। ब्राह्मण धर्म में यज्ञ में पशुओं की बड़े पैमाने पर बलि दी जाती थी। अतः वह नवीन कृषिमूलक अर्थव्यवस्था के अनुकूल नहीं था। बौद्ध एवं जैन मतों ने पशुधन की रक्षा की बात की। फलतः लोगों का रूझान उस ओर बढ़ा।

2. **शिल्प, व्यापार एवं नगरीकरण** – व्यापार के विकास के कारण वैश्य वर्ग की स्थिति में सुधार हुआ। अब वह समाज में उच्च स्थान की माँग करने लगा। ब्राह्मण धर्म में वैश्यों को तीसरा स्थान प्राप्त था। बड़े पैमाने पर व्यापार के कारण समुद्र यात्र आवश्यक। सूद पर ऋण लेना भी आवश्यक हो गया। इसकी अनुमति ब्राह्मण धर्म में नहीं थी। अतः नवीन धर्म की ओर झुकाव बढ़ा। नगरीकरण के कारण कई नवीन प्रवृत्तियाँ सामने आईं–वेश्यावृत्ति, सामूहिक भोज आदि। ब्राह्मण धर्म में इसकी अनुमति नहीं थी। जैन एवं बौद्ध धर्म ने अनुकूल रूख अपनाया।

3. **सामाजिक परिवर्तन** – लोहे के औजार के इस्तेमाल से क्षत्रिय वर्ग की ताकत बढ़ी। उसने ब्राह्मणों के सामाजिक वर्चस्व को अस्वीकार कर दिया एवं समाज में श्रेष्ठता का दावा किया। जैन एवं बौद्ध मत में क्षत्रियों को श्रेष्ठ माना गया। स्वयं इन दोनों मतों के प्रवर्तक क्षत्रिय थे।

4. **भौतिकवादी संस्कृति का विरोध** : निजी संपत्ति की अवधारणा के कारण सामाजिक विषमता एवं असंतोष बढ़ा। सामान्य लोग कामना करते थे कि आदिम जीवन लौट आए। वे संन्यास के आदर्श की ओर लौटना चाहते थे। बौद्ध एवं जैन मत सरल, शुद्ध एवं संयमित जीवन के पक्षधर थे।

## बौद्ध धर्म

बौद्ध धर्म के प्रवर्तक गौतम बुद्ध थे। वे महावीर स्वामी के समकालीन थे। बुद्ध का जन्म 563 ई.पू. में कपिलवस्तु के समीप लुम्बिनी ग्राम में हुआ था। इनके बचपन का नाम सिद्धार्थ था। ये शाक्य कुल से सम्बन्धित थे जो रुम्मिनदेई के नजदीक कपिलवस्तु के समीप था। इनकी माता का नाम महामाया था जो कोशल राजवंश की कन्या थी। जन्म के सातवें दिन उनकी मृत्यु होने के कारण सिद्धार्थ का पालन-पोषण उनकी मौसी प्रजापति गौतमी के द्वारा हुआ। पिता शुद्धोदन कपिलवस्तु के निर्वाचित राजा और गणतांत्रिक शाक्यों के प्रधान थे। उनकी पत्नी का नाम यशोधरा था जिनका अन्य नाम गोपा, बिम्बा, भद्रकच्छा, सुभद्रक आदि था। बुद्ध ने 29 वर्ष की आयु में गृहत्याग किया, इसे 'महाभिनिष्क्रमण' कहा गया। सात वर्ष तक भटकने के पश्चात् ज्ञान की खोज में दो गुरु आलार कालाम तथा रुद्रक रामपुत के पास गए। आलार कालाम ने सिद्धार्थ को योग की शिक्षा दी। सिद्धार्थ ने कौडिण्य तथा पाँच अन्य ब्राह्मणों के साथ निरंजना नदी के किनारे उरुवेला में तपस्या की लेकिन उन्हें ज्ञान की प्राप्ति नहीं हुई। अंततः बोधगया में पीपल वृक्ष के नीचे ज्ञान की प्राप्ति 35 वर्ष की आयु में हुई। सिद्धार्थ ज्ञान (बोधि) प्राप्ति के बाद बुद्ध कहलाए। इनके अन्य नाम तथागत व शाक्यमुनि भी मिलते हैं। उन्होंने उरुवेला में बिछुड़े पाँच ब्राह्मणों को सारनाथ के मृगदाव नामक स्थान पर प्रथम उपदेश दिया जो धर्मचक्र प्रवर्तन कहलाया। बुद्ध के शिष्यों में उपालि और आनन्द का स्थान सर्वोच्च था।

बुद्ध ने अपने जीवन के सर्वाधिक उपदेश कोशल देश की राजधानी श्रावस्ती में दिए। 483 ई.पू. में गौतम बुद्ध की मृत्यु कुशीनगर (देवरिया जिला उत्तर प्रदेश) में हुई। इसे बौद्ध ग्रंथ में महापरिनिर्वाण कहा गया है। बौद्ध संघ का संगठन गणतांत्रिक आधार पर हुआ था। संघ में प्रविष्ट होने को उपसंपदा कहा जाता था। संघ में प्रवेश के लिए जाति संबंधी कोई प्रतिबंध नहीं थे। अपने प्रिय शिष्य आनंद के अनुरोध पर बुद्ध ने महिलाओं को संघ में प्रवेश की अनुमति दी थी। संघ की सभा में प्रस्ताव (नत्ति) का पाठ (अनुसावन) होता था। सभा के वैध कार्रवाई के लिए कोरम 20 थी।

## बौद्ध धर्म के सिद्धांत

बुद्ध, संघ एवं धर्म को बौद्ध धर्म का त्रिरत्न कहा गया है। बौद्ध धर्म के चार आर्य सत्य हैं। बौद्ध धर्म का सार इन चार आर्य सत्यों में निहित है।

**दुःख** : यह संसार दुख से व्याप्त है। **दुख समुदाय** : दुखों के उत्पन्न होने के कारण हैं। सभी कारणों का मूल है तृष्णा। **दुख निरोध** : दुख निवारण के लिए तृष्णा का उन्मूलन आवश्यक है। **दुख निरोध गामिनी प्रतिपदा** : दुख निवारण का मार्ग अष्टांगिक मार्ग है। प्रतीत्य समुत्पाद बुद्ध के उपदेशों का सार है जिसका अर्थ है-सभी वस्तुएं कार्य और कारण पर निर्भर करती हैं।

**अष्टांगिक मार्ग** : दुख के निवारण के लिए बुद्ध ने जो आठ उपाय या मार्ग बतलाए हैं वे अष्टांगिक मार्ग कहलाते हैं। ये हैं-सम्यक् दृष्टि, सम्यक् संकल्प, सम्यक् कर्म, सम्यक् आजीव, सम्यक् व्यायाम, सम्यक् स्मृति तथा सम्यक् समाधि।

**दस शील** : बुद्ध ने निर्वाण प्राप्ति के लिए सदाचार तथा नैतिक जीवन पर बल दिया। इसके लिए उन्होंने दस शील का पालन अनिवार्य बताया। ये दस शील हैं-1. अहिंसा, 2. सत्य, 3. अस्तेय (चोरी न करना), 4. धन संचय न करना, 5. व्यभिचार न करना, 6. असमय भोजन न करना, 7. कोमल शैय्या का त्याग, 8. शराब के सेवन से बचना, 9. ब्रह्मचर्य तथा 10. नृत्य, गान, माला, सुगंध से परहेज।

बुद्ध ने धर्म प्रचार के दौरान लोगों को मध्यमार्ग का उपदेश दिया। उन्होंने अत्यधिक विलासिता व अत्यधिक काया क्लेश दोनों को वर्जित कहा। बौद्ध धर्म अनीश्वरवादी है। इसमें ईश्वर को सृष्टिकर्ता नहीं माना गया है। बौद्ध धर्म में पुनर्जन्म को स्वीकार किया गया है। आत्मा की संकल्पना नहीं है। शुद्ध आत्मा के बारे में पूछे जाने पर बुद्ध मौन हो जाते थे। बौद्ध धर्म के अनुसार निर्वाण प्राप्त करना बौद्ध धर्म का परम लक्ष्य है। निर्वाण का अर्थ है-दीपक का बुझ जाना अर्थात् जीवन-मरण के बंधन से मुक्त हो जाना। बुद्ध के अनुसार निर्वाण इसी जन्म में प्राप्त होता है जबकि महापरिनिर्वाण मृत्यु के बाद संभव होता है।

## बौद्ध धर्म के संप्रदाय

द्वितीय बौद्ध संगीति में भिक्षुओं के मतभेद के कारण बौद्ध धर्म दो संप्रदाय महासंधिक जिन्होंने अनुशासन के दस नियमों को स्वीकार कर लिया था तथा थेरवाद में विभक्त हो गया। थेरवाद का महत्वपूर्ण संप्रदाय सर्वास्तिवादियों का था। इसके संस्थापक राहुलभद्र थे। मथुरा, गांधार तथा कश्मीर इसके प्रमुख केंद्र थे। महासंधिक संप्रदाय की स्थापना महाकस्सप ने की थी। कनिष्क के समय बौद्ध धर्म स्पष्टतः दो संप्रदाय महायान तथा हीनयान में विभक्त हो गया।

**हीनयान** : ये रूढ़िवादी प्रकृति के थे। ये बुद्ध के मौलिक सिद्धांत में विश्वास करते थे। हीनयान एक व्यक्तिवादी धर्म था, इसका कहना है कि प्रत्येक व्यक्ति को अपने प्रयत्नों से ही मोक्ष प्राप्ति का प्रयास करना चाहिए। ये बुद्ध को मार्गदर्शक या आचार्य मानते थे भगवान नहीं। ये मूर्तिपूजा एवं भक्ति में विश्वास नहीं करते थे। इनका मत था कि निर्वाण के पश्चात पुनर्जन्म नहीं होता। कालांतर में भारत में इनकी लोकप्रियता कम होती चली गई परंतु श्रीलंका, बर्मा, थाइलैंड, कंबोडिया तथा दक्षिण वियतनाम में यह आज भी प्रचलित है।

**वैभाषिक** : यह हीनयान के अंतर्गत एक संप्रदाय है जिसकी उत्पत्ति मुख्यतः कश्मीर में हुई थी। इस मत के मुख्य आचार्य धर्मत्रात, द्योतक, वसुमित्र तथा बुद्धदेव थे।

**सौत्रान्तिक** : यह हीनयान का ही दूसरा संप्रदाय है जो मुख्यतः सुत्तपिटक पर आधारित है।

**महायान** : ये सुधारवादी प्रकृति के थे। बुद्ध को भगवान मानते थे और मूर्ति पूजा में विश्वास करते थे। इन्होंने अवतारवाद तथा भक्ति से संबंधित हिंदू धर्म के सिद्धांत को अंगीकार किया। महायान साहित्य संस्कृत में है। यह संप्रदाय चीन, जापान, तिब्बत, कोरिया एवं मंगोलिया में प्रचलित है। कालांतर में महायान संप्रदाय भी दो भागों शून्यवाद तथा विज्ञानवाद में बंट गया। शून्यवाद (माध्यमिक) मत का प्रवर्तन नागार्जुन ने किया तथा विज्ञानवाद (योगाचार) के संस्थापक मैत्रेयनाथ थे। असंग तथा वसुबंधु द्वारा विज्ञानवाद का विकास किया गया।

**वज्रयान** : सातवीं शताब्दी के आसपास बौद्ध धर्म में तंत्र-मंत्र के प्रभाव के फलस्वरूप वज्रयान संप्रदाय का उदय हुआ। इस संप्रदाय में देवी तारा को प्रमुख स्थान दिया गया। इस संप्रदाय के लोग मांस, मदिरा, मुद्रा, मैथुन, मत्स्य सेवन करते थे। यह संप्रदाय बिहार तथा बंगाल में लोकप्रिय था।

## बौद्ध साहित्य

**विनयपिटक** : इसमें बौद्ध धर्म के नियमों का संग्रह है।

**सुत्तपिटक** : इसमें गौतम बुद्ध के उपदेशों का संग्रह है। यह पांच भागों दिघनिकाय, मज्जिमनिकाय, संयुक्त निकाय, अंगुत्तर निकाय तथा खुद्दक निकाय में बंटा है।

**अभिधम्मपिटक** : इसमें बौद्ध धर्म के दर्शनों का संग्रह है।

**मिलिन्दपण्हो** : इसमें मिनान्डर तथा नागसेन के मध्य बौद्ध दर्शन विषयक प्रश्नोत्तर का संग्रह है।

**विसुद्धिमग्ग** : बुद्धघोष द्वारा रचित इस ग्रंथ को बौद्ध सिद्धांतों का एक अत्यंत प्रामाणिक दार्शनिक ग्रंथ माना जाता है।

**ललित विस्तर** : यह महायान संप्रदाय का प्राचीनतम ग्रंथ है।

## बौद्ध धर्म का योगदान

1. इसने वर्णव्यवस्था को अस्वीकार कर सभी व्यक्तियों को समान स्तर पर ला दिया। स्त्रियों को भी समानता का अधिकार मिला। विभाजित वर्ग एवं तनावपूर्ण सामाजिक स्थितियों में यह बहुत बड़ी उपलब्धि थी।

2. धार्मिक क्षेत्र में इसने पुरोहित एवं वेदों की अधिसत्ता समाप्त कर दी। अब कोई भी व्यक्ति बुद्ध के बताए मार्ग पर चलते हुए स्वयं ही निर्वाण प्राप्त कर सकता था।

3. बौद्ध धर्म में अहिंसा पर अधिक बल दिया गया था। इसने पशुवध को बंद करने एवं नवीन कृषिमूलक अर्थव्यवस्था के विकास में मदद पहुँचाई। अहिंसा के सिद्धांत से व्यापारियों को भी लाभ हुआ।

4. बौद्ध धर्म में सहभोज एवं वेश्यावृत्ति के समर्थन ने नगरीय जीवन के विकास को भी प्रभावित किया।

5. साँची, भरहूत, अमरावती के स्तूप भारतीय कला के सर्वोत्कृष्ट नमूने हैं। एलोरा, बाघ, अजन्ता तथा बराबर की गुफाएँ बौद्धकालीन स्थापत्यकला तथा चित्रकला के श्रेष्ठतम आदर्श हैं। इस काल की कला ने बाद में मध्य एशिया एवं द.पू. एशिया की स्थापत्य कला को भी प्रभावित किया। बौद्ध धर्म के प्रभाव से मूर्ति कला का विकास हुआ। बुद्ध की विशाल एवं सुंदर मूर्तियाँ बनाई गईं। गांधार कला भारत के पश्चिमोत्तर सीमांत में यूनान और भारत के मूर्तिकारों ने मिलकर विकसित की। इसकी तकनीक यूनानी तथा इनका विषय बौद्ध था। बौद्धों ने अपने धार्मिक साहित्य पालि भाषा में लिखे। इससे पालि भाषा काफी समृद्ध हुई। नालंदा तथा विक्रमशिला विश्वविद्यालय बौद्ध शिक्षा के मुख्य केन्द्र थे।

## बौद्ध धर्म की सभाएँ

| क्रम | वर्ष | स्थान | शासक | अध्यक्ष | कार्य |
|---|---|---|---|---|---|
| प्रथम | 483 ई.पू. | राजगृह | अजातशत्रु | महाकस्सप | बुद्ध के उपदेशों को दो पिटकों सुत्त और विनय में (सप्तपर्णी गुफा) संकलित किया गया। |
| द्वितीय | 383 ई.पू. | वैशाली | कालाशोक | सर्वकामी | मतभेद के कारण बौद्ध धर्म दो भागों-स्थविर एवं महासंधिक में बंट गया। |
| तृतीय | 251 ई.पू. | पाटलिपुत्र | अशोक | मोगलिपुत्त तिस्स | अभिधम्म पिटक का संकलन तथा संघभेद को रोकने के लिए कठोर नियम बनाए गए। |
| चतुर्थ | प्रथम सदी | कश्मीर (कुण्डलवन) | कनिष्क | वसुमित्र (अध्यक्ष) अश्वघोष (उपाध्यक्ष) | 'विभाषशास्त्र' नामक टीका का संकलन। बौद्ध धर्म दो सम्प्रदाय में विभक्त- महायान और हीनयान। |

## जैन धर्म

जैन धर्म में कुल 24 तीर्थंकर हुए। प्रथम तीर्थंकर ऋषभदेव थे। दो जैन तीर्थंकर ऋषभदेव और अरिष्टनेमि के नाम का उल्लेख ऋग्वेद में मिलता है। विष्णु पुराण तथा भागवत पुराण में ऋषभदेव का उल्लेख नारायण के अवतार के रूप में मिलता है। पार्श्वनाथ जैन धर्म के तेइसवें तीर्थंकर थे। ये काशी नरेश अश्वसेन के पुत्र थे। इन्होंने 4 गणों की स्थापना की। इनके अनुयायियों में स्त्री और पुरुष दोनों शामिल थे। पार्श्वनाथ ने चार महाव्रत अहिंसा, सत्य, अस्तेय तथा अपरिग्रह का प्रतिपादन किया था। इन्होंने भिक्षुओं को वस्त्र धारण करने की अनुमति प्रदान की। पार्श्वनाथ ने सम्मेद पर्वत पर कठोर तपस्या कर 84वें दिन कैवल्य की प्राप्ति की। चौबीसवें और अंतिम तीर्थंकर वर्द्धमान महावीर हुए।

महावीर का जन्म 540 ई.पू. वैशाली जिले के कुण्डग्राम में क्षत्रिय वर्ण के ज्ञातृक कुल में हुआ था। उनके पिता का नाम सिद्धार्थ था जो कुण्डग्राम के राजा थे। माता त्रिशला लिच्छवी नरेश चेटक की बहन थी। उनकी पत्नी का नाम यशोदा और बड़े भाई का नाम नंदिवर्द्धन था। महावीर ने 30 वर्ष की उम्र में गृहत्याग किया। 12 वर्ष की कठोर तपस्या के बाद उन्हें कैवल्य अर्थात् ज्ञान प्राप्त हुआ। उसी समय से ये अर्हंत (पूज्य), जिन (विजेता) और निर्ग्रन्थ (बंधनहीन) कहलाने लगे। बाद में ये महावीर कहलाए तथा इनका धर्म जैनधर्म कहलाया। महावीर को जम्भिक ग्राम के समीप ऋजुपालिका नदी के तट पर ज्ञान प्राप्त हुआ।

## जैनधर्म के सिद्धांत

जैनधर्म के पांच मुख्य सिद्धांत या महाव्रत हैं-

1. अहिंसा (मनसा, वाचा एवं कर्मणा, किसी प्रकार की हिंसा से वर्जना)
2. अमृषा (झूठ न बोलना)
3. अचौर्य (चोरी न करना)
4. अपरिग्रह (सम्पत्ति अर्जन न करना)
5. ब्रह्मचर्य (इन्द्रियनिग्रह करना)।

| संप्रदाय | संस्थापक |
|---|---|
| आजीवक | मक्खलिपुत गोशाल |
| अक्रियावादी | पूरणकस्सप |
| उच्छेदवादी | अजित केसकंबलिन |
| नित्यवादी | पकुध कच्चायन |
| संदेहवादी | संजय वेलट्ठलिपुत्त |

जैन धर्म में त्रिरत्न के पालन से कर्म फल से छुटकारा मिलने की बात कही गई है। ये त्रिरत्न हैं-सम्यक दर्शन, सम्यक ज्ञान तथा सम्यक आचरण। महावीर के अनुसार आध्यात्मिक विकास के लिए शरीर को कष्ट देना एवं उपवास करना आवश्यक है। जैनधर्म देवताओं के अस्तित्व को स्वीकार

करता है लेकिन उन्हें 'जिन' से नीचे स्थान देता है। यह पुनर्जन्म और कर्मवाद में विश्वास रखता है। इसके अनुसार सृष्टि का निर्माण ईश्वर द्वारा नहीं हुआ है। इसमें वेद एवं यज्ञों के महत्व को नकारा गया है। जैन धर्म में कर्मों का जीव की ओर प्रवाह रुक जाना संवर कहलाता है। निर्जरा पहले से जीव में व्याप्त कर्म का समाप्त होना कहलाता है।

## ज्ञान का सिद्धांत

जैन धर्म के अनुसार ज्ञान पांच प्रकार का होता है-

1. मति-सामान्य ज्ञान।
2. श्रुति-श्रवण द्वारा होने वाला ज्ञान।
3. अवधि-दिव्य ज्ञान।
4. मनःपर्याय-अन्य व्यक्तियों के मन-मस्तिष्क की बात जान लेने का ज्ञान।
5. कैवल्य-पूर्ण ज्ञान।

**स्याद्वाद** : जैन धर्म में ज्ञान के 7 विभिन्न दृष्टिकोण (1. है, 2. नहीं है, 3. है और नहीं है, 4. कहा नहीं जा सकता, 5. है किंतु कहा नहीं जा सकता, 6. नहीं है और कहा नहीं जा सकता, 7. है, नहीं है और कहा जा सकता है।) से देखा गया है जो स्याद्वाद कहलाता है। इसे अनेकान्तवाद अथवा सप्तभंगीय सिद्धांत भी कहा जाता है।

**अनेकात्मवाद** : आत्मा संसार की सभी वस्तुओं में है। जीव भिन्न-भिन्न होते हैं उसी प्रकार आत्माएं भी भिन्न-भिन्न होती हैं।

जैन धर्म में तप पर अत्यधिक बल दिया गया है। उपवास द्वारा शरीर के अंत का भी विधान है जिसे सल्लेखन कहा गया है। आत्मा को कर्मों के बंधन से छुटकारा दिलाना निर्वाण कहा गया है जो जीवन का अंतिम लक्ष्य है। महावीर ने अपने समस्त अनुयायियों को 11 गणों में विभाजित किया। जैन धर्म के अनुसार संसार 6 द्रव्यों-जीव, पुद्गल, धर्म, अधर्म, आकाश एवं काल से निर्मित है। अज्ञान के कारण जीव कर्म की ओर आकर्षित होने लगता है, इसे आस्रव कहते हैं।

## जैन संप्रदाय

मगध में निवास करने वाले जैन भिक्षु स्थलबाहु के नेतृत्व में श्वेतांबर कहलाए। ये श्वेत वस्त्र धारण करते थे। जैन आचार्य भद्रबाहु के नेतृत्व में जैन भिक्षु दिगंबर कहलाए। ये अपने को शुद्ध बताते थे और नग्न रहने में विश्वास करते थे। पुजेरा, ढुंढिया आदि श्वेतांबर के उपसप्रंदाय थे। बीस पंथी, तेरापंथी तथा तारणपंथी दिगंबर के उपसंप्रदाय थे।

## जैन धर्म का प्रसार

जैन धर्म को प्रश्रय देने वाले राजाओं में उदयन, बिम्बिसार, अजातशत्रु, चन्द्रगुप्त मौर्य, बिंदुसार एवं खारवेल प्रमुख थे। जैन धर्म के प्रधान केंद्र के रूप में मथुरा एवं उज्जैन का उल्लेख मिलता है। पश्चिम भारत के गंग, कदंब, चालुक्य तथा राष्ट्रकूट शासकों द्वारा जैनधर्म को संरक्षण प्रदान किया गया। चन्द्रगुप्त मौर्य ने एक संत की भांति कर्नाटक में इस धर्म का प्रचार किया। पुलकेशिन द्वितीय का एक आश्रित राजा रविकीर्ति ने एक जैन मंदिर का निर्माण करवाया था। राष्ट्रकूट शासक अमोघवर्ष स्याद्वाद का अनुयायी था। गुजरात के चालुक्य नरेश कुमारपाल और जयसिंह सिद्धराज दोनों ही जैन धर्म के महान संरक्षक थे।

## जैन साहित्य

जैन धर्म के ग्रंथ अर्धमागधी भाषा में लिखे गए। जैन साहित्य का संकलन बल्लभी में ईसा की छठी सदी में हुआ था। जैनियों ने प्राकृत भाषा में विशेषकर शौरसेनी प्राकृत में अनेक ग्रंथों की रचना की। कन्नड़ के विकास में भी जैनियों का योगदान सराहनीय है। जैन साहित्य को आगम कहा जाता है जिसमें 12 अंग, 12 उपांग, प्रकीर्ण, छेद्सूत्र आदि सम्मिलित हैं। कर्नाटक में जैन मठों को 'बसदि' कहा गया।

## जैन सभाएं

मौर्य सम्राट चन्द्रगुप्त के शासनकाल में 321-298 ई.पू. में प्रथम जैन सभा पाटलिपुत्र में हुई। इस सभा में जैनधर्म के 12 अंगों का संपादन हुआ। यह आयोजन स्थूलबाहु तथा संभूति विजय के निरीक्षण में हुआ। द्वितीय जैन सभा 512 ई. में बल्लभी (गुजरात) में देवर्धि क्षमाश्रमण की अध्यक्षता में आयोजित की गई। इसमें धर्म ग्रंथों को अंतिम रूप से संकलित कर लिपिबद्ध किया गया।

## जैन धर्म का योगदान

जैनियों ने आम बोलचाल की भाषा प्राकृत को अपनाया। इनके धार्मिक ग्रंथ अर्द्धमागधी भाषा में लिखे गए। अपभ्रंश भाषा में भी कई महत्वपूर्ण ग्रंथ लिखे गए। जैनियों ने संस्कृत और कन्नड के विकास में भी योगदान दिया। श्रवणबेलगोला में 70 फुट ऊँची ऋषभदेव की मूर्ति जैन वास्तुकला का सर्वोत्कृष्ट उदाहरण है, जिसे विशाल चट्टान को काटकर बनाया गया है। शिल्पकारों का सर्वोत्कृष्ट नमूना माउंट आबू पर्वत पर बने दिलवाड़ा मंदिर में देखा जा सकता है। खजुराहो में स्थित पार्श्वनाथ एवं आदिनाथ के मंदिर भी स्थापत्य कला की दृष्टि से उल्लेखनीय हैं।

## भागवत धर्म (वैष्णव धर्म)

इस धर्म के संस्थापक वासुदेव कृष्ण थे जो वृष्णि वंशीय यादव कुल के नेता थे। वासुदेव की पूजा का सर्वप्रथम उल्लेख भक्ति के रूप में पाणिनि के समय ई. पू. पाँचवीं शती में मिलता है। छान्दोग्य उपनिषद् में श्रीकृष्ण का उल्लेख सर्वप्रथम मिलता है। उसमें कृष्ण को देवकी पुत्र व ऋषि घोरा अंगिरस का शिष्य बताया गया है। ब्राह्मण धर्म के जटिल कर्मकाण्ड एवं यज्ञीय व्यवस्था के विरुद्ध प्रतिक्रिया स्वरूप उदय होने वाला पहला सम्प्रदाय भागवत सम्प्रदाय था। वासुदेव कृष्ण के भक्त या उपासक भागवत कहलाते थे। एक मानवीय नायक के रूप में वासुदेव के दैवीकरण का सबसे प्राचीन (सर्वप्रथम) उल्लेख पाणिनि की अष्टाध्यायी से प्राप्त होता है। वासुदेव कृष्ण को वैदिक देव विष्णु का अवतार माना गया। बाद में इनका समीकरण नारायण से किया गया। नारायण के उपासक पांचरात्रिक कहलाए।

जैन ग्रन्थ उत्तराध्ययन सूत्र में वासुदेव जिन्हें केशव नाम से भी पुकारा गया है, को 22वें तीर्थंकर अरिष्टनेमि का समकालीन बताया गया है। भागवत सम्प्रदाय के मुख्य तत्व हैं भक्ति और अहिंसा। भगवतगीता में प्रतिपादित 'अवतार सिद्धान्त' भागवत धर्म की महत्वपूर्ण विशेषता थी। भागवत सम्प्रदाय के नायकों का विवरण वायु पुराण में निम्नलिखित उपास्यों के रूप में मिलता है–

1. संकर्षण – रोहिणी पुत्र
2. वासुदेव – देवकी पुत्र
3. प्रद्युम्न – रुक्मणी पुत्र
4. साम्ब – जाम्बवती पुत्र
5. अनिरुद्ध – प्रद्युम्न पुत्र

ऐतरेय ब्राह्मण में विष्णु का उल्लेख सर्वोच्च देवता के रूप में किया गया है। भगवान विष्णु को अपना इष्टदेव मानने वाले भक्त वैष्णव कहलाए तथा तत्सम्बन्धी धर्म वैष्णव कहलाया। भागवत से वैष्णव धर्म की स्थापना विकास क्रम की एक धारा है। वैष्णव धर्म नाम का प्रचलन 5वीं शती ई. के मध्य में हुआ। वैसे विष्णु के अधिकतम अवतारों की संख्या 24 है पर मत्स्यपुराण में दस अवतारों का उल्लेख मिलता है। इन अवतारों में कृष्ण का नाम नहीं है क्योंकि कृष्ण स्वयं भगवान के साक्षात् स्वरूप हैं। प्रमुख दस अवतार निम्न हैं–मत्स्य, कूर्म (कच्छप), वराह, नृसिंह, वामन, परशुराम, राम, बलराम, बुद्ध और कल्कि (कलि)।

विष्णु के अवतारों में 'वराह-अवतार' सर्वाधिक लोकप्रिय था। वराह का प्रथम उल्लेख ऋग्वेद में है। नारायण, नृसिंह एवं वामन दैवीय अवतार माने जाते हैं और शेष सात मानवीय अवतार। चतुर्व्यूह पूजा का सर्वप्रथम उल्लेख विष्णु संहिता में मिलता है।

**चतुर्व्यूह के चार प्रमुख देवता**

1. संकर्षण, 2. प्रद्युम्न, 3. अनिरुद्ध, 4. साम्ब।

**पांचरात्र**-यह वैष्णव धर्म का प्रधान मत था। इस मत का विकास लगभग तीसरी शती ई.पू. में हुआ। नारद के अनुसार पांचरात्र में परमतत्व, मुक्ति, युक्ति, योग और विषय (संसार) जैसे पाँच पदार्थ हैं इसलिए इसे पांचरात्र कहा गया। पांचरात्र के मुख्य उपासक नारायण विष्णु थे।

**पांचरात्र व्यूह के प्रमुख-**

1. वासुदेव, 2. लक्ष्मी, 3. संकर्षण, 4. अनिरुद्ध, 5. प्रद्युम्न।

साम्ब (सूर्य पूजा से सम्बन्धित था) पांचरात्र व्यूह में नहीं आते हैं जबकि चतुर्व्यूह में शामिल हैं। दक्षिण भारत में भागवत धर्म के उपासक अलवार कहे जाते थे। अलवार अनुयायियों की विष्णु अथवा नारायण के प्रति अपूर्व निष्ठा और आस्था थी। वैष्णव धर्म का गढ़ दक्षिण में तमिल प्रदेश था। 9वीं और 10वीं शताब्दी का अंतिम चरण अलवारों के धार्मिक पुनरुत्थान का उत्कर्ष काल था। इस भक्ति आन्दोलन में तिरुमंगाई, पेरिय अलवार, स्त्री संत अण्डाल तथा नाम्मालवार के नाम विशेष उल्लेखनीय हैं। 'नारायण' का प्रथम उल्लेख 'शतपथ ब्राह्मण' में मिलता है। केरल का सन्त राजा कुलशेखर विष्णु का भक्त था।

## शैव धर्म

शिव की पूजा के विषय में प्रारम्भिक जानकारी सिन्धु घाटी से प्राप्त होती है। ऋग्वेद में शिव से साम्य रखने वाले देवता रुद्र हैं। महाभारत में शिव का उल्लेख एक श्रेष्ठ देवता के रूप में हुआ है। मेगास्थनीज ने ई.पू. चौथी शताब्दी में शैवमत का उल्लेख किया है। वस्तुतः शैव धर्म (एक सम्प्रदाय के रूप में) का प्रारम्भ शुंग-सातवाहन काल से हुआ, जो गुप्त काल में चरम परिणति पर पहुँचा। अर्द्धनारीश्वर तथा त्रिमूर्ति (ब्रह्मा, विष्णु और महेश) की पूजा गुप्तकाल से आरम्भ हुई। समन्वय की यह उदार भावना गुप्त काल की विशेषता है। अर्द्धनारीश्वर की मूर्ति शिव एवं पार्वती के परस्पर तादात्म्य पर आधारित थी। ऐसी पहली मूर्ति का निर्माण गुप्तकाल में हुआ। लिंग पूजा का प्रथम स्पष्ट उल्लेख मत्स्य पुराण में मिलता है। महाभारत के अनुशासन पर्व में भी लिंगोपासना का उल्लेख है। हरिहर के रूप में शिव एवं विष्णु की सर्वप्रथम मूर्तियां गुप्तकाल में बनाई गई। शिव की प्राचीनतम मूर्ति 'गुडीमल्लम लिंग रेनुगुंटा' से मिली हैं। शैव सम्प्रदाय का प्रथम उल्लेख पंतजलि के 'महाभाष्य' में शिव भागवत नाम से हुआ। वामन पुराण में शैव सम्प्रदाय की संख्या चार बताई गई है। ये हैं-1. शैव, 2. पाशुपत, 3. कापालिक और 4. कालामुख।

1. **शैव**-इस सम्प्रदाय के अनुसार कर्ता शिव हैं, कारण शक्ति और उपादान बिंदु हैं। इस मत के चार पाद या पाश (बन्धन) हैं-विद्या, क्रिया, योग और चर्या। तीन पदार्थ हैं-पति, पशु और पाश।
2. **पाशुपत**-यह शैव मत का सबसे पुराना सम्प्रदाय है। इस सम्प्रदाय के संस्थापक लकुलीश थे, जिन्हें भगवान शिव के 18 अवतारों में से एक माना जाता है। इस सम्प्रदाय के अनुयायियों को पंचार्थिक कहा गया है। इस मत के प्रमुख सैद्धान्तिक ग्रन्थ पाशुपतसूत्र है। पाशुपत सम्प्रदाय का गुप्त काल में अत्यधिक विकास हुआ।
3. **कापालिक**-कापालिकों के इष्टदेव भैरव थे, जो शंकर का अवतार माने जाते थे। यह सम्प्रदाय अत्यन्त भयंकर और आसुर प्रवृत्ति का था। इसमें भैरव को सुरा और नरबलि का नैवेद्य चढ़ाया जाता था। इस सम्प्रदाय का मुख्य केन्द्र 'श्री शैल' नामक स्थान था जिसका प्रमाण भवभूति के मालती माधव में मिलता है।
4. **कालामुख**-इस सम्प्रदाय के अनुयायी कापालिक वर्ग के ही थे, किन्तु वे उनसे भी अतिवादी प्रकृति के थे। शिव पुराण में उन्हें महाव्रतधर कहा गया है। इस सम्प्रदाय के अनुयायी नर-कपाल में भोजन, जल तथा सुरापान करते थे तथा शरीर में भस्म लगाते थे।

**लिंगायत सम्प्रदाय**-दक्षिण भारत (कर्नाटक) में भी शैव धर्म का विस्तार हुआ। इस धर्म के उपासक दक्षिण में लिंगायत या जंगम कहे जाते थे। बसव पुराण में इस सम्प्रदाय के प्रवर्तक अल्लभप्रभु एवं उनके शिष्य बसव का उल्लेख मिलता है। दक्षिण भारत में शैव धर्म का प्रचार नयनार संतों द्वारा किया गया, ये संख्या में 63 थे। इनके श्लोकों के संग्रह को 'तिरुमुडै' कहा जाता है जिसका संकलन 'नम्बि-अण्डला-नम्बि' ने किया। कश्मीरी शैव शुद्ध रूप से दार्शनिक तथा ज्ञानमार्गी था। इसने कापालिकों के घृणित क्रियाकलापों की निंदा की है। वसुगुप्त इसके संस्थापक थे। शिव को उन्होंने अद्वैत माना है।

## शाक्त धर्म

आदि शक्ति या देवी की पूजा का स्पष्ट उल्लेख महाभारत में प्राप्त होता है। पुराणों के अनुसार शक्ति की उपासना मुख्यतया काली और दुर्गा की उपासना तक ही सीमित है। वैदिक साहित्य में उमा, पार्वती, अम्बिका, हेमवती, रुद्राणी और भवानी जैसे नाम मिलते हैं। ऋग्वेद के 'दशम् मण्डल' में एक पूरा सूक्त ही शक्ति की उपासना में विवृत है जिसे 'तान्त्रिक देवी सूक्त' कहते हैं। चौसठ योगिनी का मंदिर (जबलपुर) शाक्त धर्म के विकास और प्रगति का साक्ष्य है। शाक्तों के दो वर्ग हैं-कौलमार्गी और समयाचारी। पूर्ण रूप से अद्वैतवादी साधक कौल कहे जाते हैं। कौल मार्गी पंचमकार की उपासना करते हैं जिसमें मद्य, मांस, मत्स्य, मुद्रा और मैथुन शामिल है।

***

# 6 भारत पर विदेशी आक्रमण

भारत पर प्रथम विदेशी आक्रमण ईरान के हखमनी वंश के राजाओं (पारसीक साम्राज्य) ने किया था। इस वंश का संस्थापक साइरस ने 599 से 529 ई.पू. तक शासन किया। यूनानी लेखकों हेराडोटस, एरियन तथा स्ट्रैबो के अनुसार पश्चिम एशिया के सर्वाधिक शक्तिशाली शासक साइरस (कुरुष) ने जेड्रोसिया के रेगिस्तानी मार्ग से होकर भारत पर आक्रमण करने का असफल प्रयास किया था।

**दारा प्रथम (522-486 ई.पू.)**—भारत पर आक्रमण करने में प्रथम सफलता दारा प्रथम (डैरियस) को प्राप्त हुई जो साइरस का उत्तराधिकारी था। दारा प्रथम के तीन अभिलेखों बेहिस्तून, पर्सिपोलिस एवं नक्शेरुस्तम से यह सिद्ध होता है कि उसी ने सर्वप्रथम सिंधु नदी के तटवर्ती भारतीय भू-भागों को अधिकृत किया। हेरोडोटस के अनुसार अधिकृत भारतीय भू-भाग पारसीक साम्राज्य का बीसवाँ प्रान्त बना। कम्बोज एवं गांधार पर भी उसका अधिकार था। इस क्षेत्र से 360 टैलेंट सोना राजस्व के रूप में आता था जो फारस के सभी एशियाई प्रांतों से मिलने वाले कुल राजस्व का एक-तिहाई था। भारतीय प्रजा को ईरानी फौज में भी शामिल किया जाने लगा। डैरियस के उत्तराधिकारी जरसिस ने यूनानियों के खिलाफ लंबी लड़ाई में भारतीयों को अपनी फौज में शामिल किया। दारा तृतीय को यूनानी शासक सिकंदर द्वारा परास्त कर दिए जाने पर भारत पर पारसीक (ईरानी) आधिपत्य समाप्त हो गया।

## ईरानी आक्रमण का भारत पर प्रभाव

1. समुद्री मार्ग की खोज से विदेशी व्यापार को प्रोत्साहन।
2. पश्चिमोत्तर भारत में दायीं से बायीं ओर लिखी जाने वाली खरोष्ठी लिपि का प्रचार।
3. ईरानियों की आरमाइक लिपि का प्रचार-प्रसार।
4. अभिलेख उत्कीर्ण करने की प्रथा प्रारम्भ।
5. ईरानियों की 'क्षत्रप' शासन प्रणाली का शक-कुषाण युग में पर्याप्त विकास।

## सिकंदर का आक्रमण

ईरानी आक्रमण के पश्चात् भारत को यूनानी आक्रमण अर्थात् मकदूनियाई शासक सिकन्दर के आक्रमण का सामना करना पड़ा। सिकन्दर के आक्रमण के समय पश्चिमोत्तर भारत अनेक छोटे-छोटे राज्यों में विभक्त था जिसमें कुछ राजतन्त्रात्मक तथा कुछ गणतन्त्रात्मक थे। भारत-विजय अभियान के तहत सिकन्दर ने 326 ई.पू. में बल्ख (बैक्ट्रिया) को जीतने के बाद काबुल होता हुआ हिन्दुकुश पर्वत को पार किया। तक्षशिला शासक आम्भीक ने आत्मसमर्पण के साथ उसका स्वागत करते हुए उसे सहयोग का वचन दिया। 326 ई.पू. में उसने सिन्धु नदी पार करके भारत की धरती पर कदम रखा। उसका सबसे प्रसिद्ध युद्ध झेलम नदी के तट पर पौरव राजा पोरस के साथ हुआ, जो वितस्ता के युद्ध के नाम से जाना जाता है। इस युद्ध में पोरस की पराजय हुई। वितस्ता को 'हाइडेस्पीज के युद्ध' के नाम से भी जाना जाता है। सिकंदर का भारतीय अभियान काफी सफल रहा। उसने अपने साम्राज्य में एक नया भारतीय प्रांत जोड़ा जो ईरान द्वारा जीते हुए भू-भाग से काफी बड़ा था। इस आक्रमण का सबसे महत्वपूर्ण परिणाम था–भारत और यूनान के बीच विभिन्न क्षेत्रों में प्रत्यक्ष संपर्क की स्थापना। सिकंदर के अभियान से चार भिन्न-भिन्न स्थल-मार्गों और जलमार्गों के द्वार खुले। इससे यूनानी व्यापारियों और शिल्पियों के लिए मार्ग प्रशस्त हुआ तथा व्यापार की तत्कालीन सुविधाएँ बढ़ीं।

सिकंदर के आक्रमण के फलस्वरूप भारतीय क्षेत्र में यूनानी उपनिवेश स्थापित हुए। उनमें अधिक महत्व के थे–काबुल क्षेत्र में सिकन्दरिया, झेलम के तट पर बुकेफाल और सिंध में सिकंदरिया। सिकंदर के साथ अनेक इतिहासकार भी आए। उन्होंने भारतीय उपमहाद्वीप के बारे में मूल्यवान जानकारियाँ छोड़ीं। उन्होंने सिकंदर के अभियान की तिथि सहित इतिहास भी लिख छोड़ा है, जिससे हमें बाद की घटनाओं का भारतीय तिथिक्रम निश्चित करने में सहायता मिलती है। पश्चिमोत्तर भारत में छोटे-छोटे राज्यों की सत्ता को नष्ट कर सिकंदर के आक्रमण ने इस क्षेत्र में मौर्य साम्राज्य के विस्तार का मार्ग प्रशस्त किया।

***

# 7

# मौर्य साम्राज्य

मगध साम्राज्य के उदय ने अंततः मौर्य साम्राज्य की स्थापना का मार्ग प्रशस्त कर दिया। मौर्यों ने एक विशाल साम्राज्य की स्थापना कर राजनीतिक एकता स्थापित की। विदेशी शासकों के साथ राजनीतिक संबंध स्थापित किए एवं आर्थिक तंत्र पर प्रभावी नियंत्रण रखा। सुदूर जनजातीय क्षेत्रों पर शासन का विस्तार किया एवं उन्हें शासन संबंधी स्वायतता दी।

## जानकारी के स्रोत

### पुरातात्त्विक साक्ष्य

**अभिलेख** : मौर्य काल, विशेषतया अशोक के शासन एवं उसकी नीतियों की जानकारी उसके अभिलेख से होती है। अशोक पहला भारतीय सम्राट था जिसने राजाज्ञाओं को शिलालेखों पर खुदवाकर जनता के समक्ष रखा। उसके अभिलेख न सिर्फ भारत बल्कि अफगानिस्तान में भी पाए गए हैं। इन अभिलेखों में प्राकृत भाषा एवं ब्राह्मी लिपि का प्रयोग किया गया है। इन अभिलेखों से अशोक की गृह एवं विदेश नीति, साम्राज्य विस्तार एवं प्रशासन पर भी अच्छा प्रकाश पड़ता है। जूनागढ़ के शक शासक रुद्रदामन के अभिलेख से पता चलता है कि सौराष्ट्र पर पुष्यगुप्त चंद्रगुप्त के प्रतिनिधि के रूप में शासन करता था।

**आहत सिक्के** : मौर्य शासकों ने सबसे पहले आहत सिक्के जारी किए। इन पर मोर, पर्वत एवं अर्द्धचंद्र की आकृति खुदी हुई है। ये सिक्के चांदी एवं तांबे के बने हैं। ये सिक्के राज्य के टकसाल में ढाले जाते थे। टकसाल पर राज्य का नियंत्रण होता था। मौर्यकालीन सिक्कों से अंदाजा लगाया जा सकता है कि मौर्यों की आर्थिक स्थिति अच्छी थी।

**मृद्भांड** : मौर्य शासक उत्तरी ओपदार काले मृद्भांड (Northern Black Polished Ware) का प्रयोग करते थे। ये मृद्भांड उत्तरी भारत की गंगाघाटी में बड़ी संख्या में मिले हैं।

**खुदाई से प्राप्त स्थल** : कुम्हरार एवं उसके आसपास के स्थलों की खुदाई से भवनों के निर्माण में लकड़ी एवं पत्थर के प्रयोग के साक्ष्य मिले हैं। भवन में पक्की ईंट का प्रयोग किया जाता था। अशोक के स्तंभों की बनावट में मौर्यकालीन कला की झांकी मिलती है। इन स्तंभों पर चमकदार पॉलिस की गई थी।

## साहित्यिक स्रोत

स्ट्रैबो एवं जस्टिन ने चंद्रगुप्त मौर्य को सैण्ड्रोकोटस कहा है। एरियन एवं प्लूटार्क ने उसे एण्ड्रोकोटस कहा है। विलियम जोन्स ने सैण्ड्रोकोटस की पहचान चंद्रगुप्त मौर्य के रूप में की है।

जातक कथाओं में मौर्यकाल के सामाजिक एवं आर्थिक क्रियाकलापों का उल्लेख मिलता है। दीपवंश में अशोक को बौद्ध धर्म का प्रवर्तक बताया गया है। अशोकावदान एवं दिव्यावदान में बिंदुसार के शासन काल में तक्षशिला विद्रोह का वर्णन है। इस विद्रोह के दमन के लिए अशोक को भेजा गया था। परिशिष्ट पर्वन (हेमचन्द्र) में चन्द्रगुप्त के जीवन का वर्णन है। मुद्राराक्षस में कौटिल्य द्वारा नंद वंश को सत्ता से अपदस्थ किए जाने का उल्लेख मिलता है।

**अर्थशास्त्र** : इस ग्रंथ से मौर्यकाल की राजनीतिक, सामाजिक एवं आर्थिक व्यवस्था का वर्णन मिलता है। इसमें पाटलिपुत्र के नगर प्रशासन का उल्लेख है। इसमें राजशासन को कानून के अन्य स्रोतों से श्रेष्ठ बताया गया है। इसमें गुप्तचर प्रणाली, दास प्रथा एवं दास मुक्ति से संबंधित विस्तृत प्रावधान किया गया है। अर्थशास्त्र में चीनपट्ट का भी उल्लेख मिलता है, जो संभवतः चीन से आयातित होने वाला वस्त्र था। अर्थशास्त्र में 15 अधिकरण, 180 प्रकरण एवं 6000 श्लोक हैं।

**इंडिका** : इंडिका की रचना मेगास्थनीज ने की। इसमें पाटलिपुत्र के नगर प्रशासन एवं मौर्य सैन्य व्यवस्था का उल्लेख है। नगर प्रशासन की देखभाल 30 सदस्यों की एक बोर्ड द्वारा किया जाता था। यह 6 समितियों में विभक्त था। मेगास्थनीज के अनुसार भारतीय समाज सात वर्गों में विभक्त था। उसने डायोनीसियस (शिव) एवं हेराक्लीज (कृष्ण) की पूजा का उल्लेख किया है। उसके अनुसार भारत में दास प्रथा प्रचलित नहीं थी।

## चन्द्रगुप्त मौर्य (321–298 ई.पू.)

चन्द्रगुप्त ने नंद वंश के अंतिम शासक घनानंद को पराजित कर मौर्य साम्राज्य की स्थापना की। ब्राह्मण साहित्य इसे 'शूद्र' तथा बौद्ध एवं जैन ग्रंथ इसे क्षत्रिय कुल में उत्पन्न बताते हैं। मुद्राराक्षस में चन्द्रगुप्त के लिए 'वृषल' शब्द का प्रयोग किया गया है। रोमिला थापर के अनुसार चन्द्रगुप्त निम्न वर्ण का था उसका परिवार स्पष्टतया वैश्य था। यूनानी लेखक चन्द्रगुप्त को सैण्ड्रोकोट्स कहते थे। चन्द्रगुप्त का सलाहकार एवं संरक्षक कौटिल्य था। इसे चाणक्य भी कहा गया है। इसका मूल नाम विष्णुगुप्त था। एप्पियानस के अनुसार सैल्यूकस ने सिन्ध नदी पार की और भारतीय शासक चन्द्रगुप्त से युद्ध किया। चन्द्रगुप्त मौर्य के दरबार में सैल्यूकस ने अपने राजदूत मेगास्थनीज को भेजा। सैल्यूकस और चन्द्रगुप्त के बीच वैवाहिक सम्बन्ध स्थापित हुआ। दहेज के रूप में चन्द्रगुप्त को एरिया, अराकोसिया, जेड्रोसिया, पेरिपेम्मिसदेई प्राप्त हुए। चन्द्रगुप्त ने सैल्यूकस को 500 हाथी उपहार में दिए। चन्द्रगुप्त ने अपने साम्राज्य पर राजधानी

पाटलिपुत्र से शासन किया जिसे यूनानी और लैटिन लेखकों ने पालिबोथ्रा, पालिबोत्रा एवं पालिमबोथ्रा नामों से उल्लिखित किया है। जैन परंपरा के अनुसार अपने जीवन के अंतिम दिनों में चन्द्रगुप्त ने जैन धर्म स्वीकार कर लिया और अपने पुत्र बिंदुसार के पक्ष में सिंहासन छोड़ दिया। जैन संत भद्रबाहु के साथ वह मैसूर के निकट श्रवणबेलगोला चला गया जहां एक सच्चे जैन मुनि की तरह उपवास के द्वारा शरीर त्याग दिया। चन्द्रगुप्त मौर्य के जीवन के अंतिम समय में मगध में 12 वर्षों तक भीषण अकाल पड़ा। चन्द्रगुप्त मौर्य एक निरंकुश शासक था जिसने सारी सत्ता अपने हाथों में संकेन्द्रित कर ली परंतु उसके शासन प्रबंध का उद्देश्य लोककल्याण था। प्लूटार्क के अनुसार चन्द्रगुप्त ने 6 लाख की सेना लेकर समूचे भारतवर्ष को रौंद डाला तथा उस पर अपना अधिकार कर लिया।

## बिन्दुसार (298–273 ई.पू.)

चन्द्रगुप्त मौर्य का पुत्र बिन्दुसार मौर्य साम्राज्य का अगला शासक बना। वह आजीवक संप्रदाय का अनुयायी था। यूनानी लेखक बिन्दुसार को अमित्रोकोट्स कहते हैं। विदेशों से इसके अच्छे सम्बन्ध थे। प्लिनी के अनुसार मिस्र के शासक फिलाडेल्फस-टॉलेमी द्वितीय ने पाटलिपुत्र में डायोनीसियस नामक दूत भेजा। स्ट्रैबो के अनुसार पश्चिम एशिया के यूनानी शासक एण्टियोकस ने इसके दरबार में डायमेकस नामक दूत भेजा। एथिनियस के अनुसार बिन्दुसार ने एण्टियोकस से कुछ मीठी शराब, सूखे अंजीर और एक दार्शनिक भेजने का अनुरोध किया था। संभवतः बिन्दुसार ने भारत के सुदूर दक्षिणी क्षेत्र को जीतकर मगध साम्राज्य में मिला लिया। चाणक्य बिन्दुसार का भी मंत्री था, यह तथ्य तिब्बती लामा तारानाथ तथा जैन अनुश्रुति से भी ज्ञात होता है। चाणक्य के बाद खल्लाटक और राधागुप्त महामंत्री बने। दिव्यावदान से स्पष्ट होता है कि बिन्दुसार के काल में तक्षशिला में दो बार विद्रोह हुए। एक विद्रोह को दबाने के लिए अशोक को भेजा गया तथा दूसरे को दबाने के लिए सुशीम को।

## अशोक (273–232 ई.पू.)

बिन्दुसार की मृत्यु के पश्चात् अशोक मौर्य साम्राज्य का शासक बना। बौद्ध ग्रंथ दीपवंश के अनुसार अशोक अपने 99 भाइयों की हत्या कर गद्दी पर बैठा था। करीब चार वर्ष के संघर्ष के बाद उसका विधिवत् राज्याभिषेक 269 ई.पू. में हुआ। उसके साम्राज्य में तमिल देश को छोड़कर संपूर्ण भारत और अफगानिस्तान का बड़ा भाग शामिल था। इसका विस्तार काबुल, कम्बोज एवं गांधार से लेकर दक्षिण में गोदावरी-कृष्णा घाटी तथा पश्चिम में सोपारा से पूरब में धौली-जौगड़ तक था। उत्तर-पश्चिम में यह साम्राज्य सीरिया और पश्चिम एशिया के यूनानी शासक एण्टियोकस द्वितीय के राज्य को स्पर्श करता था। अशोक की रानियों में महादेवी, असंघमित्रा तथा चारुवाकी का नाम आता है। सिंहली परंपरा के अनुसार अशोक के पुत्र महेंद्र एवं पुत्री संघमित्रा विदिशा के श्रेष्ठी पुत्री महादेवी से उत्पन्न हुए थे। अशोक के अभिलेख में

उसकी एकमात्र पत्नी चारुवाकी का उल्लेख मिलता है। वह तीवर की माता थी। राज्य सत्ता ग्रहण करने के 7 वर्ष बाद अशोक ने कश्मीर और खोतान के अनेक क्षेत्रों को अपने साम्राज्य में मिलाया। कल्हण के अनुसार अशोक ने कश्मीर में 'श्रीनगर' नामक नगर की स्थापना की। अशोक के शासनकाल की सबसे महत्वपूर्ण घटना राज्याभिषेक के आठवें वर्ष 261 ई.पू. में कलिंग युद्ध था। यह युद्ध अशोक के जीवन की एक युगांतकारी घटना सिद्ध हुई। कलिंग युद्ध के भीषण नरसंहार को देखकर अशोक इतना द्रवित हुआ कि उसने भविष्य में कभी युद्ध न करने का संकल्प लिया और दिग्विजय के स्थान पर 'धम्म विजय' की नीति को अपनाया। कलिंग युद्ध तथा उसके परिणामों के विषय में अशोक के तेरहवें अभिलेख से विस्तृत सूचना प्राप्त होती है।

## अशोक के अभिलेख

सर्वप्रथम 1750 ई. में टीफेन्थैलर ने दिल्ली में अशोक स्तंभ का पता लगाया। जेम्स प्रिंसेप को 1837 ई. में अशोक के अभिलेखों को पढ़ने में सफलता प्राप्त हुई। अशोक भारत का प्रथम ऐसा सम्राट था जिसने अभिलेखों के माध्यम से अपनी जनता को सम्बोधित किया। संभवतः इसकी प्रेरणा अशोक को 'डैरियस' के शिलालेख से मिली थी। अशोक के अभिलेख आरमाइक, खरोष्ठी एवं ब्राह्मी लिपियों में पाए गए हैं। कान्धार एवं लघमान के लेख आरमाइक लिपि में हैं। मानसेहरा एवं शाहबाजगढ़ी से खरोष्ठी लिपि के शिलालेख प्राप्त हुए हैं। अशोक के अभिलेखों को तीन वर्गों में विभाजित किया जा सकता है-शिलालेख, स्तंभलेख एवं गुहालेख।

**शिलालेख** : इनकी संख्या 14 है। ये आठ भिन्न-भिन्न स्थानों से प्राप्त हुए हैं। पहले शिलालेख में राजकीय पाकशाला में दो मयूरों एवं एक हिरण के अतिरिक्त सभी पशुओं की हत्या तथा सामाजिक उत्सवों पर प्रतिबंध की बात कही गई है। दूसरे शिलालेख में समाज कल्याण से संबंधित कुछ कार्य जैसे मनुष्यों एवं पशुओं के लिए चिकित्सा, मार्ग निर्माण, कुआं खुदवाना तथा वृक्षारोपण का उल्लेख है। चोल, चेर, पांड्य सतियपुत्त तथा ताम्रपर्णि राष्ट्रों का उल्लेख भी इस शिलालेख में है। तीसरे शिलालेख में ब्राह्मणों तथा श्रमणों के प्रति उदारता, माता-पिता का सम्मान करना, निरीक्षण यात्रा, सोच-समझकर धन खर्च करने और बचाने को अच्छा गुण कहा गया है। चौथे शिलालेख में धम्म की उपलब्धियों का वर्णन है। पांचवें शिलालेख में धम्म के प्रचार-प्रसार के लिए धम्म महामंत्रों की नियुक्ति का वर्णन है। छठे शिलालेख में प्रतिवेदकों के लिए आदेश है कि वे राजा से किसी भी स्थान और किसी भी समय मिल सकते हैं। इसमें आत्मनियंत्रण की भी शिक्षा दी गई है। सातवें शिलालेख में सभी संप्रदायों के बीच सहिष्णुता का आह्वान है। आठवें शिलालेख में कहा गया है कि सम्राट की आखेट गतिविधियां अब त्याग दी गई हैं। अब सम्राट द्वारा धर्मयात्राएं आयोजित होंगी। नवें शिलालेख में विभिन्न समारोहों की निरर्थकता का उल्लेख तथा धम्म समारोह के आयोजन पर बल दिया गया है। दसवें शिलालेख में ख्याति एवं गौरव की निंदा तथा धम्म नीति की श्रेष्ठता पर विचार

| अशोक के विभिन्न नाम | अभिलेख |
|---|---|
| अशोक | मास्की, गुर्जरा, नेत्तुर एवं उडेगोलम अभिलेख में। |
| मगध का राजा | भाब्रू अभिलेख में |
| अशोक मौर्य | जूनागढ़ अभिलेख में |
| अशोकवर्द्धन | पुराण में |

प्रकट किया गया है। ग्यारहवें शिलालेख में धम्म नीति की व्याख्या करते हुए बड़ों का आदर, पशु हत्या न करना तथा मित्रों के प्रति उदारता पर बल दिया गया है। बारहवें शिलालेख में पुनः संप्रदायों के बीच सहिष्णुता बनाने का निवेदन किया गया है। तेरहवें शिलालेख में कलिंग युद्ध का वर्णन है। इसमें युद्ध के स्थान पर धम्म द्वारा विजय प्राप्त करने का आह्वान है। पांच यूनानी राजा एण्टियोकस, टॉलेमी, एण्टिगोनस, मेगाज और अलेक्जेंडर के उल्लेख के साथ आटविक जातियों को अशोक की चेतावनी का उल्लेख भी इस अभिलेख में है। चौदहवें शिलालेख में अशोक ने जनता को धार्मिक जीवन जीने के लिए प्रेरित किया है।

| शिलालेख | स्थान | लिपि |
|---|---|---|
| शाहबाजगढ़ी | पेशावर (पाकिस्तान) | खरोष्ठी |
| मानसेहरा | मानसेहरा (हजारा जि.) | खरोष्ठी |
| कालसी | देहरादून (उत्तरांचल) | ब्राह्मी |
| गिरनार | जूनागढ़ (गुजरात) | ब्राह्मी |
| एर्रगुड़ी | कुर्नूल (आंध्र प्रदेश) | ब्राह्मी |
| धौली | पुरी (उड़ीसा) | ब्राह्मी |
| जौगढ़ | गंजाम (आंध्र प्रदेश) | ब्राह्मी |
| सोपारा | थाणे (महाराष्ट्र) | ब्राह्मी |

**लघु शिलालेख** : ये अधिकांशतः साम्राज्य के दक्षिण तथा मध्य में स्थित हैं। ये शिलालेख बौद्ध अनुयायी के रूप में अशोक की गतिविधियों, नीतिशास्त्र की व्यावहारिक संहिता तथा बौद्ध भिक्षुओं के प्रति आदेश के रूप में है। इनके माध्यम से अशोक के व्यक्तिगत जीवन के इतिहास के बारे में जानकारी मिलती है।

| लघु शिलालेख | स्थान |
|---|---|
| मास्की | रायचूर (आंध्र प्रदेश) |
| गुर्जरा | दतिया (मध्य प्रदेश) |
| ब्रह्मगिरी | ब्रह्मगिरी (कर्नाटक) |

| लघु शिलालेख | स्थान |
|---|---|
| भाब्रू | जयपुर (राजस्थान) |
| अहरौरा | मिर्जापुर (उत्तर प्रदेश) |
| जटिंग रामेश्वर | ब्रह्मगिरि से 3 मील दूर |
| सासाराम | सासाराम (बिहार) |
| रूपनाथ | जबलपुर (मध्य प्रदेश) |
| पालकि गुण्डु | गोविन्दमठ से 4 मील दूर |
| राजुल मांडिगिरि | कुर्नूल (आंध्र प्रदेश) |
| गोविमठ | गोविमठ (मैसूर, कर्नाटक) |
| सिद्धपुर | ब्रह्मगिरि (कर्नाटक) |
| एर्रगुडी | कुर्नूल (आंध्र प्रदेश) |

**स्तंभ लेख** : इनकी संख्या 7 है। ये 6 अलग-अलग स्थानों से मिले हैं। अकबर ने कौशांबी में स्थित प्रयाग स्तंभ लेख को इलाहाबाद के किले में स्थापित कराया। दिल्ली-टोपरा तथा दिल्ली-मेरठ स्तंभ लेख फिरोजशाह तुगलक द्वारा दिल्ली लाया गया। रामपुरवा, लौरिया अरेराज तथा लौरिया नंदनगढ़ स्तंभ लेख चंपारण (बिहार) में स्थित है।

**लघु स्तंभ लेख** : इन पर अशोक की राजकीय घोषणा का उल्लेख है। सारनाथ, सांची, कौशांबी, रूम्मिनदेई, निग्लीवा तथा इलाहाबाद से लघु स्तंभ लेख मिले हैं। इलाहाबाद स्तंभ लेख को रानी का लेख भी कहा जाता है। रूम्मिनदेई स्तंभ लेख में बुद्ध के जन्म स्थान में कर को 1/8 किए जाने का उल्लेख है।

## अशोक का धम्म

अशोक ने अपनी प्रजा के नैतिक विकास के लिए जिन आचार-संहिताओं का उल्लेख किया उसे ही अभिलेखों में धम्म कहा गया है। अशोक के धम्म की परिभाषा 'राहुलोवादसुत्त' से ली गई है। भाब्रू (वैराट) लघु शिलालेख में भी अशोक के धम्म का उल्लेख मिलता है। अशोक के दूसरे और सातवें स्तंभ लेख में भी उन गुणों का उल्लेख मिलता है जो धम्म में कही गई हैं। धम्म है-साधुता, कल्याणकारी कार्य करना, पापरहित होना, मृदुता, दूसरे के प्रति व्यवहार में मधुरता, दया, दान तथा शुचिता, प्राणियों का वध न करना, माता-पिता तथा बड़ों की आज्ञा मानना, गुरुजनों के प्रति आदर, मित्र, परिचितों, संबंधियों, ब्राह्मणों तथा श्रमणों के प्रति दानशीलता तथा उचित व्यवहार। मास्की शिलालेख में अशोक ने स्वयं को 'बुद्धशाक्य' कहा है। भाब्रू शिलालेख में अशोक ने बौद्ध धर्म के त्रिरत्न बुद्ध, संघ एवं धम्म के प्रति आस्था दिखाई है। अशोक ने तत्कालीन सामाजिक तनाव और संकीर्णतावादी झगड़ों को समाप्त करने, अपने विशाल साम्राज्य के भिन्न-भिन्न भागों के मध्य सौहार्दपूर्ण संबंधों को विकसित करने तथा

राजनीतिक एकता के लिए धम्म का प्रतिपादन किया। अशोक ने राज्याभिषेक के दसवें वर्ष बोध गया तथा बीसवें वर्ष लुम्बिनी की यात्रा की। तीसरे एवं सातवें स्तंभ लेख में अशोक ने युक्तक, रज्जुक तथा प्रादेशिक नामक पदाधिकारी को जनता के बीच धर्म के प्रचार करने का आदेश दिया।

| धम्म प्रचारक | क्षेत्र |
|---|---|
| महेंद्र तथा संघमित्रा | श्रीलंका |
| मज्झांतिक | कश्मीर एवं गांधार |
| धर्मरक्षित | अपरांतक |
| मज्झिम | हिमालय |
| महारक्षित | यवन देश |
| महाधर्मरक्षित | महाराष्ट्र |
| रक्षित | वनवासी |
| महादेव | महिष मंडल |
| सोन तथा उत्तरा | सुवर्ण भूमि |

दीपवंश एवं महावंश के अनुसार अशोक ने पाटलिपुत्र में तृतीय बौद्ध संगीति का आयोजन किया जिसकी अध्यक्षता मोग्गलिपुत्त तिस्स ने की। डॉ. स्मिथ के अनुसार अशोक की यात्रा का क्रम-लुम्बिनी, कपिलवस्तु, सारनाथ, श्रावस्ती, बोध गया एवं कुशीनगर था। अपने शासन के तेरहवें वर्ष अशोक ने धम्म प्रचार के लिए धम्म महामात्रों की नियुक्ति की। इनका कार्य धम्म की रक्षा और धम्म वृद्धि करना था। अनुश्रुतियों के अनुसार अशोक ने 84000 स्तूपों का निर्माण करवाया था। अपने शासनकाल के 14 वर्ष बाद 'कनकमुनि' बौद्ध स्तूप को दुगुना करवाया था। बराबर पहाड़ी पर अशोक ने आजीवकों के लिए कर्णचोपार, सुदामा व विश्व झोपड़ी गुफा का निर्माण करवाया था। पुराणों के अनुसार अशोक ने कुल 37 वर्षों तक शासन किया तथा उसके बाद कुणाल गद्दी पर बैठा। दिव्यावदान में उसे 'धर्म विवर्धन कहा गया है।

## मौर्य प्रशासन

मौर्यों के शासनकाल में भारत ने पहली बार राजनीतिक एकता प्राप्त की। साथ ही चक्रवर्ती सम्राट का आदर्श चरितार्थ हुआ। तत्कालीन आर्थिक आवश्यकता और उसकी अपनी आवश्यकताओं ने मौर्य शासन को एक केंद्रीयकृत नौकरशाही का रूप दे दिया जो कि मौर्यों के शासन पद्धति की एक प्रमुख विशेषता है। इस काल में राजतंत्र का विकास हुआ तथा गणतंत्र का ह्रास हुआ। कौटिल्य ने सप्तांग सिद्धांत या राज्य के सात अंग बतलाए हैं-राजा, अमात्य, जनपद, दुर्ग, कोष, सेना और मित्र।

| अशोककालीन प्रांत | राजधानी |
|---|---|
| उत्तरापथ | तक्षशिला |
| अवन्ति | उज्जयिनी |
| कलिंग | तोसली |
| दक्षिणापथ | सुवर्णगिरी |
| प्राशी या प्राची | पाटलिपुत्र |

मौर्य पितृसत्तात्मक राजत्व के समर्थक थे। अशोक अपने बृहत शिलालेख-4 में कहता है - 'सभी मनुष्य मेरी संतान हैं।' राजा प्रजा के कल्याण और हित को काफी महत्व देते थे। राजा की सहायता के लिए एक मंत्रिपरिषद् होती थी जो राजा को प्रशासन से संबंधित सलाह

मशविरा देती थी। लेकिन राजा मंत्रिपरिषद् की सलाह मानने को बाध्य नहीं था। अंतिम निर्णय राजा का ही होता था। अर्थशास्त्र में शीर्षस्थ अधिकारी के रूप में 18 'तीर्थों' का उल्लेख है। इन्हें 48 हजार पण वार्षिक वेतन मिलता था-

| | |
|---|---|
| पुरोहित | मुख्य पुजारी |
| मंत्रिण | मुख्यमंत्री |
| सेनापति | सेना का सर्वोच्च अधिकारी |
| युवराज | राजपुत्र |
| दौवारिक | राजमहलों की देखरेख करने वाला |
| दंडपाल | पुलिस प्रमुख |
| दुर्गपाल | देश के भीतर दुर्गों का रक्षक |
| अंतपाल | बाह्य सुरक्षा का प्रमुख |
| आंतेवाशिक | हरम का प्रमुख |
| प्रशास्ता | राजाज्ञाएं लिपिबद्ध करने वाला |
| नायक | सेना का प्रमुख संचालक |
| व्यावहारिक | मुख्य न्यायाधीश (धर्मस्थीय न्यायालय का) |
| प्रदेष्टा | फौजदारी न्यायालयों का न्यायाधीश |
| नागरक | नगर का शासनाधिकारी |
| समाहर्ता | कर संग्रहकर्ता |
| सन्निधाता | कोषाध्यक्ष |
| कर्मान्तिक | खान का प्रमुख अधिकारी |
| मंत्रिपरिषाध्यक्ष | परिषद् का अध्यक्ष |

**राजस्व प्रशासन :** राजस्व एकत्र करना, आय-व्यय का ब्यौरा रखना तथा वार्षिक बजट तैयार करना समाहर्ता के कार्य थे। वह अक्षपटलाध्यक्ष (महालेखापाल) के कार्यों के निरीक्षण द्वारा आय तथा व्यय पर नियंत्रण रखता था। पिंडकर एक प्रकार का कर था जिसका निर्धारण सामूहिक रूप से होता था। यह गांवों द्वारा उत्पाद के रूप में देय कर था। हिरण्य कर एक प्रकार का नगद कर था। प्रणय आपातकालीन कर था। विष्टि बेगार के रूप में लिया जाने वाला कर था। उद्रंग सिंचाई कर था।

**सैन्य प्रशासन** : मौर्य शासकों के पास एक विशाल और सुसंगठित सेना थी। कौटिल्य ने विभिन्न प्रकार के सैनिकों का उल्लेख किया है जैसे पारंपरिक सैनिक (मौल), भाड़े के सैनिक (भृतक), जंगली कबीलों के सैनिक (आटविक) तथा मित्रबल। मेगास्थनीज के अनुसार सैन्य विभाग 30 सदस्यीय एक सर्वोच्च परिषद् के नियंत्रण में कार्य करता था जो 6 भागों में विभाजित था। सेनापति सैन्य विभाग का सबसे बड़ा अधिकारी होता था तथा नायक युद्ध क्षेत्र में सेना का नेतृत्व करने वाला होता था।

**गुप्तचर व्यवस्था** : मौर्य साम्राज्य के अंतर्गत गुप्तचर विभाग सुसंगठित था। गुप्तचरों के द्वारा राजा एक ओर राजकीय अधिकारियों पर नियंत्रण रखता था वहीं दूसरी ओर जनता के विचारों, शिकायतों तथा भावनाओं की जानकारी प्राप्त करता था। यह विभाग 'महामात्यापसर्प' के अधीन काम करता था। गुढ़पुरुष अर्थशास्त्र में वर्णित गुप्तचर थे। इस काल में दो प्रकार के गुप्तचरों का उल्लेख मिलता है-**संस्था** : ऐसे गुप्तचर जो एक ही स्थान पर संगठित होकर गुप्तचरी करते थे। **संचार** : ऐसे गुप्तचर जो एक स्थान से दूसरे स्थान पर घूमते हुए गुप्तचरी करते थे।

| अध्यक्ष | विभाग |
|---|---|
| अकराध्यक्ष | खानों का अध्यक्ष |
| सीताध्यक्ष | कृषि विभाग का अध्यक्ष |
| कुप्याध्यक्ष | वन तथा उसकी संपदा का अध्यक्ष |
| सूत्राध्यक्ष | कताई-बुनाई विभाग का अध्यक्ष |
| पण्याध्यक्ष | वाणिज्य का अध्यक्ष |
| पौतवाध्यक्ष | माप-तौल का अध्यक्ष |
| सुराध्यक्ष | शराब एवं मदिरा का अध्यक्ष |
| सूनाध्यक्ष | बूचड़खाने का अध्यक्ष |
| शुल्काध्यक्ष | चुंगी एवं शुल्क विभाग का अध्यक्ष |
| देवताध्यक्ष | धार्मिक संस्थान का अध्यक्ष |
| लोहाध्यक्ष | धातु विभाग का अध्यक्ष |
| लक्षणाध्यक्ष | टकसाल का अध्यक्ष |
| मुद्राध्यक्ष | पासपोर्ट विभाग का अध्यक्ष |
| नवाध्यक्ष | जहाजरानी विभाग का अध्यक्ष |
| विवीताध्यक्ष | चारागाह का अध्यक्ष |
| समस्थाध्यक्ष | बाजार का अध्यक्ष |
| लवणाध्यक्ष | नमक विभाग का अध्यक्ष |

**न्याय व्यवस्था** : पाटलिपुत्र में स्थित केंद्रीय न्यायालय सर्वोच्च न्यायालय था। सम्राट सर्वोच्च न्यायाधीश होता था। न्यायालय दो भागों में विभाजित था-**धर्मस्थीय** : यह दीवानी अदालत थी। न्याय निर्णय तीन धर्मस्थ या व्यावहारिक तथा तीन अमात्य करते थे। इसमें पेश होने वाली चोरी, डाके व लूट के मामलों को साहस कहा जाता था। **कंटक-शोधन** : एक तरह की फौजदारी अदालत थी। राज्य तथा व्यक्ति के बीच विवाद न्याय का विषय था। न्याय तीन प्रदेष्टि तथ तीन अमात्य मिलकर करते थे। मुख्य स्थानों पर पुलिस मुख्यालय की व्यवस्था की गई थी। 800 गांवों के लिए स्थानीय मुख्यालय, 400 गांवों के लिए द्रोणमुख, 200 गांवों के लिए खार्वटिक तथा 10 गांवों के लिए एक संग्रहण मुख्यालय था।

**प्रांतीय एवं नगरीय प्रशासन** : प्रांतों का शासन राजवंश के ही किसी व्यक्ति द्वारा चलाया जाता था जिन्हें अशोक के अभिलेखों में कुमार या आर्यपुत्र कहा गया है। केंद्रीय शासन की भांति प्रांतीय शासन में भी मंत्रिपरिषद् होती थी। कौटिल्य ने नगर प्रशासन के लिए नागरक का उल्लेख किया है। गोप तथा स्थानिक उसकी सहायता करते थे। मेगास्थनीज के अनुसार नगर प्रशासन 30 सदस्यों के एक मंडल द्वारा किया जाता था। यह मंडल 6 समितियों में विभाजित था तथा प्रत्येक समिति में 5 सदस्य होते थे।

## सामाजिक स्थिति

चतुवर्णीय व्यवस्था सामाजिक जीवन का आधार था। इसकी रक्षा राजा का कर्तव्य माना जाता था। कौटिल्य ने शूद्रों को आर्य कहा है और इन्हें मलेच्छों से भिन्न बतलाया है। शूद्र को शिल्पकार और सेवावृत्ति के अतिरिक्त कृषि, पशुपालन और वाणिज्य से आजीविका चलाने की अनुमति दी है। इन्हें दास बनाए जाने पर प्रतिबंध था। मेगास्थनीज ने भारतीय समाज को सात वर्गों में विभाजित किया है-1. दार्शनिक, 2. कृषक, 3. अहीर, 4. शिल्पी, 5. सैनिक, 6. निरीक्षक तथा 7. सभासद। मेगास्थनीज के वर्गीकरण की मुख्य कमी यह है कि उसने व्यावसायियों का कोई उल्लेख नहीं किया है। इस काल में व्यवसाय पर आधारित जाति तंतुवाय (जुलाहे), रज्जक (धोबी), दर्जी, सुनार, लुहार, बढ़ई आदि का उदय हुआ। कौटिल्य ने अनेक वर्णसंकर जातियों अम्बष्ट, निषाद, पारशव, रथकार, क्षत्ता, वेदेहक, मागध, सूत, पुल्लकस, वेज, चांडाल, श्वपाक आदि का उल्लेख किया है। उसने चांडाल के अतिरिक्त अन्य सभी जातियों को शूद्र माना है। स्मृतिकाल की अपेक्षा इस काल में स्त्रियों की स्थिति में सुधार हुआ। स्त्रियों को पुनर्विवाह तथा नियोग की अनुमति थी। स्त्रियां प्रायः घर के अंदर रहती थीं। ऐसी स्त्रियों को कौटिल्य ने अनिष्कासिनी कहा है। वेश्यावृत्ति का प्रचलन था। स्वतंत्र रूप से वेश्यावृत्ति करने वाली स्त्रियों को कौटिल्य ने 'रूपाजीवा' कहा है। मेगास्थनीज ने उल्लेख किया है कि भारत में कोई दास नहीं है। कौटिल्य ने अर्थशास्त्र में 9 प्रकार के दासों का उल्लेख किया है।

## आर्थिक जीवन

मौर्यकाल का प्रमुख व्यवसाय कृषि था। राज्य की ओर से बंजर भूमि को उपजाऊ बनाने तथा सिंचाई के साधनों के विकास द्वारा कृषि उत्पादन में वृद्धि का प्रयास किया जाता था। इस काल में पहली बार दासों को कृषि कार्य में लगाया गया। कृषि, पशुपालन एवं व्यापार को अर्थशास्त्र में सम्मिलित रूप से 'वार्ता' कहा गया है। जिस भूमि में बिना वर्षा के ही अच्छी खेती होती थी उसे अदेवमातृक कहा जाता था। सीता सरकारी भूमि होती थी। भूमि कर उपज का 1/4 भाग से 1/6 भाग तक होता था। राज्य की ओर से सिंचाई का पूर्ण प्रबंध होता था जिसे सेतुबंध कहा जाता था। सिंचाई कर उपज का 1/5 से 1/3 भाग तक था। सोहगौरा और महास्थान अभिलेख में दुर्भिक्ष के समय राज्य द्वारा अनाज वितरण का उल्लेख है। इस काल में शिल्प एवं उद्योग को प्रोत्साहन मिला। सूत कातना एवं बुनना सबसे प्रधान उद्योग था। सूती कपड़े के लिए काशी, बंग, पुंड्र, कलिंग तथा मालवा प्रसिद्ध थे। बंग मलमल के लिए प्रसिद्ध था तथा रेशम चीन से आयात किया जाता था। मेगास्थनीज ने 'एग्रोनोमई' नाम के मार्ग निर्माण अधिकारी का उल्लेख किया है। व्यापार स्थल एवं जल दोनों मार्गों से होता था परंतु कौटिल्य ने नदी मार्ग को अधिक सुरक्षित माना है। देशज वस्तुओं पर 4 प्रतिशत एवं आयातित वस्तुओं पर 10 प्रतिशत बिक्री कर लिया जाता था। मौर्यकाल में खान, जंगल, नमक और शस्त्र व्यवसाय पर राज्य का पूर्ण आधिपत्य था। आहत मुद्राओं पर मयूर, पर्वत, हाथी, पेड़ के प्रतीक चिह्न बने होते थे। कौटिल्य ने अर्थशास्त्र में कर्षापण, पण या धरण (चांदी निर्मित सिक्के), मानक (सोने से निर्मित मानक) तथा काकिणी (तांबे से निर्मित सिक्कों) का उल्लेख किया है। दक्षिणी-पश्चिमी व्यापारिक मार्ग श्रावस्ती से प्रतिष्ठान तक जाता था। सबसे महत्वपूर्ण व्यापारिक मार्ग तक्षशिला से पाटलिपुत्र को जोड़ने वाला मार्ग था। अर्थशास्त्र में ब्रह्मदेव भूमि का उल्लेख है जिसे यज्ञ करवाने वाले ब्राह्मण को दान में दिया जाता था।

## मौर्यकालीन कला

मौर्यकाल में राज्य की समृद्धि एवं शासकों की प्रेरणा के कारण कला के विकास को प्रोत्साहन मिला। इस काल में कला के दो रूप मिलते हैं-राजकीय कला एवं लोक कला। राजकीय कला का सबसे अच्छा उदाहरण चंद्रगुप्त का राजप्रासाद है। यह अब भग्न अवस्था में है। इसमें सभाभवन के साक्ष्य मिलते हैं। इस सभाभवन में बलुआ पत्थर के स्तंभ बने हुए थे। इन स्तंभों पर चमकदार पॉलिश की गई थी। मेगास्थनीज ने पाटलिपुत्र की नगर योजना का उल्लेख किया है। यह नगर सोन एवं गंगा के संगम पर बसा हुआ था। इसकी लंबाई 9½ मील एवं चौड़ाई 1½ मील थी। सुरक्षा के लिए नगर के चारों ओर लकड़ी के दीवार बनाए गए थे।

अशोक के काल में उत्कृष्ट कोटि के स्तंभ भी बनाए गए। ये स्तंभ एकाश्मक हैं एवं लाल बलुआ पत्थर के बने हैं। अशोक ने स्तूप निर्माण की परंपरा को भी बढ़ावा दिया। सांची एवं

भरहुत के स्तूप अशोक के समय ही बनवाए गए। अशोक के काल में पत्थरों को काटकर कंदराओं का निर्माण भी किया गया। गया के निकट बराबर की पहाड़ियों में अशोक ने दो गुफाओं का निर्माण करवाया। इसमें सुदामा गुफा प्रमुख है।

लोक कला का श्रेष्ठ उदाहरण यक्ष-यक्षी की मूर्तियों में देखने को मिलता है। ये मूर्तियां अति मानवीय एवं विशाल हैं तथा खुले आकाश के नीचे स्थापित की गई हैं। मिट्टी की पकाई हुई मूर्तियां भी भारी संख्या में मिली हैं। इनका निर्माण सांचे द्वारा किया जाता था। इनमें लंबे बालों वाली देवी की खड़ी प्रतिमा अधिक प्रसिद्ध है। इस काल में मृद्भांड कला का काफी विकास हुआ। ये मृद्भांड चाक पर बनाए जाते थे। इन पर काले रंग की पॉलिश की जाती थी। खिलौने बनाने में पक्की मिट्टी का प्रयोग किया जाता था।

## मौर्य साम्राज्य का विघटन

मौर्य साम्राज्य के पतन के कारणों को लेकर विद्वानों में मतभेद है। इतिहासकारों ने पतन के अलग-अलग कारण बताये हैं। महामहोपाध्याय हरप्रसाद शास्त्री के अनुसार अशोक की धार्मिक नीति साम्राज्य के पतन का प्रमुख कारण था। डी.डी. कौशाम्बी के अनुसार उत्तरकालीन मौर्यों के राज्यकाल में अर्थव्यवस्था संकटग्रस्त थी। इस काल के आहत सिक्कों में मिलावट के साक्ष्य मिलते हैं। हेमचन्द राय चौधरी के अनुसार अशोक की शांतिप्रियता एवं अहिंसा की नीति साम्राज्य के पतन का मुख्य कारण था। रोमिला थापर के अनुसार शासन में केन्द्रीकरण की प्रधानता थी। इसके लिए योग्य एवं अनुभवी शासक की आवश्यकता थी, लेकिन अशोक के बाद ऐसा कोई शासक नहीं हुआ, इस कारण साम्राज्य विघटित हो गया। डी.एन. झा के अनुसार उत्तराधिकारियों का अयोग्य होना ही मौर्य साम्राज्य के विघटन का मुख्य कारण था। पर मौर्य साम्राज्य के पतन का सबसे प्रमुख कारण था-लौह संस्कृति का सुदूर प्रदेशों में विस्तार। इसके कारण अन्य प्रदेशों में भी लोहे के हथियार एवं उपकरण बनाए जाने लगे। मगध के उत्कर्ष एवं उसकी शक्ति के विस्तार में इन हथियारों एवं उपकरणों की विशेष भूमिका थी। धीरे-धीरे इन पर मौर्य साम्राज्य का नियंत्रण कमजोर पड़ने लगा एवं उसकी प्रमुखता को चुनौती मिलने लगी।

***

# 8

# मौर्योत्तर काल

मौर्य वंश के पतन के पश्चात् भारत की राजनीतिक एकता नष्ट हो गई। मौर्य साम्राज्य के स्थान पर अनेक छोटे-छोटे राज्यों का उदय हुआ। उत्तरी एवं दक्षिणी भारत में नए राजवंश सत्ता में आए। मौर्य साम्राज्य के विघटन का लाभ उत्तरी भारत में मुख्यतः विदेशी आक्रमणकारियों ने और दक्षिण में स्थानीय वंशों ने उठाया। इस नई व्यवस्था ने विदेशी आक्रमणकारियों को प्रोत्साहित किया तथा प्रशासनिक व्यवस्था में आमूल परिवर्तन आवश्यक बना दिया। फलतः सामाजिक एवं धार्मिक जीवन, कला, धर्म और साहित्य भी इन परिवर्तनों से अछूता नहीं रहा।

## शुंग वंश (187–75 ई.पू.)

अयोध्या तथा विदिशा से प्राप्त अभिलेख तथा कौशांबी, अयोध्या, मथुरा से प्राप्त सिक्के से शुंग वंश के बारे में जानकारी मिलती है। पुष्यमित्र शुंग ने अंतिम मौर्य शासक बृहद्रथ की हत्या कर शुंग वंश की नींव डाली। पुष्यमित्र बृहद्रथ का सेनापति था। विदिशा शुंग वंश की राजधानी थी। पाटलिपुत्र, अयोध्या एवं जालंधर अन्य महत्वपूर्ण नगर थे। पुष्यमित्र ने 'सेनानी' की उपाधि धारण की। धनदेव के अयोध्या अभिलेख से ज्ञात होता है कि पुष्यमित्र शुंग ने अपने शासनकाल में दो अश्वमेध यज्ञ किए। पतंजलि इन यज्ञों में पुरोहित थे। दिव्यावदान एवं आर्यमंजूश्री मूलकल्प में पुष्यमित्र शुंग को बौद्धों का हत्यारा तथा मठों और विहारों को नष्ट करनेवाला बताया गया है। पुष्यमित्र शुंग को ब्राह्मण राज्य स्थापित करने एवं ब्राह्मण धर्म के पुनरुद्धार का श्रेय दिया जाता है। पतंजलि ने इसके शासनकाल में ही अष्टाध्यायी पर महाभाष्य लिखा। मनुस्मृति लिखा गया तथा महाभारत के शांति एवं अश्वमेध पर्व का विस्तार इस काल में हुआ। स्थापत्यकला के क्षेत्र में इस काल में भरहुत और सांची के स्तूपों में बने जंगले और रैलिंग लकड़ी के स्थान पर पत्थर के बनाए गए। पुष्यमित्र शुंग के पश्चात उसका पुत्र अग्निमित्र शासक बना। कालिदास के सुप्रसिद्ध काव्य मालविकाग्निमित्र का मुख्य नायक अग्निमित्र है। शुंग शासक भागभद्र के दरबार में ग्रीक राजदूत हेलियोडोरस रहता था जिसने भागवत धर्म से प्रभावित होकर बेसनगर में वासुदेव के सम्मान में एक गरुड़ध्वज की स्थापना की।

## कण्व वंश (75–30 ई.पू.)

वासुदेव ने अंतिम शुंग शासक देवभूमि की हत्या कर कण्व वंश की स्थापना की। इस वंश में केवल चार शासक वसुदेव, भूमिमित्र, नारायण और सुशर्मन हुए जिन्होंने लगभग 43 वर्ष तक शासन किया। अंतिम शासक सुशर्मन को विस्थापित कर आंध्रों ने सातवाहन वंश की स्थापना की।

## सातवाहन वंश

सिमुक को सातवाहन वंश का संस्थापक माना जाता है। इसने गोदावरी नदी के किनारे पैठान या प्रतिष्ठान को अपनी राजधानी बनाया। इन्होंने बौद्ध धर्म एवं जैन धर्म को प्रोत्साहित किया। सिमुक के बाद कान्हा तथा कान्हा के बाद उसका पुत्र श्री शातकर्णी शासक बना। नानाघाट और नायनिका अभिलेख से इसके बारे में जानकारी मिलती है। इसे दो अश्वमेघ यज्ञ और एक राजसूय यज्ञ कराने का श्रेय प्राप्त है। सातवाहन शासक हाल ने 'गाथा सप्तसती' की रचना की। इसके शासनकाल में अमरावती स्तूप का विस्तार किया गया। गौतमी पुत्र शातकर्णी (106–130 ई.) सातवाहन वंश का महान शासक था। इसने सातवाहन वंश को पुनर्जीवित किया। इसके तीन अभिलेख दो नासिक और एक कार्ले से मिले हैं। गौतमी पुत्र शातकर्णी के विजय की जानकारी उसकी मां बलश्री की नासिक प्रशस्ति से मिलती है। इसने शकों को पराजित किया तथा शक शासक नहपान के सिक्कों पर अपना नाम पुनरांकित करवाया। गौतमी पुत्र शातकर्णी को 'त्रि-समुद्र तोय-पिता-वाहन' कहा जाता था जिसका अर्थ है कि उसके घोड़े ने तीन समुद्रों का पानी पिया था। ब्राह्मणवाद को संरक्षण प्रदान करने के कारण इसे 'एकब्राह्मण' की उपाधि प्रदान की गई। गौतमीपुत्र शातकर्णी ने 'वेणकटक स्वामी' की उपाधि धारण की तथा वेणकटक नाम के नगर की स्थापना की। वाशिष्ठीपुत्र पुलमावि (130–154 ई.) गौतमी पुत्र शातकर्णी की मृत्यु के बाद शासक बना। अमरावती से प्राप्त लेख में इसके बारे में जानकारी मिलती है। शक शासक रुद्रदामन की पुत्री से वाशिष्ठीपुत्र पुलमावि का विवाह हुआ। वाशिष्ठीपुत्र पुलमावि ने एक नए नगर 'नवनगर' की स्थापना कर नवनगरस्वामी की उपाधि धारण की। इसे 'दक्षिणापथ परमेश्वर' भी कहा जाता था। सातवाहन वंश का अंतिम प्रमुख शासक यज्ञ श्री शातकर्णी (165–194 ई.) था। इसने शकों द्वारा जीते गए अपने भू-भागों को पुनः जीता। यज्ञ श्री शातकर्णी व्यापार तथा समुद्री यात्रा का प्रेमी था। इसके सिक्कों पर जहाज, मत्स्य एवं शंख की आकृति उत्कीर्ण थी। भड़ौच इस काल का प्रसिद्ध बंदरगाह था। सातवाहन काल के अधिकांश सिक्के सीसे द्वारा निर्मित हैं। शासन का मातृतंत्रात्मक ढांचा इस काल में प्रचलित था। सातवाहनों द्वारा ब्राह्मणों और बौद्ध भिक्षुओं को भूमिदान देने का प्रथम अभिलेखीय उदाहरण मिलता है। अमरावती और नागार्जुनकोंडा के स्तूपों के निर्माण में सातवाहनों का योगदान था।

## कलिंग का चेदि वंश

चेदि वंश का संस्थापक 'महामेघवाहन' था। 'खारवेल' इस वंश का महान शासक था। उसने उदयगिरी के पहाड़ी में हाथीगुम्फा अभिलेख खुदवाया। खारवेल जैन धर्म का अनुयायी था। शासन के पांचवें वर्ष में उसने पाटलिपुत्र से अपनी राजधानी तक एक नहर खुदवाया। प्रजा पर लगाए गए अनेक कर भी उसने हटा लिए। उसने मगध की राजधानी पाटलिपुत्र पर भी आक्रमण किया।

## इंडो–ग्रीक/बैक्ट्रियाई वंश

इस वंश की दो शाखाएँ-यूथेडेमस एवं यूक्रेटाइडस थीं। 'यूथेडेमस' वंश की राजधानी स्यालकोट या साकल थी। 'यूक्रेटाइडस' वंश की राजधानी तक्षशिला थी। भारत के भीतरी भाग में प्रवेश करने वाला पहला बैक्ट्रियाई शासक यूथेडेमस वंश का डेमेट्रियस था, जिसका शासन 189 ई.पू. के आसपास शुरू हुआ था। डेमेट्रियस के सिक्के खरोष्ठी लिपि एवं यूनानी भाषा में मिले हैं। डेमेट्रियस वंश का सबसे प्रसिद्ध शासक मिनाण्डर (165-145 ई.पू.) था। मिनाण्डर की बौद्धमत के प्रति बहुत श्रद्धा थी। भारतीय स्रोतों में उसे 'मिलिन्द' कहा गया है। मिलिन्दपन्हो नामक ग्रन्थ में मिनाण्डर एवं बौद्ध भिक्षु नागसेन के बीच संवाद का संकलन है। मिनाण्डर का साम्राज्य पूर्व में मथुरा से पश्चिम में गांधार तक और उत्तर में काबुल से दक्षिण में बुंदेलखंड तक था। उत्तर-पश्चिम में कपिशा और दक्षिण-पश्चिम में बेरीगाजा पर भी उसका प्रभाव था। मिनाण्डर के सिक्कों पर खरोष्ठी के साथ-साथ ब्राह्मी लिपि का भी प्रयोग हुआ है।

यूक्रेटाइडस वंश का सबसे प्रतापी शासक यूक्रेटाइडस था, जो डेमेट्रियस का समकालीन था। उसने डेमेट्रियस को हराया भी। यूक्रेटाइडस के बाद उसका पुत्र हेलिओक्लीज शासक बना। उसने काबुल घाटी पर अपना प्रभाव बढ़ाने का प्रयास किया। उसने पैरोपेनिसडाई से झेलम तक के क्षेत्र पर अधिकार कर लिया। इस क्षेत्र से हेलिओक्लीज के सिक्के मिले हैं। इस वंश का अंतिम महत्वपूर्ण शासक एंटिअलकिडस था। उसके काल का एक अभिलेख बेसनगर से मिला है। यह अभिलेख एक गरूड़ स्तंभ पर खुदा हुआ है। इसके अनुसार तक्षशिला निवासी हेलियोडोरस को एंटिअलकिडस ने अपने राजदूत के रूप में भारतीय राजा काशी पुत्र भागभद्र के दरबार में भेजा था। उसने भागवत वासुदेव के सम्मान में एक गरुड़ स्तंभ की स्थापना करवाई। भागभद्र की पहचान शुंग शासक भागवत से की गई है। भारतीय इतिहास में सबसे पहले सोने के सिक्के इंडो-ग्रीक शासकों ने ही जारी किए। सिक्कों पर राजाओं के चित्र एवं तिथि के उत्कीर्णन की परिपाटी भी इन्होंने ही शुरू की। इन्होंने उत्तर-पश्चिम भारत को हेलेनिस्टिक कला से परिचित कराया, जिसने बाद में गांधार-शैली का रूप लिया।

## पार्थियन/पहलव वंश

इस वंश की स्थापना यूक्रेटाइडस के समकालीन मिथ्रेडेट्स ने 200 ई.पू. में ईरान में की थी। भारतीय क्षेत्र में शासन करने वाला पहला पहलव शासक माउस या मगस था। उसका शासनकाल 90 ई.पू. से 70 ई.पू. था। गोन्दोफर्नेस या गुन्दफर्न इस वंश का सबसे प्रभावशाली शासक था। तख्त-ए-बही अभिलेख में उसके कार्यों का वर्णन मिलता है। गुन्दफर्न के समय में ही सेंट थॉमस पहलव दरबार में आया था और यहाँ ईसाई मत का प्रचार किया। पहलवों के समय में चाँदी के सिक्के कम जारी किए गए, जो उनकी आर्थिक अस्थिरता का सूचक है। उनके सिक्कों का भंडार तक्षशिला में सिरकप के पास खुदाई में मिला है।

## शक वंश

शक मूलतः मध्य एशिया की एक घुमक्कड़ जाति थी। शक लोगों ने सिंध प्रदेश में प्रवेश के लिए सामान्य रूप से प्रचलित खैबर दर्रे की जगह 'बोलन दर्रे' का प्रयोग किया। भारत में इनकी दो शाखाएँ थीं-उत्तरी क्षत्रप-तक्षशिला और मथुरा तथा पश्चिमी क्षत्रप–नासिक एवं उज्जैन। उत्तरी क्षत्रप का महत्वपूर्ण शासक मग था। उसने ताँबे एवं चांदी के सिक्के चलाए। उसने तक्षशिला को अपनी राजधानी बनाया। उसके सिक्के पर यूनानी देवताओं के अतिरिक्त बुद्ध एवं शिव की आकृति भी खुदी हुई थी। नासिक में शकों के क्षहरात वंश का शासन था। इस वंश का पहला शासक भूमक था। उसने अपने सिक्कों पर खरोष्ठी एवं ब्राह्मी दोनों लिपियों का प्रयोग किया है। भूमक का उत्तराधिकारी नहपान था। पेरीप्लस में उसका उल्लेख मिलता है। उसका संघर्ष सातवाहन शासक गौतमीपुत्र शातकर्णी के साथ हुआ। नहपान के बाद शकों की शक्ति कमजोर पड़ गई।

उज्जैन में शकों के कार्दमक वंश का शासन था। इस वंश का संस्थापक चष्टन था। उसके अभिलेखों में शक संवत् का उल्लेख मिलता है। उसके सिक्कों पर ब्राह्मी, खरोष्ठी एवं यूनानी लिपियों का प्रयोग हुआ है। रुद्रदामन (130-150 ई.) इस वंश का सबसे प्रतापी शासक था। उसने महाक्षत्रप की उपाधि धारण की। रुद्रदामन के सम्बन्ध में जानकारी का सर्वप्रमुख स्रोत उसका जूनागढ़ (गिरनार) अभिलेख है, जो संस्कृत भाषा में लिखा गया है। रुद्रदामन ने कुषाणों को पराजित कर सिंध पर अधिकार कर लिया। रुद्र सिंह तृतीय इस वंश का अंतिम शासक था।

शक शासकों ने भारतीय धर्म एवं संस्कृति को अपना लिया। इन लोगों ने भारतीय नाम अपना लिए। जैसे–जयदामन, रुद्रदामन एवं रुद्रसेन आदि। सातवाहनों एवं इक्ष्वाकुओं के साथ इन्होंने वैवाहिक संबंध स्थापित किए। शक ब्राह्मण मग ब्राह्मण के नाम से विख्यात थे। शक शासकों ने शिव, नाग एवं सूर्य पूजा को प्रोत्साहन दिया। शकों ने भारत में नए फैशन के वस्त्र-पगड़ी, लंबे कोट एवं घोड़ों के प्रचलन को बढ़ाया। शकों ने ज्योतिष विज्ञान को भी बढ़ावा

दिया। उज्जयिनी उस समय नक्षत्र विज्ञान का प्रमुख केंद्र था। इनके समय में संस्कृत भाषा की प्रगति हुई। रुद्रदामन का अभिलेख संस्कृत गद्य का एक अनूठा उदाहरण है।

शकों ने भारत की प्रशासनिक व्यवस्था में भी परिवर्तन किए। शकों ने क्षत्रपीय व्यवस्था लागू की। इस समय राजाओं के सहशासन एवं युवराजों के शासन का उल्लेख मिलता है। शकों के काल में व्यापार वाणिज्य का काफी विकास हुआ। नहपान के समय भड़ौच प्रसिद्ध बंदरगाह था। यहाँ से पश्चिम के साथ व्यापार होता था। तक्षशिला, उज्जयिनी, प्रतिष्ठान इस काल के प्रमुख नगर थे।

## कुषाण वंश

कुषाण यूची कबीले से संबद्ध थे। इनका मूल निवास स्थान मध्य एशिया था। कजुल कडफिसस ने यूची कबीले की पांच शाखाओं को संगठित किया और कुषाण वंश की स्थापना की। इसने महाराजाधिराज की उपाधि धारण की। कुजुल कडफिसेज ने केवल तांबे के सिक्के जारी किए। इसके द्वारा जारी किये गये सिक्के पर एक तरफ अंतिम यूनानी राजा हर्मियस और दूसरी ओर इसकी स्वयं की आकृति खुदी मिली है। कुजुल कडफिसस के बाद उसका पुत्र विम कडफिसस शासक बना। इसने कुषाण साम्राज्य का विस्तार करते हुए तक्षशिला, पंजाब तथ मथुरा को भी कुषाण साम्राज्य का अंग बनाया। विम कडफिसस के सिक्कों पर नंदी, शिव और त्रिशुल की आकृति खुदी होने से अनुमान लगाया जाता है कि वह शैव मतानुयायी थे।

**कनिष्क** : कनिष्क कुषाण शासकों में सबसे योग्य एवं महान था। इसे शक संवत् का संस्थापक माना जाता है जो 78 ई. में प्रारंभ हुआ। कनिष्क के साम्राज्य की सीमाएँ अफगानिस्तान, सिंध, बैक्ट्रिया, पार्थिया तथा भारत में मगध तक फैली थी। राजतरंगिणी से स्पष्ट होता है कि कश्मीर भी कनिष्क के राज्य का अंग था। कनिष्क ने अपनी राजधानी 'पुरुषपुर' या पेशावर को बनायी। मथुरा इसके राज्य की दूसरी राजधानी थी। प्रसिद्ध विद्वान अश्वघोष को कनिष्क पाटलिपुत्र से अपने साथ ले गया था। कनिष्क ने चतुर्थ बौद्ध संगीति का आयोजन कश्मीर के कुंडलवन विहार में किया था। कनिष्क के दरबार में नागार्जुन, अश्वघोष, पार्श्व तथा वसुमित्र जैसे प्रमुख विद्वान रहते थे। महान चिकित्सक चरक कनिष्क का राजवैद्य था। कनिष्क बौद्ध धर्म की महायान शाखा का अनुयायी था। कल्हण की राजतरंगिणी के अनुसार कुषाण शासक हुविष्क ने वसिष्क द्वितीय के साथ और उसके पुत्र कनिष्क द्वितीय के साथ संयुक्त रूप से शासन किया। कनिष्क ने सर्वप्रथम अपने द्वारा जारी किए गए सिक्कों पर बुद्ध की आकृति बनवायी। कनिष्क ने कश्मीर को जीतकर वहाँ 'कनिष्कपुर' नामक नगर बसाया। उसने काश्गर, यारकन्द व खोतान पर भी विजय प्राप्त की। कनिष्क ने पेशावर में एक स्तूप और विहार का निर्माण कराया जिसमें बुद्ध के अस्थि-अवशेषों को प्रतिष्ठित कराया। खुदाई में इस स्तूप से बुद्ध, इन्द्र, ब्रह्मा एवं कनिष्क की मूर्तियां मिली

हैं। महास्थान (बागौर) में पायी गयी सोने की मुद्रा पर कनिष्क की एक खड़ी मूर्ति अंकित है। मथुरा में कनिष्क की एक प्रतिमा मिली है, जिसमें उन्हें घुटने तक चोंगा एवं पैरों में भारी जूते पहने हुए दिखाया गया है। कनिष्क द्वारा जारी किये गये एक ताँबे के सिक्के पर उसे बलि वेदी पर बलि करते हुए दिखाया गया है।

**हुविष्क** (106–138 ई.) के समय कुषाण सत्ता का प्रमुख केन्द्र पेशावर से हटकर मथुरा पहुंच गया। हुविष्क के सिक्कों पर शिव, स्कन्द तथा विष्णु आदि देवताओं की आकृतियाँ उत्कीर्ण मिलती हैं। कनिष्क कुल का अंतिम महान सम्राट वासुदेव था। कुषाणों ने सर्वप्रथम भारत में शुद्ध स्वर्ण मुद्राएं निर्मित करायी तथा छोट-छोटे व्यापार के लिए ताँबे एवं चांदी की मुद्राएं चलाई। कुषाण शासकों में विम शैव, कनिष्क एवं हुविष्क–बौद्ध, वासुदेव–शैव या वैष्णव था। इस काल में मध्य एशिया से गंगा घाटी तक अनेक नगरों का अभ्युदय हुआ। इस समय के प्रमुख नगरों में तक्षशिला, पुरुषपुर, मथुरा, श्रावस्ती, कौशांबी, वाराणसी, पाटलिपुत्र एवं वैशाली प्रमुख थे। अश्वघोष ने बुद्धचरित, सौन्दरानंद, शारिपुत्र प्रकरण एवं सूत्रालंकार की रचना की। नागार्जुन को भारत का 'आइंस्टाइन' कहा जाता है तथा इनकी तुलना मार्टिन लूथर से की जाती है। इन्होंने 'प्रज्ञापारमितासूत्र' में शून्यवाद (सापेक्षवाद) सिद्धांत को प्रस्तुत किया। चरक ने औषधि पर 'चरकसंहिता' की रचना की। वात्स्यायन का कामसूत्र तथा भारवि की वासवदत्ता इसी काल में लिखी गई।

## राजव्यवस्था एवं प्रशासन

मौर्योत्तर काल में विकेन्द्रीकरण की प्रवृति पर नियंत्रण के लिए राजतंत्र में दैवी तत्वों को समाविष्ट करने की प्रवृत्ति अपनाई गई। चीनी शासकों के अनुरूप कुषाण राजाओं ने देवपुत्र जैसी उपाधियाँ धारण की। संभवतः रोम का उदाहरण लेकर कुषाण शासकों ने मृत राजाओं की मूर्तियाँ स्थापित करने के लिए मंदिर बनवाने की प्रथा (देवकुल) भी प्रारम्भ की। कुषाणों के समय भारत ने ब्राह्मणों एवं बौद्ध श्रमणों को राजस्व एवं प्रशासनिक करों से मुक्त भूमि प्रदान करने की प्रथा आरम्भ की। किन्तु अभिलेखों में भूमि-दान का पहला प्रमाण ई. पू. प्रथम शताब्दी का है। आरम्भ में ये दान कर-मुक्त ही होते थे किन्तु धीरे-धीरे दान की गई भूमि पर से राजाओं ने प्रशासनिक नियंत्रण हटाकर इसे दान ग्रहीता को ही समर्पित करना आरंभ कर दिया। शकों तथा पार्थियन शासकों ने संयुक्त शासन का चलन प्रारंभ किया जिसमें युवराज सत्ता के उपभोग में राजा की बराबरी का सहभागी होता था। कुषाणों ने प्रान्तों में द्वैध शासन की प्रणाली का प्रचलन किया। प्रशासन में सामन्तीकरण की प्रक्रिया शक-कुषाण काल से ही प्रारम्भ होता दिखाई देता है। कुषाण लेखों में हम पहली बार दण्डनायक तथा महादण्डनायक जैसे पदाधिकारियों का उल्लेख पाते हैं।

# मौर्योतर कालीन वाणिज्य एवं व्यापार

मौर्योत्तर काल में वाणिज्य-व्यापार का काफी विकास हुआ तथा पश्चिमी देशों के साथ व्यापार में प्रगति हुई। भारत का रोम के साथ व्यापार काफी बढ़ा। मध्य एशिया से गुजरने वाला व्यापारिक मार्ग चीन एवं रोमन साम्राज्य को जोड़ता था। इसे 'सिल्कमार्ग' अथवा 'रेशममार्ग' के नाम से जाना जाता था। रोम और चीन के बीच व्यापार में कुषाणों की भूमिका बिचौलियों जैसी थी। प्लिनी ने भारत-रोम व्यापार में रोम से भारत आ रहे सोने के सिक्के पर दुख व्यक्त किया है। रोमन व्यापार का सर्वाधिक लाभ दक्षिण भारत को मिला। प्लिनी ने भारत को 'रत्नों की एकमात्र जननी' कहा। इसके अनुसार भारत में पीतल और सीसा का उत्पादन नहीं होता था। मिलिन्दपन्हो में 75 प्रकार तथा महावस्तु में 36 प्रकार के व्यवसाय का उल्लेख मिलता है।

इस काल में उन्नत व्यापार के निम्न कारण थे-

1. अधिशेष उत्पादन की प्राप्ति।
2. मौर्यकाल की शांति व्यवस्था का लाभ।
3. यातायात का विस्तार।
4. रेशम मार्ग पर अधिकार।
5. रोमन साम्राज्य का उदय।
6. चीन से व्यापारिक संपर्क।
7. श्रेणियों की भूमिका।
8. धर्म का सहयोग-जैन व बौद्ध।
9. समुद्री हवा की खोज।

**निर्यात** : सूती कपड़ा, मलमल, मसाले, महंगे पत्थर, नील, हाथीदांत, चंदन की लकड़ी, जानवर की खाल, इस्पात आदि।

**आयात** : सोना, चांदी, शराब, मृद्भांड, कांसे के बर्तन, दासियां आदि।

**दो प्रमुख मार्ग** : 1. उत्तरापथ-उत्तर पश्चिमी क्षेत्र को भारत के पूर्वी भाग से जोड़ता था। पुष्कलावती से चंद्रकेतुगढ़। 2. दक्षिणापथ-महिष्मती को अमरावती से जोड़ता था, उरैयूर तक जाता था।

**प्रमुख बंदरगाह** : 1. पूर्वीतट–ताम्रलिप्ति अरिकामेडु-यहां से रोमन सिक्के एवं मृद्भांड मिले हैं। 2. पश्चिमी तट–भड़ौच, सोपारा, मुजरिस, बारबरीकम।

## मौर्योत्तर कालीन कला

**गांधार कला** : गांधार कला का उद्‌भव ई.पू. पहली शताब्दी के मध्य गांधार, अफगानिस्तान व पश्चिमोत्तर सीमांत प्रांत में हुआ। गांधार कला शैली को हिन्द-यूनानी, ग्रीको-रोमन, अथवा इण्डो-हैलेनिक कला शैली भी कहा जाता है। गांधार कला का वास्तविक विकास कुषाणों का संरक्षण मिलने के बाद हुआ। यह शैली पाँचवीं सदी ई. तक प्रचलित रही, जब तक मिहिरकुल के नेतृत्व में हूणों ने इस शैली की कृतियों को गम्भीर क्षति नहीं पहुँचाई। शक और कुषाण ही गांधार कला के मुख्य संरक्षणदाता थे। गांधार शैली के मुख्य अवशेष तक्षशिला में जौलियान व धर्मर्जिका तथा जलालाबाद के निकट हट्‌टा में मिले हैं। गांधार शैली का विषय बौद्ध है, किन्तु संरचना में यह शैली यूनानी देवताओं का अनुकरण करती है। इसीलिए, इसे यूनानी-बौद्ध-शैली भी कहते हैं। गांधार शैली में यथार्थवादिता के दर्शन होते हैं। इस शैली का सम्बन्ध महायान बौद्ध सम्प्रदाय से था। गांधार कला के अन्तर्गत बुद्ध की धर्मचक्र-मुद्रा, ध्यानमुद्रा, अभयमुद्रा और वरद-मुद्रा आदि का अंकन किया गया है।

**मथुरा कला** : मथुरा कला का उदय दूसरी शताब्दी ई.पू. से माना जाता है। ई. सन् की प्रथम शताब्दी में यह कला अपने पूर्ण विकसित रूप में थी। मथुरा कला-शैली के विषय बौद्ध, जैन तथा ब्राह्मण मत से सम्बद्ध हैं। शैली का उद्‌भव-स्रोत मूलतः भारतीय है, फिर भी इस पर यूनानी-रोमन प्रभाव है। मूर्तिकला में प्राकृतिक सौन्दर्य, लोकोत्तर तथा आध्यात्मिक भावों की अभिव्यक्ति है। मूर्तियाँ सफेद चित्तीदार, लाल बलुआ पत्थर से बनाई जाती थीं। मथुरा शैली में शारीरिक सौन्दर्य पर अधिक ध्यान नहीं दिया गया। इस दृष्टि से, मथुरा कला आदर्शवादी है। इस कला में कुषाण काल के राजा और सामन्तों की मूर्तियाँ बनाई गईं। कुषाणों, जैनियों एवं व्यापारियों ने मथुरा कला को संरक्षण दिया। आरम्भ में शिव, लक्ष्मी, सूर्य और बलराम की तथा कुषाण काल में कुबेर आदि की भी मूर्तियाँ बनाई गईं। मथुरा के मटगाँव से कुषाण शासकों यथा-कनिष्क, विम कडफिसस और चेष्टन की मूर्तियाँ प्राप्त हुई हैं। मथुरा शैली ने गुप्त शैली को प्रभावित किया।

**अमरावती कला** : अमरावती कला का उद्‌भव एवं विकास पूर्वी दक्कन अथवा गोदावरी की निचली घाटियों में हुआ। इस कला का आरम्भिक उदाहरण जग्गेयापेट से मिला है। इसके मुख्य केन्द्र थे-नागार्जुनकोण्डा, अमरावती, गोली, घंटसाल इत्यादि। 150 ई.पू. से 350 ई. तक इस कला का विकास हुआ। सातवाहन राजा, इक्ष्वाकु शासक इस कला के संरक्षक थे। मुख्यतः यह बौद्ध धर्म से प्रभावित था। अमरावती कला में मूर्तियाँ गोलाकार रूप में उभारदार शैली में उत्कीर्ण की जाती थीं। लम्बे और छरहरे बदनवाली मूर्तियाँ भी बनाई जाती थीं। अमरावती कला के अन्तर्गत अलंकृत स्तूप भी बनवाए गए। इस कला में मूर्तियाँ सफेद संगमरमर से बनाई गई हैं। पल्लव शैली, श्रीलंका तथा दक्षिण-पूर्वी एशिया के देशों पर अमरावती कला का प्रभाव पड़ा।

***

# 9
# संगम काल

सुदूर दक्षिण में पाषाण युग के पश्चात् महापाषाण संस्कृतियों (Megaliths) का उदय हुआ। इस संस्कृति के अनेक कब्रगाह मिले हैं। इस संस्कृति के लोग लोहे से परिचित थे तथा काले एवं लाल मृद्भांड का प्रयोग करते थे। वे कृषि एवं सिंचाई से भी परिचित थे। कालांतर में अनेक महापाषाण कालीन स्थल, उत्तर भारत के संपर्क में आकर ग्राम एवं नगरों के रूप में विकसित हुए। इससे सुदूर दक्षिण में शक्तिशाली राज्यों के उदय एवं विकास का मार्ग प्रशस्त हुआ। संगम साहित्य में सुदूर दक्षिण में तीन शक्तिशाली राज्यों-चेर, चोल एवं पांड्य का उल्लेख मिलता है। नीलकंठ शास्त्री के अनुसार संगम साहित्य का रचना काल 100 ई. से 300 ई. के बीच है। रामशरण शर्मा ने संगम साहित्य का रचना काल ई.पू. तीसरी शताब्दी से छठी शताब्दी के मध्य माना है।

## जानकारी के स्रोत

**शिल्पदिकारम** : इलांगोआदीगल द्वारा रचित यह एक तमिल महाकाव्य है जिसका शाब्दिक अर्थ नूपुर की कहानी है। इस महाकाव्य के नायक और नायिका कोवलन और कन्नगी हैं। इससे संगमकालीन सामाजिक, ऐतिहासिक, नृत्य तथा व्यवसाय की जानकारी मिलती है।

**मणिमेखलै** : मदुरा के बौद्ध व्यापारी सत्तनार द्वारा रचित यह तमिल महाकाव्य है। इसमें कोवलन की दूसरी पत्नी माधवी वैश्या तथा उसकी पुत्री मणिमेखलै के चरित्र को दर्शाया गया है जो अंततः बौद्ध भिक्षुणी हो गई। इससे संगमकालीन चित्रकला के विकास की जानकारी मिलती है।

**जीवक चिन्तामणि** : यह जैन मुनि तिरुतक्कदेवर की कृति है। इसमें जैन मतानुसार गृहस्थ जीवन के स्वरूप को स्पष्ट किया गया है।

एत्तुतौके ग्रंथ में 8 संग्रह मिलते हैं। पत्तुपात्तु दस गीतों के संग्रह वाला तमिल ग्रंथ है। तिरुवल्लुवर द्वारा रचित तिरुकुराल को तमिल भाषा का बाइबिल कहा जाता है। प्रेम संबंधी रचनाओं को 'आगम' तथा राजाओं के प्रशंसा संबंधी रचनाओं को 'पुरम' कहा जाता था।

## चेर

चेर राज्य आधुनिक कोंकण, मालाबार के तटीय क्षेत्र, उत्तरी त्रावणकोर एवं कोचीन तक विस्तृत था। चेर राज्य का राजकीय चिह्न 'धनुष' था। उदियनजेरल चेर राजवंश का प्रथम राजा था। इसकी राजधानी मरन्दै थी। शेनगुट्टुवन चेरों का सबसे महान शासक था। इसे 'लालचेर' भी कहा जाता था। इसका यशवर्णन संगमयुग के सर्वाधिक दीर्घजीवी कवि 'परणार' ने किया है। इसके पास एक नौसैनिक बेड़ा था। शेनगुट्टुवन ने 'कन्नगी पूजा' (पत्नी पूजा) का प्रारंभ किया। पत्नीपूजा के लिए पत्थर गंगानदी से धोकर लाया जाता था। इसने अधिराज की उपाधि धारण की। चेर वंश का एक अन्य महान शासक पेरुंजेरल इरंपोरई था। उसने चोल एवं पांड्यों की सेना को पराजित किया। उसका सर्वाधिक महत्वपूर्ण कार्य था-स्वर्ग से लाकर गन्ने की खेती की परंपरा का प्रारंभ करना।

## चोल

चोल राज्य पेन्नार तथा दक्षिणी वेल्लार नदियों के मध्य स्थित था। इसे चोलमंडलम या कोरोमंडलम भी कहा जाता था। चोलों की राजधानी पहले उरैयूर तथा बाद में पुहार (कावेरी पट्टनम) थी। उरैयूर कपास की खेती के लिए प्रसिद्ध था। चोलों का राजकीय चिह्न बाघ था। करिकाल चोलों का सर्वाधिक महत्वपूर्ण शासक था जिसका अर्थ होता है 'जले हुए पैर वाला व्यक्ति'। इसने पुहार की स्थापना की तथा कावेरी नदी पर लंबा बांध बनवाया। वह सात स्वरों का ज्ञाता था। करिकाल के पास एक शक्तिशाली नौसेना थी जिसका उपयोग उसने श्रीलंका पर विजय प्राप्त करने के लिए किया। उसने हिमालय तक सैन्य अभियान किया तथा मगध एवं अवंति को पराजित किया। उसने अनेक वैदिक यज्ञ भी किए।

### संगम का आयोजन

**प्रथम संगम**

| | |
|---|---|
| स्थान | मदुरा |
| अध्यक्ष | ऋषि अगस्त्य |
| संरक्षक | 89 पांड्य शासक |
| मानक ग्रंथ | अक्कतियम, परिप्दल, मुदुनरै |
| उपलब्ध ग्रंथ | कोई नहीं |

**द्वितीय संगम**

| | |
|---|---|
| स्थान | कपाटपुरम् |
| अध्यक्ष | तोल्लकाप्पियर |
| मानक ग्रंथ | तोल्लकाप्पियम, मापुरानम्, भूतपुरानम, व्यालमलय |
| उपलब्ध ग्रंथ | तोल्लकाप्पियर कृत 'तोल्लकाप्पियम' जो तमिल भाषा का प्राचीनतम व्याकरण है। |

**तृतीय संगम**

| | |
|---|---|
| स्थान | मदुरा |
| अध्यक्ष | नक्कीरर |
| मानक ग्रंथ | पत्थुप्पस्तु, एतुत्थोकई, पादिने नकील कनवकु, नेडुण्थोकै, कुरून्थोकै, परिपादल, वरि, वेरिसै, एन्कुरून्नूरू। |
| उपलब्ध ग्रंथ | पत्थुप्पस्तु, एतुत्थोकई, पादिने नकील कनवकु तथा अन्य समस्त उपलब्ध तमिल ग्रंथ। |

## पांड्य

पांड्य राज्य का सर्वप्रथम उल्लेख पाणिनी के अष्टाध्यायी में मिलता है। मेगास्थनीज के अनुसार इस राज्य पर एक औरत का शासन था और यह राज्य मोतियों के लिए प्रसिद्ध था। पांड्य राज्य की राजधानी मदुरा थी तथा इसका राजचिह्न मछली (मत्स्य) था। नेडियोन पांड्य राजवंश का प्रथम शासक था। उसने समुद्र की पूजा प्रारंभ कराई थी। नेडियोन के पश्चात् मुदुकुडुमी शासक बना। इसने 'पालशाले' (यज्ञशालाएं बनवाने वाला) की उपाधि धारण की। इस वंश का एक अन्य शासक नेंडुजेलियन था। उसने पांच राजाओं के एक संघ को तल्लैयालंगानम के युद्ध में पराजित किया। पांड्य राजा ने रोमन सम्राट आगस्टस के दरबार में अपने राजदूत भेजे थे।

## शासन व्यवस्था

संगमकालीन शासन व्यवस्था में वंशानुगत राजतंत्र की प्रथा प्रचलित थी। चेर, चोल तथा पांड्य राज्य कुल संघ थे। अर्थात् राजवंश के सभी सदस्यों का प्रशासन में कुछ न कुछ हिस्सा होता था। उनकी निरंकुशता पर विवेकपूर्ण मंत्रियों, कवियों अथवा मित्रों का अंकुश रहता था। राजा अपनी सभा 'नालवै' में प्रजा की कठिनाइयों पर विचार करता था। 'मनरम' सर्वोच्च न्यायालय होता था जिसका सर्वोच्च न्यायाधीश राजा होता था। राजा का जन्मदिन प्रतिवर्ष मनाया जाता था जिसे 'पेरूनल' कहा जाता था। राजा की मदद करने के लिए विशाल अधिकारी वर्ग था जिनमें अमैच्चार (मंत्री), पुरोहित (पुरोहितार), सेनापत्तियार (सेनानायक), दूतार (राजदूत या दूत) तथा और्रार (गुप्तचर) प्रमुख थे। रथ, हाथी, घोड़े एवं पैदल सेना संगठित की जाती थी। नागरिक एवं सैनिक पदों पर बेल्लाल (धनी कृषक) नियुक्त किए जाते थे। राजा के आवास पर सशस्त्र महिलाएं रक्षक के रूप में रहती थीं। सेना के कप्तान की उपाधि 'एनाडी' थी। युद्ध में मृत सैनिकों की पत्थर की मूर्तियां बनाई जाती थीं। प्रशासनिक सुविधा के लिए राज्य मंडलम, नाडु तथा उर में विभाजित था। बड़े गांव को 'पैरूर' तथा छोटे गांव को 'सिरूर' कहा जाता था। छोटे गांव की सभा अवै कहलाती थी। राज्य की आय का प्रमुख साधन कृषि तथा व्यापार पर लगाया जाने वाला कर था। भूमिकर (करै) अन्न तथा नकद दोनों रूपों में लिया

जाता था। मा तथा वेल्लि भूमिकर की माप की इकाई थी। सीमा शुल्क (संगम) से भी राज्य को आमदनी प्राप्त होती थी। आंतरिक चुंगी (उल्गु) एवं युद्ध में लूट से प्राप्त संपत्ति से भी आय प्राप्त होती थी।

## आर्थिक स्थिति

तमिल प्रदेश अपनी उर्वरता के लिए प्रसिद्ध था। कावेरी डेल्टा बहुत उपजाऊ था। कृषि आर्थिक व्यवस्था का मुख्य आधार थी तथा यह राजकीय आय का मुख्य स्रोत था। यहां धान, रागी तथा गन्ने की खेती होती थी। इसके अतिरिक्त अन्य अनाज, फल, गोलमिर्च और हल्दी की पैदावार होती थी। 'कुरिंजी' पर्वत क्षेत्र था तथा 'मूलैय' जंगल को कहा जाता था। 'पालै' निर्जन स्थल तथा कृषियोग्य भूमि को 'मरूदम' कहा जाता था। समुद्रतट को 'नेयत्तल' कहा जाता था। दक्षिण भारत में भूमि अत्यंत उपजाऊ थी। चोल राज्य भैंस, कटहल, काली मिर्च तथा हल्दी के लिए प्रसिद्ध था। चोल राज्य में कावेरी का जल सिंचाई के लिए प्रयुक्त होता था। 'कडैसियर' कृषि कार्य करने वाला निम्नतम वर्ग था। 'अवनम' संगम काल में बाजार को कहते थे तथा व्यापारी वर्ग को 'वेनिगर' कहा गया है। 'अरिकामेडु' एक प्रसिद्ध व्यापारिक केंद्र था जहां से वस्तुएं भारत के विभिन्न भागों में भेजी जाती थीं। तमिल प्रदेश में गोलमिर्च का अत्यधिक उत्पादन होता था जिसे 'यवनप्रिय' कहा जाता था। एरिथ्रियन सी में नौरा, तोंडी, मुशिरी और नेल्सिंडा पश्चिमी तट के प्रमुख बंदरगाह बताए गए हैं। पुहार चोल का, शालियूर पांडय का तथा बंदर चेर राज्य का महत्वपूर्ण बंदरगाह था। उरैयूर सूती कपड़ों के व्यापार के लिए प्रसिद्ध था। निर्यात की मुख्य वस्तु काली मिर्च, हाथी दांत, मोती, मलमल, रेशमी कपड़े, कीमती रत्न तथा कीमती पत्थर थे। आयातित वस्तुओं में घोड़े, सिक्के, महीन कपड़े, पुखराज, टीन एवं शराब प्रमुख थे। आगस्टस टिवोरियस तथा नीरो के सोने-चांदी के सिक्के प्रचुर मात्रा में प्राप्त हुए हैं। तमिल क्षेत्र का सर्वाधिक व्यापार रोम के साथ होता था। प्लिनी एवं पेरिप्लस के अनुसार मोती के सीप पांड्य देश के कोरकई से प्राप्त होते थे। दक्षिण राज्यों में उत्पादित गोलमिर्च की मांग पश्चिमी देशों में अधिक होती थी।

## सामाजिक जीवन

संगम काल के समाज की सबसे महत्वपूर्ण विशेषता है–उत्तरी तथा दक्षिणी भारत के सांस्कृतिक तत्वों का समन्वय। दक्षिण भारतीय समाज उत्तर भारत की तरह चातुर्वर्ण्य व्यवस्था पर आधारित नहीं था, पर समाज अनेक वर्गों में विभक्त था। समाज में ब्राह्मणों को उच्च स्थान प्राप्त था। दक्षिण भारत में संगम काल में ही सर्वप्रथम ब्राह्मण वर्ग का उदय हुआ। संगम रचनाओं में क्षत्रिय वर्ग के बारे में जानकारी नहीं मिलती। संगम ग्रंथों में धनी किसानों को बेल्लाल कहा गया है। सैनिक पद पर नियुक्ति इसी वर्ग से की जाती थी। बेल्लाल दो भागों में बँटे थे-जमींदार तथा भूमिहीन खेतिहर-मजदूर। धनी बेल्लालों की नियुक्ति उच्च पदों पर

की जाती थी। बेल्लालों के प्रधान को वेलिर कहा जाता था। शासकों की एक अलग जाति थी जिसे अरसर कहा जाता था। पुलैयन नामक जाति रस्सी से चारपाई बनाती थी। चरवाहों का एक अलग वर्ग था। तमिल प्रदेश की उत्तरी सीमा पर मलवर नामक जाति रहती थी। ये चोरी-डकैती करते थे। संगम कवियों ने मरवा नामक जनजाति का उल्लेख किया है। इस जनजाति में वेच्ची नामक प्रथा प्रचलित थी। एनियर बधिकों की जाति थी। स्त्री और पुरुष के सहज प्रणय को पंचत्रिणै कहा जाता था। तोल्लकाप्पियम में विवाह को एक संस्था के रूप में स्थापित किया गया है।

## धार्मिक जीवन

संगम काल में उत्तर भारत की वैदिक परंपरा का प्रसार दक्षिण भारत में हुआ। दक्षिण भारत में ब्राह्मण धर्म के प्रसार में ऋषि अगस्त्य एवं कौण्डिन्य की प्रमुख भूमिका थी। इस काल में दक्षिण भारत में भी वैदिक यज्ञ की शुरूआत हुई। दक्षिण भारत में मुरूगन की उपासना सबसे प्राचीन थी। इनका एक अन्य नाम वेलन भी था। मुरूगन का एकीकरण उत्तर भारतीय देवता स्कंद कार्तिकेय के साथ किया जाता है। पुहार के वार्षिक उत्सव में इंद्र की पूजा की जाती थी। बहेलिये जाति के लोग कोरिले तथा पशुपालक जाति के लोग कृष्ण की नृत्य एवं गायन के साथ उपासना करते थे। मरियम्मा शीतला देवी थी। चेलम्मा–सीमांत की महिला–की भी पूजा की जाती थी। शवाधान की कोई निश्चित विधि नहीं थी। मृतकों के भरण-पोषण की प्रथा मध्य पाषाण कालीन प्रथा के अनुसार चलती रही।

***

# 10

# गुप्त साम्राज्य

कुषाण साम्राज्य के अंत होने के बाद उसी भू-भाग पर एक नये साम्राज्य का उदय हुआ। यह साम्राज्य गुप्तों का था। गुप्तों ने कुषाणों से बड़े साम्राज्य की स्थापना की। उनका आरंभिक राज्य उत्तर प्रदेश एवं बिहार में केंद्रित था। संभवतः गुप्त शासक कुषाणों के सामंत थे। शक एवं कुषाणों से उन्होंने जीन, लगाम, बटन वाले कोट, पतलून एवं जूतों का इस्तेमाल सीखा। इन सबसे उनमें गतिशीलता आई। वे उत्कृष्ट कोटि के घुड़सवार का इस्तेमाल करते थे। इनके कारण वे अपने विरोधियों पर श्रेष्ठता स्थापित कर सके।

गुप्त राजाओं को कई भौतिक सुविधाएँ भी प्राप्त थीं। उनका मुख्य कार्यक्षेत्र गंगाघाटी का उर्वर मैदान था। इनमें बिहार और उत्तर प्रदेश के क्षेत्र आते थे। अतः उन्हें पर्याप्त अधिशेष प्राप्त होता था। मध्य भारत एवं दक्षिण बिहार के लौह अयस्क वाले क्षेत्र पर उनका आधिपत्य था। वे इस धातु का भरपूर प्रयोग कर सके। अतः वे अपने समकालीन शक्तियों से श्रेष्ठ साबित हो सके। आरंभिक मगध साम्राज्य के उदय में इस लौह तकनीक की महत्वपूर्ण भूमिका थी। पूर्वी रोमन साम्राज्य के साथ रेशम का व्यापार करने वाले उत्तर भारत के इलाके उनके पड़ोस में पड़ते थे। अतः वे इस निकटता का भी लाभ उठा सके। इन अनुकूल स्थितियों के बल पर ही गुप्त शासक अपना आधिपत्य मध्य गंगा मैदान, प्रयाग, साकेत और मगध पर स्थापित कर सके।

## जानकारी के स्रोत

### अभिलेख

**प्रयाग प्रशस्ति अभिलेख** : इसकी रचना हरिषेण ने की। यह संस्कृत भाषा में लिखी गई है। इससे समुद्रगुप्त के बारे में जानकारी मिलती है। यह लेख मूलतः कौशाम्बी में खुदवाया गया था।

**मेहरौली स्तंभ लेख** : इसमें चंद्रगुप्त-II के विजय अभियानों का उल्लेख है। इसके अनुसार चंद्रगुप्त ने विष्णुपद पर्वत पर विष्णुध्वज की स्थापना करवाई थी।

**उदयगिरी गुहालेख** : इसके अनुसार चंद्रगुप्त-II का उद्देश्य संपूर्ण पृथ्वी को जीतना था।

**भीतरी स्तंभ लेख** : इस अभिलेख से ज्ञात होता है कि कुमारगुप्त के समय पुष्यभूतियों का आक्रमण हुआ।

**मंदसौर अभिलेख** : प्राचीन मालवा में स्थित इस अभिलेख की रचना वत्सभट्टि ने की। इसमें कुमारगुप्त के राज्यपाल वन्तुवर्मा द्वारा सूर्यमंदिर के निर्माण का उल्लेख है।

**भिलसड अभिलेख** : यह कुमारगुप्त के शासन का प्रथम अभिलेख है। इसमें गुप्त संवत् की तिथि अंकित है। यह उत्तर प्रदेश के एटा जिले में स्थित है।

**करमदंडा अभिलेख** : यह अभिलेख शिव प्रतिमा के निचले भाग में उत्कीर्ण है। इसकी स्थापना कुमारगुप्त के मंत्री पृथ्वीसेन ने की थी।

**मथुरा लेख** : इस लेख पर गुप्त संवत् अंकित है। इसमें हरिस्वामिन द्वारा सांची के आर्य संघ को दान दिए जाने का उल्लेख है।

**धनैदह अभिलेख** : इसमें कुमारगुप्त को परमभट्टारक, महाराजाधिराज एवं परमदैव कहा गया है। इसमें वराहमिहिर नामक एक ब्राह्मण को भूमि दान में दिए जाने का उल्लेख है।

**दामोदरपुर ताम्रपत्र अभिलेख** : इससे गुप्तकालीन शासन व्यवस्था की जानकारी मिलती है। यह बांग्लादेश के दीमापुर जिले में स्थित है।

**वैग्राम अभिलेख** : इसमें गोविंद स्वामिन के मंदिर के निर्वाह के लिए भूमिदान का वर्णन है। यह बांग्लादेश के बोगरा जिले में स्थित है।

**जूनागढ़ अभिलेख** : इसमें स्कंदगुप्त द्वारा हूणों की पराजय एवं उसके द्वारा पर्णदत को सौराष्ट्र का गवर्नर नियुक्त किए जाने का उल्लेख है।

**इंदौर ताम्रपत्र अभिलेख** : इसमें सूर्य की उपासना एवं सूर्य मंदिर में दीपक जलाए जाने के लिए धन दान दिए जाने का विवरण है।

**कहौम स्तंभलेख** : इसके अनुसार भद्र नामक व्यक्ति ने पांच जैन तीर्थंकरों की प्रतिमाओं का निर्माण करवाया था। यह उत्तर प्रदेश के गोरखपुर जिले में स्थित है।

**गढ़वा शिलालेख** : यह स्कंदगुप्त के शासन का अंतिम अभिलेख है। यह इलाहाबाद के करछना तहसील में स्थित है।

## सिक्के

चंद्रगुप्त-I ने सोने के सिक्के चलाए। उसके सोने के सिक्के पर कुमारदेवी का नाम अंकित है। कुमारदेवी उसकी पत्नी एवं वैशाली की राजकन्या थी। समुद्रगुप्त के सिक्के पर अश्व

पराक्रम लिखा मिलता है। इससे प्रमाणित होता है कि उसने अश्वमेध यज्ञ किया था। उसे एक सिक्के पर वीणा बजाते हुए दिखाया गया है। उसके सिक्के पर सूर्य की आकृति भी मिलती है। उसके गरुड़, धनुर्धारी, परशु एवं व्याघ्र हनन प्रकार के सिक्के मिले हैं। चंद्रगुप्त-II ने शकों को पराजित किया एवं उनकी अनुकृति के आधार पर चांदी के सिक्के चलाए। उसके सिक्के पर शेर एवं घुड़सवार अंकित हैं। पश्चिमी भारत से कुमारगुप्त के स्वर्ण, रजत एवं ताम्र मुद्राएं प्राप्त होती हैं। कुमारगुप्त ने ही सर्वप्रथम मयूरशैली की चांदी के सिक्के चलाए। उसके सिक्के पर कार्तिकेय, मयूर एवं गरुड़ की आकृति अंकित है। स्कंदगुप्त ने तीन प्रकार के स्वर्ण सिक्के-घुड़सवार, लक्ष्मी, धनुर्धारी जारी किए।

## साहित्य

चीनी यात्री फाहियान चंद्रगुप्त द्वितीय के शासन काल में भारत आया था। उसने मध्य देश के शासन का उल्लेख किया है। वह करीब 14 वर्षों तक भारत में रहा। उसने बौद्ध धर्म के बारे में भी बहुत-कुछ लिखा है। ह्वेनसांग के विवरण से गुप्तकाल के इतिहास के बारे में भी कुछ जानकारी मिलती है। उसने कुमारगुप्त, बुद्धगुप्त प्रथम एवं बालादिव्य आदि गुप्त शासकों का उल्लेख किया है। विशाखदत्त कृत देवी चंद्रगुप्तम नाटक में गुप्त शासक रामगुप्त एवं चंद्रगुप्त द्वितीय के बारे में महत्वपूर्ण जानकारी मिलती है। वात्स्यायन के कामसूत्र एवं शूद्रक के मृच्छकटिकम से गुप्तकालीन शासन व्यवस्था एवं नगरीय जीवन के बारे में रोचक जानकारी मिलती है।

गुप्तवंश का संस्थापक श्रीगुप्त को माना जाता है। उसने 275-300 ई. तक शासन किया। संभवतः वह स्वतंत्र शासक नहीं था बल्कि सामंत की हैसियत से शासन करता था। उसने महाराज की उपाधि धारण की। उसके बाद घटोत्कच (300-319 ई.) शासक बना।

## चन्द्रगुप्त प्रथम (319–335 ई.)

चन्द्रगुप्त प्रथम ने गुप्तवंश को एक साम्राज्य की प्रतिष्ठा प्रदान की। उसने महाराजाधिराज की उपाधि धारण की। उसे इतिहास में एक नए संवत् (गुप्त संवत्) चलाने का श्रेय भी दिया जाता है। उसे गुप्त वंश का वास्तविक संस्थापक माना जाता है। मुद्रा साक्ष्यों से स्पष्ट होता है कि चन्द्रगुप्त प्रथम ने लिच्छवी राजकुमारी कुमारदेवी से विवाह किया था। उसके सिक्के पर कुमारदेवी का उल्लेख मिलता है। गुप्त वंश में सर्वप्रथम चन्द्रगुप्त प्रथम ने ही रजत (चाँदी) मुद्राओं का प्रचलन आरंभ किया।

## समुद्रगुप्त (335–375 ई.)

चन्द्रगुप्त प्रथम के बाद उसका पुत्र समुद्रगुप्त शासक बना। उसके समय में गुप्त साम्राज्य का सबसे अधिक विस्तार हुआ। समुद्रगुप्त के सामरिक विजयों का विवरण हरिषेण प्रशस्ति (प्रयाग

प्रशस्ति) में मिलता है। इसी प्रशस्ति में चन्द्रगुप्त प्रथम द्वारा समुद्रगुप्त को उत्तराधिकारी चुने जाने का विवरण मिलता है। समुद्रगुप्त ने उत्तर भारत (आर्यावर्त) के नौ शासकों को पराजित किया। उसने दक्षिणापथ के बारह शासकों को भी परांजित किया था। शक, कुषाण तथा मुरुण्ड आदि शासकों ने समुद्रगुप्त की अधीनता स्वीकार की। समुद्रगुप्त का समकालीन लंकानरेश मेघवर्ण ने 'समुद्रगुप्त' के पास उपहारों सहित एक दूत मण्डल भेजा था तथा बोधगया में मठ बनवाने की अनुमति मांगी थी। अपनी विजयों के उपरान्त समुद्रगुप्त ने अश्वमेध यज्ञ किया जिसका परिचय उसके सिक्कों तथा उत्तराधिकारियों के अभिलेखों से प्राप्त होता है। विन्सेंट स्मिथ ने समुद्रगुप्त को 'भारत का नेपोलियन' कहा है। समुद्रगुप्त विजेता के साथ-साथ कवि, संगीतज्ञ और विद्या का संरक्षक था। उसके सिक्कों पर उसे वीणा बजाते हुए चित्रित किया गया है तथा कविराज की उपाधि प्रदान की गई है। इलाहाबाद के स्तंभ लेख में समुद्र गुप्त के 'धर्म प्रचार बंधु' उपाधि का उल्लेख मिलता है। समुद्रगुप्त ने महान बौद्ध भिक्षु वसुबन्धु को संरक्षण दिया था।

## चन्द्रगुप्त द्वितीय (380–412 ई.)

समुद्रगुप्त के पश्चात् गुप्तवंशावली में चन्द्रगुप्त द्वितीय का नाम मिलता है परन्तु दोनों शासकों के बीच रामगुप्त नामक एक दुर्बल शासक के अस्तित्व का भी पता चलता है। चन्द्रगुप्त द्वितीय के शासन काल में गुप्त साम्राज्य अपने उत्कर्ष पर पहुँचा। उसने वैवाहिक सम्बन्ध और विजय दोनों तरह से साम्राज्य की सीमा का विस्तार किया। चन्द्रगुप्त का अन्य नाम-देवगुप्त, देवराज, देवश्री तथा उपाधियाँ-विक्रमांक, विक्रमादित्य, परमभागवत आदि था। चन्द्रगुप्त द्वितीय ने शक मुद्राओं के अनुकरण पर चाँदी के सिक्के उत्कीर्ण करवाये। पश्चिमी शक विजय के फलस्वरूप उसने सिक्कों पर व्याघ्र उत्कीर्ण कराए तथा विक्रमादित्य की उपाधि धारण की। चन्द्रगुप्त द्वितीय के विजयों का उल्लेख उसके उदयगिरि गुहालेख में मिलता है। चन्द्रगुप्त द्वितीय के समय में पाटलिपुत्र एवं उज्जयिनी विद्या के प्रमुख केन्द्र थे। उज्जयिनी उसकी दूसरी राजधानी भी थी। चन्द्रगुप्त द्वितीय के शासन का स्मरण लड़ाइयों के कारण नहीं, बल्कि कला और साहित्य के प्रति उसके अगाध अनुराग के कारण करते हैं। अनुश्रुतियों के अनुसार उसके दरबार में नौ विद्वानों की एक मण्डली थी जिसे नवरत्न कहा जाता था। इनमें कालिदास, धनवन्तरि, क्षपणक, अमरसिंह, शंकु, वेताल भट्ट, घटकर्पर, वराहमिहिर, भरूचि जैसे विद्वान थे। उसके शासनकाल में चीनी यात्री फाहयान (399–414 ई.) भारत आया था। उसने अपने यात्रा वृत्तान्त में मध्य देश को ब्राह्मणों का देश कहा है।

## कुमारगुप्त (415–454 ई.)

चन्द्रगुप्त द्वितीय के उपरान्त कुमारगुप्त महत्वपूर्ण शासक हुआ। उसे महेंद्रादित्य के नाम से भी जाना जाता है। कुमारगुप्त के सुव्यवस्थित शासन का वर्णन उसके मंदसौर अभिलेख में

मिलता है। यह अभिलेख एक प्रशस्ति के रूप में है जिसकी रचना वत्सभट्टि ने की थी। गुप्त शासकों में सर्वाधिक अभिलेख कुमारगुप्त के मिलते हैं। कुमारगुप्त के सिक्कों से पता चलता है कि उसने अश्वमेध यज्ञ किया था। कुमारगुप्त के ही शासनकाल में नालन्दा विश्वविद्यालय की स्थापना हुई।

ह्वेनसांग ने कुमारगुप्त का नाम 'शक्रादित्य' बताया है। उसने बड़ी संख्या में मुद्राएं जारी करवाई। इसके द्वारा जारी की गई मुद्राओं का एक बड़ा भंडार भरतपुर से मिला है, जिसमें चांदी की मयूरशैली की मुद्राएं सर्वोत्कृष्ट हैं। स्कंदगुप्त के भीतरी स्तंभलेख से ज्ञात होता है कि पुष्यभूतियों का आक्रमण कुमारगुप्त के समय हुआ।

## स्कन्दगुप्त (455–467 ई.)

कुमारगुप्त प्रथम की मृत्यु के बाद स्कन्दगुप्त शासक बना। उसके बागडोर संभालते ही हूणों का आक्रमण हुआ। हूणों पर स्कन्दगुप्त की सफलता का गुणगान उसके जूनागढ़ अभिलेख में मिलता है। हूणों को पराजित कर उसने विक्रमादित्य की उपाधि धारण की। कहौम स्तंभ लेख में स्कन्दगुप्त को 'राक्रोपम' कहा गया है। स्कन्दगुप्त ने पर्णदत्त को सौराष्ट्र का राज्यपाल नियुक्त किया। जूनागढ़ शिलालेख से ज्ञात होता है कि स्कन्दगुप्त ने सुदर्शन झील का पुनर्निर्माण करवाया था। इस झील का पुनर्निर्माण पर्णदत्त और उसके पुत्र चक्रपालित की निगरानी में करवाया गया था। स्कन्दगुप्त के द्वारा जारी किए गए सोने के सिक्के न केवल संख्या में कम थे बल्कि उसमें सोने की शुद्धता की मात्रा भी कम थी। स्कन्दगुप्त ने 466 ई. में चीनी सांग सम्राट के दरबार में राजदूत भेजे थे। स्कन्दगुप्त के उत्तराधिकारियों में बुद्धगुप्त सबसे अधिक शक्तिशाली राजा था। प्रशासनिक सुविधा के लिए स्कन्दगुप्त ने अपनी राजधानी को अयोध्या स्थानान्तरित किया।

**हूणों का आक्रमण** : तोरमाण हूणों का प्रथम शासक था। गुप्त शक्ति की दुर्बलता का लाभ उठाते हुए उसके पुत्र मिहिरकुल ने भारत के आन्तरिक भाग पर आक्रमण किये जिसके प्रमाण ग्वालियर प्रशस्ति और ह्वेनसांग के वर्णन से प्राप्त होते हैं। मंदसौर अभिलेख के अनुसार 532 ई. के आसपास मालवा के शासक यशोधर्मन ने मिहिरकुल को पराजित किया। ह्वेनसांग के अनुसार मगध के शासक नरसिंहगुप्त बालादित्य ने भी मिहिरकुल को पराजित करने में सफलता प्राप्त की। हूणों का अधिकार मालवा और मध्य भारत के एक बड़े हिस्से पर था।

## प्रशासनिक व्यवस्था

केन्द्रीय शासन का जो नियंत्रण मौर्य युग में देखने को मिलता है वह इस युग में नहीं मिलता। गुप्त युग से विकेन्द्रीकरण की प्रवृत्ति बढ़ने लगी थी। समुद्रगुप्त द्वारा अधीनस्थ राजाओं के प्रति अपनाई गई नीति ही सामन्तवाद (विकेन्द्रीकरण) के उदय के लिए उत्तरदायी थी। राजकार्य

में सम्राट को सहायता करने वाले मंत्री और अमात्य होते थे। गुप्त साम्राज्य के सबसे बड़े अधिकारी कुमारामात्य होते थे। सम्राट द्वारा जो क्षेत्र स्वयं शासित होता था उसकी सबसे बड़ी इकाई देश था। देश का प्रशासक गोप्ता कहा जाता था। एक दूसरी इकाई भुक्ति थी।

***प्रमुख भुक्ति***

| | |
|---|---|
| पुंड्रवर्धन | उत्तरी बंगाल |
| वर्द्धमान भुक्ति | बंगाल |
| तीरभुक्ति | तिरहुत |
| मालवा भुक्ति | मध्य देश |

इसके अलावा मगध, सौराष्ट्र, कौशांबी तथा श्रीनगर प्रमुख भुक्ति थे। भुक्ति का शासक उपरिक कहलाता था। भुक्ति का विभाजन जनपद में किया गया था जिसे 'विषय' कहा जाता था। विषय का शासक 'विषयपति' होता था जो विषय परिषद् की सहायता से शासन करता था। विषय परिषद् में नगर श्रेष्ठि, सार्थवाह, प्रथम कुलिक एवं प्रथम कायस्थ शामिल होते थे। विषय का विभाजन 'वीथि' में होता था और वीथि से छोटी इकाई 'पेठ' थी। गुप्तकाल में नगरपालिकाएँ अस्तित्व में थीं। जिसके द्वारा नगरों का प्रशासन चलाया जाता था। 'पुरपाल' नगर का मुख्य अधिकारी होता था। पेठ अनेक गांवों के समूह को कहा जाता था। ग्राम सभा द्वारा गांव का शासन संचालित किया जाता था। दामोदरपुर ताम्रपत्र से ग्राम सभा के कुछ पदाधिकारी महत्तर, अष्टकुलाधिकारी, कुटंबी, तमवारिक आदि का उल्लेख मिलता है जो गांव का प्रबंध देखते थे।

## प्रशासनिक अधिकारी

| अधिकारी | कार्य |
|---|---|
| कुमारामात्य | सर्वोच्च प्रशासनिक अधिकारी (उच्च पद पर नियुक्त किया जाता था) |
| महाप्रतिहार | राजमहल का सुरक्षाधिकारी |
| महासंधिविग्रहिक | वैदेशिक नीति या युद्ध और शांति का मंत्री |
| महाबलाधिकृत | सैनिक अधिकारी |
| दंडपाशिक | पुलिस विभाग का प्रधान |
| विनयस्थितिस्थापक | शांति व्यवस्था का प्रधान |
| महादंडनायक | युद्ध एवं न्याय विभाग का कार्य देखने वाला |
| महाभंडगाराधिकृत | राजकीय कोष का प्रधान |

| अधिकारी | कार्य |
|---|---|
| महाअक्षपटलिक | अभिलेख विभाग का प्रधान |
| ध्रुवाधिकरण | कर वसूली विभाग का प्रधान |
| महापीलुपति | गजसेना का अध्यक्ष |
| अग्रहारिक | दान विभाग का मुखिया |
| पुस्तपाल | जमीन का लेखा-जोखा रखने वाला |

**न्याय प्रशासन :** सम्राट साम्राज्य का सर्वोच्च न्यायाधीश होता था। नारद एवं वृहस्पति स्मृति गुप्तकाल में न्याय-व्यवस्था के अत्यधिक विकसित होने की जानकारी देते हैं। इस काल में पहली बार दीवानी तथा फौजदारी कानूनों में भेद हुआ तथा इसकी विशद व्याख्या की गई। 'पूग' एवं 'कुल' नामक संस्था अपने सदस्यों के विवादों का फैसला करती थी। फाहियान के अनुसार गुप्तकाल में दंडविधान कम कठोर था। मृत्युदंड का कोई प्रावधान नहीं था, आर्थिक दंड महत्वपूर्ण था।

**सैन्य प्रशासन :** सेना के चार प्रमुख अंग थे–पदाति, रथारोही, अश्वारोही तथा गजसेना। गुप्तकाल में सामान्यतः भूमि पर सम्राट का स्वामित्व माना जाता था। वह भूमि की उपज के 1/6 भाग का अधिकारी था। इस प्रकार के कर को भाग कहा जाता था। करों की अदायगी हिरण्य (नगद) तथा मेय (अन्न) दोनों ही रूपों में की जाती थी। इसके अतिरिक्त वणिकों एवं शिल्पियों पर 'राजकर' लगाया जाता था। इन्हें कर के रूप में बेगार (विष्टि) करना पड़ता था।

## आर्थिक स्थिति

गुप्तकालीन अर्थव्यवस्था का महत्वपूर्ण पहलू है 'भू-व्यवस्था का सामंतीकरण'। बुद्धगुप्त के पहाड़पुर ताम्रपत्र अभिलेख में कहा गया है कि भूमिदान करने से सम्राट को आर्थिक तथा आध्यात्मिक गुण प्राप्त होता है। इससे स्पष्ट होता है कि सम्राट भू-स्वामी होता था। गुप्तकालीन भूमि के निम्नलिखित प्रकार थे-

| क्षेत्र | योग्य भूमि |
|---|---|
| वास्तु | निवास के योग्य |
| चारागाह भूमि | पशुओं के चारा के योग्य भूमि |
| खिल | भूमि जो जोतने योग्य नहीं होती थी। |
| अप्रहत | जंगली भूमि जिसमें कभी भी जुताई नहीं होती थी। |

अमरसिंह ने अमरकोष में 12 प्रकार की भूमि का उल्लेख किया है–1. उर्वरा, 2. ऊसर, 3. मरु, 4. अप्रहत, 5. सद्‌बल, 6. पंकिल, 7. जल प्रायमनुषम, 8. कच्छ, 9. शर्करा, 10. शर्कावती, 11. नदीमातृक, 12. देवमातृक।

गुप्तकालीन अभिलेखों के आधार पर निम्नलिखित भू-धृतियां देखने को मिलती हैं–

**नीविधर्म** : सदा के लिए भूमि अनुदान।

**अक्षयनीवि** : भू-राजस्व का स्थायी दान। इसके अनुसार किसान उस भूमि से प्राप्त आय का उपभोग कर सकता था, किंतु वह भूमि किसी और को नहीं दे सकता था।

**अप्रद धर्म** : प्राप्तकर्ता को संपत्ति के सभी अधिकार प्राप्त थे परंतु उसे प्रशासकीय अधिकार प्राप्त नहीं थे। वह इसे दूसरे को अनुदान में नहीं दे सकता था।

**भूमिछिद्रन्याय** : कृषि के अयोग्य भूमि। इसमें जो व्यक्ति सर्वप्रथम बंजर भूमि पर खेती प्रारंभ करेगा वही इसका भू-स्वामी होगा।

कुल्यावाप, द्रोण तथा पाटक भूमि माप की इकाइयां थीं। स्कन्द्रगुप्त के जूनागढ़ अभिलेख में राज्य द्वारा प्रोत्साहित सिंचाई के कार्यों का उल्लेख मिलता है। 'रहट' और 'घटीयंत्र' का प्रयोग सिंचाई के लिए किया जाता था। आकार के अनुसार तालाबों को वापी, तडग तथा दीर्घुल कहा जाता था। इस काल में बंगाल मलमल के लिए, कलिंग धान के लिए, मालवा ईख के लिए, गुजरात सूती वस्त्र के लिए तथा कश्मीर केसर के लिए प्रसिद्ध था।

गुप्तकाल में वेतन की अदायगी सामान्यतः भूमि अनुदान के रूप में की जाती थी। 'अग्रहार' भूमि ब्राह्मणों को दान में दी जाती थी। यह भूमि कर मुक्त होती थी तथा राजा के प्रसाद पर्यन्त इस भूमि पर उनका अधिकार बना रहता था। दूसरे प्रकार का भूमि अनुदान राजा अपने अधिकारी को उनकी सेवा के बदले उपहार स्वरूप देते थे। गुप्त सम्राटों द्वारा दिए गए भूमि अनुदान में भूमि पर राजस्व के समस्त अधिकार के साथ-साथ गृहीता को प्राप्त भूमि पर आंतरिक सुरक्षा और प्रशासिक दायित्व को भी निभाना होता था। गुप्तकाल में अनुदान में प्राप्त भूमि के ग्रहीता को सामंत कहा गया। धीरे-धीरे सामंत भूमि का वास्तविक शासक बन गया। सामंत सम्राट को उपहार, भेंट तथा युद्ध के समय सैन्य सहायता देता था। इसका सर्वाधिक दुष्परिणाम यह हुआ कि राजा अब सामंत पर अधिकाधिक निर्भर रहने लगा। स्कन्दगुप्त के इंदौर अनुदान में ग्रहीता को भूमि पर खेती करने अथवा करवाने का अधिकार दिया गया था। इससे अनुदान प्राप्तकर्ता को काश्तकार रखने का अवसर प्राप्त हो गया। यह उपसामंतीकरण का पहला अभिलेखीय उदाहरण है। गुप्तकाल में वस्त्र निर्माण उद्योग प्रगति की ओर अग्रसर था। श्रेणियां व्यावसायिक उद्यम एवं निर्माण के क्षेत्र में महत्वपूर्ण भूमिका अदा करती थी। ये सामाजिक एवं धार्मिक कार्यों में बढ़-चढ़कर हिस्सा लेती थीं। अपने आंतरिक मामले में श्रेणियां पूर्ण स्वतंत्र होती थीं। श्रेणी के प्रधान को 'ज्येष्ठक' कहा जाता था। ज्येष्ठक का पद आनुवंशिक

होता था। मंदसौर अभिलेख में रेशम बुनकरों की श्रेणी द्वारा विशाल सूर्य मंदिर की मरम्मत करवाने का उल्लेख है।

व्यापारिक समिति को 'निगम' तथा इसके मुखिया को 'श्रेष्ठि' कहा जाता था। व्यापारिक काफिले का नेतृत्व करने वाले को 'सार्थवाह' कहा जाता था। गुप्तकाल में व्यापार एवं वाणिज्य में शिथिलता आई। आंतरिक व्यापार के साथ-साथ विदेशी व्यापार भी पतन की ओर अग्रसर था। हूणों के आक्रमण तथा रोमन जनता द्वारा चीनियों से रेशम उत्पादन की तकनीक सीख लेने के कारण भारत के साथ रोमन व्यापार को धक्का लगा। पूर्वी तट पर स्थित बंदरगाह ताम्रलिप्ति, घंटशाला एवं कदूरा से गुप्त सम्राट दक्षिण-पूर्व एशिया से व्यापार करते थे। पश्चिमी तट पर स्थित बंदरगाह भड़ौच, कैंबे, सोपारा, कल्याण से पश्चिमी एशिया के साथ व्यापार होता था। चीन से भारत का व्यापार अनुमानतः वस्तु विनिमय प्रणाली पर आधारित था। गुप्त शासकों ने स्वर्ण के सर्वाधिक सिक्के जारी किए। सोने के सिक्कों को 'दीनार' कहा जाता था। फाहयान के अनुसार विनिमय का साधन 'कौड़ी' था। गुप्तकाल के अंतिम चरण में गंगा के मैदानी क्षेत्र में स्थित नगर कुम्हरार, पाटलिपुत्र, सोनपुर आदि नगरों का ह्रास हुआ।

## सामाजिक स्थिति

गुप्तकालीन समाज ब्राह्मण, क्षत्रिय, वैश्य एवं शूद्र में विभाजित था। ब्राह्मण को सर्वोच्च स्थान प्राप्त था। ब्राह्मणों ने अन्य व्यवसायों को भी अपनाना शुरू कर दिया। मृच्छकटिकम् नामक नाटक से यह प्रमाणित होता है कि चारुदत्त नामक ब्राह्मण वाणिज्य का कार्य करता था। याज्ञवल्क्य ने शूद्रों को व्यापारी, कारीगर एवं कृषक होने की अनुमति प्रदान की है। इस काल में समाज में अम्बष्ठ (ब्राह्मण पुरुष और वैश्य स्त्री से उत्पन्न), पारशव (ब्राह्मण पुरुष एवं शूद्र स्त्री) तथा उग्र (क्षत्रिय पुरुष और शूद्र स्त्री या वैश्य पुरुष और शूद्र स्त्री से उत्पन्न) जैसे मिश्रित जातियों का उल्लेख मिलता है।

फाहयान ने समाज में अस्पृश्य जाति के होने का उल्लेख किया है। स्मृतियों में 'अन्त्यज' व 'चांडाल' नामक की एक अस्पृश्य जाति का उल्लेख मिलता है। गुप्तकाल में कायस्थ का उल्लेख मिलता है जो लेखकीय, गणना तथा आय-व्यय का हिसाब रखता था। याज्ञवल्क्य स्मृति में कायस्थों का प्रथम उल्लेख तथा जाति के रूप में इसका पहला उल्लेख ओशनम् स्मृति में मिलता है। गुप्तकालीन समाज में स्त्रियों का स्थान गौण था। स्त्रियां व्यक्तिगत संपत्ति समझी जाती थीं। बाल-विवाह का प्रचलन था तथा पर्दाप्रथा केवल उच्च वर्ग में प्रचलित था। सती प्रथा का प्रचलन था। सती प्रथा का प्रथम उल्लेख 510 ई. के एरण अभिलेख में मिलता है। गुप्तकाल में वेश्यावृत्ति करने वाली स्त्रियों को 'गणिका' कहा जाता था। 'कुट्टिनी' वृद्ध-वेश्याओं को कहा जाता था। याज्ञवल्क्य एवं बृहस्पति ने स्त्री को पति की संपत्ति का उत्तराधिकारी माना जबकि कात्यायन ने स्त्री को सिर्फ अचल संपत्ति की स्वामिनी माना है।

गुप्तकाल में नारद ने 15 प्रकार के दासों का उल्लेख किया है। दासों की स्थिति दयनीय थी। दासत्व से मुक्ति का पहला प्रयास नारद ने किया।

## गुप्तकालीन कला

गुप्तकाल में कला की विविध विधाओं स्थापत्य कला, मूर्तिकला तथा चित्रकला का अभूतपूर्व विकास हुआ। मंदिर निर्माण की शुरूआत गुप्तकाल में ही हुई। चबूतरे पर मंदिर निर्माण होता था जिसके चारों ओर सीढ़ियां, मंदिर का बाह्य भाग और स्तंभ अलंकृत जबकि भीतरी भाग सादा होता था। मंदिरों की छतें प्रायः सपाट बनाई जाती थीं। मंदिर छोटी-छोटी ईंटों एवं पत्थरों से बनाए जाते थे। भीतर गाँव का मंदिर ईंटों से ही निर्मित है। गुप्तकालीन मंदिरों में सर्वोत्कृष्ट देवगढ़ का दशावतार मंदिर है जो पंचायतन श्रेणी का मंदिर है। उत्तर भारत का यह पहला मंदिर है जिसमें शिखर का निर्माण किया गया है। इसमें भगवान विष्णु को नाग शैय्या पर लेटे हुए दिखाया गया है। सारनाथ के धामेख स्तूप का निर्माण गुप्तकाल में किया गया। इसका निर्माण धरातल पर ईंटों द्वारा किया गया है।

**गुप्तकालीन स्मारक**

| मंदिर | स्थान |
|---|---|
| पार्वती मंदिर | नचना कुठार (मध्य प्रदेश) |
| शिव मंदिर | भूमरा (नागौद, मध्य प्रदेश) |
| दशावतार मंदिर | देवगढ़ (झांसी, मध्य प्रदेश) |
| विष्णु मंदिर | तिगवां (जबलपुर, मध्य प्रदेश) |
| लक्ष्मण मंदिर | भितरगांव (कानपुर, उत्तर प्रदेश) |

**मूर्तिकला एवं चित्रकला** : गुप्तकालीन मूर्तियों में अधिकतर मूर्तियाँ देवी-देवता, बुद्ध और तीर्थंकर की हैं। गुप्तकालीन धातु मूर्तिकला में नालंदा तथा सुल्तानगंज की बुद्ध की मूर्ति उल्लेखनीय है। गुप्तकाल की मूर्तियों में कुषाणकालीन नग्नता एवं कामुकता का पूर्णतः लोप हो गया था। गुप्तकाल में चित्रकला के क्षेत्र में अभूतपूर्व प्रगति हुई। इस काल की चित्रकला के अवशेष अजंता तथा बाघ गुफाओं से प्राप्त होते हैं। अजन्ता गुफा की चित्रकला की चित्रकारी को सर्वप्रथम 1919 में सर जेम्स अलेक्जेण्डर ने देखा। अजन्ता की गुफायें बौद्ध धर्म के महायान शाखा से संबंधित हैं। कुल 29 गुफाओं में वर्तमान में केवल 6 ही शेष हैं जिसमें गुफा संख्या 16 तथा 17 को गुप्तकालीन माना जाता है। गुफा संख्या 16 में 'मरणासन्न राजकुमारी' का चित्र प्रशंसनीय है। गुफा संख्या 17 के चित्र जिसे 'चित्रशाला' कहा गया है, इसमें बुद्ध के जन्म, जीवन, महाभिनिष्क्रमण एवं महापरिनिर्वाण की घटनाओं से संबंधित चित्र उकेरे गए हैं। बाघ की गुफाएं ग्वालियर के समीप विंध्यपर्वत को काटकर बनाई गई थी। 1818 ई. में डैंजरफील्ड ने इन गुफाओं को खोजा, जहां से 9 गुफाएं मिली हैं। बाघ गुफा के चित्र आम जन-जीवन से संबंधित हैं।

## विज्ञान एवं तकनीकी विकास

गुप्तकाल में खगोल-शास्त्र, गणित तथा चिकित्सा के क्षेत्र में भी अभूतपूर्व प्रगति हुई। इस काल के आर्यभट्ट, वराहमिहिर एवं ब्रह्मगुप्त संसार के प्रसिद्ध नक्षत्र वैज्ञानिक और गणितज्ञ थे। आर्यभट्ट ने अपने ग्रंथ 'आर्यभट्टीय' में सर्वप्रथम प्रस्तुत किया कि पृथ्वी गोल है, वह अपनी धुरी पर घूमते हुए सूर्य का चक्कर लगाती है जिससे सूर्यग्रहण और चंद्रग्रहण होते हैं। आर्यभट्ट ने दशमलव प्रणाली का विकास किया। वराहमिहिर की बृहत संहिता खगोलशास्त्र, वनस्पति विज्ञान तथा प्राकृतिक इतिहास का विश्वकोश है। चिकित्सा के क्षेत्र में वाग्भट्ट का आयुर्वेद पर लिखा 'अष्टांग हृदय' की रचना उल्लेखनीय है। चन्द्रगुप्त द्वितीय के दरबार का प्रसिद्ध आयुर्वेदाचार्य धन्वंतरि था।

## धार्मिक दशा

हिन्दू धर्म के पुनरुत्थान की प्रक्रिया गुप्त साम्राज्य की स्थापना से पूर्व आरम्भ हो गई थी और गुप्त काल में विकास का यह क्रम अपनी चरम सीमा पर था। हिन्दू धर्म के दो मुख्य सम्प्रदाय विकसित हुए-वैष्णव तथा शैव। गुप्त राजाओं के राजाश्रय से वैष्णव धर्म लोकप्रियता की चरम सीमा पर पहुँच गया। भगवद्गीता में वैष्णव धर्म का प्रतिपादन किया गया है। इसमें अवतारवाद का उपदेश है। गुप्तकाल में नारायण, संकर्षण, लक्ष्मी जैसे अवैदिक देवी-देवताओं को वैष्णव धर्म का अभिन्न अंग बना लिया गया। शिव एवं पार्वती की संयुक्त मूर्तियाँ इसी काल में बननी शुरू हुईं। त्रिमूर्ति के अन्तर्गत गुप्तकाल में ब्रह्मा, विष्णु और महेश (शिव) की पूजा आरम्भ हुई। गुप्त काल में शैव धर्म के अनेक सम्प्रदायों का विकास हुआ। वामन पुराण में इनकी संख्या चार बताई गई है-1. शैव, 2. पाशुपत, 3. कापालिक और 4. कालामुख।

पाशुपत धर्म इनमें सर्वाधिक प्राचीन है जिसका संस्थापक 'लकुलिश' था। पाशुपत धर्म के अनुयायी 'पंचार्थिक' कहलाते थे। कापालिक सम्प्रदाय के इष्टदेव 'भैरव' को शिव का अवतार माना जाता था। भवभूति के 'मालती-माधव' के अनुसार इसका प्रमुख केंद्र श्रीशैल था। कापालिक संप्रदाय के लोगों को शिव पुराण में 'महाव्रतधर' कहा गया है। ये लोग नरमुण्ड में भोजन करते थे तथा चिता की भस्म शरीर में मलते थे। इस काल के दो शिव मंदिर प्राप्त हुए हैं। एक बघेलखंड क्षेत्र में नचना कुठार तथा दूसरा मध्य प्रदेश के नागोद में। दक्षिण में शिव की पत्नी के रूप में 'मीनाक्षी' को दिखाया गया है जो पाण्ड्य शासक की पुत्री थी। मध्य भारत तथा कश्मीर में कुछ उदारवादी शैव संप्रदाय विकसित हुए। कश्मीर में प्रत्यभिज्ञा एवं स्पंदशास्त्र जैसे उपसम्प्रदाय विकसित हुए। मध्य भारत तथा दक्कन में मतमयुर नामक उपसंप्रदाय विकसित हुआ। शैव एवं वैष्णव दोनों मत ईश्वरवादी एवं एकेश्वरवादी थे। वैष्णव मत व्यक्ति के मानवीय तथा भावात्मक पक्ष को छूता था, वहीं शैव दार्शनिक एवं वैज्ञानिक विचारधारा पर अधिक बल देते थे। सूर्य पूजा, कश्मीर, मुलतान, महास्यात (बुलंदशहर) तथा

कोणार्क में की जाती थी। बुलंदशहर जिले में महास्यात नामक स्थान पर एक सूर्यमंदिर स्थापित था। मुलतान भी सूर्य उपासना का केंद्र था। कश्मीर में भी सूर्य उपासना प्रचलित थी जहां पर 'मार्तण्ड मंदिर' का निर्माण हुआ। उड़ीसा में कोणार्क मंदिर का निर्माण हुआ। पुराणों के अनुसार 'शाम्ब' ने मगस (सूर्य देवता से संबंध) को भारत लाया।

गुप्तकाल में बौद्ध धर्म अपने स्वाभाविक रूप से विकसित हो रहा था। गुप्त काल में कश्मीर, अफगानिस्तान और पंजाब बौद्ध धर्म के केन्द्र थे। इस काल में महायान सम्प्रदाय अधिक लोकप्रिय था। इस मत के अन्तर्गत नवीन दार्शनिक सम्प्रदायों जैसे माध्यमिक तथा योगाचार का प्रादुर्भाव हुआ। योगाचार दर्शन का गुप्तकाल में अत्यधिक विकास हुआ।

गुप्तकाल में मथुरा एवं वल्लभी श्वेतांबर जैन धर्म के केंद्र थे। बंगाल में पुण्ड्रवर्धन दिगम्बर संप्रदाय का केंद्र था। उदयगिरि लेख से पता चलता है कि शंकर नामक व्यक्ति ने पार्श्वनाथ की मूर्ति की स्थापना की थी। कहौम लेख के अनुसार स्कंदगुप्त के काल में भद्र नामक व्यक्ति ने पांच जैन तीर्थंकरों की मूर्तियां स्थापित की थी। आचार्य सिद्धसेन ने प्रसिद्ध ग्रंथ न्यायवार्ता की रचना की।

## गुप्त साम्राज्य का पतन

1. **हूणों का आक्रमण** : पांचवी शताब्दी के अंतिम काल में हूणों का लगातार आक्रमण उत्तरी भारत के क्षेत्र में होने लगा। हूण काफी भीतर तक भारत में घुस आए। इससे गुप्त साम्राज्य को जबर्दस्त धक्का लगा। हूण घुड़सवारी में बेजोड़ थे और लोहे के रकाब का इस्तेमाल करते थे। उत्तम धनुर्धर होने के कारण उन्हें भारत में खूब सफलता मिली।
2. **सामंतों का स्वतंत्र हो जाना** : गुप्त शासक अपने अधीन सामंतों पर शासन करते थे। समुद्रगुप्त जैसे ताकतवर शासक के अधीन तो ये सामंत साम्राज्य की प्रभुसत्ता स्वीकार करते रहे। पर कमजोर शासकों के काल में इन्होंने अपनी स्वतंत्रता की घोषणा कर दी। वल्लभी के मैत्रक, थानेश्वर के वर्द्धन, कन्नौज के मौखरी एवं बंगाल के चंद्र ने अपने स्वतंत्र राज्य की स्थापना कर ली। इससे गुप्त साम्राज्य का सितारा डूब गया।
3. **विशाल संगठित सेना का अभाव** : गुप्त शासक सेना के लिए अपने सामंतों पर ही निर्भर होते थे। जब सामंतों ने अपनी स्वतंत्रता की घोषणा कर दी तो गुप्त शासक सैनिक बल के आधार पर उन्हें दबाने की स्थिति में नहीं रह गए।
4. **नौकरशाही व्यवस्था की खामियां** : गुप्तों की नौकरशाही व्यवस्था सुसंगठित और सुव्यवस्थित नहीं थी। कुमारामात्यों के बीच से अधिकारी की नियुक्ति की जाती

थी। एक ही अधिकारी कई विभागों की देखभाल करता था। प्रशासकीय पद आगे चलकर वंशानुगत हो गए। इससे प्रशासन पर राजा का नियंत्रण कमजोर होता गया। भूमि अनुदान के कारण एवं बाद में कई अधिकार-जैसे खानों की बंदोबस्ती, चोरों को दंडित करने–के हस्तांतरण दानग्रहिताओं को कर दिए जाने के कारण राजा की शक्ति काफी कमजोर हो गई। व्यापार के ह्रास के कारण आर्थिक स्थिति भी कमजोर हो गई।

***

# 11

# गुप्तोत्तर काल (550–750 ई.)

स्कंदगुप्त के बाद गुप्त साम्राज्य का क्रमशः पतन आरंभ हो गया। धीरे-धीरे गुप्त साम्राज्य सिकुड़ने लगा। हूण शासक तोरमाण एवं मिहिरकुल के आक्रमणों तथा मालवा में यशोधर्मन के उदय ने गुप्त साम्राज्य पर तीव्र आघात किया। फलतः गुप्त साम्राज्य के अवशेष पर कई क्षेत्रीय राज्यों का उत्कर्ष हुआ। ऐसे राज्यों में प्रमुख थे–थानेश्वर के वर्द्धन, कन्नौज के मौखरी, मगध और मालवा के उत्तर गुप्त तथा गौड़ का राज्य। उत्तर-पूर्वी भारत में सिंध, कामरूप, उड़ीसा, कश्मीर और नेपाल का राज्य महत्वपूर्ण था। इसी समय सौराष्ट्र में मैत्रकों का उदय हुआ। दक्षिण भारत में पल्लव एवं चालुक्य शासकों का प्रभाव बढ़ने लगा।

## मौखरी वंश

गुप्त साम्राज्य के पतन के बाद उत्तर भारत की राजनीति में मौखरी वंश का उदय हुआ। उनकी शक्ति का केंद्र कन्नौज था। पर इनकी शाखाएं बिहार में गया तथा राजस्थान में भी शासन करती थीं। मौखरी वंश का पहला शक्तिशाली राजा ईशानवर्मा था। उसने महाराजाधिराज की उपाधि धारण की एवं अपने सिक्के चलाए। इसके अभिलेख हरहा (बाराबंकी, उत्तर प्रदेश) से मिले हैं। मौखरी वंश का दूसरा महान शासक सर्ववर्मन था। उसके अनेक सिक्के एवं असीरगढ़ से एक मुहर प्राप्त हुई है। उसने मगध के उत्तर गुप्त शासक को पराजित किया एवं मगध पर मौखरियों का अधिकार हो गया। नालंदा अभिलेख में सर्ववर्मन का उल्लेख मिलता है। इस वंश का अंतिम शक्तिशाली राजा अवंतिवर्मन (580–600 ई.) था। ग्रहवर्मन इस वंश का अंतिम शासक था। उसने थानेश्वर के प्रभाकर वर्धन की पुत्री राजश्री से विवाह किया। ग्रहवर्मन को मालवा के शासक देवगुप्त ने पराजित किया।

## वाकाटक वंश

सातवाहनों के पतन के बाद दक्कन की सबसे प्रमुख शक्ति वाकाटकों की थी। विन्ध्यशक्ति इस वंश का संस्थापक था। प्रवरसेन प्रथम (275–335 ई.) इस वंश का सबसे प्रतापी शासक था। उसने 4 अश्वमेध यज्ञ किए। आगे चलकर वाकाटकों की दो शाखाएं हो गईं–नंदिवर्द्धन

एवं वत्सगुल्म। नंदिवर्द्धन शाखा का संगठन नागपुर में रुद्रसेन प्रथम ने किया जबकि वत्सगुल्म शाखा का संगठन बरार में शिवसेन ने किया। रुद्रसेन द्वितीय नंदिवर्द्धन शाखा का शासक था, उसने चन्द्रगुप्त विक्रमादित्य की पुत्री प्रभावतीगुप्त से विवाह किया। वाकाटक वंश की मूल शाखा का अंतिम शक्तिशाली शासक प्रवरसेन द्वितीय (410-440 ई.) था। उसने सेतुबंध नामक काव्य की रचना की। अजंता की कई गुफाओं के निर्माण का श्रेय वाकाटक राजाओं को ही है। इस काल में नासिक, प्रवरपुर एवं वत्सगुल्म शिक्षा के प्रमुख केंद्र थे।

## पुष्यभूति वंश

दिल्ली के निकट थानेश्वर में छठी शताब्दी ई. में पुष्यभूति ने इस वंश की स्थापना की। वह संभवतः गुप्तों का सामंत था। मधुबन एवं बांसखेड़ा अभिलेख में हर्षवर्द्धन से पहले चार शासकों नरवर्द्धन (505-530 ई.), राज्यवर्द्धन (530-555 ई.), आदित्यवर्द्धन (555-580 ई.) एवं प्रभाकरवर्द्धन (580-605 ई.) का उल्लेख मिलता है। प्रभाकरवर्द्धन इस वंश की प्रतिष्ठा का वास्तविक संस्थापक था। उसने परमभट्टारक एवं महाराजाधिराज की उपाधि धारण की। प्रभाकरवर्द्धन की मृत्यु के बाद उसका बड़ा पुत्र राज्यवर्द्धन गद्दी पर बैठा। वह बंगाल के शासक शशांक के साथ युद्ध में मारा गया। उसकी मृत्यु के बाद हर्षवर्द्धन कन्नौज की गद्दी पर बैठा।

**हर्षवर्द्धन (606-647 ई.)** : हर्ष का साम्राज्य थानेश्वर से लेकर दक्षिण में नर्मदा नदी तट तथा पूर्व में गंजाम से लेकर पश्चिम में वल्लभी तक फैला था। हर्ष का राज्य उत्तर में कश्मीर को छोड़कर शेष प्रांतों में था। हर्ष ने 641 ई. में अपने दूत चीन भेजे तथा 641 ई. और 643 ई. में दो चीनी दूत उसके दरबार में आए। हर्ष महायान बौद्ध धर्म का संरक्षक था। ऐहोल प्रशस्ति के अनुसार हर्ष को बादामी के चालुक्यवंशी शासक पुलकेशिन द्वितीय से पराजय का सामना करना पड़ा। चीनी यात्री ह्वेनसांग ने हर्षवर्धन के समय में ही भारत की यात्रा की थी। इसे 'यात्रियों का राजकुमार' तथा इसके यात्रा विवरण को 'सी-यू-की' कहा जाता है। हर्ष ने कन्नौज तथा प्रयाग में दो विशाल धार्मिक सभाओं का आयोजन किया था। जिसे 'मोक्षपरिषद्' कहा गया है। हर्षवर्द्धन उच्च कोटि का कवि एवं नाटककार था। उसने नागानंद, प्रियदर्शिका एवं रत्नावली नामक तीन नाटकों की रचना की। बाणभट्ट हर्ष का दरबारी कवि था, उसने कादम्बरी तथा हर्षचरित की रचना की। हर्षवर्द्धन के काल में प्रशासन गुप्त शासकों की अपेक्षा अधिक सामंतीय व विकेंद्रीकृत था। गुप्तकाल की भांति इस काल में भी ब्राह्मणों को भूमि-दान देने की प्रथा जारी रही। इन अनुदानों में अब और अधिक छूट प्रदान की गई। अधिकारियों एवं कर्मचारियों को नकद वेतन के बदले बड़े पैमाने पर भूखंड देने की प्रक्रिया से हर्षकाल में सामंतवाद अपने चरम पर जा पहुँचा। हर्षवर्द्धन के अधिकारियों में अवन्ति (युद्ध और शान्ति का मंत्री), सिंहनाद (सेनापति), कुन्तल (अश्वाध्यक्ष) तथा स्कन्दगुप्त (हस्ति सेना का प्रमुख) मुख्य था। हर्ष ने मयूर, दिवाकर आदि विद्वानों को भी संरक्षण प्रदान किया। हर्ष

दक्षिण भारत में अपने साम्राज्य का विस्तार नहीं कर सका था। वह सूर्य, शिव एवं बुद्ध का उपासक था।

## सामाजिक स्थिति

समाज में ब्राह्मणों को उच्च स्थान प्राप्त था। उन्हें श्रोत्रिय, आचार्य तथा उपाध्याय कहा जाता था। इस काल में स्मृतिकार पराशर ने ब्राह्मणों के लिए कृषि को एक सामान्य व्यवसाय बताया है, बशर्ते वे स्वयं खेती न करें। चालुक्य नरेश कुमारपाल के एक लेख में ब्राह्मण खेतिहरों के नाम तथा प्रतिहारों के पेहोवा अभिलेख में एक ब्राह्मण का घोड़े के व्यापारी के रूप में उल्लेख मिलता है। इस काल की स्मृतियों में ब्राह्मणों को आपात काल में व्यापार से भी आजीविका चलाने की अनुमति दी गई थी। जो ब्राह्मण अपने मूल कर्म एवं जाति स्तर को छोड़कर क्षत्रियों के कार्य को अपना लेते थे ऐसे ब्राह्मण ब्रह्म-क्षत्रिय के नाम से जाने गए।

क्षत्रियों में उच्च स्तर का दावा करने वाले सत्-क्षत्रिय के नाम से जाने गए। धर्मशास्त्रों में वैश्यों के लिए कृषि, पशुपालन और व्यापार जैसे व्यवसाय निर्दिष्ट किए गए। पराशर ने कुसीदवृत्ति को (सूद पर रुपया उधार देना) वैश्यों का व्यवसाय बताया है। इस काल में वैश्यों की स्थिति में गिरावट आई। मनुस्मृति और बौधायन धर्मसूत्र में वैश्यों को सर्वप्रथम शूद्रों के समकक्ष माना गया। समाज में शूद्रों की संख्या सर्वाधिक थी। आर्थिक दृष्टि से इस युग की महत्वपूर्ण विशेषता है-कृषि कार्य का आमतौर पर शूद्रों का व्यवसाय होना। पूत धर्म-समाज हित के लिए कार्य जैसे-तालाब खुदवाना, वृक्ष लगवाना आदि। एक वर्ग के रूप में कायस्थों का सर्वप्रथम उल्लेख याज्ञवल्क्य स्मृति में हुआ है। कायस्थों को भूमि-सीमा के निर्धारण सम्बन्धी दस्तावेज रखने पड़ते थे। उन्हें भूमि तथा राजस्व सम्बन्धी सभी कार्यों का हिसाब-किताब भी रखना पड़ता था।

इस काल में अनेक वर्णसंकर जातियों की उत्पत्ति हुई। उच्च जातियों को यज्ञोपवीत संस्कार का अधिकार था। इस काल में जन्मी वर्ण संकर जातियों में कायस्थ सर्वाधिक उल्लेखनीय थे। सबसे निम्न जाति अंत्यज थी जिसमें सर्वाधिक निम्न चांडाल थे। पूर्व मध्यकाल में दास प्रथा में वृद्धि हुई। विज्ञानेश्वर के अनुसार ऋण न चुका सकने के कारण ऋणी स्वयं को ऋणदाता का दास बना लेता था। दास प्रायः घरेलू कामों में ही लगाए जाते थे। अनुलोम विवाह से उत्पन्न सन्तान की जाति मां की जाति से निर्धारित होती थी। गुप्तोत्तर काल में सती प्रथा का प्रचलन अधिक था।

## आर्थिक दशा

गुप्तोत्तर काल में आर्थिक व्यवस्था में एक महत्वपूर्ण परिवर्तन दृष्टिगोचर होता है। यह परिवर्तन है—सामन्तवाद का उदय। सामन्तवादी व्यवस्था मूल रूप से सातवाहन-कुषाण काल में

विकसित हुई। जिस भूमि को मुफ्त या निःशुल्क अनुदान किया जाता था उसे आप्रद, शासन, चतुर्वेयग्राम, ब्रह्मदेय ग्राम आदि कहा जाता था। अनुदान प्राप्तकर्ता को भूमि को बंधक रखने या बेचने का अधिकार नहीं होता था। स्थायी रूप से प्रदत्त धर्मदाय धन को नीवि या अक्षयनीवि आदि नामों से जाना जाता था। मिताक्षरा के अनुसार भूमिदान का अधिकार सिर्फ राजा को था न कि सेवा के बदले सम्पत्ति प्राप्त करने वाले को। मेघातिथि के अनुसार राजा ही भू-स्वामी था। भू-दान द्वारा राज्य कर अधिकारियों के भुगतान की पुष्टि सर्वप्रथम मनुस्मृति में हुई है। ऐसी भूमि जिस पर खेती न की जाती हो राज्य के अधिकार क्षेत्र या स्वामित्व के अन्तर्गत होती थी। भूमि कर सिद्धान्ततः जमीन की उत्पादन के आधार पर 1/12 से लेकर 5/6 भाग तक निर्धारित होता था। करों का संग्रह गाँव का मुखिया करता था। इस काल में कुछ प्रमुख कर थे-

| | |
|---|---|
| भाग | उपज का हिस्सा (भूमिकर)। |
| भोग | फल, फूल, आदि उपहार स्वरूप राजा को प्रदान करना। |
| हिरण्य | नकद रूप में वसूल किया जाने वाला कर। |
| प्रत्यय | चुंगी। |
| कर | नियमित राजस्व। |
| उद्रंग | स्थायी किसानों पर लगाया जाने वाला कर (अतिरिक्त)। |
| प्रस्थ | अधिकारियों का हिस्सा (सहयोग राशि जो ग्रामीणों द्वारा अधिकारियों को दी जाती है)। |
| उपरिकर | अस्थायी कृषकों पर लगने वाला कर (अतिरिक्त कर)। |

भूमि मापन के कुछ लोक प्रचलित मापक थे, जैसे-निवर्तन, पट्टिकहल, खरिवाप, कूल्यवाप, द्रोणवाप, आढ़वाप, खण्डूकवाप, नालिकवाप आदि। सिंचाई रहट से होती थी। संस्कृत ग्रन्थों में अरघट्ट और अरघट्ट खींचने वालों (अगरग्ट्टीयनर) का उल्लेख है। नारद स्मृति के अनुसार इस काल में उत्पादन क्षमता के अनुसार भूमि को चार भागों में विभक्त किया गया था-1. उर्वर, 2. बंजर (इरिण), 3. खिल (तीन चार साल तक बिना बोई) तथा 4. मरू (रेतीली)।

**व्यापार** : गुप्तोत्तर काल में व्यापार में ह्रास हुआ। इस समय बंगाल मलमल, पान, सुपारी तथा सण (सन) के लिए, मगध एवं कलिंग धान (चावल) के लिए, मालवा गन्ने, अफीम एवं सीपी के लिए, गुजरात सूती कपड़े, नील एवं चमड़े की निर्मित वस्तुओं के लिए प्रसिद्ध था। दक्षिण मोती, मूल्यवान पत्थर, चन्दन, मसाले आदि के लिए प्रसिद्ध था। भारत के पूर्वी तट पर ताम्रलिप्ति, सप्तग्राम तथा पश्चिमी तट पर देवल, थाना, खम्भात एवं भड़ौच प्रसिद्ध बन्दरगाह थे। इन बन्दरगाहों से आयातित (बाहर से) वस्तुएँ थीं-सोना, टिन, ताँबा, मसाले, मूंगा

तथा घोड़े आदि। अरब आक्रमण के कारण पश्चिमी एशिया के साथ व्यापार में ह्रास हुआ। 8वीं शताब्दी से भारत का व्यापार उत्तर-पश्चिमी दर्रों से होकर मध्य एशिया तथा चीन के साथ हो रहा था।

## सांस्कृतिक विकास

इस काल में बुद्ध एवं जिन को विष्णु का अवतार माना जाने लगा। अवतारवाद जन साधारण के पुनरुत्थान की आशा एवं आकांक्षा का प्रतीक था। अवतारों में वाराह, कृष्ण एवं राम अधिक लोकप्रिय थे। गुप्तोत्तर काल में वैष्णव धर्म भारत वर्ष में प्रचलित था। किन्तु इसका गढ़ दक्षिण भारत में तमिल प्रदेश था जहाँ वैष्णव मत के आदि प्रवर्तक अलवार सन्त थे। इनकी संख्या बारह थी। हिन्दू धर्म में जितने सम्प्रदाय थे उनमें शैव सम्प्रदाय अधिक प्रबल था। दक्षिण में शैव धर्म के अनुयायियों को नयनार कहा जाता था। उनकी संख्या 63 थी। वीर शैव मत एक क्रान्तिकारी सम्प्रदाय था। इस मत के अनुयायी लिंगायत कहलाते थे। वे अहिंसा में विश्वास करते थे किन्तु वर्णाश्रम धर्म और जातिवाद का विरोध करते थे। वासव संन्यास एवं तप में विश्वास नहीं करते थे। उनका मत था कि प्रत्येक व्यक्ति को श्रम से आजीविका अर्जित करनी चाहिए। वीर शैवमत में गुरु, जंगम और लिंग को अधिक महत्व दिया गया है। शक्ति पूजा पूर्व मध्यकाल में अधिक व्यापक हो गई। ईश्वरीय सम्प्रदायों में शक्ति, परम देवता की अर्द्धांगिनी के रूप में संसार में प्रचलित हो गईं। दुर्गा की उपासना प्रचलित करने का श्रेय मार्कण्डेय पुराण को है। अग्नि और वराह पुराण में गणेश को उद्देश्य-पूर्ति में विघ्न हरने वाला कहा गया है। ललितादित्य ने कश्मीर में सूर्य का प्रसिद्ध मार्तण्ड मंदिर का निर्माण करवाया। इस काल में सूर्यपूजा का प्रसिद्ध केंद्र मुलतान था। मुलतान में सूर्य मंदिर का उल्लेख ह्वेनसांग, अलमसूदी तथ अल्बरूनी ने किया है। तांत्रिक पद्धति में पंचमकार-मद्य, मत्स्य, मांस, मुद्रा तथा मैथुन के उपयोग के कारण तांत्रिक सम्प्रदाय की निंदा की जाती थी। गुप्तोत्तर काल में बौद्ध धर्म ने तांत्रिक प्रभाव के कारण मंत्रयान, वज्रयान, सहजयान आदि रूप धारण कर लिया था। महायान का नया रूप मंत्रयान के रूप में आया। प्रारम्भ में मंत्रयान ग्रंथों में बोधिसत्व अवलोकितेश्वर की पूजा की जाती थी किन्तु आगे चलकर तारा की महिमा का वर्णन है। पूर्व मध्यकाल में जैनों ने अपभ्रंश भाषा में साहित्य लिखकर साहित्य की अमूल्य सेवा की। दक्षिण के कदम्ब, गंग, होयसल, राष्ट्रकूट तथा पश्चिमी चालुक्यों ने जैन धर्म को संरक्षण प्रदान किया।

**वास्तुकला** : इस युग की वास्तुकला की मुख्य कृतियाँ मंदिर है। भौगोलिक आधार पर शास्त्रकारों ने इनकी तीन शैलियाँ निर्धारित की हैं-नागर, द्रविड़ एवं बेसर। नागर शैली के मंदिर चतुष्कोणीय होते थे। द्रविड़ शैली के मंदिरों का आकार अष्टभुज और बेसर का अर्द्धगोलाकार होता था। द्रविड़ शैली के मंदिर आयताकार होते थे तथा शिखर पिरामिड के आकार का होता था। गर्भगृह के चारों ओर वर्गाकार छत से ढँका हुआ बाड़ा होता था जिसे

'प्रदक्षिणा-पथ' कहा जाता था। बाद में इन मंदिरों के साथ अनेक स्तंभयुक्त मंडप, गलियारे तथा विशाल गोपुरम भी जोड़ दिए गए। बेसर शैली के मंदिरों में देवल, गर्भगृह और जगमोहन (सभामंडप) होता था। लिंगराज मंदिर पूर्व विकसित नागर शैली के सर्वोत्तम उदाहरण है। पुरी का जगन्नाथ मंदिर भी लिंगराज मंदिर की तरह नागर शैली में बना है। इस काल के अवशेष जोधपुर में ओसियाँ नामक गाँव से प्राप्त हुए हैं। यहाँ ब्राह्मण एवं जैन मंदिर स्थित हैं। पश्चिमी भारत के अधिकांश मंदिर भग्नावशेष हैं। इनमें से प्रसिद्ध 'मोढ़ेरा का सूर्य मंदिर' है।

***

# 12

# उत्तर भारतीय राज्य

## त्रिपक्षीय संघर्ष

हर्ष की मृत्यु के बाद उत्तरी भारत में राजनीतिक विखंडन की प्रक्रिया आरंभ हुई जिसकी परिणति नए राज्यों एवं राजवंशों के उदय में हुई। धीरे-धीरे इनमें से तीन राजवंशों ने अपनी स्थिति सुदृढ़ कर ली। ये तीन राजवंश थे-दक्कन में राष्ट्रकूट, पूर्वी भारत में पाल एवं पश्चिमी तथा मध्य भारत में प्रतिहार। बाद में ये तीनों राज्य कन्नौज पर आधिपत्य के लिए आपस में लड़ पड़े। उनके इस संघर्ष को त्रिपक्षीय संघर्ष कहा जाता है।

सातवीं शताब्दी के आरंभ से ही कन्नौज भारत की राजनीति का केंद्र रहा था। उस काल में उत्तरी भारत पर आधिपत्य का कोई भी दावा कन्नौज पर अधिकार के बिना निरर्थक था। कन्नौज तथा उससे जुड़े मध्य देश का सामरिक महत्व भी था क्योंकि पालों के लिए मध्य भारत तथा पंजाब और प्रतिहार एवं राष्ट्रकूटों के लिए गंगा के मैदान में पहुँचने के मार्ग पर कन्नौज से ही नियंत्रण होता था। इसके अतिरिक्त उपजाऊ गंगा-यमुना दोआब राजस्व का मुख्य स्रोत था। गंगा घाटी से होने वाले व्यापार पर भी कन्नौज से नियंत्रण संभव था।

**त्रिपक्षीय संघर्ष में भाग लेने वाले शासक**

| गुर्जर-प्रतिहार | राष्ट्रकूट | पाल |
|---|---|---|
| वत्सराज | ध्रुव | धर्मपाल |
| नागभट्ट | गोविंद तृतीय | देवपाल |
| रामभद्र | अमोघवर्ष प्रथम | विग्रहपाल |
| मिहिरभोज | -- | नारायण पाल |
| महेंद्रपाल | कृष्ण द्वितीय | |

## बंगाल का पाल वंश

750 ई. में पाल वंश की स्थापना गोपाल ने की थी। वह बौद्ध धर्म का अनुयायी था। उसने ओदंतपुरी महाविहार की स्थापना की। गोपाल के बाद धर्मपाल (770–810 ई.) शासक बना। धर्मपाल ने विक्रमशिला विश्वविद्यालय तथा सोमपुर विश्वविद्यालय की स्थापना की। नालंदा विहार को धर्मपाल ने 200 गाँव अनुदान में दिए। ग्यारहवीं शताब्दी के गुजराती कवि सोड़हल ने धर्मपाल को 'उत्तरापथ स्वामिन' कहा है। पाल वंश के सर्वश्रेष्ठ शासक धर्मपाल का पुत्र देवपाल (810–850 ई.) हुआ। जावा के शैलेन्द्र शासक बालपुत्र देव ने देवपाल से नालंदा में एक विहार बनाने की अनुमति मांगी तथा इस विहार के खर्च के लिए पाँच ग्रामों का अनुदान भी माँगा। देवपाल ने यह अनुरोध स्वीकार कर लिया। महिपाल प्रथम (988–1038 ई.) के समय पाल राज्य का विस्तार मगध या दक्षिण बिहार तक था। इसने पालवंश की शक्ति तथा प्रतिष्ठा को पुनर्जीवित किया, जिसके कारण इसे पालवंश का दूसरा संस्थापक भी माना जाता है। चोल शासक राजेंद्र चोल ने उसके काल में गंगाघाटी में आक्रमण किया। महिपाल-प्रथम के बाद नयपाल इस वंश का शासक बना। उसका कलचुरी शासक कर्ण के साथ संघर्ष हुआ। इस युद्ध में आचार्य दीपांकर ने मध्यस्थता की थी। रामपाल इस वंश का अंतिम शासक था। उसने रामावती नामक नगर की स्थापना की। उसने नदी में कूदकर आत्महत्या कर ली। उसके समय में कैवर्त्तों का विद्रोह हुआ।

पाल शासकों का अपने साम्राज्य पर सीधा नियंत्रण था। वे जनता के हित को प्राथमिकता प्रदान करते थे। पाल शासकों ने परम भट्टारक, परमेश्वर एवं परमसौगात की उपाधि धारण की। पाल शासन में वंशानुगत राजतंत्र की परंपरा थी, पर राजा का चुनाव भी किया जाता था, जैसे-गोपाल। गौरवमिश्र, दर्भपाणि, गर्ग एवं केदार मिश्र पालों के अधीन मंत्री थे। प्रशासन पर सामंती व्यवस्था का प्रभाव था। राज्य भुक्ति, विषय, विथि, मंडल एवं ग्राम में विभाजित था। पाल अभिलेखों में तीरभुक्ति, नगरभुक्ति, पुंड्रवर्धन भुक्ति, दंडभुक्ति एवं प्राग्ज्योतिष भुक्ति का उल्लेख मिलता है। दुर्ग की रक्षा कोटपाल नामक अधिकारी करता था। अधिकारियों को वेतन जागीर एवं नकद दोनों रूपों में मिलता था। उपरिकर, भाग, भोग, हिरण्य एवं शुल्क प्रमुख कर थे।

वृहदधर्म पुराण में ब्राह्मणों के अतिरिक्त 36 गैर ब्राह्मण जातियों का उल्लेख मिलता है। ये शूद्र माने जाते थे। कर्ण, अम्बष्ट, उग्र एवं गांधिक उत्तम जाति, रजक, आभीर एवं तक्षक मध्यम जाति एवं चांडाल अधम जाति थी। कैवर्त (कृषक एवं मछुआरे) तथा अन्य हीन जातियों (डोम, शवर) का भी उल्लेख मिलता है। अन्य कार्यों के अतिरिक्त ब्राह्मण मंत्री का भी काम करते थे। कैवर्तों का विद्रोह इस काल के सामाजिक तनाव की ओर संकेत करता है। जीमूतवाहन ने अंतर्जातीय विवाह का समर्थन किया है। बहुविवाह की प्रथा भी प्रचलित थी। जीमूतवाहन ने स्त्रियों को संपत्ति का उत्तराधिकारी माना है।

पालकालीन अर्थव्यवस्था मुख्यतः ग्रामीण थी। परंतु रामावती जैसे नगरों का उल्लेख भी मिलता है। धान, गन्ना, कपास, सुपारी, पान एवं आम की खेती की जाती थी। भूमि की माप करवाई जाती थी एवं उनका लेखा रखा जाता था। अधिकारियों को कर मुक्त भूमि दान में दी जाती थी। आय का मुख्य स्रोत भूमिकर था। उपरिकर, भाग, भोग एवं कर आय के अन्य स्रोत थे। हिरण्य, शुल्क, दस अपराध, चौरोद्धरण आदि से भी राज्य को आय प्राप्त होती थी। इस काल में वस्त्र उद्योग अधिक विकसित था। चीनी मिट्टी के बर्तन, एवं धातु-पत्थर के उद्योग भी विकसित थे। सामंती अर्थव्यवस्था के कारण वाणिज्य-व्यापार का पर्याप्त विकास नहीं हो सका। लेन-देन में कौड़ी का प्रयोग किया जाता था। द्रम नामक सिक्के का उल्लेख भी मिलता है।

इस काल में संस्कृत साहित्य की एक नई रीति का विकास हुआ, जिसे गौड़ीय रीति के नाम से जाना जाता है। संध्याकर नंदी ने रामचरित की रचना की। चक्रपाणिदत्त, भवदेवभट्ट एवं हरिभद्र इस काल के प्रमुख कवि एवं रचनाकार थे। जीमूतवाहन ने दाय भाग एवं व्यवहार मातृका की रचना की। इस काल में बौद्ध चर्यापदों की रचना भी की गई। कमलशील, राहुल भद्र, दीपांकर श्रीज्ञान एवं अतिश आदि प्रमुख बौद्ध आचार्य थे। बंगला भाषा एवं लिपि का भी विकास हुआ।

पाल शासकों ने अनेक दुर्गों का निर्माण करवाया। इनके दुर्ग-जयनगर, सूरजगढ़ा, नीलागढ़, जयमंगलागढ़, सुल्तानगंज, अफसढ़ एवं पाटलिपुत्र से मिले हैं। इस काल में काले पत्थर एवं अष्टधातु की मूर्तियां बनाई जाती थीं। नालंदा, बोधगया एवं कुक्रिहार मूर्ति निर्माण कला के प्रमुख केंद्र थे। धीमन एवं बिठपाल पाल काल के प्रमुख शिल्पकार थे। इस काल में पांडुलिपियों पर सुंदर चित्रकारी की जाती थी। पांडुलिपियों पर अष्टसहस्र प्रज्ञापारमिता एवं पंचरक्ष का चित्रण होता था। इस समय बौद्ध धर्म की वज्रयान शाखा का विशेष विकास हुआ। इसके अतिरिक्त सहजयान एवं काल चक्रयान बौद्ध शाखा का विकास भी पालों के समय हुआ। शक्तिपूजा एवं नागपूजा का प्रचलन था। जैन धर्म का प्रभाव पालों के समय में दिखाई नहीं पड़ता।

10वीं सदी के मध्य भारत आए अरब व्यापारी सुलेमान ने पाल राज्य को 'रूहमा' कहा है। पाल शासकों का तिब्बत के साथ घनिष्ठ सांस्कृतिक संबंध था। दीपांकर तथा संतरक्षित जैसे प्रमुख बौद्ध विद्वानों को तिब्बत में आमंत्रित किया गया था। दक्षिणी-पूर्वी एशिया के साम्राज्य से पालों के व्यापारिक और सांस्कृतिक संबंध थे।

## सेन वंश

पालवंश के बाद बंगाल में सेनवंश ने सत्ता संभाली। सेन वंश का संस्थापक सामंतसेन था। उसे ब्रह्मक्षत्रिय भी कहा जाता था। उसने राढ़ में अपनी राजधानी स्थापित की। विजयसेन

(1095–1158 ई.) इस वंश का सबसे प्रतापी शासक था। वह शैव धर्म का अनुयायी था। विजयसेन का उत्तराधिकारी बल्लाल सेन (1158–78 ई.) था। बल्लाल सेन ने कुलीनता की परंपरा शुरू की। उसने दान सागर नामक स्मृतिग्रंथ एवं अद्भुतसागर नामक ज्योतिष ग्रंथ की रचना की। उसका साहित्यिक गुरु अनिरुद्ध था। जीवन के अंतिम क्षण में उसने संन्यास ग्रहण कर लिया। बल्लाल सेन का उत्तराधिकारी था–लक्ष्मणसेन (1178–1205 ई.)। उसी के संरक्षण में विद्वान जयदेव ने 'गीतगोविन्द' तथा धोई ने 'पवन दूतम' की रचना की। उसके दरबार में ब्राह्मण सर्वस्व के लेखक हलायुद्ध भी रहते थे। हलायुद्ध लक्ष्मण सेन का प्रधान न्यायाधीश एवं मुख्यमंत्री था। उसने लक्ष्मण संवत् भी प्रचलित किया। बख्तियार खिलजी ने उसकी राजधानी लखनौती पर आक्रमण किया। सेन राजवंश प्रथम राजवंश था, जिसने अपने शिलालेख हिंदी में उत्कीर्ण कराए।

## राजपूतों का उदय

10वीं शताब्दी के उत्तरार्द्ध तथा 11वीं शताब्दी के आरंभ में अनेक स्वतंत्र राज्यों का उदय हुआ। इन्हें राजपूत राज्य कहा जाता था। इनमें अधिकांश राज्यों का उदय गुर्जर प्रतिहार राज्य के अवशेष पर हुआ। अनेक इतिहासकारों ने तो 7वीं से 12वीं शताब्दी तक के काल को ही राजपूत काल माना है, पर वस्तुस्थिति ऐसी नहीं थी। यद्यपि इस काल के अधिकांश राजवंश प्राचीन क्षत्रिय कुल से अपना संबंध स्थापित करने का प्रयास करते हैं तथापि उनकी क्षत्रियों से उत्पत्ति संदिग्ध है। इन राजपूत राज्यों को परास्त कर ही तुर्की आक्रमणकारी भारत में अपना राज्य स्थापित कर सके।

राजपूतों की उत्पत्ति से संबद्ध अनेक सिद्धांत एवं मत समय-समय पर प्रतिपादित किए गए। कुछ इतिहासकार इन्हें विदेशी प्रमाणित करने का प्रयास करते हैं तो कुछ इनकी उत्पत्ति अग्निकुंड से मानते हैं। राजपूतों को ब्राह्मण तथा जनजातियों से उत्पन्न भी बताया गया है।

**विदेशी उत्पत्ति का मत** : राजपूतों की विदेशी उत्पत्ति के मत का प्रतिपादन सर्वप्रथम कर्नल जेम्स टॉड ने किया। उनके अनुसार राजपूत विदेशी सीथियन जाति की संतान थे। इस मत का आधार सीथियन तथा राजपूत जातियों की कुछ सामाजिक तथा धार्मिक प्रथाओं में समानता है जैसे-रहन-सहन एवं वेशभूषा में समानता, मांसाहार का प्रचलन, रथों द्वारा युद्ध करना, यज्ञों का प्रचलन आदि।

उपर्युक्त प्रथाओं का प्रचलन सीथियन तथा राजपूत दोनों ही समाजों में था। अतः इस आधार पर कर्नल टॉड राजपूतों को सीथियन जाति का वंशज मानते हैं। इसी मत का समर्थन विलियम क्रुक ने किया है। उनके अनुसार तत्कालीन समाज में कई विदेशी जातियां निवास करती थीं। ब्राह्मणों का बौद्ध आदि नास्तिक संप्रदायों से द्वेष था। अतः उन्होंने कुछ विदेशी जातियों का शुद्धि-संस्कार द्वारा पवित्र करके भारतीय वर्ण व्यवस्था में स्थान प्रदान कर दिया। इन्हीं को राजपूत कहा जाने लगा।

स्मिथ के अनुसार उत्तर-पश्चिम की राजपूत जातियों-प्रतिहार, चौहान, परमार, चालुक्य आदि की उत्पत्ति शकों और हूणों से हुई थी। स्मिथ की धारणा है कि शक-कुषाण आदि विदेशी जातियों ने हिंदू धर्म ग्रहण कर लिया था। कालांतर में वे भारतीय समाज में घुलमिल गए और यहाँ की संस्कृति को अपना लिया। इन विदेशी शासकों को भारतीय समाज में क्षत्रिय का दर्जा दिया गया। इसकी पुष्टि इस बात से भी होती है कि मनुस्मृति में शकों को व्रात्य क्षत्रिय कहा गया है।

ऐसा प्रतीत होता है कि इन विदेशी जातियों का शुद्धि द्वारा भारतीय समाज में सम्मिलित करने के उद्देश्य से ही पृथ्वीराज रासो में अग्निकुंड द्वारा राजपूतों की उत्पत्ति बताई गई है। इस कथा के अनुसार जब परशुराम ने क्षत्रियों का विनाश कर दिया तो शासक के अभाव में मलेच्छों का अत्याचार बढ़ गया। अतः धरती की रक्षा के लिए वशिष्ठ ने आबू पर्वत पर एक यज्ञ का आयोजन किया। इस यज्ञ के अग्निकुंड से चार राजपूत कुलों का उद्भव हुआ। ये थे-परमार, प्रतिहार, चौहान तथा चालुक्य। इस कथा से इतना तो स्पष्ट संकेत मिलता है कि भारतीय वर्ण व्यवस्थाकारों ने विदेशी जातियों को शुद्धि द्वारा भारतीय वर्ण व्यवस्था के अंतर्गत शामिल कर लिया था।

**भारतीय उत्पत्ति का मत** : राजपूतों की विदेशी उत्पत्ति के सिद्धांत का कुछ भारतीय विद्वानों ने खंडन किया है। उनके अनुसार राजपूत विशुद्ध भारतीय क्षत्रियों की संतान थे। इनमें किसी भी अर्थ में विदेशी रक्त का मिश्रण नहीं था। इनके द्वारा निम्न तर्क प्रस्तुत किए जाते हैं।

1. चूकि राजपूत और सीथियन दोनों ही लड़ाकू और शासक जाति के थे। अतः उनमें कुछ प्रवृत्तियों का समान रूप से पाया जाना स्वाभाविक है।
2. क्रुक के निष्कर्ष की पुष्टि किसी भी ऐतिहासिक साक्ष्य से नहीं होती है। यह विचार काल्पनिक है।
3. पृथ्वीराज रासो में वर्णित अग्निकुल की कथा ऐतिहासिक नहीं है। इस कथा का वर्णन रासो की मूल पांडुलिपि में नहीं मिलता।

इस प्रकार विदेशी उत्पत्ति का मत अधिक काल्पनिक लगता है क्योंकि इसके पक्ष में ठोस तथ्य का अभाव है। राजपूत शब्द वस्तुतः राजपुत्र का ही अपभ्रंश है। इसका प्रयोग भारतीय ग्रंथों में क्षत्रिय जाति के लिए मिलता है। पाणिनी की अष्टाध्यायी में राजपुत्र शब्द का प्रयोग राजन्य या रक्षक के रूप में हुआ है। महाभारत में विभिन्न प्रकार के अस्त्र-शस्त्र चलाने वाले को राजपूत कहा गया है। कल्हण की राजतरंगिणी में शाही परिवारों के उत्तराधिकारी के लिए भी राजपूत शब्द का प्रयोग मिलता है। अतः स्पष्ट है कि शासक परिवार से जुड़े हुए लोग ही राजपूत कहलाए।

यहां यह विचारणीय है कि वैदिक काल में क्षत्रियों का कोई विशिष्ट वर्ण नहीं था, अपितु उन लोगों को ही क्षत्रिय कहा जाता था जो वीर तथा साहसी होते थे। इनका संबंध शासन व्यवस्था से था। स्वयं क्षत्रिय शब्द का अर्थ है-हानि से रक्षा करने वाला। इस कारण मौर्य, गुप्त, हर्ष, नंद आदि आज के अर्थ में गैर क्षत्रिय माने जाने वाले लोग क्षत्रिय कुल के ही माने जाते थे। अतः अगर राजपूतों को क्षत्रियों का वंशज माना जाए, तो भी इतना कहा जा सकता है कि उनमें कई भारतीय जातियों एवं वर्णों का सम्मिश्रण था।

हाल के वर्षों में कुछ सामाजिक-आर्थिक इतिहासकारों ने राजपूतों की उत्पत्ति की व्याख्या एक नए संदर्भ में की है। इसके लिए उन्होंने सामाजिक-आर्थिक प्रक्रियाओं को उत्तरदायी माना है।

गुप्तकाल के पतन के बाद व्यापार-वाणिज्य का ह्रास हुआ। पर इस काल में भूमि अनुदान पहले की अपेक्षा बढ़ गई। ये भूमि अनुदान मुख्यतः गुजरात, राजस्थान एवं वर्तमान मध्यप्रदेश के क्षेत्र में दिए गए। यह संयोग की बात है कि आरंभिक राजपूत कुलों का उदय इसी क्षेत्र में हुआ। अतः लगता है भूमि अनुदानों से इनका कोई-न-कोई संबंध रहा होगा। 12वीं शती के ग्रंथ अपराजित पृच्छा पर विश्वास करें तो इससे स्पष्ट होता है कि राजपूत छोटे-छोटे भूमिधर थे। अतः स्पष्ट है कि भूमि अनुदानों के फलस्वरूप जिस नए भूमिधर वर्ग का उदय हुआ, कालांतर में वही राजपूत कहलाए।

इस संबंध में एक नई विचारधारा को स्वीकार किया जाने लगा है। यह विचारधारा 'ब्रह्मक्षत्र' की है। यह माना जाता है कि आरंभ में जो भूमि अनुदान दिए गए, उनसे लाभान्वित होने वालों में ब्राह्मणों की संख्या अधिक थी। धीरे-धीरे प्रदत्त भूमि पर से राजा ने अपने अधिकार वापस लेने आरंभ किए तो ब्राह्मणों का यह वर्ग छोटे-छोटे शासक वर्ग के रूप में अस्तित्व में आ गया। कालांतर में वे राजपूतों के एक वर्ग बन गए। अभिलेखों में कई राजपूत वंशों की उत्पत्ति ब्राह्मणों से बताई गई है। जैसे-प्रतिहार, सेन एवं गुहिल।

एक अन्य मत राजपूतों की उत्पत्ति में सामाजिक अंतःक्रियाओं को महत्वपूर्ण मानता है। इसमें मुख्य रूप से वैवाहिक संबंधों पर बल दिया गया है। इस प्रकार के सबंध राजनीतिक उत्थान के लिए आवश्यक माने जाते थे। वैवाहिक संबंध प्रायः उन्हीं कुलों में होते थे जो राजपूत श्रेणी में आ चुके थे। इसके अतिरिक्त ये विवाह सामाजिक स्तर को ऊँचा उठाने के लिए भी होते थे। अतः राजपूत कुल में विवाह करनेवाले लोग भी अपने को इसी कुल का मानने लगे थे। इसी कारण बाद में राजपूतों के नए-नए कुलों का उदय हुआ।

कबीलाई क्षेत्रों का उपनिवेशीकरण भी राजपूतों की उत्पत्ति का एक कारण प्रस्तुत करता है। राजपूत राजनय व्यवस्था के उदय के साथ राजस्थान एवं पश्चिमी गुजरात के क्षेत्र में विभिन्न कबीलाई क्षेत्रों के रूपांतरण की प्रक्रिया चल रही थी। बाद में राजपूत शक्ति का विस्तार कुछ भूतपूर्व कबायली बस्तियों पर हुआ। इसके फलस्वरूप कई कबीले राजपूत कुल

के रूप में स्थापित हो गए। मेद और हूण पहले कबीले थे, जो बाद में राजपूत कुल में शामिल हो गए।

इस प्रकार कहा जा सकता है कि राजपूतों की उत्पत्ति एक व्यापक सामाजिक-आर्थिक एवं राजनीतिक प्रक्रिया का परिणाम थी। इसे मात्र विदेशी एवं स्वदेशी की श्रेणी में बांटकर देखना उचित नहीं लगता।

## गुर्जर–प्रतिहार

इसकी उत्पत्ति गुजरात अथवा दक्षिण-पश्चिमी राजस्थान में हुई थी। इसलिए इसे गुर्जर-प्रतिहार कहा जाता है। इस वंश की स्थापना हरिश्चंद्र ने जोधपुर के निकट मंदौर में की। इस वंश का पहला प्रमुख शासक नागभट्ट प्रथम (730-756 ई.) था। ग्वालियर अभिलेख के अनुसार प्रतिहार शासक नागभट्ट प्रथम अरबों को सिंध से आगे बढ़ने से रोकने में सफल रहा। उसने मालवा पर भी अधिकार कर लिया। वत्सराज (778-805 ई.) इस वंश का दूसरा प्रतापी राजा था। उसने पाल शासक धर्मपाल को पराजित किया। पर वह राष्ट्रकूट शासक ध्रुव से पराजित हुआ। नागभट्ट-द्वितीय (805-833 ई.) ने गुर्जरों की प्रतिष्ठा को फिर से स्थापित किया। उसने पाल शासक धर्मपाल को पराजित कर कन्नौज पर अधिकार कर लिया। मिहिरभोज (836-882 ई.) इस वंश का सबसे प्रतापी शासक था। उसे भोज प्रथम के नाम से भी जाना जाता है। उसने राष्ट्रकूट शासक कृष्ण तृतीय को पराजित किया। उसने कन्नौज में अपनी राजधानी स्थापित की। उसके सिक्कों और अभिलेखों में उसे आदिवाराह की उपाधि से विभूषित किया गया है। अरब यात्री सूलेमान ने उसकी प्रशंसा की है। महेंद्रपाल-प्रथम 885 ई. में शासक बना। राजशेखर उसका दरबारी कवि था। 915-916 ई. में भारत आने वाले बगदाद के यात्री अलमसूदी ने कन्नौज के प्रतिहार सम्राट की सम्पन्नता की चर्चा की है। 1018 ई. में राज्यपाल के समय महमूद गजनवी ने आक्रमण कर इसे अपने अधीन कर लिया। अरब यात्रियों के वृत्तांत से मालूम होता है कि प्रतिहारों के पास भारत की सबसे अच्छी अश्वरोही सेना थी।

हर्षोत्तर काल में गुर्जर प्रतिहार सबसे शक्तिशाली शासक थे। उन्होंने उत्तरी भारत में एक बड़े साम्राज्य की स्थापना की। उन्होंने इस क्षेत्र में राजनीतिक एकता भी स्थापित की। उनकी सबसे बड़ी उपलब्धि यह थी कि उन्होंने अरबों को सिंध से आगे बढ़ने का मौका नहीं दिया। उनका शासन भुक्ति, मंडल एवं विषय में विभक्त था। दण्डनायक, बलाधिकृत, दण्डपाशिक एवं महाप्रतिहार प्रमुख अधिकारी थे। उनके अधीन अनेक सामंत एवं अधीनस्थ शासक थे। उन्हें शासन में स्वायत्तता प्राप्त थी। अलमसूदी ने प्रतिहार शासकों की प्रशासनिक व्यवस्था की प्रशंसा की है। राजशेखर इस काल का सर्वश्रेष्ठ कवि था। वह महेंद्रपाल का दरबारी कवि था। उसने बाल रामायण एवं कर्पूर मंजूरी की रचना की। इस काल के एक अन्य कवि सोमेश्वर ने चण्डकौशिक की रचना की। प्रतिहार शासकों ने ब्राह्मण धर्म को अधिक प्रोत्साहित किया एवं मंदिरों को दान दिए। इस समय बौद्ध धर्म अवनति पर था।

## गढ़वाल वंश

चन्द्रदेव ने राष्ट्रकूट शासक गोपाल को हराकर लगभग संपूर्ण उत्तर प्रदेश पर अपना आधिपत्य स्थापित कर लिया। उसकी राजधानी वाराणसी थी। चन्द्रदेव के बाद मदनचंद या मदनपाल शासक बना। मदनपाल का उत्तराधिकारी गोविन्दचन्द (1114-1154 ई.) एक महत्वाकांक्षी शासक था। उसने पालों से मगध को जीता व मालवा पर अधिकार किया। उसके शासनकाल की विशेषता, उसकी शांति और युद्ध मंत्री लक्ष्मीधर की साहित्यिक कृति 'कृत्य कल्पतरू' है। उसकी एक रानी कुमारदेवी ने सारनाथ में धर्मचक्र जिन विहार बनवाया था। जयचन्द (1170-94 ई.) इस वंश का अंतिम शक्तिशाली शासक था। आख्यानों के अनुसार जयचन्द की पुत्री संयोगिता का पृथ्वीराज तृतीय ने अपहरण कर लिया था। जयचन्द का राजकवि तथा संस्कृत के प्रख्यात कवि श्री हर्ष ने इसके शासन काल में ही 'नैषध चरित' एवं 'खण्डनखाद्य' की रचना की। मुहम्मद गोरी ने दिल्ली विजय के बाद 1193 ई. में 'चन्दावर के युद्ध' में जयचन्द को हराया और उसे मार डाला गया।

## दिल्ली व अजमेर के चौहान

चौहान वंश की अनेक शाखाओं ने सातवीं से 13वीं शताब्दी तक शासन किया। इनमें वासुदेव द्वारा स्थापित शाकम्भरी (अजमेर के निकट) के चौहानों का इतिहास में विशेष स्थान है। इस वंश के शासक अजयराज ने अजयमेरू या अजमेर नगर बसाया। इस वंश के एक अन्य प्रसिद्ध राजा विग्रहराज चतुर्थ बीसलदेव (1153-63 ई.) हुआ। बीसलदेव यशस्वी कवि और लेखक था। उसने 'हरिकेलि' नामक नाटक की रचना की, जिसके कुछ अंश अढ़ाई दिन का झोंपड़ा नामक मस्जिद की दीवारों पर उत्कीर्ण किए गए हैं। उसके दरबार में सोमदेव नामक विद्वान रहता था। उसने 'ललित विग्रहराज' नामक ग्रंथ की रचना की। इस वंश का महान शासक पृथ्वीराज तृतीय व राय पिथौरा (1178-92 ई.) था। 1191 ई. में मुहम्मद गोरी व पृथ्वीराज के बीच तराईन के दूसरे युद्ध में पृथ्वीराज की हार हुई। पृथ्वीराज के दरबार में कई विद्वान थे—पृथ्वीराज रासो के रचनाकार चन्दबरदाई इनमें प्रमुख था। अन्य विद्वान जयनक था।

## चन्देल वंश

प्रारंभिक चंदेल शासक नन्नुक, कन्नौज के गुर्जर प्रतिहारों का सामंत था। उसने जेजाकभुक्ति (बुंदेलखंड) में चंदेल शासन की स्थापना की। चंदेल वंश का सर्वाधिक शक्तिशाली शासक धंगदेव (950-1008 ई.) था। उसने अपनी राजधानी कालिंजर (महोबा) से खजुराहो स्थानांरित की। उसने 'महाराजाधिराज' की उपाधि धारण की तथा कालिंजर के अजेय दुर्ग का निर्माण करवाया। उसी के काल में खजुराहो में प्रसिद्ध शिव मंदिर एवं अन्य मंदिरों का निर्माण हुआ धंगदेव सुबुक्तगीन के आक्रमण को रोकने के लिए बने संघ में शामिल हुआ। जीवन के अंतिम

क्षण में उसने जल समाधि ले ली। धंगदेव के बाद गंडदेव शासक बना। 1019 ई. में गजनवी ने उसके राज्य पर आक्रमण किया। गंडदेव के बाद विद्याधर शासक बना। उसके बाद विजयपाल एवं कीर्तिवर्मन शासक बने। प्रबोध चंद्रोदय का रचनाकार कृष्ण मिश्र कीर्तिवर्मन का दरबारी कवि था। राज परमर्दि या परिमल (1162–1202 ई.) चंदेल वंश का अंतिम शक्तिशाली शासक था। आल्हा-उदल उसके दो प्रमुख सेनानायक थे। परमर्द्धि देव ने 1202 ई. में ऐबक की अधीनता स्वीकार कर ली। इसकी हत्या उसके मंत्री अजयदेव ने कर दी।

चंदेल साम्राज्य के तीन प्रधान नगर थे-

| | |
|---|---|
| कालिंजर | सैनिक नगर |
| खजुराहो | धार्मिक नगर |
| महोबा | प्रशासनिक नगर |

## मालवा के परमार

परमार राष्ट्रकूटों के सामंत थे। परंतु बाद में उन्होंने अपनी स्वतंत्र सत्ता स्थापित कर ली। इस वंश का संस्थापक उपेन्द्र था। उसकी राजधानी धारा नगरी थी। इस वंश के अन्य शासक थे–वैरिसिंह प्रथम, सियक प्रथम, वाकपति प्रथम और वैरिसिंह द्वितीय। परमार वंश का प्रथम स्वतंत्र शासक सियक या श्रीहर्ष था। उसका संघर्ष मान्यखेट के राष्ट्रकूटों से हुआ। उसने उत्तर-पश्चिम में स्थित हूणों को पराजित किया। वाकपति मुंज (973–995 ई.) के समय मालवा में परमारों की शक्ति का उत्कर्ष आरंभ हुआ। इसके दरबार में नवसहसांकचरित के रचयिता परिमलगुप्त, दशरूपक के लेखक धनंजय, यशोरूपावलोक के रचयिता 'धनिक' आदि विद्वान रहते थे। राजा भोज (1000–1055 ई.) इस वंश का सबसे प्रतापी राजा हुआ। वह 'कविराज' के नाम से विख्यात था। उसे समरांगणसूत्रधार, सरस्वती कंठाभरण, सिद्धांत संग्रह, राजमार्तंड, विद्याविनोद, युक्ति कल्पतरू, चारूचर्चा, आयुर्वेद सर्वस्व आदि ग्रंथों की रचना का श्रेय प्राप्त है। उसी के काल में धार शिक्षा का महान केन्द्र बना। बिहार के पश्चिमी भाग पर परमारों के आधिपत्य के कारण आरा और उसके आसपास का प्रदेश भोजपुर (शासक भोज का प्रदेश) कहलाया। उसने भोजसर नामक तालाब का निर्माण भी करवाया। उसने चालुक्य शासक विक्रमादित्य चतुर्थ को पराजित किया। भोज ने अपनी राजधानी में सरस्वती मंदिर का निर्माण एवं संस्कृत विद्यालय की स्थापना की थी। उसकी सभा में धनपाल, श्रीहर्ष, मेरूतंग एवं उब्बट इत्यादि विद्वान रहते थे। 1305 ई. में अलाउद्दीन खिलजी ने मालवा को अपनी सल्तनत में मिला लिया।

## अन्हिलवाड़ा के चालुक्य (सोलंकी वंश)

गुजरात के चालुक्य वंश का संस्थापक मूलराज (942–95 ई.) प्रथम था। उसने गुजरात के एक बड़े भाग को जीतकर अन्हिलवाड़ा को अपनी राजधानी बनाया। भीमदेव प्रथम (1022–64 ई.)

इस वंश का प्रसिद्ध राजा था। उसके काल में ही 1025 में महमूद गजनवी ने सोमनाथ मंदिर को नष्ट कर दिया था। उसके एक सामंत बिमल ने आबू पर्वत पर प्रसिद्ध दिलवाड़ा मंदिर का निर्माण करवाया था। मोढेरा के सूर्य मंदिर का निर्माण सोलंकी राजाओं के काल में ही हुआ। भीम के पुत्र कर्ण और उसके बाद उसका पुत्र जयसिंह 'सिद्धराज' (1094–1153 ई.) की उपाधि धारण कर शासक बना। प्रसिद्ध जैन आचार्य हेमचन्द्र उसके दरबार में थे। कुमारपाल 1153–1171 ई. तक शासक रहा। वह जैन था पर इसने सोमनाथ के मंदिर का पुनर्निर्माण करवाया तथा आचार्य हेमचन्द्र के साथ सोमनाथ के मंदिर में शिव की अर्चना की। मूलराज द्वितीय ने 1178 ई. में आबू के निकट मुहम्मद गोरी को हराया। मूलराज द्वितीय के बाद उसका भाई भीम द्वितीय (1178–1238 ई.) शासक बना। उसने तुर्क आक्रमणकारियों का मुकाबला किया परंतु 1187 ई. में वह ऐबक से पराजित हुआ। भीम के बाद सोलंकियों की शक्ति कमजोर पड़ने लगी। भीम द्वितीय के एक सामंत लवण प्रसाद ने बघेल वंश की स्थापना की।

## कलचुरी वंश

9वीं शताब्दी में इस राज्य की स्थापना कोक्कल प्रथम ने की। इसके शासन का मुख्य केंद्र जबलपुर के निकट डाहलमंडल था। इनका एक वंश सरयूपार (गोरखपुर) में भी शासन करता था। कोक्कल ने प्रतिहार शासक भोज प्रथम को पराजित किया। उसने सिंध के अरबों की सेना एवं राष्ट्रकूट राजा कृष्ण द्वितीय को भी हराया। कोक्कल के बाद शंकरगण, बालहर्ष और युवराज शासक बने। युवराज के बाद लक्ष्मणराज शासक बना। उसने पूर्वी बंगाल पर सैन्य अभियान किए। इसी अभियान में उसने उड़ीसा के शासक से सोने तथा मणियों से सुसज्जित कालिया नाग ले लिया। युवराज द्वितीय 10वीं सदी के अंत में शासक बना। उसने त्रिपुरी नगर का पुनर्निर्माण करवाया। उसे हटाकर मंत्रियों ने उसके पुत्र कोक्कल द्वितीय को गद्दी पर बैठाया। कोक्कल द्वितीय का पुत्र गांगेय देव ने 1019–1040 ई. तक शासन किया। उसने विक्रमादित्य की उपाधि धारण की। उसने चालुक्य शासक जयसिंह पर आक्रमण किया। पूर्व मध्यकाल में उसने सर्वप्रथम सोने के सिक्के जारी किए। इस वंश का अंतिम शक्तिशाली राजा लक्ष्मीकर्ण (1042–1072) था। उसने इलाहाबाद को अपने साम्राज्य में शामिल कर लिया। उसने चोल, पांड्य एवं कुंतल शासकों को पराजित किया। लक्ष्मीकर्ण के बाद कलचुरियों की शक्ति बिखर गई। प्रसिद्ध कवि राजशेखर कलचुरी दरबार में ही रहता था।

## कश्मीर का शासन

इस अवधि में कश्मीर पर तीन राजवंशों कार्कोट, उत्पल एवं लोहार राजवंश ने शासन किया। 627 ई. में दुलर्भवर्द्धन ने कार्कोट वंश की स्थापना की। ह्वेनसांग ने उसके शासनकाल में कश्मीर की यात्रा की। कार्कोट वंश के दो नरेश ललितादित्य मुक्तापीड़ (724–760 ई.) एवं जयपीड़ विनयादित्य सर्वाधिक प्रसिद्ध शासक थे। ललितादित्य ने कश्मीर में मार्तण्ड सूर्य मंदिर

बनवाया। उसने काबुल पर विजय प्राप्त की एवं चीन में अपने राजदूत भेजे। उसने परिहासपुर नगर बसाया तथा उसे अपनी राजधानी बनाया। उत्पल वंश की स्थापना अवंतिवर्मन ने की। क्षेमेन्द्र गुप्त 950 में गद्दी पर बैठा। उसने लोहार वंश की राजकुमारी दिद्दा से शादी की। रानी दिद्दा भारत की प्रसिद्ध महिला शासिकाओं में से एक थी। कश्मीर की सत्ता व्यावहारिक रूप से दिद्दा के पास पचीस वर्ष तक रही। 1003 ई. में उसकी मृत्यु हो गई। अवंतिवर्मन के एक अभियंता सूय्य ने सिंचाई के लिए नहरों का निर्माण करवाया था। दिद्दा की मृत्यु के बाद उसका भतीजा संग्रामराज ने लोहार वंश की स्थापना की। संग्रामराज के बाद अनंत शासक बना। उसकी पत्नी सूर्यमती ने प्रशासन को सुधारने में उसकी सहायता की। इस वंश के प्रमुख शासक श्री हर्ष था जिसके दरबार में कुछ समय तक कल्हण रहा था। कल्हण ने राजतरंगिणी की रचना (12वीं सदी में) की। यह कश्मीर का इतिहास है। उस समय कश्मीर का शासक जयसिंह था। चौदहवीं सदी के चौथे दशक के अंत में यहाँ तुर्की शासन स्थापित हो गया।

## हिंदूशाही वंश

हिंदूशाही वंश की स्थापना कल्लर ने की थी। इसने काबुल घाटी तथा गांधार प्रदेश में स्थापित तुर्की शाही वंश के शासक लगर्तूमान को हराया। जयपाल इस वंश का महत्वपूर्ण शासक था। उसने गजनी पर आक्रमण किया लेकिन पराजित हुआ। उसका कार्यकाल 986-87 ई. तक था। मो. गजनवी ने उसे हराया तथा अपमानित किया। इस अपमान को सह न पाने के कारण उसने अग्नि में कूदकर आत्मदाह कर लिया। जयपाल का पुत्र आनन्दपाल भी गजनवी से पराजित हुआ। इस पराजय का कारण राजनीतिक एकता का अभाव था। यह भारत का प्रथम हिन्दू राज्य था जो उत्तर-पश्चिम क्षेत्र में स्थापित था। उसकी राजधानी उद्भाण्डपुर थी।

## राजपूतकालीन शासन व्यवस्था

राजपूतकालीन शासन की मुख्य विशेषता थी-शासन का विकेंद्रीकरण। ऐसा सैन्य एवं प्रशासनिक अधिकारियों तथा अधीनस्थ सामंतों को भूमि अनुदान दिए जाने के कारण संभव हुआ। इस काल में शासन में एकरूपता का अभाव भी मिलता है। राजपूत शासन व्यवस्था मूलतः संघीय-सामंती व्यवस्था पर आधारित थी। गणतंत्रों का पतन हुआ एवं इनका स्थान वंशानुगत राजतंत्रों ने ले लिया। राज्य की सारी शक्ति राजा के हाथों में केंद्रित होती थी। मानसोल्लास में उस राज्य को श्रेष्ठ बताया गया है जो राजा द्वारा स्वयं शासित होता है। राजाओं को देवताओं के गुणों से विभूषित किया जाने लगा। राजा का ज्येष्ठ पुत्र राजगद्दी का उत्तराधिकारी होता था। रानियां संरक्षक के रूप में कार्य करती थीं—गढ़वाल शासक मदनपाल की रानी पृथ्वीसीला, पृथ्वीराज तृतीय की माता कपूरदेवी, चालुक्य राजा जयसिंह सिद्धराज की माता मयणल्ला देवी एवं कश्मीर की रानी दिद्दा। राजा की भांति इस काल

में मंत्री एवं अधिकारियों के पद भी वंशानुगत हो गए। चंदेल एवं पाल वंश में वंशानुगत मंत्री पद का उल्लेख मिलता है। मंत्री के पद पर प्रायः ब्राह्मणों की नियुक्ति की जाती थी। राजतरंगिणी में मंत्रियों द्वारा रचे गए षड्यंत्र का वर्णन मिलता है। महासंधिविग्रहिक युद्ध एवं शांति का मंत्री था। अक्षपटलाधिकृत राजकीय दस्तावेज, भाण्डगारिक राजकोष, दौवारिक राजमहल की सुरक्षा, महादण्डनायक सैन्य विभाग का प्रधान, धर्मस्थ न्याय विभाग तथा महापुरोहित धार्मिक मामलों का प्रधान था। राज्य भुक्ति, मंडल, विषय एवं पथक में विभक्त था। भुक्ति का प्रधान भोगिक तथा मंडल का प्रधान मांडलिक होता था। तंत्रपाल स्थानीय पदाधिकारी होता था। अनेक गांवों को मिलाकर पथक का निर्माण होता था। महत्तर ग्राम अधिकारी था। नगर का प्रशासन स्थानीय, करणिक, महाजन एवं नगरमहन्तक जैसे अधिकारी चलाते थे। पंचकुल नामक संस्था स्थानीय प्रशासन में सहायता करती थी।

भूमिकर राज्य की आय का मुख्य स्रोत था। भूमि से लिए जाने वाले प्रमुख कर थे-भाग, उद्रंग और धान्य। हिरण्य और दानी नकद रूप में वसूला जाता था। भोग (नजराना), शुल्क एवं दंड से भी राज्य को आमदनी प्राप्त होती थी। अभिलेखों में स्कन्धक, मार्ग गणक, प्रस्थ, खलभिक्षा, चोल्लाक, वैणी, मयूत इत्यादि करों का उल्लेख मिलता है। किसानों पर कर का बोझ अधिक था। उससे विष्टि (बेगार) भी ली जाती थी।

राजा के पास स्थायी सेना होती थी पर उसे सामंतों से भी सैनिक सहायता मिलती थी। इस काल में पैदल सैनिक, हाथी एवं घोड़े के सैनिक का महत्व बढ़ गया एवं रथों का व्यवहार कम हो गया। सेना में अरबी घोड़ों की मांग अधिक होती थी। मध्य प्रदेश एवं राजस्थान में ऊँट की टुकड़ियों को भी सेना में शामिल किया जाता था। इस काल में दुर्गों का महत्व बढ़ गया। कोटपाल दुर्ग की देखभाल करता था। पाल शासकों के पास अपनी जलसेना भी थी। धर्माधिकारिन एवं व्यवहारिन न्याय विभाग से संबंधित अधिकारी थे। न्याय व्यवस्था में स्थानीय अधिकारियों की प्रमुख भूमिका होती थी। तलार, साधनिक एवं दण्डपाशिक पुलिस व्यवस्था से संबद्ध थे।

## राजपूतकालीन समाज

राजपूतकालीन समाज व्यवस्था वर्ण एवं जाति पर आधारित थी। इस काल में जातियां कई-कई उपजातियों में बंट गईं। राजपूतों में कुलाभिमान, वंश परंपरा एवं मान सम्मान को राष्ट्रीयता की भावना से अधिक महत्व दिया जाता था। इब्न खुर्दादब ने हिंदू समाज को सात जातियों-सबकूफरिया, ब्रह्म, कतारिया, बैसुर, सुदरिया, संडलिया और लहूद में विभक्त बताया है। राजतरंगिणी में 64 उपजातियों का उल्लेख मिलता है। ब्राह्मणों को समाज में उच्च स्थान प्राप्त था। ब्राह्मणों को कर मुक्त भूमि एवं गाँव अनुदान में दिए जाते थे। इस युग में ब्राह्मणों के व्यवस्थापन के अनेक साक्ष्य मिलते हैं। बल्लाल सेन ने कन्नौज से अनेक

ब्राह्मणों को बुलाकर बंगाल में व्यवस्थापित किया था। इससे बंगाल में कुलीन प्रथा का विकास हुआ।

इस काल में राजपूत कुलाभिमान से ग्रस्त थे। वे सामंती युद्ध एवं भोग विलास में जिंदगी व्यतीत करते थे। वैश्य व्यापारी वर्ग थे। शूद्रों की स्थिति में सुधार के प्रमाण मिलते हैं। अब वे कृषि एवं शिल्प जैसे कार्य करने लगे। छुआछूत की भावना अधिक प्रबल हो गई। भूमि अनुदान की व्यापक परंपरा के कारण कायस्थ जाति का प्रभाव बढ़ने लगा। इस काल में खानपान एवं विवाह संबंधी अनेक प्रतिबंध लगाए गए। इस कारण अंतर्जातीय विवाह प्रतिबंधित हो गया। बाल-विवाह, बहु-विवाह, सती-प्रथा एवं जौहर जैसी कुप्रथाओं का प्रभाव बढ़ने लगा। सामंती व्यवस्था ने भी सामाजिक जीवन को प्रभावित किया। अब किसानों के कई वर्ग बन गए। भूमिया-जिनका जमीन पर पैतृक अधिकार होता था, गिरसिया-जो जमीन पर संरक्षक की हैसियत से कार्य करते थे। कुटुंबी स्वतंत्र किसान थे जबकि सीरिन बंटाई पर खेती करते थे। जमीन के बंटवारे के कारण अनेक कृषक कृषकदास बन गए। प्रतिहार, पाल, परमार, चंदेल एवं गढ़वाल अभिलेखों में भूमि अनुदान के साक्ष्य मिलते हैं। दानग्रहीता को स्थायी तौर पर (अक्षयनीवि) कर और सेवामुक्त भूमि दी जाती थी।

***

# 13

# दक्षिण भारतीय राज्य

## पल्लव वंश

पल्लव सातवाहनों के अधीनस्थ शासक थे। उनका मूल निवास स्थान तोण्डैमंडलम था। पल्लवों के आरंभिक इतिहास की जानकारी उनके प्राकृत एवं संस्कृत अभिलेखों से मिलती है। आरंभिक शासकों में सबसे शक्तिशाली शिव स्कंद वर्मन था। उसने चौथी शताब्दी के आरंभ में शासन किया। उसने अनेक वैदिक यज्ञ कराए। उसकी राजधानी कांचीपुरम थी। उसका राज्य कृष्णा नदी के बेलारी तक फैला हुआ था। अभिलेखों के अनुसार विष्णुगोप नामक शासक भी हुआ। वह समुद्रगुप्त से पराजित हुआ। प्रयाग प्रशस्ति में उसका उल्लेख मिलता है। पल्लवों का पहला प्रमुख राजा सिंहविष्णु था। उसने 565 से 600 ई. तक शासन किया। उसने अवनिसिंह की उपाधि धारण की। प्रसिद्ध कवि भारवि उसके दरबार में रहता था। जिसने किरातार्जुनीय की रचना की। इसका राज्य कावेरी नदी तक विस्तृत था। सिंहविष्णु के बाद महेंद्रवर्मन प्रथम (600–630 ई.) शासक बना। उसने मतविलास, विचित्रवित्त एवं गुणभर की उपाधि धारण की। उसके समय में ही पल्लव–चालुक्य प्रतिस्पर्धा आरम्भ हुई। यह संघर्ष दक्षिणापथ पर आधिपत्य करने के लिए हुआ। चालुक्य राजा पुलकेशिन द्वितीय ने महेंद्रवर्मन पर आक्रमण कर उसके राज्य के उत्तरी भाग पर अधिकार कर लिया। महेंद्रवर्मन ने चालुक्यों को पराजित कर पुल्लूर पर अधिकार कर लिया। उसने कला एवं साहित्य को संरक्षण प्रदान किया। उसने मतविलास प्रहसन की रचना की। आरंभ में वह जैन था, पर बाद में शैव मतावलंबी हो गया।

नरसिंहवर्मन प्रथम (630 से 668 ई.) को महामल्ल के नाम से भी जाना जाता है। उसने वातापीकोंड की उपाधि धारण की। उसने सिंहल राजा मानवर्मा को गद्दी प्राप्त करने में सहायता प्रदान की। चालुक्य राजा पुलकेशिन को पराजित कर उसने उसकी राजधानी वातापी पर अधिकार कर लिया। उसके काल में चीनी यात्री ह्वेनसांग (640 ई.) कांची आया था। उसने कांची के राजा एवं वहाँ की प्रजा की प्रशंसा की है। परमेश्वर वर्मन प्रथम के पश्चात् पल्लवों की सत्ता कमजोर पड़ने लगी। नरसिंह वर्मन द्वितीय राजसिंह के नाम से सत्ता पर बैठा। उसके काल में राज्य की समृद्धि बढ़ी। उसने अनेक मंदिरों का निर्माण करवाया। दंडिन उसी के

दरबार में रहता था। उसने एक दूतमंडल चीन भेजा। परमेश्वरवर्मन द्वितीय की मृत्यु के बाद राजसत्ता पल्लवों की दूसरी शाखा (सिंह विष्णु के भाई भीम के वंशजों) के हाथों में चली गई। इस वंश का प्रथम शासक नंदिवर्मन द्वितीय (731-795 ई.) था। उसका संघर्ष चालुक्य राजा विक्रमादित्य द्वितीय तथा राष्ट्रकूट राजा दंतिदुर्ग के साथ हुआ। पर पांड्य शासक से यह पराजित हुआ। उसने पुराने मंदिरों का जीर्णोद्धार कराया एवं कई नए मंदिर बनवाए-जैसे-बैकुंठ पेरूमल का मंदिर। उसके बाद प्रमुख शासक नंदिवर्मन तृतीय हुआ। उसके काल में पांडय शासक अधिक शक्तिशाली हो गए। वह कला एवं साहित्य का संरक्षक था। उसने एक शक्तिशाली जलबेड़ा का गठन किया तथा श्याम में एक विष्णु मंदिर का निर्माण करवाया। अपराजित वर्मन इस वंश का अंतिम शासक था। उसने पांडयों पर विजय प्राप्त की। चोल शासक आदित्य प्रथम ने पल्लव राज्य पर आक्रमण कर उसे अपने राज्य में मिला लिया।

राजा का पद वंशानुगत था, पर राजा जनता के हित को प्राथमिकता देता था। राजा का मंत्रिपरिषद् रहस्यदिकदास कहलाता था। रत्तिक जिला अधिकारी था। चुंगी वसूल करने वाला अधिकारी मण्डम्बस कहलाता था। ग्रामभोजक ग्राम प्रधान होता था। पल्लव राज्य मंडल, कोट्टम, नाडु और ग्राम में विभक्त थे। मंडल का प्रधान मांडलिक या राष्ट्रिक कहलाता था। कोट्टम का शासक देशातिक था। स्थानीय प्रशासन पर विशेष ध्यान दिया जाता था। गाँवों एवं नगरों को स्वायत्तता प्राप्त थी। नगरम एवं ऊर नगर एवं ग्राम सभाएँ थीं। नगर प्रशासन में व्यापारी एवं कारीगर मुख्य भूमिका निभाते थे। थल एवं जलसेना सुगठित थी। जमीन की माप करवाई जाती थी एवं भूमि का 1/6 अंश कर के रूप में वसूल किया जाता था। चुंगी और व्यापारियों पर लगाए गए कर से भी राज्य को आय प्राप्त होती थी।

पल्लव समाज वर्ण व्यवस्था पर आधारित था। ब्राह्मणों और विद्वानों को राज्य की ओर से विशेष सुविधाएँ दी जाती थी। समाज में अंतर्जातीय विवाह नहीं होता था। संपत्ति पर पुरुषों का अधिकार होता था, पर विधवा स्त्री को संपत्ति में कुछ हिस्सा मिलता था। विधवा विवाह का प्रचलन नहीं था। सती प्रथा के इक्के-दुक्के उदाहरण मिलते हैं।

पल्लव काल में बौद्ध धर्म उन्नत अवस्था में था। कांचीपुरम स्थविर संप्रदाय का प्रमुख केंद्र था। अलवार एवं नयनार (शैव) संतों के प्रभाव से इस समय वैदिक धर्म की प्रतिष्ठा बढ़ी। कांची शिक्षा का प्रमुख केंद्र था। ह्वेनसांग और दिड्.नाग ने यहां शिक्षा प्राप्त की थी। भारवि, दण्डिन एवं मातृदत पल्लव दरबार में रहते थे। महेंद्रवर्मन ने मतविलास प्रहसन की रचना की। नंदिवर्मन तृतीय के समय में नंदिकल्मवकम एवं भारतम् की रचना हुई। तमिल कुराल की रचना इसी काल में हुई।

मंदिर स्थापत्य की द्रविड़ शैली का विकास इसी समय हुआ। वास्तुकला काष्ठ कला एवं कंदरा कला के प्रभाव से मुक्त हुई। महेंद्रवर्मन शैली के अंतर्गत स्तंभयुक्त कक्ष एवं मंडप का निर्माण किया जाता था। त्रिचनापल्ली एवं पल्लवरम से इसके साक्ष्य मिलते हैं। माम्मल शैली

के साक्ष्य महाबलीपुरम से मिले हैं। इस शैली में मंडप के साथ रथों का भी निर्माण किया जाता था। वाराह, महिष एवं पंच पांडव मंदिर मंडप शैली में बने हैं। रथ शैली में बना प्रसिद्ध मंदिर सप्त पैगोडा का मंदिर है। मामल्ल शैली को नरसिंह शैली के नाम से भी जाना जाता है। राजसिंह शैली में मंदिरों का निर्माण पत्थरों को जोड़कर किया जाता था। चहारदीवारी के भीतर मंदिर का निर्माण, शिखर एवं गोपुरम इस शैली की मुख्य विशेषताएं थीं। कांची का कैलाशनाथ, बैकुण्ठपेरूमल का मंदिर एवं महाबलीपुरम के समुद्र तट पर स्थित मंदिर इस शैली में बने हैं। नंदिवर्मन शैली में बने मंदिर आकार में छोटे हैं। कांचीपुर के मुक्तेश्वर एवं मतंगेश्वर तथा गुडीमल्ल का परशुरामेश्वर मंदिर इसी शैली में बने हैं। दक्षिण-पूर्व एशिया के मंदिर निर्माण कला पर इसका प्रभाव परिलक्षित होता है।

नयनार शैव संत थे। इनकी संख्या 63 बताई जाती है। अज्यार, तिरूज्ञान, सम्बंदर, सुंदरमूर्ति तथा मणिकवाशगर प्रमुख नयनार संत थे। इनके भक्ति गीत देवारम में संकलित हैं। अलवार वैष्णव धर्म के प्रचारक थे। भूतयोगी, मधुरकवि, कुलशेखर, विष्णुचित एवं अंडाल प्रमुख अलवार संत थे। तिरुमंगई नामक अलवार संत ने श्रीरंगम के मठ की मरम्मत के लिए नागपट्टनम के बौद्ध विहार से एक मूर्ति चुराई थी। अंडाल महिला अलवार थी।

## चालुक्य वंश

चालुक्य शासकों ने छठी से 8वीं सदी तक शासन किया। इनके शासन का मुख्य केंद्र वातापी था। वातापी के चालुक्य वंश की स्थापना जयसिंह ने की। उसका संघर्ष राष्ट्रकूटों के साथ हुआ। इस वंश का पहला प्रमुख शासक पुलकेशिन प्रथम (535-567 ई.) था। उसने वातापी में एक दुर्ग की स्थापना की एवं उसे अपनी राजधानी बनाया। उसने अश्वमेध यज्ञ का आयोजन भी किया था। उसके पश्चात् कीर्तिवर्मन प्रथम एवं मंगलेश शासक बने। पुलकेशिन द्वितीय (608-642 ई.) इस वंश का सबसे शक्तिशाली शासक था। हर्षवर्द्धन के साथ संघर्ष में संभवतः उसकी जीत हुई। उसी के समय में पल्लव-चालुक्य संघर्ष का आरंभ हुआ। पल्लव नरेश नरसिंह वर्मन प्रथम ने बादामी पर अधिकार कर लिया। पल्लव शासक के साथ युद्ध में ही पुलकेशिन मारा गया। ईरान के साथ उसने राजनीतिक संबंध स्थापित किए। चीनी यात्री ह्वेनसांग ने उसके राज्य का दौरा किया था।

विक्रमादित्य प्रथम (655-680 ई.) ने पल्लवों से बादामी वापस छीन लिया। उसी के समय उसके भाई जयसिंह वर्मन ने गुजरात में चालुक्य राजवंश की स्थापना की। उसके उत्तराधिकारी विनयादित्य ने उत्तरी भारत पर आक्रमण किया। विक्रमादित्य द्वितीय (733-747 ई.) ने पल्लव राजा नंदिवर्मन को पराजित किया। उसने अरब आक्रमण को भी विफल कर दिया। कीर्तिवर्मन द्वितीय इस वंश का अंतिम शासक था। उसके काल में राष्ट्रकूट सामंतों की ताकत बढ़ने लगी। वेंगी के चालुक्य वंश की स्थापना विष्णुवर्द्धन ने की। वह पुलकेशिन का भाई था। विष्णुवर्द्धन चतुर्थ राष्ट्रकूट नरेश ध्रुव से पराजित हुआ तथा अपनी पुत्री शील महादेवी का विवाह ध्रुव से

किया। विजयादित्य तृतीय के शासनकाल में वेंगी के चालुक्य अपने चरमोत्कर्ष पर थे। विजयादित्य सप्तम इस वंश का अंतिम शासक था। वेंगी के चालुक्य पूर्वी चालुक्य के नाम से जाने जाते थे।

10वीं शताब्दी के अंतिम चरण में कल्याणी में भी चालुक्यों की एक शाखा का राजनीतिक उत्कर्ष हुआ। इस शाखा को उत्तरकालीन पश्चिमी चालुक्य शाखा भी कहा जाता है। इस वंश की स्थापना तैलप द्वितीय ने की। उसने अंतिम राष्ट्रकूट शासक कर्क को अपदस्थ कर सत्ता पर अधिकार कर लिया। उसने मालवा के परमार राजा मुंज को पराजित किया। उसके बाद सत्याश्रय (997-1008 ई.) शासक बना। उसने चोल शासक राजराज प्रथम को पराजित किया। सत्याश्रय के बाद जयसिंह द्वितीय एवं सोमेश्वर प्रथम शासक बने। सोमेश्वर प्रथम ने चोल राजा राजाधिराज को पराजित किया। राजाधिराज युद्ध में ही मारा गया। विक्रमादित्य षष्ठ (1076-1126 ई.) इस वंश का सबसे प्रतापी राजा हुआ। उसका संघर्ष कुलोतुंग प्रथम से हुआ। उसके शासन काल में उसका भाई जयकेशी ने विद्रोह किया। 1076 ई. में उसने चालुक्य विक्रम संवत् चलाया। राजकवि विल्हण उसके दरबार में रहता था। उसने विक्रमांकदेव चरित की रचना की। याज्ञवल्क्य स्मृति पर मिताक्षरा टीका का रचनाकार विज्ञानेश्वर भी उसके दरबार में रहता था। इस वंश के शासक सोमेश्वर तृतीय ने मानसोल्लास की रचना की। यह शिल्पशास्त्र पर एक प्रसिद्ध रचना है। सोमेश्वर चतुर्थ इस वंश का अंतिम शासक था।

चालुक्यों की विभिन्न शाखाओं ने दक्षिण भारत के एक बड़े भू-भाग पर शासन किया। चालुक्यों ने दक्षिण भारत में वैदिक धर्म की प्रतिष्ठा स्थापित की, अनेक यज्ञ किए एवं कई मंदिरों का निर्माण किया। जैन विद्वानों एवं विहारों को भी प्रभूत दान दिए। बौद्ध एवं जैन धर्म का भी विकास हुआ। अजंता की कुछ बौद्ध गुफाओं का निर्माण इनके काल में ही हुआ। चालुक्यों ने अपने राज्य में पारसियों को भी बसने की आज्ञा दी। चालुक्य मंदिरों के उत्कृष्ट नमूने बादामी, ऐहोल एवं पट्टदाकल से प्राप्त होते हैं। बादामी में पाषाण को काटकर चार स्तंभयुक्त मंडप बनाए गए थे। ऐहोल को मंदिरों का नगर कहा जाता है। ऐहोल का सूर्य मंदिर अधिक प्रसिद्ध है। इसका निर्माण लाढ़ खान ने करवाया था। पट्टदाकल के मंदिरों में पापनाथ का मंदिर, संगमेश्वर एवं विरूपाक्ष मंदिर विशेष रूप से उल्लेखनीय हैं। अभिलेखों के अनुसार रविकीर्ति ने जिनेंद्र का मंदिर बनवाया था। बादामी एवं पट्टदाकल में त्रिमूर्ति के विशाल मंदिर बने हैं।

## राष्ट्रकूट

राष्ट्रकूट अभिलेखों में उनका मूल स्थान लट्टूर (लातूर) बताया गया है। बाद में एलिचपुर (बरार) में इस वंश का राज्य स्थापित हुआ। 752 ई. के लगभग दंतिदुर्ग ने स्वतंत्र राज्य की स्थापना की। उसने अपनी राजधानी मान्यखेत या मालखण्ड को (शोलापुर के निकट) बनायी।

उसने उज्जयिनी में हिरण्यगर्भ महायज्ञ भी किया। उसके उत्तराधिकारी कृष्ण प्रथम ने एलोरा का शिव गुहा मंदिर का निर्माण करवाया। गोविन्द द्वितीय (773-80 ई.) एक निर्बल शासक था। ध्रुव 780 ई. में शासक बना। उसने कन्नौज पर आधिपत्य को लेकर प्रतिहार शासक वत्सराज को झांसी के निकट पराजित किया। उसने गंगा-यमुना के दोआब में पाल शासक धर्मपाल की सेना को हराया। गोविन्द तृतीय (793-814 ई.) ध्रुव का उत्तराधिकारी था। गोविन्द तृतीय का काल राष्ट्रकूट शक्ति का चरमोत्कर्ष काल था। अमोघवर्ष (814-878 ई.) सबसे महान राष्ट्रकूट राजा था। उसे राजनीति पर कन्नड़ की प्रथम कृति (कविराज मार्ग) की रचना का श्रेय दिया जाता है। वह महावीराचार्य तथा जिनसेन जैसे विद्वानों का आश्रयदाता था। अमोघवर्ष जैन कवि था। अमोघवर्ष के बाद उसका पुत्र कृष्ण द्वितीय (880-914 ई.) शासक बना। इन्द्र तृतीय 914-927 ई. तक शासक रहा। इसके काल में भारत की यात्रा करने वाले अल-मसूदी के अनुसार राष्ट्रकूट राजा बलाहार या बल्लभराज भारत का सबसे प्रतापी राजा था। अंतिम राष्ट्रकूट नरेश कक्क द्वितीय को चालुक्य शासक तैलप द्वितीय ने अपदस्थ कर 973 ई. में कल्याणी के चालुक्य वंश की स्थापना की।

राजा शासन का वास्तविक प्रधान होता था। साम्राज्य के अंतर्गत दो प्रकार की प्रशासनिक इकाइयां थीं। केंद्र शासित क्षेत्रों पर राजा स्वयं शासन करता था। कुछ क्षेत्रों का शासन अधीनस्थ सामंतों के अधीन था। राजा का प्रतिनिधि इन सामंतों पर निगरानी रखता था। शासन राष्ट्र, विषय, भुक्ति एवं ग्रामों में विभक्त था। ग्रामपति ग्राम सभाओं एवं उपसमितियों की सहायता से कार्य करता था। राष्ट्रकूटों के पास विशाल गज एवं पैदल सेना थी। राजा को सामंतों से भी सैन्य सहायता मिलती थी। आमदनी का मुख्य स्रोत भूमिकर था। नजराना, वन, खान एवं युद्ध में लूट से भी धनराशि प्राप्त होती थी। राष्ट्रकूट समाज वर्णव्यवस्था पर आधारित था। ब्राह्मण सामान्य जन की तुलना में आधी कर देते थे। इस काल में शूद्रों की स्थिति में सुधार हुआ। वे धार्मिक अनुष्ठान कर सकते थे एवं सेना में भी भर्ती हो सकते थे। पर वैश्यों की स्थिति में गिरावट आई। अस्पृश्यता की भावना भी समाज में प्रचलित थी। बाल विवाह का प्रचलन था। सती प्रथा एवं विधवा विवाह का प्रचलन नहीं था पर विधवाओं को संपत्ति संबंधी अधिकार प्राप्त थे।

आर्थिक व्यवस्था कृषि, उद्योग एवं व्यापार पर आश्रित थी। कृषि अधिक उन्नत स्थिति में थी। कपास, ज्वार, चावल, नारियल एवं सुपारी की खेती की जाती थी। वस्त्र उद्योग अधिक विकसित था। बहुमूल्य लकड़ी, वस्त्र एवं हीरे-जवाहरात का निर्यात किया जाता था। अरब व्यापारियों ने राष्ट्रकूटों के समुद्री व्यापार के विकास में काफी योगदान दिया। शिल्पियों और व्यापारियों के संघ आर्थिक जीवन में मुख्य भूमिका निभाते थे।

अग्रहारों में संस्कृत की उच्च शिक्षा दी जाती थी। मंदिर एवं बौद्ध विहार भी शिक्षा के केंद्र थे। त्रयीपुरुष मंदिर शिक्षा का प्रमुख केंद्र था। कुमारिल, वाचस्पति, कात्यायन, अंगिरस, हलायुध, अवलक, विद्यानंद, जिनसेन, गुणचंद्र एवं सोमदेव प्रसिद्ध रचनाकार थे। इस समय

जैन धर्म अधिक प्रभावशाली था। पर बौद्ध धर्म का ह्रास हो रहा था। राष्ट्रकूटों के समय दक्षिण भारत में इस्लाम धर्म का भी प्रसार हुआ। राष्ट्रकूटों ने अपने राज्य में अरबों को बसने एवं मस्जिद बनवाने की छूट प्रदान की थी।

इस काल में कई मंदिरों का निर्माण हुआ। इनमें एलोरा का कैलाश मंदिर प्रमुख है। इसका निर्माण कृष्ण प्रथम ने करवाया था। चट्टान को काटकर इस भव्य मंदिर का निर्माण हुआ था। इसमें गंगावतरण एवं रावण द्वारा कैलाश पर्वत उठाने का दृश्य अंकित है।

## इक्ष्वाकु वंश

इक्ष्वाकु वंश का संस्थापक कामतामूल था। उसने कई अश्वमेध यज्ञ कराए तथा प्रसिद्धि हासिल की। इक्ष्वाकुओं का उदय सातवाहन वंश के पतन के बाद प्रायद्वीप के पूर्वी भाग में हुआ। ये स्थानीय कबीले के लोग थे। नागार्जुनकोंडा और धरणीकोंडा में इनके द्वारा बनाए गए कई स्मारक हैं। इन्होंने उस क्षेत्र में भूमिदान की प्रथा चलाई। इक्ष्वाकुओं को दमन कर इस स्थान पर पल्लव वंश अस्तित्व में आया।

## गंग वंश

गंग शासक पल्लवों के समकालीन थे। उनका शासन दक्षिणी कर्नाटक में था। उन्होंने लगभग चौथी सदी में अपने को स्थापित किया। गंग वंश का संस्थापक बज्रहस्त पंचम था। गंग राज्य पल्लव और कदम्ब राज्यों के बीच स्थित था। ये पश्चिमी गंग या मैसूर के गंग कहलाते थे। पूर्वी गंग इससे अलग था जो पाँचवीं सदी में कलिंग में शासन करता था। पश्चिमी गंग पल्लवों के सामंत थे। उनकी पहली राजधानी कोलार थी। गंगों की एक विशेषता यह थी कि उन्होंने भूमिदान ब्राह्मणों को न देकर जैनियों को दिया। गंग शासक मल्ल चतुर्थ के मंत्री चामुण्ड राय ने श्रवणबेलगोला में गोमतेश्वर की 57 फीट विशाल प्रतिमा का निर्माण करवाया। गंग वंश ने ग्यारहवीं सदी तक इस क्षेत्र में शासन किया।

## कदम्ब वंश

इस वंश की स्थापना मयूरशर्मन ने की। पल्लवों के साथ उसका संघर्ष भी हुआ। उसकी राजधानी वनवासी थी। उसने 18 अश्वमेध यज्ञ किए तथा ब्राह्मणों को कई गाँव दान में दिए। कदम्ब राज्य को पराजित कर वातापी के चालुक्य शासक पुलकेशिन द्वितीय ने उसे अपने राज्य में मिला लिया।

***

# 14 चोल साम्राज्य

चोल साम्राज्य का उदय 9वीं शताब्दी में दक्षिण भारत में हुआ। इस साम्राज्य का विस्तार तुंगभद्रा नदी तक था। चोल साम्राज्य की स्थापना विजयालय (850–887 ई.) ने की। वह पहले पल्लवों का सामंत था। उसने तंजौर या तंजावुर पर अधिकार करके उसे अपनी राजधानी बनाया तथा 'नरकेसरी' की उपाधि धारण की। विजयालय के पुत्र व उत्तराधिकारी आदित्य प्रथम (880–907 ई.) ने पांडयों के विरुद्ध पल्लवों की सहायता की जिससे पल्लवों ने न केवल तंजौर पर चोल आधिपत्य को मान्यता दी वरन् कुछ पल्लव प्रदेश भी प्रदान किए। आदित्य प्रथम का उत्तराधिकारी परांतक प्रथम (907–953 ई.) ने अपने पिता की साम्राज्यवादी नीति का विस्तार करते हुए पांड्य प्रदेश मदुरा पर अधिकार कर लिया। उसने चोल राज्य की सीमा दक्षिण में कन्याकुमारी तक पहुँचा दी। उसने लंका पर भी चढ़ाई की थी। उसने तंजौर में चिदम्बरम मंदिर का निर्माण करवाया। परांतक ने पांड्यों पर आक्रमण करके मदुरैकोंड (मदुरै का विजेता) की उपाधि (बेल्लुर के युद्ध में) धारण की। 949 ई. में राष्ट्रकूट नरेश कृष्ण तृतीय ने चोलों पर आक्रमण किया व तक्कोलम के युद्ध में चोल राजा को पराजित किया। परांतक द्वितीय सुंदर चोल के नाम से प्रसिद्ध था। उसने पांड्य शासक वीर पांड्य को पराजित किया। उसने सोने के सिक्के भी चलाए।

## राजराज प्रथम (985–1014 ई.)

राजराज ने श्रीलंका के शासक महेन्द्र पंचम पर आक्रमण कर उसकी राजधानी अनुराधापुरम को बुरी तरह नष्ट कर दिया। लंका के विजित (उत्तरी हिस्से) प्रदेश को चोल साम्राज्य का नया प्रांत बनाया एवं उसे नाम दिया मुम्डिचोल मंडम्। उसने मालदीव को भी जीतकर अपने साम्राज्य का अंग बनाया। इसने सुमात्रा के श्रीविजय साम्राज्य से मित्रता का संबंध स्थापित किया। श्रीविजय के शासक ने चोल राज्य में एक विहार निर्मित करवाने की आज्ञा मांगी थी। उसने 'नागपट्टनम' में एक विहार का निर्माण करवाया। राजराज ने तंजौर में एक शिव मंदिर का निर्माण करवाया। इसे राजराजेश्वर मंदिर या वृहदेश्वर मंदिर भी कहा जाता है। राजराज प्रथम द्वारा धारण की गई उपाधि थी–मुमुडिचोल देव, जयगोंड, चोलमार्तंड आदि। उसने

जमीन की माप करवाकर उपज के आधार पर लगान का निर्धारण किया। स्थानीय प्रशासन में स्वायत्तता को महत्व दिया। उसने सेना का भी पुनर्गठन किया। उसके काल में जलबेड़ा अधिक शक्तिशाली था। उसने अभिलेखों को ऐतिहासिक प्राक्कथन (प्रशस्ति) के साथ प्रारंभ करने की परंपरा का सूत्रपात किया। उसके उत्तराधिकारियों ने इस परंपरा का अनुकरण किया। उसने चोल साम्राज्यवाद को पुनर्जीवित किया। तिरुवलंगाडु ताम्रपत्र अभिलेख में उसके विजयों का उल्लेख मिलता है।

## राजेन्द्र प्रथम (1012–1044 ई.)

राजेन्द्र प्रथम राजराज प्रथम का योग्य उत्तराधिकारी था। उसने श्रीविजय साम्राज्य के शैलेन्द्र शासक विजयोतुंगवर्मन को हराया (1025 ई. में) एवं इस साम्राज्य को अपने राज्य का अंग बना लिया (करद राज्य के रूप में)। उसने मलय प्रायद्वीप कडारम और हिन्देशिया द्वीपसमूह पर भी संभवतः कुछ समय के लिए अधिकार किया (112 द्वीपों पर)। 1017 ई. में उसने सम्पूर्ण श्रीलंका पर आधिपत्य कायम कर उसे चोल साम्राज्य का अंग बना लिया। इस समय श्रीलंका का शासक महेन्द्र पंचम था। वह गंगा नदी पार कर कलिंग होते हुए बंगाल तक गया व दो स्थानीय शासकों को हराया (1022 ई. में)। इस अवसर पर उसने 'गंगईकोण्ड चोल' की उपाधि धारण की तथा कावेरी के निकट एक नई राजधानी गंगईकोण्डचोलपुरम बसाया। राजेन्द्र प्रथम शैव धर्म का अनुयायी था।

उसने चोल साम्राज्य को सबसे शक्तिशाली राज्य के रूप में स्थापित किया। तिरुवलंगाडु एवं करंदाइ (तंजौर) अभिलेख में उसकी उपलब्धियों का उल्लेख मिलता है। उसने चालुक्य राजा राजराज नरेंद्र का पुनः अभिषेक कराया और उसके साथ अपनी पुत्री का विवाह कर दिया। कंबोज (कंपूचिया) के शासक सूर्यवर्मन प्रथम ने उससे मित्रता की प्रार्थना की थी। उसने चोलगंगम नामक एक विशाल तालाब का निर्माण भी करवाया। उसके शासन के अंतिम वर्षों में अशांति पैदा हो गई एवं साम्राज्य के विभिन्न भागों में विद्रोह होने लगे। 1209 ई. में श्रीलंका में महिंद्र पंचम के पुत्र के नेतृत्व में मुक्ति संग्राम आरंभ हो गया। उसने चीन में अपने दो कूटनीतिक दल भेजे।

## राजाधिराज प्रथम (1044–1052 ई.)

राजेंद्र की मृत्यु के उपरांत उसका ज्येष्ठ पुत्र राजाधिराज प्रथम उसका उत्तराधिकारी बना। उसने चालुक्य नरेश सोमेश्वर को हराकर वीर राजेंद्र की उपाधि धारण की। कोप्पम के युद्ध (1052) में वह चालुक्य शासक सोमेश्वर से पराजित हुआ। युद्ध में लगे घातक घावों से उसकी मृत्यु हो गई। उसके छोटे भाई राजेंद्र द्वितीय ने युद्धक्षेत्र में ही अपना राज्याभिषेक कराया। राजाधिराज ने अश्वमेध यज्ञ का आयोजन भी करवाया था।

## राजेंद्र द्वितीय (1052–1064 ई.)

इसका राज्याभिषेक युद्धक्षेत्र में हुआ। इसका संघर्ष पश्चिमी चालुक्यों के साथ हुआ। कुडल संगमम के युद्ध (1062) में इसने चालुक्यों को पराजित किया। इस युद्ध के बाद राजेंद्र द्वितीय की पुत्री मधुरांतिका का पूर्वी चालुक्य युवराज राजेंद्र के साथ विवाह हुआ।

## वीर राजेंद्र (1062–1069 ई.)

वीर राजेंद्र ने पश्चिमी चालुक्यों के साथ कुडल संगमम एवं विजयवाड़ा का युद्ध लड़ा। दोनों युद्धों में उसकी विजय हुई। कुडल संगमम के युद्ध में समय पर न पहुँच पाने के अपमान के कारण चालुक्य शासक सोमेश्वर ने आत्महत्या कर ली। वीर राजेंद्र ने उक्त घटना की स्मृति में तुंगभद्रा के तट पर एक विजयस्तंभ की स्थापना की। वीर राजेंद्र ने विजयबाहु के दमन के लिए श्रीलंका में चोल सेना भेजी। परवर्ती चोल अभिलेख में वीर राजेंद्र द्वारा एक अज्ञात नरेश की सहायता के लिए श्रीविजय पर आक्रमण एवं कडारम की विजय का उल्लेख मिलता है। चोलों और पश्चिमी चालुक्यों के मध्य शांति स्थापित कराने में गोवा के कदंब शासक जयकेस प्रथम ने मध्यस्थ की भूमिका निभाई थी। वीर राजेंद्र ने एक वैदिक महाविद्यालय के लिए चिकित्सालय एवं छात्रावास का निर्माण करवाया था। उसने तुंगभद्रा में डूबकर आत्महत्या कर ली थी।

## अधि राजेंद्र (1069–70 ई.)

अधि राजेंद्र को जनविद्रोहों का सामना करना पड़ा। वह विद्रोह के दौरान ही मारा गया।

## कुलोतुंग प्रथम (1070–1120 ई.)

वह चोल-चालुक्य वंश का संस्थापक था। कुलोतुंग की माता चोल नरेश राजेन्द्र प्रथम की पुत्री थी, जिसका विवाह वेंगी नरेश विमलादित्य से हुआ था। इसके राज्यारोहण के कुछ समय बाद ही वेंगी का राज्य चोल साम्राज्य का अंग बन गया। श्रीलंका के शासक विजयबाहु इसी के काल (1073 ई.) में चोल राज्य से मुक्त हो गया। वह शैव था परंतु उसने नागपट्टनम के बौद्ध चैत्यों को काफी दान दिए। उसने 1077 ई. में 92 व्यापारियों का एक प्रतिनिधिमंडल चीन भेजा था। चीनी सम्राट ने इस शिष्टमंडल को 81,800 ताम्रमुद्राओं की लड़ियां दी थी। उसने कंबोज के शक्तिशाली खमेर शासक के साथ भी मित्रतापूर्ण संबंध बनाए रखे। उसने दो बार कलिंग के विरुद्ध युद्ध किए। कुलोतुंग प्रथम ने व्यापार की प्रगति में बाधक करों को समाप्त कर दिया जिसके कारण उसे शुंगम तर्वित चोल (करों को हटाने वाला) की उपाधि दी गई। भू-राजस्व के निर्धारण के लिए उसने भूमि का व्यस्थित सर्वेक्षण करवाया।

## विक्रम चोल (1122–1135 ई.)

वह कुलोतुंग के साथ उसके शासन के अंतिम चार वर्षों में सहशासक रह चुका था। उसने त्याग समुद्र की उपाधि धारण की। 1128 ई. में उसने चिदंबरम के नटराज मंदिर को अपार दान दिया। इसी वर्ष चोल प्रदेश में भयंकर बाढ़ और अकाल पड़ा। उसने चिदंबरम के मंदिर का विस्तार, उसके शिखर एवं परिवेष्टिनी का निर्माण तथा मंदिर के प्रदक्षिणा पथ को शुद्ध स्वर्ण से मंडित कराया। धार्मिक दृष्टि से वह अधिक असहिष्णु था। उसने गोविंद राजमंदिर की प्राचीन वैष्णव मूर्ति को समुद्र में फिंकवा दिया। वह साम्राज्य के विभिन्न भागों का दौरा करता था। साम्राज्य के विभिन्न नगरों में उसने राजप्रासाद निर्मित कराए। उसकी नीतियों के कारण चोल साम्राज्य के पतन की भूमिका निर्मित होने लगी थी।

कुलोतुंग द्वितीय ने 1135–1150 ई. तक शासन किया। उसके उपरांत राजराज द्वितीय (1150–1173 ई.), राजाधिराज द्वितीय, कुलोतुंग तृतीय, राजराज तृतीय तथा राजेंद्र तृतीय शासक बने। कुलोतुंग तृतीय चोल वंश का अंतिम महान शासक था।

## चोल प्रशासन

चोल प्रशासन में सर्वाधिक महत्वपूर्ण व्यक्ति राजा था। सार्वजनिक प्रशासन में राजा की भूमिका मौखिक आदेशों के रूप में थी। अंतिम न्यायालय राजदरबार था जिसे 'धर्मासन' कहा जाता था। राजा के अंगरक्षकों को 'वेडैक्कार' कहा जाता था। राजा के परामर्श के लिए एक मंत्रिपरिषद् होती थी। मंत्रियों को 'उडन-कूट्टम' कहा जाता था। उच्च अधिकारी पेरून्दनम तथा निम्न अधिकारी सिरून्दनम कहलाते थे। अधिकारियों को नगद वेतन के बदले भूमि प्रदान करने की परिपाटी थी। चोल साम्राज्य मंडलों (प्रांतों) में विभक्त था। मंडलम वलनाडु तथा वलनाडु नाडु में विभक्त थे। नाडु, कुर्रम (कोट्टम) में बंटे थे व कोट्टम स्वशासित ग्राम में। राजराज के शासनकाल में आठ या नौ मण्डल थे।

राज्य की आय का प्रमुख साधन भूमिकर था, जिसको ग्राम सभा एकत्र करती थी। उत्पादन का एक तिहाई भू-राजस्व के रूप में वसूला जाता था। श्रमिकों से बेगार के रूप में भी काम लिया जाता था। चोल प्रशासन में भूमिदान की प्रक्रिया जटिल होती गई। सिंचाई व्यवस्था में कावेरी तथा अन्य नदियों के पानी का उपयोग किया जाता था। राजराज प्रथम एवं कुलोतुंग प्रथम ने भूमि की माप के आधार पर कर का निर्धारण किया था। चोल अभिलेख में निम्न करों का उल्लेख मिलता है–

| | |
|---|---|
| मगन्मै | व्यवसाय कर |
| मनइरै | गृह कर |
| कडमै | बागान (सुपारी) कर |

| | |
|---|---|
| करहरै | व्यापारिक प्रतिष्ठान पर कर |
| पडिकावल | गाँव की सुरक्षा के लिए कर |
| आजीवक्कास | आजीविका पर कर |
| वारी | भूराजस्व से संबंधित विभाग |

चोलों ने एक विशाल, संगठित एवं स्थायी सेना का गठन किया। सेना की टुकड़ी का नेतृत्व करने वाला नायक तथा सेनाध्यक्ष महादण्डनायक कहलाता था। सेना की अलग-अलग टुकड़ियां छावनियों (कडमम) में रहती थी। सेना में पदाति, अश्वारोही एवं हस्तिदल के लोग शामिल थे। चोलों के पास एक विशाल जलबेड़ा भी था। पैदल सेना-बड़पेई कैक्लोलर, धनुर्धर-विल्लिगल, घुड़सवार-कुडिरै-च्चेवगर तथा गजारोही-कुजिरमल्लर कहलाते थे।

**स्थानीय स्वशासन** : स्थानीय स्वशासन को प्रोत्साहित करना चोल प्रशासन की सबसे बड़ी विशेषता थी। ग्राम तथा नगरों की सभाएँ शासन की मूलभूत इकाइयाँ थीं। 'उर' सर्वसाधारण लोगों की प्रधान समिति थी। 'नगरम' नगर के लोगों की सभा थी। सभा/महासभा गाँव के श्रेष्ठ ब्राह्मणों की सभा थी, इसमें स्त्रियाँ भी शामिल होती थीं। गाँव के कारोबार की देखरेख एक कार्यकारिणी समिति करती थी, जिसे 'वारियम' कहते थे। वारियम की सदस्यता के लिए निम्न योग्यता आवश्यक थी-

1. 35-70 वर्ष के बीच आयु हो।
2. 1-1.5 एकड़ भूमि का स्वामी हो।
3. अपनी भूमि पर मकान बना हो।
4. वैदिक मंत्रों का ज्ञाता हो।

30 सदस्यों की समिति में 12 ज्ञानी व्यक्तियों की अलग समिति होती थी। उसे समवत्सर वारियम कहा जाता था। बड़े गाँव को एक पृथक प्रशासनिक इकाई का दर्जा दिया जाता था-जिसे तनियूर कहा जाता था। सभा की बैठक मंदिर के अहाते में होती थी। सभा में निर्णय सर्वसम्मति से किया जाता था। कर न चुकाने वाले को सभा की सदस्यता से वंचित कर दिया जाता था। विभिन्न समितियों को अलग-अलग नाम से जाना जाता था-

| | | |
|---|---|---|
| उपवन समिति | - | तोट्ट वारियम |
| सिंचाई समिति | - | ऐरि वारियम |
| स्वर्ण समिति | - | पोन वारियम |
| न्यायिक समिति | - | न्यायाट्टर |
| विदेशियों की समिति | - | उदसीन वारियम |

सभा के सदस्य - पेरूमक्कल

समिति के सदस्य - वारिपेरूमक्कल

जलाशय के लिए रखी गई पृथक भूमि एरिपती कहलाती थी। 'नगरम' संभवतः व्यापारियों की प्रधान सभा थी, जो महत्वपूर्ण व्यापारिक नगरों में स्थित होती थी।

## सामाजिक जीवन

दक्षिण भारतीय समाज उत्तर भारत की तरह चार वर्णों में विभाजित नहीं था। वर्ण विभाजन में मुख्य जोर ब्राह्मण और गैर-ब्राह्मण के बीच था। ब्राह्मण और बल्लालों (धनी कृषक) को समाज में उच्च स्थान प्राप्त था। ब्राह्मण धार्मिक नेता एवं आर्थिक शक्ति के प्रधान थे। वे अपना धन व्यापार में भी लगाते थे। इस काल में क्षत्रिय एवं वैश्य वर्ग का उल्लेख नहीं मिलता। चोल समाज में कुछ वर्गों को अछूत माना जाता है। वेल्लाल शूद्र कृषक थे। चोल काल में जाति विभाजन दो वर्ग में था—वलंगई-दक्षिण वर्गीय और इडंगई-वाम वर्गीय थे। वलंगई विशेषाधिकार प्राप्त वर्ग था तथा इन्हें ब्राह्मण एवं बल्लालों का समर्थन प्राप्त था। इनकी नियुक्ति सेना एवं प्रशासन में भी की जाती थी। ये मुख्यतः कृषक जातियां थीं। इडंगई मुख्यतः दस्तकार एवं हस्तशिल्पकार थे। कम्माल जाति के लोग अपनी आर्थिक उपयोगिता के कारण अधिक महत्वपूर्ण थे। उन्हें यज्ञोपवीत धारण करने का अधिकार भी प्राप्त था। शूद्रों का विभाजन सत्शूद्र एवं असत शूद्र में था। दास प्रथा का प्रचलन था पर बड़ी संख्या में दास नहीं रखे जाते थे। राज परिवार के लिए कपड़ा बुननेवाले कांचीपुरम के बुनकर एवं राजेंद्र प्रथम के आदेशों को पतर पर अंकित करने वाले कलाकार करों से मुक्त थे। स्त्रियों की स्थिति उत्तर भारत की तुलना में अच्छी थी। देवदासी प्रथा का भी प्रचलन था।

## आर्थिक जीवन

अर्थव्यवस्था का आधार कृषि था जो भूमिदान की प्रथा पर आधारित था। भूमिदान के कारण कृषि का विस्तार हुआ तथा राज्य की आय बढ़ी। एक वर्ष में दो तथा कभी-कभी तीन फसलें उपजायी जाती थीं। वेलि भूमि माप की इकाई थी। ग्रामीण क्षेत्रों में सामाजिक एवं आर्थिक जीवन के केंद्र में मंदिर होते थे। मंदिरों को नियमित तौर पर आय प्राप्त होते थे। मंदिर व्यापारिक गतिविधियों के केंद्र थे तथा पूंजीनिवेश भी करते थे। काशु चोल काल में प्रचलित स्वर्ण सिक्का था। कलंजु एवं कल्यांजु मानक सिक्के थे। इस काल में चीन के साथ भारत के व्यापार में वृद्धि हुई। दक्षिण भारत कपड़ा, मसाले, औषधि, जवाहरात, एवं आबनूस की लकड़ी चीन को निर्यात करता था। मणिग्रामम एवं वलंजियर वणिक श्रेणियां थीं—जो बाहय व्यापार का नियंत्रण करती थीं। नानादेशी की व्यापारिक शाखाओं का विस्तार दक्षिण पूर्व एशिया के सुमात्रा तक

था। कावेरी पट्टनम, शालियूर, कोरकई एवं महाबलीपुरम पूर्वी तट तथा क्विलोन पश्चिम तट का प्रमुख बंदरगाह था। सिराफ फारस की खाड़ी में स्थित प्रमुख बंदरगाह था।

## कला एवं संस्कृति

चोल शासक शैव मतानुयायी थे। इस काल में शैव एवं वैष्णव दोनों धर्मों का प्रसार हुआ। वैष्णव मत के प्रधान आचार्य रामानुज ने विशिष्टाद्वैत मत का प्रतिपादन किया। चोलों ने पल्लवों के स्थापत्य कला को आगे बढ़ाया। चोल मंदिरों में चिदम्बरम और तंजौर के मंदिर सर्वोत्कृष्ट हैं। दक्षिण भारत में नहरों की प्रणाली चोलों की देन है। चोलकालीन वृहदेश्वर मंदिर की दीवारों पर भित्तिचित्र कला के उदाहरण मिलते हैं। चोल काल में नटराज शिव की कांसे की प्रतिमा सर्वोत्कृष्ट मानी जाती है। तिरूक्तदेवर ने जीवक चिंतामणि की रचना की। इसी काल में शूलमणि, कलिंगतुण्णणि, रामावतारम, कल्लदम एवं पेरियपुराणम की रचना हुई।

***

# 15

# भारत-अरब सम्बन्ध

## सिंध में अरब शासन

आठवीं शताब्दी के प्रारम्भिक दशक में अरबों द्वारा सिंध की विजय हुई। अरबों द्वारा सिंध-विजय वस्तुतः मकरान-तट पर होने वाले व्यापार में उनकी भागीदारी का परिणाम थी। मालाबार से भिन्न, जहाँ अरब-व्यापारियों को अनुकूल परिस्थितियाँ प्राप्त थीं। मकरान-तट पर समुद्री लुटेरों का बोलबाला था, जो अरब व्यापारियों के जहाज पर धावा बोलकर उसे लूट लिया करते थे। वहाँ के स्थानीय शासकों ने इस समस्या के समाधान में अरब-व्यापारियों को सहायता देने में कोई दिलचस्पी नहीं दिखाई। अतः आठवीं शताब्दी के प्रारम्भिक चरण में अरब-व्यापारी कृतसंकल्प हो चुके थे कि वे अपने व्यापारिक हितों की सुरक्षा करेंगे चाहे इसके लिए शक्ति का प्रत्यक्ष इस्तेमाल ही क्यों न करना पड़े। वे सिन्ध से होने वाले स्थल मार्गीय व्यापार के लाभों से भी अवगत हो रहे थे और उस पर नियंत्रण करना चाहते थे। उनके इरादे और भी मजबूत हो गए जब इराक के अरब प्रांतपति हज्जाज से उन्हें समर्थन मिलना शुरू हुआ। वर्ष 712 ई. में देवल पर आक्रमण मोहम्मद-बिन-कासिम के नेतृत्व में सफलतापूर्वक सम्पन्न हुआ, जिसकी योजना इराक के गवर्नर (प्रांतपति) हज्जाज ने बनाई थी। वर्ष 714 तक अरबों ने सिंध और मुलतान के समस्त क्षेत्रों पर अपना नियंत्रण स्थापित कर लिया। इस क्षेत्र पर अरबों का प्रभावशाली नियंत्रण 854 ई. तक बना रहा। इसके पश्चात् वह क्षेत्र खलीफा के हाथों से निकल गया। 870 ई. में सिंध पर अरब-शासन का पूर्ण अंत हो गया और यह क्षेत्र, वर्ष 977 ई. में इस्माइली मुसलमानों के नियंत्रणाधीन आ गया। 11वीं शताब्दी में यह भू-क्षेत्र 'कार्मिथियन' मुसलमानों के नियंत्रण में था।

**राजनीतिक प्रभाव** : राजनीतिक रूप से, अरब शासकों ने कोई खास प्रभाव नहीं डाला। उनका शासकीय नियंत्रण भी एक छोटे-से क्षेत्र तक सीमित रहा और वह कुल मिलाकर 150 वर्षों से कम का ही रहा था। अरबों का प्रशासनिक नियंत्रण भी कमोबेश, शहरी केंद्रों तक ही सीमित रहा। स्थानीय भू-पतियों के कुलीन वर्ग का नियंत्रण ग्रामीण इलाकों पर बना रहा। भारत का राजनीतिक जीवन, कुल मिलाकर सिंध में अरबों की मौजूदगी से अप्रभावित रहा।

किंतु अरबों द्वारा संचालित प्रशासनिक नीतियों ने जिस शासकीय प्रतिमान की स्थापना की उसे परवर्ती-मध्यकालीन भारतीय शासकों ने भी अपनाया। सशक्त प्रशासनिक नियंत्रण के लिए ब्राह्मणकुलीन वर्ग का समर्थन, जजिया का क्रियान्वयन तथा स्थानीय जन समुदायों की सुरक्षा, शहरी केन्द्रों से आस-पास के विस्तृत भू-भागों का नियंत्रण इत्यादि ऐसे कार्य थे जिन्हें रद्दोबदल के साथ बाद वाले शासकों ने भी अपनाया।

**आर्थिक प्रभाव** : सिंध-विजय से दूरगामी आर्थिक परिवर्तन हुए। अरबों ने रेगिस्तानी क्षेत्र में कृषि के लिए बेहतर प्रणाली विकसित की तथा खजूर के वृक्षों की खेती शुरू की। उन्होंने ऊँटों की नस्ल सुधारने एवं चमड़ा बनाने तथा चमड़े से बनने वाली वस्तुओं की गुणवत्ता बढ़ाने के लिए उत्तम प्रणालियों का विकास किया। वाणिज्य-व्यापार में अच्छी प्रगति हुई तथा भारत के पश्चिमी तट पर अरब व्यापार को मजबूती मिली। अरब व्यापारियों को इसका यथेष्ठ प्रोत्साहन मिला कि वे भारत के पूर्वी तट पर एवं दक्षिण-पूर्व एशिया में भी अपनी बस्ती बसाएं। नवीं शताब्दी तक, भारत के तटीय व्यापार में भी अरब व्यापारी सक्रिय रूप में भागीदारी करने लगे। कालक्रम में उन्होंने उन बौद्ध-व्यापारियों के व्यापार पर नियंत्रण कर लिया जो स्थलीय मार्ग द्वारा चीन से व्यापार किया करते थे। अल-मसूदी, अल-इदरीसी एवं अन्य अरब-भ्रमण कर्त्ताओं ने मकरान-तट पर समृद्ध व्यापार का जिक्र किया है। प्रशासनिक आवश्यकताओं के अतिरिक्त वाणिज्य-व्यापार के कारण सिंध क्षेत्र में नए शहरों का उदय हुआ। इन शहरों में प्रमुख थे-मंसूरा, महफूजा, बैजा एवं मुलतान। अरबों ने एक नई मुद्राप्रणाली भी विकसित की, जिसमें चाँदी का दिरहम मुख्य सिक्का था।

**सांस्कृतिक संबंध** : यहाँ आकर बसने वाले अरबों ने स्थानीय स्त्रियों से विवाह किए। सिंधी भाषा ने भी अरबी के प्रभाव को आत्मसात कर लिया। सिंधी भाषा के लेखन में अरबी लिपि का प्रयोग होने लगा एवं इसके शब्दकोष में अरब मूल से विकसित अनेक शब्द आ गए। लगभग 886 ई. में कुरान का सिंधी भाषा में अनुवाद हुआ। जल्द ही, सिंध क्षेत्र की शहरी जनसंख्या का पूरी तरह इस्लामीकरण हो गया, यद्यपि ग्रामीण क्षेत्रों में स्थिति भिन्न थी। ऐसा इसलिए हुआ क्योंकि अरब-शासन मुख्यतः शहरों में केंद्रित था।

संस्कृत में लिखे ज्योतिष, खगोलशास्त्र, चिकित्सा, दर्शनशास्त्र एवं साहित्य के ग्रंथों का अरबी भाषा में अनुवाद हुआ। इन अनुवादित पुस्तकों में सर्वाधिक महत्वपूर्ण थी-सूर्यसिद्धांत, पंचसिद्धान्तिका एवं खांड्य-खांड्यिका, चरक एवं सुश्रूत की संहिताएं तथा पंचतंत्र की कहानियाँ। कई भारतीय विद्वान एवं चिकित्सकों को अब्बासी शासकों विशेषकर अल-मंसूर (753-74) एवं हारून-अल-रशीद (786-809) जैसे खलीफा के दरबार में, बगदाद स्थित राजदरबार में निमंत्रित किया गया। खलीफा अल-मामून ने बैत-उल हिकमत (विद्यापीठ) की स्थापना की, जहाँ विभिन्न भाषाओं में लिखी गई पुस्तकों का अरबी में अनुवाद किया गया। इस कार्य के लिए अनेक भारतीय विद्वानों को यहाँ बुलाया गया।

इस काल के दौरान, अनेक अरब-यात्री भारत-भ्रमण हेतु आए। उनमें से दो सुलेमान एवं अल-मसूदी ने नवीं शताब्दी के पूर्वार्द्ध और उत्तरार्द्ध में क्रमशः भारत-भ्रमण किया और विस्तार से अपना यात्रा-विवरण लिखा।

इस प्रकार, सिंध पर अरबों के शासन के फलस्वरूप अत्यन्त महत्वपूर्ण और दूरगामी प्रभाव उत्पन्न हुए। जिनसे जीवन के विभिन्न आयामों को यथेष्ट योगदान मिला। सर्वोपरि बात यह हुई कि इसने इस्लाम के साथ भारत का पहला प्रत्यक्ष सम्पर्क बनाया। इन दोनों महान सभ्यताओं के बीच प्रारम्भिक संबंधों के फलस्वरूप मिश्रित संस्कृति के विकास की प्रक्रिया आरंभ हुई।

***

# 16

# तुर्क आक्रमण

## महमूद गजनवी

सामानी राज्य के प्रांतीय शासक अलप्तगीन ने गजनी में स्वतंत्र तुर्क राज्य की स्थापना की। अलप्तगीन के दामाद सुबुक्तगीन ने 977 ई. में गजनी पर अधिकार कर लिया। उसने भारत की पश्चिमी सीमा पर आक्रमण किया एवं यहां के हिंदूशाही शासक जयपाल को पराजित किया। उसके राज्य के अंतर्गत अफगानिस्तान, खुरासान तथा बल्ख के अतिरिक्त भारत की पश्चिमोत्तर सीमा भी सम्मिलित थी। इसका पुत्र महमूद गजनवी 998 ई. में गजनी का शासक बना। उसने सीस्तान के शासक खलफ-बिन-अहमद को पराजित कर सुल्तान की उपाधि धारण की। सुल्तान की उपाधि धारण करने वाला वह पहला तुर्क शासक था। उसने भारत पर 17 बार आक्रमण किया। उसने अपना नाम बुतशिकन रखा तथा जिहाद का नारा दिया। खलीफा कादिर से उसने नियुक्ति पत्र प्राप्त की। खलीफा ने उसे यमीनउद्दौला की उपाधि दी। उसने खुत्बे में खलीफा का नाम भी शामिल करवाया। 1000 ई. में उसने भारत के सीमांत क्षेत्र पर आक्रमण किया एवं यहां के दुर्गों पर अधिकार कर लिया। 1001 ई. में उसने हिंदूशाही शासक जयपाल के खिलाफ अभियान किया। पेशावर के निकट हुए युद्ध में जयपाल पराजित हुआ। अपमानवश जयपाल ने अग्नि में कूदकर प्राण त्याग दिए। उसने भेरा नामक नगर पर भी अधिकार कर लिया। 1004-05 ई. में उसने मुलतान पर आक्रमण किया एवं यहां के शासक अबुल फतह दाऊद को पराजित किया। बाद में मुलतान को (1010 ई.) अपने राज्य में शामिल कर लिया। उसने पंजाब पर भी आक्रमण किया। 1008-09 ई. में पेशावर के निकट वैहिन्द नामक स्थान पर भीषण युद्ध हुआ। इस युद्ध में आनंदपाल की सहायता के लिए कन्नौज एवं अनेक राजाओं ने भी अपनी सेनाएं भेजीं पर आनंदपाल पराजित हुआ। पराजय के बाद आनंदपाल ने अपनी राजधानी नंदन में बनायी। 1009 ई. में उसने नगरकोट पर आक्रमण किया। यहां से उसे बेहिसाब दौलत मिली। उत्बी ने महमूद द्वारा नगरकोट के खजाने की लूट का वर्णन किया है।

1014 ई. में उसने थानेश्वर पर आक्रमण किया और यहां के मंदिरों को लूटा। 1018 ई. में उसने कन्नौज पर आक्रमण किया। यहां के शासक राज्यपाल ने बिना युद्ध के ही समर्पण कर दिया। उसने ग्वालियर एवं कालिंजर पर भी आक्रमण किया एवं यहां के शासकों को अपनी अधीनता स्वीकार करने के लिए बाध्य किया। 1025 ई. में उसने सोमनाथ पर आक्रमण किया एवं यहां के मंदिरों को लूटा। उसका अंतिम अभियान 1027 ई. में जाटों एवं खोखरों के खिलाफ था। यहां उसने बड़ी संख्या में लोगों का नरसंहार किया एवं उन्हें गुलाम बनाया। 1030 ई. में गजनी में उसकी मृत्यु हो गई। महमूद के गुजरात आक्रमण के समय भीमदेव प्रथम वहां का शासक था। उसने भारत में एक सेना गठित की तथा उसकी कमान तिलक नामक हिंदू के हाथ में सौंपी। महमूद के साथ अल्बरूनी, उत्बी, वैहाकी और फिरदौसी भारत आए। गजनवी के आक्रमण के कारण भारत में अनेक राज्यों की शक्ति एवं प्रतिष्ठा नष्ट हो गई एवं मुस्लिम राज्य की स्थापना का मार्ग प्रशस्त हुआ। इन आक्रमणों के कारण भारत को काफी आर्थिक क्षति उठानी पड़ी। इसके साथ ही भारत में इस्लाम धर्म का प्रचार आरंभ हुआ।

## मुहम्मद गोरी

गजनी साम्राज्य के पश्चात् मध्य एशिया में गोर राजवंश का उदय हुआ। गोर पहले गजनी के सामंत थे, पर गजनी की शक्ति कमजोर पड़ने पर उन्होंने अपनी स्वतंत्र सत्ता स्थापित कर ली। बाद में गजनी पर भी गोर वंश (शंसवानी वंश) का अधिकार हो गया। मुहम्मद गोरी 1173 ई. में गजनी का शासक बना। 1175 ई. में उसने पहली बार भारत पर आक्रमण किया एवं मुलतान तथा उच्छ पर अधिकार कर लिया। 1178 ई. में उसने राजपुताना के मार्ग से गुजरात पहुंचने की चेष्टा की। आबू पर्वत के पास उसका मुकाबला मूलराज द्वितीय से हुआ। इस युद्ध में गोरी पराजित हुआ। 1179 ई. में उसने पेशावर, 1185 ई. में पंजाब एवं 1186 ई. में लाहौर के खिलाफ अभियान किया। 1191 ई. में तराईन के प्रथम युद्ध में वह पृथ्वीराज चौहान से पराजित हुआ परंतु 1192 ई. में तराईन के द्वितीय युद्ध में उसने पृथ्वीराज को पराजित किया एवं दिल्ली पर अधिकार कर लिया। 1194 ई. में उसने कन्नौज पर आक्रमण किया। गोरी का सामना यहां के गढ़वाल शासक जयचंद के साथ हुआ। इस युद्ध में जयचंद पराजित हुआ एवं कन्नौज पर गोरी का अधिकार स्थापित हो गया। 1205-06 ई. में उसने खोखरों को पराजित किया। उसने कुतुबुद्दीन ऐबक को भारत में जीते हुए प्रांतों का शासक नियुक्त कर दिया। 1206 ई. में गजनी लौटते हुए रास्ते में ही उसकी हत्या कर दी गई। गोरी के सिक्कों पर घोड़े के साथ मुहम्मद-बिन-साम खुदा है तथा दूसरी तरफ शिव एवं नंदी की आकृति बनी है। उसके कुछ सिक्कों पर लक्ष्मी की आकृति भी बनी है। उसके सिक्के पर देवनागरी लिपि में पृथ्वीराज भी लिखा है।

तुर्की आक्रमण के फलस्वरूप भारत में स्थानीय राज्यों की सत्ता समाप्त हो गई। गोरी के आक्रमणों ने राजपूतों की शक्ति नष्ट कर भारत में मुस्लिम राज्य की स्थापना का मार्ग

प्रशस्त कर दिया। प्रशासनिक एवं सांस्कृतिक क्षेत्र में नए तत्वों का उदय हुआ एवं कई महत्वपूर्ण परिवर्तन हुए। तुर्की विजय ने सामंती व्यवस्था का अंत निकट ला दिया। राजपूत सामंतों की जगह नए अक्तादार अस्तित्व में आए। केंद्रीय सत्ता पुनः स्थापित हुई एवं एक नई शहरी अर्थव्यवस्था का उदय हुआ। विश्व के कई देशों–विशेषकर एशिया और अफ्रीका के साथ भारत के संबंध अधिक प्रगाढ़ हुए।

***

# 17

# दिल्ली सल्तनत की स्थापना

1206 से 1290 ई. तक दिल्ली एवं उत्तरी भारत पर कई तुर्क शासकों ने शासन किया। फारसी इतिहासकार इन्हें कुत्बी, शम्सी, मुइज्जी एवं बलवनी वर्गों में बाँटते हैं। कुछ इतिहासकार इन्हें पठान शासक कहते हैं। पर वे निश्चित रूप से पठान नहीं थे। ऐसी स्थिति में उन्हें पठान शासक नहीं कहा जा सकता। कुछ अन्य इतिहासकार इन्हें गुलाम वंश का शासक मानते हैं। इन्हें गुलाम शासक कहना भी अनुचित है, क्योंकि तथाकथित गुलाम शासक कभी गुलाम नहीं रहे। दिल्ली पर शासन करने वाले तीनों राजवंशों के संस्थापक ऐबक, इल्तुतमिश एवं बलवन गुलाम थे। पर इनमें से पहले दो को दासता से मुक्त कर दिया गया था। इन्हें इल्बरी तुर्क कहना भी उचित प्रतीत नहीं होता क्योंकि इल्तुतमिश को छोड़कर बाकी दो इल्बरी तुर्क नहीं थे। इन शासकों को ममलूक कहना उचित है क्योंकि इसका आशय गुलामी के बंधन से मुक्त माता-पिताओं से उत्पन्न वंशजों से है।

## ममलूक वंश

**कुतुबुद्दीन ऐबक (1206-1210 ई.)** : वह मुहम्मद गोरी का दास था। 1192 ई. में तराईन युद्ध के बाद गोरी ने ऐबक को भारतीय क्षेत्र का शासक बना दिया। मुहम्मद गोरी की मृत्यु के बाद उसके तीन प्रमुख दासों के बीच साम्राज्य का बंटवारा हुआ। ताजूद्दीन याल्दौज गजनी का, नासिरूद्दीन कुबाचा सिंध एवं मुलतान का तथा कुतुबुद्दीन ऐबक दिल्ली का शासक बना।

ऐबक का राज्यारोहण लाहौर में 25 जून, 1206 ई. को हुआ। उसको सत्ता के लिए मान्यता व नियुक्ति पत्र 1208 ई. में प्राप्त हुआ। उसने मलिक की उपाधि धारण की एवं सिपहसालार के पद से शासन किया। उसे भारत का पहला मुस्लिम शासक माना जाता है। उसके दरबार में तारीख-ए-मुबारकशाही का रचनाकार फख्र-ए-मुद्दबिर एवं ताज-उल-मासिर का लेखक हसन निजामी रहते थे। उसने न तो अपने नाम से कोई सिक्का जारी किया और न ही खुत्बे पढ़वाए। उसने दिल्ली के किला-ए-रायपिथौरा के बगल में एक नए नगर की स्थापना की,

जो दिल्ली के सात नगरों में एक माना जाता है। उसने लाहौर को अपनी राजधानी बनाया। उसकी उदारता के कारण उसे लाखबख्श (लाखों का दान देने वाला) कहा जाता था। बख्तियार खिलजी ऐबक का सेनापति था, जिसने बंगाल अभियान के दौरान नालंदा महाविहार को नष्ट कर दिया। अंत में बंगाल के शासक अलीमर्दान ने उसकी हत्या कर दी। उसके काल में निर्मित मुख्य भवन थे–कुव्वत-उल-इस्लाम मस्जिद (दिल्ली), अढ़ाई दिन का झोंपड़ा (अजमेर), आदि। कुतुब मीनार की पहली मंजिल 1199 ई. में बनी। यह मीनार सूफी संत ख्वाजा कुतुबुद्दीन बख्तियार काकी की याद में बनवाया गया। बाद में इल्तुतमिश ने अन्य तीन मंजिल बनवाया। सन् 1210 में चौगान (पोलो) खेलते समय घोड़े से गिरने के कारण उसकी मृत्यु हो गई। उसका मकबरा लाहौर में स्थित है।

**आरामशाह (1210-11 ई.)** : ऐबक की मृत्यु के बाद उसका पुत्र आरामशाह शासक बना। वह अयोग्य शासक था। इल्तुतमिश ने दिल्ली के समीप जूद में उसे पराजित कर सत्ता पर अधिकार कर लिया।

**इल्तुतमिश (1210-1236 ई.)** : इल्तुतमिश इल्बरी तुर्क था। वह उत्तर भारत की विजयों का वास्तविक संगठनकर्त्ता था। 1206 ई. में ऐबक ने उसे बदायूं का सूबेदार बनाया। उसने राजधानी लाहौर से दिल्ली लाया। याल्दौज व कुबाचा से अंतिम रूप से निपटा। चंगेज खाँ से बचने के लिए ख्वारिज्म शासक जलालुद्दीन मंगबरनी सिंधु क्षेत्र में आ गया। चंगेज खाँ पीछा करते-करते प्रथम बार सिंधु क्षेत्र के मुहाने तक पहुँचा (1221 ई.)। 18 फरवरी, 1229 ई. को बगदाद के खलीफा मुन्तसिर बिल्लाह से अधिकार पत्र प्राप्त किया। इससे सुल्तान का अधिकार न्यायसंगत हो गया। उसने चालीसा दल या चहलगानी का गठन किया जो 40 तुर्की सरदारों का गुट था। उसने इक्ता प्रथा प्रारंभ किया। उसने अरबी प्रथा के आधार पर मुद्रा प्रणाली चलाई। उसने सिक्के पर टकसाल का नाम लिखवाने की परंपरा शुरू की। टंका (चाँदी) व जीतल (ताँबे) का सिक्का था। उसने 'मिनहाज उल सिराज' एवं मलिक ताजुउद्दीन को सरंक्षण प्रदान किया। उसने कुतुबमीनार का निर्माण पूरा करवाया। राजकुमार महमूद एवं इल्तुतमिश के मकबरे उसी के काल में निर्मित हुए। भारत में पहला मकबरा निर्मित करवाने का श्रेय उसे ही जाता है। उसने दिल्ली में नासिरिया मदरसा की स्थापना करवाई। बाद में रजिया ने काजी मिन्हाज को इसका प्रधानाचार्य नियुक्त किया।

**रुकनुद्दीन फिरोज (अप्रैल 1236-नवंबर 1236 ई.)** : इल्तुतमिश की मृत्यु के बाद अमीरों ने फिरोज को शासक बनाया। फिरोज के शासनकाल में वास्तविक सत्ता उसकी माँ शाह तुर्कान के हाथों में थी। शाह तुर्कान एवं फिरोज के षडयंत्रों के कारण जनता में विद्रोह फूट पड़ा। रुकनुद्दीन को कैद कर बाद में उसकी हत्या कर दी गई एवं दिल्ली की जनता ने रजिया को गद्दी पर बैठाया।

**रजिया सुल्तान (1236-40 ई.)** : वह मध्यकालीन भारत की पहली महिला शासक थी। रुकनुद्दीन के अत्याचार से पीड़ित दिल्ली की जनता ने स्वयं उसका चुनाव किया था। तुर्क अमीरों ने उसका विरोध किया। इनमें प्रमुख थे–निजामलमुल्क जुनैदी, मलिक अलाउद्दीन जानी, मलिक सैफुद्दीन कुची, मलिक ईजुद्दीन कबीर खां अयाज एवं मलिक ईजुद्दीन सलारी। रजिया ने सलारी एवं कबीर खां की मदद से उनके विद्रोह को कुचल दिया। रजिया ने पर्दा त्याग दिया और पुरुषों के समान कुबा (कोट) व कुलाह (टोपी) पहनने लगी। उसने मलिक जमालुद्दीन याकूत (अबीसीनिया) को 'अमीर-ए-आखूर' नियुक्त किया। तुर्क अमीर उसकी नियुक्ति से अप्रसन्न थे। सरहिन्द के शासक अल्तुनिया के विद्रोह को शांत करने रजिया स्वयं गई, जहाँ उसके सहयोगी याकूत की हत्या कर दी गई तथा उसे बंदी बना लिया गया। बाद में इसने अल्तुनिया से विवाह कर लिया, परन्तु 1240 ई. में उन दोनों को मार डाला गया।

**बहरामशाह (1240-42 ई.)** : रजिया का उत्तराधिकारी बहरामशाह एक कमजोर शासक था। सुल्तान के अधिकार को कम करने के लिए तुर्क सरदारों ने एक नए पद नायब-ए-ममालिकत का सृजन किया। सर्वप्रथम इख्तियारुद्दीन एतिगीन को इस पद पर नियुक्त किया गया। 1241 ई. में तैर बहादुर के नेतृत्व में मंगोलों का आक्रमण हुआ। 1242 में तुर्क अमीरों ने बहराम की हत्या कर दी एवं उसके पौत्र मसूदशाह को सुल्तान बनाया।

**अलाउद्दीन मसूदशाह (1242-1246 ई.)** : उसके शासनकाल में समस्त शक्ति चालीसा दल के हाथ में आ गई। उसके शासनकाल में बलवन ने षड्यंत्र रचा। उसने नासिरुद्दीन एवं उसकी मां से मिलकर नासिरुद्दीन महमूद को गद्दी पर बैठाया।

**नासिरुद्दीन महमूद (1246-65 ई.)** : नासिरुद्दीन ने बलवन को नायब-ए-ममालिकत नियुक्त किया एवं उसे उलुग खां की उपाधि प्रदान की। बलवन ने अपनी पुत्री का विवाह नासिरुद्दीन महमूद से कर दिया। 1253 ई. में भारतीय मुसलमानों के दबाव के कारण बलवन को पदच्युत कर उसे हांसी का गवर्नर बना दिया गया। इमामुद्दीन रैहान को नायब-ए-ममालिकत बनाया गया। वह हिंदू से मुसलमान बना था। पर बलवन को शीघ्र ही उसके पुराने पद पर पुनर्नियुक्त कर दिया गया। बलवन ने नासिरुद्दीन से राजसी छत्र इस्तेमाल करने की अनुमति भी प्राप्त कर ली। बलवन ने मंगोल नेता हलाकू से समझौता कर पंजाब में शांति स्थापित की। नासिरुद्दीन कुरान की नकल पर हस्तलिपियां तैयार करवाता था। इसामी के अनुसार बलवन ने जहर देकर उसकी हत्या कर दी।

**ग्यासुद्दीन बलवन (1265-87 ई.)** : बलवन इल्तुतमिश के चालीसा दल का सदस्य था। मंगोलों का मुकाबला करने के लिए उसने एक सैन्य विभाग (दीवाने अर्ज) को पुनर्गठित किया। दोआब एवं बंगाल क्षेत्र में डाकुओं के प्रति उसने 'रक्त व लौह की नीति' अपनाई। वह पहला सुल्तान था जिसने राजत्व के सिद्धांत का प्रतिपादन किया। उसके अनुसार राजा जिल्ले-इलाही (भगवान की छाया) है। उसका राजत्व निबायते खुदाई (ईश्वर प्रदत्त) है। उसने

राजत्व के दैवीय सिद्धांत को स्वीकार किया। तुर्क अमीरों के प्रभाव को कम करने के लिए उसने सिजदा (घुटने पर बैठकर सिर झुकाना) एवं पाबोस (पांव चूमना) की प्रथा आरंभ की। यह मूलतः ईरानी एवं गैर-इस्लामी था। उसने स्वयं को प्रसिद्ध तुर्की योद्धा अफरासियाब का वंशज घोषित किया। उसने मद्यपान को निषिद्ध कर दिया। फारसी रीति पर उसने नवरोज की प्रथा आरंभ की। उसने सैनिकों को नकद भुगतान आरंभ किया एवं वृद्ध एवं अयोग्य सैनिकों को पेंशन देकर पद-मुक्त कर दिया। उसने चालीसा दल की शक्ति को कुचल दिया। 1285 ई. में मंगोल नेता तगर का आक्रमण हुआ। मंगोलों से संघर्ष के लिए उसने अपने पुत्र महमूद को भेजा। महमूद युद्ध क्षेत्र में ही मारा गया। 1287 ई. में बलवन की मृत्यु हो गई।

बरनी के अनुसार उसकी मृत्यु से दुखी मलिकों ने अपने वस्त्र फाड़ डाले तथा अपने सिरों पर धूल फेंकी। अपने निजी गुलामों से अमानुषिक व्यवहार करने पर उसने बदायूं तथा अवध के हाकिमों के पिताओं को कठोर सजा दी। उसके काल में एकमात्र विद्रोह बंगाल में अमीर तुगरिल खां का हुआ।

बलवन ने अपने सिक्कों पर खलीफा का नाम खुदवाया। उसने गुप्तचर विभाग का गठन किया। उसने अमीर खुसरो एवं अमीर हसन को राज्याश्रय प्रदान किया।

**कैकूबाद (1287-90 ई.)** : बलवन का पुत्र बुगरा खाँ बंगाल पर शासन कर रहा था। अतः तुर्क सरदारों ने बुगरा खां के पुत्र कैकूबाद को दिल्ली की तख्त पर बैठाया। उसके काल में वास्तविक सत्ता दिल्ली के कोतवाल फखरुद्दीन के दामाद निजामुद्दीन के हाथों में केंद्रित हो गई। कैकूबाद ने जलालुद्दीन खिलजी को अपना सेनापति नियुक्त किया। जलालुद्दीन ने कैकूबाद की हत्या करवा दी एवं उसके शरीर को यमुना में फिंकवा दिया।

**कैमर्स (1290 ई.)** : जलालुद्दीन ने कुछ समय के लिए कैमर्स को दिल्ली की सत्ता पर बैठाकर उसके नाम से शासन किया। 1290 में कैमर्स की हत्या कर वह स्वयं दिल्ली का सुल्तान बन गया। उसके साथ ही दास वंश का अंत हो गया एवं खिलजी वंश की सत्ता आरंभ हुई।

## खिलजी वंश

1290 ई. में जलालुद्दीन खिलजी ने बलवन वंश के अंतिम शासक की हत्या कर दिल्ली पर अधिकार कर लिया। खिलजी शासक भी मूलतः तुर्क जाति के थे पर उनका संबंध राज परिवार से नहीं था। वे सर्वहारा वर्ग का प्रतिनिधित्व करते थे। उनके राज्यारोहण ने इस धारणा को समाप्त कर दिया कि प्रभुसत्ता पर केवल विशेषाधिकार प्राप्त वर्ग का ही एकाधिकार है। कुछ इतिहासकार इसी कारण इसे खिलजी क्रांति कहते हैं। खिलजी क्रांति निश्चित ही तुर्क आधिपत्य के खिलाफ भारतीय मुसलमानों का विद्रोह था। इस क्रांति ने शाही रक्त की तुलना में सर्वसाधारण के जनमत का आधिपत्य स्थापित कर यह सिद्ध कर दिया कि गद्दी पर को

भी ऐसा व्यक्ति अधिकार कर सकता था जिसमें उसे अपने हाथ में रखने की शक्ति एवं योग्यता हो। खिलजी शासकों ने न तो जनता, न अमीर वर्ग और न ही उलेमा का समर्थन प्राप्त किया। उन्होंने मुस्लिम जमात को भी यह बता दिया कि धार्मिक समर्थन के बिना राज्य न केवल जीवित रह सकता है बल्कि सफलतापूर्वक कार्य भी कर सकता है। यह उलेमा वर्ग से प्रभावित राजत्व के दृष्टिकोण से पूर्णतः भिन्न था। सबसे बड़ी बात यह थी कि खिलजियों ने धर्म को राजनीति से दूर रखने का निश्चय किया।

खिलजी शासन काल का सर्वाधिक महत्वपूर्ण तत्व है-अभूतपूर्व विजयों की एक अनवरत श्रृंखला। इस काल में देश के सुदूरतम कोनों में मुस्लिम सेनाओं ने प्रवेश किया। स्वतंत्र राज्यों पर आधिपत्य करने के साथ ही बाह्य आक्रमणों से सुरक्षा का भी ध्यान खिलजी शासकों ने रखा। अलाउद्दीन ने मंगोल आक्रमणों से देश की रक्षा की और सुदूर दक्षिण तक अपनी सेनाएं भेजी।

**जलालुद्दीन फिरोज खिलजी (1290-96 ई.)** : जलालुद्दीन खिलजी 70 वर्ष की उम्र में गद्दी पर बैठा। सुल्तान बनने से पूर्व वह बरन् (बुलन्दशहर) का गवर्नर था। उसने अपनी राजधानी किलोखरी बनायी। वह दिल्ली सल्तनत का प्रथम शासक था, जिसने हिन्दू प्रजा के प्रति उदार दृष्टिकोण अपनाया। कैकूबाद ने उसे शाइस्तां खां की उपाधि दी थी। गैर-तुर्क मलिकों ने खिलजी विद्रोह का समर्थन किया। उसने तुर्क अमीरों के उच्च पदों पर एकाधिकार को समाप्त कर दिया। उसने इस बात को अपनाया कि राज्य का आधार प्रजा का समर्थन होना चाहिए। उसने यह स्वीकार किया कि भारत सही अर्थों में इस्लामी राज्य नहीं हो सकता क्योंकि यहां की अधिकांश जनता हिंदू है। उसके शासनकाल में 1292 ई. में मंगोल आक्रमणकारी अब्दुल्ला ने पंजाब पर आक्रमण किया। अलाउद्दीन ने उसे पराजित किया। पर चंगेज का वंशज (नाती) उलगू 4000 मंगोल समर्थकों के साथ दिल्ली में बस गया। उसने इस्लाम भी कबूल कर लिया। बाद में जलालुद्दीन ने अपनी पुत्री का विवाह उलूग खां के साथ कर दिया तथा उनके रहने के लिए दिल्ली के निकट मुगरलपुर नामक बस्ती बसाई। बाद में इन्हें नवीन मुसलमान कहा गया। उसने अली गुरशस्प (अलाउद्दीन खिलजी) को कड़ा की जागीर प्रदान की। अलाउद्दीन ने 1292 ई. में मालवा तथा 1296 ई. में देवगिरि को लूटा। अलाउद्दीन ने 1296 ई. में कड़ा में उसकी हत्या कर दी और सत्ता पर अधिकार कर लिया।

**अलाउद्दीन खिलजी (1296-1316 ई.)** : अलाउद्दीन खिलजी ने अपने सिक्कों पर अपना उल्लेख 'द्वितीय सिकंदर' के रूप में किया। 1299 ई. में अलाउद्दीन ने गुजरात के हिन्दू राज्य को जीतने के लिए उलूग खाँ व नुसरत खाँ के नेतृत्व में सेना भेजी। उस समय वहाँ का शासक राय कर्णदेव द्वितीय था। वह बघेल राजपूत था। अलाउद्दीन की सेना वहाँ (खंभात, गुजरात) से बहुत सारा धन व मलिक काफूर को लेकर लौटी। अलाउद्दीन ने काफूर को 'मलिक नायब' की उपाधि दी। काफूर को 'हजार दीनारी' के नाम से भी जाना जाता है। 1299 ई.

में मंगोल कुतलुग ख्वाजा ने भारत पर आक्रमण किया। 1301 ई. में हम्मीरदेव से रणथंभौर जीता। 1303 ई. में उसने चित्तौड़ को भी जीत लिया। उसने चित्तौड़ का नाम बदलकर अपने पुत्र खिज्र खाँ के नाम पर खिज्राबाद कर दिया। 1308 ई. में काफूर ने दक्षिण प्रस्थान किया। उसने देवगिरि पर आक्रमण कर रामचंद्र को पराजित किया। अलाउद्दीन ने उसे राय रायान की उपाधि प्रदान की एवं उसे नवसारी का किला भी प्रदान किया। 1310 ई. में उसने तेलंगाना के शासक को पराजित किया और उससे कोहिनूर हीरा प्राप्त किया। 1310-11 में उसने होयसल शासक वीर वल्लाल तृतीय को पराजित किया। अलाउद्दीन का अंतिम सैन्य अभियान दक्षिण भारत में देवगिरि के नए शासक शंकरदेव के विरुद्ध था। मुसलमानों द्वारा दक्कन की पहली विजय अलाउद्दीन के नेतृत्व में हुई। 1311 ई. में मलिक नायब काफूर पांड्यों की राजधानी मदुरा पहुँचा। मुसलमान इतिहासकार पांड्य राज्य को ही 'माबर' कहते हैं।

अलाउद्दीन के समय राजत्व के सिद्धांत को पुनः निर्मित किया गया। उसका राजत्व सिद्धांत मुख्यतः तीन बातों पर आधारित था-

-शासक की निरंकुशता,

-धर्म व राजनीति का पृथक्करण,

-साम्राज्यवाद।

साम्राज्य में होने वाले विद्रोहों के दमन के लिए उसने निम्न उपाय किए-अमीर वर्ग की सम्पत्ति जब्त कर ली, खालसा भूमि को कृषि योग्य बनाकर राजस्व में वृद्धि की, गुप्तचर प्रणाली का गठन किया, दिल्ली में मद्य निषेध लागू करवाया तथा अमीरों के परस्पर मेल-मिलाप और उनके उत्सवों व समारोहों पर रोक लगा दी।

उसने खलीफा की सत्ता को मान्यता दी। खजाइनुल फूतुह में अमीर खुसरो ने अलाउद्दीन को 'विश्व का सुल्तान', 'पृथ्वी के शासकों का सुल्तान', 'युग का विजेता', 'जनता का चरवाहा' जैसे पदवियों से विभूषित किया। अलाउद्दीन ने अनेक प्रशासनिक सुधार लागू किए। उसने धर्म को राजनीति से अलग किया। सैन्य व्यवस्था में भ्रष्टाचार को रोकने के लिए दाग एवं चेहरा प्रथा की शुरूआत की। स्थायी सेना रखने वाला वह सल्तनत का पहला सुल्तान था। उसने सेना में सीधी भर्ती की एवं उन्हें नकद वेतन देना आरंभ किया। पुलिस और गुप्तचर पद्धति को प्रभावशाली व कुशल बनाया, डाक-पद्धति में सुधार किया तथा प्रांतीय प्रशासन में सुधार किए। उसने कई नवीन पद भी सृजित किए।

1. दीवान-ए-मुस्तखराज - लगान वसूली विभाग।
2. दीवान-ए-रियासत - यह व्यापारी वर्ग पर नियंत्रण रखता था।
3. शहना - यह बाजार का दारोगा था।
4. मुहतसिब - जन साधारण के आचरण का रक्षक तथा देखभाल करने वाला।

गुप्तचर विभाग का मुख्य अधिकारी 'बरीद-ए-मुमालिक' था। उसके अधीन अनेक बरीद थे जो शहरों में नियुक्त किए जाते थे। बरीद के अतिरिक्त अलाउद्दीन ने अनेक सूचनादाता नियुक्त किए थे जो 'मुनहियन' या 'मुन्ही' कहलाते थे।

**अलाउद्दीन का आर्थिक सुधार** : एक विशाल सेना के रख-रखाव को देखते हुए अलाउद्दीन ने आर्थिक सुधार लागू किए। इसका वर्णन जियाउद्दीन बरनी ने किया है। मूल्य-नियंत्रण के अन्तर्गत सबसे कठिन अधिनियम जब्ती अर्थात् सभी प्रकार के गल्ले के भाव निश्चित करने से संबंधित था। इसके कारण मूल्यों में कोई वृद्धि नहीं की जा सकती थी। कीमतें निश्चित करके सुल्तान ने अनाज का बाजार और सरकारी अनाज विक्रय केन्द्र स्थापित किए। अधिकतर विद्वानों के अनुसार मूल्य नियंत्रण दिल्ली एवं उसके आसपास के क्षेत्रों तक लागू था। खाद्यान्नों के क्रय-विक्रय के लिए शहना-ए-मंडी नामक बाजार की स्थापना की गई थी। सराय-ए-अदल निर्मित वस्तुओं एवं बाहर से आने वाली वस्तुओं का बाजार था। परवाना नवीस परमिट देने वाला अधिकारी था। सुल्तान ने कालाबाजारी और मुनाफाखोरी पर पूर्ण रोक लगा दी। उसने राशन व्यवस्था भी लागू की।

**राजस्व व्यवस्था** : वह पहला सुल्तान था जिसने भूमि की पैमाइश पर ध्यान दिया व उसी के आधार पर राज्य का हिस्सा तय किया। भूमि पैमाइश (माप) की इकाई 'विस्वा' थी। अलाउद्दीन ने ही सर्वप्रथम अनुदान भूमि (मिल्क, इनाम, वक्फ) को छीनकर खालसा में बदला। मसाहत भूमि माप की पद्धति थी। उपज का 50 प्रतिशत हिस्सा भूमिकर के रूप में वसूल किया जाता था। आवास कर (घरी) एवं चराई कर भी वसूल किए जाते थे। उसके शासनकाल में खुम्स की मात्रा 1/5 से बढ़ाकर 4/5 कर दी गई। उसने अमीर खुसरो एवं हसन को प्रश्रय दिया। उसने कुश्क-ए-सिरी का निर्माण करवाया।

**शिहाबुद्दीन उमर (5 जनवरी 1316-19 अप्रैल 1316 ई.)** : अलाउद्दीन की मृत्यु के बाद मलिक काफूर ने उसके अल्पवयस्क पुत्र शिहाबुद्दीन को गद्दी पर बैठाया। मलिक काफूर ने सारी शक्ति अपने हाथों में केंद्रित कर ली। मुबारक खिलजी ने मलिक काफूर की हत्या करवा दी एवं स्वयं शिहाबुद्दीन का संरक्षक बन गया। कालांतर में उसने शिहाबुद्दीन को अंधा करवाकर गद्दी पर अधिकार कर लिया।

**मुबारक खिलजी (1316-20 ई.)** : वह दिल्ली सल्तनत का पहला सुल्तान था जिसने अपने को खलीफा का प्रतिनिधि मानने से इनकार कर दिया तथा स्वयं को खलीफा घोषित किया। उसने 'अल-वासिक विल्लाह' या खलीफातुल्लाह' की उपाधि धारण की। दक्षिण भारत में अलाउद्दीन के विपरीत नीति अपनाई अर्थात् दक्षिण प्रांतों (वारंगल व देवगिरी) पर प्रत्यक्ष नियंत्रण स्थापित किया। उसने खुसरव जो हिंदू से मुसलमान बना था, को अपना वजीर नियुक्त किया। खुसरव ने 1620 ई. में उसकी हत्या कर दी।

## सल्तनत काल के नए विभाग

| विभाग | संस्थापक |
|---|---|
| उमरा-ए-चहलगानी | इल्तुतमिश |
| नायब-ए-ममालिकत | बहरामशाह |
| दीवान-ए-अर्ज | ग्यासुद्दीन बलवन |
| साहिब-ए-दीवान या ख्वाजा | ग्यासुद्दीन बलवन |
| दीवान-ए-वक्फ | जलालुद्दीन खिलजी |
| दीवान-ए-रियासत | अलाउद्दीन खिलजी |
| दीवान-ए-मुस्तखराज | अलाउद्दीन खिलजी |
| दीवान-ए-इंशा | अलाउद्दीन खिलजी |
| दीवान-ए-कोही | मुहम्मद बिन तुगलक |
| दीवान-ए-खैरात | फिरोजशाह |
| दीवान-ए-बन्दगान | फिरोजशाह |
| वकील-ए-सुल्तान | नासिरुद्दीन तुगलक |

**नासिरुद्दीन खुसरव शाह** : उसने अपने नाम के खुत्बे पढ़वाए और साथ ही पैगम्ब के सेनापति की उपाधि धारण की। गाजी मलिक ने उसे पराजित कर दिल्ली की सत्ता प अधिकार कर लिया। उसने तुगलक वंश की नींव रखी।

## तुगलक वंश

**गयासुद्दीन तुगलक (1320-1325 ई.)** : गाजी मलिक गयासुद्दीन तुगलक के ना से 1320 ई. में दिल्ली का सुल्तान बना। अलाउद्दीन के समय वह दीपालपुर का गवर्नर था गयासुद्दीन को प्राप्त सल्तनत समस्याओं से भरी हुई थी। प्रांतों में विद्रोह हो रहे थे। तेलंगा के शासक प्रताप रुद्र देव ने भेंट देने से इनकार कर दिया। उसके शासनकाल में वारंग के काकातीय एवं मदुरा के पांड्य राज्य को विजित कर दिल्ली सल्तनत में मिला लिया गय 1325 ई. में उसने बंगाल के खिलाफ सैनिक अभियान किए। गयासुद्दीन तुगलक ने मंगो के खिलाफ 29 विजय हासिल की थी। उसने भूमि माप की अलाउद्दीन की प्रथा बंद कर दी। वह प्रथम सुल्तान था जिसने सिंचाई के लिए नहरों के निर्माण की योजना बनाई थी। उस सूखे की स्थिति से निपटने एवं किसानों की सहायता के लिए अकाल नीति तैयार करवाई थ

लगान की दर घटाकर उसने उपज का 1/11वां भाग तय कर दिया। उसने तुगलकाबाद के नगर दुर्ग का निर्माण करवाया। उसने तुगलकाबाद को अपनी नई राजधानी बनाई। उसने दिल्ली में मजलिस-ए-हुक्मरान की स्थापना की थी। उसने वारंगल का नाम बदलकर सुल्तानपुर कर दिया था। वह दिल्ली का पहला सुल्तान था जिसने अपने नाम के साथ गाजी शब्द लगाया। सूफी संत निजामुद्दीन औलिया के साथ उसके अच्छे संबंध नहीं थे। 1325 ई. में बंगाल के सफल अभियान से लौटते समय दिल्ली के पास अफगानपुर में मंडप के अचानक गिर जाने के कारण उसकी मृत्यु हो गई। इब्नबतूता ने इसके लिए मुहम्मद बिन तुगलक को जिम्मेदार ठहराया है।

**मुहम्मद बिन तुगलक (1325-51 ई.)** : उसे जूना खां के नाम से भी जाना जाता है। मध्यकालीन सुल्तानों में वह सर्वाधिक शिक्षित और योग्य था। बरनी ने उसके पांच मुख्य योजनाओं का उल्लेख किया है-

1. दोआब में कर वृद्धि।
2. देवगिरि को राजधानी बनाना।
3. सांकेतिक मुद्रा जारी करना।
4. खुरासान पर आक्रमण।
5. कराचिल का अभियान।

मुहम्मद बिन तुगलक ने 1329-30 ई. में काँसे का प्रतीकात्मक सिक्का चलाया। परन्तु लोग इस नए प्रयोग को न समझ सके, लोगों ने नए सिक्के लेने से इंकार कर दिया। निराश होकर सुल्तान को सांकेतिक मुद्रा बंद करनी पड़ी। उसका सबसे विवादास्पद निर्णय राजधानी परिवर्तन का था। उसने राजधानी दिल्ली से देवगिरि (दौलताबाद) स्थानांतरित किया (1327 ई.)। वह दक्षिण भारत में प्रभावशाली ढंग से शासन के लिए देवगिरि को दूसरी राजधानी बनाना चाहता था। बाद में इसे भी त्याग दिया गया क्योंकि यहां से उत्तर भारत पर नियंत्रण रखना संभव नहीं था। मुहम्मद तुगलक ने खुरासान अभियान की भी योजना बनाई। वह तरमाशरीन एवं मिस्र के सुल्तान के साथ मिलकर यह अभियान करना चाहता था पर मध्य एशिया में राजनीतिक परिवर्तन के कारण यह अभियान अधूरा रह गया। सुल्तान ने खुसरो मलिक के नेतृत्व में एक विशाल सेना कराचिल (कुमायूं-गढ़वाल क्षेत्र में स्थित) को जीतने के लिए भी भेजी (1333 ई.)। पर इस अभियान में उसे काफी सैनिक क्षति उठानी पड़ी। और युद्ध के बाद केवल तीन सैन्य अधिकारी ही वापस लौट सके। सुल्तान ने दोआब क्षेत्र में कर वृद्धि कर दी। दुर्भाग्यवश इसी समय अकाल पड़ गया तथा अधिकारियों द्वारा जबरन वसूली के कारण इस क्षेत्र में किसानों ने विद्रोह कर दिया और यह योजना भी असफल रही।

उसने किसानों को कृषि के विकास के लिए सोनधर नामक कृषि ऋण देना आरंभ किया। उसने 1343 ई. में मिस्र के शरणार्थी खलीफा के वंशज से मान्यता-पत्र प्राप्त किया। उसने

सूफियों एवं जैन संतों के साथ संबंध स्थापित किए एवं हिंदुओं के त्योहारों में भाग लेना शुरू किया। उसके शासनकाल में विजारत विभाग अपने चरमोत्कर्ष पर पहुंचा। मुहम्मद बिन तुगलक ने सिक्कों पर अपने नाम की जगह खलीफा का नाम खुदवाया। अफ्रीकी यात्री इब्नबतूता, जो लगभग 1333 ई. में भारत आया, उसे सुल्तान ने दिल्ली का काजी नियुक्त किया तथा 1342 ई. में उसे राजदूत की हैसियत से चीन भेजा। इसी के काल में दक्षिण भारत में विजयनगर (1336) व बहमनी (1347) जैसे महान साम्राज्य की स्थापना हुई। उसने जैन आचार्य जिनप्रभासूरी के साथ धार्मिक विषय पर वाद-विवाद भी किया। उसके काल में कई विद्रोह हुए–जिसमें अंतिम विद्रोह तर्गी द्वारा गुजरात में हुआ। तर्गी को हराकर सुल्तान ने उसका पीछा किया। इसी क्रम में थट्टा (सिंध के निकट) में 1351 में उसकी मृत्यु हो गई। उसकी मृत्यु पर बदायूंनी ने कहा कि सुल्तान को उसकी प्रजा से और प्रजा को अपने सुल्तान से मुक्ति मिल गई।

**फिरोजशाह तुगलक (1351-1388 ई.)** : मुहम्मद बिन तुगलक की मृत्यु के बाद फिरोजशाह तुगलक सुल्तान बना। वह राजपूत मां का पुत्र था। उसकी मां राजपूत सरदार रणमल की पुत्री थी। 1351 ई. में आरंभ में उसने थट्टा के निकट तथा बाद में दिल्ली में अपना राज्याभिषेक कराया। उसने बंगाल का प्रथम अभियान 1353-54 ई. में किया। बंगाल में जो अव्यवस्था फैली थी उसका नेतृत्व हाजी इलियास के हाथों में था। दूसरा अभियान 1359-60 ई. में हुआ, वह भी असफल रहा। इस प्रकार बंगाल स्वतंत्र हो गया। इसी अभियान के दौरान उसने गोमती नदी के किनारे मुहम्मद बिन तुगलक की स्मृति में जौनपुर नगर की स्थापना की। 1358-59 ई. में उसने जाजनगर पर आक्रमण कर भानुदेव द्वितीय को हराया व जगन्नाथ मंदिर को लूटा। 1365 ई. में उसने नगरकोट (कांगड़ा) पर आक्रमण कर वहाँ के शासक को हराया व ज्वालामुखी मंदिर (कांगड़ा, हिमाचल प्रदेश) को लूटा। फिरोज के राज्यकाल के अंतिम चरण में गंभीर राजनीतिक तथा आर्थिक संकट उत्पन्न हो गए। फिरोज ने सरकारी पदों को वंशानुगत बना दिया। उसने सैनिकों के पदों को भी वंशानुगत बना दिया एवं सैनिकों की योग्यता की जाँच करने के सरकारी अधिकार को तिलांजलि दे दी। उसने सेना को नकद वेतन के बदले भू-राजस्व वाले गांव देने आरंभ किए। उसके शासनकाल में इक्ता पर वंशानुगत अधिकार दे दिए गए। उसके शासन काल में जजिया को एक अलग कर बना दिया गया। उसने ब्राह्मणों पर भी जजिया कर लगाए। उसने मुहम्मद तुगलक द्वारा प्रदत्त सभी ऋणों को माफ कर दिया। उसने स्वयं को मिस्र के खलीफा का प्रतिनिधि घोषित किया। उसने शंशगानी नामक नवीन प्रकार के सिक्के भी चलाए। अद्धा एवं बिख नामक सिक्के के प्रचलन का श्रेय भी उसे ही दिया जाता है। उसके काल में कुछ नए नगर–हिसार, फिरोजा, फिरोजाबाद तथा जौनपुर आदि बसाए गए। टोपरा तथा मेरठ से अशोक स्तंभ को दिल्ली लाया गया। उसने हांसी तथा सिरसा में पानी की कमी को दूर करने के लिए नहरों की खुदाई करवाई। एक नहर सतलज नदी से दीपालपुर के पास तथा दूसरा यमुना नदी से सिरमूर के

पास खुदवाई गई। गैर इस्लामी सजाएँ समाप्त कर दी गई। गैर शरीअत कर (कुल संख्या 23) को हटा कर केवल चार मुख्य कर खराज, जकात, खम्स तथा जजिया लगाए गए। उसके शासन में दासों की संख्या 1.80 लाख थी। फिरोज तुगलक ने सिंचाई कर 'हक-ए-शर्ब' (1/10) लगाया। फिरोज तुगलक द्वारा स्थापित (नए) विभाग थे-

-दीवान-ए-खैरात (दान विभाग)

-दारूल-ए-सफा (निःशुल्क अस्पताल विभाग)

-दीवान-ए-बंदगान (दास विभाग)

-रोजगार विभाग

-दीवान-ए-खाना (कारखाना विभाग; 36 कारखाना था)।

उसने जियाउद्दीन बरनी तथा शम्स-ए-सिराज अफीफ को संरक्षण प्रदान किया। उसने खुत्बे में कुतुबुद्दीन ऐबक को छोड़कर सभी मुस्लिम शासकों के नाम शामिल कराए। उसने अपनी आत्मकथा फतुहात-ए-फिरोजशाही लिखी। 1388 ई. में फिरोज तुगलक की मृत्यु हो गई। फिरोजशाह तुगलक के बाद उसका एक पौत्र तुगलकशाह द्वितीय के नाम से गद्दी पर बैठा। अगले 5 वर्षों के दौरान तीन सुल्तान अबूबक्र, मुहम्मदशाह तथा अलाउद्दीन सिकंदरशाह गद्दी पर बैठे। नासिरुद्दीन महमूद (1394-1412) तुगलक वंश का अंतिम शासक था। उसी के शासनकाल में मंगोल सेनानायक तैमूर का आक्रमण 1398 ई. में हुआ। उसका शासन दिल्ली से पालम तक फैला हुआ था।

## सैयद वंश

तुगलक शासकों के बाद दिल्ली पर सैयदों का अधिकार हो गया। खिज्र खाँ ने सैयद वंश की स्थापना की। उसने 1414 ई. से 1421 ई. तक शासन किया। खिज्र खाँ ने न तो कभी शाह की उपाधि धारण की न ही अपने नाम के सिक्के चलाए। मुबारकशाह (1421-1434 ई.) खिज्र खाँ का उत्तराधिकारी था। उसने सर्वप्रथम शाह की उपाधि धारण की व अपने नाम के सिक्के चलाए। वजीर सरवर-उल-मुल्क के षड्यंत्र के कारण उसकी हत्या कर दी गई। उसने याहिया बिन अहमद सरहिंदी को राज्याश्रय प्रदान किया। उसके ग्रंथ तारीख-ए-मुबारकशाही में मुबारकशाह के बारे में काफी जानकारी मिलती है। उसके बाद के दो शासक मुहम्मद शाह (1434-44 ई.) और अलाउद्दीन आलमशाह (1444-51 ई.) अयोग्य थे।

## लोदी वंश

**बहलोल लोदी (1451-1489 ई.)** : अलाउद्दीन आलमशाह ने स्वेच्छा से दिल्ली का शासन त्याग दिया तब बहलोल लोदी ने 1451 ई. में सिंहासन पर अधिकार कर लिया।

बहलोल खाँ अफगानों के लोदी जाति का था। उसने प्रथम अफगान साम्राज्य की नींव डाली। उसने जौनपुर के शर्की शासक को पराजित कर जौनपुर को पुनः सल्तनत में शामिल कर लिया। उसने बहलोली सिक्के भी चलाए। वह अपने सरदारों को मसनद-ए-अली कहकर पुकारता था। 1489 ई. में जलाली के समीप उसकी मृत्यु हो गई।

**सिकंदर लोदी (1489-1517 ई.)** : बहलोल लोदी की मृत्यु के बाद उसका दूसरा पुत्र निजामशाह सिकन्दर शाह की उपाधि धारण कर सुल्तान बना। उसने न्याय का प्रबंध करने में विशेष रुचि दिखाई। उसने भूमि की माप कराई और इसके आधार पर भूमि कर नियत करने का आदेश दिया। इसके लिए उसने एक प्रामाणिक गज चलाया जो सिकंदरी गज के नाम से जाना जाता था। उसने 1504 ई. में आगरा नगर का निर्माण करवाया। सिकन्दर लोदी गुलरुखी उपनाम से कविताएँ लिखता था। 21 नवम्बर, 1517 को आगरे में उसकी मृत्यु हुई। सिकंदर लोदी ने आयुर्वेद पर एक पुस्तक लिखी फरहंग-ए-सिकन्दरी। उसकी संगीत पर एक अनुवादित रचना 'लहजाते सिकन्दरी' है। उसने ताजिया निकालने एवं मुसलमान स्त्रियों को पीरों के मजार पर जाने पर प्रतिबंध लगा दिया। उसके बारे में कहा जाता है कि उसने ज्वालामुखी मंदिर की मूर्तियों को तोड़कर उनके टुकड़ों को मांस तोलने के लिए कसाइयों को दे दिया था। उसने खाद्यान्न पर लगने वाले कर एवं व्यापार पर प्रतिबंध को समाप्त कर दिया। उसने हिंदुओं पर पुनः जजिया कर लगा दिया। वह पहला शासक था जिसने प्रभुत्व संपन्न शासक की तरह व्यवहार किया।

**इब्राहिम लोदी (1517-1526 ई.)** : सिकंदर की मृत्यु के बाद उसका बड़ा पुत्र इब्राहिम लोदी 21 नवम्बर, 1517 ई. को आगरे में गद्दी पर बैठा। 1517-18 ई. में इब्राहिम लोदी व राणा सांगा के मध्य युद्ध हुआ जिसमें लोदियों की हार हुई। अप्रैल, 1526 ई. में पानीपत के मैदान में बाबर से युद्ध हुआ जिसमें इब्राहिम लोदी पराजित हुआ। वह युद्ध क्षेत्र में ही मारा गया।

## सल्तनतकालीन प्रशासन

सल्तनतकालीन प्रशासनिक व्यवस्था इस्लामिक परंपराओं पर आधारित थी। सैद्धांतिक रूप से खलीफा ही भौतिक एवं आध्यात्मिक प्रधान होता था तथा सुल्तान उसका नायब होता था। किंतु व्यावहारिक बातों में सुल्तान स्वतंत्र होता था। दिल्ली का प्रथम वैधानिक सुल्तान इल्तुतमिश था। उसने 1229 ई. में खलीफा से सनद प्राप्त की थी। मुहम्मद बिन तुगलक ने 1343 ई. में खलीफा से सनद प्राप्त की एवं अपने सिक्के पर स्वयं को खलीफा का नायब बताया। ऐसा करने वाला वह भारत का प्रथम मुस्लिम शासक था। फिरोज तुगलक ने अपने शासन के अंतिम वर्षों में खलीफा से दो बार सनद प्राप्त की थी। मुबारक खिलजी ने खलीफा की सर्वोच्चता मानने से इंकार कर दिया और स्वयं को खलीफा घोषित किया।

सुल्तान शासन का वास्तविक प्रधान होता था। उसकी सहायता के लिए एक मंत्रिपरिषद् होती थी जिसे मजलिस-ए-खलवत कहा जाता था। वजीर राज्य का सर्वोच्च मंत्री था। वजीर का पद इल्तुतमिश के समय में अधिक स्पष्ट हुआ। यह दीवान-ए-विजारत का प्रधान होता था। यह भू-राजस्व एवं आय-व्यय से जुड़ा था। बलवन के समय में इसकी मर्यादा कम हो गई। गयासुद्दीन तुगलक विशेष बातों में परामर्श के लिए भूतपूर्व वजीरों को भी बुलाता था। तुगलक काल विजारत का स्वर्ण काल था। फिरोज के काल में वजीर का पद अपने चरमोत्कर्ष पर जा पहुँचा। सैयद एवं लोदी काल में वजीर पद की गरिमा घटी। वजीर की सहायता के लिए मुश्तरिफ (महालेखाकार) एवं मुस्तौफी (महालेखा परीक्षक) नियुक्त किए गए थे। अन्य प्रमुख विभाग एवं अधिकारी थे-

| | |
|---|---|
| दीवान-ए-कजा | न्याय से संबंधित। |
| दीवान-ए-इंसा | पत्राचार एवं राजकीय फरमानों से संबंधित। |
| दीवान-ए-रिसालत | विदेशी मामलों से संबंधित। |
| दीवान-ए-आरिज | सैन्य विभाग। |
| बरीद-ए-मुमलिक | गुप्तचर विभाग। |
| दीवान-ए-वक्फ | राजकीय व्यय से संबंधित। इसकी स्थापना जलालुद्दीन खिलजी ने की। |
| दीवान-ए-मुस्तखराज | भूराजस्व से संबंधित। अलाउद्दीन द्वारा स्थापित। |
| दीवान-ए-रियासत | बाजार नियंत्रण से संबंधित। अलाउद्दीन द्वारा स्थापित। |
| दीवान-ए-कोही | दोआब में कृषि सुधार के लिए। मुहम्मद तुगलक द्वारा स्थापित। अमीर-ए-कोही इस विभाग का प्रधान था। |
| दीवान-ए-बंदगान | दासों से संबंधित। फिरोज तुगलक द्वारा स्थापित। |
| वकील-ए-दर | राजकीय कारखानों से संबंधित। |
| दीवान-ए-हाजिब | दरबार की कार्यवाही की देखरेख करने वाला। |
| अमीर-ए-मजलिस | शाही दावतों का प्रबंध करनेवाला। |
| अमीर-ए-आखूर | अस्तबल का प्रधान। |
| शहना-ए-पील | हस्तिशाला का प्रधान। |
| नायब-ए-ममालिकत | सुल्तान के कमजोर होने पर इस पद का सृजन किया गया। बहरामशाह के समय में। पर मुबारकशाह के बाद इस पद को समाप्त कर दिया गया। इस पद पर नियुक्त पहला व्यक्ति इख्तियारुद्दीन एतिगीन था। अंतिम नायब खुसरोशाह था। |
| सद्र-उस-सुदूर | धर्म एवं दान विभाग का प्रधान था। |
| काजी-उल-कुजात | न्याय का सर्वोच्च अधिकारी था। |
| मुहतसिब | नैतिक नियमों को लागू करवाता था। |

**इक्तादारी प्रथा** : प्रारंभिक तुर्की सुल्तानों का शासन इक्ता (भू-राजस्व या लगान वाली भूमि का आवंटन) तथा खराज पर आधारित था। तुसी की सियासतनामा में इक्ता प्रथा के बारे में जानकारी मिलती है। मुहम्मद गोरी की विजय के शीघ्र बाद उत्तर भारत में इक्ता प्रथा स्थापित हुई। मुहम्मद गोरी द्वारा कुतुबुद्दीन ऐबक को हांसी का तथा मलिक नसीरुद्दीन को कच्छ का इक्ता प्रदान किया गया था। बड़े इक्तादारों को मुक्ता या वलि कहा जाता था। इक्ता की आमदनी का आकलन करने के लिए ख्वाजा नामक अधिकारी की नियुक्ति की गई थी। वह मुक्ता पर नियंत्रण रखता था। अलाउद्दीन द्वारा इक्तादारों के स्थानांतरण पर बल दिया गया। उसने दीवान-ए-विजारत को इक्ता की आमदनी का निश्चित अनुमान लगाने का दायित्व सौंपा।

गयासुद्दीन तुगलक द्वारा इक्तादारों की व्यक्तिगत आय एवं सैनिकों के वेतन में स्पष्ट अंतर कर दिया गया। मुहम्मद तुगलक द्वारा भू-राजस्व संग्रह एवं प्रशासनिक कार्यों में विभाजन कर दिया गया। उसने प्रशासनिक कार्यों की देखरेख के लिए मुक्ति के अतिरिक्त एक और अमीर की नियुक्ति की। आमिल इक्ता की आय-व्यय का निरीक्षण करता था। मुहम्मद तुगलक ने इक्ता में व्याप्त भ्रष्टाचार को रोकने के लिए इक्ता के सैनिकों को केंद्रीय खजानों से वेतन देने का प्रावधान लागू किया। फिरोज तुगलक ने इक्ता के पद को वंशानुगत बना दिया और 'वजह' के रूप में सैनिकों को नकद वेतन के बदले गाँव देना आरंभ किया। जिस भूमि की आय सुल्तान के लिए सुरक्षित रहती थी उसे खालसा-ए-महरूसा कहा जाता था। अलाउद्दीन के शासनकाल में खालसा भूमि का काफी विस्तार हुआ जबकि फिरोज तुगलक के काल में खालसा भूमि काफी कम हो गई।

**प्रांतीय प्रशासन** : वली या मुक्ता प्रांतीय प्रशासन का प्रधान था। इब्नबतूता के अनुसार मुहम्मद तुगलक के समय 23 प्रांत थे। इक्ता का विभाजन सिक में किया गया थ। 1279 ई. में पहली बार बलवन ने शिक का गठन किया। शिक का अधिकारी शिकदार कहलाता था। शिक का विभाजन परगनों में किया गया था जिसका प्रधान आमिल होता था। फिरोज तुगलक के काल में दोआब में 55 परगने थे। 100 गाँवों की देखरेख अमीर-ए-सदा नामक अधिकारी करता था। चौधरी, मुकद्दम और पटवारी इसी स्तर के अधिकारी थे। प्रशासन की सबसे छोटी इकाई गाँव थी जिसका शासक मुकद्दम या मुखिया होता था।

**सैन्य प्रशासन** : सल्तनतकालीन सेना मंगोलों की दशमलव पद्धति पर आधारित थी। आरिज-ए-मुमालिक सैन्य विभाग का प्रधान था। सल्तनतकाल में चार प्रकार के सैनिक होते थे। सुल्तान के द्वारा नियुक्त सैनिक खासखेल कहलाते थे। दूसरे प्रकार के सैनिक प्रांतीय सेना में भर्ती किए जाते थे। तीसरे प्रकार के सैनिक युद्ध के समय अस्थायी रूप से भरती होते थे। चौथे प्रकार के सैनिक अवैतनिक होते थे। हश्म-ए-कल्ब केंद्रीय सेना थी जो सुल्तान के अधीन होती थी। प्रांतपतियों की सेना हश्म-ए-अतरफ कहलाती थी।

**कर प्रणाली** : तुर्की सुल्तानों की आर्थिक नीति हनफी विचारधारा पर आधारित थी। इस काल में दो प्रकार के कर वसूल किए जाते थे-धार्मिक कर (जकात) तथा धर्मनिरपेक्ष कर (खम्स, खराज एवं जजिया)। जकात मुसलमानों से वसूल किया जाता था। यह आय का 2.5 प्रतिशत होता था। कुछ इतिहासकार इसे सदका भी कहते हैं। उश्र भूमि की उपज पर लगनेवाला कर था। यह केवल मुसलमानों से वसूल किया जाता था। खम्स लूट में प्राप्त संपत्ति होती थी। इसका 4/5 भाग सैनिकों को तथा 1/5 भाग राजकोष में जमा होता था। अलाउद्दीन के शासनकाल में खम्स का 4/5 भाग राजकोष में जमा किया जाता था। सिकंदर लोदी के शासनकाल में खम्स का कोई भाग राजकोष में जमा नहीं कराया जाता था। खराज भूमि कर था जो गैर-मुसलमानों से वसूल किया जाता था। जजिया भी एक गैर-मुस्लिम कर था, जो उनकी संपत्ति एवं सम्मान की रक्षा के लिए वसूल किया जाता था। बच्चे, वृद्ध, स्त्रियां, विकलांग और ब्राह्मणों पर यह कर नहीं लगाया जाता था। फिरोज तुगलक ने पहली बार ब्राह्मणों पर भी यह कर आरोपित किया। इस काल में भू-राजस्व निर्धारण के तीन तरीके प्रचलित थे। फसल में से राज्य के हिस्से का निर्धारण बटाई कहलाता था। मसाहत के अंतर्गत भूमि की माप के आधार पर कर का निर्धारण किया जाता था। लगान निर्धारण की मिश्रित प्रणाली मुक्तई कहलाती थी। यह हिस्सा-बाट प्रणाली पर आधारित थी।

**मुद्रा प्रणाली** : सल्तनतकाल में मुद्रा के मानकीकरण का श्रेय इल्तुतमिश को दिया जाता है। इल्तुतमिश ने चांदी का टंका एवं तांबे का जीतल चलाया। एक टंका 48 जीतल के बराबर होता था। फिरोज तुगलक ने तांबे के दांग एवं दिरहम नामक सिक्के चलाए। उसने चांदी के शंशगानी सिक्के भी जारी किए।

## कला एवं संस्कृति

भारत में इस्लाम के आगमन के बाद भारतीय इस्लामी संस्कृति के एक नवीन युग का आरंभ हुआ। इस काल की स्थापत्य कला हिंदू शहतीरी पद्धति एवं मुस्लिम अरकुष्ट पद्धति के मिश्रण पर आधारित थी। तुर्कों ने अपनी इमारतों में मेहराब एवं गुंबदों का बड़े पैमाने पर प्रयोग किया। प्रारंभिक काल में भवन निर्माण हिंदू तथा जैन मंदिरों की सामग्री से हुआ। इल्तुतमिश ने दिल्ली में कुव्वत-उल-इस्लाम मस्जिद के निकट अपना मकबरा बनवाया। यह भारत में अपने ढंग का सबसे प्राचीन मकबरा है। बलवन का मकबरा प्रथम ऐसा स्थापत्य है जिसमें वैज्ञानिक ढंग से गुंबद का निर्माण किया गया है। खिलजी स्थापत्य सल्जुक तुर्कों की कला से प्रभावित था।

तुगलक स्थापत्य की मुख्य विशेषता ढलवां दीवारें हैं जिन्हें सलामी कहा जाता था। स्थापत्य में सादगी एवं टूटे-फूटे मलबे का प्रयोग इस काल के स्थापत्य कला की मुख्य विशेषता है। लोदी काल में भवनों का निर्माण ऊँचे चबूतरे पर किया जाने लगा। इमारतों का निर्माण उद्यानों के बीच किया जाता था। अष्टकोणीय आकार एवं दोहरी मीनारों का प्रयोग इस काल में प्रारंभ हुआ। इस काल के प्रमुख स्थापत्य निम्न हैं-

| इमारतें | संस्थापक |
|---|---|
| कुव्वत-उल इस्लाम मस्जिद | कुतुबुद्दीन ऐबक |
| कुतुबमीनार | कुतुबुद्दीन ऐबक |
| अढ़ाई दिन का झोंपड़ा | कुतुबुद्दीन ऐबक |
| सुल्तानगढ़ी, दिल्ली | इल्तुतमिश |
| जामा मस्जिद, बदायूँ | इल्तुतमिश |
| अलाई दरवाजा | अलाउद्दीन खिलजी |
| तुगलकाबाद (छप्पनकोट) | गयासुद्दीन तुगलक |
| जहाँपनाह नगर, दिल्ली | मुहम्मद तुगलक |
| बारह खम्भा, दिल्ली | मुहम्मद तुगलक |
| कोटला फिरोजशाह | फिरोजशाह तुगलक |
| लालमहल | बलवन |
| हजार सितून | अलाउद्दीन खिलजी |
| तुगलकाबाद | गयासुद्दीन खिलजी |
| गयासुद्दीन तुगलक का मकबरा | गयासुद्दीन तुगलक |
| निजामुद्दीन औलिया का मकबरा | तुगलक काल |
| आदिलाबाद | मुहम्मद तुगलक |
| फिरोजशाह का मकबरा | फिरोज तुगलक |
| खाने जहाँ तेलंगानी का मकबरा | जूनाशाह |
| नासिरुद्दीन का मकबरा | इल्तुतमिश |
| अतारकिन का दरवाजा | इल्तुतमिश |
| सिकंदर लोदी का मकबरा | इब्राहिम लोदी |

## सल्तनतकालीन कृतियां

| कृति | रचनाकार |
|---|---|
| तबकात-ए-नासिरी | मिनहाज-उल-सिराज (फारसी) |
| तारीख-ए-फिरोजशाही | जियाउद्दीन बरनी (फारसी) |
| फतवा-ए-जहांदारी | जियाउद्दीन बरनी (फारसी) |
| खजाइन-उल-फतूह | अमीर खुसरो (फारसी) |

| कृति | रचनाकार |
|---|---|
| नूह सिपेहर | अमीर खुसरो (फारसी) |
| आशिका | अमीर खुसरो (फारसी) |
| किरान-उल-सादैन | अमीर खुसरो (फारसी) |
| तुगलकनामा | अमीर खुसरो (फारसी) |
| तारीख-ए-फिरोजशाही | अफीफ (फारसी) |
| फतुहात-ए-फिरोजशाही | फिरोजशाह तुगलक (फारसी) |
| तारीख-ए-मुबारकशाही | शेख अहमद सरहिंदी (फारसी) |
| चचनामा | अज्ञात। अबू बक्र कूफी ने इसका फारसी अनुवाद किया। |
| तारीख-ए-यामिनी | उत्बी |
| तारीख-ए-बैहाकी | बैहाकी |
| तारीख-ए-मसूदी | बैहाकी |
| तहकीक-ए-हिन्द | अल्बरूनी |
| ताजुल मासिर | हसन निजामी |
| किताबुल रेहला | इब्नबतूता |
| जफरनामा | याज्दी |
| सियासतनामा | निजाम-उल-मुल्क तुसी |

***

# 18

# स्वतंत्र प्रांतीय राज्य

सल्तनत काल की सत्ता कमजोर पड़ने पर कई स्थानीय राज्य उभरकर सामने आए। ये वही राज्य थे जो शक्तिशाली सुल्तानों के समय उनके अधीन कार्य करते थे। इनमें प्रमुख थे-बंगाल, कश्मीर, मालवा, जौनपुर, गुजरात, मेवाड़, खानदेश, बहमनी एवं विजय नगर।

## बंगाल

1493 ई. में अलाउद्दीन हुसैनशाह बंगाल का स्वतंत्र शासक बना। हुसैनशाह के शासनकाल में पांडुआ के स्थान पर गौड़ बंगाल की राजधानी बनी। इसके शासनकाल में हिंदुओं को ऊंचे पदों पर नियुक्त किया गया। चैतन्य महाप्रभु हुसैनशाह का समकालीन था। हुसैनशाह ने 'सत्यपीर' नामक आंदोलन शुरू किया था। उसके समय में मालधर बसु ने श्रीकृष्ण विजय की रचना कर गुणराज खान की उपाधि ग्रहण की। अलाउद्दीन कृष्ण का अवतार माना जाता था। नासिरुद्दीन नुसरत शाह अलाउद्दीन हुसैन शाह का उत्तराधिकारी बना। नुसरत शाह के शासनकाल में हुमायूं तथा शेरशाह ने बंगाल पर आक्रमण किए। नुसरत शाह के शासनकाल में ही महाभारत का बंगला अनुवाद तथा बड़ा सोना मस्जिद का निर्माण हुआ।

## कश्मीर

शम्सुद्दीन शाह कश्मीर का प्रथम मुस्लिम शासक था। सुल्तान शिहाबुद्दीन शाहमीर वंश का वास्तविक संस्थापक माना जाता है। सिकंदर के शासनकाल (1389-1413 ई.) में कश्मीर में तैमूर आक्रमण हुआ। सिकंदर ने कश्मीर में जजिया लगा दिया तथा ब्राह्मणों को उच्च पदों से बर्खास्त कर दिया।। मार्तंड सूर्य मंदिर को सिकंदर ने ही तुड़वा दिया था। सुहा भट्ट नामक ब्राह्मण उसका प्रधान सेनापति एवं सलाहकार था। सुल्तान जैन-उल-आबिदीन (1420-1470) सिकंदर का उत्तराधिकारी बना। धार्मिक सहिष्णुता के कारण आबिदीन को 'कश्मीर का अकबर' तथा 'बड़शाह' (महान सुल्तान) कहा जाता है। आबिदीन ने हिंदू मंदिरों का पुनर्निर्माण करवाया। उसके शासनकाल में गायों की सुरक्षा, सती प्रथा पर से प्रतिबंध को समाप्त करने,

शवदाह कर, जजिया कर आदि न वसूल करने का आदेश दिया गया। आबिदीन के शासनकाल में ही मुल्ला अहमद ने महाभारत तथा राजतरंगिणी का फारसी में अनुवाद किया। इसी समय बूलर झील में जैनलंका नामक द्वीप का निर्माण किया गया। इसके शासनकाल में सती प्रथा की अनुमति दी गई। उसने कश्मीर में मूल्य नियंत्रण लागू किया। वह फारसी में कुतुब नाम से कविताएं लिखता था। जैन प्रकाश जैन-उल-आबिदीन का जीवन चरित्र है। हाजी खां हैदरशाह इस वंश का अंतिम शासक था।

## मालवा

मालवा की स्वतंत्र सल्तनत की स्थापना हुसैन खां गोरी (1401 ई.) ने की थी। उसे फिरोज तुगलक ने दिलावर खां की उपाधि दी थी। तैमूर के वापस जाने के बाद दिलावर खां ने अपने को स्वतंत्र शासक घोषित कर दिया तथा धार को अपनी राजधानी बनाया। तत्पश्चात् अल्प खां हुशंगशाह (1406 ई.) शासक बना। हुशंगशाह ने मांडू की किलेबंदी की तथा राजधानी धार से मांडू स्थानांतरित किया। उसने हिंदू, जैन, एवं सूफी संतों के प्रति सहिष्णुता की नीति अपनाई। जैन व्यापारी नरदेव सोनी उसका खजांची था। उसने हिंदुओं को मंदिर निर्माण की पूर्ण स्वतंत्रता दी। हुशंगाबाद शहर का निर्माण उसी के शासनकाल में हुआ। महमूद खिलजी (1436-1469 ई.) ने गुजरात के अहमदशाह-प्रथम, दिल्ली के मुहम्मदशाह, बहमनी के मुहम्मदशाह तृतीय एवं मेवाड़ के राणा कुंभा के विरुद्ध युद्ध किया। उसने मांडू में एक सात मंजिला महल का निर्माण कराया। महमूद खिलजी को मिस्र के खलीफा से मान्यता मिली थी। उसने हिंदुओं के प्रति उदारता की नीति अपनाई एवं व्यापार को बढ़ावा दिया।

## गुजरात

1401 ई. में जफर खां ने अपने को गुजरात का स्वतंत्र शासक घोषित कर दिया। अहमदशाह (1411-1441) को गुजरात राज्य की स्वतंत्रता का वास्तविक संस्थापक माना जाता है। अहमदशाह ने अहमदाबाद नगर की स्थापना कर उसे अपनी राजधानी बनाया। 1459 ई. में अबुल फतह खां अर्थात् 'महमूद बेगड़ा' गुजरात का शासक बना। गिरनार तथा जूनागढ़ एवं चंपानेर के किलों को विजित करने के कारण उसे बेगड़ा की उपाधि दी गई। उसने समुद्र तट पर पुर्तगालियों के बढ़ते प्रभाव को कम करने की असफल कोशिश की। उसने दीव में पुर्तगालियों को कारखाना खोलने के उद्देश्य से भूमि दी। उसने मुस्तफाबाद नामक नगर की स्थापना की जो उसकी राजधानी भी बनी। बहादुरशाह के शासनकाल (1526-1537 ई.) में मालवा को गुजरात में शामिल कर लिया गया। 1534 ई. में बहादुरशाह ने चित्तौड़ पर आक्रमण किया। 1572-73 ई. में मुगल सम्राट अकबर द्वारा गुजरात मुगल साम्राज्य में शामिल कर लिया गया।

## मेवाड़

मेवाड़ एक प्राचीन राज्य था जिसकी राजधानी नागदा थी। राणा कुंभा 1433 ई. में मेवाड़ का शासक बना। उसके शासनकाल में चित्तौड़ में एक कीर्तिस्तंभ का निर्माण हुआ। कुंभा ने जयदेव के गीत गोविंद पर रसिकप्रिया नाम से तथा चंडीशतक पर टीका लिखी। कुंभा कुशल वीणावादक था तथा उसने संगीतराज, संगीत मीमांसा तथा संगीत रत्नाकर जैसे ग्रंथों की रचना की। कुंभा ने अत्रि तथा महेश को संरक्षण दिया जिसने विजय स्तंभ की रचना की थी। 1508 ई. में राणा सांगा मेवाड़ की गद्दी पर बैठा। उसने इब्राहिम लोदी, महमूद खिलजी द्वितीय तथा मुजफ्फरशाह द्वितीय को पराजित किया। 1527 ई. के खानवा के युद्ध में राणा सांगा बाबर से पराजित हुआ। जहांगीर के शासनकाल में मेवाड़ मुगल साम्राज्य के अधीन हो गया।

## जौनपुर

1394 ई. में तैमूर आक्रमण का लाभ उठाकर मलिक-उस-शर्क ने अपने को स्वतंत्र शासक घोषित कर दिया तथा शर्की वंश की नींव डाली। उसने ख्वाजा जहां की उपाधि धारण की। इस वंश का शासक शम्सुद्दीन इब्राहिम शाह शर्की स्थापत्य के जौनपुर या शर्की शैली का जन्मदाता कहा जाता है। उसने सिराज-ए-हिन्द की उपाधि धारण की। अटाला मस्जिद का निर्माण उसी के समय हुआ। हुसैनशाह शर्की अंतिम शर्की सुल्तान था। सिकंदर लोदी के समय में जौनपुर को पुनः दिल्ली सल्तनत के अधीन कर लिया गया। सुल्तान इब्राहिम शाह के शासनकाल में साहित्य और स्थापत्य कला के क्षेत्र में हुए विकास के कारण जौनपुर को 'भारत का सीराज' कहा जाता था।

## खानदेश

स्वतंत्र खानदेश की स्थापना मलिक फारुखी ने की। खानदेश की राजधानी बुरहानपुर थी। असीरगढ़ फारुखी शासकों का सैनिक मुख्यालय था। बीबी की मस्जिद का निर्माण सुल्तान मुजफ्फरशाह की पुत्री ने करवाया।

## बहमनी

बहमनी के स्वतंत्र राज्य की स्थापना (1347 ई.) अलाउद्दीन हसन बहमनशाह ने की। उसने गुलबर्गा को अपनी राजधानी बनाया। उसने तटवर्ती बंदरगाह दाबुल पर अधिकार कर लिया। उसने हिंदुओं से जजिया न लेने का आदेश दिया। मुहम्मदशाह प्रथम के शासनकाल में वारंगल तथा विजयनगर के शासकों के साथ युद्ध आरंभ हुआ। उसने प्रांतों एवं अतरफों का पुनर्गठन किया एवं वहां तरफदारों की नियुक्ति की। उसी के काल में बारूद का प्रयोग पहली बार हुआ। मुहम्मदशाह द्वितीय शांतिप्रिय तथा विधा प्रेमी शासक था। उसके शासनकाल में अनेक

मस्जिदों, अनाथालयों, पाठशालाओं का निर्माण करवाया गया। ताजुद्दीन फिरोज एक पराक्रमी शासक था। उसने विजयनगर राज्य को दो बार पराजित किया। दक्कनियों और अफाकियों के मध्य संघर्ष के कारण उसने प्रशासन में हिंदुओं की भर्ती की। उसने दौलताबाद में एक बेधशाला बनवाई।

शिहाबुद्दीन अहमद प्रथम (1422–1446 ई.) ने गुलबर्गा के स्थान पर बीदर को अपनी राजधानी बनाया। बीदर का नया नाम मुस्तफाबाद रखा गया। शिहाबुद्दीन अहमद प्रथम को संत अहमद के नाम से भी जाना जाता है। सूफी संत हजरत गेसू दराज के साथ उसके घनिष्ठ संबंध थे। अलाउद्दीन अहमद द्वितीय का गुजरात, खानदेश तथा विजयनगर के साथ संघर्ष हुआ। अलाउद्दीन हुमायूं (1458–61) को उसकी निष्ठुरता के लिए 'जालिम' कहा जाता है। उसने चार-सदस्यीय प्रशासनिक परिषद् की स्थापना की। उसने महमूद गवां को अपना प्रधानमंत्री नियुक्त किया। निजामशाह के शासनकाल में राजमाता मखदूम जहां ने ख्वाजा जहां तथा ख्वाजा महमूद गवां के सहयोग से शासन का संचालन किया। शम्सुद्दीन मुहम्मद तृतीय (1463–1482 ई.) के शासनकाल में महमूद गवां का प्रभावशाली रूप से उदय हुआ। महमूद गवां को ख्वाजा जहां की उपाधि देकर राज्य का प्रधानमंत्री बनाया गया। बहमनी राज्य का सर्वाधिक विस्तार महमूद गवां के समय में हुआ। उसने भूमि की व्यवस्थित पैमाइश कराई एवं लगान निर्धारण की जांच कराई। वह विद्वानों का महान संरक्षक था। उसने बीदर में एक महाविद्यालय की स्थापना की। उसने ईरान, इराक, मिस्र एवं टर्की के सुल्तानों के साथ पत्र-व्यवहार भी किया। महमूद गवां के समय में ही गोवा पर बहमनी का अधिकार हुआ। 1482 ई. में गवां के विरोधी सरदारों ने मुहम्मद द्वितीय को उसके खिलाफ भड़काकर गवां की हत्या करवा दी। महमूदशाह के समय में बहमनी राज्य का पतन आरंभ हुआ। महमूदशाह एवं उसके उत्तराधिकारी शासक 'बरीद-उल-मुमालिक' के इशारे पर चलते थे। बरीद-उल-मुमालिक 'दक्षिण की लोमड़ी' नाम से जाना जाता था। कलीमुल्लाह बहमनी राज्य का अंतिम शासक था। रूसी यात्री निकितिन मुहम्मद तृतीय के शासनकाल में (1470–1474 ई.) बहमनी राज्य का भ्रमण किया था। बहमनी राज्य के पतन के बाद दक्कन में पांच स्वतंत्र राज्यों का उदय हुआ-बीदर, बरार, बीजापुर, अहमदनगर तथा गोलकुंडा।

**बीदर** : बीदर के बरीदशाही वंश का संस्थापक कासिम बरीद था। अमीर अली बरीदशाह ने विजयनगर के विरुद्ध युद्ध में मित्र राज्यों की सेना को मदद दी। उसे दक्कन का लोमड़ी भी कहा जाता है। बीजापुर के आदिलशाही सुल्तान ने इब्राहिम बरीदशाह के शासनकाल में बीदर को अपने राज्य में मिला लिया।

**बरार** : बरार के इमादशाही वंश का संस्थापक फतेह उल्लाह इमादशाह था। बरार बहमनी राज्य से स्वतंत्र होने वाला प्रथम राज्य था। इसकी दो राजधानियां थीं–एलिचपुर और गाविलगढ़। 1574 ई. में अहमदनगर ने बरार को अपने राज्य में मिला लिया।

**अहमदनगर** : अहमदनगर के निजामशाही राजवंश का संस्थापक अहमदशाह निजाम-उल-मुल्क था। उसने 1490 ई. में अहमदनगर की स्थापना की। बुरहान निजाम शाह ने बीजापुर, बीदर, बरार तथा विजयनगर के साथ आरंभ में मित्रता की तथा बाद में शत्रुता। अहमदनगर चांद बीबी तथा मलिक अम्बर की सैनिक प्रशासनिक कुशलता के लिए प्रसिद्ध है। मलिक अम्बर एक अबीसीनियाई दास था। बाद में वह वजीर नियुक्त किया गया। उसने छापामार युद्ध प्रणाली के द्वारा मुगल प्रदेशों पर बार-बार आक्रमण किया। उसने भूमि को ठेके पर देने (इजारा) की प्रथा को समाप्त कर जब्ती प्रथा लागू की। उसे दक्षिण का टोडरमल कहा जाता है। उसकी भूमि व्यवस्था रैयतवाड़ी प्रथा पर आधारित थी। हुसैन निजामशाह के शासनकाल में बीजापुर के अली आदिलशाह, गोलकुंडा के इब्राहीम कुतुबशाह और विजयनगर के राम राय की संयुक्त सेनाओं ने 1562 ई. में अहमदनगर पर आक्रमण कर दिया। शाहजहां के शासनकाल में 1633 ई. में अहमदनगर को मुगल साम्राज्य में शामिल कर लिया गया।

**बीजापुर** : बीजापुर के आदिलशाही वंश का संस्थापक युसूफ आदिलशाह था। युसूफ आदिलशाह को महमूद गवां ने संरक्षण प्रदान किया था। इस्माइल के शासनकाल में गोआ पर पुर्तगालियों ने अधिकार कर लिया। इब्राहिम आदिलशाह के शासनकाल (1534-1558 ई.) में फारसी के स्थान पर हिंदवी को राजकाज की भाषा बनाया गया और हिंदुओं को अनेक पदों पर नियुक्त किया गया। अली आदिलशाह (1558-1580) के शासनकाल में शोलापुर पर अधिकार को लेकर अहमदनगर और बीजापुर के मध्य संघर्ष हुआ। अली आदिलशाह ने हुसैन निजामशाह की पुत्री चांद बीबी के साथ विवाह करके अहमदनगर के साथ समझौता कर लिया। इस समझौते के परिणामस्वरूप दक्कनी मुस्लिम राज्यों ने विजयनगर के विरुद्ध एक संयुक्त सैनिक मोर्चे का गठन किया, जिसने 1565 ई. में विजयनगर को बुरी तरह पराजित किया। इब्राहिम द्वितीय विद्या का संरक्षक था। वह जगत गुरु के नाम से भी जाना जाता है। निर्धनों की सहायता के कारण उसे अबला बाबा कहा जाता था। इस काल में सुल्तान की चाची चांद बीबी बीजापुर की वास्तविक शासिका रही। इब्राहिम द्वितीय किताब-ए-नौरस का लेखक था। इसी के शासनकाल में फरिश्ता ने तारीख-ए-फरिश्ता नामक ग्रंथ की रचना की। मुहम्मद आदिलशाह गोल गुम्बद के नाम से विश्व प्रसिद्ध मकबरे में दफन है। 1686 ई. में औरंगजेब ने बीजापुर को मुगल साम्राज्य में मिला लिया।

**गोलकुंडा** : गोलकुंडा राज्य का संस्थापक कुली कुतुबशाह था। इब्राहिम कुतुबशाह महान कूटनीतिज्ञ था। मुहम्मद कुली कुतुबशाह ने हैदराबाद नामक नगर की स्थापना की। वह दक्कनी उर्दू में लिखित प्रथम काव्यसंग्रह का लेखक था। उसने उर्दू तथा तेलगू को संरक्षण प्रदान किया। उसके द्वारा हैदराबाद में निर्मित चारमीनार विश्वप्रसिद्ध है। उसे दक्कनी उर्दू काव्य का जन्मदाता माना जाता है। अंतिम कुतुबशाही सुल्तान अबुल हसन कुतुबशाह था। 1687 ई. में मुगलों ने गोलकुंडा को अपने साम्राज्य में मिला लिया। गोलकुंडा हीरों का विश्वप्रसिद्ध बाजार था। मसूलीपट्टनम कुतुबशाही साम्राज्य का विश्वप्रसिद्ध बंदरगाह था।

***

# 19

# विजयनगर साम्राज्य

मुहम्मद बिन तुगलक के शासन में 1336 ई. में दक्षिण भारत में एक प्रमुख राज्य का उदय हुआ। इसे विजयनगर के नाम से जाना जाता है। इस राज्य की स्थापना हरिहर और बुक्का नामक दो भाइयों ने मिलकर की थी। कुछ इतिहासकार यह मानते हैं कि विजयनगर साम्राज्य की स्थापना धार्मिक कारणों से हुई। दक्षिण में मुस्लिम राज्य के विस्तार को हिंदुओं ने अपने धर्म एवं संस्कृति के लिए खतरा माना। उनमें अपने धर्म एवं संस्कृति को सुरक्षित रखने की प्रेरणा जागृत हुई। विजयनगर राज्य इसी जागृत चेतना का परिणाम था। यह भी कहा जाता है कि विद्यारण्य नामक संत ने हरिहर को हिंदू धर्म में पुनः दीक्षित किया एवं उसे हिंदू राज्य की स्थापना की प्रेरणा दी। पर इन मतों को स्वीकार नहीं किया जा सकता क्योंकि इनमें विजयनगर को एक हिंदू राज्य के रूप में देखा गया है। इसके विपरीत विजयनगर एक धर्मनिरपेक्ष राज्य था। विजयनगर की सेना में मुसलमान सैनिक भी शामिल थे। इन सैनिकों को जागीरें भी दी गई थीं। उन्हें मस्जिद बनवाने की स्वतंत्रता भी थी। विजयनगर साम्राज्य में मुस्लिम व्यापारी भी बड़ी संख्या में रहते थे। विजयनगर को दक्षिण भारत में मुस्लिम सत्ता के विस्तार के खिलाफ हिंदू प्रतिक्रिया के रूप में नहीं देखा जा सकता। ऐसा मान लेने पर बहमनी राज्य के उदय के कारणों को ढूंढना कठिन होगा।

विजयनगर की स्थापना के कारण दक्षिण भारत की अस्थिर राजनीति एवं विघटनकारी प्रवृत्तियों में थे। अलाउद्दीन के समय से ही दक्षिण में विद्रोह एवं उपद्रव होते आए थे। दिल्ली से दूर होने के कारण दक्षिण पर प्रभावी नियंत्रण रखना कठिन था। संचार सुविधाओं का अभाव था। साथ ही सांस्कृतिक भिन्नता भी थी। इन्हीं परिस्थितियों ने दक्षिण के राज्यों को स्वतंत्र होने की प्रेरणा दी।

## संगम वंश (1336–1485 ई.)

विजयनगर साम्राज्य की स्थापना हरिहर तथा बुक्का नामक दो भाइयों ने की। वे वारंगल के काकातीयों के सामंत थे, बाद में वे आधुनिक कर्नाटक के काम्पिली राज्य में मंत्री बने। हरिहर

और बुक्का ने माधव विद्यारण्य तथा उसके भाई भाष्यकार सायण की प्रेरणा से विजयनगर राज्य की स्थापना की। हरिहर (1336-1356) के शासनकाल में होयसल राज्य को विजित किया गया। उसने मदुरा विजय हेतु कंपन के नेतृत्व में सेना भेजी तथा मदुरा विजयनगर साम्राज्य में शामिल कर लिया गया। कुमार कंपन की पत्नी गंगा देवी ने अपने पति द्वारा मदुरा विजय का अपने ग्रंथ 'मदुरा विजयम' में उल्लेख किया है। हरिहर ने अनागोन्दी के स्थान पर विजयनगर को अपनी राजधानी बनाया। बुक्का प्रथम (1356-1377) हरिहर प्रथम का उत्तराधिकारी बना। बुक्का प्रथम के शासनकाल में 1374 ई. में चीन में एक दूतमंडल भेजा गया। उसे तीन समुद्रों का अधिपति भी कहा गया है। बुक्का प्रथम ने 'वेदमार्ग प्रतिष्ठापक' की उपाधि धारण की। उसके शासनकाल में विजयनगर और बहमनी के बीच एक समझौता हुआ जिसके तहत कृष्णा नदी को दोनों राज्यों की सीमा मान लिया गया। 1367 ई. में तुंगभद्रा दोआब के मुद्दे पर बुक्का प्रथम ने मुद्कल के किले पर चढ़ाई की। इसी युद्ध में सर्वप्रथम दोनों पक्षों द्वारा तोपखाने का प्रयोग हुआ। हरिहर द्वितीय (1377-1404) की सबसे बड़ी सफलता पश्चिम में बहमनी राज्य से बेलगांव तथा गोआ का अधिकार छीनना था। उसने श्रीलंका पर भी आक्रमण किया। वह शिव के विरुपाक्ष का उपासक था। अपनी विद्वत्ता तथा विद्वानों के संरक्षण के कारण हरिहर द्वितीय राज व्यास या राज वाल्मीकि नाम से भी जाना जाता था।

## विदेशी यात्री

| यात्री | देश | शासक | वर्ष |
|---|---|---|---|
| निकोलो कोंटी | इटली | देवराय प्रथम | 1420 |
| अब्दुर्रज्जाक | फारस | देवराय द्वितीय | 1443 |
| नूनिज | पुर्तगाल | अच्युत देवराय | |
| पाएस | पुर्तगाल | कृष्णदेवराय | 1515 |
| बारबोसा | पुर्तगाल | कृष्णदेवराय | 1516 |

देवराय प्रथम ने 1404-1422 ई. तक शासन किया। उसका संघर्ष बहमनी शासक फिरोजशाह से हुआ जिसमें वह पराजित हुआ। देवराय प्रथम ने तुंगभद्रा तथा हरिद्रा नदी पर बांध बनवाया। उसके शासनकाल में ही इटली के यात्री निकोलो कोंटी (1420) ने विजयनगर राज्य का भ्रमण किया। देवराय द्वितीय (1422-1446) इस वंश का सबसे महान शासक था। देवराय द्वितीय प्रौढ़ देवराय के नाम से भी जाना जाता था। एक अभिलेख में देवराय द्वितीय को गजबेटकर भी कहा गया है। उसके शासनकाल में मुस्लिमों की भर्ती की गई तथा उन्हें जागीरें भी दी गईं। उसने तेलगू कवि श्रीनाथ को संरक्षण दिया। फारसी राजदूत अब्दुर्रज्जाक ने इसी समय विजयनगर राज्य की यात्रा की। देवराय द्वितीय को इम्माडि देवराय भी कहा

जाता है। उसने महानाटक सुधानिधि एवं बादरायण के ब्रह्मसूत्र पर टीका की रचना की। मल्लिकार्जुन के काल में विजयनगर साम्राज्य का पतन आरंभ हो गया। उसी के काल में चीनी यात्री माहुआन विजयनगर आया था। विरुपाक्ष द्वितीय इस वंश का अंतिम शासक था। उसके शासनकाल में पुर्तगाली यात्री नूनिज ने यात्रा की थी।

## सालुव वंश (1485–1505 ई.)

सालुव नरसिंह ने संगम वंश के अंतिम शासक प्रौढ़ राय को पराजित कर सालुव वंश की स्थापना की। उसके शासनकाल में अरब देशों से होने वाले घोड़े के व्यापार को प्रोत्साहन दिया गया। सालुव नरसिंह के दो पुत्र तिम्मा तथा इम्माडि नरसिंह तत्कालीन मंत्री नरसा नायक के संरक्षण में थे। पहले तिम्मा फिर इम्माडि शासक बना। लेकिन नरसा नायक इम्माडि को पदस्थ कर स्वयं शासक बना। नरसा नायक ने रायपुर दोआब को बहमनियों के कब्जे से मुक्त कराया। नरसा नायक की मृत्यु के बाद वीर नरसिंह इम्माडि नरसिंह का प्रतिशासक बना।

## तुलुव वंश (1505–1570 ई.)

वीर नरसिंह ने इम्माडि की हत्या कर तुलुव वंश की नींव डाली। कृष्णदेवराय (1509-1529) विजयनगर साम्राज्य का महान सबसे शासक था। कृष्णदेवराय की सबसे बड़ी उपलब्धि थी साम्राज्य में पनपी सहिष्णुता की भावना। उसने गुलबर्गा तथा बीदर को जीतकर अपनी अधीनता स्वीकार करने वाले शासकों को पुनः सत्ता सौंपी। इस सफलता के बाद कृष्णदेवराय ने 'यवन स्थापनाचार्य' की उपाधि धारण की। कृष्णदेवराय ने पुर्तगालियों से मैत्री संबंध बनाए रखने के लिए घोड़ों के व्यापार पर इनके एकाधिकार को कायम रहने दिया। 1510 ई. में पुर्तगाली शासक अलबुकर्क को भटकल में एक दुर्ग निर्माण की अनुमति दी गई। पुर्तगाली यात्री पाएस कृष्णदेवराय के दरबार में अनेक वर्षों तक रहा। बारबोसा, नूनिज तथा पाएस ने उसके श्रेष्ठ प्रशासन की चर्चा की है। कृष्णदेवराय ने तेलगू भाषा में प्रसिद्ध ग्रंथ 'आमुक्तमाल्यद' तथा संस्कृत भाषा में 'जाम्बवती कल्याणम' (नाटक) की रचना की। उसके दरबार में तेलगू भाषा के आठ सर्वश्रेष्ठ कवि रहते थे जिन्हें अष्टदिग्गज नाम से जाना जाता था। पेड्डना उसके राजदरबार में रहता था जिसे तेलगू कविता का पितामह कहा जाता है। कृष्णदेवराय के दरबारी संगीतकार लक्ष्मीनारायण ने संगीत सूर्योदय नामक ग्रंथ की रचना की। ईश्वर दीक्षित ने हेमकूट नामक महाकाव्य पर दो टीकाएं लिखी। आमुक्तमाल्यद से कृष्णदेवराय के सैनिक एवं नागरिक प्रशासन की क्षमता का आभास मिलता है। कृष्णदेवराय ने आंध्रभोज, आंध्र पितामह, अभिनव भोज आदि उपाधि धारण की। उसी के शासनकाल में हजारा तथा विट्ठलस्वामी मंदिर का निर्माण हुआ। नागलपुर नगर की स्थापना कृष्णदेवराय के काल में हुई। अच्युत देवराय (1529-1542) ने बीजापुर के शासक को पराजित किया। उसने महामंडलेश्वर नामक एक नए अधिकारी की नियुक्ति की। सदाशिवराय (1542-1570) अरविडु वंश के मंत्री रामराय के हाथों

की कठपुतली मात्र था। रामराय ने विजयनगर की सेना में भारी मात्रा में मुसलमानों की नियुक्ति की। रामराय की दोस्ती-दुश्मनी नीति से तंग आकर बीजापुर, अहमदनगर, गोलकुंडा तथा बीदर ने विजयनगर के विरुद्ध एक संयुक्त मोर्चे का गठन किया जिसका परिणाम था तालीकोटा का युद्ध। तालीकोटा युद्ध (23 जनवरी, 1565) राक्षसी-तगड़ी नामक गांवों में लड़ा गया जिसका नेतृत्व अली आदिलशाह ने किया। इस युद्ध में रामराय पराजित हुआ। इस युद्ध का प्रत्यक्षदर्शी सेवेल था। सदाशिव राय ने तिरुमल के सहयोग से पेनुगोंडा को नवीन राजधानी बनाया।

## अरविडु वंश (1570–1649 ई.)

इसकी स्थापना तिरुमल ने 1570 ई. में पेनुगोंडा में की। वेंकट द्वितीय ने स्पेन के राजा फिलिप तृतीय के साथ राजनीतिक संबंध बनाया। उसने चंद्रगिरि को अपना मुख्यालय बनाया। रंग तृतीय विजयनगर का अंतिम शासक था।

## विजयनगर का प्रशासन

विजयनगर साम्राज्य का शासन राजतंत्रात्मक था। प्रशासन राज्य के सप्तांग सिद्धांत पर चलता था। राजा 'राय' के नाम से जाना जाता था तथा वह सभी शक्तियों का अंतिम स्रोत था। यहां संयुक्त शासन की परंपरा प्रचलित थी। युवराज का राज्याभिषेक 'युवराज पट्टाभिषेक' कहलाता था। राजा की सहायता हेतु मंत्रिपरिषद् था जिसके अध्यक्ष को सभानायक कहा जाता था। दंडनायक केंद्र का उच्च अधिकारी होता था। व्यापारिक निगम, ग्रामीण संस्थाएं, धार्मिक संस्थाओं से जुड़ी जन समितियां राजा की निरंकुशता को नियंत्रित करती थीं। विजयनगर कालीन प्रशासन में केंद्रीय सचिवालय का प्रावधान था जिसमें रायसम (सचिव), कर्णिकम (लेखाधिकारी) आदि अधिकारी कार्यरत था। गृहमंत्री को 'मानेयप्रधान' कहा जाता था। मुद्राकर्ता शाही मुद्रा रखनेवाला अधिकारी था। साम्राज्य प्रांतों/मंडलों में विभक्त था। मंडलों का विभाजन कोट्टम (जिला) में किया गया था, जो वलनाडु भी कहलाता था। कोट्टम का विभाजन नाडु में तथा नाडु का विभाजन मेलाग्रामों में हुआ था। प्रशासन की सबसे छोटी इकाई उर या ग्राम थी। प्रांतीय प्रशासन राजपरिवार से चुने गए गवर्नरों या दंडनायकों द्वारा चलाया जाता था। गवर्नरों को कर लगाने, करों को समाप्त करने, भूमिदान, सिक्के जारी करने जैसे अधिकार प्राप्त थे। कृष्णदेवराय के काल में प्रांतों की संख्या 6 थी। सेनापति पालिगर या नायक कहलाते थे। नायकों को भी केंद्रीय राजस्व में एक निश्चित राशि देनी पड़ती थी।

**नायंकार व्यवस्था** : प्रांतीय प्रशासन के संदर्भ में नायंकार व्यवस्था एक महत्वपूर्ण अंग थी। नायंकार व्यवस्था के तहत राजा नायकों को अमरम भूमि प्रदान करता था, जो आनुवंशिक होता था। परंतु अधिकांश विद्वानों के अनुसार आनुवंशिक सैनिक गवर्नरों के अधीन प्रांतीय प्रशासन प्रणाली को नायंकार व्यवस्था कहा जाता था। इस प्रकार की भूमि प्राप्त करने वाले

नायकों के दो प्रमुख दायित्व होते थे–सर्वप्रथम, अमरम भूमि से प्राप्त आय का एक भाग केंद्रीय कोष में जमा करना होता था। दूसरे, नायकों को राजा की सैनिक सहायता हेतु सेना रखनी पड़ती थी। नायक प्रांतीय गवर्नरों की अपेक्षा अपने क्षेत्र में अधिक स्वतंत्र होते थे। नायक का पद स्थानांतरणीय नहीं था। शक्तिशाली शासकों के काल में यह नायंकार व्यवस्था सुचारू रूप से चलती रही। परंतु परवर्ती विजयनगर युग में जब नायकों ने अपनी स्वतंत्रता घोषित करने का प्रयास किया तो नायकों को नियंत्रित करने के लिए विशेष आयुक्तों को नियुक्त किया गया।

**आयंगार व्यवस्था** : आयंगार व्यवस्था के अनुसार प्रत्येक ग्राम एक स्वतंत्र प्रशासकीय इकाई था। ग्राम प्रशासन के कार्यों को 12 कर्मचारियों द्वारा संचालित किया जाता था, जो संयुक्त रूप से आयंगार कहलाते थे। आयंगार की नियुक्ति राज्य द्वारा की जाती थी तथा यह पद आनुवंशिक था। साथ ही इस पद को बेचा या गिरवी रखा जा सकता था। उन्हें अपनी सेवाओं के बदले कर–मुक्त मान्यम भूमि प्रदान की जाती थी। आयंगार का प्रमुख कार्य भू–हस्तांरण, भूमिदान, क्षेत्र में कानून एवं व्यवस्था बनाए रखना आदि था।

**कर प्रणाली** : शिष्ट एक प्रकार का भूमिकर था। अठवने नामक विभाग कर की वसूली करता था। सामान्य रूप से उपज का 1/6 भाग कर के रूप में लिया जाता था। कृष्णदेवराय के शासनकाल में भूमि सर्वेक्षण के आधार पर 1/3 से 1/6 भाग कर निर्धारित किया गया। भंडारवाद ग्राम राज्य के प्रत्यक्ष नियंत्रण में रहती थी। उंबलि राज्य की विशेष सेवाओं के बदले दी गई लगानमुक्त भूमि थी। 'रत कोड़गे' एक प्रकार की भूमि थी जो युद्ध में अनुचित तरीके से मारे गए लोगों के परिवारों को दी जाती थी। कुट्टगी किसानों, मंदिरों तथा ब्राह्मणों को पट्टे पर खेती के लिए दी गई भूमि थी। इस काल में विधवा विवाह पर कर नहीं लगता था। कृष्णदेवराय ने अपने शासनकाल में विवाह कर समाप्त कर दिया। सरकार वैश्याओं पर कर लगाती थी। सैनिक विभाग को कंदाचार कहा जाता था।

**सिक्के** : विजयनगर में सर्वाधिक प्रसिद्ध सिक्का सोने का वराह था। हूण, परदौस या पगौड़ा इस काल में प्रचलित अन्य सिक्के थे। सोने के छोटे सिक्के को प्रताप एवं फणम कहा जाता था।

**सामाजिक व्यवस्था** : इस काल में दास प्रथा तथा सती प्रथा का उल्लेख मिलता है। देवदासी प्रथा प्रचलित थी। विजयनगर काल में छाया नाटक का बहुत प्रचलन था। शतरंज एवं पासा का खेल अधिक लोकप्रिय था। कृष्णदेव राय स्वयं शतरंज का बड़ा प्रेमी था। इस काल में स्त्रियों का काफी सम्मान था। उन्हें अंगरक्षक नियुक्त किया जाता था। वे राजकीय पदों पर भी नियुक्त की जाती थीं। राजपरिवार की स्त्रियां पावड (एक प्रकार का पेटीकोट) पहनती थीं। गंड पेद्र पैर में धारण करने वाला कड़ा था जिसे युद्ध में वीरता दिखाने वाले पुरुषों को प्रदान किया जाता था।

***

# 20

# भक्ति एवं सूफी आंदोलन

उत्तर भारत में 14वीं से 17वीं शताब्दी के बीच राजनीतिक, सामाजिक-आर्थिक और धार्मिक कारणों से भक्ति आंदोलन का उदय हुआ। इस आंदोलन से काफी लोग प्रभावित हुए।

**राजनीतिक कारण** : यह माना जाता है कि तुर्कों के आक्रमण के पहले उत्तर भारत के राजनीतिक क्षेत्र पर राजपूत, ब्राह्मण गठबंधन का वर्चस्व था, जो किसी भी प्रकार के गैर-ब्राह्मण आंदोलन के सख्त खिलाफ था। तुर्कों के आक्रमण के बाद उस गठबंधन का वर्चस्व समाप्त हो गया। तुर्कों के आक्रमण के साथ इस्लाम का भी आगमन हुआ और इससे ब्राह्मणों की शक्ति और प्रतिष्ठा को धक्का पहुंचा। इस प्रकार निरीश्वरवादी आंदोलनों के उदय का रास्ता साफ हो गया। इन आंदोलनों ने जाति विरोधी और ब्राह्मण विरोधी सिद्धांत अपनाए। तुर्कों ने ब्राह्मणों से उनके मंदिर का धन छीन लिया और उन्हें प्राप्त होनेवाला राज्य संरक्षण भी समाप्त हो गया। इस प्रकार ब्राह्मणों को आर्थिक और वैचारिक दोनों स्तर पर हानि उठानी पड़ी। राजपूत-ब्राह्मण की क्षीण होती शक्ति के कारण पहला निरीश्वरवादी पंथ नाथपंथ के रूप में उभरा। सल्तनत काल के आरंभ में यह अपने चरमोत्कर्ष पर था।

**सामाजिक-आर्थिक कारण** : पूर्व मध्यकालीन सामाजिक-आर्थिक व्यवस्था की एक महत्वपूर्ण विशेषता सामंती प्रथा थी। सामंत समाज के शासक वर्ग थे। पर शासन व्यवस्था में इनकी कोई रुचि नहीं थी। वे विलासिता का जीवन व्यतीत करते थे। इसके लिए आर्थिक साधन जनता से जुटाए जाते थे। आमलोगों पर कर का बोझ अधिक था। कृषि उत्पादन का लाभ किसानों को नहीं मिलता था फलतः खेती की उन्नति में उनकी दिलचस्पी नहीं थी। अतः खेती से पर्याप्त अधिशेष प्राप्त नहीं होता था। इस काल में व्यापार-वाणिज्य का भी ह्रास हुआ। इस कारण वैश्यों की स्थिति खराब होने लगी। खेत में काम करने वाले मजदूरों की स्थिति और भी खराब थी। उनसे बेगार करवाया जाता था। शूद्रों को अछूत मानकर उन्हें तिरस्कृत किया जाता था। अतः सामंती ढांचे के इस सामाजिक-आर्थिक व्यवस्था के खिलाफ लोगों में आक्रोश था। लोग अपनी सामाजिक-आर्थिक स्थिति में बदलाव चाहते थे। कबीर, नानक, तुलसी आदि की रचनाओं में इस बात को भलीभांति देखा जा सकता है। इस प्रकार सामंती

व्यवस्था के खिलाफ भक्ति आंदोलन आकार ग्रहण कर रहा था। तुर्कों के आगमन से जब समाज का सामंती ढांचा नष्ट हो गया तो भक्ति आंदोलन को विकसित होने का मौका मिला।

यहां तुर्कों के आगमन के बाद सामाजिक-आर्थिक जीवन में आए परिवर्तनों पर विचार कर लेना उचित होगा क्योंकि इसी परिवर्तन ने भक्ति आंदोलन के सामाजिक आधार का विस्तार किया और इसकी जड़ें मजबूत की।

तुर्क राजपूत शासकों की तरह गांवों में नहीं रहते थे। वे नगरीय जीवन के अभ्यस्त थे। अतः तुर्कों ने अपने निवास के लिए नगरों के निर्माण पर बल दिया। इस काल में कई नगरों का निर्माण हुआ। कुछ इतिहासकारों ने तुर्कों के आगमन को नगरीय क्रांति की शुरूआत की संज्ञा दी है। नगरों में निर्माण कार्य के कारण कारीगरों और शिल्पकारों की मांग बढ़ी। कारीगरों और शिल्पकारों का यह वर्ग अब अधिक आर्थिक उपार्जन में सक्षम हुआ। समृद्ध होता हुआ यह शहरी वर्ग एकेश्वरवादी आंदोलन की ओर आकर्षित हुआ क्योंकि यह सामाजिक-धार्मिक समानता की बात करता था जबकि ब्राह्मणवादी सामंती व्यवस्था में उनका स्थान काफी नीचे था।

नगरों के निर्माण के साथ ही तुर्क शासकों ने शहरी शिल्प को बढ़ावा दिया। हस्तकरघे के प्रयोग से रूई एवं सूती कपड़े के उद्योग को बढ़ावा मिला। कपड़े की रंगाई, धुलाई आदि के काम का विस्तार हुआ। वृहत उत्पादन के कारण बाजार का विकास हुआ। इससे व्यापारी वर्ग को लाभ पहुंचा। भक्ति आंदोलन ने कर्ममय जीवन को महत्ता प्रदान कर इन सुधारों को बल प्रदान किया। कबीर जीवन भर सूत कातते रहे। रविदास जूते गांठते रहे। इस प्रकार भक्त संतों ने अपने कर्ममय जीवन से हस्तशिल्पों को बढ़ावा दिया। यही कारण है कि ग्रामीण शिल्पकार और पंजाब के खत्री व्यापारी इस आंदोलन की ओर तेजी से खिंचे।

समाज के इन्हीं विभिन्न वर्गों ने उत्तर भारत में हो रहे इस आंदोलन को सामाजिक आधार प्रदान किया। पंजाब में यह आंदोलन शहरी वर्गों तक ही सीमित नहीं रहा, बल्कि जाट किसानों को भी प्रभावित किया और इसका आधार विस्तृत हुआ। गुरु नानक के आंदोलन को जाट किसानों का समर्थन मिलने के बाद सिक्ख धर्म एक जनधर्म के रूप में विकसित हुआ।

**धार्मिक कारण** : इस मत के अनुसार भक्ति आंदोलन का उदय इस्लाम से हिंदू धर्म की रक्षा करने के लिए हुआ था। मुस्लिम शासन में हिंदुओं के साथ अन्याय हो रहा था। इस्लाम बंधुत्व और समानता के अपने विचारों के कारण हिंदू धर्म के अस्तित्व को चुनौती दे रहा था। एक तरफ तो हिंदू धर्म से मूर्तिपूजा और जातिप्रथा जैसी कुप्रथाओं को हटाकर हिंदू धर्म की रक्षा करने का प्रयत्न किया जा रहा था वहीं दूसरी ओर इसके आधारभूत तत्वों की रक्षा करने के लिए इसे प्रचारित किया जा रहा था। कबीर, नानक आदि ने हिंदू धर्म की कुप्रथाओं पर आक्रमण किया और 16वीं शताब्दी के उत्तरार्द्ध और 17वीं शताब्दी के पूर्वार्द्ध में तुलसी ने इस धर्म को लोकप्रिय बनाने का काम संपन्न किया।

धार्मिक कारणों की व्याख्या आज अलग संदर्भों में की जाती है। मुसलमानों के भारत आगमन ने भक्ति आंदोलन के विकास में रचनात्मक योगदान दिया। मुसलमानों के साथ भारत में सूफी संत भी आए। वे इस्लाम के उदार विचारों का प्रतिनिधित्व करते थे। उन्होंने मानवतावाद का प्रचार किया एवं अपने विचारों के कारण समन्वय एवं मेलजोल का बढ़ावा दिया। भक्ति आंदोलन इसी मेलजोल की उपज था। कबीर, नानक आदि के उपदेशों में सूफी संतों का प्रभाव लक्षित होता है।

जहां तक अवधारणा और विचारों का प्रश्न है भक्ति और मानवीय पक्ष किसी एक धर्म तक सीमित नहीं होते। सभी धर्मों में ये तत्व मिल जाते हैं। अतः समानता के आधार पर भक्ति आंदोलन के उद्‌भव को इस्लाम मत की प्रेरणा के रूप में देखना उचित नहीं होगा।

इसी प्रकार उत्तर भारत की लोकिप्रय नाथपंथ की परंपरा, दक्षिण की अलवार, नयनार भक्ति की परंपरा एवं भारत की प्राचीन भक्ति परंपरा में मध्यकालीन भक्ति आंदोलन के बीज तत्व की खोज करना ऐतिहासिक प्रक्रिया के विरुद्ध है। हर घटना के किसी काल में घटित होने के खास कारण होते हैं जो उसी काल की परिस्थितियों के कारण पैदा होते हैं। अतः भक्ति आंदोलन के उदय के कारण उपरोक्त वर्णित सामाजिक-आर्थिक एवं राजनीतिक कारण ही सही प्रतीत होते हैं। अन्य मतों को अधिक से अधिक प्रभाव के रूप में तो स्वीकार किया जा सकता है, उद्‌भव के प्रेरक कारण के रूप में नहीं।

## भक्ति संत

दक्षिण भारत में भक्ति की अवधारणा को शंकर के अद्वैतवाद तथा अलवार एवं नयनार संतों ने मजबूती प्रदान की। मुख्य रूप से यह एकेश्वरवादी पंथ था जिसमें मुक्ति के लिए ईश्वर की कृपा पर बल दिया गया। यह समतावादी आंदोलन था। इसमें कर्मकांडों की निंदा की गई। जनसाधारण की भाषा में उपदेश दिया गया। इसमें सगुण एवं निर्गुण दोनों भक्त थे।

**मत एवं उनके प्रवर्तक**

| मत | प्रवर्तक |
|---|---|
| रामानुजाचार्य | विशिष्ट अद्वैतवाद |
| मध्वाचार्य | द्वैतवाद |
| विष्णुस्वामी | शुद्ध अद्वैतवाद |
| निम्बकाचार्य | द्वैत-अद्वैतवाद, सनक संप्रदाय |
| वल्लभाचार्य | शुद्ध अद्वैतवाद, पुष्टिमार्ग |
| श्रीकंठ | शैव विशिष्ट अद्वैतवाद |
| भास्कराचार्य | भेदाभेदभाव |
| शंकराचार्य | अद्वैतवाद |
| तुकाराम | वरकरी संप्रदाय |
| रामदास | धरकरी संप्रदाय |

**रामानुजाचार्य (12वीं शताब्दी)** : इन्होंने सगुण भक्ति पर बल दिया। मूर्तिपूजा एवं अस्पृश्यता का विरोध करते हुए राम को विष्णु का अवतार माना। उन्होंने श्रीसंप्रदाय की स्थापना की।

**निम्बकाचार्य** : रामानुज के समकालीन थे। उन्होंने द्वैत-अद्वैत दर्शन की व्याख्या की। उन्होंने कृष्ण तथा राधा की उपासना पर बल देते हुए सनक संप्रदाय की स्थापना की।

**मध्वाचार्य (13वीं सदी)** : उन्होंने द्वैतवाद की व्याख्या की। इनके अनुसार ज्ञान से भक्ति तथा भक्ति से मोक्ष की प्राप्ति संभव है।

**रामानंद (15वीं सदी)** : रामानंद भक्ति आंदोलन को दक्षिण भारत से उत्तर भारत लाए। उन्होंने हिंदी भाषा में उपदेश दिया। रामानंद भगवान राम को इष्टदेव मानते थे। उन्होंने जाति संबंधी भेदभाव की निंदा की एवं भक्ति का द्वार सबके लिए खोल दिया। कबीर, रैदास, सेन एवं धन्ना उनके प्रमुख शिष्य थे।

**प्रमुख संप्रदाय एवं उनके प्रवर्तक**

| संप्रदाय | प्रवर्तक |
|---|---|
| वैष्णव | रामानुज |
| रामावत | रामानंद |
| उदासी | श्रीचंद |
| विश्नोई | जंभनाथ |
| श्री | रामानुज |
| ब्रह्म | मध्वाचार्य |
| महानुभाव | गोविंदप्रभु |
| हरिदासी | स्वामी हरिदास |
| महापुरुषीय | शंकरदेव |
| सनक | निम्बार्क |
| रुद्र | विष्णु स्वामी |
| सखी | स्वामी हरिदास |
| निपख | दादू दयाल |
| सतनामी | जगजीवन साहब |

**कबीर (1440-1510)** : कबीर निर्गुण ब्रह्म के उपासक थे। वे एकेश्वरवादी थे तथा संत रहते हुए गृहस्थ जीवन का निर्वाह करते थे। इनकी रचनाएं हैं-सबद, साखी, रमैनी आदि। कबीर की समाधि मगहर में स्थित है।

**गुरुनानक (1469-1538)** : उनका जन्म लाहौर के पास तलवंडी में हुआ। उन्होंने हिंदू-मुस्लिम एकता, ईश्वर भक्ति तथा सच्चरित्रता पर बल दिया। वे सूफी संत बाबा फरीद से प्रभावित थे। उनके उपदेश गुरुग्रंथ साहब में संग्रहित हैं। उन्होंने सिक्ख धर्म की स्थापना की।

**चैतन्य (1486-1533)** : उनका जन्म बंगाल के नदिया में हुआ था। उन्होंने सगुणमार्गी भक्ति का अनुसरण करते हुए कृष्ण को अपना इष्टदेव माना। उन्होंने संकीर्तन प्रथा को जन्म दिया। उन्हें अचिंत्य भेदाभेदवाद का संस्थापक माना जाता है। उन्हें कृष्ण का अवतार भी माना जाता था। उन्होंने गोंसाई संघ की भी स्थापना की। वे ईश्वरपुरी के शिष्य थे।

**रैदास** : वे निर्गुण ब्रह्म के उपासक थे एवं रामानंद के 12 शिष्यों में से एक थे। उन्होंने रैदासी संप्रदाय की स्थापना की।

**मीराबाई (1499-1546)** : वे मेड़ता के राजा रत्नसिंह राठौर की पुत्री तथा राणा सांगा के पुत्र भोजराज की पत्नी थीं। उन्होंने कृष्ण की भक्ति पति के रूप में की। उनकी सूफी संत रबिया से तुलना की जाती है।

**दादू दयाल (1544-1603)** : उन्होंने निर्गुण भक्ति पर बल दिया तथा ईश्वर की व्यापकता एवं हिंदू-मुस्लिम एकता तथा सद्गुरु की महिमा का प्रचार किया। उन्होंने निपख संप्रदाय की स्थापना की।

**वल्लभाचार्य (1479-1531)** : उन्होंने पुष्टिमार्ग दर्शन का प्रतिपादन किया तथा जगतगुरु की उपाधि धारण की। उन्होंने गृहस्थ जीवन में रहते हुए मोक्ष की प्राप्ति पर बल दिया। उन्हें विजयनगर शासक कृष्णदेवराय का संरक्षण मिला।

**ज्ञानेश्वर (1275-1296)** : वे महाराष्ट्र में भक्ति आंदोलन के प्रवर्तक थे। उनके द्वारा प्रवर्तित धर्म महाराष्ट्र धर्म कहलाया। उन्होंने भगवतगीता पर ज्ञानेश्वरी नाम से टीका लिखी। इन्होंने बिठोबा की पूजा का प्रचलन किया। उनकी रचनाएं अभंग नाम से जानी जाती हैं।

**नामदेव (1270-1350)** : वे पेशे से दर्जी थे तथा मराठों के राजनीतिक उत्थान के लिए बुनियादी काम किया।

**एकनाथ** : एकनाथ वरकरी संप्रदाय से जुड़े संत थे। उन्होंने कई अभंगों (गीतात्मक कविताओं) की रचना की।

**तुकाराम** : उन्होंने वरकरी संप्रदाय की स्थापना की। वे शिवाजी के समकालीन थे। महाराष्ट्र में पंढरपुर स्थित विठोबा मंदिर (विष्णु) इस संप्रदाय का मुख्य केंद्र था।

**रामदास** : रामदास शिवाजी के गुरु थे। उन्होंने दासबोध नामक ग्रंथ की रचना की। उनका संबंध धरकरी संप्रदाय से था।

**शंकरदेव (1449-1568)** : उन्होंने एकशरण संप्रदाय की स्थापना की। वे कृष्ण की पूजा मूर्ति के रूप में करते थे। वे असम के चैतन्य के रूप में प्रसिद्ध थे। उनका धर्म महापुरुषीय धर्म के रूप में जाना जाता है।

**नरसी मेहता (15वीं शताब्दी)** : वे गुजरात के प्रसिद्ध संत थे। उन्होंने राधा-कृष्ण के प्रेम का चित्रण गुजराती गीतों के माध्यम से किया है। सूरतसंग्राम में उनके गीत संकलित हैं। गांधीजी के प्रिय भजन 'वैष्णव जन तो तेनो कहिए....' की रचना उन्होंने ही की थी।

## सूफी आंदोलन

8वीं शताब्दी में दुनिया के लगभग सभी धर्मों में कई रूढ़िवादी प्रवृत्तियों एवं कर्मकांडों का विकास हुआ। अतः समाज में ऐसे सुधार की सख्त आवश्यकता थी जिसके द्वारा धार्मिक कर्मकांड एवं कट्टरपंथियों के प्रभाव को कम किया जा सके। इन रूढ़िवादी प्रवृत्तियों पर अंकुश लगाने के लिए इस्लाम में-सूफी आंदोलन का उदय हुआ।

सूफी शब्द की व्युत्पत्ति 'सूफ' (ऊन) शब्द से हुई है। लेकिन कुछ विद्वानों ने इसकी उत्पत्ति ग्रीक शब्द सोफिया (ज्ञान) से मानी है। महिला रहस्यवादी रबिया (8वीं सदी) तथा मंसूर

अल हल्लाज (10वीं सदी) जैसे प्रारंभिक सूफियों ने ईश्वर तथा व्यक्ति के बीच प्रेम संबंधों पर बल दिया। मंसूर हल्लाज प्रथम साधक था जिसने अपने को अनलहक (मैं ईश्वर हूं) घोषित किया। उसके सिद्धांतों के आधार पर ही इंसान-ए-कामिल (पूर्ण व्यक्ति) की अवधारणा विकसित हुई। ईरान एवं भारत में सूफी मत के विकास में उसने महत्वपूर्ण भूमिका निभाई। उलेमा द्वारा उसे फांसी दे दी गई। इब्नुल अरबी ने वहादत-उल-वजूद (आत्मा-परमात्मा की एकता) का सिद्धांत प्रतिपादित किया।

अल-गज्जाली (12वीं सदी) ने, जिसे परंपरावादी तत्व तथा सूफी दोनों समान रूप से देखते थे, रहस्यवाद तथा इस्लामी परंपरा के बीच मेल कराने का प्रयत्न किया। भारत आकर बसने वाले सूफियों में आरंभिक नाम अल हुजविरि का है। उसने कशफ-उल-महजूब नामक ग्रंथ की रचना की। इसी समय के आस-पास सूफी बारह सिलसिलों में विभाजित हो गया। प्रत्येक सिलसिला का एक नेता होता था जो शिष्यों के साथ खानकाह (आंगन) में रहता था। सूफी विचारधारा में गुरु (पीर) और शिष्य (मुरीद) के बीच संबंध का महत्व था। प्रत्येक पीर अपना एक उत्तराधिकारी (वलि) नियुक्त करता था। सूफी संत और कई आधुनिक विचारक सूफी दर्शन का मूल कुरान में ही ढूंढते हैं। सूफी सिलसिले दो वर्गों में विभाजित हैं—बा-शरा तथा बे-शरा। जो सूफी इस्लामी विधान से बंधे हैं अर्थात् घुमक्कड़ सूफी संत बा-शरा कहलाते हैं जबकि जो शरा से बंधे नहीं हैं वे बे-शरा कहलाते हैं। बा-शरा सिलसिले में से केवल दो ही उत्तर-भारत में अधिक प्रचलित हुए - चिश्ती तथा सुहरावर्दी। भारत में सूफी आंदोलन का प्रारंभ दिल्ली सल्तनत की स्थापना से पूर्व ही हो चुका था। अबुल फजल ने आइन-ए-अकबरी में 14 सिलसिले का उल्लेख किया है। एक सूफी को परमपद प्राप्त करने के पूर्व 10 अवस्थाओं से गुजरना पड़ता था-तौबा (पश्चाताप), बजा (संयम), तबाकुल (प्रतिज्ञा), जुहद (भक्ति), फग्र (निर्धनता), सब्र (संतोष), रिजा (आत्मसमर्पण), शुक्र (आभार), खौफ (डर), रजा (उम्मीद)।

## सूफी संप्रदाय

| सिलसिला | संस्थापक |
|---|---|
| चिश्ती | ख्वाजा मुइनुद्दीन चिश्ती |
| कादिरी | मुहीउद्दीन कादिर जिलानी |
| सुहरावर्दी | बहाउद्दीन जकारिया |
| नक्शबंदी | ख्वाजा बहाउद्दीन नक्शबंद |
| शत्तारी | शेख अब्दुल सत्तार |
| फिरदौसी | बदरुद्दीन समरकंदी |

**चिश्ती सिलसिला** : भारत में चिश्ती सिलसिले की स्थापना ख्वाजा मुइनुद्दीन चिश्ती ने की थी। वे 1192 ई. में मुहम्मद गोरी के साथ भारत आए थे। मुइनुद्दीन चिश्ती कुछ समय तक लाहौर और दिल्ली में रहने के बाद अजमेर में जा बसे। अजमेर के साथ नारनौर, हांसी, सरवर, बदायूं भी चिश्ती गतिविधियों के केंद्र थे। शेख मुइनुद्दीन के शिष्य थे बख्तियार काकी तथा उनके शिष्य हुए फरीद-उद्दीन-गज-ए-शकर। कुतुबुद्दीन ऐबक बख्तियार काकी का अनुयायी था। बलवन बाबा फरीद को सम्मान देता था। निजामुद्दीन औलिया बाबा फरीद के शिष्य थे। औलिया ने दिल्ली सल्तनत के सात सुल्तानों का काल देखा। बाबा फरीद की रचनाएं गुरुग्रंथ साहिब में शामिल हैं। फरीद ने हांसी तथा अजोधन को अपना कार्यक्षेत्र बनाया।

निजामुद्दीन औलिया ने योग प्राणायाम पद्धति को अपनाया तथा योगी सिद्ध कहलाए। उन्हें महबूब-ए-इलाही (ईश्वर का प्रेमी) भी कहा जाता था। औलिया को सुल्तान-उल-औलिया भी कहा गया है। 1325 ई. में जब गयासुद्दीन तुगलक बंगाल अभियान से लौट रहा था तो उसने शेख औलिया को दिल्ली खाली करने को कहा। इसी समय शेख औलिया ने 'दिल्ली अभी दूर है' वचन कहा। मुहम्मद तुगलक ने दिल्ली में उनके मकबरे का निर्माण करवाया। शेख नसीरुद्दीन चिराग-ए-दिल्ली भी बाबा फरीद के शिष्य थे। शेख सलीम चिश्ती निजामुद्दीन औलिया के शिष्य थे। शेख सलीम फतेहपुर सीकरी में रहते थे। दक्षिण भारत में चिश्ती संप्रदाय की शुरूआत 1340 में शेख बुरहानुद्दीन गरीब ने की। उन्होंने दौलताबाद को अपना केंद्र बनाया। गेसूदराज चिराग-ए-दिल्ली के प्रमुख शिष्य थे। उन्होंने गुलबर्गा को अपना केंद्र बनाया। गुलबर्गा के राजपरिवार से उनका घनिष्ठ संबंध था। उन्होंने बंदानवाज की उपाधि धारण की। फिरोजशाह बहमनी ने उन्हें चार गांव अनुदान में दिए थे। हाजी रूमी ने बीजापुर में खानकाह की स्थापना की। सूफी संतों ने अपने प्रवचन में ईश्वर की निकटता का आभास कराने के लिए संगीत पद्धति अपनाई जिसे 'समा' कहा जाता है।

**सुहरावर्दी सिलसिला** : इस सिलसिले की स्थापना शेख शिहाबुद्दीन उमर सुहरावर्दी ने की लेकिन 1262 ई. में इसके सुदृढ़ संचालन का श्रेय शेख बहाउद्दीन जकारिया को है। उन्होंने मुलतान तथा सिंध को अपना केंद्र बनाया। उन्होंने कुबाचा के विरूद्ध इल्तुतमिश की सहायता की थी। इल्तुतमिश ने उन्हें शेख-उल-इस्लाम की उपाधि दी थी। हमीद-उद्दीन नागौरी इस सिलसिले के प्रसिद्ध संत थे। इस सिलसिले के अन्य प्रमुख संत थे-जलालुद्दीन तबरीजी, सैयद जोश, बुरहान आदि। यह संप्रदाय चिश्ती संप्रदाय से भिन्न है। इसने राज्य संरक्षण स्वीकार किया, भौतिक जीवन का पूर्ण परित्याग नहीं किया तथा जागीर एवं नकद राशि के रूप में राज्य से अनुदान प्राप्त किया। सुहरावर्दी सूफियों ने हिंदुओं को मुसलमान बनने के लिए प्रेरित किया। सुहरावर्दी संत जलालुद्दीन बुखारी ने फिरोज तुगलक की नीतियों को प्रभावित किया। सिंध, गुजरात, बंगाल, बीजापुर आदि में इसका प्रसार हुआ।

**कादिरी सिलसिला** : यह इस्लाम का प्रथम रहस्यवादी पंथ था। इसकी स्थापना बगदाद का शेख अब्दुल कादिर जिलानी ने की। भारत में इस सिलसिले के प्रसार का श्रेय

नियामत उल्ला एवं मखदूम जिलानी को है। इसके अनुयायी संगीत के विरोधी थे। शेख मीर मुहम्मद (मियां मीर) जहांगीर एवं शाहजहां का समकालीन था। दारा शिकोह कादिरी सिलसिले के शेख मुल्लाशाह का शिष्य था। जहांआरा ने साहिबिया नाम से मुल्लाशाह का जीवन वृत्तांत लिखा।

**नक्शबंदी सिलसिला :** इस सिलसिले की स्थापना ख्वाजा बहाउद्दीन नक्शबंद ने की। भारत में इस सिलसिले की स्थापना ख्वाजा बाकी विल्लाह ने की। बाकी विल्लाह के शिष्यों में अकबर का समकालीन शेख अहमद सरहिंदी था। वह इस्लाम धर्म के सुधारक के रूप में जाना जाता है। जहांगीर ने सरहिंदी को पाखंडी होने के आरोप में गिरफ्तार कर लिया था। इनके शिष्य आदम बनूरी को शाहजहां ने देश से निष्कासित कर दिया था। बाबर नक्शबंदी सिलसिले के संत ख्वाजा उबैदुल्ला का अनुयायी था। शाह वली उल्लाह देहलवी नक्शबंदी संप्रदाय के प्रमुख संत थे। उन्होंने कुराण का फारसी में अनुवाद किया। मीर दर्द और मिर्जा मजहर उर्दू के प्रमुख कवि थे।

**शत्तारी सिलसिला :** इसकी स्थापना शेख अब्दुल सत्तार ने की। भारत में इसकी स्थापना शाह अब्दुल्ला ने की। ग्वालियर के शाह मुहम्मद गौस इसके प्रमुख सूफी थे। गौस हुमायूं के समकालीन थे। उन्होंने अमृतकुंड का फारसी में अनुवाद किया। मुगल शासक हुमायूं एवं तानसेन गौस से अधिक प्रभावित थे।

**फिरदौसी सिलसिला :** इसके संस्थापक शेख बदरुद्दीन समरकंदी थे। यह सिलसिला सुहरावर्दी सिलसिले की एक शाखा थी। इसका कार्यक्षेत्र बिहार एवं बंगाल में था। अहमद याह्या मनेरी इस सिलसिले के प्रमुख संत थे।

**कलंदरिया सिलसिला :** इसकी स्थापना सैयद खिज्र रूमी कलंदर ने की। भारत में इसकी स्थापना का श्रेय नज्मुद्दीन कलंदर को जाता है। इस सिलसिले के संत घुमक्कड़ प्रवृत्ति के थे। इन पर नाथपंथ का प्रभाव था।

**मदरिया सिलसिला :** इसके संस्थापक शेख बहीउद्दीन शाह मदार थे। कानपुर के निकट 'मकनपुर' इनकी गतिविधियों का केंद्र था।

**अन्य संप्रदाय :** रोशनिया संप्रदाय के संस्थापक मियां वायजीद अंसारी थे। कश्मीर के ऋषि आंदोलन के संस्थापक शेख नुर-उद्दीन ऋषि थे। ऋषि संप्रदाय ने कश्मीर में लोकप्रिय शैव भक्ति परंपरा से प्रेरणा ली एवं ग्रामीण परिवेश में फला-फूला। महदवी आंदोलन के प्रणेता जौनपुर के सैयद मुहम्मद थे।

## सूफी शब्दावली

| | | |
|---|---|---|
| सफा | – | पवित्रता, प्रथम पंक्ति, ऊन |
| फतूह | – | उपहार |

| | | |
|---|---|---|
| खानकाह | – | सूफी संतों के रहने की जगह |
| अनलहक | – | मैं ईश्वर हूं। |
| पीर, शेख | – | गुरु |
| मुरीद | – | शिष्य |
| वली | – | उत्तराधिकारी |
| हक | – | परमात्मा |
| खल्क | – | सृष्टि |
| इंसान-ए-कामिल | – | पूर्ण व्यक्ति |
| समा | – | संगीत का आयोजन |
| मलफूजात | – | वार्तालाप |
| तसव्वुफ | – | रहस्यवाद |
| जमाल | – | ईश्वर |
| मुतालिब | – | तर्क बुद्धिवाद |
| तरीकत | – | कुराण की उदारवादी व्याख्या |
| मजजूब | – | शरिया की उपेक्षा करने वाला |

***

# 21

# मुगल वंश

## बाबर (1526–30 ई.)

बाबर का जन्म 14 फरवरी 1483 ई. को मावरा उन्हर (ट्रांस ऑक्सियाना) की एक छोटी सी रियासत फरगना में हुआ था। बाबर अपनी पिता की ओर से तैमूर का तथा अपनी माता की ओर से चंगेज खां का वंशज था। बाबर के पिता का नाम उमर शेख मिर्जा था। वह चगताई तुर्क था। 1494 ई. में बाबर फरगना का शासक बना। 1501 ई. में उसने समरकंद पर अधिकार कर लिया। 1504 ई. में उसने काबुल पर अधिकार कर लिया। 1507 ई. में उसने मिर्जा की उपाधि त्यागकर पादशाह की उपाधि धारण की। 1518–1519 ई. में बाबर ने भेरा के शक्तिशाली किले पर आक्रमण किया जो उसका प्रथम भारतीय अभियान था। भेरा अभियान में सर्वप्रथम तोपखाने का प्रयोग किया गया। उसने 1519 ई. में पेशावर, 1520 ई. में बाजौर और स्यालकोट, 1524 ई. में लाहौर और दीपालपुर तथा 1525 में पंजाब पर अधिकार कर लिया। इसी समय दौलत खां लोदी के पुत्र दिलावर खां तथा राणा सांगा के दूत ने बाबर को भारत आक्रमण के लिए आमंत्रित किया। दौलत खां लोदी बाबर के सहयोग से पंजाब में अपना स्वतंत्र अस्तित्व बनाए रखना चाहता था। जबकि राणा सांगा बाबर द्वारा अफगानों की शक्ति समाप्त कर दिल्ली पर आधिपत्य जमाना चाहता था।

20 अप्रैल, 1526 को बाबर तथा इब्राहिम लोदी के बीच पानीपत का प्रथम युद्ध हुआ। इस युद्ध में बाबर ने अपने 12000 सैनिकों के साथ 1 लाख सैनिक तथा एक हजार हाथी से युक्त इब्राहिम लोदी की सेना को पराजित कर दिया। बाबर ने इस युद्ध में तुलुगमा एवं रूमी युद्धशैली का प्रयोग किया।

**खानवा का युद्ध** : खानवा की लड़ाई 16 मार्च 1527 ई. में बाबर तथा राणा सांगा के बीच लड़ी गई जिसमें सांगा पराजित हुए। बाबर ने राणा सांगा के खिलाफ जेहाद का नारा दिया। युद्ध में विजयी होने के बाद बाबर ने गाजी की उपाधि धारण की और तमगा कर न लेने की घोषणा की। खानवा की लड़ाई से दिल्ली–आगरा में बाबर की स्थिति मजबूत हुई और ग्वालियर तथा धौलपुर के किले पर भी उसका अधिकार हो गया।

**चंदेरी का युद्ध** : इस युद्ध (1528) में उसने राजपूत सरदार मेदिनी राय को पराजित कर चंदेरी पर अधिकार कर लिया। बाबर ने इस युद्ध में भी जिहाद का नारा दिया था। और युद्ध के पश्चात् उसने राजपूतों के सिरों की मीनार बनवाई थी। चंदेरी के युद्ध में राजपूत स्त्रियों ने जौहर व्रत किया था।

पूर्वी उत्तर प्रदेश पर अब भी अफगानों का शासन था। अफगान सरदारों को बंगाल के सुल्तान नुसरत शाह का समर्थन प्राप्त था जो इब्राहिम लोदी का दामाद था। 1529 ई. में बाबर ने बनारस के निकट गंगा पार करके घाघरा नदी के निकट अफगानों और बंगाल के नुसरतशाह की सेनाओं का सामना किया। संभवतः अफगानों के साथ बाबर का समझौता हुआ।

बाबर के भारत आक्रमण का विशेष महत्व है। कुषाण साम्राज्य के पतन के बाद पहली बार उत्तरी भारतीय साम्राज्य में काबुल और कंधार सम्मिलित हुए। भारत में होने वाले आक्रमण इन्हीं स्थानों से संचालित होता था। अतः विदेशी आक्रमणों से सुरक्षा मिली। उसके भारत आने के बाद बारूद तथा तोपखाने का प्रयोग विशेष तौर से होने लगा। उसने अपनी आत्मकथा तुजुक-ए-बाबरी तुर्की भाषा में लिखी। उसे मुबइयान शैली का जन्मदाता माना जाता है। उसने ताशों के खेल गंजीफा को भी लोकप्रिय बनाया। दिसम्बर 1530 ई. में उसकी मृत्यु आगरा में हो गई। आरंभ में उसे आगरा के आरामबाग में दफनाया गया और बाद में काबुल में। उसने कई उद्यानों का निर्माण करवाया एवं उनमें बहते पानी की व्यवस्था की जिसे नहर-ए-बहिश्त कहा जाता था।

## हुमायूं (1530–1540 ई.)

हुमायूं 1530 ई. में 23 वर्ष की आयु में आगरा की गद्दी पर बैठा। उसके सामने अनेक समस्याएं थीं-प्रशासन को सुगठित करना, आर्थिक स्थिति ठीक करना, अफगानों को पूरी तरह दबाना तथा पुत्रों में राज्य बांटने की तैमूरी प्रथा। हुमायूं पहले बदख्शां का सूबेदार था। हुमायूं का छोटा भाई कामरान काबुल और कंधार का प्रशासक था। कामरान ने लाहौर तथा मुलतान पर आधिपत्य जमा लिया। अस्करी को संभलपुर एवं हिंदाल को अलवर की सूबेदारी दी गई। 1531 में हुमायूं ने बुंदेलखंड के कालिंजर दुर्ग पर घेरा डाला। दोनों में समझौता हो गया तथा हुमायूं ने घेरा उठा लिया, जो उसकी बड़ी भूल साबित हुई। 1532 ई. में हुमायूं तथा महमूद लोदी के बीच दौराह का युद्ध हुआ जिसमें महमूद लोदी पराजित हुआ। चुनार पर चार महीने के घेरे के बाद शेर खां ने हुमायूं को किले का अधिकार अपने पास रखने के लिए मना लिया। बदले में मुगलों के प्रति वफादार रहने का वचन दिया तथा अपने पुत्र कुतुब खां को बंधक के रूप में हुमायूं के पास भेज दिया। 1535 ई. में सारंगपुर के युद्ध में हुमायूं ने गुजरात के शासक बहादुरशाह को पराजित किया। बहादुरशाह ने मालवा, चित्तौड़ को जीत लिया था। राणा की विधवा कर्णावती ने हुमायूं से बहादुरशाह के खिलाफ मदद मांगी थी। अगले डेढ़ वर्ष

तक हुमायूं दिल्ली के निकट दीनपनाह नामक नया शहर बनवाने में व्यस्त रहा जो बहादुरशाह की ओर से आगरे पर खतरा पैदा होने की स्थिति में उसकी राजधानी के रूप में काम आता। 1538 ई. में हुमायूं ने पुनः चुनार के किले पर घेरा डाला। हुमायूं को चुनार का किला जीतने में छः महीने का समय लग गया।

आगरा से हुमायूं की अनुपस्थिति के दौरान शेर खां ने अपनी स्थिति मजबूत बना ली तथा वह बिहार का निर्विरोध स्वामी बन गया। शेर खां ने बंगाल के सुल्तान को पराजित किया। गौड़ तथा रोहतास पर शेर खां की विजय हुई। शेर खां ने हुमायूं के पास प्रस्ताव रखा कि अगर वह बंगाल पर उसका अधिकार बना रहने देता है तो वह बिहार हुमायूं को सौंप देगा तथा 10 लाख सालाना कर देगा। लेकिन हुमायूं तैयार नहीं हुआ। जब हुमायूं गौड़ में था, उसके भाई हिंदाल द्वारा आगरा में ताजपोशी का प्रयास किया गया। अफगानों के निरंतर आक्रमणों के बावजूद हुमायूं अपनी सेना को बनारस के निकट चौसा तक बिना किसी नुकसान के लाने में सफल हुआ। वास्तव में हुमायूं का बंगाल अभियान उद्देश्यहीन था। मार्च 1539 में चौसा की लड़ाई में हुमायूं शेर खां से पराजित हुआ। मई 1540 में कन्नौज की लड़ाई में अस्करी तथा हिंदाल कुशलतापूर्वक लड़े लेकिन मुगल पराजित हुए।

आगरा और दिल्ली पर शेरशाह का अधिकार हो गया और हिंदुस्तान पर पुनः अफगानों का शासन आरंभ हुआ। हुमायूं अगले 15 वर्षों तक निर्वासन की जिंदगी जीता रहा। इसी दौरान उसने हिंदाल के आध्यात्मिक गुरु मीर अली अकबर जामी की पुत्री हमीदा बेगम से विवाह किया। 1542 में अमरकोट में अकबर का जन्म हुआ। 1545 में हुमायूं ने काबुल एवं कंधार पर अधिकार कर लिया। शेरशाह के पुत्र इस्लामशाह की मृत्यु के बाद उसने 1555 में लाहौर पर भी अधिकार कर लिया। मच्छीवाड़ा के युद्ध में अफगानों एवं सरहिंद के युद्ध में सिकंदरशाह को पराजित कर उसने दिल्ली में प्रवेश किया। दिल्ली में अपने पुस्तकालय की इमारत की पहली मंजिल से गिर जाने के कारण उसकी मृत्यु हो गई। अबुल फजल ने उसे इंसान-ए-कामिल कहकर संबोधित किया है।

## शेरशाह (1540-45 ई.)

शेरशाह का वास्तविक नाम फरीद था। उसके पिता जौनपुर के जमींदार थे। दक्षिण बिहार के सूबेदार बहार खां लोहानी ने उसे शेर खां की उपाधि दी थी। शेरशाह के साम्राज्य में कश्मीर, गुजरात तथा असम शामिल नहीं थे। शेरशाह ने कुशल प्रशासन के लिए संपूर्ण साम्राज्य को 47 सरकारों में विभक्त किया। सरकार परगनों में विभक्त था तथा परगने का प्रशासन एक अमीन, एक शिकदार, एक कोषाध्यक्ष तथा एक हिंदू एवं एक पारसी लेखक के सहयोग से चलता था। सरकार स्तर पर दो अधिकारी होते थे-शिकदार-ए-शिकदारान तथा मुंसिफ-ए-मुंसिफान।

शेरशाह के शासनकाल में आय का सबसे बड़ा स्रोत भू-राजस्व था। भू-राजस्व का निर्धारण भूमि की पैमाइश पर आधारित था। इसके लिए उसने अहमद खां की सहायता ली थी। शेरशाह द्वारा लागू रैयतवाड़ी व्यवस्था मुलतान को छोड़कर राज्य के सभी भागों में लागू थी। दरों की एक प्रणाली 'रय' निकाली गई जिसके अंतर्गत उपज की अलग-अलग किस्मों पर राज्य के भाग की दर अलग-अलग होती थी। उसके बाद अलग-अलग क्षेत्रों में बाजार भावों के अनुसार उस भाग की कीमत तय की जाती थी। भूमि का विभाजन तीन प्रकार से किया गया था तथा तीनों की उपज की औसत का 1/3 भाग कर के रूप में लिया जाता था। राज्य कर का भुगतान नकदी में चाहता था लेकिन यह काश्तकारों पर निर्भर था कि वे कर नकद में दें या अनाज के रूप में। गल्ला बख्शी, नस्क, मुक्तई, कनकूत आदि प्रणालियां भी प्रचलित थीं। जरीबाना तथा मोहसिलाना नामक कर प्रत्येक किसान को अदा किए हुए लगान पर 2.5 से 5 प्रतिशत तक देना पड़ता था। शेरशाह ने भूमि की पैमाइश हेतु 32 इंच वाले सिकंदरी गज तथा सन की डंडी का प्रयोग किया।

मुद्रा सुधार के क्षेत्र में शेरशाह ने 180 ग्रेन का चांदी का रुपया तथा 380 ग्रेन का तांबे का दाम चलाया। ग्रांड ट्रंक रोड की मरम्मत भी शेरशाह द्वारा कराई गई। सासाराम स्थित शेरशाह का मकबरा उसने अपने जीवनकाल में निर्मित करवाया था। शेरशाह ने दिल्ली के निकट यमुना के किनारे एक नया शहर बसाया जिसमें अब केवल पुराना किला तथा उसके अंदर एक मस्जिद सुरक्षित है। मलिक मुहम्मद जायसी की श्रेष्ठ रचना पद्मावत शेरशाह के शासनकाल में ही रची गई।

## अकबर (1556–1605 ई.)

अकबर का जन्म अमरकोट में 1542 ई. में हुआ था। 9 वर्ष की उम्र में उसे गजनी की सूबेदारी मिली। 1556 में कलानौर में अकबर की ताजपोशी 13 वर्ष की अवस्था में हुई। उसने बैरम खां को खान-ए-खाना की उपाधि प्रदान की तथा राज्य का वकील बनाया। अकबर को सबसे बड़ा खतरा हेमू की ओर से था। हेमू ने अपना जीवन इस्लामशाह के शासनकाल में बाजार के अधीक्षक के रूप में शुरू किया था। हेमू ने 22 लड़ाइयों में एक भी नहीं हारी थी। आदिलशाह ने हेमू को विक्रमजीत की उपाधि देकर वजीर नियुक्त किया था। हेमू ने आगरा एवं दिल्ली पर आक्रमण कर मुगलों को पराजित कर दिया। उसने विक्रमादित्य की उपाधि धारण की एवं दिल्ली में अपने नाम के सिक्के चलाए। लेकिन बैरम खां ने पुनः धैर्य से काम लिया। 5 नवंबर, 1556 में हेमू के नेतृत्व में अफगान फौज तथा मुगलों के बीच पानीपत की दूसरी लड़ाई हुई जिसमें अफगान सेना पराजित हुई। बैरम खां लगभग 4 वर्ष तक (1556-1560) साम्राज्य का सरगना रहा। तीर्थ यात्रा के दौरान रास्ते में पाटन नामक स्थान पर मुबारक खां नामक अफगान युवक ने बैरम खां की हत्या कर दी। बाद में बैरम खां के पुत्र अब्दुर्रहीम को अकबर ने खान-ए-खाना की उपाधि प्रदान की। अकबर की धाय मां माहम अनगा थी।

बैरम खां की मृत्यु के बाद अकबर की पहली विजय मालवा (1561) थी। वहां के शासक बाज बहादुर को अधीनता स्वीकार करने पर अकबर ने उसे 200 का मनसब प्रदान किया। मालवा का शासक बाज बहादुर संगीत प्रेमी था। 1564 ई. में अकबर ने गढ़कटंगा (गोंडवाना) को विजित किया। यहां का राजा वीर नारायण अल्पायु था। उसकी मां रानी दुर्गावती जो महोबा की चंदेल राजकुमारी थी, गढ़ कटंगा की वास्तविक शासिका थी। आसफ खां के नेतृत्व में मुगल सेना ने रानी दुर्गावती को पराजित किया। आमेर का राजपूत शासक भारमल अकबर की अधीनता स्वीकार करने वाला प्रथम राजपूत शासक था (1562)। 1562 में राणा उदय सिंह के काल में मेड़ता राजपूत राज्य को मुगल साम्राज्य में शामिल कर लिया गया। अकबर द्वारा 1561–1568 में मेवाड़ अभियान किया गया। मेवाड़ के तत्कालीन शासक राणा उदयसिंह ने मालवा के शासक बाज बहादुर को अपने यहां शरण देकर अकबर को क्रोधित कर दिया। साथ ही मेवाड़ काफी शक्तिशाली राजपूत राज्य भी था। राणा उदयसिंह के छिपने के बाद राजपूत सेना का नेतृत्व जयमल तथा फतेह सिंह (फत्ता) ने संभाला। इन दोनों वीरों के मरने के बाद स्त्रियों ने जौहर कर लिया। अकबर ने आगरा के मुख्य द्वार पर जयमल तथा फत्ता की प्रतिमाएं लगाने का आदेश दिया। आसफ खां को मेवाड़ का सूबेदार नियुक्त किया गया। 1569 में अकबर ने रणथंभौर के राय सुरजन हाड़ा को अधीनता स्वीकार करने के लिए विवश किया। 1569 में कालिंजर के शासक रामचन्द्र को पराजित किया। 1570 में बीकानेर के शासक राय कल्याणमल, जैसलमेर के शासक रावल हरराय, जोधपुर के शासक चंद्रसेन ने अकबर की अधीनता स्वीकार की। अकबर ने बीकानेर तथा जैसलमेर के शासकों के साथ वैवाहिक संबंध स्थापित किया।

अकबर द्वारा 1572–73 में गुजरात अभियान किया गया। गुजरात अपनी व्यापारिक गतिविधियों तथा मक्का के रास्ते में पड़ने के कारण काफी महत्व रखता था। गुजरात का तत्कालीन शासक मुजफ्फरशाह तृतीय था। गुजरात अभियान में मानसिंह तथा आमेर के शासक भगवानदास भी अकबर के साथ थे। अकबर ने पहली बार कैम्बे में समुद्र को देखा। गुजरात को पराजित करने के बाद मिर्जा अजीज कोका को सूबेदार बनाया गया। स्मिथ ने इसे संसार के इतिहास का सबसे द्रुतगामी अभियान बताया है। यहीं पर पुर्तगीज अकबर से मिलने आए। 1574–76 में अकबर ने बिहार तथा बंगाल को मुगल साम्राज्य में शामिल किया। यहां का शासक दाऊद पराजित हुआ। अकबर ने मेवाड़ को पूर्णरूपेण अपनी अधीनता स्वीकार करने के लिए एक और अभियान किया। उदयसिंह की मृत्यु के बाद राणा प्रताप मेवाड़ का शासक बना। राणा प्रताप का राज्याभिषेक गोकुंड में हुआ। 18 जून, 1576 को मुगल सेना तथा राणा प्रताप की सेना के बीच हल्दीघाटी का युद्ध हुआ जिसमें राणा पराजित हुआ। बीदा झाला ने राणा प्रताप को बचा लिया। राणा प्रताप की छापामार युद्ध की पद्धति कालांतर में दक्कनी सेनापति मलिक अम्बर और शिवाजी द्वारा एक सुव्यवस्थित युद्ध पद्धति के रूप में विकसित हुई। राणा ने बाद में डुंगरपुर के निकट चावड़ में अपनी राजधानी स्थापित की। मेवाड़ के

अतिरिक्त अकबर को मारवाड़ के विरोध का भी सामना करना पड़ा। राणा प्रताप की मृत्यु के बाद अमर सिंह मेवाड़ का शासक बना। 1599 में मानसिंह के नेतृत्व में मुगल सेना ने अमर सिंह को पराजित कर दिया। लेकिन मेवाड़ को पूर्ण रूपेण जीता नहीं जा सका।

1581 में अकबर ने काबुल पर आक्रमण किया। अकबर का सौतेला भाई मिर्जा हकीम वहां का स्वतंत्र शासक था। अकबर ने उसे अपदस्थ कर अपनी बहन बख्तुन्निसा बेगम को काबुल की सूबेदारी सौंपी। 1585-86 में अकबर ने कश्मीर को जीतने के लिए अभियान किया। कश्मीर के तत्कालीन शासक युसूफ खां पराजित हुआ। 1591 में अकबर ने सिंध विजय किया। इस अभियान का नेतृत्व अब्दुर्रहीम खान-ए-खाना द्वारा किया गया। 1595 में कंधार को विजित किया गया।

अकबर प्रथम मुगल शासक था जिसने दक्षिणी राज्यों को अधीन करने के लिए अभियान किया। खानदेश अकबर की अधीनता स्वीकार करने वाला प्रथम दक्कनी राज्य था। यहां का शासक अली खां था। अकबर ने 1593-95 में अहमदनगर पर आक्रमण किया। 1601 में असीरगढ़ के किले को विजित किया। यह अकबर का अंतिम सैनिक अभियान था।

अकबर ने शासनकाल में 1564-67 में कई उजबेक विद्रोह हुए। 1573 में मिर्जा बेग एवं 1580 में बंगाल एवं बिहार में विद्रोह हुए। 1585 में अफगान बलूचियों ने विद्रोह किया। इसे दबाने के क्रम में बीरबल की हत्या हो गई। टोडरमल और मानसिंह ने इस विद्रोह को दबाया। 1599 में अकबर के पुत्र सलीम ने विद्रोह किया और बिना आज्ञा के अजमेर से इलाहाबाद चला गया। 1602 में सलीम के निर्देश पर ओरछा के बुंदेला सरदार वीरसिंह ने अबुल फजल की हत्या कर दी।

1575 में अकबर ने अपनी नई राजधानी फतेहपुर सीकरी में इबादतखाना बनाया। इबादतखाना में धार्मिक विषयों पर वाद-विवाद होता था। प्रत्येक रविवार को विभिन्न धर्मों के गुरु इबादतखाना में एकत्रित होते थे। 1578 में इबादतखाना को सभी धर्मों के लिए खोल दिया गया। उसने विभिन्न धर्म के आचार्यों को इबादतखाना में आमंत्रित किया। इनमें प्रमुख थे-देवी और पुरुषोत्तम (हिंदू), दस्तूर मेहर जी (पारसी), हरिविजय सूरी, जिनचन्द्र सूरी, विजयसेन सूरी एवं शांतिचंद्र (जैन) तथा एकाबीवा तथा मोंसेरात (ईसाई)। उसने हरिविजय सूरी को जगतगुरु की उपाधि तथा जिनचन्द्र सूरी को युग प्रधान की उपाधि प्रदान की। उसने दस्तूर जी मेहर को जीवन निर्वाह के लिए 200 बीघा जमीन अनुदान में दी थी।

1579 में अकबर ने मुल्लाओं से निपटने के लिए और अपनी स्थिति मजबूत बनाने के लिए महजर की घोषणा की। महजर को जारी करने की प्रेरणा शेख मुबारक तथा अबुल फजल से अकबर को मिली। महजर की घोषणा के बाद अकबर ने सुल्तान-ए-आदिल की उपाधि धारण की। महजर की घोषणा के अनुसार कुरान की व्याख्या करने वाले विद्वानों में मतैक्य न होने पर सर्वाधिक न्यायप्रिय शासक होने के कारण वह राज्य तथा जनता के हित में अंतिम

निर्णय लेने में सक्षम होगा। 1582 में इबादतखाना को बंद कर दिया गया। 1582 में अकबर ने विभिन्न धर्मों के सार संग्रह के रूप में दीन-ए-इलाही की घोषणा की जो एकेश्वरवाद पर आधारित था। दीन-ए-इलाही की स्थापना के पीछे अकबर का उद्देश्य 'सुलह-ए-कुल' अथवा सार्वभौमिक सहिष्णुता की भावना का प्रसार करना था। केवल बीरबल ने ही तौहीद-ए-इलाही की शिक्षा ली थी। 1583 में अकबर ने इलाही संवत् चलाया।

1562 में अकबर ने युद्धबंदियों को बलात दास बनाने की प्रथा पर प्रतिबंध लगा दिया। 1563 में अकबर ने हिंदू तीर्थयात्रियों पर से तीर्थयात्रा कर को समाप्त कर दिया। अबुल फजल के अनुसार 1564 में गैर-मुसलमानों से वसूल किए जाने वाले जजिया कर को अकबर ने समाप्त कर दिया। अकबर ने चिश्ती संप्रदाय को प्रश्रय दिया। प्रसिद्ध सूफी संत शेख सलीम चिश्ती के साथ अकबर का घनिष्ठ संबंध था।

1582 में अकबर ने 'दस्तूर-उल-अमल' की घोषणा की। 1580 में अकबर ने संपूर्ण साम्राज्य को 12 सूबों में विभाजित कर दिया-बंगाल, बिहार, इलाहाबाद, अवध, आगरा, दिल्ली, लाहौर, मुलतान, काबुल, अजमेर, मालवा और गुजरात। 1573-74 में गुजरात को जीतने के बाद अकबर ने किरोड़ी नामक अधिकारी की नियुक्ति की और इसी वर्ष मनसबदारी व्यवस्था आरंभ की। उसने जलाली नाम के सिक्के चलाए एवं मनसबदारी व्यवस्था को लागू किया। टोडरमल राजस्व मामलों का विशेषज्ञ था। उसने जब्ती प्रथा को जन्म दिया। अकबर के नवरत्न में बीरबल, अबुल फजल, फैजी, टोडरमल, भगवानदास, तानसेन, मानसिंह, अब्दुर्रहीम खान-ए-खाना आदि शामिल थे। महेशदास नामक ब्राह्मण को अकबर ने बीरबल की पदवी दी थी। तानसेन के समय में ही ध्रुपद गायन का विकास हुआ। अबुल फजल का भाई फैजी अकबर का राजकवि था। अकबर के समय में सिंहासन बत्तीसी, अथर्ववेद, बाइबिल, महाभारत, गीता, रामायण, पंचतंत्र, कुरान आदि का अनुवाद किया गया।

## जहांगीर (1605–1627 ई.)

जहांगीर का जन्म 1569 ई. फतेहपुर सीकरी में हुआ था। उसकी माता भारमल की बेटी हरकाबाई थी। उसे मरियम उज-जमानी की उपाधि दी गई थी। अकबर जहांगीर (सलीम) को शेखोबाबा कहकर पुकारता था। जहांगीर का राज्याभिषेक आगरा के किले में 1605 में हुआ। देश के सामान्य कल्याण तथा उत्तम प्रशासन के लिए बारह आदेशों के प्रवर्तन के साथ उसके शासन का शुभारंभ हुआ। 1606 में उसके पुत्र खुसरो ने लाहौर में विद्रोह कर दिया जिसे कुचल दिया गया। सिक्खों के पांचवें गुरु अर्जुनदेव के साथ बागी शहजादा खुसरो तनतास में ठहरा था और उनका आशीर्वाद प्राप्त किया था। अतः जहांगीर ने पहले जुर्माना किया लेकिन जुर्माना अदा करने से इंकार करने पर गुरु अर्जुनदेव को फांसी दे दी गई। उसी के शासनकाल में न्याय की जंजीर नाम से एक सोने की जंजीर आगरा दुर्ग के शाहबुर्ज तथा यमुना के तट पर

एक पत्थर के खंभे के बीच लगवाई गई। 1611 में मिर्जा ग्यास बेग की पुत्री मेहरूनिसा के साथ जहांगीर का विवाह हुआ। मेहरूनिसा के पति शेर अफगान की हत्या के बाद जहांगीर ने उससे विवाह किया। सम्राट ने उसे नूरमहल की उपाधि दी जिसे बाद में बदलकर नूरजहां कर दिया गया। 1613 में नूरजहां को पादशाह बेगम की उपाधि दी गई तथा उसके नाम से सिक्के ढ़ाले गए। नूरजहां के प्रभाव से उसके पिता मिर्जा गयास बेग को एतमाद-उद् दौला की प्रभावशाली उपाधि तथा उसके भाई को आसफ खां की उपाधि मिली। नूरजहां गुट में एत्‌माद-उद-दौला अस्मत बेगम (नूरजहां की मां) आसफ खां तथा शहजादा खुर्रम शामिल था।

जहांगीर ने अपना प्रथम सैनिक अभियान मेवाड़ के राणा प्रताप के पुत्र राणा अमरसिंह के विरुद्ध शुरू किया। 1613–1615 में शहजादा खुर्रम के नेतृत्व में किया गया मेवाड़ अभियान सफल रहा। राणा ने मुगलों की अधीनता स्वीकार कर ली। राणा पर वैवाहिक संबंधों के लिए दबाव नहीं डाला गया। राणा ने शुभकरण एवं हरिदास को जहांगीर के दरबार में भेजा। राणा के पुत्र युवराज कर्ण को 5000 जात एवं 5000 सवार का मनसब मिला। मेवाड़ और चित्तौड़ के किले राणा को वापस मिले पर उसकी मरम्मत पर प्रतिबंध लगा दिया गया। जहांगीर को दक्कनी राज्यों में कुछ विशेष सफलता नहीं मिली।

1622 ई. में शाह अब्बास ने कंधार जीत लिया। 1623 में खुर्रम ने जहांगीर के कंधार जीतने के आदेश को मानने से इंकार कर दिया। इसी समय खुर्रम ने खुसरो की हत्या कर दी। 1626 में महावत खां ने विद्रोह कर दिया। दक्कन अभियान की सफलता के बाद खुश होकर जहांगीर ने खुर्रम को शाहजहां की उपाधि प्रदान की थी। 1627 में भीमवार नामक स्थान पर जहांगीर की मृत्यु हो गई। उसे शाहदरा के मकबरे में दफनाया गया। उसने मनसबदारी व्यवस्था में दु-अस्पा एवं सि-अस्पा की शुरूआत की। उसने कश्मीर में शालीमार बाग की नींव रखी। उसने अपनी आत्मकथा तुजुक-ए-जहांगीरी की रचना फारसी में की। उसके शासनकाल में विलियम हॉकिन्स, विलियम फिंच, सर टॉमस रो, एडवर्ड टैरी आदि यूरोपीय यात्री आए। जहांगीर ने हॉकिन्स को 400 का मनसब प्रदान किया था। नूरजहां की मां अस्मत बेगम को इत्र के आविष्कार की जननी कहा जाता था।

## शाहजहां (1627–1658 ई.)

शाहजहां के बचपन का नाम खुर्रम था। उसका जन्म 1592 ई. में लाहौर में हुआ था। उसकी माता जगत गोसाईं जोधपुर के राजा उदयसिंह की पुत्री थी। 1612 में उसका विवाह आसफ खां की पुत्री अर्जुमन्द बानो बेगम के साथ हुआ, जिसे शाहजहां ने मलिका-ए-जमानी की उपाधि प्रदान की थी। उसे मुमताज महल के नाम भी जाना जाता है। 1628 में आगरा में उसका राज्यारोहण हुआ। उसके शासनकाल में पहला विद्रोह खान-ए-जहां लोदी का था।

1628–29 में जुझार सिंह के नेतृत्व में बुंदेलों ने विद्रोह किया। 1632 में उसने हुगली में पुर्तगालियों के विरुद्ध अभियान किया एवं उन्हें पराजित किया। 1633 ई. में अहमदनगर का मुगल साम्राज्य में विलय हो गया। बीजापुर एवं गोलकुंडा ने भी मुगलों की अधीनता स्वीकार कर ली। 1638 ई. में कंधार पर मुगलों का अधिकार हो गया पर शाह अब्बास द्वितीय ने 1648 में कंधार को फिर से जीत लिया।

शाहजहां के 4 पुत्रों के अलावा तीन पुत्रियां जहांआरा दारा शिकोह की समर्थक, रोशनआरा औरंगजेब की समर्थक तथा गोहनआरा मुराद की समर्थक थीं। धरमत के मैदान में 15 अप्रैल, 1658 को मुराद और औरंगजेब की संयुक्त सेना का मुकाबला दारा शिकोह की सेना, जिसका नेतृत्व जसवंत सिंह तथा कासिम खां कर रहे थे, के मध्य हुआ। युद्ध का परिणाम औरंगजेब के पक्ष में रहा। सामूगढ़ के युद्ध में 29 मई, 1658 को दारा एक बार पुनः पराजित हुआ। औरंगजेब ने शाहजहां को आगरा के किले में कैद कर लिया।

शाहजहां के शासनकाल में फ्रांसीसी यात्री बर्नियर, टेवर्नियर तथा इटली के मनूची ने भारत की यात्रा की। शाहजहां के सिंहासन 'तख्ताऊस' में विश्व का सर्वाधिक महंगा हीरा कोहिनूर लगा था। शाहजहां ने तीर्थयात्रा कर पुनः लगाया। उसने सिजदा और पाबोस की प्रथा समाप्त कर दी और उसके स्थान पर चहार–तस्लीम की प्रथा शुरू की। इसी समय इलाही संवत् के स्थान पर हिजरी संवत् प्रारंभ हुआ। दारा शिकोह कादिरी संप्रदाय से संबद्ध था। दारा ने सफीनत उल औलिया, सकीनत उल औलिया, मज्म–उल–बहरीन आदि पुस्तकें लिखीं। दारा ने अथर्ववेद एवं उपनिषदों का फारसी में अनुवाद कराया। सिर्र–ए–अकबर उपनिषदों का फारसी अनुवाद है।

## औरंगजेब (1658–1707 ई.)

औरंगजेब का जन्म 1618 में उज्जैन के निकट दोहाद में हुआ था। 1637 में उसका विवाह फारस राजघराने में दिलरास बानो बेगम के साथ हुआ। उसका राज्याभिषेक 1658 तथा 1659 में दो बार हुआ था। आगरा पर अधिकार के पश्चात 1658 में उसने आलमगीर की उपाधि धारण की। उसने सिक्कों पर कलिमा अभिलिखित कराने की प्रथा समाप्त कर दी तथा पारसी नववर्ष नौरोज का आयोजन भी बंद करा दिया। तुलादान उत्सव तथा झरोखा दर्शन भी बंद हो गया। 1665 में एक राज्यादेश द्वारा विक्रय योग्य माल पर मुस्लिम व्यापारियों के लिए सीमा शुल्क दो प्रतिशत तथा हिंदू व्यापारियों के लिए 5 प्रतिशत निर्धारित किया गया। 1667 में मुस्लिम व्यापारियों पर से शुल्क पूर्णतः हटा दिया गया। 1668 में हिंदू त्यौहारों के मनाने पर रोक लगा दी। 1679 में हिंदुओं पर जजिया लगाया गया। पर 1704 में दक्कन में यह कर उठा किया गया। 1669–70 में गोकला के नेतृत्व में मथुरा क्षेत्र में जाट किसानों, 1672 में पंजाब के

सतनामी किसानों तथा बुंदेलखंड में चंपतराय और छत्रसाल बुंदेला के नेतृत्व में विद्रोह हुआ। ये विद्रोह कुव्यवस्था तथा औरंगजेब की प्रतिक्रियावादी नीतियों के परिणाम थे।

औरंगजेब ने मारवाड़ के राजा जसवंत सिंह की मृत्यु के बाद उसके पुत्र अजीतसिंह की वैधता को अस्वीकार कर दिया। दुर्गादास के नेतृत्व में मारवाड़ ने औरंगजेब के खिलाफ संघर्ष किया। 1686 में बीजापुर को मुगल साम्राज्य में शामिल किया गया। वहाँ का शासक सिकंदर आदिलशाह था। 1687 में गोलकुंडा का पतन हुआ, यहां का शासक अबुल हसन कुतुबशाह था। मदन्ना तथा अकन्ना नामक ब्राह्मणों के हाथों में गोलकुंडा के शासन की बागडोर थी। 1685 में जाटों ने पुनः राजाराम तथा उसके भतीजे चूड़ामन के नेतृत्व में विद्रोह किया। उन्होंने 1688 में सिकंदरा स्थित अकबर की कब्र की लूटपाट की। चूड़ामन ने ही स्वतंत्र भरतपुर जाट राज्य की स्थापना की। 1675 में औरंगजेब ने गुरु तेगबहादुर को प्राणदंड दे दिया। 1681 में शाहजादा अकबर ने विद्रोह कर अजमेर में अपने को भारत का सम्राट घोषित कर दिया। राठौर दुर्गादास तथा मराठा शासक शम्भाजी ने शाहजादा अकबर को शरण दी। अंततः शाहजादा अकबर फारस चला गया। 1686 में औरंगजेब ने अंग्रेजों को हुगली में परास्त कर उन्हें बाहर खदेड़ दिया। औरंगजेब 'जिन्दापीर' के नाम से जाना जाता था। उसने सती प्रथा को प्रतिबंधित किया। मनूची के अनुसार उसने वेश्याओं को शादी कर घर बसाने का आदेश दिया। 1669 में बनारस स्थित विश्वनाथ मंदिर तथा मथुरा का केशवराय मंदिर तोड़ा गया। उसने झरोखा दर्शन व संगीत पर रोक लगा दी। उसके काल में जागीरदारी संकट बढ़ गया। 1707 ई. में अहमदनगर में उसकी मृत्यु हो गई।

## मुगल प्रशासन

मुगल शासन एक केंद्रीकृत व्यवस्था थी। शासन में बादशाह की भूमिका असीम होती थी। प्रशासनिक कार्यों में राजा की सहायता हेतु एक मंत्रिपरिषद् थी जिसे 'विजारत' कहा जाता था। बादशाह के बाद वकील का पद सबसे महत्वपूर्ण था। 1578 में अकबर ने वकील के पद को समाप्त कर दिया तथा एक नए पद 'दीवान-ए-वजीरात कुल' का सृजन किया जो वित्तीय मामलों को देखता था। दीवान वित्त मंत्री था। वह शाही खजाने का प्रबंधक होता था। अकबर के समय में मुज्जफर खां, टोडरमल और शाह मंसूर इस पद पर रह चुके थे। दीवान-ए-खालसा और दीवान-ए-जागीर उसकी सहायता करते थे। मीर बख्शी सेना का प्रधान था। काजी न्याय विभाग का प्रधान होता था। उसकी सहायता के लिए मुफ्ती नियुक्त किए जाते थे। सद्र धार्मिक विभाग का प्रधान था। मीर समां शाही महल एवं कारखाने का प्रधान था। सद्र-उस-सुदूर बादशाह के दान विभाग का प्रमुख था। मुहतसिब-जनसाधारण के आचरण का निरीक्षक था। मुस्तौफी लेखपाल तथा मीरबहर नौसेनाध्यक्ष था।

मुगलों का प्रांतीय शासन केंद्रीय शासन का ही प्रतिरूप था। सूबेदार प्रांतीय प्रशासन का मुख्य अधिकारी था। अन्य अधिकारी थे–प्रांतीय दीवान, बख्शी, सद्र एवं कोतवाल। दक्कन

विजय के बाद अकबर के प्रांतों की संख्या 15 थी। नए प्रांत थे–खानदेश, अहमदनगर तथा बरार। शाहजहां के शासनकाल में तीन नए सूबे/प्रांत बनाए गए–कश्मीर, थट्टा तथा उड़ीसा। औरंगेजब के शासनकाल में सूबों की संख्या 21 हो गई। नए सूबे थे–असम, बीजापुर तथा गोलकुंडा। सूबा सरकारों में, सरकार परगनों या महलों तथा परगना दस्तूरों में विभाजित थे। गांव प्रशासन की सबसे छोटी इकाई थी। शाहजहां के शासनकाल में परगना तथा सरकार के मध्य चकला नामक प्रशासनिक इकाई की स्थापना की गई थी। अमलगुजार सरकार में राजस्व का प्रमुख अधिकारी था। बितिकची अमलगुजार का सहयोगी था। शिकदार परगने के प्रशासन का प्रमुख अधिकारी था। मुकद्दम ग्राम प्रशासन का प्रमुख था। पटवारी गांव की भूमि का लेखा–जोखा रखते थे।

अकबर के उमरा वर्ग में तूरानी (मध्य एशियाई), अफगान, शेखजादे (भारतीय मुसलमान) ईरानी तथा राजपूत शामिल थे। सर्वप्रथम जहांगीर के शासनकाल में अमीर वर्ग में मराठाओं का प्रवेश हुआ। मुगलकालीन अमीर वर्गों का गठन मनसबदारी व्यवस्था के अंतर्गत होता था। जिन अमीरों को नकदी वेतन मिलता था वे नकदी अमीर तथा जागीर के रूप में वेतन प्राप्त करने वाले अमीर जागीरदार कहलाते थे। जागीरदारी प्रथा का आरंभ अकबर के समय हुआ जिसके माध्यम से भू-राजस्व के वितरण से वेतन भुगतान किया जाता था। वेतन जागीर तथा अलतमगा जागीर पर वंशानुगत अधिकार होता था। अलतमगा जागीर प्रदान करने की प्रथा जहांगीर द्वारा प्रारंभ की गई। जमींदारों का हक वंशानुगत होता था। वे अपने क्षेत्र से मालगुजारी वसूलकर शाही खजाने में जमा कराते थे। जमींदारों को उत्पादन में हिस्सेदारी मिलती थी। भूमिकर राज्य की आय के प्रमुख स्रोत था। खालसा भूमि पर राज्य का सीधा नियंत्रण होता था तथा उसे राजा एवं राजा के परिवार पर खर्च किया जाता था। जागीर भूमि राज्य के अधिकारियों को दी जाती थी। मदद-ए-माश या सयूरगल भूमि धार्मिक व्यक्तियों को अनुदान में दी जाती थी तथा लगान मुक्त थी।

बर्नियर के अनुसार मुगलकाल में संपूर्ण भूमि पर बादशाह का अधिकार होता था। अकबर मुगल भू-राजस्व व्यवस्था का संस्थापक था। प्रारंभ में अकबर ने शेरशाह की भू-राजस्व व्यवस्था को अपनाया, जिसमें खेतों की पैमाइश तथा उत्पादकता के आधार पर भू-राजस्व का निर्धारण किया जाता था। 1573 में वार्षिक भू-राजस्व निर्धारण बंद कर दिया गया तथा संपूर्ण उत्तर भारत में किरोड़ियों को नियुक्त किया गया जो एक करोड़ दाम की वसूली करते थे। 1580 में अकबर द्वारा आइन-ए-दहसाला पद्धति अपनाई गई। यह प्रणाली जब्ती प्रथा का संशोधित रूप थी।

मुगलकाल में राजस्व निर्धारण की चार प्रणालियां प्रचलित थीं-बटाई/गल्ला बख्शी, जब्ती, कनकूत तथा नस्क। भूमि का वर्गीकरण पोलज, परती, चांचर तथा बंजर में किया गया था। कनकूत व्यवस्था में खेतों को पगों से नापकर प्रतिबीघा अनुमान लगाकर भू-राजस्व का निर्धारण किया जाता था। नस्क में सालाना पैमाइश अनावश्यक समझी जाती थी। मुगलकाल

में हस्तांतरण की जानेवाली जागीर भूमि को पैबाकी कहा जाता था। आइन-ए-दहसाला में वास्तविक उत्पादन, स्थानीय कीमतें तथा उत्पादकता को आधार बनाया गया था। अलग-अलग फसलों के पिछले 10 वर्ष के उत्पादन और इसी अवधि में उनकी कीमतों का औसत निकालकर औसत के आधार पर उपज का 1/3 भू-राजस्व होता था। यह प्रणाली लाहौर से कड़ा (इलाहाबाद) तथा मालवा एवं गुजरात में लागू थी। शाहजहां के शासनकाल में भू-राजस्व वसूली की इजारेदारी (ठेकेदारी) प्रथा की शुरूआत हुई। अकबर के शासनकाल के 31वें वर्ष में भूमि की माप हेतु इलाही गज का प्रयोग शुरू हुआ जो 33 इंच के बराबर था। दक्षिण भारत में भूमि की माप हेतु कोवाड़ प्रयुक्त होता था।

मुगलकाल में सैनिक विभाग का प्रधान मीर बख्शी होता था। दाखिली राज्य से वेतन पाने वाले सिपाही थे। अहदी बादशाह की व्यक्तिगत सुरक्षा में लगे सिपाही थे। एक प्रभावशाली नौसेना का अभाव मुगल सैन्य व्यवस्था की सबसे बड़ी कमजोरी थी। मनसबदारी व्यवस्था का उद्भव संभवतः चंगेज खां के समय में हुआ जिसने अपनी सेना को दशमलव पद्धति के आधार पर गठित किया। जात का अभिप्राय पद से तथा सवार का अर्थ घुड़सवारों की संख्या से है जो मनसबदार को रखने पड़ते थे। 500 से नीचे जात श्रेणी के मनसबदार मनसबदार, 500 से 2500 जात तक के मनसबदार अमीर तथा 5000 जात से अधिक श्रेणी वाले मनसबदार अमीर-ए-उम्दा कहलाते थे। अपने व्यक्तिगत वेतन से ही मनसबदारों को एक निश्चित संख्या में घोड़े, हाथी आदि रखने पड़ते थे। जहांगीर ने दुअस्पा, सि-अस्पा व्यवस्था शुरू की। शाहजहां के शासनकाल में भी मनसबदारी व्यवस्था में कुछ परिवर्तन किए गए जिसके तहत जात की संख्या में बिना वृद्धि किए सवारों की संख्या में वृद्धि की गई थी। औरंगजेब के शासनकाल में सर्वाधिक मनसबदार थे। सवार पद में अतिरिक्त वृद्धि को 'मशरूत' कहा जाता था। खुदकाश्त अपनी जमीन पर खेती करते थे। पाहिकाश्त दूसरे गांव जाकर कृषि कार्य करते थे। मुजारियान खुदकाश्त किसानों से भूमि किराए पर लेकर खेती करते थे। सिंचाई के साधनों में कुंओं, तालाबों तथा नहरों का प्रयोग होता था। साथ ही रहट का भी प्रयोग होता था। मुगलकाल का मुख्य व्यवसाय सूती कपड़ा था। ढाका मलमल के लिए तथा कश्मीर एवं लाहौर शाल तथा गलीचा उद्योग के लिए प्रसिद्ध था। मुगलकाल में सोने की मुहरें, चांदी के रुपये तथा तांबे के दाम प्रचलन में थे। अकबर ने चांदी का जलाली सिक्का चलाया। इलाही स्वर्ण निर्मित सिक्का था। शाहजहां ने रुपये तथा दाम के मध्य 'आना' नामक सिक्का प्रचलित किया। दैनिक लेनदेन में तांबे का दाम प्रयुक्त होता था। जहांगीर ने निसार नामक सिक्का चलाया। दमड़ी दाम का आठवां भाग था।

## मुगलकालीन कला एवं संस्कृति

मुगलकाल को भारतीय स्थापत्य का क्लासिक युग माना जाता है। इस काल के स्थापत्य में मध्य एशिया के इस्लामी एवं भारतीय कला का मिश्रित रूप देखने को मिलता है। इस काल

| मुगल शासकों का मकबरा | |
|---|---|
| **मुगल शासक** | **मकबरा** |
| बाबर | काबुल |
| हुमायूं | दिल्ली |
| शेरशाह | सहसराम (बिहार) |
| अकबर | सिकन्दरा (आगरा के समीप) |
| जहांगीर | शाहदरा (लाहौर के समीप) |
| शाहजहां | आगरा |
| औरंगजेब | औरंगाबाद |

में भवन निर्माण सामग्री के रूप में पत्थर के अलावा पलस्तर तथा गचकारी पर विशेष ध्यान दिया गया। भवन साज-सज्जा के संदर्भ में संगमरमर के पत्थर पर जवाहरात से की गई जड़ावट (पित्राडुरा) को विशेष महत्व दिया गया। बाबर के शासनकाल में आगरा, धौलपुर तथा ग्वालियर में भवन निर्माण किया गया। पानीपत तथा आगरा में मस्जिद निर्माण किया गया। प्रतिकूल राजनीतिक परिस्थितियों के कारण हुमायूं को कोई महत्वपूर्ण निर्माण कार्य आरंभ करने का अवसर नहीं मिला। फिर भी उसने दिल्ली में दीनपनाह नगर का निर्माण करवाया। शेरशाह के शासनकाल में पुराना किला का निर्माण किया गया। इसी किले के भीतर किला-ए-कुहना मस्जिद स्थित है। सहसराम स्थित शेरशाह का मकबरा हिंदू-मुस्लिम वास्तुकला का विशिष्ट उदाहरण है। अकबर के शासनकाल में मुगल वास्तुशिल्प का स्पष्ट विकास हुआ। हुमायूं के मकबरे का निर्माण अकबर के शासनकाल में हाजीबेगम के निरीक्षण में हुआ। इस मकबरे के चारों ओर पहली बार चहारदीवारी का निर्माण किया गया। साथ ही चारों ओर पेड़ भी लगवाए गए। दोहरी गुम्बद वाला यह भारत में पहला मकबरा है। भारत में चारबाग शैली का यह पहला मकबरा है। आगरा के किले (अकबर) का निर्माण 1565 में आरंभ हुआ तथा 1573 में समाप्त हुआ। इसका पश्चिमी दरवाजा दिल्ली दरवाजा कहलाता है। इसके भीतर अकबरी महल तथा जहांगीरी महल स्थित हैं। लाहौर तथा इलाहाबाद में भी अकबर द्वारा किले का निर्माण किया गया।

1572 में अकबर ने अपनी नई राजधानी फतेहपुर सीकरी की स्थापना की। इस नगर में जोधाबाई का महल, मरियम का महल, बीरबल का महल, पंचमहल, खास महल, जामा मस्जिद, बुलंद दरवाजा, शेख सलीम चिश्ती का मकबरा, दीवान-ए-आम, दीवान-ए-खास आदि स्थित हैं। पंचमहल का निर्माण बौद्ध भवन निर्माण योजना के आधार पर हुआ। जामा मस्जिद का दक्षिणी प्रवेश द्वार बुलंद दरवाजा कहलाता है जिसकी लंबाई 176 फीट है। यह लाल बलुआ पत्थर से निर्मित है। आगरा से 6 किमी. पश्चिम में सिकंदरा में अकबर का मकबरा है जिसे जहांगीर ने 1613 ई. में पूरा कराया। जहांगीर के शासनकाल में लाल बलुआ पत्थर के स्थान पर संगमरमर का प्रयोग होने लगा। लाहौर के निकट शाहदरा में जहांगीर का मकबरा है। एत्मादुद्दौला का मकबरा आगरा में नूरजहां के द्वारा बनवाया गया। यह पूर्णतः संगमरमर से निर्मित प्रथम मकबरा है। पित्रादुरा का प्रथम प्रयोग एतमादुद्दौला के मकबरे में हुआ।

शाहजहां के शासनकाल में सफेद संगमरमर का प्रयोग होने लगा। संगमरमर जोधपुर के मकराना से लाया जाता था। शाहजहां ने आगरा के लाल किले में दीवान-ए-आम, दीवान-ए-खास, शीश महल, अंगूरी बाग तथा मोती मस्जिद का निर्माण करवाया। आगरा के किले का दीवान-ए-आम संगमरमर का बनवाया गया प्रथम भवन है। 1639 में शाहजहां ने अपनी नवीन राजधानी शाहजहांनाबाद की नींव रखी जो 1648 में बनकर पूरा हुआ। इस नगर के भीतर लाल किले का निर्माण किया गया। मुगलों द्वारा निर्मित यह अंतिम किला था। इसमें लाल बलुआ पत्थर तथा संगमरमर दोनों का प्रयोग हुआ है। इस किले के भीतर दीवान-ए-आम, मुमताज महल, रंग महल आदि हैं। दीवान-ए-खास में एक लाख तोले स्वर्ण तथा रत्नों से निर्मित तख्त-ए-ताउस मयूर सिंहासन स्थापित किया गया था। यहां के किले के दीवान-ए-खास के बारे में अमीर खुसरो ने लिखा है कि अगर धरती पर कहीं स्वर्ग है तो वह यहीं है, यहीं है, यहीं है। इसी भवन में पहली बार बहुस्तरीय मेहराब का प्रयोग हुआ है। इस पर ईरानी कला का प्रभाव दृष्टिगोचर होता है। दिल्ली के जामा मस्जिद का निर्माण भी शाहजहां ने करवाया। आगरा स्थित शाहजहां की पत्नी अर्जुमंदबानो बेगम का मकबरा ताजमहल सर्वोत्कृष्ट है। इसका निर्माण 1632 ई. में आरंभ हुआ। इसके निर्माण के पूर्ण होने में 20 वर्ष का समय लगा। उस्ताद अहमद लाहौरी ने इसकी डिजाइन तैयार की थी। शाहजहां ने उसे नादिर-उल-अस्र की उपाधि दी थी।

औरंगजेब के शासनकाल में दिल्ली के लालकिला में मोती मस्जिद और लाहौर में बादशाही मस्जिद का निर्माण किया गया। औरंगाबाद स्थित औरंगजेब की पत्नी रबिया दुर्रानी का मकबरा दक्षिण का ताजमहल कहलाता है।

**चित्रकला** : बाबर ने अपनी पुस्तक में बेहजाद तथा शाह मुजफ्फर नामक चित्रकारों की चर्चा की है। बेहजाद को पूर्व का रफेल कहा जाता था। वस्तुतः मुगल चित्रकला शैली की नींव हुमायूं ने रखी। उसने अफगानिस्तान तथा फारस में अपने प्रवास के दौरान मीर सैयद अली तथा अब्दुस समद नामक दो ईरानी चित्रकारों की सेवाएं लीं। मुगलकालीन चित्र संग्रह 'दास्तान-ए-अमीर हम्जा' या हम्जनामा में 1200 चित्र हैं। हुमायूं ने मीर सैयद अली को नादिर-उल-अस्र तथा अब्दुस समद को शीरी कलम की उपाधि दी। अकबरकालीन चित्रकारों में दसवंत, बसावन, लाल, मुकुन्द आदि प्रमुख थे। दसवंत अकबर के दरबार का अग्रणी चित्रकार था। उसने विक्षिप्त होकर आत्महत्या कर ली थी। जहांगीर ने हेरात के अगारजा की देखरेख में आगरा में एक चित्रशाला की स्थापना की। उसके दरबार में फारुख बेग, दौलत, मनोहर दास, बिशनदास, मंसूर, अबुल हसन आदि प्रसिद्ध चित्रकार थे। जहांगीर ने उस्ताद मंसूर को नादिर-उल-अस्र तथा अबुल हसन को नादिर-उल-जमा की उपाधि से सम्मानित किया। इसी काल में बिशनदास को फारस के शाह का छवि चित्र बनाने हेतु फारस भेजा गया। मनोहर तथा बिशनदास छवि चित्र बनाने में श्रेष्ठ थे। मंसूर दुर्लभ पक्षियों के चित्र बनाने में निपुण था। जहांगीर चित्र के किसी एक भाग की कृति के बारे में भी बता सकता था।

हम्जनामा के चित्रण का कार्य मीर सैयद अली के निर्देशन में आरंभ हुआ जो ख्वाजा अब्दुस समद के निर्देशन में पूरा हुआ। अबुल फजल के अनुसार अकबर के दरबार में 17 कलाकार थे। इस काल की कला पर पुर्तगाली प्रभाव परिलक्षित होता है, जैसे-1. व्यक्ति विशेष का चित्र बनाना। 2. दृश्य में आगे दिखने वाली वस्तुओं को छोटा दिखाना। यूरोपीय चित्रकला के फलस्वरूप यीशू के जन्म, कुमारी मरियम एवं शिशु तथा प्रभामंडल का चित्रण किया गया। मुगल चित्रकला ने तैल चित्रकला को नहीं अपनाया।

जहांगीर के काल में छवि चित्रण पर अधिक बल दिया गया। चित्रों का संकलन मोरक्का कहलाता था। तुजुक-ए-जहांगीरी की पांडुलिपि का चित्रण किया गया। दौलत नामक चित्रकार ने बादशाह के आदेश पर अपने साथी चित्रकार बिशनदास, गोवर्धन एवं अबुल हसन के चित्र बनाए थे। मनोहर, नन्हा तथा फार्रुख बेग छवि चित्रकार थे।

**संगीत** : अकबर संगीत का प्रेमी था। उसके शासनकाल में संगीत का काफी विकास हुआ। तानसेन और बाजबहादुर उसके दरबार के प्रमुख संगीतकार थे। अबुल फजल के अनुसार अकबर के दरबार में 36 संगीतकार थे। तानसेन ध्रुपद शैली के प्रमुख गायक थे। उनके आरंभिक गुरु हरिदास स्वामी थे। तानसेन का मूल नाम रामतनु पांडेय था। वे रींवा के राजा रामचंद्र देव के दरबारी गायक थे। उन्होंने रुद्रवीणा नामक वाद्ययंत्र का आविष्कार किया। उन्होंने मियां की मल्हार एवं मियां की तोड़ी नामक राग बनाई। तानसेन के पुत्र विलास खां एवं दामाद लाल खां शाहजहां के दरबारी थे। लाल खां को उसने गुण समंदर की उपाधि दी। पंडित जगन्नाथ एवं पंडित सुखदेव प्रमुख दरबारी संगीतकार थे। पंडित जगन्नाथ को महाकविराय की उपाधि दी गई थी। औरंगजेब इस्लामी मूल्यों को बढ़ावा देने के कारण संगीत का विरोधी था। उसने संगीत पर पूर्ण रोक लगा दी। औरंगजेब एक कुशल वीणा वादक था। उसी के काल में मान कुतुहल का अनुवाद रागदर्पण नाम से हुआ।

**मुगलकालीन बाग** : मुगलशासक प्रकृति प्रेमी थे। उन्होंने अपने शासनकाल में कई सुंदर बाग लगवाए। बाद के काल में यह स्थापत्य कला का एक प्रमुख हिस्सा बन गया और बड़े भवनों के साथ बाग भी लगवाए गए। बाबर ने आगरा में हस्त-वहीस्त नामक बाग लगवाया। इसे रामबाग के नाम से भी जाना जाता है। शालीमार एवं निशात बाग जहांगीर के काल में श्रीनगर में लगाए गए। ये बाग आज भी अपनी प्राकृतिक सुषमा के लिए विख्यात हैं। शाहजहां ने लाहौर में शालीमार बाग लगवाया। हयात बख्श दिल्ली के लालकिले के अंदर स्थित बाग है। दारा शिकोह ने कश्मीर में एक बाग लगवाया जिसे वजीर बाग कहा जाता है। जेब्बुनिसा ने लाहौर के निकट चहार बुर्जी बाग लगवाया। हुमायूं के मकबरे में पहली बार चार बाग शैली का प्रयोग किया गया। इसका सबसे सुंदर उपयोग ताजमहल के निर्माण में किया गया। यह ताजमहल की सुंदरता में चार चांद लगाता है।

## मुगलकालीन स्थापत्य

| निर्माण | स्थान | निर्माता |
|---|---|---|
| जामी मस्जिद | संभल | बाबर |
| काबुली बाग | पानीपत | बाबर |
| दीनपनाह | दिल्ली | हुमायूं |
| आगरे की मस्जिद | आगरा | हुमायूं |
| पुराना किला | दिल्ली | शेरशाह |
| किला-ए-कुहना | दिल्ली | शेरशाह |
| शेरशाह का मकबरा | सासाराम | शेरशाह |
| हुमायूं का मकबरा | दिल्ली | हाजी बेगम |
| आगरे का किला | आगरा | अकबर |
| फतेहपुर सीकरी | आगरा के निकट | अकबर |
| जहांगीरी महल | आगरा | अकबर |
| जोधाबाई का महल | फतेहपुर सीकरी | अकबर |
| मरियम की कोठी | फतेहपुर सीकरी | अकबर |
| बीरबल का महल | फतेहपुर सीकरी | अकबर |
| पंचमहल | फतेहपुर सीकरी | अकबर |
| तुर्की सुल्तान की कोठी | फतेहपुर सीकरी | अकबर |
| खास महल | फतेहपुर सीकरी | अकबर |
| जामा मस्जिद | फतेहपुर सीकरी | अकबर |
| बुलन्द दरवाजा | फतेहपुर सीकरी | अकबर |
| सलीम चिश्ती का मकबरा | फतेहपुर सीकरी | अकबर |
| इस्लामशाह का मकबरा | फतेहपुर सीकरी | अकबर |
| अकबर का मकबरा | सिकंदरा | जहांगीर |
| एतमादुद्दौला का मकबरा | आगरा | नूरजहां |
| जहांगीर का मकबरा | शाहदरा (लाहौर) | नूरजहां |
| शीशमहल | आगरा | शाहजहां |
| खासमहल | आगरा | शाहजहां |
| मुसम्मन बुर्ज | आगरा | शाहजहां |
| नगीना मस्जिद | आगरा | शाहजहां |
| मोती मस्जिद | आगरा | शाहजहां |
| जामा मस्जिद | आगरा | शाहजहां |
| ताजमहल | आगरा | शाहजहां |

| निर्माण | स्थान | निर्माता |
|---|---|---|
| शाहजहांनाबाद | दिल्ली | शाहजहां |
| लाल किला | दिल्ली | शाहजहां |
| रंगमहल | दिल्ली | शाहजहां |
| जामा मस्जिद | दिल्ली | शाहजहां |
| मोती मस्जिद | दिल्ली | औरंगजेब |
| बादशाही मस्जिद | लाहौर | औरंगजेब |
| रबिया-उद-दौरानी का मकबरा | औरंगाबाद | औरंगजेब |

## मुगलकालीन साहित्य

| रचना | रचनाकार |
|---|---|
| बाबरनामा | बाबर |
| हुमायूंनामा | गुलबदन बेगम |
| तारीख-ए-रसीदी | मिर्जा हैदर दोगलत |
| कानूने हुमायूंनी | खोंदमीर |
| ताजकिरात-उल-वाकयात | जौहर आफतावची |
| वाकयात-ए-मुश्ताकी | रिज कुल्लाह मुश्ताकी |
| तोहफा-ए-अकबरशाही | अब्बास खां शेरवानी |
| तारीख-ए-शाही | अहमद यादगार |
| नफाइस-उल-मासिर | मीर अलाउद्दीन कजवीनी |
| तारीख-ए-अल्फी | मुल्ला दाऊद |
| अकबरनामा | अबुल फजल |
| आईन-ए-अकबरी | अबुल फजल |
| तबकात-ए-अकबरी | निजामुद्दीन अहमद |
| मुन्तखब-उत-तवारीख | अब्दुल कादिर बदायूंनी |
| तुजुक-ए-जहांगीरी | जहांगीर, मौतमिद खां |
| इकबालनामा-ए-जहांगीरी | मौतमिद खां बख्शी |
| पादशाहनामा | अब्दुल हमीद लाहौरी |
| बादशाहनामा | मुहम्मद अमीन कजवीनी |
| तारीख-ए-शाहजहांनी | सादिक खां |
| चहार चमन | चंद्रभान |
| शाहजहांनामा | इनायत खां |
| आलमगीरनामा | काजिम शिराजी |
| वाकयात-ए-आलमगीरी | अकिल खां |

| रचना | रचनाकार |
|---|---|
| मुन्तखब-उल-लुबाब | खाफी खां |
| फतुहात-ए-आलमगीरी | ईश्वरदास नागर |
| नुस्खा-ए-दिलकुशा | भीमसेन सक्सेना |
| मासिर-ए-आलमगीरी | साकी मुस्तइद खां |
| मज्मा-उल-बहरीन | दारा शिकोह |

इस काल में प्रसिद्ध रचनाओं का फारसी अनुवाद भी हुआ।

| रचना | अनुवाद | अनुवादक |
|---|---|---|
| रामायण | – | बदायूंनी |
| अथर्ववेद | – | सरहिंदी |
| महाभारत | रज्मनामा | बदायूंनी, नकीब खां, अब्दुल कादिर |
| लीलावती | – | फैजी |
| तुजुक-ए-बाबरी | – | अब्दुल रहीम खानखाना, पायंदा खां |
| राजतरंगिणी | – | शाह मुहम्मद शाहाबादी |

इस काल में हिंदी एवं अन्य क्षेत्रीय भाषाओं में भी प्रभृत साहित्य की रचना हुई।

| रचना | रचनाकार |
|---|---|
| चौरासी वैष्णवों की वार्ता | बिट्ठलनाथ |
| कविता रत्नाकर | सेनापति |
| कविंद्र कल्पतरू | कविंद्र आचार्य |
| कविप्रिया, रसिक प्रिया, अलंकार मंजरी | केशवदास |
| रामचंद्रिका | केशवदास |
| रास पंचाध्यायी | नंददास |
| प्रेमवर्तिका | रसखान |
| रामचरितमानस | तुलसीदास |
| विनयपत्रिका | तुलसीदास |
| रामलला नहछू | तुलसीदास |
| गीतावली | तुलसीदास |
| कवितावली | तुलसीदास |
| पद्मावत | मलिक मुहम्मद जायसी |
| सूर सागर | सूरदास |
| साहित्य लहरी | सूरदास |

बीरबल अकबर के दरबार का प्रमुख कवि था। उसे कविप्रिय की उपाधि दी गई थी। अकबर ने कश्मीर के प्रसिद्ध कवि मुहम्मद हुसैन को जरीकलम की उपाधि दी थी। इस काल में फारसी एवं खड़ी बोली के संपर्क से उर्दू भाषा का विकास हुआ। इसे जुबान-ए-दिल्ली भी कहा जाता था। अमीर खुसरो इसके पहले रचनाकार माने जाते हैं। बाद में इसे हिंदवी या रेख्ता नाम से भी जाना गया। तुर्की शासक जब दक्षिण भारत पहुंचे तो उनके साथ गई उर्दू का वहां की स्थानीय भाषा के साथ मिलन हुआ, तब इसे दक्कनी कहा गया। संत गेसूदराज एवं कुली कुतुबशाह इसके मुख्य संरक्षक थे। शाहजहां ने पंडित जगन्नाथ को राजकवि की उपाधि दी।

## मुगलकालीन शब्दावली

**अबवाब** : उपकर, चुंगी, प्रभार

**आइन** : सरकारी कानून

**अलतमगा** : सरकारी अनुदान (जहांगीर द्वारा आरंभ)

**अमीन** : शेरशाह के शासनकाल में परगने का अधिकारी

**चकला** : खालिसा भूमि, शाहजहां द्वारा निर्मित प्रशासनिक क्षेत्र

**दाम** : तांबे का सिक्का

**दस्तूर-उल-अमल** : अकबर द्वारा राजस्व निर्धारण की दरों की सूची जो नकदी करों में दर्शायी जाती थी।

**गुमाश्ता** : अधीनस्थ कर्मचारी

**जमा** : राज्य द्वारा निर्धारित जागीर का कुल राजस्व

**कानूनगो** : भूमि के विभिन्न हितों, नियमों और भू-राजस्व वसूली का रिकार्ड रखने वाला सरकारी कर्मचारी जो लेखपाल या पटवारी के ऊपर होता था।

**खालिसा भूमि** : राज्य के सीधे नियंत्रण में रखने वाली भूमि

**कुलकर्णी** : गांव का लेखपाल

**मदद-ए-माश** : विद्वान अथवा धार्मिक लोगों की सहायता के लिए सरकार द्वारा निर्धारित राजस्व, परोपकारी संस्थान

**मौजा** : राजस्व गांव

**मुंसिफ** : स्थानीय न्यायाधिकारी

**पैबाकी** : हस्तांतरण हेतु आरक्षित क्षेत्र

**पटवारी** : गांव का लेखापाल

| | | |
|---|---|---|
| **पोलिगर** | : | दक्षिण भारत का छोटा मुखिया |
| **कबुलियत** | : | राजस्व अदा करने के लिए दिया गया लिखित वचन |
| **रय** | : | जिंस के रूप में राजस्व दर की तालिका |
| **शेखजादा** | : | भारतीय मुसलमान |
| **सुयूरगल** | : | मुगल बादशाह द्वारा दिए गए भत्ते नकद/भूमि अनुदान |
| **तकावी** | : | सरकार द्वारा किसान को दिया गया पेशगी रकम |
| **जब्ती** | : | पैमाइश के आधार पर राजस्व निर्धारण की विधि |
| **जमींदार-ए-जोरतलब** | : | जमींदार जो केवल बलपूर्वक ही राजस्व की भरपाई करते थे। |
| **फितना** | : | चुनौती देना, विद्रोह करना |
| **इजारा** | : | भू-राजस्व का ठेका |
| **इनाम** | : | लगान मुक्त भूमि |
| **हासिल** | : | प्रदत्त भूमि से प्राप्त वास्तविक आय |
| **जरीब** | : | भूमि माप की इकाई |
| **जिहाद** | : | काफिरों के खिलाफ युद्ध की घोषणा |
| **खानजादा** | : | अमीर वर्ग के वंशज |
| **खिदमती** | : | उच्च अधिकारियों एवं शासकों को दी गई भेंट |
| **खुदकाश्त** | : | वे भूस्वामी जो अपनी भूमि पर स्वयं खेती करते थे। |
| **अमलगुजार** | : | राजस्व एकत्रित करने वाला अधिकारी |
| **महल** | : | भू-राजस्व ज्ञात करने की एक इकाई |
| **मकतब** | : | इस्लामी पाठशाला |
| **मिरास** | : | वंशानुगत अधिकार |
| **मुहर** | : | मुगलकालीन सोने के सिक्के |
| **मुआफी** | : | राजस्व मुक्त भूमि |
| **मुकद्दम** | : | गांव का मुखिया |
| **पटेल** | : | गांव का मुखिया |
| **पोलिगर** | : | दक्षिण भारत में मुखिया का अधीनस्थ |
| **पाहीकाश्त** | : | दूसरों की भूमि पर खेती करने वाले किसान |
| **सर्राफ** | : | उधार देने वाले महाजन |
| **तुयूल** | : | राजस्व का निर्धारण, जागीर |

**तजकीर** : जीवनीपरक रचना
**मुहतसीब** : इस्लाम के सिद्धांतों को लागू करने वाला अधिकारी
**दीवान-ए-तन** : जागीर की देखभाल करनेवाला अधिकारी
**वाकियानवीस** : खबरची
**सद्र** : धार्मिक मामलों का प्रधान
**मीर बख्शी** : सेना का प्रधान
**मीर समां** : राजकीय कारखानों का प्रभारी अधिकारी
**फौजदार** : जिले का प्रधान
**बयूतात** : सरकारी संपत्ति की देखभाल करने वाला
**मीर बहर** : बंदरगाह एवं सीमा-शुल्क अधिकारी
**आमिल** : राजस्व अधिकारी
**बरीद** : गुप्तचर
**दबीर** : सचिव, क्लर्क
**कारकून** : छोटे कर्मचारी
**बीस्वा** : भूमि माप की इकाई
**रैयती** : गैर-जमींदारी क्षेत्र
**जरीमाना** : मनसबदारों पर लगाया गया शुल्क
**दस्तूर-ए-अमल** : राजस्व निर्धारण की दरों की सूची जो नकदी दरों में दर्शायी जाती थी।
**मदद-ए-माश** : धार्मिक एवं विद्वान लोगों को दी गई कर मुक्त भूमि
**मुतालबा** : बकाया राजस्व की वसूली
**नजराना** : उपहार
**गाजी** : काफिरों से युद्ध करने वाला
**मिल्लत** : मुसलमानों की जनसंख्या
**जीमी** : गैर-मुसलमान
**जवाबित** : धर्मनिरपेक्ष आदेश
**जिल-ए-इलाही** : भूमि पर ईश्वर की छाया
**एम्मा** : मुसलमानों का धार्मिक वर्ग
**नकदी** : मनसबदार जो नकद वेतन पाते थे।
**जात** : मनसबदार का निजी दर्जा

| | | |
|---|---|---|
| **सवार** | : | मनसबदारों द्वारा रखे जाने वाले सैनिक एवं घुड़सवार |
| **दहबशी** | : | दस सेना की टोली का प्रधान |
| **अमीर** | : | 500 से ऊपर और 2500 से नीचे का मनसबदार |
| **अमीर-ए-उमरा** | : | 2500 से ऊपर के जात का मनसबदार |
| **दीवान-ए-तन** | : | वेतन विभाग का प्रधान |
| **आरिज-ए-ममालिक** | : | सैन्य प्रशासन का प्रधान |
| **हश्म-ए-अतरफ** | : | प्रांतीय सैनिक |
| **सिपहसालार** | : | 100 से कम घुड़सवार सैनिक का प्रधान |
| **अमीर** | : | 100 घुड़सवारों का प्रधान |
| **मलिक** | : | 1000 घुड़सवारों का प्रधान |
| **खान** | : | 10000 और उससे अधिक घुड़सवारों का प्रधान |
| **अहशाम** | : | पैदल सैनिक |
| **सेहबंदी** | : | पैदल सैनिक |
| **बारगीर** | : | घुड़सवार सैनिक |
| **सीलेदार** | : | स्वयं द्वारा संगठित घुड़सवार। ये अधिक वेतन प्राप्त करते थे। |
| **अहदी** | : | राजकीय सेना |
| **दाखिली** | : | पूरक सैनिक |
| **दस्ती** | : | छोटे हथियारों वाला शस्त्रागार |
| **जींसी** | : | बड़े हथियारों वाला शस्त्रागार |
| **सर जानदार** | : | अंगरक्षक |
| **अमीर-ए-मोमीन** | : | इन्हें खलीफा भी कहा जाता था। |
| **दीवान-ए-जागीर** | : | भूमि आवंटन का अधिकारी |
| **जमादामी** | : | निर्धारित राजस्व |
| **मुजारियान** | : | कृषि श्रमिक, जो पट्टे की भूमि पर खेती करते थे एवं फसल का भाग किराए के रूप में देते थे। |
| **बलाहार** | : | साधारण किसान |
| **उशरी** | : | ऐसी भूमि जो सिंचाई के लिए कृत्रिम साधनों पर निर्भर होती थी। |
| **हश्म-ए-कल्ब** | : | स्थायी सेना |

| | | |
|---|---|---|
| **इदरार** | : | गरीबों को दिया जाने वाला अनुदान |
| **वक्फ** | : | धार्मिक अनुदान |
| **हक्क-ए-खोती** | : | राज्य के द्वारा दिया जाने वाला वेतन। |
| **किश्मत-ए-खोती** | : | किसानों से खुत और मुकद्दम द्वारा वसूल किया जाने वाला हिस्सा। |
| **सोनधर** | : | कृषि ऋण |
| **शिक** | : | प्रशासनिक इकाई |
| **खोत** | : | गांव का अधिकारी जो राजस्व वसूलता था। |
| **महसूल** | : | राज्य का बकाया |
| **तरकात** | : | ऐसी संपत्ति जिसका कोई वारिस नहीं होता था। |
| **पैकाश्त** | : | अस्थायी कृषक। |

***

# 22

# उत्तर मुगल शासक

औरंगजेब की मृत्यु के पश्चात् उत्तराधिकारी के लिए उसके तीन पुत्रों मुहम्मद मुअज्जम, मुहम्मद आजम तथा कामबख्श में युद्ध छिड़ गया। इस युद्ध में उसके सबसे बड़े पुत्र मुहम्मद मुअज्जम की विजय हुई। मुअज्जम काबुल का, आजम गुजरात का तथा कामबख्श बीजापुर का गवर्नर था। 1707 ई. में 'जाजऊ' नामक स्थान में मुअज्जम और आजम के बीच युद्ध हुआ, जिसमें आजम मारा गया। 1709 ई. में हैदराबाद के निकट मुअज्जम का कामबख्श के साथ युद्ध हुआ। इसमें कामबख्श मारा गया।

## बहादुरशाह प्रथम (1707–12 ई.)

मई 1707 ई. में मुअज्जम ने 'बहादुरशाह' की उपाधि धारण कर अपने को बादशाह घोषित कर दिया। इस समय उसकी आयु 65 वर्ष थी। उसे शाह आलम प्रथम के नाम से भी जाना जाता है। उसने सहिष्णुता की नीति अपनाई। उसके शासनकाल में मंदिर नष्ट नहीं किए गए। उसने शम्भाजी के पुत्र शाहू को मुगल कैद से आजाद कर दिया। उसने जजिया को वापस ले लिया एवं मेवाड़ तथा मारवाड़ की स्वतंत्रता को स्वीकार कर लिया। आमेर की गद्दी पर जयसिंह को हटाकर उनके भाई विजयसिंह को बिठाने का प्रयास किया। मारवाड़ के राजा अजित सिंह को मुगल सत्ता स्वीकार करने के लिए बाध्य किया। बहादुरशाह ने मराठों को दक्कन में सरदेशमुखी वसूलने का अधिकार तो दे दिया परंतु उन्हें चौथ वसूलने का अधिकार नहीं दिया। उसने गुरु गोविन्द सिंह को उच्च मनसब प्रदान किया। यह मनसब 5000 जात एवं 5000 सवार का था। गुरु गोविन्द सिंह ने लौहगढ़ का किला बनवाया था। उसने बंदा बहादुर के विद्रोह को दबाया। बुंदेला सरदार छत्रसाल एवं जाट नेता चूड़ामन के साथ शांति स्थापित की। उसके दरबार में दो दल विकसित हो गए थे। एक ईरानी दल था जिसमें असद खां तथा जुल्फिकार खां आदि थे तथा दूसरे तूरानी दल में चिन किलिच खां तथा गाजीउद्दीन आदि थे। बहादुरशाह ने बड़ी संख्या में जागीरें बांटी एवं पदोन्नति दी। इससे राज्य की आर्थिक स्थिति खराब हो गई। बहादुरशाह को खाफी खान ने शाहे बेखबर कहा है। सिडनी ओवन का कथन है-'वह अंतिम बादशाह था जिसके विषय में कोई अच्छी बात कही जा सकती है।'

## जहांदार शाह (1712–13 ई.)

जहांदार शाह जुल्फिकार खां के समर्थन से शासक बना। वह एक दुर्बल एवं चरित्रहीन व्यक्ति था, जिसके कारण प्रशासन की बागडोर उसके वजीर जुल्फिकार खां के हाथों में आ गई। उसने आमेर के राजा जयसिंह को 'मिर्जा राजा सवाई' की तथा मारवाड़ के शासक अजीत सिंह को 'महाराजा' की उपाधि प्रदान की। जयसिंह को मालवा एवं अजित सिंह को गुजरात का सूबेदार नियुक्त किया। उसने मराठा सरदार शाहू को दक्कन में चौथ एवं सरदेशमुखी वसूल करने का अधिकार प्रदान किया। उसने जागीर एवं ओहदों के बंटवारे पर रोक लगा दी। लेकिन इजारा पद्धति को बढ़ावा दिया जिससे बिचौलियों में बढ़ोत्तरी हुई और कृषकों को भारी नुकसान उठाना पड़ा। उसने मनसबदारों को निर्धारित संख्या में फौज रखने के लिए बाध्य किया। 1713 ई. में आगरा में फर्रुखसियर ने उसे शिकस्त दी। वह एक दरबारी सुंदरी लाल कुंवर के प्रभाव में था। जहांदार शाह को लंपट मूर्ख की उपाधि दी गई थी।

## फर्रुखसियर (1713–19 ई.)

फर्रुखसियर सैयद बंधुओं के सहयोग से शासक बना। सैयद बंधुओं में सैयद हुसैन अली उस समय पटना का उप-गवर्नर था तथा सैयद अब्दुल्ला खां इलाहाबाद का गवर्नर था। फर्रुखसियर के शासनकाल में हुसैन अली खां मीर बख्शी तथा अब्दुल्ला खां को वजीर का पद प्रदान किया गया तथा चिनकिलिच खां या निजाम-उल-मुल्क को दक्कन का अधिकार सौंप दिया गया। 1715 ई. में उसने बन्दा बहादुर को मरवा डाला। 1719 ई. में हुसैन अली ने पेशवा बालाजी विश्वनाथ से एक संधि की। इस संधि में दिल्ली में सत्ता के संघर्ष में मराठों द्वारा सैनिक सहायता देने के आश्वासन पर उन्हें कई रियायतें दी गईं। शाहू को दक्कन के 6 प्रांतों का चौथ एवं सरदेशमुखी वसूल करने का अधिकार भी मिला। शाहू ने 15000 घुड़सवारों की मदद की पेशकश स्वीकार कर ली। सैयद बंधुओं ने धार्मिक सहिष्णुता की नीति का पालन किया। उन्होंने जजिया को पूर्णतः समाप्त कर दिया तथा अनेक स्थानों पर तीर्थयात्रा कर को समाप्त कर दिया। 1717 ई. में फर्रुखसियर ने ईस्ट इंडिया कंपनी को व्यापारिक अधिकार प्रदान किये। इसके अंतर्गत 3000 रु. वार्षिक कर के बदले उसे बंगाल में व्यापार का अधिकार दिया गया। राजपूत राजा अजित सिंह की पुत्री से फर्रुखसियर का विवाह हुआ था। 1719 ई. में सैयद बंधुओं ने मराठों की मदद से फर्रुखसियर को मार कर रफी-उद-दरजात को गद्दी पर बैठाया लेकिन वह चार महीने बाद क्षय रोग से मर गया। उसके पश्चात् रफी-उद-दौला शाहजहां द्वितीय के नाम से गद्दी पर बैठा। लेकिन जल्दी ही वह भी दुनिया छोड़ गया। सैयद बंधुओं को 'राजा बनाने वाला' (King Maker) कहा जाता है। उन्होंने रत्नचंद नामक हिंदू को दीवान बनाया तथा उसे राजा की उपाधि प्रदान की। सैयद बंधु हिन्दुस्तानी दल से संबंधित थे।

## मुहम्मद शाह (1719–48 ई.)

सैयद बंधुओं ने जहानशाह के 18 वर्षीय पुत्र रोशन अख्तर को मुहम्मद शाह की उपाधि प्रदान कर गद्दी पर बैठाया। उसकी विलासितापूर्ण प्रवृत्ति के कारण उसे रंगीला की उपाधि भी मिली। उसके समय निजाम-उल-मुल्क तथा मुहम्मद अमीन खां तूरानी दल के नेता थे। सैयद बंधुओं में हुसैन अली को हैदर खां ने मार डाला तथा 1724 में अब्दुल्ला खां को विष पिलाकर मार दिया गया। 1722 ई. में निजाम-उल-मुल्क वजीर नियुक्त हुआ। उसने प्रशासनिक सुधार लाने का प्रयत्न किया। परन्तु अंततः सम्राट की संदेहास्पद प्रवृत्ति के कारण वह दक्कन चला गया और दक्कन में स्वतंत्र हैदराबाद राज्य की नींव रखी। मुहम्मद शाह के शासनकाल में सआदत खां ने अवध में तथा मुर्शिद कुली खां ने बंगाल में स्वतंत्र राज्य की नींव रखी। मराठा पेशवा बाजीराव प्रथम ने 1737 में केवल 500 घुड़सवारों के साथ दिल्ली पर आक्रमण किया। 1739 में नादिरशाह ने भारत पर आक्रमण किया। जब नादिर शाह ने कंधार पर हमला किया तो मुहम्मद शाह ने उसे विश्वास दिलाया था कि भगोड़ों को काबुल में शरण नहीं दी जाएगी, परंतु ऐसा नहीं हुआ। जब नादिरशाह ने एक दूत भेजा तो दिल्ली में उसकी हत्या कर दी गई। नादिरशाह ने इसे भारत आक्रमण का प्रत्यक्ष कारण बना लिया। फरवरी, 1739 को करनाल में मुहम्मद शाह और नादिरशाह के बीच युद्ध हुआ। निजाम-उल-मुल्क, कमरुद्दीन तथा सआदत खां मुगल सेना की तरफ थे। युद्ध मात्र तीन घंटे चला। युद्ध के पश्चात् निजाम-उल-मुल्क ने शांति दूत की भूमिका निभाई। दिल्ली में कुछ मुगल सैनिकों ने फारसी सैनिकों का वध कर डाला। इस पर क्रुद्ध होकर नादिर शाह ने दिल्ली में सामूहिक कत्लेआम करवाया। दिल्ली से वह अपने साथ मयूर सिंहासन तथा कोहिनूर हीरा भी लूटकर ले गया। कश्मीर और सिंधु नदी के पश्चिमी प्रदेश तथा थट्टा भी नादिर शाह को मिल गया। उसके उत्तराधिकारी अहमदशाह अब्दाली ने 1748 में दिल्ली पर आक्रमण किया।

## अहमदशाह (1748–54 ई.)

अहमदशाह मुहम्मद शाह का पुत्र था। उसकी माता एक नृत्यांगना उधमबाई थी। अहमदशाह के शासनकाल में उधम बाई एवं उसके प्रेमी जावेद खां के हाथों में शासन की बागडोर थी। उसके शासनकाल में अफगान शासक अहमदशाह दुर्रानी (अब्दाली) ने आक्रमण किया और उससे संपूर्ण प्रदेश का अधिकार पत्र लिखवा लिया। वह विलासी व्यक्ति था। उसने अपने ढाई वर्ष के पुत्र महमूद को पंजाब का गवर्नर तथा एक वर्ष के बच्चे को कश्मीर का गवर्नर एवं पंद्रह वर्ष के बच्चे को उसका डिप्टी नियुक्त कर दिया। इसके समय गाजीउद्दीन वजीर बना। उसके बाद इमाद-उल-मुल्क वजीर नियुक्त किया गया।

## आलमगीर द्वितीय (1754–59 ई.)

वजीर इमाद-उल-मुल्क ने मुगल सम्राट अहमदशाह को अंधा कर उसके स्थान पर आलमगीर द्वितीय को सिंहासन पर बैठाया। आलमगीर द्वितीय जहांदारशाह का पुत्र था। जब उसने वजीर के चंगुल से मुक्ति पाने की चेष्टा की तो उसे मार डाला गया। उसके शासनकाल में अहमदशाह अब्दाली ने चौथी बार आक्रमण किया और मथुरा तक बढ़ गया।

## शाहआलम द्वितीय (1759–1806 ई.)

शाहआलम द्वितीय का वास्तविक नाम अलीगौहर था। शासक बनने के पश्चात् 12 वर्षों तक वह दिल्ली नहीं गया। उसने 1764 ई. में बंगाल के मीर कासिम और अवध के शुजाउद्दौला के साथ मिलकर अंग्रेजों के विरुद्ध बक्सर की लड़ाई लड़ी। लेकिन हार जाने के बाद कई वर्षों तक इलाहाबाद में ईस्ट इंडिया कंपनी के संरक्षण में रहा। 1772 ई. में वह मराठों की सहायता से दिल्ली पहुंचा। 1765 ई. में उसने बंगाल, बिहार तथा उड़ीसा की दीवानी ईस्ट इंडिया कंपनी को दे दी। कंपनी ने उसे 26 लाख रु. की वार्षिक राशि देने का वचन दिया। रोहिल्ला सरदार गुलाम कादिर ने उसे अंधा कर दिया और उसे गद्दी से हटाकर बिदारख्त को गद्दी पर बैठाया। परन्तु मराठों ने उसे पुनः सिंहासनरूढ़ किया। 1803 में अंग्रेजों ने दिल्ली पर कब्जा कर लिया। उसके बाद 1806 में मृत्यु तक अंग्रेजों के पेंशन पर रहा।

## अकबर द्वितीय (1806–37 ई.)

यह नाममात्र का शासक था। वह अंग्रेजों के संरक्षण में शासक बनने वाला पहला मुगल था। उसकी बादशाहत मात्र लाल किले तक सीमित थी। उसने राममोहन राय को 'राजा' की उपाधि दी तथा राजा राममोहन राय को अपना पेंशन बढ़ाने के लिए इंग्लैंड भेजा।

## बहादुरशाह द्वितीय (1837–57 ई.)

बहादुरशाह द्वितीय अंतिम मुगल बादशाह था। 1857 के विद्रोह में भाग लेने के कारण उसे बंदी बनाकर रंगून निष्कासित कर दिया गया। 1862 में रंगून में ही उसकी मृत्यु हो गई। रंगून में ही उसकी कब्र है। उसके बाद मुगल वंश समाप्त हो गया।

***

# 23

# मराठों का अभ्युदय

मराठे 17वीं सदी से बीजापुर, अहमदनगर तथा गोलकुंडा राज्यों की सेना में कार्यरत थे। उनके पहाड़ी किलों को मराठे ही नियंत्रित करते थे। इन मराठों को राजा, नायक तथा राव की उपाधि प्रदान की जाती थी। बीजापुर के शासक इब्राहिम आदिलशाह ने मराठों को बारगीर के रूप में नियुक्त किया। उसने अपने लेखा विभाग में भी मराठा ब्राह्मणों की नियुक्ति की थी।

## शिवाजी (1627–80 ई.)

शिवाजी के पूर्वज पहले अहमदनगर शासकों के अधीन पटेल थे। उनके दादाजी मालोजी ने 1577 ई. में अपना जीवन अहमदनगर के मुर्तजा निजामशाह के अधीन बारगीर के रूप में शुरू किया था। शिवाजी के पिता शाहजी भोंसले ने अपना राजनीतिक जीवन अहमदनगर के प्रधानमंत्री मलिक अंबर के अधीन आरंभ किया। शिवाजी का जन्म 10 अप्रैल, 1627 ई. को पूना के निकट शिवनेर के दुर्ग में हुआ था। उनकी माता का नाम जीजाबाई था। बचपन में वे 'दादाजी कोंणदेव' के संरक्षण में रहे और वे उनके शैक्षणिक गुरु रहे। शिवाजी के आध्यात्मिक गुरु रामदास थे। शिवाजी को 12 वर्ष की आयु में अपने पिता से पूना की जागीर प्राप्त हुई। शिवाजी का प्रारंभिक सैनिक अभियान बीजापुर के आदिलशाही राज्य के विरुद्ध शुरू हुआ। 1640-41 में शिवाजी का विवाह सईबाई निंबालकर के साथ हुआ। शिवाजी ने अपने वंश की स्थिति सुदृढ़ बनाने के लिए अनेक प्रसिद्ध वतनदारों के परिवारों से वैवाहिक संबंध स्थापित किए, जिनमें मुख्य थे-देशमुख, निलवालगर और मोरे। 1630 में शाहजहां ने उन्हें छह हजार जात और पांच हजार सवार का ओहदा प्रदान किया।

1643 में शिवाजी ने बीजापुर से 'सिंहगढ़' के किले को विजित किया। 1645-46 ई. में तोरण के दुर्ग पर विजय प्राप्त की। 1646 ई. में रायगढ़ तथा चाकन दुर्ग (बीजापुर के सुल्तान से छीनकर) को जीता। 1648 ई. पुरन्दर के किले पर विजय प्राप्त की। 1655-56 ई. जाबली के दुर्ग पर विजय प्राप्त की। शिवाजी ने रायगढ़ में 1656 ई. में अपनी राजधानी बनाई तथा 1674 में यहीं राज्याभिषेक किया और छत्रपति की उपाधि धारण की। इस अवसर पर उन्होंने नया संवत् चलाया। पंडित विश्वेश्वर उर्फ गंगाभट्ट ने शिवाजी का राज्याभिषेक करवाया था। शिवाजी ने क्षत्रिय कुलवतांस तथा हैन्दव धर्मोद्धारक की पदवी धारण की थी।

शिवाजी का प्रथम बार मुगलों से मुकाबला 1657 ई. में हुआ। 1659 ई. में बीजापुर के सरदार अफजल खां से उनका मुकाबला हुआ। उन्होंने अफजल खां को मार डाला। 1660 ई. में शाइस्ता खां को मुगलों ने शिवाजी को पराजित करने के लिए सूबेदार बनाया। 1663 ई. में शिवाजी ने पूना में एक युद्ध में शाइस्ता खां को मार डाला। 1664 में उन्होंने सूरत को लूटा। 1663-65 ई. में मुगलों ने जोधपुर नरेश जसवंत सिंह को शिवाजी को दबाने के लिए नियुक्त किया लेकिन वे असफल रहे। उसके बाद मिर्जा राजा जयसिंह तथा दिलेर खान को शिवाजी पर नियंत्रण रखने के लिए नियुक्त किया गया। जून 1665 के एक युद्ध में शिवाजी और मिर्जा राजा जय सिंह के बीच युद्ध हुआ, जिसमें शिवाजी पराजित हुए और उन दोनों के बीच पुरन्दर की संधि हुई। पुरन्दर की संधि के अंतर्गत मई 1666 ई. में शिवाजी मुगल दरबार में उपस्थित हुए। लेकिन उनके साथ तृतीय श्रेणी के मनसबदारों जैसा व्यवहार किया गया तथा उन्हें नजरबंद कर दिया गया। नवम्बर 1666 ई. में वे अपने पुत्र शम्भाजी के साथ मिठाई के टोकरे में छिपकर मुगल कैद से भाग निकले। अगले वर्ष औरंगजेब ने शिवाजी को राजा की उपाधि और बरार की जागीर प्रदान की। 1670 में शिवाजी ने सूरत को दोबारा लूटा तथा 1672 ई. में पन्हाला, पार्ली और सतारा के दुर्ग को जीता। शिवाजी के भाई व्यंकोजी ने तंजाबूर में राज्याभिषेक किया और अपनी प्रभुसत्ता की घोषणा कर दी। बीजापुर के अभियान के लिए शिवाजी ने गोलकुंडा के दो मंत्रियों मदन्ना और अखन्ना के साथ संधि की। यह उनका अंतिम अभियान था। 1678 ई. में उनका पुत्र शम्भाजी दक्कन के सूबेदार दिलेर खां से मिल गया।

शिवाजी द्वारा स्थापित राज्य में मराठवाड़, कोंकण एवं कर्नाटक का एक बड़ा भाग शामिल था जो शिवाजी के प्रत्यक्ष नियंत्रण में था। इस क्षेत्र को शिवाजी ने स्वराज का नाम दिया तथा दक्षिण के शेष भाग भोगलई कहलाए, जिन पर शिवाजी चौथ वसूलना अपना अधिकार मानते थे। सिद्धि जाति के समुद्री डाकुओं को नियंत्रित करने के लिए उन्होंने नौसेना का संगठन किया। कन्हेरी में समुद्र पर अपना प्रभुत्व स्थापित करने के लिए सशक्त किला बनवाया एवं सूरत में बसे अंग्रेजों को भी संधि के लिए विवश किया। 1680 ई. में शिवाजी की मृत्यु हो गई।

## शम्भाजी (1680-89 ई.)

शिवाजी के ज्येष्ठ पुत्र शम्भाजी ने 1680 से 1689 ई. तक राज्य किया। उसके समय कन्नौज का एक ब्राह्मण कवि कलश मंत्री नियुक्त किया गया। शम्भाजी ने अपनी सेना का प्रमुख भाग जिन्जि के द्वीप को सिद्धियों से छीनने में लगाया। 1681 में उसको औरंगजेब के विद्रोही पुत्र अकबर को शरण देने के आरोप में मुगल सेना का प्रकोप झेलना पड़ा और 1689 ई. में संगमेश्वर के युद्ध में पराजित हो जाने पर कवि कलश सहित उसकी हत्या कर दी गई। शम्भाजी की विधवा येसूबाई ने कुछ समय तक रायगढ़ के दुर्ग में मुगलों के प्रवेश को रोके रखा लेकिन अंततः वह और उसका पुत्र शाहू मुगलों द्वारा बंदी बना लिए गए और रायगढ़

पर मुगलों का कब्जा हो गया। औरंगजेब की पुत्री जीनत-उल-निशा ने शाहू को अपने पुत्र की भांति पाला। इसलिए शाहू औरंगजेब के श्रेष्ठ नातियों में से एक माना जाता था। लेकिन शम्भाजी की हत्या ने मराठा राष्ट्र को जागृत कर दिया और बदला लेने के लिए मराठे एक सूत्र में बंध गए और राजाराम के नेतृत्व में मुगलों के विरुद्ध मराठा स्वतंत्रता संग्राम आरंभ हुआ।

## राजाराम (1689–1700 ई.)

शम्भाजी की मृत्यु के बाद उसका सौतेला भाई राजाराम को मराठा मंत्रिपरिषद् ने राजा घोषित कर दिया। राजाराम रायगढ़ पर मुगल आधिपत्य हो जाने के उपरांत कर्नाटक स्थित जिन्जि के किले में चला गया और वहीं से उसने औरंगजेब के विरुद्ध स्वतंत्रता युद्ध का नेतृत्व किया। वह अपने को शम्भाजी के पुत्र शाहू का प्रतिनिधि मानता था इसलिए वह राजा होते हुए भी कभी सिंहासन पर नहीं बैठा। 1689 से 1707 तक चलने वाले मराठा-मुगल युद्ध को मराठा स्वतंत्रता संग्राम के नाम से जाना जाता है। इस दौरान राजाराम को प्रह्लाद नीराजी व रामचन्द्र पंत जैसे योग्य राजनीतिज्ञ एवं संताजी घोरपड़े तथा धनाजी जाधव जैसे योग्य सेनापति का सहयोग मिला। जिन्जी पर मुगल सेनापति जुल्फिकार खां ने आक्रमण किया। औरंगजेब ने जब जिन्जि पर अधिकार कर लिया तो राजाराम विशालगढ़ चला गया और फिर वहां से सतारा जहां 1700 ई. में उसकी मृत्यु हो गई। राजाराम ने मराठा सरदारों को जागीरें बांटी जिसके कारण मराठा सरदारों की स्वायत सत्ता का उदय हुआ। और अंततः मराठा मंडल अस्तित्व में आया।

## शाहू (1707–49 ई.)

औरंगजेब के पुत्र आजम शाह ने 1707 ई. में जुल्फिकार खां के परामर्श से शाहू को मुक्त कर दिया। शाहू को मुगलों ने मराठा राजा भी मान लिया। महाराष्ट्र में शाहू का स्वागत हुआ लेकिन ताराबाई, जो कि अपने पुत्र शिवाजी-द्वितीय का राज्याभिषेक कर चुकी थी, ने उसका विरोध किया फलस्वरूप मराठा-शक्ति दो गुटों में विभाजित हो गई। ताराबाई ने धनाजी जाधव को शाहू को महाराष्ट्र से निकालने के लिए भेजा। शाहू ने कूटनीति से धनाजी को अपने पक्ष में कर लिया, जिससे ताराबाई का पक्ष कमजोर पड़ गया। 1707 ई. में भीमा नदी के किनारे खेड़ नामक स्थान पर हुए युद्ध में ताराबाई पराजित हुई। 12 जनवरी, 1708 को शाहू ने सतारा में अपना राज्याभिषेक किया। 1714 ई. में राजाराम की दूसरी पत्नी राजसबाई ने षड्यंत्र करके ताराबाई और उसके पुत्र को बंदी बना लिया तथा अपने पुत्र शम्भाजी द्वितीय के साथ कोल्हापुर में बस गई। इस प्रकार शम्भाजी द्वितीय भी मराठों का राजा होने का दावा करता रहा तथा कोल्हापुर में वह मराठा राजा की भांति रहा भी लेकिन महाराष्ट्र में शाहू ही मराठों का राजा रहा।

1731 ई. में वारना की संधि द्वारा शम्भाजी द्वितीय को कोल्हापुर की गद्दी का उत्तराधिकारी मान लिया गया। कोल्हापुर 'दक्षिणी मराठा संघ' कहलाता था। 1731 ई. में मराठों का पुर्तगालियों से संघर्ष हुआ। शाहू के शासनकाल में मराठे दक्षिण में ही नहीं, अपितु उत्तर भारत में भी प्रवेश कर गए और शीघ्र ही भारत की सबसे बड़ी शक्ति बन गए। सितम्बर 1749 ई. में शाहू की मृत्यु हो गई।

1749 ई. में अपनी मृत्यु से पूर्व शाहू ने एक वसीयत द्वारा मराठा प्रशासन की शक्ति पेशवा को दे दी थी। राजा के अधिकारों का पूर्ण उपयोग करने वाला अंतिम मराठा शासक शाहू था। उसके बाद के मराठा राजा नाममात्र के शासक रहे और राज्य की संपूर्ण शक्ति पेशवा के हाथों में केंद्रित होती गई।

## बालाजी विश्वनाथ (1713–20 ई.)

बालाजी विश्वनाथ एक ब्राह्मण था। उसने अपना जीवन एक छोटे से राजस्व अधिकारी के रूप में शुरू किया था। 1713 में बालाजी विश्वनाथ को प्रथम पेशवा नियुक्त किया गया। वह मराठा साम्राज्य के 'द्वितीय संस्थापक' के नाम से प्रसिद्ध है। शाहू के महाराष्ट्र में प्रवेश के समय बालाजी विश्वनाथ 'दौलताबाद' का 'सर-सूबेदार' था। 1707 में वह शाहू की सेवा में आया। 1708 ई. में उसे सेनाकर्ते का पद दिया गया। 1715 में उसने मुगल प्रतिनिधि हुसैन अली के साथ संधि कर दक्षिण स्थित 6 मुगल प्रांतों से चौथ और सरदेशमुखी वसूलने का अधिकार प्राप्त कर लिया। 1719 ई. में मराठों को औरंगाबाद, बरार, खानदेश, बीदर, गोलकुंडा और बीजापुर से चौथ और सरदेशमुखी वसूल करने का अधिकार प्राप्त हो गया। साथ ही शिवाजी के राज्य शाहू को प्राप्त हुए। शाहू ने 15000 घुड़सवार सैनिकों से मुगलों की सहायता का वचन दिया। पेशवा मुगल शासक को 50 लाख वार्षिक देने पर भी राजी हुआ। इसी संधि के अंतर्गत शाहू की माता और पत्नी को भी मुगल कैद से मुक्ति मिली। 'सर रिचर्ड टेंपल' ने इस संधि को मराठा साम्राज्य के मैग्नाकार्ट की संज्ञा दी है। माधाजी कृष्ण जोशी ने शाहू को वित्तीय सहायता प्रदान की थी। बालाजी को वित्तीय मामलों का जानकार माना जाता है।

1719 में उसने मराठा अर्थव्यवस्था में कुछ सुधार लाने का प्रयास किया। लेकिन उसके काल में नीमाजी सिंधिया मालवा में, भोंसले राजा बरार एवं गोंडवाना (नागपुर) में तथा कान्होजी आंगोरिया कोंकण के क्षेत्र पर अपना अधिकार स्थापित करने में सफल रहे। बालाजी विश्वनाथ और खांडेराव धामादे के नेतृत्व में मराठा सेना पहली बार दिल्ली गई और उनकी मदद से सैयद बंधुओं ने मुगल सम्राट फर्रुखसियर को सिंहासन से हटा दिया। बालाजी विश्वनाथ की सबसे बड़ी उपलब्धि यह थी कि उन्होंने 'मराठा-राज्य-संघ' का गठन किया।

## बाजीराव प्रथम (1720–40 ई.)

बाजीराव प्रथम बालाजी विश्वनाथ का पुत्र था। वह 20 वर्ष की आयु में पेशवा बना। मराठा साम्राज्यवाद इसी के काल में अपनी पराकाष्ठा पर पहुंचा। उसने हिंदू-पद-पादशाही का प्रचार किया ताकि हिंदू राजाओं की मदद ली जा सके। उसने कहा कि अब समय आ गया है कि हम विदेशियों को भारत से निकाल दें। 1723 ई. में संपूर्ण मालवा क्षेत्र तथा गुजरात पर मराठा आधिपत्य स्थापित हुआ। मराठों के आक्रमण दिल्ली तक होने लगे। 1724 में औरंगाबाद के निकट शकूर खेड़ा के युद्ध में निजामुलमुल्क ने बाजीराव की सहायता से मुगल सूबेदार को पराजित किया तथा हैदराबाद में स्वतंत्र निजाम वंश की स्थापना की, लेकिन बाद में मतभेद हो जाने के कारण बाजीराव ने निजाम को 1728 के पालखेड़ा के युद्ध में पराजित किया। फलस्वरूप मार्च 1728 में उनके मध्य 'मुंगी शिवगांव की संधि' हुई। निजाम ने इस वसूलने संधि के द्वारा शाहू तथा उत्तरी मराठा संघ को 6 मुगल प्रांतों से चौथ और सरदेशमुखी के अधिकार को पुनः स्वीकार कर लिया। उसने 1730 में गुजरात के साथ संधि की। इस संधि के द्वारा मराठों को उस क्षेत्र में चौथ वसूल करने का अधिकार मिला। 1731 में उसने शम्भाजी के साथ वारना की संधि की। शम्भाजी ने शाहू की अधीनता स्वीकार कर ली।

1735 में ऊदाजी पवार एवं मल्हार राव होल्कर के नेतृत्व में मराठों ने मालवा पर आक्रमण किया। तत्कालीन मुगल शासक मुहम्मद शाह 'रंगीला' द्वारा उत्साहित करने पर निजाम ने 1737 ई. में भोपाल में मराठों से युद्ध किया, जिसमें वह पराजित हुआ और मराठा सेनाएं दिल्ली तक जा पहुंची। मुगल बादशाह द्वारा निजाम को आसफजाह की उपाधि दी गई थी। 1738 ई. में 'दुरई सराय' की संधि के तहत निजाम ने बाजीराव प्रथम को संपूर्ण मालवा, नर्मदा और चम्बल नदी के मध्य की संपूर्ण भूमि और 50 लाख रुपये दिए। उसने आमेर के राजा सवाई जय सिंह द्वितीय और छत्रसाल सिंह बुंदेला 'जूदेव' से मैत्री संबंध स्थापित किए। बदले में उसे झांसी, काल्पी एवं हृदयनगर की जमींदारी मिली। 1739 में वह पुर्तगालियों से बसीन तथा सलसिट का भू-भाग भी छीनने में सफल रहा। बाजीराव प्रथम के बारे में यह उक्ति प्रसिद्ध है-कृष्णा से अटक तक मराठा ध्वज फहरायेगा। उसने मुगल शासन के बारे में कहा था, हमें इस जर्जर वृक्ष के तने पर आक्रमण करना चाहिए, शाखाएं तो स्वयं ही गिर जाएंगी। 'मस्तानी' नामक मुस्लिम स्त्री से प्रेम संबंध के कारण भी वह चर्चित रहा। शिवाजी के बाद मराठों में बाजीराव प्रथम ने गुरिल्ला युद्ध प्रणाली को अपनाया। इसे लड़ाकू पेशवा और शक्ति का अवतार भी कहा जाता है। उसे पहला साम्राज्य निर्माता माना जाता है। उसने बृहत महाराष्ट्र की नींव रखी। मुहम्मद शाह ने अपने एक चित्रकार को उसका चित्र बनाने के लिए भेजा था। 28 अप्रैल 1740 ई. में नर्मदा के तट पर बाजीराव प्रथम की मृत्यु हो गई।

## बालाजी बाजीराव (1740–61 ई.)

बाजीराव के बाद शाहू ने उसके 18 वर्षीय पुत्र बालाजी, जिसे 'नाना साहेब' भी कहा जाता है, पेशवा नियुक्त किया। बालाजी ने अपने पिता की साम्राज्य विस्तार नीति को आगे बढ़ाने को ही अपना लक्ष्य बनाया। 1752 ई. तक मराठे अपनी शक्ति की पराकाष्ठा पर पहुंच गए। मुगल बादशाह उनके हाथों की कठपुतली बन गए। वे संपूर्ण भारत में चौथ तथा सरदेशमुखी वसूलने लगे। उसके समय में कटक से अटक तक मराठा राज्य का विस्तार हुआ। उसके घोड़े सिंधु नदी में पानी पीते थे। उसने दक्षिण में त्रिचनापल्ली का घेरा डाला तथा चंदा साहिब को बंदी बना लिया। मराठा सरदार रघुजी भोंसले को संतुष्ट करने के लिए पेशवा ने उसे बंगाल, बिहार और उड़ीसा पर आक्रमण करने की स्वतंत्रता दे दी। रघुजी के प्रतिनिधि भास्कर पंत की बंगाल के शासक अली वर्दी खां ने चौथ मांगने पर धोखे से हत्या कर दी। क्रुद्ध होकर रघुजी ने उड़ीसा पर आक्रमण किया और 1751 में नवाब को 12 लाख रु. प्रतिवर्ष चौथ के रूप में देने के लिए बाध्य होना पड़ा। उसी के समय 1749 में शाहू की मृत्यु हो गई। बुंदेलखंड के समस्त क्षेत्र पर मराठों का अधिकार हो गया तथा मुगल बादशाह अहमदशाह द्वारा पेशवा को मालवा का नायब सूबेदार घोषित किया गया। बालाजी बाजीराव ने मराठा सैन्य क्षमता में वृद्धि के लिए हजारों की संख्या में राजपूत, बुंदेला तथा अफगान सिपाहियों की भर्ती की।

1752 में निजाम के साथ भलकी की संधि की। इसमें बरार का आधा भाग मराठों को मिला। 1754 ई. में अफगानिस्तानी सरदार अहमदशाह अब्दाली के आक्रमणों को रोकने के लिए मराठों ने मुगलों का समर्थन किया। इसके बदले में पेशवा को आगरा और अजमेर की सूबेदारी तथा 50 लाख रु. देना तय हुआ। गंगा के दोआब और राजपुताना होकर मराठे दिल्ली पहुंच गए, जहां 1757 ई. में उन्होंने इमाद-उल-मुल्क को मुगल वजीर बनने में मदद की। उसके काल में मराठा संघ का विघटन आरंभ हो गया। अंग्रिया के कमजोर पड़ने के कारण मराठा नौसेना कमजोर पड़ गई। उसने अपनी सरकार का मुख्यालय पूना में स्थापित किया।

**पानीपत का तृतीय युद्ध** : 14 जनवरी, 1761 ई. को अहमदशाह अब्दाली और मराठा सेना के बीच युद्ध हुआ, जिसमें मराठा सेना बुरी तरह पराजित हुई। इस युद्ध में मराठों की ओर से नाममात्र का सेनापति पेशवा का पुत्र विश्वास राव और वास्तविक सेनापति सदाशिवराव भाऊ था। इस सेना में यूरोपीय पद्धति से सुसज्जित पैदल सेना तथा तोपखाने की टुकड़ी थी, जिसका नेता इब्राहिम खां गर्दी था। लेकिन मराठों के अराजक व्यवहार के कारण उन्हें राजपुताना, अवध, पंजाब या जाटों से सहायता नहीं मिली। अब्दाली की सेना (60,000) में आधे उसके भारतीय समर्थक थे। मराठों की सेना की संख्या 45,000 थी। अब्दाली की सेना का संचालन उसका वजीर शाह अली खां कर रहा था। यह सेना बीच में थी, जबकि बायीं ओर नजीब एवं शुजा तथा दायीं ओर रूहेला थे। दूसरी ओर सदाशिव भाऊ ने मराठों को तीन पंक्तियों में विभाजित किया था। बीच की सेना का संचालन वह खुद कर रहा था, जबकि

इब्राहिम खां गर्दी के सिपाही बायीं ओर मल्हार राव होल्कर एवं जनको जी सिंधिया दायीं ओर थे। युद्ध में विश्वास राव और सदाशिव भाऊ मारे गए। मराठों को अपार क्षति का सामना करना पड़ा। हार का समाचार पेशवा बालाजी बाजीराव को एक व्यापारी की सूचना की तरह मिला, 'दो मोती गल गए, बाईस सोने की मुहरें खो गईं और चांदी और तांबे का तो अनुमान भी नहीं लगाया जा सकता।' इस दुखद समाचार से स्तंभित हो जून 1761 ई. में पेशवा की पूना में मृत्यु हो गई। मराठों की हार ने हिंदू राष्ट्र की परिकल्पना को तोड़ दिया।

वस्तुतः पानीपत के तृतीय युद्ध ने यह निर्णय नहीं किया कि भारत पर कौन राज्य करेगा, अपितु यह तय कर दिया कि भारत पर कौन शासन नहीं करेगा। पानीपत के युद्ध का आंखों देखा इतिहास अवध के नवाब के पंडित 'काशीराज पंडित' ने लिखा, जिसने राजदूत की भूमिका निभाई थी।

**मराठों की कमजोरी** :

1. आय के नियमित स्रोत का अभाव था। चौथ एवं सरदेशमुखी अस्थायी स्रोत थे।
2. मराठा सेना मैदानी युद्ध में पारंगत नहीं थी। मूलतः गुरिल्ला युद्ध में ही निपुण।
3. युद्ध के मैदान में सेना विभाजित।
4. कोंकण क्षेत्र उपजाऊ नहीं था। फलतः आर्थिक मोर्चा कमजोर।

## माधव राव नारायण प्रथम (1761–72 ई.)

माधव राव 17 वर्ष की उम्र में पेशवा बना। वह प्रतिभाशाली सैनिक और राजनेता था। उसने हैदराबाद के निजाम को हराया, मैसूर के हैदरअली को नजराना देने के लिए विवश किया और राजपूत, रूहेलों तथा जाट सरदारों को अपने अधीन लाकर उत्तर भारत पर अपने अधिकार का फिर से दावा किया। 1772 में मराठे ही मुगल बादशाह शाहआलम द्वितीय को दिल्ली वापस लाए। मुगल बादशाह अब मराठों का पेंशन भोगी बन गया। 1772 ई. में माधव राव का क्षय रोग से निधन हो गया। उसकी मृत्यु के पश्चात पूना में बालाजी बाजीराव के छोटे भाई रघुनाथ राव और माधव राव के छोटे भाई नारायण राव के मध्य सत्ता के लिए संघर्ष आरम्भ हो गया।

## नारायण राव (1772–73 ई.)

माधवराव के बाद उसका भाई नारायण राव पेशवा बना, लेकिन एक वर्ष बाद ही उसके चाचा रघुनाथ राव ने उसकी हत्या कर पेशवा बनने का प्रयास किया। इसके बाद मराठे निरंतर विभाजित होते गए। रघुनाथ राव को अंग्रेजों से सहायता मांगनी पड़ी। अंग्रेजों ने मराठा राजनीति में हस्तक्षेप किया, जिसके कारण प्रथम आंग्ल-मराठा युद्ध अपरिहार्य हो गया।

## माधव नारायण द्वितीय (1774–95 ई.)

पेशवा सवाई माधव नारायण द्वितीय अल्पायु था। इस समय माधव राव को मराठा सरदारों द्वारा गठित 'बारभाई परिषद्' ने संरक्षण प्रदान किया। इस परिषद् में सखाराम बापू, महादजी सिंधिया और नाना फड़नवीस शामिल थे। इसी के काल में 1775 से 1782 के मध्य प्रथम आंग्ल-मराठा युद्ध हुआ। प्रथम आंग्ल-मराठा युद्ध के दौरान नाना फड़नवीस ने टीपू सुल्तान (मैसूर) तथा फ्रांसीसियों के साथ मिलकर एक सम्मिलित ब्रिटिश साम्राज्य विरोधी गुट बनाने का प्रयास किया। सालबाई की संधि (1782 ई.) के पश्चात् मराठा संघ के विभिन्न सरदार पेशवा की आज्ञा के बिना स्वतंत्र रूप से कार्य करने लगे। महादजी की सलाह पर मुगल सम्राट शाह आलम द्वितीय ने पेशवा को 'नायब-ए-मुनायब' बनाया। महादजी के बाद मराठा शक्ति नाना फड़नवीस के हाथ में केंद्रित हो गई। महादजी सिंधिया और फड़नवीस की कठोरता से दुखित होकर सवाई माधव राव द्वितीय ने आत्महत्या कर ली। इसी बीच अनेक प्रमुख मराठा सरदारों ने अर्द्ध स्वतंत्र राज्य कायम कर लिए, जिसमें प्रमुख थे–बड़ौदा के गायकवाड़, इंदौर के होल्कर, नागपुर के भोंसले और ग्वालियर के सिंधिया। इनके पास अपनी सेना थी तथा पेशवा के प्रति उनकी निष्ठा नाममात्र की रह गई थी।

## बाजीराव द्वितीय (1795–1818 ई.)

सवाई माधव राव के पश्चात बाजीराव द्वितीय पेशवा बना। 1802 ई. में बाजीराव द्वितीय ने ईस्ट इंडिया कंपनी से बसीन की संधि की। इस संधि के कारण पेशवा कम्पनी के प्रभुत्व में आ गया। फलस्वरूप द्वितीय आंग्ल-मराठा युद्ध (1803-05 ई.) हुआ। तृतीय आंग्ल-मराठा युद्ध (1816-18) में भी मराठे पराजित हुए। इसके पश्चात् 1818 ई. में पेशवा का पद सदा के लिए समाप्त कर दिया गया। बाजीराव द्वितीय को अंग्रेजों ने आठ लाख रुपया प्रतिवर्ष पेंशन देकर कानपुर के निकट बिठूर भेज दिया। 1851 ई. में बाजीराव द्वितीय की मृत्यु के पश्चात् अंग्रेजों ने उसके पुत्र नाना साहेब (धूंधू पंत) को पेंशन देने से इंकार कर दिया। प्रतिशोध स्वरूप नाना साहेब ने 1857 ई. के विद्रोह में सक्रिय हिस्सा लिया।

## मराठों की शासन व्यवस्था

मराठों की प्रशासनिक पद्धति महमूद गवां द्वारा बहमनी में और मलिक अम्बर द्वारा अहमदनगर में लागू की गई पद्धति पर आधारित थी, जिस पर मुगल प्रभाव था। मराठा राज्य को 'स्वराज' या 'मुल्क-ए-कदीम' कहा जाता था। शिवाजी के काल में स्वराज्य को चार प्रांतों में विभाजित किया गया था। प्रांत को 'महल' या 'सूबा' कहा जाता था जो 'मामलात' या 'सूबेदार' के अधीन होता था। महल, परगनों में बंटे थे। 'परगना', तरफ और तरफ मौजा में विभक्त थे।

मराठा प्रशासन में मुख्य पदाधिकारियों की एक परिषद् थी, जिसे 'अष्टप्रधान' कहा जाता था। राजाराम के समय 'अष्टप्रधान' में एक नए विभाग 'प्रतिनिधि' की वृद्धि हुई। मुगलों द्वारा जिंजी की किलेबंदी के समय मराठा प्रतिनिधि ने ही शासन की बागडोर संभाली थी। 'हुकूमतपनाह' और 'पंत सचिव' नामक नए पद भी सृजित किए गए। 1698 ई. में हुकूमतपनाह को समाप्त कर दिया गया, लेकिन प्रतिनिधि और पंतसचिव नामक विभाग चलते रहे। शाहू के समय प्रतिनिधि पद पेशवा पद के साथ मिल गया।

अष्टप्रधान के आठ अधिकारी निम्न थे-

1. पेशवा (प्रधानमंत्री) : जो राज्य के हितों का ध्यान रखता था।
2. मजूमदार या अमात्य : वित्त विभाग का प्रधान
3. दबीर या सुमंत : वैदेशिक मामले
4. सर-ए-नौबत : सैनिक कार्य (सेनापति)
5. सरनवीस या सचिव : राजकीय पत्र-व्यवहार का अधीक्षक
6. सेनापति : सेना का प्रधान
7. पंडितराव या दानाध्यक्ष : राजा का पुरोहित, जो दान आदि की व्यवस्था करता था
8. न्यायाधीश या शास्त्री : जो हिन्दू न्याय की व्याख्या करता था।

**राजस्व प्रशासन :** शिवाजी की राजस्व प्रणाली अहमदनगर के मंत्री मलिक अम्बर द्वारा अपनाए गए सिद्धांतों से प्रभावित थी। भूमि की माप 'काठी' और 'मुठी' से की जाती थी। 20 वर्ग काठी = 1 बीघा और 20 बीघा = 1 दावर होता था। भू-राजस्व की दर पहले उत्पादन का 30 प्रतिशत थी, जो बाद में बढ़ाकर 40 प्रतिशत कर दी गई। करों की वसूली नकद होती थी तथा भूमि पर मराठा शासकों का अधिकार माना जाता था। शिवाजी ने वतनदारी प्रथा को मान्यता न देकर यह प्रयास किया कि कर मुक्त भूमि को (वतन) 'राजस्व' में परिवर्तित कर दिया जाए। 'वतनदार' या 'वतन' शब्द मुगल जागीरदारी प्रणाली की भांति था जिसका तात्पर्य था–निश्चित लगान वसूली के अतिरिक्त वतनदार, कृषक से अधिक वसूली। भूमि का पट्टा वतनदार के नाम से न होकर कृषक के नाम से होता था। भूमिकर के अतिरिक्त राजकीय आय का दूसरा सबसे बड़ा साधन युद्ध में लूटा गया धन एवं चौथ तथा सरदेशमुखी था।

**चौथ :** चौथ किसी क्षेत्र से प्राप्त कुल भूमि आय का एक-चौथाई होता था। चौथ उस क्षेत्र से वसूला जाता था जिस क्षेत्र पर मराठा आक्रमण की पूर्ण संभावना होती थी। यदि उस क्षेत्र पर किसी अन्य बाह्य शक्ति द्वारा आक्रमण किया जाता था तो उस क्षेत्र की रक्षा मराठा सैनिक करते थे। चौथ का 3/4 भाग मराठा सरदार 'सरंजाम' के रूप में स्वयं के और अपने सैनिकों के खर्च के लिए प्राप्त करते थे। चौथ का 6 प्रतिशत भाग 'सहोत्र' (कर) के रूप में पंत सचिव के लिए सुरक्षित कर लिया जाता था। चौथ का तीन प्रतिशत भाग, जो 'नातगौंदा'

कहलाता था, उसे मराठा राजा अपनी इच्छानुसार वितरित करता था। 16 प्रतिशत भाग राजा स्वयं अपने लिए रखता था। इस भाग को 'पेशवा' या 'प्रतिनिधि' एकत्रित करते थे। इस अधिकार से पेशवा के हाथों में अर्थव्यवस्था का नियंत्रण आ गया। चौथ पहली बार पुरंदर की संधि (1665 ई.) के बाद मांगी गई थी।

**सरदेशमुखी** : यह कर मराठा राज्य को उसके देशस्वामी (देशमुख) होने के नाते दिया जाने वाला एक पुराना कर था। कुतुबशाही राज्य में देशमुख कर वसूलने वाले अधिकारी होते थे। सरदेशमुखी 10 प्रतिशत भूमि कर के बराबर होता था, जिसकी वसूली मराठा शासक स्वयं या अपने अधिकारियों के माध्यम से करता था। यह कर उन क्षेत्रों पर लगाया जाता था, जो मराठा राज्य के बाहर थे और विजय द्वारा मराठा राज्य में सम्मिलित कर लिए गए थे। सरदारों द्वारा गुमाश्ता नियुक्त किया जाता था, जो उनके लिए दस प्रतिशत सरदेशमुखी एकत्रित करता था।

लगान व्यवस्था के लिए शिवाजी का राज्य 16 प्रांतों में बांटा गया था। जिले का लगान अधिकारी देशमुख या देशपांडे होता था। गांव का लगान अधिकारी पाटिल अथवा पटेल होता था। अधिकारियों को नकद वेतन प्रदान की जाती थी। 1679 ई. में शिवाजी के आदेश पर अन्ना जी दाते ने भू-सर्वेक्षण करवाया था।

**न्याय प्रशासन** : गांव में आपराधिक मामलों की जांच 'पटेल' करते थे तथा आपराधिक जांच 'दिव्य परीक्षा' के आधार पर होती थी। ब्राह्मण न्यायाधीश दीवानी तथा फौजदारी मामलों की सुनवाई करते थे। 'हाजिर-मजलिस' अपील की अंतिम अदालत थी।

**मराठा सैन्य संगठन** : शिवाजी ने युद्ध के समय सैनिकों की भर्ती करने की प्रथा का परित्याग करके एक स्थायी सेना रखने की परंपरा आरंभ की। जिसमें चालीस हजार घुड़सवार सैनिक तथा दस हजार पैदल सैनिक थे। शिवाजी ने पश्चिमी तटवर्ती प्रदेश के 'मावली' लोगों के सम्मिलन से एक लड़ाकू दस्ता भी गठित किया। घुड़सवार सेना का प्रधान सर-ए-नौबत होता था तथा पैदल सेना का प्रधान भी सर-ए-नौबत कहलाता था। उस समय घुड़सवार सेना के दो भाग थे–बार्गी और सिलहदार। बार्गी को राज्य द्वारा सैनिक साज-सामान मिलता था, जबकि सिलहदारों को उसका प्रबंध स्वयं करना पड़ता था, जिसके लिए राज्य द्वारा उन्हें वेतन के बदले एक निश्चित धनराशि दी जाती थी। सबसे छोटी सैन्य इकाई 25 सैनिकों की होती थी, जिसका नेता हवलदार होता था। निजी सैनिकों का नेता नायक होता था। शिवाजी ने सभी संप्रदाय के लोगों को अपनी सेना में स्थान दिया। घुराब-बंदूक से लैस नाव थी। गल्लि-40-50 पतवारों वाली नावें थीं। पैदल सेना की न्यूनतम इकाई 9 सैनिकों की थी वे नायक कहलाते थे। 5 नायक पर एक हवलदार था, दो या तीन हवलदार पर एक जुमलेदार होता था, 10 जुमलेदार पर एक हजारी था तथा 7 हजारियों पर सर-ए-नौबत होता था।

## मराठाकालीन शब्दावली

| | |
|---|---|
| पागा | घुड़सवार सेना |
| मिलिशिया | नागरिक सेना |
| मोकासा | जागीर की एक प्रणाली (जिसमें राजस्व का 66 प्रतिशत राज्य को प्राप्त होता था) |
| पाही | बगैर भूमि के किसान |
| नाइट | सशस्त्र घुड़सवार |
| बारगी | सहायक सेना |
| इजारा व्यवस्था | पट्टे पर भूमि प्रदान करना |
| वालाशाही | अंगरक्षकों का दस्ता |
| पटेल | भू-राजस्व के संग्रहणकर्ता |
| महातरफ एवं जकात | सीमा कर |
| तस्ती पट्टी अथवा कुर्जा पट्टी | आपातकाल में वसूला गया विशेष कर |
| बाखर | मराठों का इतिहास |
| हूण | शिवाजी के समय का प्रचलित सिक्का |
| सनोर्बत | घुड़सवारों के प्रमुख |
| पुलसिया | तांबे के सिक्के |
| वाकियानवीस | गृह विभाग एवं जासूसी से संबंधित अधिकारी |
| सुलनवीस (सचिव अथवा चिटनीस) | पत्राचार से संबंधित अधिकारी |
| तरफ | सूबा |
| महल | परगना |
| मामलतदार | जिले का प्रधान अधिकारी |
| कामविसदार | जिले का एक अन्य अधिकारी |
| देशमुख एवं देशपांडे | जिले का एक अधिकारी जो मामलतदार पर नियंत्रण का कार्य करता था। |
| कारकून | जिले में नियुक्त किया जाता था। घटनाओं की सूचना केंद्र को भेजता था। |
| हवलदार | महल का मुख्य अधिकारी |
| मजूमदार फड़नवीस | हवलदार की सहायता करते थे। |
| पटेल | गांव का मुख्य अधिकारी |
| कुलकर्णी | गांव की भूमि का लेखा-जोखा रखता था। |
| चौगुले | कुलकर्णी के लेखे की देखभाल करता था। |
| पोतदार | सिक्कों की जांच करता था। |

| | |
|---|---|
| पतदाम | विधवा विवाह पर कर |
| कर्जापट्टी या जस्तीपट्टी | जमीदारों पर लगने वाला कर |
| कामविसदार | चौथ वसूल करने वाला अधिकारी |
| गुमाश्ता | सरदेशमुखी वूसल करने वाला अधिकारी |
| मीरासदार | ये काश्तकार थे, जिनकी अपनी जमीन होती थी। |
| उपरिस | बंटाईदार |
| मीरासपट्टी या सिंहासनपट्टी | एक प्रकार का उपकर |
| मोकासा | भूमि अनुदान |
| चिटनिस | पत्राचार लिपिक |

***

# 24

# क्षेत्रीय राज्य

## बंगाल

18वीं सदी में स्वायत्त बंगाल प्रांत की नींव मुर्शिद कुली खां ने डाली। उत्तर मुगल काल में मुगल साम्राज्य के विघटन आरंभ होने के समय बंगाल का सूबा सबसे पहले स्वतंत्र हुआ।

**मुर्शिद कुली खां (1717–27 ई.)**: वह मूल रूप से दक्षिण भारतीय ब्राह्मण था। 1701 ई. में औरंगजेब ने उसे बंगाल का दीवान बनाया। फर्रुखसियर ने मुर्शिद कुली खां को पहले नायब सूबेदार बनाया और 1719 में उड़ीसा भी उसके अधीन कर दिया गया। उसके काल में सीताराम राय, उदय नारायण, गुलाम मुहम्मद, शुजात खां एवं नजात खां ने विद्रोह किया। उसने जागीर भूमि के एक बड़े भाग को खालसा में बदला। उसने असल जमा की मांग की एवं गैर कानूनी टैक्स हटा दिए। उसने हिंदुओं के साथ भेदभाव को समाप्त कर दिया एवं अफसरों के निजी व्यापार पर भी रोक लगा दी। मुर्शिद कुली खां ने 1704 ई. में ढाका से हटाकर मुर्शिदाबाद (पुराना नाम मकसूदाबाद) को बंगाल की राजधानी बनाया। उसने बंगाल में नई भूमि–व्यवस्था इजारा–व्यवस्था लागू की और तकावी ऋण भी बांटे। उसने अपनी सारी जमींदारियां 'रामजीवन' को सौंप दी। उसे बंगाल में नए जमींदारी–आधारित कुलीन वर्ग का जनक भी कहा जाता है। उसने नाजिम और दीवान के पदों को मिलाकर एक कर दिया।

**शुजाउद्दीन (1727-39 ई.)** : 1727 ई. में शुजाउद्दीन बंगाल का नवाब बना। 1733 ई. में उसे बिहार की सूबेदारी भी मिल गई। वह मुर्शिद कुली खां का दामाद था। उसके दरबार में साहूकार आलमचंद और जगत सेठ, फतेहचंद, अलीवर्दी खां एवं हाजी अहमद खां प्रमुख थे। उसने अलीवर्दी खां को बिहार का नायब नाजिम नियुक्त किया। वह बंगाल में यूरोप की व्यापारिक कंपनियों पर सख्ती के साथ अपने अधिकार का प्रयोग करता था।

**सरफराज खां (1739-40 ई.)** : 1739 ई. में शुजाउद्दीन की मृत्यु के पश्चात उसका पुत्र सरफराज खां बंगाल का नवाब बना।

**अलीवर्दी खां (1740-56 ई.)** : 1740 ई. में अलीवर्दी खां हाजी अहमद और जगत सेठ की सहायता से गिरिया की लड़ाई में सरफराज खां की हत्या कर नवाब बना। वह बंगाल

का अंतिम शक्तिशाली नवाब था। उसने अंग्रेजों तथा फ्रांसीसियों पर अंकुश लगाए रखा तथा कलकत्ता और चन्द्रनगर की फैक्ट्रियों की किलेबंदी नहीं करने दी। मराठों के आक्रमण से त्रस्त होकर उसने 1751 ई. में उड़ीसा मराठों को दे दिया तथा 12 लाख रुपया सालाना चौथ भी देना स्वीकार किया। नवाब बनने से पहले अलीवर्दी खां बिहार का डिप्टी गवर्नर था। अलीवर्दी खां ने मुगलों को वार्षिक नजराने का भुगतान बंद कर दिया और मुगलों से विच्छेद आरंभ हो गया। अलीवर्दी खां ने यूरोपियों को मधुमक्खियों की उपमा देते हुए कहा कि 'यदि उन्हें छेड़ा न जाए तो शहद देंगी और छेड़ा गया तो काट-काटकर मार डालेंगी।'

**सिराजुद्दौला (1756-57 ई.)** : अलीवर्दी खां की मृत्यु के बाद उसका नाती सिराजुद्दौला नवाब बना। गद्दी पर बैठने के बाद उसका अपने चचेरे भाई शौकत जंग तथा मौसी घसीटी बेगम से संघर्ष हुआ। उसने मीरजाफर के स्थान पर मीरमदान को सेनापति नियुक्त किया तथा मोहनलाल को दीवान-ए-खाना का पेशकार बनाया। इसके काल में अंग्रेजों ने दस्तक प्रथा का दुरुपयोग करना शुरू कर दिया तथा अपने फैक्ट्री की किलेबंदी कर ली। इसके कारण सिराजुद्दौला ने 4 जून, 1756 को कासिम बाजार स्थित अंग्रेजों की फैक्ट्री पर आक्रमण कर दिया। यहीं पर ब्लैक होल वाली दुर्घटना हुई थी। उस काल कोठरी में 146 अंग्रेज बंदियों में से 123 मारे गए। अंग्रेज हॉलवेल ने इस घटना का उल्लेख किया है। लेकिन एडमिरल वाटसन एवं कर्नल क्लाइव ने नवाब पर घेरा डालकर उसे संधि के लिए मजबूर कर दिया। 9 फरवरी 1757 को अलीनगर की संधि से अंग्रेजों को फैक्ट्री की किलेबंदी करने तथा सिक्के ढालने की आज्ञा मिल गई। बदले में अंग्रेजों ने अफगानों के विरुद्ध सिराजुद्दौला को सहायता करने का वचन दिया। लेकिन अंग्रेजों एवं नवाब के बीच शांति स्थापित नहीं हो सकी और दोनों के बीच 3 जून, 1757 को 'प्लासी का युद्ध' हुआ, जिसमें नवाब मारा गया। मीर जाफर के पुत्र मीर मीरान ने उसे बंदी बनाकर कत्ल कर दिया। इस युद्ध में सिराजुद्दौला की पराजय का कारण उसके सहयोगियों द्वारा विश्वासघात था। सिराजुद्दौला की पराजय के प्रमुख षड्यंत्रकारी थे-मीर जाफर (मीर बख्शी), मानिक चंद (कलकत्ता का प्रभारी), अमीचंद (व्यापारी), जगत सेठ (बैंकर), घसीटी बेगम (सिराजुद्दौला की मौसी), राय दुर्लभ एवं खादिम खां (कुलीन)।

प्लासी के युद्ध में अंग्रेजी सेना का नेतृत्व क्लाइव ने किया। उसकी सेना में 1100 यूरोपीय एवं 200 बंदूकची थे। बंगाल की सेना का नेतृत्व मीर जाफर, लतीफ खां और राय दुर्लभ कर रहे थे। नवाब की ओर से मीर मदान एवं मोहनलाल ने बहादुरी से लड़ाई लड़ी। प्लासी युद्ध का मूल्यांकन करते हुए सर यदुनाथ सरकार ने लिखा है-23 जून, 1757 को भारत में मध्यकालीन युग का अंत हो गया और आधुनिक युग का शुभारंभ हुआ।

**मीर जाफर (1757-60 ई.)** : 30 जून, 1757 को मीर जाफर को बंगाल का नवाब बनाया गया। मीर जाफर ने नवाबी मिलने पर अंग्रेजों को 24 परगने की जमींदारी प्रदान की। उसके काल में बंगाल में अंग्रेजों का प्रभाव काफी बढ़ गया। उसे 'क्लाइव का गीदड़' कहा

जाता था। अंग्रेजों के बढ़ते प्रभाव को कम करने के लिए उसने उचों के साथ मिलकर षड़यत्र रचना शुरू किया। 1760 में बंगाल के गवर्नर वेन्सीटार्ट और मीर कासिम के बीच एक समझौता हुआ, जिसके अंतर्गत मीर जाफर को गद्दी छोड़ने के लिए बाध्य किया गया। बर्दवान, मिदनापुर एवं चटगांव की जमींदारी कंपनी को प्राप्त हुई। 1760 की इस घटना को बंगाल की दूसरी क्रांति कहा जाता है।

**मीर कासिम (1760-63 ई.)** : 1760 ई. में अंग्रेजों के समर्थन से मीर कासिम नवाब बना। वह अपनी राजधानी मुर्शिदाबाद से हटाकर मुंगेर ले गया। मीर कासिम ने विद्रोही जमींदारों को पदच्युत कर आमिलों एवं राजस्व कृषकों की नियुक्ति की। मीर कासिम ने अपनी सेना में गुर्गिन खां नामक आर्मेनियाई को नियुक्त किया। सैनिकों की संख्या में वृद्धि की। तोपों एवं बंदूकों के निर्माण के लिए मुंगेर में एक फैक्टरी की स्थापना की। भारतीय व्यापारियों पर से चुंगी हटा ली। इन सबसे अंग्रेज चिंतित हुए। मीर कासिम को अपदस्थ कर दिया गया। मीर कासिम ने नाराज होकर अंग्रेज विरोधी गठबंधन बनाया जिसमें मुगल सम्राट शाह आलम, अवध का नवाब शुजाउद्दौला एवं मीर कासिम शामिल थे। 22 अक्टूबर, 1764 को अंग्रेज एवं मीर कासिम के गठबंधन के बीच बक्सर के पास संघर्ष हुआ। इस संघर्ष में अंग्रेजों की निर्णायक जीत हुई। इस युद्ध में अंग्रेजी सेना का नेतृत्व हेक्टर मुनरो ने किया।

बक्सर की लड़ाई ने अंग्रेजी सेना की श्रेष्ठता प्रमाणित कर दी। इस लड़ाई के बाद बंगाल, बिहार एवं उड़ीसा पर कंपनी का पूर्ण प्रभुत्व स्थापित हो गया। अगस्त, 1765 ई. में क्लाइव एवं मुगल बादशाह शाह आलम के बीच इलाहाबाद की संधि हुई। इस संधि के द्वारा-

1. कंपनी को बंगाल, बिहार एवं उड़ीसा की दीवानी प्राप्त हुई।
2. कंपनी ने कड़ा और मानिकपुर क्षेत्र अवध से अलग कर मुगल सम्राट को सौंप दिए।
3. कंपनी ने मुगल बादशाह को 26 लाख रुपया वार्षिक देना स्वीकार किया।
4. शाह आलम ने नज्मुद्दौला को बंगाल का नवाब स्वीकार कर लिया।
5. कंपनी ने बंगाल की निजामत के बदले 53 लाख रुपये वार्षिक बंगाल के नवाब को देना स्वीकार किया।

इस बीच मीर जाफर पुनः नवाब बना। 1765 ई. में उसके देहांत के पश्चात उसका पुत्र नज्मउद्दीन अथवा नज्मुद्दौला नवाब बना। इसी के समय 1765 में इलाहाबाद की संधि हुई। 1765 में क्लाइव ने बंगाल में ऐसी व्यवस्था की स्थापना की जिसे दोहरी सरकार के रूप में जाना जाता है और वह 1772 तक चली। इसके बाद ईस्ट इंडिया कंपनी ने प्रशासन सीधे अपने हाथ में ले लिया।

## अवध

1722 ई. में सआदत खां ने स्वायत अवध प्रांत की नींव डाली। उसने जमींदारों पर नियंत्रण रखा एवं उनके द्वारा अधिक कर वसूली पर रोक लगा दी। 1723 ई. में उसने नया राजस्व

बंदोबस्त लागू किया। सआदत खां ने ईरान के आक्रमणकारी नादिरशाह और मुगलों के बीच समझौता कराने में महत्वपूर्ण भूमिका निभाई, लेकिन नादिरशाह ने जब सआदत खां से ज्यादा धनराशि की मांग की तो उसने आत्महत्या कर ली। सआदत खां के बाद सफदरजंग नवाब बना। उसे मुगलों के दरबार में 1748 ई. में वजीर का पद प्राप्त हुआ। उसने हिंदुओं के साथ मित्रतापूर्ण संबंध स्थापित किए। उसके समय में नवाब राय एक बड़े ओहदे पर था। सफदरजंग के पश्चात शुजाउद्दौला नवाब बना, उसने भी मुगलों के दरबार में वजीर का पद प्राप्त किया। उसने 1761 ई. को पानीपत के तृतीय युद्ध में मराठों के खिलाफ अहमदशाह अब्दाली का पक्ष लिया और उत्तर भारत में मराठों को बढ़ने से रोका। शुजाउद्दौला को बक्सर के युद्ध (1764 ई.) के बाद इलाहाबाद की संधि द्वारा कड़ा और इलाहाबाद तथा 50 लाख रुपये युद्ध हर्जाने के रूप में अंग्रेजों को देने पड़े। नवाब आसफउद्दौला के काल में 1775 ई. में अवध की राजधानी फैजाबाद के स्थान पर लखनऊ आ गई। अवध के अंतिम स्वतंत्र नवाब वाजिद अली शाह के समय डलहौजी ने 1850 ई. में अवध का विलय अंग्रेजी साम्राज्य में कर लिया।

## हैदराबाद

1724 ई. में चिनकिलिच खां ने हैदराबाद राज्य की स्थापना की। उसे मुहम्मद शाह ने आसफजाह की उपाधि प्रदान की थी। 1722 ई. में वह मुगल साम्राज्य का वजीर बना। दक्कन के वायसराय मुबारिज खां को 1724 में शकूरखेड़ा के युद्ध में हराकर हैदराबाद का वास्तविक शासक बन बैठा। उसने राजस्व व्यवस्था को भ्रष्टाचार मुक्त बनाया। हिंदू पूरनचंद उसका दीवान था। हैदराबाद प्रथम राज्य था जिसने सहायक संधि स्वीकार की।

## पंजाब

रणजीत सिंह का जन्म 1780 ई. में हुआ था। वे सुकरचकिया मिस्ल से संबंधित थे। वे 1792 में अपनी माता के संरक्षण में सुकरचकिया मिस्ल के प्रधान नियुक्त हुए। 1796 में शासन का दायित्व ग्रहण करने के पश्चात 1799 ई. में लाहौर पर तथा 1802 ई. में अमृतसर पर अधिकार स्थापित किया। रणजीत सिंह ने लाहौर को अपनी राजधानी बनाया और अमृतसर मंदिर के गुंबद पर सोना मढ़वाया। अप्रैल 1809 में चार्ल्स मेटकॉफ और रणजीत सिंह के मध्य अमृतसर की संधि हुई, जिससे सतलज नदी के पूर्वी क्षेत्र अंग्रेजों के अधीन आ गए। शाहशूजा ने रणजीत सिंह को कोहिनूर हीरा प्रदान किया था। 1831 ई. में लॉर्ड विलियम बेंटिक ने सिंध विभाजन के रणजीत सिंह के प्रस्ताव का कड़ा विरोध किया। लॉर्ड ऑकलैंड, शाहशूजा एवं रणजीत सिंह के मध्य 1838 ई. में एक त्रिपक्षीय संधि हुई। इस संधि के अंतर्गत शाहशूजा को अफगानिस्तान के शासक के रूप में प्रतिस्थापित करना था। फकीर अजीजुद्दीन तथा वित्तमंत्री दीनानाथ रणजीत सिंह के प्रमुख मंत्री थे। रणजीत सिंह ने लाहौर में एक आयुध कारखाना भी लगाया था। रणजीत सिंह की मृत्यु के पश्चात खड्गसिंह, नौनिहाल सिंह, शेर सिंह, दिलीप सिंह

क्रमशः शासक बने। अंग्रेजों ने 1845-46 में पंजाब पर आक्रमण किया। अंग्रेजों ने लाहौर पर भी अधिकार कर लिया। अंग्रेजी सेना ने सर ह्यूगफ के नेतृत्व में 1845 में मुदकी नामक स्थान पर लाल सिंह के नेतृत्व में सिक्ख सेना को पराजित किया। मार्च 1846 में लाहौर की संधि संपन्न हुई। संधि की अनुसार-

1. सतलज नदी के दक्षिण के सभी प्रदेश अंग्रेजों को प्राप्त हुए।
2. लाहौर दरबार को डेढ़ करोड़ रुपये हर्जाना देने का वचन देना पड़ा।
3. सिक्ख सैनिकों की संख्या घटाकर 12000 घुड़सवार एवं 20000 पैदल तक सीमित कर दी गई।
4. ब्रिटिश रेजीडेंट लाहौर में नियुक्त किया गया।
5. अंग्रेजों ने दिलीप सिंह को महाराजा, रानी जिंदल को संरक्षिका एवं लाल सिंह को वजीर के रूप में स्वीकार किया।

दिसंबर 1846 ई. में भैरोवाल की संधि हुई, जिसमें अल्पवयस्क शासक दिलीप सिंह के संरक्षण के लिए अंग्रेजी सेना पंजाब में पदस्थापित कर दी गई। अगस्त 1847 में महारानी जिंदल को 48000 रु. की वार्षिक पेंशन पर शेखपुरा भेज दिया गया। 1848 ई. में मूलराज एवं शेरसिंह के विद्रोह के कारण द्वितीय आंग्ल-सिक्ख युद्ध आरंभ हुआ तथा 1849 में लॉर्ड डलहौजी द्वारा पंजाब का विलय अंग्रेजी साम्राज्य में कर लिया गया। दिलीप सिंह को उसकी माता के साथ इंग्लैंड भेज दिया गया। जॉन लॉरेंस पंजाब का प्रथम चीफ कमिश्नर नियुक्त हुआ।

## मैसूर

मैसूर पर वाडयार वंश का शासन था। इस वंश का अंतिम शासक चिक्का कृष्णराज द्वितीय था। उसके शासनकाल में राज्य की वास्तविक शक्ति देवराज और नंजराज के नियंत्रण में थी। मैसूर इस समय मराठों और निजाम के बीच संघर्ष का केंद्र था। 1749 में नंजराज ने हैदर अली को सैन्य अधिकारी नियुक्त किया। 1755 में वह डिंडीगुल का फौजदार नियुक्त हुआ। मराठों के आक्रमण से उसने मैसूर की राजधानी श्रीरंगपट्टनम की रक्षा की। फलतः उसे बहादुर की उपाधि प्रदान की गई। 1761 में वह मैसूर का स्वतंत्र शासक बन गया। फ्रांसीसियों की सहायता से उसने डिंडीगुल में एक शस्त्रागार की स्थापना की। हैदर अली अंग्रेजों को भारत से निकालना चाहता था। अंग्रेजों ने हैदर अली के खिलाफ निजाम और मराठों के साथ मिलकर एक त्रिपक्षीय संघ बनाने की कोशिश की। पर वह संघ दीर्घकालिक साबित नहीं हो सका।

1769 में मद्रास के निकट एक निर्णायक युद्ध में हैदर अली ने अंग्रेजों को पराजित किया। दोनों पक्षों के बीच मद्रास में एक संधि हुई जिसमें दोनों ने जीते हुए प्रदेश एक-दूसरे को वापस कर दिए एवं युद्ध के समय एक-दूसरे को सैन्य मदद का वादा किया।

अंग्रेजों द्वारा माहे पर अधिकार को लेकर द्वितीय आंग्ल-मैसूर युद्ध आरंभ हुआ। 1780 ई. में हैदर अली ने कर्नल बेली को हराकर अर्काट पर अधिकार कर लिया। पर पोर्टोनोवो के युद्ध (1781) में हैदर अली सर आयरकूट से पराजित हुआ। इस युद्ध के दौरान ही हैदर अली की मृत्यु हो गई (1782)। बाद में इस युद्ध का नेतृत्व टीपू सुल्तान ने किया। 1784 में टीपू और लॉर्ड मैकार्टनी के बीच मंगलौर की संधि हुई। इस संधि द्वारा दोनों पक्षों ने एक-दूसरे के जीते हुए प्रदेश लौटा दिए एवं बंदियों को मुक्त कर दिया।

दक्कन के भारतीय ताकतों में हैदर अली पहला व्यक्ति था जिसने अंग्रेजों को पराजित किया। उसके केंद्रीय शासन में 18 विभाग थे। उसके अधिकांश मंत्री हिंदू थे। उसकी सेना में 33000 घुड़सवार शामिल थे। उसने मैसूर में चामुंडेश्वरी मंदिर को दान दिया। उसने अपने तांबे एवं सोने के सिक्कों पर शिव, पार्वती एवं विष्णु की मूर्तियां अंकित कराईं।

**टीपू सुल्तान (1782-1799 ई.)** : हैदर अली की मृत्यु के बाद उसका पुत्र टीपू मैसूर का शासक बना। 1787 में उसने बादशाह की उपाधि धारण की। अपने नाम के सिक्के चलाए एवं वर्ष तथा महीनों के हिंदू नामों के स्थान पर अरबी नामों का प्रयोग किया। उसने आधुनिक कैलेंडर को लागू किया। सिक्का ढलाई की नई तकनीक अपनाई व नापतौल के आधुनिक पैमाने अपनाए। उसने श्रीरंगपट्टनम में जैकोबिन क्लब की स्थापना की एवं स्वयं उसका सदस्य बना। वह अपने आप को नागरिक टीपू कहता था। श्रीरंगपट्टनम में उसने स्वतंत्रता का वृक्ष भी लगाया। उसने अरब, अफगानिस्तान, फ्रांस, तुर्की, कुस्तुनतुनिया और मॉरिशस आदि जगहों पर अपने दूत भेजे। उसके दरबार में हिंदुओं को भी उच्च पदों पर नियुक्त किया गया। पुरनिया और कृष्णराव उसके दो प्रमुख हिंदू मंत्री थे। उसने अपनी सेवा में फ्रांसीसी जलसेना के एक लेफ्टीनेंट रिपो को नियुक्त किया था। उसने श्रृंगेरी मंदिर की मरम्मत एवं उसमें शारदा देवी की मूर्ति की स्थापना के लिए धन दिया था।

**तृतीय आंग्ल मैसूर युद्ध (1790-92 ई.)** : अंग्रेज भरोसे के साथी सिद्ध नहीं हो सके। फलतः टीपू ने फ्रांस एवं कुस्तुनतुनिया से समर्थन प्राप्त करने का प्रयास किया। इससे अंग्रेज और नाराज हो गए। 1789 में टीपू ने ट्रावणकोर के राजा पर आक्रमण किया। ट्रावणकोर अंग्रेजों का मित्र राष्ट्र था। फलतः अंग्रेज भी इस युद्ध में शामिल हो गए। 1790 ई. में टीपू ने अंग्रेज जनरल मेड्यू को पराजित किया पर 1792 में वह कॉर्नवालिस के हाथों श्रीरंगपट्टनम नामक स्थान पर पराजित हुआ। दोनों के बीच श्रीरंगपट्टम की संधि हुई। संधि के अनुसार अंग्रेजों को बारामहल, डिंडीगुल तथा मालाबार का प्रदेश प्राप्त हुआ। साथ ही टीपू ने अंग्रेजों को 3 करोड़ रुपये युद्ध हर्जाना देना स्वीकार किया। इस संधि के बारे में कॉर्नवालिस ने टिप्पणी की-हमने अपने मित्रों को अधिक भयानक बनाए बिना ही अपने शत्रु को कमजोर कर दिया।

**चतुर्थ आंग्ल-मैसूर युद्ध (1799 ई.)** : 1799 में वेलेजली ने टीपू को सहायक संधि का प्रस्ताव भेजा जिसे टीपू ने अस्वीकार कर दिया। इस कारण वेलेजली ने युद्ध की घोषणा

कर दी। अंग्रेजी कप्तान स्टुअर्ट एवं हैरिस ने टीपू को क्रमशः सदासीर एवं मालवेली नामक स्थान पर पराजित किया। 4 जुलाई, 1799 को युद्ध करते हुए टीपू की श्रीरंगपट्टम में मृत्यु हो गई। उसके परिवार के सदस्यों को वेल्लौर में कैद कर दिया गया। साथ ही मैसूर में वाड्यार वंश की पुनः स्थापना हुई। इस युद्ध के बाद वेलेजली ने कहा कि–अब पूरब का राज्य हमारे कदमों में है।

| आंग्ल-मैसूर युद्ध | | |
|---|---|---|
| प्रथम | 1767–69 | वारेन हेस्टिंग्स |
| द्वितीय | 1780–84 | वारेन हेस्टिंग्स |
| तृतीय | 1790–92 | कॉर्नवालिस |
| चतुर्थ | 1799 | वेलेजली |

***

# 25

# भारत में यूरोपियों का आगमन

## पुर्तगाली

वास्को डि गामा नामक पुर्तगाली नाविक केप ऑफ गुड होप होकर समुद्री मार्ग से 17 मई, 1498 ई. को भारत के 'कालीकट' बंदरगाह पर पहुंचा। कालीकट का शासक जमोरिन था। मार्च, 1500 ई. में 'पेड्रो अल्वरेज केब्रल' समुद्री मार्ग से पुर्तगाल से भारत आया। पुर्तगालियों की पहली फैक्ट्री 1503 ई. में कोचीन में स्थापित हुई। फ्रांसिस्को डि अलमिडा (1505-1509 ई.) भारत में पहला पुर्तगाली गवर्नर था। भारत में पुर्तगाली शक्ति की वास्तविक नींव डालने वाला गवर्नर अलफांसो डि अलबुकर्क (1509-15 ई.) था। वह 1503 ई. में पहली बार एक छोटे जहाजी बेड़े का नायक बनकर भारत आया था। 1510 ई. में अलबुकर्क ने बीजापुर से गोवा छीन लिया। उसके समय पुर्तगाली भारत की सबसे शक्तिशाली जलशक्ति बन चुके थे। अलबुकर्क ने स्थायी पुर्तगाली आबादी बसाने की दृष्टि से स्वदेशवासियों को भारतीय महिलाओं से विवाह करने के लिए प्रोत्साहित किया, लेकिन वह मुसलमानों को काफी परेशान करता था।

अलबुकर्क के बाद दूसरा महत्वपूर्ण पुर्तगाली गवर्नर निनो द कुन्हा था, जो 1529 में गवर्नर बना। उसने मुगल सम्राट हुमायूं और गुजरात के बहादुरशाह के बीच संघर्ष का लाभ उठाकर 1534 ई. में बसीन, 1537 ई. में दीव तथा 1539 ई. में दमन पर अधिकार कर लिया। कुन्हा ने पूरे श्रीलंका पर भी कब्जा कर लिया। उसने 1530 ई. में शासन का मुख्य केन्द्र 'कोचीन' के स्थान पर 'गोवा' को बना दिया। प्रसिद्ध ईसाई संत 'सेंट फ्रांसिस जेवियर' 1542 ई. में नए पुर्तगाली गवर्नर 'मार्टिन डिसूजा' के साथ दक्षिण भारत आए थे। 1571 ई. में पुर्तगाली गवर्नर 'एटानिओ द नोरोन्हा' के समय मुगल सम्राट अकबर कैम्बे गया था। फलतः 1580 ई. में 'जेसुइट मिशन' मुगल दरबार में आया। 1580 ई. में पुर्तगाल पर स्पेन का कब्जा हो जाने के बाद भारत में पुर्तगाली शक्ति का तेजी से ह्रास हुआ। मुगल शासक शाहजहां के समय मुगल सूबेदार कासिम खां ने पुर्तगाली केन्द्र हुगली पर कब्जा कर लिया। 1661 ई. में तत्कालीन ब्रिटिश सम्राट 'चार्ल्स द्वितीय' द्वारा एक पुर्तगाली राजकुमारी कैथरीन से विवाह

करने पर पुर्तगालियों ने उसे मुंबई का द्वीप दहेज में दे दिया था। सर्वप्रथम पुर्तगालियों ने कोचीन में किला बनवाया। उनकी प्रारंभिक राजधानी कोचीन थी, बाद में गोवा राजधानी बनी।

**कार्ट्ज-आर्मेडा** : पुर्तगालियों ने हिंद महासागर में होने वाले व्यापार को नियंत्रित करने और उस पर कर लगाने का प्रयास किया। इसके लिए वे व्यापारियों को कार्ट्ज या परमिट देते थे, जिसके पीछे अर्मेडा का बल होता था। इसी को कार्ट्ज-आर्मेडा व्यवस्था कहते थे। कार्टज के लिए नगण्य शुल्क देना पड़ता था। पुर्तगालियों के राजस्व का बड़ा भाग 'चुंगी' से आता था, जो हरेक जहाज को किसी दुर्ग से गुजरने पर देना पड़ता था। इस परमिट के बिना कोई भी भारतीय या अरबी जहाज, अरब सागर में नहीं जा सकता था। भारतीय या अरबी जहाजों को काली मिर्च और गोला-बारूद ले जाने की अनुमति नहीं थी।

**काफिला व्यवस्था** : 16वीं शताब्दी में पुर्तगालियों ने व्यापार पर नियंत्रण के लिए 'काफिला व्यवस्था' आरंभ की। इसके तहत स्थानीय व्यापारिक जहाजों का छोटा-सा काफिला होता था, जिसकी रक्षा के लिए पुर्तगाली बेड़ा साथ चलता था। इस संरक्षक बेड़े के दो कार्य थे। एक, तो इन जहाजों की समुद्री डाकुओं से रक्षा तथा दूसरा, यह सुनिश्चित करना कि इनमें से कोई जहाज पुर्तगाली व्यवस्था के बाहर जाकर व्यापार न कर सके। पुर्तगाली व्यापार का मुख्य उद्देश्य अरबों/वेनिस वालों को पूर्वी व्यापार से हटाना था।

1739 ई. में सलसिट और बसीन पर मराठों ने अधिकार कर लिया। पुर्तगालियों ने मसालों खासकर काली मिर्च के व्यापार पर एकाधिकार स्थापित किया। इसके साथ ही वे भारत से चंदन, नील, कपड़े, हाथी दांत, दालचीनी, रेशम, मोती एवं मलमल का आयात करते थे। पश्चिमी तट पर पुर्तगालियों की प्रमुख बस्तियां थीं–कालीकट (1500 ई.), कोचीन (1503), कन्नौर (1503), क्वीलोन (1503), चेलीयम (1531), मंगलौर (1568), सूरत (1599) एवं दमन (1599)। पूर्वी तट पर प्रमुख पुर्तगाली बस्तियां थीं–सेनथोमे, चटगांव, हुगली एवं बंदेल। 1579-80 में अकबर ने उन्हें हुगली में अपनी बस्ती स्थापित करने की अनुमति दी थी।

## डच

1602 ई. में 'डच ईस्ट इंडिया कंपनी' की स्थापना हुई। इससे पूर्व दक्षिण-पूर्व एशिया के मसाला बाजारों में सीधा प्रवेश प्राप्त करने के विचार से डचों ने 1596 ई. से कई बार सामुद्रिक यात्राएं की थी। 1605 ई. में डचों ने पुर्तगालियों से अंबोयाना ले लिया तथा धीरे-धीरे मसाला द्वीपपुंज (इंडोनेशिया) में उन्हें हराकर 1619 ई. में उसके खंडहरों पर 'बैटेविया' नामक नगर बसाया। 1596 ई. में कॉरनेलिस डे हस्तमान केप ऑफ गुड होप होते हुए सुमात्रा तथा बन्टाम पहुंचने वाला प्रथम डच नागरिक था। व्यापारिक स्वार्थों से प्रेरित होकर डचों ने भारत में कोरोमंडल समुद्र तट पर और बंगाल, बिहार एवं उड़ीसा में व्यापारिक कोठियां (फैक्ट्रियां) स्थापित कीं।

भारत में उनकी महत्वपूर्ण कोठियां मसूलीपट्टनम (1605 ई.), पुलीकट (1610 ई.), सूरत (1616 ई.), विमलीपट्टम (1641 ई.), कारिकल (1645 ई.), चिन्सुरा (1653 ई.), कासिम बाजार, बड़ा नगर, पटना, बालासोर, नागपट्टम (1658 ई.) और कोचीन (1663 ई.) में खुलीं। आरंभ में कोरोमंडल तट पर डचों का मुख्यालय पुलीकट में था। 1690 ई. के बाद मुख्यालय नागपट्टम हो गया। सूरत में डचों को काफी नील मिल जाता था, जो मध्य भारत और यमुना की घाटी में तैयार होता था। बंगाल, बिहार, गुजरात और कोरोमंडल से वे कच्चे रेशम, तैयार कपड़े, शोरा, चावल एवं अफीम बाहर भेजते थे। 1657 ई. में गोलकुंडा के राजा ने पुलीकट में डचों को सिक्का बनाने का अधिकार दिया। 1676 में एक फरमान द्वारा गोलकुंडा के शासक ने डचों को सीमा शुल्क से माफी दे दी। डचों ने पश्चिमी तट पर व्यापार के लिए मुगल सम्राट जहांगीर से फरमान प्राप्त किया था। डचों द्वारा भारत से नील, शोरा एवं सूती कपड़े का निर्यात किया जाता था। डचों ने पुलीकट में अपने स्वर्ण निर्मित सिक्के पैगोडा को प्रचलित किया था।

भारत में डचों और अंग्रेजों के बीच व्यापारिक प्रतिस्पर्धा थी। दोनों के बीच व्यापारिक प्रतिद्वंद्विता 1759 ई. तक बनी रही। सत्रहवीं शताब्दी में भारत से किए जानेवाले मसाले के व्यापार पर डचों का एकाधिकार था। डचों का भारत में अंतिम रूप से पतन 1759 ई. में अंग्रेजों एवं डचों के मध्य बेदरा के युद्ध के बाद हुआ।

डचों के पतन के निम्न कारण थे-

1. अंग्रेजों की तुलना में नौशक्ति का कमजोर होना।
2. अत्यधिक केन्द्रीयकरण की नीति।
3. बिगड़ती हुई आर्थिक स्थिति।
4. मसालों के द्वीप पर अधिक ध्यान देना।

## अंग्रेजी ईस्ट इंडिया कंपनी

1599 ई. में जॉन मिल्डेन हाल नामक अंग्रेज यात्री स्थल मार्ग से भारत आया। इसी वर्ष पूर्व के देशों के साथ व्यापार करने के लिए अंग्रेज व्यापारियों द्वारा 'मर्चेंट एडवेंचर्स' नामक एक अंग्रेजी कंपनी की स्थापना की गई। 31 दिसम्बर, 1600 ई. को भारत में 'दि गवर्नर एंड कंपनी ऑफ मर्चेण्ट्स ऑफ लंदन ट्रेडिंग इन्टू दि ईस्ट इंडीज' अर्थात् 'ईस्ट इंडिया कंपनी' की स्थापना हुई। ईस्ट इंडिया कंपनी को तत्कालीन ब्रिटिश महारानी एलिजाबेथ ने 31 दिसम्बर, 1600 ई. को पूर्व के साथ 15 वर्ष तक व्यापार करने का विशेषाधिकार दिया। महारानी एलिजाबेथ भी इस कंपनी के हिस्सेदारों में एक थीं। 1608 ई. में कंपनी ने कैप्टन हॉकिंस को मुगल सम्राट जहांगीर की कृपा दृष्टि प्राप्त करने के उद्देश्य से मुगल दरबार में भेजा। हॉकिंस 1611 ई. तक मुगल राजधानी आगरा में रहा। जहांगीर ने एक आज्ञापत्र (फरमान) द्वारा अंग्रेजों को सूरत में स्थायी रूप से एक कोठी स्थापित करने की अनुमति दे दी। जहांगीर ने कैप्टन

हॉकिंस को 400 का मनसब और एक जागीर भी प्रदान की। 1615 ई. में इंग्लैंड के राजा जेम्स प्रथम का एक दूत 'सर टॉमस रो' जहांगीर के दरबार में आया और 1618 ई. तक रहा। उसका उद्देश्य एक व्यापारिक संधि करना था। उसने साम्राज्य के सभी भागों में व्यापारिक कोठियां स्थापित करने की अनुमति प्राप्त कर ली।

इस दौरान अंग्रेजों एवं पुर्तगालियों के बीच व्यापारिक प्रतिस्पर्द्धा के कारण संघर्ष भी हुए। 1611 ई. में पुर्तगालियों ने तीन अंग्रेजी जहाजों को जो हेनरी मिडिलटन की कमान में थे, जबरदस्ती वापस भेज दिया। लेकिन इसके बाद 1612 ई. में कैप्टन टॉमस वेस्ट द्वारा सूरत के निकट समुद्री युद्ध में पुर्तगालियों की पराजय हुई। 1611 ई. में अंग्रेजों ने दक्षिण भारत में अपनी प्रथम फैक्ट्री मसुलीपट्टनम में स्थापित की, लेकिन जल्दी ही उनकी गतिविधियों का मुख्य केन्द्र 'मद्रास' हो गया। फ्रांसिस डे ने 1639 ई. में चंद्रगिरि के राजा से मद्रास को पट्टे पर ले लिया तथा वहां एक किलाबंद कोठी बनाई। इस कोठी का नाम पड़ा–'सेंट जॉर्ज'। 1632 ई. में गोलकुंडा के सुल्तान ने अंग्रेजों को एक सुनहला फरमान दिया, जिसके मुताबिक पांच सौ पैगोडा सालाना कर देने पर उन्हें गोलकुंडा राज्य में स्वतंत्रतापूर्वक व्यापार करने की अनुमति मिल गई। 1668 ई. में बंबई को पुर्तगालियों से दहेज में प्राप्त करने वाले चार्ल्स द्वितीय ने इसे ईस्ट इंडिया कंपनी को दस पौंड वार्षिक किराये पर दे दिया। 1687 ई. तक बबई पश्चिमी समुद्र तट पर अंग्रेजों की मुख्य बस्ती के रूप में सूरत से भी आगे निकल गई।

1633 ई. में महानदी डेल्टा पर स्थित 'हरिहरपुर' तथा 'बालासोर' में तथा इसके बाद पटना और कासिम बाजार में भी कोठियां स्थापित की गईं। 1658 ई. में बंगाल, बिहार, उड़ीसा तथा कोरोमंडल समुद्र तट की सभी बस्तियां फोर्ट सेंट जॉर्ज के अधीन कर दी गईं। दिसंबर 1688 ई. में सर जॉन चाइल्ड ने बंबई और पश्चिमी समुद्री तट के मुगल बंदरगाहों पर डेरा डाल दिया तथा मक्का जाने वाले हज यात्रियों को बंदी बनाने का प्रयास किया। इस कारण, अंग्रेजों का मुगल बादशाह औरंगजेब से संघर्ष हुआ। बाद में चाइल्ड ने औरंगजेब से माफी मांगी और उसे माफी दे दी गई। दंडस्वरूप अंग्रेजों ने पकड़े गए सभी मुगल जहाजों को लौटाया और हर्जाने के रूप में डेढ़ लाख रुपया भी दिया, तब औरंगजेब ने अंग्रेजी व्यापार के लिए एक अधिकार-पत्र भी दे दिया। बंगाल में 1651 ई. में सुल्तान शुजा ने तीन हजार रुपये के निश्चित वार्षिक कर के बदले अंग्रेजों को व्यापार का विशेषाधिकार दे दिया। 1672 ई. में कंपनी ने शाइस्ता खां से एक फरमान प्राप्त किया, जिसमें उसे कर अदा करने से मुक्ति मिल गई। 1680 ई. में मुगल सम्राट औरंगजेब ने एक फरमान के द्वारा कंपनी के कर्मचारियों को चुंगी के लिए तथा व्यापार के लिए तंग न करने का आदेश दिया। 1686 ई. में जब अंग्रेजों ने हुगली को नष्ट कर दिया और मुगलों के विरुद्ध युद्ध की घोषणा कर दी तब औरंगजेब के सेनापति ने अंग्रेजों को बंगाल स्थित उनकी फैक्ट्रियों से खदेड़ दिया। वे गंगा के मुहाने पर स्थित फुल्टा द्वीप में शरण लेने को बाध्य हो गए। औरंगजेब ने कंपनी से

डेढ़ लाख रुपये हर्जाना लेकर उसे पुनः व्यापार करने की अनुमति प्रदान की। 1690 ई. में जॉब चार्नाक ने बंगाल के सुतानाती में एक अंग्रेजी कोठी स्थापित की। इस प्रकार ब्रिटिश भारत की भावी राजधानी की नींव डाली गई। 1691 ई. में कंपनी को प्राप्त विशेषाधिकारों को पुनः मान्यता दे दी गई। इस फरमान द्वारा कंपनी को बंगाल में अपने माल का आयात-निर्यात करने की स्वतंत्रता प्राप्त हो गई। उसे माल के हस्तांतरण के लिए दस्तक (पास) जारी करने का अधिकार भी दे दिया गया। वे दस्तकों का दुरुपयोग करते हुए उसकी बिक्री दूसरे व्यापारियों को करने लगे।

1696 ई. में बर्दवान जिले के जमींदार शोभा सिंह के विद्रोह के कारण अंग्रेजों ने अपनी नई कोठी की किलेबंदी की। 1698 ई. में अंग्रेजों को सुतानाती, कोलिकाता (कालीघाट-कलकत्ता) और गोविंदपुर नामक तीन गांवों की जमींदारी बारह सौ रुपये में दे दी गई। यह नवीन किलेबंद बस्ती फोर्ट विलियम के नाम से प्रसिद्ध हुई। यहां एक प्रेसिडेंट और कॉंसिल की स्थापना हुई। 1700 ई. में बंगाल की अंग्रेजी कोठियां इन्हीं के नियंत्रण में रख दी गईं। सर चार्ल्स आयर फोर्ट विलियम का पहला प्रेसीडेंट बना। इंग्लैंड की एक और प्रतिद्वंद्वी कंपनी ने सन् 1701 ई. में सर विलियम नॉरेन्स को व्यापारिक अनुमोदन प्राप्त करने हेतु औरंगजेब के दरबार में दूत नियुक्त किया। 1717 ई. में जौन सर्मन के नेतृत्व में एक ब्रिटिश दूतमंडल मुगल सम्राट फर्रुखसियर के दरबार में आया। जिसमें एडवर्ड स्टीफेन्सन तथा विलियम हैमिल्टन नामक सर्जन भी शामिल थे। ख्वाजा सेहूर्द नामक एक आर्मीनियन इनका दुभाषिया था। इस दूतमंडल का उद्देश्य था—समग्र मुगल भारत में विशेषाधिकार प्राप्त करना तथा कलकत्ता के आस-पास कुछ गांव पाना। सर्जन हैमिल्टन ने सम्राट फर्रुखसियर की एक दर्दनाक बीमारी को ठीक कर दिया, जिससे प्रसन्न होकर सम्राट ने 1717 ई. में तीन फरमान जारी कर कंपनी को कई महत्वपूर्ण अधिकार दे दिए।

1. अंग्रेजों को तीन हजार वार्षिक कर के बदले बंगाल में मुक्त व्यापार करने की अनुमति मिल गई।
2. उन्हें किराये पर कलकत्ता के आस-पास की अतिरिक्त जमीन लेने की अनुमति मिल गई।
3. बंबई में कंपनी द्वारा ढाले गए सिक्कों को संपूर्ण मुगल राज्य में चलाने की अनुमति दे दी गई।
4. हैदराबाद के समूचे सूबे में उन्हें जो पहले से चुंगी की छूट मिली थी, वह कायम रही।
5. 10 हजार रुपये वार्षिक कर के बदले सूरत में उन्हें चुंगी देने से छूट मिल गई।

1717 ई. के फरमान को कंपनी का 'मैग्ना कार्टा' कहा जाता है।

## फ्रांसीसी ईस्ट इंडिया कंपनी

1664 ई. में फ्रांस के प्रधानमंत्री कोलबर्ट के अनुदेश पर 'कंपनी द इंड ओरिएंटल' की स्थापना हुई। कंपनी ने व्यापार प्रारंभ करने के साथ हिंद महासागर में बारबोन तथा मॉरीशस नामक द्वीपों पर अधिकार कर लिया। भारत में फ्रांसीसियों की पहली कोठी फ्रैंक कैरो द्वारा सूरत में सन् 1668 ई. में स्थापित हुई। मर्कारा, गोलकुंडा के सुल्तान से एक अधिकार पत्र प्राप्त कर 1669 ई. में मसूलीपट्टनम में एक दूसरी फ्रांसीसी कोठी स्थापित करने में सफल हुआ। 1672 ई. में उन्होंने मद्रास के निकट स्थित सेनथोमे को ले लिया। 1673 ई. में फ्रांसीसी जल सेनापति दि ला हे गोलकुंडा के सुल्तान और डचों की सम्मिलित सेना द्वारा पराजित होने के बाद डचों को सेनथोमे दे दिया। 1673 ई. में फ्रैंक मार्टिन और बेलांग दलेस्वि ने वल्किोंडाफरम के मुस्लिम सूबेदार से एक छोटा गांव प्राप्त किया। यह गांव कालांतर में पांडिचेरी के नाम से जाना गया। बंगाल में शाइस्ता खां ने 1674 ई. में उन्हें एक गांव दिया जहां 1690-92 में फ्रांसीसियों ने चन्द्रनगर की प्रसिद्ध कोठी बनाई। 1693 ई. में डचों ने पांडिचेरी को छीन लिया, किंतु 1697 ई. में 'रिजविक की संधि' द्वारा यह फ्रांसीसियों को लौटा दिया। 1706 ई. को मार्टिन के निधन के बाद फ्रांसीसी प्रभाव क्षीण होने लगा। बंटम, सूरत व मसूलीपट्टनम की फ्रांसीसी कोठियां टूट गईं। जून 1720 ई. में कंपनी का 'इंडीज की चिरस्थाई कंपनी' के रूप में पुनः निर्माण हुआ। फ्रांसीसियों ने 1721 में मॉरीशस, 1724 ई. में मालाबार समुद्र तट पर स्थित माही और 1739 ई. में कारीकल पर कब्जा कर लिया।

## डेनिस तथा स्वीडिश कंपनी

1616 ई. में डेनमार्क में डेनिस ईस्ट इंडिया कंपनी की स्थापना हुई। 1620 में ट्रांकोबार एवं 1676 में सेरामपुर (बंगाल) में इन्होंने अपने केंद्र स्थापित किए। भारत में इनका मुख्यालय सेरामपुर था। इन्होंने मसूलीपट्टनम एवं पोर्टोनोवो में भी अपनी फैक्ट्रियां स्थापित कीं। ये भारत में पूर्णतः असफल रहे और 1845 तक अपनी सारी संपत्ति अंग्रेजों को बेचकर लौट गए। एक स्वीडिश ईस्ट इंडिया कंपनी सन् 1731 ई. में कायम हुई, लेकिन इसका व्यापार प्रायः चीन के साथ ही सीमित रहा।

***

# 26

# ब्रिटिश राज का आर्थिक प्रभाव

भारत में अंग्रेजों का आगमन व्यापारिक उद्देश्यों से हुआ, पर कालांतर में अपने व्यापक उद्देश्यों की पूर्ति हेतु वे यहां के प्रशासनिक एवं आर्थिक तंत्र में हस्तक्षेप करने लगे और अपने सुविधानुसार नीतियों का निर्माण किया। जिसका प्रभाव प्रत्येक क्षेत्रों में देखने को मिलता है।

## कृषि का वाणिज्यीकरण

भारत में ब्रिटिश राज्य की स्थापना और उसकी आर्थिक नीति का प्रभाव कृषि के वाणिज्यीकरण के रूप में भी हुआ। वाणिज्यीकरण के कारण कृषि उत्पादन केवल खाद्य पदार्थों तक ही सीमित नहीं रह गया, वह अब बाजार के लिए भी उत्पादित होने लगा। अनाज के बदले में नकदी फसलों का उत्पादन बढ़ा। देशी और विदेशी बाजार की दृष्टि से इनका अधिक मूल्य था। इस प्रकार कृषि के स्वरूप में मूलभूत परिवर्तन हुआ।

भूमि एवं जलवायु की विशिष्टता के कारण कई स्थानों पर एक-सी फसल उगाई जाने लगी। जैसे–बंगाल में जूट का उत्पादन बढ़ा। इसी प्रकार पंजाब में गेहूं की खेती को बढ़ावा दिया गया। अफीम के व्यापार के लिए पोस्ता की खेती को बनारस, बिहार, बंगाल तथा मध्य भारत और मालवा में बढ़ावा दिया गया। बर्मा में चावल की खेती को प्रश्रय दिया गया।

अपने व्यापारिक हितों को दृष्टि में रखकर सरकार ने कृषि उत्पादन को बढ़ाने के लिए अग्रिम राशि भी प्रदान की। कई फसल तो अग्रिम राशि प्राप्त करने के उद्देश्य से उगाई गई जैसे–ईख की फसल। 1853 के बाद ब्रिटिश पूंजीपतियों द्वारा भारत में पूंजी निवेश काफी बढ़ा। ये निवेश नील, चाय, कॉफी, रबर आदि के उत्पादन क्षेत्र में हुए। अतः विदेशी निवेश ने भी वाणिज्यीकरण को बढ़ावा दिया। इस प्रकार कृषि का वाणिज्यीकरण कृषि का आधुनिकीकरण नहीं था और न ही कृषि का स्वाभाविक विकास था। यह एक आवश्यक विवशता थी।

यह भी कहा जाता है कि कृषि का वाणिज्यीकरण कई क्षेत्रों में लाभ प्राप्ति की आकांक्षा से हुआ। अतः इसका लाभ कृषकों को भी हुआ। यह सही है कि वाणिज्यीकरण से गोदावरी डेल्टा एवं गोरखपुर क्षेत्र के कृषकों की संपन्नता बढ़ी, पर यह संपन्नता धनी कृषकों तक ही

सीमित थी, गरीब किसान इससे लाभान्वित नहीं हुए। कृषि के वाणिज्यीकरण के मूलतः दो कारण थे–ब्रिटिश उद्योग की जरूरतें और भारत में उनकी लगान नीति। 18वीं शताब्दी के उत्तरार्द्ध में ब्रिटेन में औद्योगिक क्रांति की शुरूआत हो चुकी थी। इन उद्योगों के लिए काफी मात्रा में कच्चे माल की आवश्यकता थी। कई उद्योगों के लिए कच्चे माल कृषि से ही प्राप्त होते थे। इनकी आपूर्ति अकेले इंग्लैंड की कृषि नहीं कर पाती थी। यही प्रक्रिया भारत में भी अपनाई गई। फलतः कृषि संबंधी नकदी फसलों को बढ़ावा दिया गया।

दूसरा कारण था–लगान नीति के कारण किसानों को नकद राशि की आवश्यकता। किसानों को अब लगान नकद रूप में ही देना पड़ता था। अतः किसान उन फसलों को उगाने के लिए मजबूर हुए जिनका बाजार में क्रय-विक्रय किया जा सकता था।

कृषि की अनिश्चितता के कारण भारतीय कृषक अक्सर ऋण के बोझ से दबे रहते थे, लगान भी उन्हें निश्चित समय पर देना पड़ता था। अतः वे ऐसे फसलों के उत्पादन की ओर बढ़े जिसे बेचकर वे शीघ्र और अधिक नकदी राशि प्राप्त कर सकें। अतः कृषकों की ऋणग्रस्तता एवं लगान के आवश्यक भुगतान ने नकदी फसलों के उत्पादन को बढ़ावा दिया। किसी हद तक रेलवे के विस्तार से भी वाणिज्यीकरण को बल मिला। रेलवे के द्वारा द्रुत गति से फसलों को बाजार तक पहुंचाया जा सकता था। इससे कृषकों को फसल की कटाई के बाद उसके नुकसान की चिंता नहीं रहती थी।

चूंकि फसलों के उत्पादन के स्वरूप में बदलाव आया। खाद्य फसलों के बदले नकदी फसल उगाई जाने लगी। अतः खाद्यानों की भारी कमी हो गई और कई अकाल पड़े। चूंकि कृषि उत्पादन बाजार के लिए होता था, अतः बाजार की संरचना का विस्तार हुआ। इससे आर्थिक वैश्वीकरण की प्रक्रिया बढ़ी। भारत की फसलें पहली बार अमेरिका और ब्रिटेन के बाजारों में बेची जाने लगीं। गांव की फसलों को शहर तक पहुंचाना पड़ता था, अतः गांव को शहरों से संचार माध्यमों द्वारा जोड़ा गया।

## दस्तकारी और गृह उद्योग का पतन

अंग्रेजों के आने से शहरी हस्तशिल्पों एवं ग्रामीण दस्तकारी उद्योगों की बर्बादी आरंभ हो गई। इसकी शुरूआत बंगाल, बिहार तथा उड़ीसा से हुई। उद्योग-धंधों के पतन का कारण था–इंग्लैंड से आयात की जाने वाली मशीनों द्वारा बनाई गई सस्ती-वस्तुओं के साथ भारतीय वस्तुओं की प्रतिद्वंद्विता तथा अंग्रेजों द्वारा 1813 ई. के बाद अपनाई जाने वाली एक तरफा मुक्त व्यापार की नीति। अंग्रेजी लेखक डी.एच.बुकानन ने लिखा है-'अलग-अलग रहने वाले स्वावलंबी गांव के कवच को इस्पात की रेल ने बेध दिया और उसकी प्राणशक्ति को क्षीण कर दिया।' सूत कातने तथा सूती कपड़ा बुनने के उद्योग को सबसे अधिक धक्का लगा। बंगाल सूती और रेशमी कपड़े के लिए प्रसिद्ध था। कंपनी यहां के दस्तकारों का शोषण निम्न उपायों

द्वारा करती थी–ब्रिटेन में भारत से आयात होने वाले माल पर अत्यधिक कर लगा दिए गए, जिससे ब्रिटेन के उद्योगों को संरक्षण मिला वहीं दूसरी ओर भारत सरकार ने ब्रिटेन से भारत में आयात होने वाले माल पर कर कम से कम कर दिए। हस्तशिल्प के विनाश से कृषि पर भारतीय जनसंख्या का दबाव बढ़ गया। 1720 ई. में ब्रिटिश संसद ने ऐसा कानून बनाया जिसके अधीन इंग्लैंड में भारतीय रेशमी तथा सूती कपड़ा पहनने वालों पर जुर्माना किया जाता था।

## धन का निष्कासन

धन के निष्कासन सिद्धांत को सर्वप्रथम दादाभाई नौरोजी ने England's Debt to India नामक प्रपत्र में 1867 में प्रस्तुत किया। उन्होंने अपनी अन्य पुस्तकों पॉवर्टी एंड अनब्रिटिश रूल इन इंडिया (1867), द वान्ट्स एंड मीन्स ऑफ इंडिया (1870) और ऑन द कॉमर्स ऑफ इंडिया (1871) में धन के निष्कासन सिद्धांत की विस्तृत व्याख्या की। धन के निष्कासन पर राणाडे ने 1872 में पूना में व्याख्यान दिया था। 1901 में गोपाल कृष्ण गोखले ने इम्पीरियल लेजिस्लेटिव कॉंसिल में बजट पर भाषण देते हुए धन के निष्कासन का सिद्धांत प्रस्तुत किया था। आर्थिक इतिहासकार आर.सी.दत्त ने अपनी पुस्तक इकोनोमिक हिस्ट्री ऑफ इंडिया (1901) में भी धन के निष्कासन सिद्धांत की व्याख्या की है।

आरंभिक दौर में धन का निष्कासन निम्न रूप में हुआ–

1. वह लाभ जो भारत में भू-राजस्व से प्राप्त होता था।
2. वह लाभ जो भारतीय मंडियों पर एकाधिकार नियंत्रण के फलस्वरूप व्यापार से प्राप्त होता था।
3. वह बलपूर्वक धन की प्राप्ति जो कंपनी के अफसर भारत में प्राप्त करते थे।
4. कंपनी के कर्मचारियों को वेतनों के रूप में प्राप्त धन।
5. ब्रिटेन की मशीनों द्वारा निर्मित वस्तुओं को रेल द्वारा संपूर्ण भारत और उसके गांवों तक पहुंचाए जाने की व्यवस्था द्वारा व्यापार की प्रगति से प्राप्त धन।

1813 के पश्चात धन का निष्कासन निम्न रूपों में हुआ : गृह व्यय के रूप में भारत राज्य सचिव तथा कार्यालय पर व्यय, ईस्ट इंडिया कंपनी के भागीदारों को लाभांश, विदेशों से लिए गए सार्वजनिक ऋण, सैनिक तथा असैनिक व्यय, इंग्लैंड में भंडार वस्तुओं की खरीद, विदेशी बैंक, इंश्योरेंस, नौवहन कंपनियां। आर.सी.दत्त ने कहा, 'सूरज पानी भारत से ग्रहण करता है वर्षा केवल इंग्लैंड को देता है।' 1859 ई. में जॉर्ज विग्नेट ने लगभग 42 लाख पौंड प्रतिवर्ष धन निकास का अनुमान लगाया था।

## भू–राजस्व व्यवस्था

कंपनी द्वारा भू-राजस्व पद्धति सर्वप्रथम 1762 ई. में बर्दवान और मिदनापुर क्षेत्रों में इजारदारी प्रथा के रूप में लागू की गई जिसमें तीन वर्ष तक भूमि कर वसूलने के लिए सार्वजनिक

नीलामी होती थी। 1772 में वारेन हेस्टिंग्स ने एक बोर्ड ऑफ रेवेन्यू का गठन कर नीलामी की अवधि पांच वर्ष (पंचशाला) कर दी जिसे पुनः 1777 ई. में एक वर्षीय बना दिया गया। इसकी देखरेख के लिए यूरोपीय कलेक्टर नियुक्त किए गए।

**स्थायी बंदोबस्त** : जॉन शोर ने 1789 ई. में स्थायी बंदोबस्त पद्धति की रूपरेखा सामने रखी। इसे गवर्नर- जनरल लॉर्ड कॉर्नवालिस, राजस्व बोर्ड के प्रधान सर जॉन शोर तथा अभिलेख पाल जेम्स ग्रांट ने व्यापक विचार-विमर्श के बाद लागू किया। आरंभ में यह दस वर्षीय व्यवस्था के रूप में 1790 ई. में लागू किया गया था, जो 22 मार्च, 1793 ई. को स्थायी बंदोबस्त के रूप में स्थापित हुआ। 1793 ई. में इसे बंगाल, बिहार तथा उड़ीसा में लागू किया गया। कालांतर में इसे उत्तर प्रदेश, बनारस खंड तथा उत्तरी कर्नाटक में भी लागू किया गया। यह व्यवस्था तत्कालीन ब्रिटिश भारत की कुल भूमि के 19 प्रतिशत भाग पर लागू थी। जमींदारी व्यवस्था में 10/11 भाग या 89 प्रतिशत कंपनी को दिया जाता था, जबकि 1/11 भाग जमींदार अपने पास रख लेते थे। जमींदारों को अपने क्षेत्र की जमीनों का स्वामित्व दे दिया गया। जमींदारों से लिया जाने वाला भूमि कर, स्थायी रूप से निर्धारित कर दिया गया। यदि किसी कारणवश जमींदार उक्त कर नहीं दे पाता था, तो उसकी जमींदारी समाप्त कर दी जाती थी। वह लगान की दर बढ़ा सकता था। वह जमीन को रेहन अथवा दान में भी दे सकता था। इस व्यवस्था से सरकार को एक निश्चित आय प्राप्त हुई, लगान वसूली पर समय और पैसा नहीं व्यय करना पड़ता था तथा एक सशक्त एवं समर्थक जमींदार वर्ग का निर्माण हुआ।

इस व्यवस्था के अंतर्गत सूर्यास्त कानून को लागू किया गया था, जिसमें यह व्यवस्था थी कि निश्चित दिन सूर्य अस्त होने तक लगान अवश्य जमा कर दिया जाए, ऐसा न करने पर जमींदार की जागीर जब्त कर उसकी नीलामी कर दी जाती थी। सरकार का किसान से कोई सीधा संपर्क नहीं था। जमींदार किसानों का आर्थिक शोषण करते थे।

**महालवाड़ी व्यवस्था** : महालवाड़ी व्यवस्था का प्रस्ताव सर्वप्रथम 1819 ई. में हॉल्ट मैकेंजी द्वारा प्रस्तुत किया गया था। महालवाड़ी व्यवस्था 1822 ई. में लागू की गई। इसे अधिनियम-7 भी कहा जाता है। यह जमींदारी प्रथा का ही एक संशोधित रूप थी। यह व्यवस्था गंगा के दोआब में, पश्चिमोत्तर प्रांत (उ.प्र.), मध्य भारत (मध्य प्रांत) और पंजाब में सर्वप्रथम लागू की गई। महालवाड़ी व्यवस्था में मालगुजारी का बंदोबस्त अलग-अलग गांवों या जागीरों के आधार पर उन परिवारों के मुखिया के साथ किया गया, जो सामूहिक रूप से उस गांव या महाल के भू-स्वामी होने का दावा करते थे। ये भू-स्वामी लंबरदार कहलाते थे। लंबरदार पर अपने महाल से भू-राजस्व वसूलने का दायित्व था। कंपनी कुल उत्पादन का 85 प्रतिशत से लेकर 95 प्रतिशत तक भूमि कर के रूप में वसूलती थी। इस व्यवस्था के अंतर्गत ब्रिटिश भारत की 30 प्रतिशत भूमि शामिल थी। 1833 ई. में विलियम बेंटिक ने अपने नौवें अधिनियम द्वारा कंपनी के लिए भू-कर 80 प्रतिशत निर्धारित कर दिया। इसी वर्ष पहली बार खेतों के मानचित्रों तथा पंजियों का प्रयोग किया गया। यह नई योजना मार्टिन बर्ड द्वारा लागू की गई,

जिन्हें 'उत्तरी भारत में भूमि कर व्यवस्था का प्रवर्तक' माना जाता है। यह बंदोबस्त 30 वर्षों के लिए किया गया। बाद में रॉबर्ट मार्टिन बर्ड ने 66 प्रतिशत भाग कर के रूप में कंपनी के लिए निर्धारित किया।

1855 ई. में सहारनपुर के कृषक विद्रोह के बाद सहारनपुर अधिनियम (1855) द्वारा लॉर्ड डलहौजी ने यह भाग घटाकर 50 प्रतिशत कर दिया। महालवाड़ी पद्धति पश्चिमोत्तर प्रांत के गवर्नर जेम्स टॉम्सन के समय तक सहजता से चली। इस व्यवस्था के अंतर्गत भूमि का स्वामित्व कंपनी के पास था जिससे भूमि बेची जा सकने, गिरवी रखी जाने और हस्तांतरित की जा सकने वाली वस्तु बना दी गई।

**रैयतवाड़ी व्यवस्था** : 1792 ई. में मद्रास प्रेसीडेंसी के बारामहल जिले में सर्वप्रथम रैयतवाड़ी व्यवस्था लागू की गई। कैप्टन रीड ने टॉमस मुनरो की सहायता से खेत की अनुमानित आय का लगभग आधा भाग भूमिकर के रूप में निश्चित किया। 1792 तथा 1808 ई. में यह पद्धति प्रायोगिक रूप से लागू की गई। 1820 में टॉमस मुनरो तथा रीड की संस्तुतियों के आधार पर यह पद्धति मद्रास प्रेसीडेंसी में लागू की गई। 1820 में ही इसे कर्नाटक और दक्षिण भारत के विभिन्न क्षेत्रों में लागू किया गया। इस पद्धति के अंतर्गत कंपनी सीधे किसानों से 33 प्रतिशत भू-राजस्व वसूलती थी। रैयतवाड़ी व्यवस्था में कृषकों को ही भूमि का स्वामी माना गया। बशर्ते वह भू-राजस्व चुकाता रहे। इस प्रकार कृषक वास्तव में भू-स्वामी न होकर बटाईदार मात्र थे। एलफिस्टन तथा चैपलिन की रिपोर्ट के आधार पर बंबई में रैयतवाड़ी पद्धति लागू की गई। यहां भू-राजस्व की दर 55 प्रतिशत थी। एलफिस्टन बंबई के गवर्नर थे। 1835 ई. में बंबई में विगनेट के सर्वेक्षण के आधार पर भू-राजस्व लागू हुआ। विगनेट भूमि सर्वेक्षण अधीक्षक था। 1775 ई. में दक्कन में कृषक उपद्रव हुए तथा 1879 ई. में दक्कन कृषक राहत अधिनियम पारित हुआ, जिसके द्वारा कृषकों को साहूकारों के विरुद्ध संरक्षण प्रदान किया गया। इस व्यवस्था के अंतर्गत ब्रिटिश भारत का 51 प्रतिशत भाग शामिल था।

***

# 27

# सामाजिक एवं धार्मिक सुधार आंदोलन

19वीं शताब्दी का सुधार आंदोलन उभरते हुए राष्ट्रवाद की ही अभिव्यक्ति था। इसके खास स्वरूप और विशेषताएं थीं। इन्हें निम्न रूप में देखा जा सकता है। आधुनिक युग के सामाजिक-धार्मिक सुधार आंदोलन की एक खास विशेषता उनका बुद्धिवादी चरित्र है। हालांकि सुधारकों ने कभी-कभी आस्था और प्राचीन ग्रंथों का भी सहारा लिया पर ऐसा वे अपनी बातों को प्रमाणित करने के लिए करते थे। ऐसा कर नए सुधारों के प्रति समर्थन जुटाया जा सकता था। यही कारण है कि उन्होंने बुद्धिविरोधी धार्मिक कठमुल्लेपन से लोगों को मुक्ति दिलाने में काफी हद तक सफलता पाई। उन्होंने भारतीय धर्मों के कर्मकांडी, अंधविश्वासी और पुरानपंथी विचारों का विरोध किया। उनमें से अनेक ने धर्म को अंतिम सत्य मानने से इंकार कर दिया।

सामाजिक-धार्मिक सुधार आंदोलन का स्वरूप मानवतावादी था। पुरोहितवाद और कर्मकांड का विरोध उन्होंने इस कारण किया क्योंकि ये मानव कल्याण के विरोधी थे। इसने समाज को ऊँच-नीच और ब्राह्मण-शूद्र में बांट रखा था। कुछ जातियां अछूत समझी जाती थीं, इसलिए छुआछूत एवं जातिप्रथा का विरोध किया। स्त्रियों की स्थिति में भी सुधार की मांग की। सतीप्रथा, बाल-विवाह एवं विधवाओं की शोचनीय स्थिति जैसी अमानवीय परंपराओं का विरोध हुआ। पारसी कानून संघ ने तो स्त्रियों को कानूनी अधिकार दिलाने के लिए संघर्ष किया। हालांकि धर्मसुधारकों ने अपने-अपने धर्म में ही सुधार लाने के प्रयास किए, लेकिन उनका सामान्य दृष्टिकोण सर्वव्यापकतावादी और धर्मनिरपेक्ष था। उन्होंने सभी मनुष्यों के लिए एक ईश्वर की बात कही साथ ही उनके विचार और दर्शन में किसी वर्ग के प्रति घृणा का भाव नहीं था। राममोहन राय विभिन्न धर्मों को एक ही सर्वव्यापी ईश्वर तथा एक ही धार्मिक सत्य का विशिष्ट रूप समझते थे। इसी प्रकार सैयद अहमद ने कहा कि सभी पैगम्बरों का एक ही धर्म है और अल्लाह ने हर कौम को अपना एक पैगंबर भेजा है।

इस काल के आंदोलन मूलतः उदारवादी थे। उन्होंने रूढ़ियों और सामाजिक विकृतियों का विरोध तो किया, पर इसके लिए खूनी संघर्ष में विश्वास नहीं किया। साथ ही उन्होंने सभी सामाजिक परंपराओं का विरोध नहीं किया। वे केवल उन्हीं परंपराओं का विरोध कर रहे थे,

जो अमानवीय थे। अपने उदारवादी विचार के कारण वे पश्चिमी शिक्षा और ज्ञान-विज्ञान के समर्थक थे। पर उन्होंने पश्चिम की अंधी नकल का विरोध किया और भारतीय संस्कृति व विचार परंपरा के उपनिवेशीकरण के खिलाफ एक विचारधारात्मक आंदोलन चलाया।

पर इन आंदोलनों की अपनी सीमाएं थीं। ये आंदोलन समाज के एक छोटे वर्ग की आवश्यकताओं की ही पूर्ति कर रहे थे। यह वर्ग नगरीय उच्च एवं मध्य वर्ग था। इनमें से किसी ने भी बहुसंख्यक किसानों तथा नगरों की गरीब जनता तक पहुंचने की कोशिश नहीं की। सुधारक अधिकांशतः परंपरागत रीति-रिवाजों में ही उलझे रहे।

आंदोलन पर पश्चिमी संस्कृति एवं उदारवाद का भी प्रभाव था। इस कारण देशी साधनों (मेधा एवं ज्ञान-विज्ञान) के जरिए आधुनिकीकरण के आसार अवरुद्ध हो गए। अतीत में एक स्वर्णयुग पाने की इच्छा के कारण आधुनिक ज्ञान-विज्ञान को पूरी तरह से नहीं अपनाया गया। इससे वर्तमान को सुधारने के प्रयास सफल नहीं हुए।

सुधारक अतीत का गुणगान तो करते थे, पर वे अपने को प्राचीनकाल तक ही सीमित रखते थे। ये सुधारक मध्यकाल को पतन का काल मानते थे। यह विचार अनैतिहासिक तो था ही सामाजिक, राजनीतिक दृष्टि से भी हानिकारक था। इससे सांप्रदायिकता के विकास को बल मिला। अतीत की ओर लौटना एक तरह से और भी हानिकारक था। अतीत की परंपराओं ने ही जातिप्रथा जैसे घृणित मूल्यों को बढ़ावा दिया था। अतः इन घृणित मूल्यों के शिकार लोग इस आंदोलन में शामिल नहीं हो सके।

सीमित ही सही पर इन आंदोलनों की अपनी उपलब्धियां भी थीं। इन आंदोलनों के कारण ही भारत पश्चिमी शिक्षा एवं आधुनिक ज्ञान-विज्ञान के संपर्क में आया। इससे भारतीय दृष्टिकोण में महत्वपूर्ण परिवर्तन आए। इस जागरण ने भारतीय समाज की जड़ता को समाप्त कर बहुमुखी प्रगति का संदेश दिया। विवेकानंद और इकबाल ने कर्म और सतत प्रगति का संदेश दिया। इस प्रकार चिंतन की धारा और दृष्टिकोण में परिवर्तन आए।

विभिन्न सुधारों के माध्यम से सामाजिक एवं धार्मिक बुराइयों का अंत कर समाज में समानता तथा मानववादी मूल्यों को स्थापित करने की कोशिश की गई। विशेषकर नारी उद्धार, अछूतोद्धार एवं शिक्षा के प्रचार पर बल दिया गया। आंदोलन के कारण शेष दुनिया के साथ भारत का अलगाव खत्म हो गया। अब भारतीय भी बढ़-चढ़कर दुनिया की गतिविधियों में भाग लेने लगे। विवेकानंद ने विश्वधर्म सम्मेलन में भारत का नेतृत्व किया। इन सुधारवादी आंदोलनों ने राष्ट्रवादी आंदोलन को और भी तीव्र कर दिया। धार्मिक विविधता के देश में राष्ट्रीयता की अवधारणा विकसित होना कोई छोटी बात नहीं थी।

## ब्रह्म समाज

ब्रह्म समाज की स्थापना 1828 ई. में कलकत्ता में राजा राममोहन राय ने की। उन्होंने

एकेश्वरवाद में विश्वास व्यक्त किया और मूर्ति पूजा का विरोध किया। वे प्रथम ऐसे व्यक्ति थे जिन्होंने सामाजिक कुरीतियों का विरोध किया। इस कारण उन्हें आधुनिक भारत का जन्मदाता कहा जाता है। 1809 ई. में 'तुहफतुल मुआहिदिन' (अर्थात् एकेश्वरवाद में विश्वास) फारसी में प्रकाशित हुआ। 1815 ई. में उन्होंने कलकत्ता में 'आत्मीय सभा' की स्थापना की। 1816 में उन्होंने कलकत्ता में पाश्चात्य शिक्षा के लिए हिंदू कॉलेज की स्थापना की। उन्होंने उपनिषदों का अंग्रेजी में अनुवाद किया। उन्हें भारत में पत्रकारिता का जन्मदाता कहा जाता है। 1820 में उन्होंने प्रिसेप्ट्स ऑफ जीसस की रचना की। 1817 में हिंदू कॉलेज की स्थापना में राधाकांत देव एवं डेविड हायर ने मुख्य भूमिका निभाई। अलेक्जेंडर डफ उनके मुख्य सहयोगी थे। 1821 में 'संवाद कौमुदी (बंगाली) तथा 1822 में 'मिरातुल अखबार' (फारसी) प्रकाशित किया। 1829 में कलकत्ता से 'बंगदूत' नामक समाचार पत्र निकाले।

उन्होंने सतीप्रथा के विरुद्ध संघर्ष किया। 1829 में विलियम बेंटिंक द्वारा सती प्रथा निषेध कानून पारित किया गया। उन्होंने स्त्रियों के हक के लिए संघर्ष किया। बहुपत्नी प्रथा, विधवा स्त्रियों की अधम स्थिति आदि के विरोध में संघर्ष किया। उन्होंने पूर्व और पश्चिम के बीच समन्वय स्थापित करने का प्रयत्न किया। अकबर द्वितीय ने उन्हें राजा की उपाधि दी। 1833 में उनकी इंग्लैंड में मृत्यु के कारण ब्रह्म समाज का मार्गदर्शन नहीं रहा और इसमें शिथिलता आ गई। ब्रह्म समाज में नया जीवन लाने का श्रेय महर्षि देवेंद्रनाथ टैगोर (1817–1905) को जाता है। वे इस आन्दोलन में 1843 में सम्मिलित हुए और उन्होंने ब्रह्म समाज के अवलंबियों को मूर्ति पूजा, तीर्थ यात्रा, कर्मकांड और प्रायश्चित आदि से रोका। उन्होंने केशवचन्द्र सेन को ब्रह्मसमाज का आचार्य नियुक्त किया। देवेंद्रनाथ टैगोर ने 1839 में कलकत्ता में तत्वबोधिनी सभा की स्थापना की तथा तत्वबोधिनी पत्रिका नामक बंगाली मासिक पत्रिका निकाली। ईश्वरचंद्र विद्यासागर, हेनरी विवियन डेरेजियो और अक्षय कुमार दत्त तत्वबोधिनी सभा के प्रमुख सदस्य थे।

1865 में देवेंद्रनाथ टैगोर ने ब्रह्म समाज के एकमात्र प्रन्यासी के रूप में केशवचन्द्र सेन को आचार्य की पदवी से निकाल दिया। केशवचन्द्र सेन ने एक नवीन ब्रह्म समाज का गठन किया जिसे आदि ब्रह्म समाज या भारत का ब्रह्म समाज का नाम दिया गया। उन्होंने 1870 में इंडियन रिफार्म एसोसिएशन की स्थापना की। उन्होंने इंडियन मिरर नामक पत्रिका का प्रकाशन भी आरंभ किया। केशवचन्द्र सेन ने नेटिव मैरिज एक्ट पारित कराने में मुख्य भूमिका निभाई। उनके प्रयासों से 1872 में ब्रह्म विवाह को कानूनी बना दिया गया—वर की उम्र 18 वर्ष, वधू की उम्र–14 वर्ष निर्धारित की गई। 1878 में सेन ने अपनी पुत्री (13 वर्ष) की शादी कूच बिहार के महाराजा से पूर्ण वैदिक कर्मकांड रीति से की। इससे असंतुष्ट होकर सेन के अधिकतर अनुयायियों ने जिनमें आनन्द मोहन बोस तथा शिवनाथ शास्त्री प्रमुख थे, नया ब्रह्म समाज बनाया जिसे साधारण ब्रह्म समाज (1878) के नाम से जाना जाता है। विपिन चंद्र पाल, द्वारका नाथ गांगुली एवं सुरेंद्रनाथ बनर्जी इसके प्रमुख सदस्य थे। साधारण ब्रह्म समाज स्त्री

शिक्षा का प्रबल समर्थक था। इसने कई अनाथालयों की स्थापना की। इस संस्था ने तत्व कौमुदी, ब्रह्म पब्लिक ओपिनियन एवं इंडियन मैसेंजर नामक पत्रिका प्रकाशित की।

## वेद समाज

1864 में वेद समाज की स्थापना मद्रास में हुई। श्रीधरालु नायडू इसके प्रमुख संस्थापक थे। एम. बुचुआह पंतूलू एवं आर.वेंकट रत्नम इसके प्रमुख सदस्य थे। इसे दक्षिण भारत का ब्रह्म समाज भी कहा जाता है।

## परमहंस सभा

1849 में परमहंस सभा की स्थापना आत्माराम पांडुरंग ने की। सतारा एवं पूना में इसकी शाखाएं थीं। इसकी गतिविधियां गुप्त रूप से संचालित की जाती थीं। इसने जातिप्रथा एवं मूर्तिपूजा का विरोध किया।

## प्रार्थना समाज

1867 में केशवचन्द्र की प्रेरणा से आत्माराम पांडुरंग ने बम्बई में प्रार्थना समाज की स्थापना की। 1870 में इसमें महादेव गोविन्द रानाडे और एन.जी चंद्रावरकर शामिल हुए जिन्होंने इस समाज के प्रमुख नेता के रूप में ख्याति पाई। इसने एक ब्रह्म की उपासना पर बल दिया। अंतर्जातीय विवाह एवं स्त्री शिक्षा का समर्थन किया। विधवा विवाह के पक्ष में आंदोलन चलाए। विरेशलिंगम पंतूलू ने दक्षिण भारत में इसका प्रसार किया। आर. जी. भंडारकर एवं गोपाल गणेश आगरकर इसके प्रमुख नेता थे। प्रार्थना समाज द्वारा स्थापित 'दलित जाति मंडल', समाज सेवा संघ, दक्कन शिक्षा सभा ने प्रशंसनीय कार्य किये।

## आर्य समाज

दयानंद सरस्वती आर्य समाज के प्रमुख नेता थे। उनका जन्म 1824 में गुजरात में एक ब्राह्मण परिवार में हुआ था। उनका आरंभिक नाम मूलशंकर था। उन्होंने सबसे पहली बार 'स्वराज' शब्द का प्रयोग किया। 1863 में उन्होंने झूठे धर्मों का खंडन करने के लिए पाखंड खंडिनी पताका लहराई। 1875 में उन्होंने बंबई में 'आर्य समाज' की स्थापना की। 1877 में 'आर्य समाज लाहौर' की स्थापना हुई। धार्मिक क्षेत्र में उन्होंने मूर्तिपूजा, बहुदेववाद, अवतारवाद, पशु–बलि, श्राद्ध, तंत्र–मंत्र तथा झूठे कर्मकांड को स्वीकार नहीं किया। उन्होंने कर्म के सिद्धांत पर अधिक बल दिया। 'पुनः वेद की ओर चलो' उनका प्रसिद्ध नारा था। सामाजिक क्षेत्र में उन्होंने छुआछूत, जाति–प्रथा, बाल–विवाह आदि पर प्रहार किया। वे पहले सुधारक थे जिन्होंने शूद्र तथा स्त्री को वेद पढ़ने तथा ऊंची शिक्षा प्राप्त करने के लिए आन्दोलन चलाए।

उन्होंने स्त्रियों की स्थिति सुधारने के लिए सबसे अधिक कार्य किया। वे वर्ण व्यवस्था जन्म से नहीं कर्म से मानते थे। उनके सभी विचार उनकी प्रसिद्ध पुस्तक 'सत्यार्थ प्रकाश' में वर्णित हैं, यह किताब हिन्दी में है। इसके अतिरिक्त उन्होंने 'वेद-भाष्य भूमिका' (संस्कृत-हिन्दी) तथा 'वेद-भाष्य' (संस्कृत) लिखी। केशवचंद्र सेन की प्रेरणा से उन्होंने हिंदी में प्रचार-प्रसार आरंभ किया। बंबई में आर्य समाज के नियम गठित किए गए। उनका संकलन लाहौर में किया गया। आर्य समाज ने इतवारी सभाओं का आयोजन आरंभ किया। मिर्जा गुलाम अहमद ने आर्य समाजियों के साथ शास्त्रार्थ किया था। 1883 में अजमेर में उनकी मृत्यु हो गई। 1886 में उनकी मृत्यु के पश्चात् लाला हंसराज और लाला लाजपतराय के नेतृत्व में पाश्चात्य शिक्षा पर आधारित 'दयानन्द एंग्लो-वैदिक संस्थान' की स्थापना हुई। 1892-93 में शिक्षा के मुद्दे पर आर्य समाज में विभाजन हुआ। 1902 में स्वामी श्रद्धानंद द्वारा हरिद्वार में 'गुरुकुल' की स्थापना की गई। आर्य समाज ने 'शुद्धि आन्दोलन' का भी सूत्रपात किया।

## यंग बंगाल आन्दोलन

यंग बंगाल आन्दोलन के प्रवर्तक 'हेनरी विवियन डेरेजियो' थे। इस आन्दोलन को 1826 में बंगाल में शुरू किया गया। डेरेजियो 1826 से 1831 तक हिन्दू कॉलेज में अध्यापक पद पर कार्यरत थे। वे अभूतपूर्व प्रतिभा के धनी थे। फ्रांसीसी क्रान्ति से प्रभावित डेरेजियो ने क्रांतिकारी विचारों को अपनाया। उन्होंने छात्रों तथा युवाओं को विवेकपूर्ण एवं स्वतंत्र ढंग से सोचने, सभी आधारों की प्रामाणिकता की जाँच करने, मुक्ति, समानता और स्वतंत्रता से प्रेम करने तथा सच्चाई की सदैव पूजा करने का उपदेश दिया। 22 वर्ष की अवस्था में हैजे से 1831 में डेरेजियो की मृत्यु हो गई। डेरेजियो ने आत्मविस्तार एवं समाज सुधार के लिए 'एकेडेमिक एसोसिएशन' एवं 'सोसाइटी फॉर जनरल नॉलेज' की स्थापना की। एंग्लो-इंडियन, हिन्दू एसोसिएशन, बंगहित सभा, डिबेटिंग क्लब का गठन भी डेरेजियो ने किया। डेरेजियो द्वारा 'ईस्ट इंडिया' नामक दैनिक पत्र का भी सम्पादन किया गया। डेरेजियो के महत्वपूर्ण शिष्यों में रामगोपाल घोष, कृष्णमोहन बनर्जी एवं महेश चन्द्र घोष थे।

डेरेजियो समर्थकों ने भारत में रूढ़िवादी परम्पराओं एवं रिवाजों की आलोचना की। नारी अधिकारों तथा नारी शिक्षा की हिमायत की, परन्तु ये लोग भारतीय वास्तविकता को पूरी तरह समझने में असफल रहे। इन लोगों ने कम्पनी के चार्टर में संशोधन, प्रेस की आजादी, ब्रिटिश उपनिवेशों में भारतीय मजदूरों की बेहतर स्थिति, जूरी द्वारा मुकदमों की सुनवाई, अत्याचारी जमींदारों से रैयतों की सुरक्षा आदि सार्वजनिक प्रश्नों पर आन्दोलन किया। सुरेन्द्रनाथ बनर्जी ने डेरेजियो को बंगाल में आधुनिक सभ्यता का अग्रदूत, एवं हमारी जाति का पिता कहा। डेरेजियो को 'आधुनिक भारत का प्रथम राष्ट्रवादी कवि' भी कहा जाता है। उसने माई इंडिया नामक कविता की रचना की।

## रामकृष्ण मिशन

विवेकानंद ने 1897 में रामकृष्ण मिशन की स्थापना की। वे रामकृष्ण परमहंस के शिष्य थे। रामकृष्ण परमहंस (1834-86) का जन्म कलकत्ता में हुआ। उन्होंने तीनों प्रकार की तांत्रिक, वैष्णव और अद्वैत साधना की और अंत में निर्विकल्प समाधि की स्थिति प्राप्त की। उन्होंने 1887 ई. में 'बारानगर में एक मठ' की स्थापना की। अंग्रेजी में मासिक पत्रिका 'प्रबुद्ध भारत' और बंगला में पाक्षिक पत्रिका 'उद्‌बोधन' का प्रकाशन किया। स्वामी विवेकानन्द ने 1893 में शिकागो में हुई धर्मों की संसद में भाग लिया। 1899 में अमेरिका पहुंचे और 1900 ई. में 'कांग्रेस ऑफ दी हिस्ट्री ऑफ रिलिजियन्स' में (पेरिस) भाषण दिया। इन्होंने सर्व धर्म समानता की घोषणा की। सुभाष चन्द्र बोस ने विवेकानन्द को 'आधुनिक राष्ट्रीय आन्दोलन का आध्यात्मिक पिता' कहा है। रामकृष्ण मिशन का मुख्यालय वेलूर में स्थित था। इसने लोक कल्याण का महत्वपूर्ण कार्य किया। विवेकानन्द को नववेदांत का प्रवर्तक माना जाता है। उन्होंने शूद्र राज्य की आवश्यकता पर बल दिया। सरफराज खान विवेकानंद के परम मित्र थे।

## थियोसोफिकल सोसाइटी

1875 में अमेरिका के न्यूयार्क में रूसी महिला श्रीमती एच.पी. ब्लावट्स्की (1811-91) और अमेरिकी कर्नल एच.एस. ऑल्काट ने 'थियोसोफिकल सोसाइटी' की स्थापना की। ऑल्काट 1875 में भारत आए। 1882 ई. में उन्होंने अपनी सोसाइटी का मुख्यालय मद्रास नगर के समीप 'अड्यार' में स्थापित किया। वे पुनर्जन्म और कर्म में विश्वास करते थे। उन्होंने हिन्दुत्व, जरथ्रुस्ट (पारसी मत) तथा बौद्ध धर्म को पुनर्स्थापित करने का प्रयास किया। भगवानदास एवं एस. सुब्रह्मण्यम अय्यर इसके मुख्य कार्यकर्ता थे। 1907 में कर्नल ऑल्काट की मृत्यु के बाद एनी बेसेंट (1847-1933) इसकी अध्यक्ष बनीं और यह आन्दोलन काफी लोकप्रिय बना। वे 1893 में भारत आई थीं। एनी बेसेंट ने 1898 ई. में बनारस में 'सेंट्रल हिन्दू कॉलेज' की नींव डाली। यही कॉलेज आगे चलकर 1916 में 'बनारस हिन्दू विश्वविद्यालय' (मदन मोहन मालवीय द्वारा स्थापित) बन गया। 1916 में एनी बेसेंट ने 'होमरूल लीग' की स्थापना की। 1914 में एनी बेसेंट ने एक अंग्रेजी पत्रिका 'न्यू इंडिया' बम्बई से तथा 'कॉमनवील' पत्रिका भी प्रकाशित की। वे 1917 में कांग्रेस की पहली महिला अध्यक्ष बनीं।

## बहावी आन्दोलन

मुसलमानों की पाश्चात्य प्रभावों के विरुद्ध प्रथम प्रतिक्रिया बहावी आन्दोलन या वली उल्लाह आन्दोलन के द्वारा हुई। शाह वली उल्लाह भारतीय मुसलमानों के प्रथम नेता थे जिन्होंने मुसलमानों में हुई गिरावट पर चिन्ता व्यक्त की थी। उन्होंने धर्म के वैयक्तिक अन्तश्चेतना पर बल दिया। 1820 में सैयद अहमद द्वारा बहावी आन्दोलन भारत में स्थापित किया गया।

उनके बाद शाह अब्दुल अजीज और सैयद अहमद बरेलवी ने वली उल्लाह के विचारों को लोकप्रिय बनाया। अब्दुल अजीज ने यह फतवा जारी किया कि भारत एक (दार-उल-हर्ब) काफिरों का देश है और इसे 'दार-उल-इस्लाम' बनाने की आवश्यकता है, तभी से आन्दोलन ने राजनीतिक रंग पकड़ लिया। प्रारंभ में यह आन्दोलन पंजाब में सिक्ख विरोधी था लेकिन 1849 में अंग्रेजों द्वारा पंजाब विलय के बाद यह अभियान अंग्रेजों के विरुद्ध हो गया। यह आन्दोलन 1870 तक चलता रहा जब इसे सैनिक बल द्वारा समाप्त कर दिया गया। इसके चार खलीफा के रूप में विलायत अली, शाह मुहम्मद, हुसैन व फरहत हुसैन (सभी पटना से) की नियुक्ति की गई। आरंभ में इसकी गतिविधियां पेशावर एवं उसके आसपास के क्षेत्रों तक सीमित थी। बाद में दिल्ली इसका प्रमुख केंद्र बन गया। अंतिम चरण में इसका मुख्यालय पटना में स्थानांतरित हो गया। पटना के इनायत अली और विलायत अली इसके प्रमुख सदस्य थे। 1831 के बालाकोट के युद्ध में सैयद अहमद मारे गए एवं धीरे-धीरे यह आंदोलन कमजोर पड़ गया।

## अलीगढ़ आन्दोलन

सर सैयद अहमद खाँ ने अलीगढ़ आन्दोलन की शुरूआत की। उन्होंने पीर-मुरीदी प्रथा को समाप्त करने का प्रयत्न किया। वे दास प्रथा को इस्लाम विरोधी मानते थे। उन्होंने मुसलमानों से आधुनिक दृष्टि अपनाने का आग्रह किया। वे आधुनिक शिक्षा एवं स्त्री शिक्षा के प्रबल समर्थक थे। उन्होंने तलाक का भी विरोध किया। वे हिंदू-मुस्लिम एकता के समर्थक थे। सैयद अहमद खाँ ने अपने विचारों के प्रचार के लिए एक पत्रिका 'तहजीब-उल-अखलाक' (सभ्यता और नैतिकता) निकाली। उनका सबसे महत्वपूर्ण कार्य कुरान की टीका था। 1875 ई. में उन्होंने अलीगढ़ में मुस्लिम ओरिएंटल स्कूल की स्थापना की। यह स्कूल आगे चलकर 1920 में अलीगढ़ मुस्लिम विश्वविद्यालय के रूप में परिणत हो गया। 1864 में साइंटिफिक सोसाइटी (विज्ञान समिति) की स्थापना की। 1886 में उन्होंने मुहम्मडन एजुकेशनल कांफ्रेंस की स्थापना की। 1888 में बनारस के राजा शिवप्रसाद सितारे हिंद के साथ मिलकर Patriotic Association (राष्ट्रवादी संगठन) की स्थापना की। चिराग अली, अल्ताफ हुसैन हाली, नजीर अहमद, मौलाना शिबली नुमानी, मोहसिन उल मुल्क एवं विकारूल मुल्क इस आंदोलन से जुड़े प्रमुख नेता थे।

## देवबंद आंदोलन

मुसलमान उलमा, जो प्राचीन मुस्लिम विद्या के अग्रणी थे, ने 1867 में देवबंद आन्दोलन चलाया। इसके दो लक्ष्य थे-1. मुसलमानों में कुरान तथा हदीस की शिक्षा का प्रचार करना। 2. विदेशी शासकों के विरुद्ध जिहाद की भावना को जीवित रखना। मुहम्मद कासिम ननौत्वी तथा रशीद अहमद गंगोही के नेतृत्व में 1867 में उत्तर प्रदेश के सहारनपुर जिला में 'देवबंद

स्कूल' की स्थापना की गई जिसका उद्देश्य मुस्लिम सम्प्रदाय के धार्मिक वर्ग को प्रशिक्षित करना था। यह आन्दोलन अलीगढ़ आन्दोलन के विरुद्ध था, जो पाश्चात्य शिक्षा तथा अंग्रेजी सरकार की सहायता से मुसलमानों का कल्याण चाहता था। शिवली नूमानी देवबंद आंदोलन के प्रमुख नेता थे। 1884-85 में लखनऊ में उन्होंने नदवातुल उलमा एवं दारूल उलमा की स्थापना की। उन्होंने अंग्रेजी शिक्षा का समर्थन किया। देवबंद शाखा ने 1885 में बनी भारतीय राष्ट्रीय कांग्रेस का स्वागत किया। 1888 में सैयद अहमद खाँ द्वारा बनाई गई 'संयुक्त भारतीय राजभक्त सभा' तथा मुस्लिम एंग्लो ओरिएंटल सभा के विरुद्ध उलमा ने फतवा जारी किए। महमूद-उल-हसन ने इस शाखा के धार्मिक विचारों को राजनैतिक रंग देने का प्रयत्न किया तथा उन्होंने राष्ट्रीय आकांक्षाओं तथा मुस्लिम निष्ठाओं में समन्वय स्थापित करने का प्रयास किया। अबुल कलाम आजाद देवबंद शाखा के प्रमुख अनुयायी थे। इसके द्वारा 1918 में जमाते-उलमाए हिंद की स्थापना की गई।

## अहमदिया आन्दोलन

इसके संस्थापक 'मिर्जा गुलाम अहमद' थे। 1889 में उन्होंने इस आंदोलन की शुरूआत की। उन्होंने अपने को इस्लाम का मसीहा (महदी) तथा बाद में कृष्ण का अवतार कहना शुरू किया। इस आंदोलन का आरंभ पंजाब के गुरुदासपुर जिले के कादियां नामक स्थान से हुआ। उन्होंने अपने विचार बहरीन-ए-अहमदिया नामक ग्रंथ में व्यक्त किए। इसका प्रकाशन 1890 ई. में हुआ। उन्होंने मुसलमानों में समाज सेवा एवं शिक्षा प्रसार के लिए कार्य किया।

## सिक्ख सुधार आन्दोलन

1873 में अमृतसर में सिंह सभा की स्थापना की गई। खेम सिंह बेदी इसके प्रमुख नेता थे। उन्होंने ईसाई धर्म स्वीकार करने वाले सिक्ख युवकों के शुद्धीकरण का आंदोलन चलाया। 1890 के दशक में खालसा कॉलेज अमृतसर की स्थापना हुई। इसका उद्देश्य सिक्खों को अंग्रेजी शिक्षा प्रदान करना था। सिंह सभा का एक आन्दोलन अकाली लहर था जो मुख्यतः गुरुद्वारों के भ्रष्ट महंतों के विरुद्ध था। इन महंतों को सरकार का समर्थन प्राप्त था। 1921 में अकालियों द्वारा इन गुरुद्वारों के महंतों के विरुद्ध अहिंसात्मक आन्दोलन चलाया गया। सरकार ने इस आन्दोलन के फलस्वरूप 1922 में 'सिक्ख गुरुद्वारा एक्ट' पारित किया जिसे 1925 में संशोधित किया गया।

## पारसी सुधार आन्दोलन

1851 में नौरोजी फरदोनजी, दादाभाई नौरोजी तथा एस.एस. बंगाली ने मिलकर एक पारसी संस्था 'रहनुमाए मजदायन सभा' की स्थापना की। इस संस्था का मुख्य उद्देश्य पारसियों की सामाजिक अवस्था का पुनरुद्धार, पारसी धर्म को पुनः प्राचीन शुद्धता प्राप्त कराना तथा स्त्रियों

की स्थिति में सुधार लाना था। इस सभा के संदेश को पारसियों तक पहुँचाने के लिए दादाभाई नौरोजी ने 'रस्ट गोफ्तार' (सत्यवादी) नामक पत्रिका छपवाई। के.आर. कामा ने पारसी धर्म में सुधार के लिए काफी कार्य किया।

## प्रमुख सामाजिक सुधार

**सती प्रथा पर पाबंदी** : 1829 के 17वें नियम के अनुसार सती प्रथा को अवैध घोषित कर दिया गया। यह नियम केवल बंगाल के लिए था लेकिन 1830 में इसे बम्बई और मद्रास में भी लागू कर दिया गया।

**शिशु हत्या पर रोक** : 1795 के बंगाल नियम XXI और 1804 के नियम 3 के द्वारा शिशु हत्या को साधारण हत्या के बराबर मान लिया गया।

**विधवा पुनर्विवाह** : ईश्वरचन्द्र विद्यासागर के प्रयत्नों के फलस्वरूप 1856 में हिन्दू विधवा पुनर्विववाह अधिनियम (1856 का अधिनियम 15) पारित हुआ। इसके द्वारा विधवा विवाह को वैध मान लिया गया एवं उससे उत्पन्न संतान को वैध घोषित किया गया। 1899 में 'प्रोफेसर कर्वे' ने विधवा आश्रम स्थापित किया। बी.एम. मालाबारी, कवि नर्मद, पंडित रानाडे, के नटराज आदि ने बम्बई में विधवा विवाह के पक्ष में आंदोलन चलाया। सत्य प्रकाश, करसोन दास मल एवं विरेसलिंगम पंतूलू इस आंदोलन के अन्य नेता थे। 1850 में विष्णु शास्त्री पंडित ने विधवा पुनर्विवाह सभा की स्थापना की। पंडित रमाबाई ने आर्य महिला समाज की स्थापना की। सरला देवी चौधरानी ने 1910 में इलाहाबाद में भारत स्त्री महामंडल की स्थापना की।

**स्त्रियों की दशा में सुधार** : 1906 ई. में बम्बई में डी.के. कर्वे ने प्रथम महिला विश्वविद्यालय की स्थापना की। 1872 के एक कानून द्वारा जिसे 'सिविल मैरिज एक्ट' कहते हैं, विवाह की उम्र कन्याओं के लिए 14 वर्ष और लड़कों के लिए 18 वर्ष निश्चित की गई तथा बहुपत्नी प्रथा को भी समाप्त कर दिया गया। 1891 में बी.एम. मालाबारी के प्रयत्नों के फलस्वरूप सम्मति आयु अधिनियम पारित किया गया जिसने 12 वर्ष से कम आयु की कन्याओं के विवाह पर प्रतिबंध लगा दिया। 1930 में शारदा अधिनियम द्वारा विवाह के लिए कन्याओं की न्यूनतम आयु 14 वर्ष और युवकों की न्यूनतम आयु 18 वर्ष निश्चित की गई। डॉ. मुतुलक्ष्मी रेड्डी ने मंदिर में वेश्यावृत्ति के खिलाफ आंदोलन चलाया। ईश्वरचंद्र विद्यासागर ने बाल विवाह के खिलाफ लोगों को जागृत किया। 1915 में एनी बेसेंट की अध्यक्षता में भारतीय महिला परिषद् की स्थापना की गई। माग्रेट कोजिन के प्रयासों से 1924 में अखिल भारतीय महिला सम्मेलन का आयोजन किया गया।

**दासता का अंत** : 1833 में अंग्रेजी साम्राज्य में दासता समाप्त कर दी गई और 1833 के चार्टर अधिनियम में एक धारा जोड़ दी गई जिससे दासता को शीघ्रातिशीघ्र समाप्त करने को कहा गया। 1843 में समस्त भारत में दासता अवैध घोषित कर दी गई।

## निम्न जातीय आन्दोलन

**जस्टिस पार्टी**–1917 में त्यागराज चेट्टी तथा टी. एम. नैयर ने दक्षिण भारतीय उदारवादी संघ की स्थापना की, जिसे कालांतर में जस्टिस पार्टी कहा जाने लगा। 1937 में रामास्वामी नायकर को न्याय दल का सभापित चुना गया। नायकर को उनके अनुयायी तंतै (पिता) तथा 'पेरियार' (महान आत्मा) के नाम से पुकारते थे। सी.एम. मुदलियार इससे जुड़े एक अन्य प्रमुख नेता थे। रामास्वामी नायकर ने 1925 में आत्मसम्मान आंदोलन चलाया। श्री सी.एन. अन्नादुरै ने 1944 में जस्टिस पार्टी का नाम बदलकर द्रविड़ कड़गम कर दिया। 1949 में दल का विभाजन हो गया और अन्ना ने अपने दल का नाम द्रविड़ मुनेत्र कड़गम रखा। 1964 के आम चुनावों में इस दल ने तमिलनाडु में प्रथम द्रमुक सरकार बनाई जिसमें अन्नादुरै मुख्यमंत्री बने।

**एस.एन.डी.पी.** : नारायण गुरु ने केरल में 1903 ई. में एस.एन.डी.पी. (श्री नारायण धर्म परिपालन योगम्) की स्थापना की। यह आंदोलन केरल की इझवा जाति में अधिक तेजी से फैला। नारायण गुरु ने मानव के लिए एक धर्म, एक जाति एवं एक ईश्वर की बात की। डॉ. पल्पू एवं कुमार आसन इस आंदोलन के अन्य प्रमुख नेता थे।

**वायकोम सत्याग्रह** : केरल में नारायण गुरु, एन. कुमारन्, टी.के. माधवन जैसे बुद्धिजीवियों ने छुआछूत के खिलाफ आवाज उठाई। सर्वप्रथम हिन्दू मन्दिरों में प्रवेश तथा सार्वजनिक सड़कों पर हरिजनों के चलने को लेकर त्रावणकोर के गाँव 'वायकोम' में आन्दोलन शुरू हुआ। गाँव में स्थित मंदिर में 30 मार्च, 1924 को केरल कांग्रेसियों के एक दल ने, जिसमें सवर्ण और अवर्ण दोनों शामिल थे, मंदिर में प्रवेश किया। मंदिर में प्रवेश की खबर फैलते ही सवर्णों के संगठन 'नायर सर्विस सोसाइटी', 'नायर समाजम' व 'केरल हिन्दू सभा' ने आन्दोलन का समर्थन किया। नंबूदरियों (उच्च ब्राह्मण) के संगठन 'योगक्षेम' ने भी आन्दोलन को समर्थन दिया।

30 मार्च, 1924 को के.पी. केशव मेनन के नेतृत्व में सत्याग्रहियों ने मन्दिर के पुजारियों तथा त्रावणकोर की सरकार द्वारा मंदिर में प्रवेश को रोकने के लिए लगाई गई बाड़ को हटाकर मन्दिर की ओर कूच किया। सभी सत्याग्रही गिरफ्तार हुए। इस सत्याग्रह के समर्थन में पूरे देश से स्वयंसेवक वायकोम पहुँचने लगे। पंजाब से एक अकाली जत्था तथा ई.वी. रामस्वामी नायकर, जिन्हें 'पेरियार' के नाम से भी जाना जाता था, ने मदुरै से आए एक दल का नेतृत्व किया। 1924 में त्रावणकोर के महाराजा की मृत्यु के बाद महारानी ने सभी सत्याग्रहियों को मुक्त कर दिया परन्तु उन्होंने मंदिर की सड़क सबके लिए खोलने की माँग को नामंजूर कर दिया। मार्च 1925 में जब गाँधी जी केरल पहुँचे तो उनमें और महारानी में एक समझौता हुआ जिसके अनुसार अवर्णों को मंदिर के बाहर की सड़क पर प्रवेश की अनुमति मिली परन्तु मंदिर प्रवेश अब भी वर्जित था।

**गुरुवायूर सत्याग्रह** : दलितों एवं पिछड़ों को मन्दिर में प्रवेश दिलाने के अधिकार को लेकर एक और आन्दोलन के. केलप्पण के कहने पर केरल कांग्रेस कमेटी द्वारा 1 नवम्बर 1931 को शुरू किया गया। 1 नवम्बर को 'अखिल केरल मंदिर प्रवेश दिवस' के रूप में मनाया गया। पी. सुब्रह्मण्यम तिरुभाबु के नेतृत्व में 16 स्वयंसेवकों का एक दल 21 अक्टूबर को ही कान्नायूर से गुरुवायूर की ओर प्रस्थान किया। 1 नवम्बर को जब सत्याग्रही मन्दिर के पूर्वी प्रवेश द्वार की ओर जा रहे थे तब मन्दिर के कर्मचारियों ने उन पर हमला कर दिया। पी. कृष्ण पिल्लै, ए.के. गोपालन गंभीर रूप से घायल हुए। 21 दिसम्बर, 1932 को सत्याग्रह का रूप कठोर हो गया। के. केलप्पण आमरण अनशन पर बैठ गए। उन्होंने अपना अनशन तब तक न समाप्त करने की घोषणा कि जब तक मंदिर के दरवाजे दलितों के लिए नहीं खुल जाते। केरल तथा देश के विभिन्न भागों में हिन्दुओं ने मंदिर के संरक्षक कालीकट के राजा जमोरिन से अनुरोध किया कि वे मंदिरों में दलितों और हरिजनों के प्रवेश की अनुमति दें। गांधी के अनुरोध पर केलप्पण ने 2 अक्टूबर, 1932 को अनशन समाप्त कर दिया, परन्तु संघर्ष जारी रहा। 1936 को त्रावणकोर के महाराजा ने एक आदेश द्वारा सरकार नियंत्रित सभी मंदिरों को समस्त हिन्दू जाति के लिए खोल दिया। 1938 में राजगोपालाचारी के नेतृत्व वाले मद्रास मंत्रिमंडल ने भी ऐसा ही किया।

## हरिजन उत्थान

**सत्यशोधक समाज** : 1873 में ज्योतिबा गोविंदराव फूले द्वारा शुरू किया गया। ब्राह्मणवाद और उसकी कुरीतियों के विरुद्ध आवाज उठाना इसका मुख्य उद्देश्य था। उन्होंने मूर्ति पूजा, कर्मकांडों, पुजारियों के वर्चस्व, कर्म एवं पुनर्जन्म के सिद्धांतों का विरोध किया। उन्होंने हिन्दुओं के पवित्र लेखों और ग्रन्थों को नकारा। अपने विचारों का प्रसार दैनिक दीनबंधु में व अपनी पुस्तकों गुलामगीरी और सेनकारयन्वा असुधा द्वारा किया। शिवाजी की जीवनी एवं धर्म तृतीय रत्न उनकी अन्य प्रमुख रचनाएं हैं। फूले ने भारतीय राष्ट्रीय कांग्रेस का विरोध किया क्योंकि यह कृषकों की समस्याओं का हल करने में असमर्थ थी। ज्योतिबा फूले की मृत्यु के पश्चात् कोल्हापुर के छत्रपति शाहू महाराज द्वारा यह समाज चलता रहा। फूले प्रथम भारतीय थे जिन्होंने 1854 में अछूतों के लिए स्कूल खुलवाया।

**आत्मसम्मान आन्दोलन** : ई.वी. रामास्वामी नायकर ने इसकी शुरूआत की। इन्होंने हरिजनों को सहयोग दिया और वायकोम के सत्याग्रह का नेतृत्व किया। इन्होंने मनु के धर्म शास्त्रों और रामायण को जलाने की वकालत की। इन्होंने रूढ़िवादिता का खंडन किया। 1925 में अपना एक अखबार कुदी-अरासु निकाला और एक उग्र समाज सुधारक के रूप में जाने गए। पेरियार ने धर्म के साथ-साथ ब्राह्मणों के आधिपत्य और जाति प्रथा पर आक्रमण किया। विधवा-विवाह और परिवार नियोजन जैसे मुद्दों पर बल दिया। आत्मसम्मान लीग 1944 में जस्टिस पार्टी के साथ मिलकर द्रविड़ कड़गम बनी।

**दलित वर्ग मिशन** : निम्न जातियों को शैक्षिक सुविधाएँ देने के लिए इसकी स्थापना बम्बई में 1906 ई. में वी.आर. शिंदे के द्वारा की गई।

**दलित वर्ग मिशन सोसाइटी** : इसकी स्थापना मद्रास में 1909 ई. में हुई। पहली बार सन् 1918 ई. में अखिल भारतीय दलित वर्ग महासभा का आयोजन किया गया।

**नाडार आन्दोलन** : 19वीं शताब्दी के उत्तरार्द्ध तथा 20वीं शताब्दी के प्रारम्भ में इस आन्दोलन की शुरूआत हुई। निम्न जाति के नाडारों ने क्षत्रिय दर्जा पाने की तथा मंदिर प्रवेश के अधिकार की माँग की। 1910 ई. में नाडार महाजन सभा की स्थापना की गई।

**नायर आन्दोलन** : 19वीं शताब्दी के उत्तरार्द्ध में त्रावणकोर में इसकी शुरूआत हुई। इसमें नम्बुदरी ब्राह्मणों के सामाजिक तथा राजनीतिक वर्चस्व पर आक्रमण किया गया। सी. आर. रेड्डी के द्वारा मैसूर में 1917 ई. में प्रजामित्र मंडली की स्थापना की गई। यह मैसूर का प्रथम राजनीतिक संगठन था।

**महार आन्दोलन** : यह आन्दोलन 19वीं शताब्दी के उत्तरार्द्ध में गोपाल बाबा बालांकर के नेतृत्व में महाराष्ट्र में प्रारम्भ हुआ। महारों ने क्षत्रिय दर्जा पाने तथा सेना व नौकरियों में अधिक स्थानों की माँग की। महार सत्याग्रह का आरंभ 1927 में महाराष्ट्र में अम्बेदकर के नेतृत्व में हुआ। अम्बेदकर ने महारों के तालाब तथा मंदिरों के उपयोग के अधिकार तथा ग्राम प्रधान के यहाँ महारों की परम्परागत सेवा को समाप्त करने की माँग की।

**अखिल भारतीय दलित वर्ग संघ** : इसकी स्थापना 1924 ई. में अम्बेदकर ने की। उन्होंने महाराष्ट्र के महारों को संगठित किया। उनके द्वारा बहिष्कृत भारत आन्दोलन प्रारम्भ किया गया।

**हरिजन सेवक संघ** : हरिजन सेवक संघ की स्थापना 1932 ई. में गांधीजी ने की। अछूतों को उन्होंने हरिजन नाम दिया। उन्होंने हरिजन (1933) नामक पत्रिका भी प्रारम्भ की एवं उनके उत्थान के लिए काम किया।

***

# 28

# 1857 का विद्रोह

भारत में ब्रिटिश साम्राज्य के प्रति असंतोष की चिंगारी पहले से ही सुलग रही थी, यह यदा-कदा प्रज्वलित हो उठती थी। भारतीयों ने कभी स्वेच्छा से ब्रिटिश साम्राज्य को स्वीकार नहीं किया था। कई भारतीय नरेशों तथा सरदारों में ब्रिटिश विरोधी भावना मौजूद थी। छोटे पैमाने पर देश के विभिन्न भागों में छिटपुट विद्रोह होते रहे थे। 1781 ई. में वाराणसी के चैत सिंह का विद्रोह, 1799 ई. में वजीर अली का षड्यंत्र, 1816 में बरेली का विद्रोह, 1832-33 में छोटानागपुर के कोलों का विद्रोह, 1845-46 में पटना षड्यंत्र, 1849 ई. में भोपाल-विद्रोह और 1855-56 में संथालों के विद्रोह हुए। 1857 ई. की क्रांति एक आकस्मिक घटना थी। इसका आरंभ एक सैनिक विद्रोह के रूप में हुआ था। इसके कई कारण थे।

**राजनीतिक कारण** : लॉर्ड डलहौजी एक उग्र साम्राज्यवादी गवर्नर-जनरल था। उसकी उग्र साम्राज्यवादी नीति तथा छोटे-छोटे राज्यों को हड़पने के सिद्धांत ने भारतीय राजपरिवारों में घोर असंतोष उत्पन्न कर दिया था। डलहौजी ने गोद लेने की प्रथा का निषेध कर सतारा, नागपुर, झांसी आदि अनेक राज्यों और कुप्रबंध के आधार पर अवध के राज्य का अंग्रेजी राज्य में विलय कर लिया। उसके इस व्यवहार से मराठे भी अत्यंत उत्तेजित हो उठे और झाँसी की रानी बहुत खिन्न हुई। पेशवा बाजीराव द्वितीय के दत्तक पुत्र नाना साहेब की पेंशन बंद करके डलहौजी ने उन्हें भी अंग्रेजों का शत्रु बना दिया। मुगल सम्राट बहादुरशाह और उनके पुत्रों के प्रति अच्छा व्यवहार नहीं किया गया जिससे मुसलमानों की भावनाओं को आघात पहुँचा। अंग्रेज भारतीयों को तिरस्कार की दृष्टि से देखते थे और उन्हें उच्च सरकारी पदों पर नियुक्त नहीं करते थे। देशी राज्यों को समाप्त करने के बाद उनकी सेना भंग कर दी गई। इससे बहुत से सैनिक बेकार हो गए। इन सैनिकों में असंतोष फैला। फलतः क्रांति के समय उन्होंने विद्रोहियों का साथ दिया।

ब्रिटिश शासन व्यवस्था तथा न्याय-पद्धति भी जटिल थी। न्यायाधीश और शासक दोनों भारतीयों की भाषा, परम्परा, राजनीति एवं कानून से अनभिज्ञ थे और ठीक-ठीक न्याय नहीं करते थे। भारतीय न्यायाधीशों की अदालत में अंग्रेजों के मुकदमों का निर्णय नहीं किया जाता था। अंग्रेज न्यायाधीश भारतीयों के साथ पक्षपात करते थे। पुलिस भी भ्रष्टाचार के लिए बदनाम थी।

**सामाजिक कारण :** अपने शासनकाल में कंपनी सरकार ने समाज सुधार संबंधी अनेक कार्य किए। ये कार्य भारतीय सामाजिक जीवन में हस्तक्षेप करके ही किए जा सकते थे। समाज सुधार का कार्य लॉर्ड विलियम बेंटिक के शासनकाल में प्रारंभ किया गया था। सतीप्रथा, बाल-हत्या, नरबलि आदि को बंद करने का प्रयास किया गया। डलहौजी ने विधवा विवाह को कानूनी मान्यता दे दी। अंग्रेज भारतीय रीति-रिवाजों की अवहेलना करते थे। उन्होंने अपनी संस्कृति भारतीयों पर लादने का प्रयास किया। अंग्रेज भारतीयों को ईसाई भी बनाना चाहते थे। 1856 ई. में एक विधेयक पारित किया गया जिसके अनुसार ईसाई धर्म में दीक्षित होने वाले भारतीय अपनी चल या अचल सम्पत्ति से वंचित नहीं किए जा सकते थे। इन सबसे ब्रिटिश सत्ता के प्रति भारतीयों का आक्रोश बढ़ा।

**धार्मिक कारण :** ब्रिटिश सरकार ईसाई धर्मप्रचारकों को प्रोत्साहन देती थी तथा राजकीय सहायता भी प्रदान करती थी। वे हिंदू तथा इस्लाम धर्म की आलोचना करते थे। कट्टर हिंदुओं के हृदय में यह धारणा घर कर गई कि अंग्रेज उनके रीति-रिवाजों तथा धर्म को नष्ट कर समूचे देश को ईसाई बनाना चाहते हैं। अस्पताल, जेल आदि में भी ईसाई धर्म की शिक्षा दी जाती थी। मंदिर, मस्जिद एवं अन्य धार्मिक संगठनों की जमीन पर कर लेने से भी भारतीयों की धार्मिक भावनाओं को ठेस पहुँची। फलतः लोगों का असंतोष एवं आक्रोश बढ़ता गया, जिसने अंत में विद्रोह का रूप ले लिया।

## 1857 के विद्रोह का मुख्य केन्द्र एवं संबंधित तथ्य

| विद्रोह का आरंभ | विद्रोह केन्द्र | विद्रोही नेता | विद्रोह दबाया |
|---|---|---|---|
| 11 मई, 1857 | दिल्ली | बहादुरशाह द्वितीय | निकोलसन, हडसन |
| 4 जून, 1857 | लखनऊ | बेगम हजरतमहल | कैम्पबेल |
| 5 जून, 1857 | कानपुर | नाना साहेब | कैम्पबेल, हैवलॉक |
| 5 जून, 1857 | झाँसी | रानी लक्ष्मीबाई | ह्यूरोज |
| 20 जून, 1857 | इलाहाबाद | लियाकत अली | कर्नल नील |
| 2 जुलाई, 1857 | बनारस | – | कर्नल नील |
| 12 जून, 1857 | बिहार | कुंवर सिंह | विलियम टेलर |
| 20 जुलाई, 1857 | पंजाब | – | जॉन लॉरेंस |
| जून, 1857 | बरेली | खान बहादुर | बिंसेंट आयर |

**आर्थिक कारण :** ईस्ट इंडिया कंपनी एक व्यापारिक संस्था थी और भारत की व्यापारिक लूट उसके मालिकों का उद्देश्य था। भारतीय व्यापार पर अंग्रेजों ने एकाधिकार स्थापित कर लिया और यहाँ के घरेलू उद्योग-धंधों को नष्ट कर डाला। फलतः लोगों की आर्थिक स्थिति

शोचनीय हो गई। बेरोजगारों की संख्या में काफी वृद्धि हुई। लॉर्ड विलियम बेंटिक ने भूमि सुधार के नाम पर कर-मुक्त तथा इनाम भूमि छीन ली। लॉर्ड डलहौजी ने इनाम-कमीशन द्वारा बीस हजार जागीरदारों का अंत कर दिया। अंग्रेज अवकाश प्राप्त कर अपने देश लौट जाते और साथ ही अपने जीवन भर की आय भी ले जाते थे। इस तरह भारत का धन बहुत बड़ी मात्रा में विदेश चला जाता था।

**सैनिक कारण** : कंपनी के भारतीय सैनिकों के वेतन-भत्ते आदि अंग्रेज सैनिकों से बहुत कम होते थे। सेना के सभी उच्च पदों पर अंग्रेजों की नियुक्ति होती थी। अंग्रेज अफसर भारतीय सैनिकों के साथ बुरा व्यवहार भी करते थे। 1856 ई. में लॉर्ड कैनिंग ने भारतीय सैनिकों को देश से बाहर समुद्र पार युद्ध करने के लिए जाना अनिवार्य कर दिया। भारतीय सैनिक समुद्र पार जाना धर्म के विरुद्ध समझते थे। हिंदुओं में तिलक लगाना, टोपी पहनना, चोटी रखना आदि कर्तव्य धार्मिक समझे जाते थे। इसी तरह सिक्खों एवं मुसलमानों में दाढ़ी-मूँछ रखने का रिवाज था। भारतीयों के इन सभी रिवाजों पर प्रतिबंध लगा दिया गया। इससे भी भारतीय सैनिकों में रोष था। उनके निःशुल्क पत्र भेजने की सुविधा भी छीन ली गई। इससे वे और भी क्रुद्ध हुए।

**तात्कालिक कारण** : सरकार ने 'इनफील्ड रायफल' नामक नई बंदूक सेना के व्यवहार के लिए प्रचलित किया। इसके कारतूस को बंदूक में भरने के पहले दाँत से काटना पड़ता था। सैनिकों में यह अफवाह फैल गई कि कारतूस की खोल में गाय और सूअर की चर्बी है, जो हिंदू और मुसलमान दोनों के लिए घृणा की वस्तु थी। इससे दोनों की धार्मिक भावनाओं को चोट पहुँची। चर्बी वाली बात ने भारतीय सैनिकों को विद्रोह के कगार पर लाकर खड़ा कर दिया। धर्म की रक्षा के नाम पर हिंदू और मुसलमान दोनों एकजुट हुए।

## 1857 के विद्रोह का स्वरूप

1857 के विद्रोह के स्वरूप के सम्बन्ध में इतिहासकारों में मतभेद है। अंग्रेज इतिहासकारों ने इसे केवल सिपाही विद्रोह बतलाया है जिसका तात्कालिक कारण कारतूसवाली घटना थी। कुछ विद्वानों की धारणा है कि असंतुष्ट देशी नरेश जिनके राज्य तथा पेंशन डलहौजी ने छीन ली थी, इस विद्रोह के प्रमुख कारण थे। इसलिए इसका स्वरूप सामंतवादी था। सिपाही विद्रोह के साथ सहयोग करके इन लोगों ने इसे राजनीतिक रूप देने का प्रयत्न किया। कुछ अन्य लेखकों के विचारानुसार यह अंग्रेजों के विरुद्ध मुसलमानों का षड्यंत्र था। इसका प्रधान उद्देश्य था–बहादुरशाह की छत्रछाया में सारे भारत में मुसलमानी सत्ता को पुनः स्थापित करना। कुछ अन्य लोग इसे ईसाइयों के विरुद्ध धर्म युद्ध अथवा काली और गोरी जातियों के बीच सत्ता का संघर्ष तथा पश्चिमी और पूर्वी सभ्यता का संघर्ष मानते हैं। लेकिन अधिकांश भारतीय इतिहासकारों ने इसे राष्ट्रीय आंदोलन माना और इसे भारत का प्रथम स्वतंत्रता संग्राम बतलाया है।

## 1857 की क्रांति के बारे में इतिहासकारों के मत

| मत | इतिहासकार |
|---|---|
| यह पूर्णतया एक सिपाही विद्रोह था | सर जॉन लॉरेन्स, सीले |
| एक सामन्तवादी प्रतिक्रिया थी | मिस्टर के. |
| यह एक जनक्रांति थी | डॉ. रामविलास शर्मा |
| यह राष्ट्रीय विद्रोह था | डिजरायली |
| यह अंग्रेजों के विरुद्ध हिन्दू-मुसलमानों का षड्यंत्र था | जेम्स आउट्रम, डब्ल्यू. टेलर |
| यह ईसाई धर्म के विरुद्ध एक धर्मयुद्ध था | एल.आर. रीज |
| यह सभ्यता एवं बर्बरता का संघर्ष था | टी.आर. होम्स |
| यह विद्रोह राष्ट्रीय स्वतंत्रता के लिए सुनियोजित युद्ध था | वीर सावरकर, अशोक मेहता |
| 1857 का विद्रोह स्वतंत्रता संग्राम नहीं था | आर.सी. मजूमदार |
| 1857 का विद्रोह केवल एक सैनिक विद्रोह था जिसका तात्कालिक कारण चर्बीयुक्त कारतूस था | पी. राबर्ट्स |
| यह स्वतंत्रता संग्राम था | डॉ. एस.एन. सेन |

## विद्रोह की विफलता के कारण

1857 ई. के विद्रोह की विफलता के कई कारण थे–अंग्रेजी सेना का अत्याधुनिक अस्त्र-शस्त्र से लैस होना, इसके विपरीत भारतीय विद्रोही पारंपरिक अस्त्रों का प्रयोग करते थे। अंग्रेजों के पास बेहतर संचार सुविधाएं एवं यातायात के साधन थे। भारतीय विद्रोही आपस में संगठित नहीं थे। विद्रोहियों को सिंधिया, निजाम एवं राजस्थान के कई बड़े राजाओं का सहयोग प्राप्त नहीं हुआ। बहादुरशाह जफर स्वयं क्रांति के प्रति अत्यंत सजग एवं सक्रिय नहीं था। अवध के तालुकेदार एक समय के बाद कम्पनी की घोषणाओं से संतुष्ट होकर शान्त हो गए। कैम्पबेल, ह्यूरोज, ओ नील जैसे सैनिक अधिकारियों ने विद्रोह को सफलता से दबा दिया। नाना साहेब एवं बेगम हजरत महल के पलायन तथा झाँसी की रानी एवं कुँवर सिंह की मृत्यु के बाद नेतृत्व कमजोर पड़ गया। अवध एवं बिहार को छोड़कर जनसमर्थन का अभाव रहा। सैनिकों में भी मूलतः अवध एवं बिहार के सिपाहियों ने भाग लिया। पंजाबी, गोरखा आदि अंग्रेजों के साथ थे।

## विद्रोह के पश्चात् अंग्रेजी दृष्टिकोण में परिवर्तन

विद्रोह में देशी शासक या तो तटस्थ रहे या उन्होंने अंग्रेजों को समर्थन दिया। उनके राजनीतिक अस्तित्व को स्वीकार किया गया, साम्राज्य विस्तार की नीति का परित्याग, डलहौजी के गोद निषेध नीति को त्याग दिया गया। मुस्लिम विरोधी दृष्टिकोण सैन्य व्यवस्था में

दृष्टिगोचर होता है जो मुसलमानों की भूमि पर ब्रिटिश आधिपत्य स्थापित करने में दृष्टिगोचर होती है। जमींदारों को शक्तिशाली वर्ग के रूप में समझा गया जो उपनिवेशवाद विरोधी शक्ति के लिए अवरोध के समान थे। जमींदारों को भारतीय समाज के परंपरागत नेता के रूप में स्वीकार किया गया। सरकार द्वारा जब्त किए गए भूमि क्षेत्रों को उन्हें वापस किया गया। विद्रोह के दौरान बुद्धिजीवी वर्ग की तटस्थता सामने आई। अंग्रेजी सरकार द्वारा बुद्धिजीवी वर्ग के इस दृष्टिकोण की सराहना की गई।

अंग्रेजों का ऐसा मानना था कि उनकी सुधारवादी नीति से भारतीयों में प्रतिक्रिया हुई। 1857 के बाद अंग्रेजों ने सुधारों के प्रति उदासीनता दिखाई। समाज के रूढ़िवादी तत्वों को समर्थन दिया जाने लगा। 1857 के बाद खुले तौर पर नस्लवादी नीतियों को समर्थन दिया गया। जातीय श्रेष्ठता के सिद्धांत को स्थापित करने का प्रयास किया गया। प्रजातीय तौर पर उन्होंने स्वयं को श्रेष्ठ घोषित किया। स्वामी जाति के सिद्धांत को प्रोत्साहन दिया गया।

महत्वपूर्ण क्षेत्रों में विशेष तौर पर जिनका सामरिक महत्व अधिक था यूरोपियों के नियंत्रण में लाया गया। महत्वपूर्ण पदों पर यूरोपियों की नियुक्ति की गई। सैन्य व्यवस्था की महत्वपूर्ण शाखाओं जैसे–तोपखाना, टैंक इत्यादि को यूरोपियों के नियंत्रण में रखा गया। भारतीयों को अधिकारी वर्ग से बाहर रखने का प्रयास किया गया। 1914 तक कोई भी भारतीय सूबेदार पद से ऊपर नियुक्त नहीं हुआ। भारतीय सैनिकों को लड़ाकू और गैर-लड़ाकू वर्गों में विभाजित किया गया। सिक्ख, गोरखा, पठान को लड़ाकू वर्ग तथा अवध, बिहार एवं मध्य भारत के उच्च जाति के लोगों को गैर-लड़ाकू वर्ग में रखा गया। सैन्य व्यवस्था के भारतीय अंग को संतुलन और प्रति संतुलन के आधार पर व्यवस्थित किया गया। इसके अंतर्गत भारतीयों का एक वर्ग दूसरे वर्ग को संतुलित करता था। यह भारतीयों के बीच विभाजन का प्रयास था। भारतीय सैन्य व्यवस्था को क्षेत्र, धर्म, जाति आदि के आधार पर व्यवस्थित किया गया और सैन्य व्यवस्था में कबीलाई एवं जातिगत सिद्धांतों को अपनाया गया।

## प्रमुख नागरिक विद्रोह

**संन्यासी विद्रोह (1770-80)** : अंग्रेजों द्वारा बंगाल के आर्थिक शोषण से जमींदार, कृषक तथा शिल्पी सभी त्रस्त थे। 1770 में वहां भीषण अकाल पड़ा। तीर्थ-स्थानों पर आने-जाने पर लगे प्रतिबंधों से संन्यासी लोग बहुत क्षुब्ध थे।

**चुआर विद्रोह (1766-72)** : अकाल तथा बढ़े हुए भूमि कर के कारण मिदनापुर जिले की आदिम जाति के चुआर लोगों ने हथियार उठा लिए।

**विजयनगरम के राजा का विद्रोह (1794)** : 1765 ई. में कंपनी ने उत्तरी सरकार जिलों को प्राप्त कर उन पर काफी कठोरता से शासन किया। यहां तक कि 1794 ई. में कंपनी ने वहां के राजा को अपनी सेना भंग करने तथा 3 लाख रुपये अतिरिक्त देने को कहा, इस पर राजा ने विद्रोह कर दिया।

**दीवान वेलुथम्पी का विद्रोह (1805)** : 1805 ई. में ट्रावणकोर के राजा ने वेलेजली की सहायक संधि से तथा अंग्रेज रेजीडेंट के धृष्टतापूर्ण व्यवहार से असंतुष्ट होकर विद्रोह कर दिया।

**कच्छ का विद्रोह (1819)** : 1819 में कच्छ के राजा भारमल को अंग्रेजों ने हटाकर वहां का शासन एक अंग्रेज रेजीडेंट के अधीन कर दिया। रेजीडेंट द्वारा अत्यधिक भूमि कर लगाने के कारण लोगों ने विद्रोह कर दिया। यहाँ 1831 में पुनः विद्रोह हुआ।

**बघेरा विद्रोह (1818-19)** : बड़ौदा के गायकवाड़ ने अंग्रेजी सेना की सहायता से बघेरा लोगों से अधिक कर प्राप्त करने का प्रयास किया। फलतः बघेरा सरदारों ने 1818-19 के बीच विद्रोह कर दिया।

**सूरत का नमक आन्दोलन (1844)** : 1844 ई. में सूरत में नमक कर 1/2 रुपया प्रति मन कर दिया गया। लोगों ने बढ़े हुए नमक कर का दृढ़तापूर्वक बहिष्कार किया।

**रामोसी विद्रोह (1822)** : रामोसी पश्चिम घाट के निवासी थे। उन्होंने अंग्रेजी प्रशासन पद्धति से अप्रसन्न होकर 1822, 1825-26 और 1829 में विद्रोह किए।

**गडकरी तथा सावंतवाड़ी विद्रोह (1844)** : 1844 ई. में कोल्हापुर राज्य के प्रशासनिक पुनर्गठन के कारण गडकरी सैनिकों की छंटनी कर दी गई। बेकारी का प्रश्न सम्मुख देखकर गडकरियों ने विद्रोह कर दिया। इसी प्रकार सावंतवाड़ी में भी विद्रोह हुआ।

**मोपला विद्रोह (1836)** : मोपला विद्रोह ग्रामीण आतंकवाद का एक विशिष्ट प्रकार था। 1836 से 1854 के बीच हुए कई विद्रोहियों ने जेनमियों की संपत्ति पर आक्रमण कर उनके मंदिरों को नष्ट कर दिया। 1921 ई. में अली मुसलियार के नेतृत्व में पुनः मोपला विद्रोह की चिंगारी फूटी।

**पागलपंथी विद्रोह (1813)** : यह एक अर्द्धधार्मिक सम्प्रदाय था, जिसको उत्तर बंगाल के करम शाह और उसके बाद उसके पुत्र टीपू ने आगे बढ़ाया। ये राजनीतिक तथा धार्मिक विचारों से प्रभावित थे।

**फरैजी विद्रोह** : फरैजी लोग धार्मिक, सामाजिक तथा राजनीतिक परिवर्तनों के प्रतिपादक थे तथा शरीयतुल्ला द्वारा चलाए गए सम्प्रदाय के अनुयायी थे। शरीयतुल्ला के पुत्र दादू मियां ने बंगाल से अंग्रेजों को निकालने की योजना बनाई।

## प्रमुख पुस्तकें

| | | |
|---|---|---|
| 1. | First War of Indian Independence | —बी. डी. सावरकर |
| 2. | The Great Rebellion | —अशोक मेहता |
| 3. | Seopy Mutiny and Revolt of 1857 | —आर. सी मजूमदार |
| 4. | Eighteen Fifty Seven | —एस. एस. सेन |

***

# 29

# आदिवासी विद्रोह

भारत में ब्रिटिश राज्य की स्थापना भारतीय समाज एवं अर्थव्यवस्था के औपनिवेशीकरण और धीरे-धीरे उसे दबाए रखने की लंबी प्रक्रिया का नतीजा थी। इस प्रक्रिया ने हरेक स्तर पर भारतीय समाज में क्षोभ और असंतोष को जन्म दिया। आदिवासी विद्रोह इसी असंतोष का प्रस्फुटन था। 19वीं शताब्दी में आदिवासियों के कई महत्वपूर्ण विद्रोह हुए, इनमें चुआर और हो विद्रोह, कोल विद्रोह, संथाल विद्रोह, रंपा विद्रोह, मुंडा विद्रोह, भील विद्रोह और रामोसी विद्रोह महत्वपूर्ण हैं। आदिवासियों ने विद्रोह के दौरान असीम शौर्य, बलिदान और साहस का परिचय दिया। इसे दबाने के लिए अंग्रेजों को काफी क्रूरतापूर्ण कार्रवाई करनी पड़ी।

## आदिवासी विद्रोह के कारण

अंग्रेजी शासन ने जब आदिवासी क्षेत्रों में प्रवेश किया तो उनके बीच का असंतोष काफी बढ़ा। यह असंतोष इसलिए भी स्वाभाविक था क्योंकि अंग्रेजी शासन के इस क्षेत्र में पदार्पण से आदिवासियों के जीवन में हस्तक्षेप बढ़ा। आदिवासी आमतौर पर अलग-थलग रहते थे, उनमें स्वतंत्रता की एक खास प्रवृत्ति थी। इस प्रवृत्ति के कारण वे किसी प्रकार के हस्तक्षेप को स्वीकार नहीं कर पाते थे। अंग्रेजों ने आदिवासी क्षेत्रों को ब्रिटिश घेरे में लेने का प्रयास किया। उन्होंने आदिवासी सरदारों को जमींदार का दर्जा दिया और लगान की नई प्रणाली कायम की। आदिवासियों द्वारा उत्पादित अन्य वस्तुओं पर नए कर भी लगाए गए। इस प्रकार इनके स्वच्छंद जीवन में आए हस्तक्षेप ने विद्रोह को अपरिहार्य बना दिया।

आदिवासी इलाके में बाहरी लोगों के प्रवेश से उनका समस्त आर्थिक और सामाजिक जीवन अस्त-व्यस्त हो गया। पहले वे स्वच्छंद रूप से झूम विधि से जंगल को काटकर खेती करते थे, अब उनके ये अधिकार समाप्त कर दिए गए। जंगली उत्पाद भी प्राप्त करने पर रोक लगा दिए गए। फलतः आदिवासी किसान मजदूर बनने को विवश हुए। महाजनों और अधिकारियों ने शोषण और अत्याचार को बढ़ावा दिया। बढ़ते हुए शोषण के खिलाफ विद्रोह आवश्यक था। ईसाई मिशनरियों के इस क्षेत्र में घुसपैठ से भी आदिवासियों में असंतोष बढ़ा। आदिवासियों को यह लगने लगा कि ये मिशनरी ईसाई धर्म के माध्यम से उन्हें गुलाम बनाएंगे।

यह विश्वास तब और बढ़ा जब इन धर्म प्रचारकों ने उनके धार्मिक विश्वास पर आघात करना शुरू कर दिया। ये सारे असंतोष ही विद्रोह के कारण थे।

## विद्रोह का स्वरूप

आदिवासियों का संगठन वर्गीय आधार पर नहीं बल्कि जातीय आधार पर था। आदिवासी संथाल, कोल, मुंडा आदि के रूप में ही संगठित थे। उनकी एकजुटता काफी मजबूत थी उनके बीच आपसी संघर्ष भी नहीं हुए। पर आदिवासी सभी बाहरी लोगों को अपना दुश्मन नहीं मानते थे और इस कारण उन पर हमला भी नहीं करते थे। ऐसे लोग थे ग्वाले, बढ़ई, कुम्हार, लुहार, धोबी, नाई आदि। कभी-कभी इन वर्गों ने भी आदिवासियों को आंदोलन में साथ दिया। अतः सीमित अर्थ में आंदोलन के वर्गीय चरित्र की बात कही जा सकती है। आदिवासी आंदोलन का नेतृत्व कबीलाई था। उनके बीच कोई खास राजनीतिक समझ नहीं थी। आंदोलन के नेता जादुई ताकत में विश्वास करते थे। बिरसा, सिद्धो और कान्हो आदि इसी प्रकार के नेता थे।

आदिवासियों का आंदोलन मूलतः हिंसक था। ये अपने विरोधियों का कत्ल कर देते थे। 1857 के बाद जबकि महत्वपूर्ण आंदोलनों के स्वरूप में बदलाव आया, आदिवासी आंदोलन हिंसक ही बने रहे। यही कारण है कि सरकार ने उन्हें दबाने के लिए और अधिक हिंसा का प्रयोग किया। आदिवासी आंदोलन किसी जागृत चेतना का परिणाम नहीं था। ये किसी नई विचारधारा की स्थापना के लिए भी संघर्ष नहीं कर रहे थे। इनका संघर्ष पुरानी व्यवस्था को बनाए रखने के लिए ही था। अतः आंदोलन की दृष्टि पश्च थी।

## विद्रोह की असफलता के कारण

सबसे पहले तो संघर्ष की तकनीक में अंतर था। अंग्रेजी सेना आधुनिक सैन्य उपकरणों से सुसज्जित थी, जबकि आदिवासियों के पास परंपरागत हथियार भाले और तलवार थे। अतः यह संघर्ष दो गैर-बराबर पक्षों का था। विद्रोह के क्षेत्र सीमित होते थे, अतः अंग्रेजों के लिए उन्हें दबाना आसान था। ये विद्रोह सिर्फ इस कारण शांत नहीं हुए कि अंग्रेजी सैन्य व्यवस्था उत्तम थी, बल्कि इन विद्रोहों के पश्चात् अंग्रेजों ने उनकी शिकायतों की तरफ ध्यान दिया एवं उचित विधि व्यवस्था की स्थापना की।

## प्रमुख विद्रोह

**हो विद्रोह** : छोटानागपुर तथा सिंहभूम जिले के 'हो' तथा 'मुण्डा' लोगों ने 1820-22, 1831 और अंततः 1837 में अत्याचार के विरोध में कम्पनी की सेना से टक्कर ली।

**कोल विद्रोह (1820-36)** : छोटानागपुर के कोलों ने अपना क्रोध उस समय प्रकट किया, जब उनकी भूमि उनके मुखिया मुण्डों से छीनकर मुस्लिम कृषकों तथा सिक्खों को दे

दी गई। 1831 ई. में कोलों ने लगभग 1000 विदेशी अथवा बाहरी लोगों को या तो जला दिया या उनकी हत्या कर दी। एक दीर्घकालीन तथा विस्तृत सैन्य अभियान के पश्चात् ही अशांतग्रस्त इलाके यथा-रांची, सिंहभूम, हजारीबाग, पलामू आदि क्षेत्रों में शांति स्थापित हो सकी।

**संथाल विद्रोह (1855)** : राजमहल जिले के संथाल लोगों ने भूमिकर अधिकारियों के हाथों दुर्व्यवहार, पुलिस के दमन तथा जमींदार एवं साहूकारों की वसूलियों के विरुद्ध अपना रोष प्रकट किया। इन लोगों ने सिद्धो, कान्हो के नेतृत्व में कम्पनी के शासन को अंत करने की घोषणा कर अपने आप को स्वतंत्र घोषित कर दिया। पृथक संथाल परगना का निर्माण एवं विस्तृत सैन्य कार्यवाही के पश्चात ही 1856 में स्थिति नियंत्रण में आई।

**अहोम विद्रोह (1828-30)** : 1828 ई. और 1830 ई. में आसाम के अहोम वर्ग के लोगों ने कंपनी पर बर्मा युद्ध के दौरान किए गए वचन पूरा न करने का दोष लगाया। इसके अतिरिक्त अंग्रेजों ने अहोम प्रदेश को भी अपने प्रदेशों में सम्मिलित करने का प्रयास किया। परिणामस्वरूप अहोम लोगों ने गोमधर कुंवर को अपना राजा घोषित कर 1828 में रंगपुर पर चढ़ाई करने की योजना बनाई। 1830 में दूसरे विद्रोह की योजना बनी। कंपनी के अच्छे सैन्य बल और शांतिमय नीति के कारण इस विद्रोह को असफल बनाया जा सका।

**खासी विद्रोह (1833)** : अंग्रेजों ने जयंतिया तथा गारो पहाड़ियों के क्षेत्र पर अधिकार करने के बाद ब्रह्मपुत्र घाटी तथा सिल्हट को जोड़ने के लिए एक सैनिक मार्ग के निर्माण हेतु योजना बनाई। नक्सलों के राजा तीरत सिंह ने खाम्पटी तथा सिंहपों लोगों की सहायता से अंग्रेज विरोधी आंदोलन की मुहिम छेड़ दी।

**भील विद्रोह** : कृषि सम्बन्धी कष्ट तथा नई सरकार के भय से भीलों की आदिम जाति, जो पश्चिम भारतीय थी, ने 1812-19 के बीच अंग्रेजों के खिलाफ विद्रोह कर दिया। अंग्रेजी सेना के दमन के बावजूद 1825, 1831 तथा 1846 में यहां पुनः विद्रोह हुए।

**कोल विद्रोह** : भीलों की तरह कोलों ने भी अंग्रेजी शासन से उत्पन्न बेकारी के कारण 1829, 1839 तथा पुनः 1844, 1848 में विद्रोह किए। ये भीलों के पड़ोसी थे।

**रंपा विद्रोह (1879-80)** : आंध्र के तटवर्ती क्षेत्रों में रंपा पहाड़ी के आदिवासियों ने 1879 में सरकार समर्थित मनसबदारों के भ्रष्टाचार और नए जंगल कानून के खिलाफ विद्रोह किया। अंग्रेजों ने 1880 में इस विद्रोह को दबा दिया।

**मुंडा विद्रोह** : मुंडा जाति में सामूहिक खेती का प्रचलन था, लेकिन जागीरदारों, ठेकेदारों, बनियों और सूदखोरों ने सामूहिक खेती की परंपरा पर हमला बोल दिया, जिसे अंग्रेजी सरकार का संरक्षण प्राप्त था। इसके विरोध में आदिवासियों ने बिरसा मुंडा के नेतृत्व में 1899 में क्रिसमस की पूर्व संध्या पर विद्रोह का ऐलान किया। लगभग छह हजार मुंडाओं ने तीर-तलवार, कुल्हाड़ी व अन्य हथियारों से लैस होकर चर्च पर हमला बोल दिया। फरवरी 1900 ई. में बिरसा को गिरफ्तार कर लिया गया और जेल में ही उसकी मृत्यु हो गई।

***

# 30

# किसानों के आंदोलन एवं विद्रोह

ब्रिटिश सरकार की औपनिवेशिक नीति के फलस्वरूप भारतीय अर्थव्यवस्था, प्रशासन एवं भूराजस्व प्रणाली में तेजी से परिवर्तन हुए। इन परिवर्तनों का सर्वाधिक असर कृषकों पर पड़ा। इन परिवर्तनों के फलस्वरूप भारतीय किसानों की हैसियत काश्तकार, बंटाईदार या खेतिहर मजदूर की हो गई। उनकी भूमि छोटे-छोटे अलाभकारी जोतों में विभक्त हो गई। दस्तकारी उद्योगों के तबाह हो जाने से उद्योगों में लगे लोग भी कृषि करने को विवश हुए। फलतः कृषि योग्य जमीन पर दबाव बढ़ा। उच्च भू-राजस्व की अदायगी के कारण कृषक महाजनों के चंगुल में फंसते जा रहे थे। उनके जमीन का स्थानान्तरण साहूकारों एवं सरकार की ओर हो रहा था। लगातार पड़नेवाले अकालों ने स्थिति को और भी विस्फोटक बना दिया। स्पष्टतः अनुपस्थित भूस्वामित्व, परजीवी बिचौलिए, लोभी साहूकार इन सबने मिलकर कृषकों को अधिकाधिक निर्धन बना दिया। इन कारणों ने अन्य सामाजिक कुरीतियों के साथ मिलकर भारतीय कृषकों में व्यापक अस्थिता, अशान्ति एवं विक्षोभ उत्पन्न किया और इस बहुआयामी शोषण से मुक्ति पाने के लिए किसानों ने भारी लगान वसूलने वाले जमींदारों, निर्दयी साहूकारों और जुल्म का पक्ष लेने वाले सरकारी अधिकारियों के विरुद्ध अपना आक्रोश व्यक्त किया।

**नील विद्रोह (1859-60)** : बंगाल में यूरोपियों द्वारा किसानों को नील की खेती करने के लिए बाध्य किया गया। उनके द्वारा किसानों का शोषण भी किया जाता था। फलस्वरूप नील किसानों ने 1859-60 में सशस्त्र विद्रोह किया। इस विद्रोह के नेता विष्णु एवं दिगंबर विश्वास थे। बुद्धिजीवियों ने भी इस आंदोलन में बढ़-चढ़कर भाग लिया। इस विद्रोह की शुरूआत नदिया जिले के गोविंदपुर गांव से हुई थी। दीनबंधु मित्र के नाटक नीलदर्पण में नील कृषकों की समस्याओं का वर्णन है।

**मोपला विद्रोह (1836-54, 1921)** : यह मूलतः एक कृषक विद्रोह था जिसने बाद में सांप्रदायिक रूप ले लिया। जेनमी भूमिपति मोपला कृषकों पर अत्याचार करते थे एवं उनसे अधिक कर वसूलते थे। 1836-54 के बीच मोपला किसानों ने जेनमियों की संपत्ति पर हमला किया एवं उनके मंदिरों को भ्रष्ट कर दिया। 1921 में अली मुसलियार के नेतृत्व में मोपला विद्रोह पुनः भड़क उठा। गांधीजी ने इस आंदोलन में किसानों एवं भूमिपतियों के बीच समझौते में मध्यस्थता की थी।

**पाबना विद्रोह (1873)** : बंगाल के पाबना क्षेत्र में किसानों ने 1873-76 के मध्य जमींदारों के उत्पीड़न के खिलाफ विद्रोह किया। इस आंदोलन के नेता ईशानचंद्र राय एवं शंभुपाल थे। 1885 में बंगाल में काश्तकारी अधिनियम पारित हुआ। इसके द्वारा किसानों को जमीन पर कब्जा मिला। पाबना के किसानों ने ब्रिटेन की महारानी के प्रति आस्था प्रकट की और मांग की कि वह महारानी और सिर्फ महारानी की प्रजा होना चाहती है।

**दक्कन का उपद्रव (1875)** : 1875 ई. में महाराष्ट्र के पूना, अहमदनगर, शोलापुर एवं सतारा के किसानों ने महाजनी शोषण के खिलाफ विद्रोह किया। महाजनों का बहिष्कार किया एवं उनके इकरारनामें जलाए गए। 1879 में दक्कन कृषक राहत अधिनियम पारित हुआ एवं किसानों को महाजनों के शोषण के विरुद्ध संरक्षण मिला।

**चंपारण सत्याग्रह (1917)** : बिहार के चंपारण जिले में गोरे बागान मालिकों ने किसानों से एक अनुबंध किया जिसके अंतर्गत किसानों को अपनी खेती की जमीन के 3/20 भाग पर नील की खेती करनी पड़ती थी। यह व्यवस्था तिनकठिया कहलाती थी। किसानों पर अन्य प्रकार के कर भी लगाए जाते थे। फलतः किसान इस व्यवस्था से असंतुष्ट थे। राजकुमार शुक्ल के निमंत्रण पर गांधीजी 1917 ई. में चंपारण पहुंचे। राजेंद्र प्रसाद, जे.बी. कृपलानी, महादेव देसाई एवं नरहरि पारेख उनके मुख्य सहयोगी थे। गांधीजी ने इस शोषणकारी व्यवस्था के खिलाफ सत्याग्रह आंदोलन चलाया। सरकार ने बाध्य होकर एक आयोग का गठन किया। गांधीजी भी उसके सदस्य बनाए गए। सरकार ने इस आयोग की रिपोर्ट स्वीकार कर ली। बागान मालिकों ने अतिरिक्त वसूली का 25 प्रतिशत वापस ले लिया।

**खेड़ा आंदोलन (1918)** : यह आंदोलन मूलतः बम्बई सरकार के विरुद्ध था। 1918 में सूखे के कारण फसलें नष्ट हो गई थी, जिससे कृषक कर देने में असमर्थ थे। परंतु सरकार बिना किसी छूट के पूरा भू-राजस्व वसूल करना चाहती थी। फलस्वरूप किसानों ने गांधीजी के नेतृत्व में आंदोलन किया। अंत में सरकार को मांगें माननी पडी।

**किसान सभा का गठन** : होमरूल लीग की गतिविधियों के कारण उत्तर प्रदेश में किसान सभाओं का गठन हुआ। फरवरी, 1918 में गौरीशंकर मिश्र तथा इंद्रनारायण द्विवेदी ने उत्तर प्रदेश किसान सभा का गठन किया। इस कार्य में मदन मोहन मालवीय ने योगदान दिया। 1919 के मध्य तक इसकी लगभग 500 शाखाएं गठित की जा चुकी थीं। किसान सभाओं के गठन से सम्बद्ध प्रमुख नेताओं में झिंगुरी सिंह, दुर्गपाल सिंह एवं बाबा रामचंद्र का नाम उल्लेखनीय है। जून, 1920 में बाबा रामचंद्र ने जवाहरलाल नेहरू से इन गाँवों का दौरा करने का आग्रह किया। नेहरू ने इस आग्रह को स्वीकार करते हुए इन गाँवों का दौरा किया तथा गाँववासियों से गहन सम्पर्क स्थापित किया।

अक्टूबर, 1920 में 'अवध किसान सभा' का गठन हुआ। अवध किसान सभा ने किसानों से बेदखल जमीन न जोतने और बेगार न करने की अपील की। किसान सभा ने इन नियमों

का पालन न करने वाले किसानों का सामाजिक बहिष्कार करने तथा अपने विवादों को पंचायत के माध्यम से हल करने का आग्रह किया। जनवरी, 1921 में कुछ क्षेत्रों में स्थानीय नेताओं की गलतफहमी एवं आक्रोश के कारण किसान आंदोलन ने हिंसक रूप धारण कर लिया। इस दौरान किसानों ने बाजारों, घरों एवं अनाज की दुकानों पर धावा बोलकर उन्हें लूटा। पुलिस के साथ उनकी हिंसक झड़पें भी हुईं। रायबरेली, फैजाबाद एवं सुल्तानपुर इन गतिविधियों के प्रमुख केंद्र थे।

धीरे-धीरे सरकारी दमन के कारण आंदोलन कमजोर पड़ने लगा। इसी बीच सरकार ने 'अवध मालगुजारी संशोधन अधिनियम' पारित किया। इसने भी आंदोलन को कमजोर किया। मार्च, 1921 तक आंदोलन समाप्त हो गया।

**1930-40 के दशक में किसान आंदोलन** : 1930 और 1940 के दशक में भारत में राष्ट्रीय आंदोलन के साथ-साथ किसान आंदोलनों की आवृत्ति भी बहुत बढ़ गई। इस चरण के आंदोलनों को प्रेरित करने वाले तात्कालिक घटनाक्रम थे-1929-30 की विश्वव्यापी आर्थिक मंदी का निर्धन कृषक वर्ग पर अत्यंत बुरा प्रभाव पड़ना तथा कांग्रेस द्वारा 'सविनय अवज्ञा आंदोलन' के साथ एक बार फिर व्यापक जनाधार का आंदोलन छेड़ना। इस आंदोलन ने देश के बहुत बड़े हिस्से में टैक्स और लगान न देने के अभियान का रूप लिया।

**बारदोली सत्याग्रह (1928)** : 1928 में सूरत के बारदोली तालुके के किसानों ने लगान में बढ़ोत्तरी एवं हाली व्यवस्था (बंधुआ मजदूरी) के खिलाफ विद्रोह किया। किसानों ने बल्लभभाई पटेल के नेतृत्व में लगान न देने का अभियान चलाया। अंततः भू-राजस्व निर्धारण के संबंध में एक कमिटी बनी एवं उसकी संस्तुति के आधार पर लगान में कमी कर दी गई।

**मालाबार कृषक आंदोलन (1934)** : 1934 में केरल के मालाबार क्षेत्र में किसानों ने सामंती वसूलियों एवं लगान की अग्रिम अदायगी के विरुद्ध आंदोलन किया। इस आंदोलन के प्रमुख नेता थे-आर. रामचंद्र वेदुमगड़ी, वी. कृष्ण पिल्लै एवं टी. प्रकाशम।

इस चरण के किसान आंदोलनों ने यद्यपि तात्कालिक तौर पर कुछ ज्यादा प्राप्त नहीं किया, तथापि उन्होंने एक ऐसा वातावरण तैयार किया, जिसके फलस्वरूप स्वतंत्रता के पश्चात् अनेक कृषि सुधार हुए। जमींदारी उन्मूलन की जो मांग इस दौर में उठी वह स्वतंत्रता के पश्चात् कार्यान्वित हुई। इस चरण में किसानों की प्रमुख मांगें थीं– टैक्स में कटौती, सामंतों की गैर-कानूनी वसूलियाँ और बेगार की समाप्ति, जमींदारों के अत्याचार से मुक्ति, ऋण के बोझ में कमी, गैरकानूनी तरीकों से ली गई भूमि की वापसी तथा किसानों की सुरक्षा आदि।

1937-39 के बीच 28 महीनों का कांग्रेसी शासनकाल किसान आंदोलनों का उत्कर्ष काल था। एक तो इस काल में आंदोलनों के लिए नागरिक स्वतंत्रता अधिक मिली, दूसरे, कांग्रेसी सरकारों ने कृषि-कानूनों में सुधार के लिए कुछ ठोस कदम भी उठाए। द्वितीय विश्व युद्ध के

दौरान वामपंथियों की विपरीत धारा की राजनीति के कारण कृषक आंदोलन में कुछ ठहराव सा आ गया। परंतु 1945 के बाद पुनः कृषक आंदोलन तीव्र हो गए।

**अखिल भारतीय किसान सभा** : अलग-अलग राज्यों में क्षेत्रीय आधार पर किसान सभाओं के गठन ने इस आवश्यकता को बल दिया था कि अखिल भारतीय स्तर पर किसान सभा का गठन किया जाए। इसी परिप्रेक्ष्य में इस सभा का गठन अप्रैल, 1936 में लखनऊ में किया गया। स्वामी सहजानंद सरस्वती इस सभा के अध्यक्ष तथा एन.जी. रंगा सचिव चुने गए। इस सभा ने किसान घोषणा-पत्र जारी किया तथा इंदुलाल याज्ञिक के निर्देशन में एक पत्र का प्रकाशन प्रारंभ किया। 1936 में अखिल भारतीय किसान सभा का सम्मेलन फैजपुर में आयोजित किया गया। 1937 के प्रांतीय चुनावों हेतु जारी किए गए कांग्रेसी घोषणा-पत्र के अनेक प्रावधान, अखिल भारतीय किसान सभा के एजेंडे से प्रभावित थे।

**तेभागा आंदोलन (1946)** : 1946 ई. में बंगाल के दिनाजपुर, रंगपुर, जलपाईगुड़ी, मैमनसिंह, मिदनापुर, 24 परगना एवं खुलना में किसानों ने जोतदारों को आधा के बदले 1/3 उपज देने का फैसला किया। इसे ही तेभागा आंदोलन कहा जाता है। इस आंदोलन के प्रमुख नेता थे-सुनील सेन, भवानी सेन, मोनी सिंह एवं अवनि लाहिरी। सरकार ने वर्गादार विधेयक पारित कर किसानों को कुछ राहत पहुंचाई।

**पुनप्रा वायलार सत्याग्रह (1946)** : 1946 ई. में त्रावणकोर के किसानों ने दीवान सी. पी. रामास्वामी अय्यर की नई भू-राजस्व व्यवस्था के खिलाफ विद्रोह किया। इस आंदोलन ने हिंसक रूप धारण कर लिया। कम्युनिस्ट पार्टी ने इस विद्रोह में बढ़-चढ़कर भाग लिया।

**तेलंगाना आंदोलन (1946-51)** : 1946 ई. में तेलंगाना के किसानों ने निजाम, जमींदार एवं साहूकारों के शोषण के खिलाफ संघर्ष आरंभ किया। यह किसानों का सबसे बड़ा छापामार युद्ध था। संदरैया इस विद्रोह के प्रमुख नेता थे। 1946 में कांग्रेस ने जागीरदारी व्यवस्था समाप्त कर दी।

**किसान आंदोलन की उपलब्धियाँ** : इन आंदोलनों ने स्वाधीनता के उपरांत विभिन्न कृषि सुधारों के लिए एक अनुकूल वातावरण का निर्माण किया। उदाहरणार्थ-जमींदारी प्रथा का उन्मूलन। इन्होंने भूस्वामियों अर्थात् किसानों को उनके वास्तविक अधिकार से अवगत कराया तथा कृषि व्यवस्था में परिवर्तन की प्रक्रिया प्रारंभ की। ये आंदोलन राष्ट्रवादी विचारधारा पर अवलंबित थे। किसानों में अपने अधिकारों के प्रति जागरूकता भी बढ़ी।

***

# 31

# वामपंथ एवं ट्रेड यूनियन आंदोलन

## ट्रेड यूनियन आंदोलन

19वीं सदी के उत्तरार्द्ध में आधुनिक उद्योगों की स्थापना के बाद भारत में श्रमिक चेतना की शुरूआत हुई। भारत में औद्योगिक विकास के साथ भारतीय श्रमिक वर्ग की स्थिति मजबूत होती गई। आगे चलकर श्रमिक वर्ग आंदोलन ने अपने आपको राष्ट्रीय मुक्ति प्राप्त करने के लिए राजनीतिक संघर्ष से जोड़ लिया। प्रारंभ में भारतीय श्रमिक वर्ग एवं सर्वहारा वर्ग को विभिन्न प्रकार के शोषण का सामना करना पड़ा, जैसे कम मजदूरी, काम के अधिक घंटे, बाल श्रमिकों का उपयोग, कारखानों में स्वास्थ्य सुविधाओं की कमी एवं अन्य सुविधाओं का अभाव आदि।

**प्रारंभिक विकास** : 1877 में नागपुर के सूती मिल में श्रमिकों ने सर्वप्रथम हड़ताल, मजदूरी की दर के मुद्दे को लेकर किया। 1870 में शशिपद बनर्जी ने बंगाल में एक 'श्रमिक क्लब' (वर्किंग मेन्स क्लब) की स्थापना की। 1874 में उन्होंने 'भारत श्रमजीवी' नामक एक मासिक पत्रिका की शुरूआत श्रमिकों को शिक्षित करने के विचार से की। श्रमिकों के कार्य करने के घंटे को कम करने के मुद्दे को लेकर सोराबजी शपूरजी बंगाली ने 1878 में बम्बई विधान परिषद् में एक बिल पेश किया।

भारतीय श्रमिकों के नेता एन.एम. लोखण्डे द्वारा सन् 1890 में बम्बई में बम्बई मिल हैन्ड्स एसोसिएशन की स्थापना की गई। इसे प्रथम श्रमिक संघ के रूप में भी जाना जाता है। इस संघ ने (यद्यपि यह ट्रेड यूनियन नहीं था) निम्नलिखित मांगें रखीं–1. कार्य करने के घंटे में कमी, 2. साप्ताहिक छुट्टी तथा 3. कारखाने में कार्य करते वक्त हुई दुर्घटनाओं का हर्जाना। एन.एम. लोखण्डे ने सन् 1880 में 'दीनबंधु' नामक पत्रिका की शुरूआत भी की। डॉ. दीपेश चक्रवर्ती ने कलकत्ता जूट मिल हड़ताल को आरंभिक श्रमिक चेतना का आगाज माना है। 1899 के वृहत भारतीय प्रायद्वीपीय रेलवे हड़ताल को श्रमिक वर्ग का प्रथम संगठित हड़ताल माना जाता है। इनकी मुख्य मांगें मजदूरी, काम के घंटे, एवं सेवा की स्थिति आदि से संबंधित थीं। श्रमिकों का दूसरा संगठित विरोध 1908 की बम्बई सूती मिल की हड़ताल था। यह हड़ताल बाल गंगाधर तिलक की गिरफ्तारी के विरोध में की गई थी।

1905 में प्रिंटर्स यूनियन कलकत्ता नामक मजदूर संगठन बना। 1907 में बम्बई पोस्टल यूनियन गठित हुआ। 1911 में सोशल सर्विस लीग, बम्बई तथा 1909 में ही कामगार हितवर्धक सभा की स्थापना हुई।

एनी बेसेंट के नजदीकी सहायक बी.पी. वाडिया ने अप्रैल, 1918 में 'मद्रास श्रमिक संघ' की स्थापना की। भारत में यह पहला ट्रेड यूनियन था। गांधीजी ने 1920 में 'मजदूर महाजन सभा' की स्थापना की। जिसमें मालिकों एवं श्रमिकों के बीच शांतिपूर्ण संबंध स्थापित करने की बात कही गई। इसके पूर्व 1918 में ही महात्मा गांधी ने 'अहमदाबाद टेक्सटाइल यूनियन' का भी गठन किया था। परन्तु राष्ट्रीय आंदोलन की मुख्यधारा अभी भी श्रमिकों की समस्याओं के प्रश्न पर उदासीन थी।

**अखिल भारतीय ट्रेड यूनियन कांग्रेस** : 31 अक्टूबर, 1920 को बम्बई में अखिल भारतीय ट्रेड यूनियन कांग्रेस (ए.आई.टी.यू.सी.) की स्थापना की गई। अधिवेशन की अध्यक्षता लाला लाजपतराय ने की तथा इसमें मोतीलाल नेहरू, एनी बेसेंट, सी.एफ. एन्ड्रयूज, एन.एम. जोशी, बी.पी. वाडिया तथा जोसेफ बैप्तीस्ता आदि ट्रेड यूनियन के नेताओं ने भाग लिया।

प्रारंभ में अखिल भारतीय ट्रेड यूनियन कांग्रेस पर एन.एम. जोशी सदृश उदारवादियों का प्रभाव रहा। 1926 के ट्रेड यूनियन एक्ट के द्वारा पहली बार ट्रेड यूनियनों को वैधता प्राप्त हुई। 1926 के ट्रेड यूनियन एक्ट ने ट्रेड यूनियन गतिविधियों के पंजीकरण एवं यूनियन के लिए शर्तें निर्धारित कीं। 1926 में बम्बई सूती मिल मजदूर यूनियन की स्थापना हुई। इसके अध्यक्ष एन.एम. जोशी बने। यह 1926 के एक्ट के अंतर्गत पंजीकृत प्रथम ट्रेड यूनियन था। साम्यवादियों के उदय ने ट्रेड यूनियन कांग्रेस को उग्र बना दिया। 1927 में कई साम्यवादी दलों ने अपने को श्रमिक एवं कृषक पार्टी के रूप में संगठित कर लिया। 1928 में साम्यवादियों द्वारा समर्थित गिरनी कामगार यूनियन के मजदूरों ने छह महीने की ऐतिहासिक हड़ताल की।

**विभाजन** : दुर्भाग्यवश इस काल में ए.आई.टी.यू.सी. में विभाजन हुआ। एन.एम. जोशी के अधीन उदारवादी गुट ए.आई.टी.यू.सी. से बाहर हो गया और 1929 में अखिल भारतीय ट्रेड यूनियन फेडरेशन की स्थापना की। विभाजन का मुख्य मुद्दा था–ए.आई.टी.यू.सी. को ब्रिटिश सरकार द्वारा श्रमिकों पर नियुक्त रॉयल कमीशन का बहिष्कार करना चाहिए अथवा नहीं। उदारवादियों ने सहयोग देना चाहा जबकि उग्रवादियों ने बहिष्कार करना चाहा। 1929 में ही साम्यवादियों ने ए.आई.टी.यू.सी. का परित्याग कर लाल ट्रेड यूनियन कांग्रेस का गठन किया। इन विभाजनों ने ट्रेड यूनियन आंदोलन को कमजोर कर दिया।

**नया चरण** : ट्रेड यूनियन आंदोलन का नया चरण 1935 के बाद प्रारंभ हुआ। ए.आई.टी.यू.सी. की एकता पुनर्स्थापित की गई। 1937 में कई राज्यों में कांग्रेस सरकारों के गठन ने श्रमिकों की आकांक्षाओं को प्रोत्साहित किया। 1936 एवं 1939 के बीच ट्रेड यूनियनों की संख्या में दोगुनी वृद्धि हुई और सदस्यों की संख्या में भी काफी वृद्धि हुई। हड़तालों की संख्या

1936 में 157 से बढ़कर 1939 में 406 हो गई। एम.एन. राय ने इंडियन फेडरेशन ऑफ लेबर नामक एक सरकार समर्थक यूनियन की स्थापना की।

1947 में सरदार बल्लभभाई पटेल ने भारतीय राष्ट्रीय ट्रेड यूनियन कांग्रेस की स्थापना की। स्वतंत्रता के पश्चात् राजनीतिक विचार के आधार पर ट्रेड यूनियनों का ध्रुवीकरण हुआ। वास्तविक रूप में यह ट्रेड यूनियन आंदोलन के विस्तार का नया चरण था। 1948 में समाजवादी नेताओं ने हिंद मजदूर सभा की स्थापना की। 1948 में प्रो. के.पी. साह ने यूनाइटेड ट्रेड यूनियन कांग्रेस की स्थापना की।

## वामपंथी आंदोलन

भारत में वामपंथी आंदोलन का उदय आधुनिक उद्योगों के विकास, दो विश्व युद्धों के मध्यकाल कीं भयंकर आर्थिक मन्दी तथा रूस में बोल्शेविक क्रान्ति के परिणामस्वरूप हुआ। भारत के भीतर तथा बाहर कार्यरत कुछ भारतीय बुद्धिजीवियों ने भारतीय कम्युनिस्ट पार्टी की स्थापना का निर्णय लिया। मानवेन्द्र नाथ राय ने रूस की यात्रा की तथा रूसी समाजवादी पार्टी से सम्पर्क स्थापित किया। उन्होंने जुलाई–अगस्त, 1920 में मास्को में आयोजित द्वितीय कम्युनिस्ट इंटरनेशनल में भाग लिया और अक्टूबर, 1920 में ताशकन्द में भारतीय कम्युनिस्ट पार्टी की स्थापना की। 1921 और 1925 के बीच देश के अनेक भागों में विभिन्न साम्यवादी गुटों की स्थापना हुई। दिसम्बर, 1925 में सत्यभक्त ने कानपुर में अखिल भारतीय साम्यवादी सम्मेलन का आयोजन किया। इस सम्मेलन का आयोजन वर्ष 1925 ही भारतीय कम्युनिस्ट पार्टी का औपचारिक स्थापना वर्ष माना जाता है।

कांग्रेस में भी वामपंथी प्रभाव महसूस किया गया। जवाहरलाल नेहरू तथा सुभाष चन्द्र बोस ने समाजवादी आदर्शों पर अधिक बल दिया। 1926 तक कांग्रेस में समाजवादी विचारधारा के काफी सदस्य हो गए थे। वे कांग्रेस की नीतियों पर समाजवादी विचारधारा को स्थापित करना चाहते थे। इनकी मुख्य शिकायत देश की भूमि व्यवस्था से थी। समाजवादियों ने जमींदारी प्रथा के उन्मूलन की मांग रखी और कहा कि किसान और सरकार के बीच किसी अन्य वर्ग की आवश्यकता नहीं है। 1926 में संयुक्त प्रान्त की कांग्रेस ने अखिल भारतीय कांग्रेस समिति से इस मूल सिद्धान्त को स्वीकार करने का आग्रह किया।

1930–31 तक वर्ग संघर्ष के विचार ने काफी जोर पकड़ लिया। कांग्रेस में कई ऐसे सदस्य थे जो गांधी जी द्वारा निर्धारित रचनात्मक कार्यक्रम की बजाय साम्राज्यवाद की शोषण नीति के खिलाफ मजदूरों और किसानों को जागृत करना चाहते थे। ऐसे सदस्यों ने कांग्रेस के अन्दर ही 1931 में समाजवादी दल का गठन किया जिसके अध्यक्ष बिहार के मजदूर नेता अब्दुल बारी थे। इस दल के प्रभाव के चलते 1931 में कराची अधिवेशन में कांग्रेस ने पहली बार समाजवादी प्रस्ताव पारित किया।

1934 में सविनय अवज्ञा आंदोलन के स्थगन के बाद समाजवाद और साम्यवाद का तीव्र गति से प्रसार हुआ। मई, 1934 में समाजवादी दल अखिल भारतीय दल के रूप में सामने आया। 17 मई, 1934 को इसका अखिल भारतीय अधिवेशन आचार्य नरेन्द्र देव की अध्यक्षता में पटना में हुआ। पटना की बैठक के बाद समाजवादी दल की शाखाएँ विभिन्न प्रान्तों में स्थापित की गईं।

समाजवादी दल के साथ कांग्रेस शब्द जुड़ा रहने के दो प्रमुख कारण थे। साम्यवादी दल की तरह यह दल कांग्रेस विरोधी नहीं था। यह दल कांग्रेस के अन्दर रह कर ही अपना कार्यक्रम चलाना चाहता था। इन्होंने समाजवादी कार्यक्रम को भी निर्धारित किया। इसमें किसान तथा मजदूरों की माँगों को प्राथमिकता दी गई। अक्टूबर, 1934 को बम्बई में कांग्रेस समाजवादी दल का पहला खुला अधिवेशन हुआ। इसकी अध्यक्षता सम्पूर्णानन्द ने की। इसके अन्य सदस्य थे-नरेन्द्र देव, जय प्रकाश नारायण, कमला देवी चट्टोपाध्याय, राम मनोहर लोहिया, अच्युत पटवर्द्धन, एम.आर. मसानी, अरुणा आसफ अली आदि।

1934 का समाजवादी सम्मेलन राजनीतिक तथा आर्थिक दृष्टिकोण से एक क्रान्तिकारी कदम था। खासकर युवा वर्ग ने इसमें जमकर भाग लिया। कांग्रेस के अनेक दक्षिणपंथी नेता इसके विरोधी बन गए। इस दल के गठन ने ही कांग्रेस के कार्यक्रम को समाजवादी ढाँचा प्रदान किया जिसके परिणामस्वरूप 1937 के चुनाव में कांग्रेस को अभूतपूर्व सफलता मिली। बाद में समाजवादी विचारधारा का प्रभाव कांग्रेस के मंच पर दिखा।

कांग्रेस समाजवादियों की सबसे बड़ी विशेषता गाँधीवादी पद्धति में उनकी आस्था थी। वे मार्क्सवादियों को मार्क्स का अन्धानुयायी मानते थे। भारत के लिए नवीन प्रकार के समाजवाद के वे समर्थक थे। मार्क्सवादियों के विपरीत उन्होंने 1942 की क्रांति में भाग लिया एवं उसे नेतृत्व प्रदान किया। जय प्रकाश नारायण, अरुणा आसफ अली, राम मनोहर लोहिया एवं अच्युत पटवर्द्धन आदि का इसमें अत्यंत महत्वपूर्ण योगदान था।

***

# 32 रजवाड़ों की जनता के आंदोलन

अंग्रेजों ने अपने बृहतर औपनिवेशिक हितों को ध्यान में रखते हुए और 1858 की उद्घोषणा के कारण भारत में रजवाड़ों को बनाए रखा। भारत भूमि के 44 प्रतिशत भाग पर रजवाड़ों का अधिकार था। इसमें से कई रियासत यथा, मैसूर, कश्मीर, हैदराबाद आदि तो यूरोप के कई देशों से बड़े तथा कई महज 1 हजार जनसंख्या वाले थे। इन सबकी एक खास बात यह थी कि ये सभी अंग्रेजी हुकूमत की संप्रभुत्ता को मानती थीं। इसके बदले में अंग्रेजी सरकार ने इन रजवाड़ों को किसी भी प्रकार के आंतरिक या बाहरी खतरे के विरुद्ध सुरक्षा की गारंटी दी थी।

रियासतों की स्थिति ब्रिटिश भारत से कहीं अधिक दीन-हीन थी, वहाँ भू-राजस्व अधिक था, रोजगार के कोई खास अवसर नहीं थे, वसूली के 25-30 प्रतिशत भाग महाराजाओं की ऐय्याशी पर खर्च होते थे, परंतु कुछ रियासतों में स्थिति अच्छी थी। इस विपन्न स्थिति के जिम्मेवार केवल रियासतों के शासक ही नहीं थे बल्कि इसकी जिम्मेवार अंग्रेज सरकार भी उतनी ही थी ।

**रियासतों में स्वाधीनता आंदोलन का प्रवेश एवं प्रगति** : ब्रिटिश भारत में फैले राष्ट्रीय आंदोलन का प्रसार रजवाड़ों में भी हुआ। इसकी पैठ 20वीं सदी के प्रारंभ में हुई, जब आतंकवादी-राष्ट्रवादियों ने भागकर वहाँ शरण ली। परंतु रियासतों की जनता ने स्वाधीनता आंदोलन में 1920-21 के असहयोग आंदोलन के बाद ही सही ढंग से प्रवेश किया। इस आंदोलन के फलस्वरूप विभिन्न रियासतों यथा मैसूर, हैदराबाद, बड़ौदा, जामनगर, इंदौर, नवानगर, काठियावाड़ और दक्कन की रियासतों में 'State Peoples Conference' नामक संस्था का गठन हुआ। इस प्रक्रिया की पराकाष्ठा सन् 1927 ई. में हुई, जब 'All India State Peoples Conference' का आयोजन किया गया। इसमें विभिन्न रियासतों के 700 प्रतिनिधियों ने भाग लिया। इस आयोजन में महत्वपूर्ण भूमिका निभाई-बलवन्त राय मेहता, मणिलाल कोठारी एवं जी.आर. अभ्यंकर ने।

जहाँ तक कांग्रेस का रियासतों के आंदोलन में हस्तक्षेप का प्रश्न है, यह 1920 के नागपुर अधिवेशन से ही संभव हो सका। रियासत के शासकों को यह कहा गया कि वे अविलम्ब उत्तरदायी सरकार का गठन करें साथ ही रियासतों की जनता को कांग्रेस संगठन में सदस्य

बनने की अनुमति दे दी गई। परंतु इसके साथ ही यह भी कहा गया कि वे कांग्रेस के नाम पर रियासतों में किसी प्रकार की राजनीतिक गतिविधियों का प्रारंभ नहीं कर सकते। ऐसा उन्होंने निम्न कारणों से किया–ब्रिटिश भारत एवं रियासतों की स्थिति में अंतर था। रियासतों के मध्य भी स्थिति अलग-अलग थी। वहाँ की जनता दलित, पिछड़ी एवं अशिक्षित थी। कानूनी तौर पर रियासतें स्वाधीन थीं।

रियासतों की जनता को कांग्रेस के नाम पर किसी प्रकार की कार्यवाही नहीं करने देने का उद्देश्य यह था कि वे स्वयं संघर्ष के लिए संगठित हों। 1927 में कांग्रेस ने 1920 वाली बात को ही दुहराया एवं 1929 के लाहौर अधिवेशन में नेहरू ने स्पष्ट कहा कि देसी रियासतें अब शेष भारत से अलग नहीं रह सकतीं एवं इन रियासतों के तकदीर का फैसला सिर्फ वहाँ की जनता ही कर सकती है। बाद के वर्षों में कांग्रेस ने राजाओं से रियासतों में मौलिक अधिकारों की बहाली की मांग की।

**1935 के एक्ट का प्रभाव :** 1935 के एक्ट का रियासतों की जनता पर काफी गहरा प्रभाव पड़ा। इस एक्ट के अनुसार एक अखिल भारतीय संघ की स्थापना की व्यवस्था की गई, जिसमें रजवाड़ों को 38 प्रतिशत तक सीट आवंटित किया गया। इसका प्रभाव यह पड़ा कि रजवाड़ों की जनता को लगा कि वे भारत के अंग हैं, साथ ही कांग्रेस एवं 'All India Peoples Conference' दोनों अंग्रेजों की इस चाल को भांप गए कि वे राष्ट्रीय ताकतों को तोड़ना चाहते हैं। फलतः कांग्रेस और रियासतों की जनता एक-दूसरे के करीब आई।

**1937 के चुनाव का प्रभाव :** 1937 के चुनावों के पश्चात् कांग्रेस कई प्रांतों में सत्तासीन हुई, अब वह महज एक पार्टी नहीं थी, अपितु शासक वर्ग भी थी। वह अपने शासित प्रांतों के पड़ोसी रियासतों पर प्रभाव डाल सकती थी। इसके शासन में आने का प्रभाव भी पड़ा। रियासतें नवीन सुधारों से अनुप्राणित हो, संघर्ष के लिए कसमसा उठीं। अनेक रियासतों में जहाँ कोई संगठन नहीं था, बड़ी संख्या में प्रजामंडलों का गठन हुआ। हैदराबाद, मैसूर, ट्रावणकोर, जयपुर, कश्मीर आदि रियासतों में जनसंघर्ष बृहत पैमाने पर प्रारंभ हुआ। इन संघर्षों में नेतृत्व देने वाले कतिपय नाम थे-शेख अब्दुल्ला, यू.एन. ढेबर, जमनालाल बजाज आदि।

इन नए घटनाक्रमों से प्रभावित होकर कांग्रेस ने भी अपना रुख बदला। 1938 के हरिपुरा अधिवेशन में यह मानने वाली कांग्रेस कि रियासतों में किसी भी प्रकार का राजनीतिक आंदोलन कांग्रेस के नाम पर न हो, 1939 के त्रिपुरी अधिवेशन में इस बात को स्वीकार कर ली कि अब कांग्रेस के नाम पर भी रियासतों में आंदोलन हो सकते हैं। इस नीति में परिवर्तन के मुख्य कारण निम्न थे-

1. अब रियासत की जनता संघर्ष पर उतारू थी।
2. वह राजनीतिक रूप से जागरूक हो चुकी थी।
3. सोशलिस्टों एवं वामपंथियों का भी दबाव था।

4. अब रियासतों एवं ब्रिटिश भारत के मध्य के सारे अवरोध टूट चुके थे। गांधीजी के अनुसार अब कांग्रेस भी काफी सशक्त हो चुकी थी। ब्रिटिश शासन से अब डरने की बात नहीं थी।

1939 में ही लुधियाना के ऑल इंडिया पीपुल्स कांफ्रेंस में जवाहरलाल को अध्यक्ष चुना गया एवं ब्रिटिश भारत और देसी रियासतों में छिड़े आंदोलन अब खुले रूप में एक-दूसरे से जुड़ गए।

**1942 के भारत छोड़ो आंदोलन का प्रभाव :** सन् 1942 के भारत छोड़ो आंदोलन का प्रभाव देशव्यापी था। गांधीजी ने कहा कि यह आंदोलन सिर्फ ब्रिटिश भारत का नहीं, बल्कि संपूर्ण भारत का आंदोलन है एवं सारे भारतवासी इसमें शरीक होंगे। फलतः रियासतों ने भी इस आंदोलन में अपना तीव्र तेवर दिखाया।

जब द्वितीय विश्व युद्ध एवं भारत छोड़ो आंदोलन के पश्चात् सत्ता हस्तांतरण की बात होने लगी तो विभिन्न रियासतों के भारत में विलय पर जोरदार संघर्ष प्रारंभ हुआ। भारत में विलय हेतु देशी रियासतों में जो आंदोलन चलाया गया उसे 'ज्वाइन इंडिया आंदोलन' कहा गया। इधर अंग्रेजों ने अपना पेंच लगा दिया एवं रियासतों को स्वाधीन रहने का अधिकार दे दिया गया, फलतः समस्या विकट हो गई।

स्वतंत्रता के पश्चात् कई रियासतों के राजाओं ने अपनी तथा जनता की इच्छा के अनुसार भारत में विलय के पत्र पर हस्ताक्षर कर दिए, परंतु कुछ रियासतों ने स्वाधीन रहने की इच्छा प्रकट की, जैसे-हैदराबाद, ट्रावणकोर, जूनागढ़, कश्मीर आदि। धीरे-धीरे सभी रियासतें भारत में मिल गईं। केवल हैदराबाद ने मिलने की इच्छा प्रकट नहीं की। 13 सितंबर, 1948 ई. को भारतीय सेना वहाँ प्रवेश कर गई और उसे भारतीय संघ में शामिल कर लिया गया। भारतीय सेना का हैदराबाद रियासत की जनता ने जबरदस्त स्वागत किया।

***

# 33

# ब्रिटिश सरकार की प्रशासनिक एवं सैन्य नीति

## भारत में न्यायिक प्रणाली का विकास

**विधि का शासन** : अंग्रेजों ने भारत में कानून के शासन या विधि-शासन की आधुनिक अवधारणा को लागू किया। इसका अर्थ था उनका प्रशासन कम से कम सैद्धांतिक रूप से कानून के अनुसार चलाया जाएगा, न कि शासक की सनक या व्यक्तिगत इच्छा के अनुसार। इस कानून ने प्रजा के अधिकारों, विशेषाधिकारियों एवं जिम्मेदारियों को स्पष्ट रूप से परिभाषित किया। किसी भी अधिकारी के खिलाफ न्यायालय में सरकारी जिम्मेदारी को नहीं निभाने या अपनी अधिकार सीमा के बाहर जाकर कार्यवाही करने के लिए मुकदमा चलाया जा सकता था। भारतीय प्रशासन मुख्य रूप से कानून के आधार पर चलाया जाता था। लेकिन व्यवहार में कानून नौकरशाही एवं पुलिस के हाथों में काफी अधिकार देता था। फलतः ये जनता की स्वतंत्रता एवं अधिकारों में हस्तक्षेप करते थे। कानून बहुधा त्रुटिपूर्ण होते थे। कानून जनता द्वारा एवं जनतांत्रिक प्रक्रियाओं के द्वारा नहीं बनाए गए थे।

**कानून के सम्मुख समानता** : इसका अभिप्राय था कि कानून के सामने सभी लोग समान हैं। उसने जाति, वर्ग या धर्म के आधार पर विभेद को त्याग दिया। लेकिन इस सिद्धांत का एक अपवाद था कि अंग्रेजों के लिए अलग अदालत थी और यहाँ तक कि अलग कानून थे। फौजदारी मामलों में उनकी सुनवाई केवल यूरोपीय जज ही कर सकते थे। इसके अलावा, इस प्रणाली में न्याय अत्यन्त जटिल एवं महँगा था।

1772 में प्रत्येक जिले में दीवानी एवं फौजदारी अदालतों की स्थापना की गई। दीवानी अदालत कलक्टर के अधीन थे। फौजदारी अदालत में हिंदू एवं मुस्लिम कानून के अनुसार भारतीय विधिवेत्ता न्याय करते थे। अपीलीय अदालत के रूप में कलकत्ता में दो उच्च स्तरीय न्यायालयों की स्थापना की गई-सदर दीवानी अदालत एवं सदर निजामत अदालत। 1774 में रेग्यूलेटिंग एक्ट के द्वारा कलकत्ता में एक सर्वोच्च न्यायालय की स्थापना की गई। इसी वर्ष जिला न्यायालयों को भारतीय अधिकारियों के अधीन किया गया, ये 'आमिल' कहे जाते थे। 1787 में जिला न्यायालय पुनः कलक्टर के अधीन कर दिए गए। ढाका, पटना एवं मुर्शिदाबाद को छोड़कर अब कलक्टर राजस्व मामलों की देख-रेख नहीं कर सकता था,

क्योंकि अब यह अधिकार राजस्व परिषद् को हस्तांतरित कर दिया गया। 1790 से सदर निजामत अदालत का संचालन मुसलमान न्यायाधीश के स्थान पर गवर्नर-जनरल एवं परिषद् द्वारा सीधे किया जाने लगा। 1790 में जिला फौजदारी अदालत समाप्त कर दिए गए और अब चार मुख्य फौजदारी न्यायालय कलकत्ता, मुर्शिदाबाद, ढाका एवं पटना में स्थापित किए गए। 1793 में 'कॉर्नवालिस कोड' के अंतर्गत कलक्टर सभी न्यायिक एवं दंडाधिकारों से वंचित कर दिए गए। ये अधिकार अब नए न्यायाधीशों को दिए गए। सबसे निचली अदालत मुंसिफ अदालत थी। 1833 के एक्ट द्वारा कानून बनाने के सारे अधिकार गवर्नर-जनरल को हस्तांतरित कर दिए गए। 1861 में इंडियन हाईकोर्ट एक्ट पारित हुआ। 1865 में कलकत्ता, मद्रास एवं बंबई में उच्च न्यायालय स्थापित किए गए। 1859 में दीवानी दंड संहिता एवं 1861 में फौजदारी दंड संहिता बनाई गई।

1935 में संघीय न्यायालय की स्थापना की गई। इसमें एक मुख्य न्यायाधीश तथा छः न्यायाधीश होने थे। जजों को ब्रिटिश संप्रभु नियुक्त करते थे और वे 65 वर्ष तक पदासीन रह सकते थे। संघीय न्यायालय दो प्रांतों के बीच, एक प्रांत और रियासत के बीच और एक प्रांत तथा संघीय पदाधिकारियों के बीच संवैधानिक झगड़े पर निर्णय देने का अधिकार रखता था। संघीय न्यायालय उच्च न्यायालय की अपील भी सुनता था। संघीय न्यायालय एक अक्टूबर, 1937 ई. को स्थापित किया गया और 1947 ई. तक न्याय प्रणाली इस आधार पर ही चलती रही।

## सिविल सेवा का विकास

कॉर्नवालिस को भारत में नागरिक सेवा का जन्मदाता माना जाता है। वह 1786 ई. में भारत का गवर्नर बनकर आया। उस समय प्रशासन में भ्रष्टाचार एवं घूसखोरी फैली हुई थी। क्लाइव एवं वारेन हेस्टिंग्स इसे दूर करने में असफल रहे थे। परंतु कॉर्नवालिस इन बुराइयों को दूर करने के लिए दृढ़प्रतिज्ञ था। उसने निजी व्यापार और अफसरों द्वारा नजराने एवं घूस लेने के खिलाफ सख्त कानून बनाए। इसके अतिरिक्त अफसरों के वेतन भी बढ़ा दिए तथा जिले में कुल राजस्व की वसूली का एक प्रतिशत देना भी तय हुआ। प्रोन्नति वरिष्ठता के आधार पर दिए जाने का भी प्रावधान किया गया। लॉर्ड वेलेजली ने 1800 ई. में अधिकारियों के प्रशिक्षण के लिए कलकत्ता में फोर्ट विलियम कॉलेज की स्थापना की जिसे 1806 ई. में इंग्लैंड के हैलेबरी में स्थानांतरित कर दिया गया। 1833 में चार्टर एक्ट द्वारा राज्य के उच्च पदों पर भारतीयों की नियुक्ति को कानूनी बना दिया गया किंतु 1793 के कानून की धाराओं को रद्द न किए जाने के कारण यह व्यवहार में नहीं लाया जा सका।

1853 ई. के चार्टर एक्ट के द्वारा नागरिक सेवा की सारी नियुक्तियाँ प्रतियोगी परीक्षा के द्वारा किए जाने का प्रावधान किया गया। इससे पहले सारी नियुक्तियाँ ईस्ट इंडिया कम्पनी के निदेशकों द्वारा की जाती थी। ब्रिटिश नागरिक सेवा की एक प्रमुख विशेषता यह थी कि

इससे भारतीयों को अलग रखने का भरपूर प्रयास किया जाता था। 1793 ई. के एक निर्णय के अनुसार 500 पौंड सालाना से अधिक वेतन पाने वाले पद पर केवल अंग्रेज ही नियुक्त किए जा सकते थे। यह नियम सरकार की सभी शाखाओं में लागू किया गया था। इस नीति के दो उद्देश्य थे-एक यह कि अंग्रेजों को यह विश्वास था कि उनके विचार एवं नीतियों को सिर्फ अंग्रेज ही लागू कर सकते हैं तथा दूसरा, उन्हें भारतीयों की योग्यता पर विश्वास नहीं था। कॉर्नवालिस का यह कथन कि 'हिन्दुस्तान का हर निवासी भ्रष्ट है' केवल उसकी संकुचित, प्रतिक्रियात्मक एवं पक्षपातपूर्ण नजरिये को ही जाहिर करता है। अगर यह कथन भारतीयों पर लागू होता था, तो इससे ज्यादा यह अंग्रेजों पर लागू होता था, क्योंकि अंग्रेज अफसरों में व्याप्त भ्रष्टाचार को रोकने के लिए ही कॉर्नवालिस ने उनके वेतन में वृद्धि की थी।

1853 ई. के बाद से नागरिक सेवाओं में नियुक्ति के लिए लंदन में खुली प्रतियोगिता आयोजित की जाने लगी। इसमें भारतीयों को भी बैठने का अधिकार दिया गया। 1863 ई. में सत्येन्द्र नाथ टैगोर इस परीक्षा में सफल होने वाले प्रथम भारतीय बने। इस सेवा में भारतीयों की संख्या नगण्य ही रही। प्रथमतः यह परीक्षा ग्रीक एवं लैटिन ज्ञान पर आधारित थी एवं अंग्रेजी इसका माध्यम थी। इसके अतिरिक्त इस परीक्षा में बैठने की आयु भी कम थी। यह 1858 ई. में 23 वर्ष थी जिसे घटाकर 1878 ई. में 19 वर्ष कर दिया गया। भारतीय राष्ट्रीय कांग्रेस ने अपनी स्थापना के बाद से ही आयु बढ़ाने की मांग तथा इस परीक्षा को लंदन की बजाय भारत में कराने की मांग कर रही थी।

1879 में 'स्टेट्यूटरी सिविल सर्विस' का प्रावधान किया गया। 1912 में भारतीय लोक सेवाओं पर लॉर्ड आइलिंगटन की अध्यक्षता वाले 'राजकीय आयोग' ने आईसीएस की परीक्षा भारत में भी कराए जाने की सिफारिश की। इसके पहले 1893 में ब्रिटेन के हाउस ऑफ कॉमंस में भी इस तरह का प्रस्ताव आया था परंतु लागू नहीं हो सकता था। विभिन्न उपायों द्वारा अंग्रेजों का यही प्रयास रहा कि प्रशासन में भारतीयों को कम-से-कम प्रतिनिधित्व दिया जाए। 1918 से भारतीय दबाव में प्रशासन का भारतीयकरण प्रारंभ हुआ। फिर भी स्थिति में कोई खास परिवर्तन नहीं हुआ। अगर कुछ भारतीय इस सेवा में आए भी तो वे मात्र ब्रिटिश शासन में एक एजेंट एवं उनके वफादार सेवक के रूप में ही रहे। ली कमीशन की रिपोर्ट के आधार पर 1925 में एक लोक सेवा आयोग की नियुक्ति की गई। 1935 के एक्ट में संघीय लोक सेवा आयोग तथा प्रांतीय लोक सेवा आयोग की व्यवस्था की गई। 1930 के बाद के दशक में इस सेवा के स्वरूप में बदलाव आने लगा। 1939 तक तो स्थिति यह बन गई कि इस सेवा से जुड़े भारतीयों की संख्या 50 प्रतिशत हो गई। प्रशासन के स्वरूप में बदलाव दृष्टिगोचर होने लगे थे।

## स्थानीय स्वशासन का विकास

आरंभ में स्वशासन संबंधी कार्य कुछ कामचलाऊ संस्थाओं के माध्यम से किए जाते थे। सन् 1816 और 1819 में बंगाल में अधिनियम बनाए गए जिसके अन्तर्गत स्वशासन को नौघाटों के

रखरखाव, सड़कों के निर्माण एवं इसकी मरम्मत, पुलों एवं नालियों के निर्माण हेतु कर वसूलने का अधिकार दिया गया।

लॉर्ड मेयो ने 1870 में स्थानीय स्वशासन की व्यवस्था में ऐतिहासिक सुधार लाया। शिक्षा, सफाई, चिकित्सा तथा जन कार्य हेतु कोष के प्रबन्धन एवं देखरेख के लिए अलग-अलग समिति गठित की गई। परन्तु, यह व्यवस्था सरकारी प्रभुत्व में कार्य कर रही थी। लॉर्ड रिपन ने बाद में खुले व स्वतंत्र रूप से स्थानीय स्वशासन का रूप प्रस्तुत किया। 1882 में सम्पूर्ण देश के लिए स्थानीय परिषदों के तन्त्र की व्यवस्था की गई, जिसमें गैर-सरकारी सदस्यों का बाहुल्य था। इन गैर-सरकारी सदस्यों का निर्वाचन होता था जो सरकार की सहमति से अपने बीच से ही एक अध्यक्ष का चुनाव करते थे। प्रत्येक परिषद् को एक छोटे क्षेत्र, जैसे अनुमण्डल या तालुके का क्षेत्राधिकार सौंपा गया। लापरवाही और दोष के मामलों में कुछ प्रावधानों के अन्तर्गत सरकार इन परिषदों पर अपना नियंत्रण रखने का अधिकार रखती थी। दुर्भाग्य से नौकरशाही के प्रतिरोध के कारण इन प्रावधानों का कार्यान्वयन सही ढंग से नहीं किया जा सका।

सन् 1908 में रॉयल कमीशन ने विकेन्द्रीकरण के आधार पर ग्राम पंचायतों तथा उप-जिला परिषदों के विकास पर जोर डाला। इस आयोग की सिफारिशों के आधार पर ग्राम पंचायतों को अर्द्धन्यायिक तथा प्रबंधन से संबंधित अधिकार सौंपे गए तथा पंचायतों को प्रबंधन से संबंधित खर्च के लिए कर लगाने के अधिकार दिए गए। यह व्यवस्था 1915 तक लागू रही। लॉर्ड हार्डिंग ने स्थानीय संस्थाओं के निर्वाचित अध्यक्ष के बदले मनोनीत अध्यक्ष को ज्यादा उत्तरदायी बनाने का प्रस्ताव किया। 1919 के मान्टेग्यू-चेम्सफोर्ड सुधार ने स्थानीय स्वशासन को स्थानांतरित विषय के अंतर्गत रखा और मंत्रियों को नीतियों के व्यावहारिक क्रियान्वयन के लिए उत्तरदायी बनाया गया। कोष के अभाव में भारतीय मंत्री ठीक तरह से कार्य नहीं कर सके। उस समय 'वित्त' एक कार्यकारी पार्षद के नियंत्रणाधीन था।

1935 के भारतीय शासन अधिनियम के प्रान्तीय स्वायत्तता के प्रावधान के द्वारा स्थानीय संस्थाओं के विकास को शक्ति मिली। लोकप्रिय मंत्रालयों को वित्तीय नियंत्रण का अधिकार दिया गया जो स्थानीय स्वशासन के अंगों को समुचित कोष सुनिश्चित कराते थे। व्यावहारिक तौर पर सभी प्रान्तों में नए अधिनियम बनाए गए जिसमें स्थानीय स्वशासन के विभिन्न अंगों को अधिक जिम्मेवारी देने का प्रावधान था।

## ब्रिटिश सैन्य नीति

1857 के पश्चात् अंग्रेजों ने सेना का पुनर्गठन प्रारंभ किया। अंग्रेजों द्वारा सेना के पुनर्गठन का मुख्य उद्देश्य 1857 के विद्रोह जैसी किसी घटना की पुनरावृत्ति को रोकना था। इसके अतिरिक्त ब्रिटिश सरकार इस क्षेत्र में विश्व की अन्य साम्राज्यवादी शक्तियों यथा रूस, जर्मनी,

फ्रांस इत्यादि से भी अपने उपनिवेशों की रक्षा के निमित्त भारतीय सेना का उपयोग करना चाहती थी। सरकार की नीति यह थी कि वह सेना की भारतीय शाखा का उपयोग एशिया एवं अफ्रीका में अपने उपनिवेशों के विस्तार में करेगी तथा सेना की ब्रिटिश शाखा का उपयोग भारत में अंग्रेजी शासन की पकड़ मजबूत करने तथा उसे स्थायित्व प्रदान करने में किया जाएगा।

सरकार की इस नीति के तहत सेना की भारतीय शाखा पर यूरोपीय शाखा की सर्वोच्चता सुनिश्चित की गई। इस संबंध में 1859 एवं 1879 में गठित आयोगों ने सुझाव दिया कि अंग्रेजी सेना की संख्या कम से कम एक-तिहाई अवश्य होनी चाहिए। 1857 से पहले अंग्रेजी सेना की संख्या केवल 14 प्रतिशत थी। यूरोपीय सैनिकों की संख्या, जो 1857 से पूर्व 45 हजार थी अब बढ़ाकर 65 हजार कर दी गई तथा भारतीय सैनिकों की संख्या 2 लाख 38 हजार से घटाकर 1 लाख 40 हजार कर दी गई। बंगाल में यूरोपीय सैनिकों का अनुपात 1 : 2 रखा गया, जबकि बंबई तथा मद्रास में यह अनुपात 1 : 3 सुनिश्चित किया गया। संवेदनशील भौगोलिक क्षेत्रों तथा सेना के महत्वपूर्ण विभागों यथा तोपखाने, सिगनल्स तथा सशस्त्र बलों में कड़ाई से यूरोपियनों का एकाधिकार स्थापित किया गया। यहां तक कि सन् 1900 तक भारतीय सैनिकों को दी जाने वाली बंदूकें, यूरोपियनों की तुलना में घटिया किस्म की होती थी तथा सेना के किसी महत्वपूर्ण विभाग में भारतीयों को कोई महत्वपूर्ण दायित्व नहीं सौंपा जाता था। यह स्थिति द्वितीय विश्व युद्ध तक बनी रही। सेना में ऑफिसर रैंक के किसी पद पर किसी भारतीय को नियुक्त किए जाने की अनुमति नहीं थी। 1914 तक सेना का सर्वोच्च पद, जहां कोई भारतीय पहुंच सकता था वह सूबेदार का था। 1918 के पश्चात् ही भारतीयों को सेना में कमीशन (रैंक) दिया जाना प्रारंभ हुआ। 1926 के अंत में भारतीय सैंडहर्स्ट आयोग ने अनुमान लगाया कि 1952 तक सेना में अधिकारियों का केवल 50 प्रतिशत ही भारतीयकरण हो सकेगा।

संतुलन एवं प्रतिसंतुलन नीति के आधार पर सेना की भारतीय शाखा का पुनर्गठन किया गया। 1879 के सैन्य आयोग ने इस बात पर बल दिया कि सेना में भारतीयों को भारतीयों से संतुलित किया जाए तथा यूरोपियनों की सर्वोच्चता स्थापित की जाए। सन् 1887 से 1892 तक सेना के कमांडर-इन-चीफ रहे लॉर्ड रॉबर्ट्स के काल में एक नई विचारधारा का विकास हुआ। इसके अनुसार लड़ाकू जातियों एवं गैर-लड़ाकू जातियों की स्थिति स्पष्ट होनी चाहिए। इससे विशिष्ट समुदायों से सेना को अच्छे फौजी प्राप्त हो सकेंगे। कालांतर में इसी विचारधारा के तहत सिक्ख, गोरखा एवं पठानों को सेना में भर्ती किया गया तथा इनका प्रयोग भारतीयों द्वारा किए जाने वाले विद्रोहों तथा राष्ट्रवादी आंदोलन को कुचलने के लिए किया गया। इसके पीछे सरकार की मंशा यह थी कि इससे भारतीयों में प्रजातीय भेदभाव पनपेगा तथा राष्ट्रवादी आंदोलन स्वयं दुर्बल हो जाएगा।

1857 के विद्रोह में वे स्थान, जहाँ के सैनिकों ने विद्रोहियों का साथ दिया था, गैर-लड़ाकू जाति के घोषित कर दिए गए। इन स्थानों में अवध, बिहार, मध्य भारत एवं दक्षिण भारत प्रमुख

थे। इससे भी अधिक सेना के सभी रेजीमेंट्स में जातीय एवं साम्प्रदायिक कंपनियों का गठन किया गया तथा भारतीय शाखा में संतुलन के लिए विभिन्न सामाजिक जातीय तबकों से युवाओं को सेना में भर्ती किया गया। सैनिकों में साम्प्रदायिक, जातीय, दलीय तथा क्षेत्रीय भावनाओं को उभारा गया, जिससे राष्ट्रवाद के विकास को रोका जा सके। भारत सचिव चार्ल्स वुड ने घोषणा की कि उसकी इच्छा है कि सैनिकों में विद्रोह एवं प्रतिद्वंद्वितापूर्ण भावनाओं का विकास किया जाए, जिससे आवश्यकता पड़ने पर सिक्ख, हिन्दू, गोरखा इत्यादि सभी एक-दूसरे पर बिना किसी हिचकिचाहट के गोली चला सकें।

ईस्ट इंडिया कंपनी की सेना भी अंग्रेजी सेना में सम्मिलित कर ली गई तथा यूरोपीय पदाति एवं घुड़सवार ब्रिटेन के पदातियों एवं घुड़सवारों में सम्मिलित कर लिए गए। अंग्रेजी सेना के सैनिक तथा पदाधिकारी, भारत में सेवा करने तथा अनुभव प्राप्त करने के उद्देश्य से नियमित रूप से भारत भेजे जाने लगे। सेना के इस पुनर्गठन से रक्षा व्यय बहुत अधिक बढ़ गया, जिसका बोझ भारतीय जनता पर डाल दिया गया। यह कार्य वस्तुतः अंग्रेजी लोलुपता के लिए था, भारत की रक्षा के लिए नहीं। अंततः सेना को समाज एवं देश की मुख्य धारा से बिल्कुल अलग कर देने का प्रयास किया गया जिससे उनमें देशप्रेम की भावना जागृत न हो सके। इस प्रकार ब्रिटिश भारतीय सेना साम्राज्यवाद की रक्षा करने वाली एक मशीन बनकर रह गई।

***

# 34

# अंग्रेजों की शिक्षा नीति

अंग्रेज भारत में आधुनिक शिक्षा आरंभ करने में सफल रहे। पर आंरभ में उनका ध्यान परंपरागत शिक्षा को ही बढ़ावा देने में था। 1781 में वारेन हेस्टिंग्स ने मुस्लिम कानून एवं संबद्ध विषयों के अध्ययन के लिए कलकत्ता मदरसा की स्थापना की। जोनाथन डंकन ने 1791 में हिंदू कानून एवं दर्शन के अध्ययन के लिए वाराणसी में संस्कृत कॉलेज की स्थापना की।

1813 ई. के पश्चात् बंगाल में अंग्रेजी शिक्षा की माँग ने जोर पकड़ा। ईसाई मिशनरी भी अंग्रेजी शिक्षा को लौकिक ज्ञान तथा उदार शिक्षा के विकास में सहायक समझते थे। साथ ही उनका विचार था कि इससे भारतीय ईसाई धर्म को सुविधापूर्वक ग्रहण कर लेंगे। कुछ अंग्रेज प्रशासक भी इस विचार से सहमत थे। मैकाले ने स्वयं अपने पिता को लिखा था : 'यह मेरा दृढ़ विश्वास है कि यदि हमारी शिक्षा योजनाओं पर कार्य किया गया तो तीस वर्ष पश्चात् बंगाल के सम्मानित वर्गों में एक भी मूर्तिपूजक नहीं बचेगा।' आरंभ में अंग्रेजी शिक्षा के प्रति इसलिए भी आकर्षण था कि इससे कंपनी के अधीन नौकरी सरलता से मिल जाती थी।

1823 ई. में कंपनी ने शिक्षा से संबंधित एक जनरल कमेटी का गठन किया। जेम्स मिल के प्रभाव में 1824 ई. में संचालक समिति ने आदेश भेजे कि कंपनी को उदार शिक्षा को प्रोत्साहित करना चाहिए। उपयोगिता के आधार पर संचालकों ने पश्चिमी शिक्षा के महत्व पर बल दिया। 1824 ई. से 1835 ई. तक संचालकों ने कंपनी सरकार का ध्यान कई बार इस ओर आकर्षित किया। बेंटिक ने प्रशासन का खर्च कम करने के लिए अंग्रेजों की बजाय कुछ निम्न पदों पर भारतीयों को नियुक्त करना आरंभ किया। इससे अंग्रेजी शिक्षा के पक्ष में जनमत और अधिक बढ़ा। बेंटिक स्वयं बेंथम के प्रभाव में था और उपयोगितावाद से प्रभावित होकर अंग्रेजी शिक्षा को फैलाना चाहता था। भारतीय नेता भी अंग्रेजी शिक्षा के पक्ष में थे। 1834 ई. में मैकाले गवर्नर-जनरल की कॉसिल में विधि सदस्य बना उसी समय बेंटिक ने अंग्रेजी शिक्षा के पक्ष में नीति-निर्धारित करने का निश्चय किया।

1835 ई. के पश्चात् अंग्रेजी शिक्षा के प्रसार में तीव्रगति से वृद्धि हुई। इसका सबसे अधिक प्रभाव बंगाल पर पड़ा। 1844 ई. में लॉर्ड हार्डिंग ने यह घोषणा की कि सार्वजनिक सेवाओं में केवल उन लोगों को ही नौकरी दी जाएगी जिन्होंने पश्चिमी शिक्षण संस्थाओं में शिक्षा प्राप्त की हो।

## चार्ल्स वुड डिस्पैच (1854)

शिक्षा नीति के विकास में एक महत्वपूर्ण कार्य 1854 ई. के 'वुड डिस्पैच' ने किया। सर चार्ल्स वुड उस समय बोर्ड ऑफ कंट्रोल का अध्यक्ष था। इस डिस्पैच में मुख्य रूप से निम्न सुझाव दिए गए–

1. शिक्षा के लिए एक पृथक् विभाग की स्थापना की जाए।
2. कलकत्ता, बम्बई एवं मद्रास में विश्वविद्यालयों की स्थापना की जाए। इन विश्वविद्यालयों की स्थापना 1858 ई. में की गई। इन विश्वविद्यालयों को लंदन विश्वविद्यालय के आधार पर स्थापित करने का प्रयत्न किया गया।
3. प्रशिक्षित अध्यापकों के लिए ट्रेनिंग कॉलेजों की स्थापना की जाए। नए माध्यमिक स्कूलों की स्थापना की जाए। सरकारी हाई स्कूलों और कॉलेजों को आवश्यकतानुसार बढ़ाया जाए।
4. प्रारंभिक शिक्षा और वर्नाक्यूलर स्कूलों पर अधिक ध्यान दिया जाए। स्त्री शिक्षा पर भी ध्यान देने की सिफारिश की गई।
5. शिक्षा संस्थाओं को ग्रांट-इन एड (अनुदान पद्धति) के आधार पर सहायता दी जाए। इस सिद्धांत के लागू करने से धार्मिक भेदभाव समाप्त करने में मदद मिली। इसका स्पष्ट परिणाम यह हुआ कि ईसाई मिशनरियों के स्कूलों को अब सरकारी सहायता सरलता से उपलब्ध हो गई।

1870 ई. में वित्तीय विकेंद्रीकरण के पश्चात् शिक्षा का खर्च प्रांतों को हस्तांतरित कर दिया गया। इससे शिक्षा के प्रसार के लिए उपलब्ध साधनों में कमी आ गई। कुछ प्रांतों में शिक्षा कर लगाए गए अथवा सरकारी अनुदान प्राप्त करने के लिए शिक्षा के क्षेत्र में निजी प्रयत्नों को प्रोत्साहन दिया गया।

## हंटर कमीशन (1882–83)

रिपन ने 1854 ई. के वुड्स डिस्पैच के कार्यों का मूल्यांकन करने के लिए डब्ल्यू. हंटर की अध्यक्षता में एक कमीशन नियुक्त किया। इस कमीशन में अध्यक्ष के अतिरिक्त 20 सदस्य थे, जिनमें से 8 भारतीय थे। इस कमीशन का मुख्य लक्ष्य ऐसे उपाय सुझाना था जिससे प्रारंभिक शिक्षा का प्रसार अधिक से अधिक हो सके। इस कमीशन ने विभिन्न प्रांतों का दौरा करके एक विस्तृत रिपोर्ट 1883 ई. में प्रस्तुत की। इसकी मुख्य सिफारिशें इस प्रकार थीं :

1. सरकार को उच्च शिक्षा संस्थाओं के सीधे संचालन तथा प्रबंध से अपना हाथ धीरे-धीरे हटा लेना चाहिए। इसके स्थान पर सरकार द्वारा कॉलेजों के लिए सामान्य वित्तीय सहायता तथा विशेष अनुदान निर्धारित कर दिया जाना चाहिए।
2. प्राथमिक एवं माध्यमिक शिक्षा पर जोर दिया जाए।

3. प्राथमिक शिक्षा स्थानीय भाषा में हो।
4. शिक्षा के क्षेत्र में निजी प्रयासों को प्रोत्साहित किया जाए।
5. स्त्री शिक्षा के लिए पर्याप्त प्रबंध किए जाएं।

## रैले कमीशन रिपोर्ट, (1902)

इस कमीशन ने अपनी रिपोर्ट जून, 1902 ई. में प्रस्तुत की। इस रिपोर्ट में भविष्य में उच्च शिक्षा से संबंधित कॉलेजों को मान्यता न देने, विश्वविद्यालयों की विभिन्न संस्थाओं में सरकारी प्रतिनिधित्व बढ़ाने, विधि शिक्षा को बढ़ावा देने के सुझाव थे। शिक्षित भारतीय नेताओं को सबसे अधिक आपत्ति उच्च शिक्षा प्रस्तावों से थी। इंडियन नेशनल कांग्रेस ने इन प्रस्तावों की आलोचना की। इसके आधार पर 1904 ई. में 'इंडियन यूनिवर्सिटीज एक्ट' पारित हुआ। इसकी मुख्य धाराएं निम्न थीं।

1. विश्वविद्यालय के सीनेट सदस्यों की संख्या कम-से-कम 50 और अधिक से अधिक 100 निर्धारित कर दी गई। नए विश्वविद्यालयों के लिए यह संख्या क्रमशः 40 और 75 निर्धारित कर दी गई। विश्वविद्यालय सिंडीकेट के सदस्यों की संख्या भी 20 से कम कर दी गई।
2. कॉलेजों को विश्वविद्यालयों से संबंधित करने का अधिकार सरकार को दे दिया गया। प्रोफेसर तथा प्राध्यापकों की नियुक्ति के लिए भी सरकार की स्वीकृति आवश्यक हो गई।
3. विश्वविद्यालयों को स्नातकोत्तर शिक्षा के प्रबंध के भी अधिकार दे दिए गए और इस प्रकार अनुसंधान तथा शिक्षा के लिए कुछ सुविधाएं उपलब्ध कराई गईं।

उसका वास्तविक उद्देश्य उच्च शिक्षा को सरकारी नियंत्रण में लाने का प्रयत्न था।

## 1913 का शिक्षा संबंधी प्रस्ताव

1913 ई. में भारत सरकार ने शिक्षा के संबंध में एक प्रस्ताव पास किया जिसमें इस बात पर बल दिया गया कि प्रत्येक विश्वविद्यालय का क्षेत्र निर्धारित कर दिया जाए। प्रत्येक प्रांत में एक विश्वविद्यालय स्थापित किया जाए। माध्यमिक शिक्षा के विकास के लिए निजी प्रयत्नों के महत्व पर बल दिया गया।

## सैडलर आयोग (1917)

1917 ई. में कलकत्ता यूनिवर्सिटी कमीशन की नियुक्ति की गई। इसके अध्यक्ष सर माइकल सैडलर थे। सैडलर ने अपना ध्यान केवल कलकत्ता विश्वविद्यालय तक ही सीमित नहीं रखा

बल्कि माध्यमिक और स्नातकोत्तर शिक्षा के पक्ष पर भी बल दिया। इसकी प्रमुख सिफारिशें, जिन पर कालांतर में कार्य किया गया, अग्रांकित थीं :

1. इंटरमीडिएट कक्षाओं को विश्वविद्यालयों के नियंत्रण से हटा दिया जाए। एक माध्यमिक बोर्ड बनाया जाए जो इंटरमीडिएट की परीक्षाओं का संचालन करे।
2. भारत सरकार के स्थान पर बंगाल सरकार का कलकत्ता विश्वविद्यालय पर नियंत्रण हो।
3. डिग्री (स्नातक) पाठ्यक्रम तीन वर्षों का होना चाहिए।
4. महिला शिक्षा के लिए स्वायत्त संस्थाओं की स्थापना की जाए।
5. व्यावहारिक शिक्षा पर जोर दिया जाए।

इन सुझावों को भारत सरकार ने शीघ्र ही मान लिया। सर्वप्रथम उत्तर प्रदेश में एक बोर्ड ऑफ सेकेंडरी एजुकेशन की स्थापना हुई। 1919 ई. के सुधारों में शिक्षा प्रांतीय विषय बन गया और विश्वविद्यालयों के संचालन का कार्य प्रांतीय सरकारों को मिला।

## हार्टोग समिति (1929)

शिक्षा में हुए विकास के संदर्भ में रिपोर्ट देने के लिए वर्ष 1929 में सर फिलिप हार्टोग की अध्यक्षता में एक समिति नियुक्त की गई। इस समिति की प्रमुख सिफारिशें निम्न थीं-

1. इसमें प्राथमिक शिक्षा की महत्ता पर बल दिया गया लेकिन अनिवार्यता या शीघ्र प्रसार को अनुचित बताया गया।
2. केवल समर्पित विद्यार्थियों को ही उत्तर माध्यमिक एवं उच्च शिक्षा के विद्यालयों में प्रवेश लेना चाहिए। जबकि सामान्य स्तर के विद्यार्थियों को 8वीं कक्षा के पश्चात् व्यावसायिक पाठ्यक्रमों में दाखिला लेना चाहिए।
3. विश्वविद्यालीय शिक्षा में सुधार के लिए, विश्वविद्यालयों में प्रवेश संबंधी नियम अत्यंत कड़े होने चाहिए।

## शिक्षा की वर्धा योजना (1937–38)

अक्टूबर, 1937 में, कांग्रेस ने शिक्षा पर एक राष्ट्रीय सम्मेलन वर्धा में आयोजित किया। इस सम्मेलन में आधारभूत शिक्षा पर राष्ट्रीय नीति बनाने के लिए जाकिर हुसैन की अध्यक्षता में एक समिति गठित की गई। इस समिति ने 1938 में अपनी अनुशंसाएं प्रस्तुत की। इस समिति के गठन का मूल उद्देश्य था 'कार्य के माध्यम से शिक्षा प्रदान करना। यह अवधारणा गांधीजी द्वारा हरिजन नामक साप्ताहिक पत्र में प्रकाशित लेखों की एक श्रृंखला पर आधारित थी। गांधीजी का मानना था कि पाश्चात्य शिक्षा ने मुट्ठी भर शिक्षित भारतीयों एवं जनसाधारण के

मध्य एक खाई पैदा कर दी है तथा इससे इन शिक्षित भारतीयों की विद्वता अप्रभावी हो गई है। इस योजना को मूल शिक्षा की वर्धा योजना के नाम से जाना गया। इस योजना में निम्न प्रावधान थे-

1. पाठ्यक्रम में दस्तकारी को सम्मिलित किया जाए।
2. राष्ट्रीय शिक्षा व्यवस्था के प्रथम सात वर्ष निःशुल्क एवं अनिवार्य होनी चाहिए तथा यह शिक्षा मातृभाषा में दी जाए।
3. कक्षा 2 से कक्षा 7 तक की शिक्षा का माध्यम हिन्दी होना चाहिए। अंग्रेजी भाषा में शिक्षा कक्षा आठ के पश्चात् ही दी जाए।
4. शिक्षा हस्त-उत्पादित कार्यों पर आधारित होनी चाहिए।

इस योजना के पीछे यह भावना थी कि इसमें देश धीरे-धीरे आत्मनिर्भरता एवं स्वतंत्रता की ओर बढ़ेगा।

## सार्जेन्ट योजना (1944)

वर्ष 1944 में केंद्रीय शिक्षा सलाहकार बोर्ड ने शिक्षा की एक राष्ट्रीय योजना तैयार की, जिसे सार्जेन्ट योजना के नाम से जाना जाता है। सर जॉन सार्जेन्ट भारत सरकार के शिक्षा सलाहकार थे। इस योजना में निम्न प्रावधान थे-

1. तकनीकी, वाणिज्यिक एवं कला विषयक शिक्षा की व्यवस्था की जाए।
2. उच्च माध्यमिक पाठ्यक्रमों को समाप्त कर दिया जाए।
3. शिक्षकों के प्रशिक्षण, शारीरिक शिक्षा पर बल दिया जाए।
4. 6-11 वर्ष के बच्चों के लिए व्यापक, निःशुल्क एवं अनिवार्य शिक्षा का प्रबंध किया जाए।

## राधाकृष्णन आयोग (1948-49)

नवंबर, 1948 में राधाकृष्णन आयोग का गठन देश में विश्वविद्यालयी शिक्षा के संबंध में रिपोर्ट देने हेतु किया गया। इस आयोग ने निम्न सिफारिशें कीं-

1. विश्वविद्यालय पूर्व 12 वर्ष का अध्ययन होना चाहिए।
2. प्रशासनिक सेवाओं के लिए विश्वविद्यालय की स्नातक उपाधि आवश्यक न की जाए।
3. शांति निकेतन एवं जामिया मिलिया की तर्ज पर ग्रामीण विश्वविद्यालयों की स्थापना की जाए।
4. विश्वविद्यालयों के द्वारा आयोजित की जाने वाली परीक्षा के स्तर में सुधार लाया जाए तथा विश्वविद्यालय शिक्षा को समवर्ती सूची में सम्मिलित किया जाए।

5. देश में विश्वविद्यालयी शिक्षा की देख-रेख के लिए विश्वविद्यालय अनुदान आयोग का गठन किया जाए।
6. उच्च शिक्षा से अंग्रेजी माध्यम को जल्दबाजी में न हटाया जाए।
7. विश्वविद्यालयों में कम से कम 180 दिनों का अध्ययन अनिवार्य किया जाए।

इन्हीं सिफारिशों के आधार पर 1953 में विश्वविद्यालय अनुदान आयोग का गठन किया गया तथा 1956 में संसद द्वारा कानून बनाकर उसे स्वायत्तशासी निकाय का दर्जा दे दिया गया।

## कोठारी शिक्षा आयोग (1964)

जुलाई, 1964 में डॉक्टर डी.एस. कोठारी की अध्यक्षता में एक उच्चस्तरीय आयोग का गठन किया गया। इसका कार्य शिक्षा के सभी पक्षों तथा विभिन्न चरणों के विषय में साधारण सिद्धांत, नीतियों एवं राष्ट्रीय नमूने की रूपरेखा तैयार कर उससे सरकार को अवगत कराना था। आयोग को अमेरिका, रूस, इंग्लैंड एवं यूनेस्को के शिक्षाशास्त्रियों एवं वैज्ञानिकों की सेवाएं भी उपलब्ध कराई गई थी। आयोग ने वर्तमान शिक्षा पद्धति की कठोरता की आलोचना की तथा शिक्षा नीति को लचीला बनाए जाने की आवश्यकता पर बल दिया। आयोग की सिफारिशों के आधार पर 1968 में राष्ट्रीय शिक्षा नीति की घोषणा की गई। इसमें निम्नलिखित तथ्यों पर बल दिया गया :

1. 14 वर्ष की आयु तक निःशुल्क तथा अनिवार्य शिक्षा।
2. शिक्षा के लिए तीन भाषायी फार्मूला–मातृभाषा हिन्दी एवं अंग्रेजी तथा क्षेत्रीय भाषाओं का विकास।
3. राष्ट्रीय आय का 6 प्रतिशत शिक्षा पर व्यय करना।
4. अध्यापकों के प्रशिक्षण की व्यवस्था तथा उनके लिए मानक तय करना।
5. कृषि तथा औद्योगिक शिक्षा का विकास।
6. नैतिक शिक्षा पर बल।

***

# 35

# समाचार-पत्रों का विकास

भारत में सबसे पहले छापेखाने की स्थापना 1550 ई. में पुर्तगालियों ने की थी, लेकिन उसमें केवल धार्मिक पुस्तकें ही छपती थीं। 18वीं सदी में कई समाचार पत्र प्रकाशित होने आरंभ हो गए। 1780 ई. में जे.ए. हिक्की ने 'बंगाल गजट' प्रकाशित करना आरंभ किया।

भारतीयों द्वारा पहला अंग्रेजी समाचार पत्र 1816 में कलकत्ता से प्रकाशित किया गया। गंगाधर भट्टाचार्य ने 'बंगाल गजट' नाम से एक साप्ताहिक समाचार पत्र प्रकाशित करना आरंभ किया।

19वीं सदी के उत्तरार्द्ध में 'टाइम्स ऑफ इंडिया' (जिसमें बांबे टाइम्स, बांबे स्टैंडर्ड तथा दो अन्य को मिलाया गया) बंबई से 1861 ई. में प्रकाशित होना आरंभ हुआ। कलकत्ता से 'स्टेट्समैन', 'इंग्लिशमैन', और 'फ्रेंड ऑफ इंडिया', मद्रास से 'मद्रास मेल', इलाहाबाद से 'पायनियर', लाहौर से 'सिविल एंड मिलिटरी गजट' प्रकाशित होते थे। इन एंग्लो-इंडियन पत्रों में भी 'इंग्लिशमैन' विशेषकर रूढ़िवादी और प्रतिक्रियावादी था।

बांग्लाभाषी समाचार-पत्रों में 'अमृत बाजार पत्रिका' (जो 1878 ई. में अंग्रेजी में निकलने लगा) 'बंगवासी', 'संजीवनी' प्रमुख थे। वर्नाक्यूलर प्रेस एक्ट के पश्चात् मद्रास प्रांत में अंग्रेजी में 'हिंदू' पत्र आरंभ किया गया। यह आरंभ में साप्ताहिक था, लेकिन 1889 ई. में दैनिक पत्र बन गया। 1881 ई. में बंबई प्रांत में दो समाचार-पत्र (जो बाद में बहुत प्रसिद्ध हुए) 'केसरी' मराठी भाषा में और 'मराठा' अंग्रेजी भाषा में आरंभ हुए। इन पत्रों के संचालन का श्रेय बाल गंगाधर तिलक और उनके कुछ मित्रों को जाता है। आरंभ में अगरकर ने 'केसरी' और केलकर ने 'मराठा' का संपादन किया लेकिन बाद में इन दोनों पत्रों के संपादन तथा स्वामित्व का उत्तरदायित्व तिलक पर आ पड़ा।

## बंगाल विभाजन एवं समाचार पत्र

भारतीय समाचार-पत्रों के विकास में 1905 ई. के बंगाल विभाजन का काफी योगदान है। इस घटना का समाचार-पत्रों ने काफी विरोध किया। सरकार और समाचार-पत्रों में स्पष्ट संघर्ष आरंभ हुआ। इस संघर्ष ने यह चुनौती प्रस्तुत की कि समाचार-पत्र किस सीमा तक जनमत

का प्रतिनिधित्व करते हैं। 1911 ई. में विभाजन रद्द करने से पत्रों में इस प्रकार का आत्मविश्वास पैदा हुआ। इस घटना को पत्रकारिता और पत्रों के प्रभावों के विकास में अत्यंत महत्वपूर्ण माना जाता है।

## गांधीजी का नेतृत्व एवं समाचार-पत्र

इस काल में राष्ट्रीय आंदोलन उत्तरोत्तर लोकप्रिय होता गया इसलिए राष्ट्रीय आंदोलन और समाचार-पत्रों में परस्पर समर्थक और सहायक का संबंध बनता गया। समाचार-पत्रों ने न केवल राष्ट्रीय आंदोलन में विभिन्न घटनाओं को प्रेरित किया बल्कि स्वयं भी राष्ट्रीय आंदोलन की घटनाओं से प्रेरणा ली। अंग्रेजी साम्राज्य के विरुद्ध राष्ट्रीय चेतना जागृत करने तथा अंग्रेजी शोषण की व्यापक चर्चा करने में प्रेस का विशेष योगदान रहा।

इस समय दो नए साप्ताहिक पत्र अत्यधिक महत्वपूर्ण एवं प्रभावशाली थे। गुजराती में 'नवजीवन' तथा अंग्रेजी में 'यंग इंडिया'। दोनों का संपादन तथा संचालन महात्मा गांधी करते थे। कुछ पत्रों ने गांधीजी के कार्यक्रम की आलोचना की लेकिन अन्य ने उनका समर्थन किया। 1923 ई. में 'हिन्दुस्तान टाइम्स' का प्रकाशन आरम्भ हुआ। 1923 ई. में ही मद्रास में 'स्वराज्य' पत्र आरंभ किया गया जो गांधीजी का समर्थक था। 1940-47 ई. के मध्य कई उच्च कोटि के राष्ट्रीय समाचार-पत्र प्रकाशित हुए।

## समाचार-पत्रों पर प्रतिबंध

समाचार पत्रों को प्रतिबंधित करने के लिए बनाये गये अधिनियमों में '1878 का वर्नाक्युलर प्रेस एक्ट' सबसे अधिक खतरनाक था। देशी भाषा के समाचार पत्रों की स्वाधीनता पर वर्नाक्युलर प्रेस एक्ट एक बहुत बड़ा आघात था। इस एक्ट द्वारा जिला मजिस्ट्रेट को यह अधिकार मिला था कि वह किसी भी भारतीय भाषा के समाचार पत्र से बांड पेपर पर हस्ताक्षर करवा ले कि वह कोई भी ऐसी सामग्री नहीं छापेगा जो सरकार विरोधी हो। कानून का विरोध करने वाले मुद्रणालयों की जमानत को मजिस्ट्रेट रद्द कर सकता था। वायसराय कर्जन द्वारा 1908 में 'न्यूज पेपर एक्ट' पारित किया गया, जिसके द्वारा उन मुद्रणालयों तथा उनकी सम्पत्ति को जब्त करने की व्यवस्था थी जिनके द्वारा प्रकाशित समाचारपत्रों से हिंसा अथवा हत्या को बढ़ावा मिलता था। इण्डियन प्रेस एक्ट 1910 द्वारा यह व्यवस्था दी गई कि प्रकाशक से कम से कम 500 रु. तथा अधिक से अधिक 2000 रु. पंजीकरण जमानत लेने का स्थानीय सरकार को अधिकार होगा।

समाचार पत्र संबंधी कानूनों की समीक्षा के उद्देश्य से 1921 में 'प्रेस कमिटी' की नियुक्ति की गई, जिसके अध्यक्ष सर तेज बहादुर सप्रू थे। प्रेस कमिटी की सिफारिश पर 1908 और 1910 के अधिनियमों को समाप्त कर दिया गया। 1931 में इंडियन प्रेस इमरजेंसी एक्ट पारित

किया गया। इस एक्ट द्वारा 1910 के प्रेस संबंधी नियम पुनः लागू कर दिये गये। 1932 में 'क्रिमिनल अमेडमेंट एक्ट' लागू हुआ जो 1931 के एक्ट का ही एक विस्तारित रूप था। 1947 में 'प्रेस इन्क्वायरी कमिटी' की स्थापना का उद्देश्य समाचार पत्रों से संबंधित कानूनों की समीक्षा कर सुझाव पेश करना था। लॉर्ड वेलेजली, मिंटो, लॉर्ड एडम्स, कैनिंग, लिटन आदि को भारतीय प्रेस की स्वतंत्रता का विरोधी माना जाता है। लॉर्ड हेस्टिंग्स, बेंटिक, मेटकॉफ, मैकाले तथा रिपन को भारतीय प्रेस की स्वतंत्रता का समर्थक माना जाता है।

## भारत से प्रकाशित समाचार-पत्र

| समाचार-पत्र | संस्थापक/संपादक | वर्ष | स्थान | भाषा |
|---|---|---|---|---|
| टाइम्स ऑफ इंडिया | रॉबर्ट नाइट | 1861 | बम्बई | अंग्रेजी |
| स्टेट्स मैन | रॉबर्ट नाइट | 1878 | कलकत्ता | अंग्रेजी |
| इंग्लिश मैन | रॉबर्ट नाइट | – | कलकत्ता | अंग्रेजी |
| मद्रास मेल | रॉबर्ट नाइट | – | मद्रास | अंग्रेजी |
| पायनियर | रॉबर्ट नाइट | 1876 | इलाहाबाद | अंग्रेजी |
| सिविल एंड मिलिटरी गजट | रॉबर्ट नाइट | 1876 | लाहौर | अंग्रेजी |
| अमृत बाजार पत्रिका | मोतीलाल घोष | 1868, 1878 | कलकत्ता | बांग्ला, अंग्रेजी |
| सोम प्रकाश | ईश्वरचंद्र विद्यासागर | 1859 | कलकत्ता | बांग्ला |
| बंगवासी | जोगिन्दर नाथ बोस | 1881 | कलकत्ता | बांग्ला |
| हिन्दू | वीर राघवाचारी | 1878 | मद्रास | अंग्रेजी |
| केसरी, मराठा | तिलक (प्रारंभ में आगरकर के सहयोग से) | 1881 | बम्बई | मराठी, अंग्रेजी |
| हिन्दू | रानाडे | 1878, 1881 | मद्रास | अंग्रेजी |
| नेटिव ओपिनियन | बी.एन. मांडलिक | 1864 | बम्बई | अंग्रेजी |
| बंगाली | सुरेन्द्रनाथ बनर्जी | 1879 | कलकत्ता | अंग्रेजी |
| भारत मित्र | बाल मुकुन्द गुप्त | | कलकत्ता | हिन्दी |
| हिन्दोस्तान | मदन मोहन मालवीय, प्रताप नारायण मिश्र | | कालाकांकर (उ. प्र.) | हिन्दी |
| बम्बई दर्पण | बाल शास्त्री | 1832 | बम्बई | मराठी |
| कॉमन वील | एनी बेसेंट | 1914 | – | अंग्रेजी |
| कवि वचन सुधा | भारतेन्दु हरिश्चन्द्र | 1867 | उत्तर प्रदेश | हिन्दी |
| हरिश्चन्द्र मैंगजीन | भारतेन्दु हरिश्चन्द्र | 1872 | उत्तर प्रदेश | हिन्दी |
| हिंदुस्तान स्टैंडर्ड | सच्चिदानंद सिन्हा | 1899 | | अंग्रेजी |
| ज्ञान प्रदायिनी | नवीन चंद्र राय | 1866 | | हिन्दी |
| हिंदी प्रदीप | बालकृष्ण भट्ट | 1877 | उत्तर प्रदेश | हिन्दी |
| इंडियन रिव्यू | जी. ए. नटेशन | | मद्रास | अंग्रेजी |

| समाचार-पत्र | संस्थापक/संपादक | वर्ष | स्थान | भाषा |
|---|---|---|---|---|
| मॉडर्न रिव्यू | रामानन्द चटर्जी | | कलकत्ता | अंग्रेजी |
| यंग इण्डिया | महात्मा गांधी | 8 अक्टूबर, 1919 | अहमदाबाद | अंग्रेजी |
| नव जीवन | महात्मा गांधी | 7 अक्टूबर, 1919 | अहमदाबाद | हिन्दी, गुजराती |
| हरिजन | महात्मा गांधी | 11 फरवरी, 1933 | पूना | हिन्दी, गुजराती |
| इंडिपेंडेंस | मोतीलाल नेहरू | 1919 | | अंग्रेजी |
| आज | शिव प्रसाद गुप्त | | | हिन्दी |
| हिन्दुस्तान टाइम्स | के. एम. पन्निकर | 1920 | दिल्ली | अंग्रेजी |
| नेशन हेराल्ड | जवाहरलाल नेहरू | 1938 | दिल्ली | अंग्रेजी |
| उदन्त मार्तण्ड | जुगल किशोर | 1826 | कानपुर | हिन्दी (प्रथम) |
| द ट्रिब्यून | सर दयाल सिंह मजीठिया | 1877 | चंडीगढ़ | अंग्रेजी |
| अल हिलाल | मौलाना अबुल कलाम आजाद | 1912 | कलकत्ता | उर्दू |
| अल बिलाग | मौलाना अबुल कलाम आजाद | 1913 | कलकत्ता | उर्दू |
| कामरेड | मुहम्मद अली जिन्ना | | | अंग्रेजी |
| हमदर्द | मुहम्मद अली जिन्ना | | | उर्दू |
| प्रताप पत्र | गणेश शंकर विद्यार्थी | 1910 | कानपुर | हिन्दी |
| गदर | गदर पार्टी | 1913, 1914 | सैन फ्रांसिस्को | अंग्रेजी, पंजाबी |
| हिन्दू पैट्रियाट | हरिश्चन्द्र मुखर्जी | 1955 | | अंग्रेजी |

## स्वतंत्रता आंदोलन से जुड़ी प्रमुख पुस्तकें

| पुस्तक | लेखक |
|---|---|
| भवानी मंदिर | अरविन्द घोष |
| न्यू लैम्पस फॉर ओल्ड | अरविन्द घोष |
| वन्देमातरम् | अरविन्द घोष |
| डॉक्टरिन ऑफ पैसिव रेसिस्टेंस | अरविन्द घोष |
| हिन्द स्वराज | महात्मा गाँधी |
| विदर इंडिया | जवाहरलाल नेहरू |
| भारत एक खोज | जवाहरलाल नेहरू |
| सोवियत एशिया | जवाहरलाल नेहरू |
| एसेज इन इंडियन इकोनॉमिक्स | महादेव गोविंद रानाडे |
| आर्कटिक होम ऑफ आर्यन्स | बाल गंगाधर तिलक |
| गीता रहस्य | बाल गंगाधर तिलक |

| पुस्तक | लेखक |
|---|---|
| पॉवर्टी एंड अन ब्रिटिश रूल इन इंडिया | दादाभाई नौरोजी |
| आनंदमठ | बंकिमचन्द्र चट्टोपाध्याय |
| इंडिया इन ट्रांजिशन | एम.एन. राय |
| इकोनॉमिक हिस्ट्री ऑफ ब्रिटिश इंडिया | आर.सी. दत्त |
| पीजेन्ट्री ऑफ बंगाल | आर.सी. दत्त |
| द इंडियन स्ट्रगल | सुभाषचन्द्र बोस |
| इंडियन डायरी | मान्टेग्यू |
| इंडियन मुसलमान | डब्ल्यू डब्ल्यू हंटर |
| फिलॉसफी ऑफ द बम्ब | भगवती चरण बोहरा |
| इंडियन नेशनल इवोल्यूशन | अम्बिका चरण मजूमदार |
| वाई सोशलिज्म | जयप्रकाश नारायण |
| ए.बी.सी. ऑफ डिसलोकेशन | जयप्रकाश नारायण |
| टू ऑल फाइटर्स ऑफ फ्रीडम | जयप्रकाश नारायण |
| गाँधी वर्सेस लेनिन | एस.ए. डांगे |
| प्रोब्लेम ऑफ ईस्ट | लॉर्ड कर्जन |
| स्वदेशाभिमानी | के. रामकृष्ण पिल्लई |
| नील दर्पण | दीनबंधु मित्रा |
| इंडिया टुडे | आर.पी. दत्त |
| इंडिया विन्स फ्रीडम | अबुल कलाम आजाद |
| इंडिया अनरेस्ट | वेलेन्टाइन चिरोल |
| वाई आई एम एन ऐथिस्ट | भगतसिंह |
| इंडियन पॉलिटिक्स | डब्लू.सी. बनर्जी |
| कर्मयोग | विवेकानन्द |
| प्राच्य और पाश्चात्य | विवेकानन्द |
| निबंध माला | विष्णु कृष्ण चिपूलंकर |
| सोज–ए–वतन | प्रेमचन्द |

## स्वाधीनता सेनानियों के प्रमुख नारे

| नारे | व्यक्ति |
|---|---|
| 'वन्दे मातरम्' | बंकिमचन्द्र चटर्जी |
| 'सत्य और अहिंसा मेरा जन्मसिद्ध अधिकार है' | एम.के. गाँधी |

| नारे | व्यक्ति |
|---|---|
| 'स्वराज्य हमारा जन्मसिद्ध अधिकार है' | वी.जी. तिलक |
| 'वी हैव मेड ए ट्रायस्ट विद डेस्टिनी' | जे.एल. नेहरू |
| 'आराम हराम है' | जे.एल. नेहरू |
| 'जनगण मन अधिनायक जय हे | टैगोर |
| 'तुम मुझे खून दो मैं तुम्हें आजादी दूंगा' | सुभाषचन्द्र बोस |
| 'जयहिन्द', 'दिल्ली चलो' | सुभाषचन्द्र बोस |
| 'सारे जहाँ से अच्छा हिन्दोस्तां हमारा' | मुहम्मद इकबाल |
| 'राष्ट्रीयता एक धर्म है जो भगवान के यहाँ से आता है' | अरविंद घोष |
| 'करो या मरो' | एम.के. गाँधी |
| 'दीन दुखियों की सेवा ही सच्ची ईश्वर पूजा है' | विवेकानन्द |
| 'इंकलाब जिन्दाबाद' | भगतसिंह |
| 'हिन्दी, हिन्दू, हिन्दुस्तान' | भारतेन्दु हरिश्चन्द्र |
| 'वेदों की ओर लौटो' | दयानन्द सरस्वती |

***

# 36

# ब्रिटिश भारत में संवैधानिक विकास

1757 के प्लासी और 1764 के बक्सर युद्ध के बाद पहले बंगाल और धीरे-धीरे समस्त भारत अंग्रेजों के प्रशासनिक नियंत्रण में चला गया। ब्रिटिश संसद द्वारा 1773 से 1947 तक भारत के शासन से संबंधित अनेक अधिनियम पारित किए गए। इन अधिनियमों में मुख्य बातें निम्न थीं-

**रेग्यूलेटिंग एक्ट, (1773)** : बंगाल में एक प्रशासक मंडल बनाया गया जिसमें गवर्नर-जनरल तथा चार सदस्यों को नियुक्त किया गया। गवर्नर परिषद् के बहुमत से कार्य करने के लिए बाध्य थे परन्तु वे अपना निर्णायक मत दे सकते थे। प्रशासक मंडल के सदस्यों का निर्वाचन 5 वर्ष के लिए किया जाना था तथा वे संचालक मंडल की सिफारिश पर ब्रिटिश सम्राट द्वारा ही हटाए जा सकते थे। सपरिषद् गवर्नर-जनरल को फोर्ट विलियम प्रेसीडेन्सी के सैनिक तथा असैनिक शासन का अधिकार दिया गया। उसे कुछ मामलों में मद्रास तथा बम्बई प्रेसीडेन्सी के निरीक्षण का भी अधिकार दिया गया। इस एक्ट के अन्तर्गत एक सर्वोच्च न्यायालय की स्थापना 1774 में की गई। सर्वोच्च न्यायालय को प्राथमिक तथा पुनर्विचार संबंधी अधिकार दिया गया। सर इम्पे को मुख्य न्यायाधीश तथा चेम्बर्ज, लिमैस्टर और हाइड को अन्य न्यायाधीश के रूप में नियुक्त किया गया।

**पिट्स इंडिया एक्ट (1784)** : इस अधिनियम के द्वारा सभी सैनिक-असैनिक तथा राजस्व संबंधी मामलों को एक नियंत्रण बोर्ड को सौंप दिया गया। जिसमें एक चांसलर ऑफ एक्सचेकर, एक राज्य सचिव तथा उनके द्वारा नियुक्त चार प्रिवी कॉंसिल के सदस्य होते थे। भारत में प्रशासन गवर्नर-जनरल तथा उनकी तीन सदस्यों वाली परिषद् को सौंप दिया गया। गवर्नर-जनरल को अभी भी बहुमत के अनुसार कार्य करना पड़ता था परन्तु व्यावहारिक तौर पर वह एक सदस्य को मिलाकर अपने निर्णायक मत द्वारा इच्छित कानून पास करवा सकता था। बम्बई तथा मद्रास प्रेसीडेंसी को बंगाल के गवर्नर-जनरल एवं उसकी परिषद् के अधीन कर दिया गया। नियंत्रण बोर्ड के माध्यम से द्वैध प्रणाली की स्थापना की गई। इसको कम्पनी के सभी कागजातों के जाँच पड़ताल का अधिकार दिया गया और केवल व्यापारिक आदेश को छोड़कर शेष सभी आदेशों पर नियंत्रण बोर्ड की स्वीकृति आवश्यक थी। आवश्यकता पड़ने पर नियंत्रण बोर्ड अपना आदेश डायरेक्टर की गुप्त समिति को भेज सकता था। इस बोर्ड का अध्यक्ष

प्रारम्भिक काल में एक राज्य सचिव होता था। उसे कोई विशेष वेतन नहीं दिया जाता था। इस अधिनियम के द्वारा आक्रामक युद्धों तथा गारंटी युक्त संधियाँ समाप्त कर दी गईं।

**1786 का अधिनियम** : इस अधिनियम के द्वारा गवर्नर-जनरल को मुख्य सेनापति का भी अधिकार दे दिया गया तथा उसे विशेष परिस्थिति में परिषद् के निर्णय को रद्द करने तथा अपना निर्णय लागू करने का विशेषाधिकार दिया गया।

**चार्टर एक्ट (1793)** : कम्पनी के व्यापारिक एकाधिकार को अगले 20 वर्ष तक के लिए बढ़ा दिया गया। गवर्नर-जनरल को अपने परिषद् के निर्णय को रद्द करने से संबंधित विशेषाधिकार को स्थायी बना दिया गया। बम्बई तथा मद्रास प्रेसीडेन्सी पर गवर्नर-जनरल का अधिकार स्पष्ट कर दिया गया। मुख्य सेनापति परिषद् का स्वतः सदस्य नहीं हो सकता था। गृह सरकार को नियंत्रण बोर्ड में एक आयुक्त को अध्यक्ष के पद पर नियुक्त करने का अधिकार दिया गया।

**चार्टर एक्ट (1813)** : इस अधिनियम के द्वारा चाय तथा चीन के साथ होने वाले व्यापार को छोड़कर कम्पनी के व्यापारिक एकाधिकार को समाप्त कर दिया गया। कम्पनी के अंश पूंजी धारकों को भारतीय राजस्व से 10-12 प्रतिशत लाभांश दिया जाना निश्चित किया गया। कम्पनी को अगले 20 वर्ष के लिए भारतीय प्रदेशों तथा राजस्व पर अधिकार दे दिया गया। इस अधिनियम के द्वारा पहली बार भारत में अंग्रेजी साम्राज्य की संवैधानिक स्थिति को स्पष्ट किया गया। एक लाख रुपया शिक्षा तथा साहित्य के प्रसार हेतु खर्च करने का प्रावधान रखा गया।

**चार्टर एक्ट (1833)** : इस अधिनियम के द्वारा कम्पनी के व्यापारिक अधिकार को पूर्णरूपेण समाप्त कर दिया गया। नियंत्रण बोर्ड में प्रमुख मंत्रियों को शामिल कर लिया गया। बंगाल के गवर्नर-जनरल को भारत का गवर्नर-जनरल बना दिया गया। सभी प्रकार के कर सपरिषद् गवर्नर-जनरल के आदेश से ही लगाए जा सकते थे और उसे ही व्यय का अधिकार था। कानून बनाने का एकाधिकार भी सपरिषद् गवर्नर-जनरल को दिया गया। गवर्नर-जनरल क्राउन के विशेषाधिकार व संसदीय कानून के विरुद्ध कानून नहीं बना सकता था। विधि सदस्य को गवर्नर-जनरल की परिषद् में चौथे सदस्य के रूप में मान्यता दी गई। क्राउन की देशज तथा भारतीय प्रजा को अपने जन्म-स्थान, वंशानुक्रम तथा वर्ग के कारण किसी पद के लिए अयोग्य नहीं माना जा सकता था। भारत सरकार को दासों की अवस्था सुधारने तथा अंततः दास प्रथा समाप्त करने का निर्देश दिया गया।

**चार्टर एक्ट (1853)** : इस अधिनियम के द्वारा सरकारी सेवाओं में भर्ती के लिए प्रतियोगिता परीक्षा शुरू की गई। इसकी देखरेख के लिए मैकाले की अध्यक्षता में एक आयोग का गठन किया गया। विधायी एवं कार्यकारी परिषद् को अलग कर दिया गया। विधि सदस्य को पूर्ण सदस्य का दर्जा दिया गया। विधायी सभा में 6 नए सदस्य शामिल किए गए। इस

एक्ट के द्वारा संपूर्ण भारत के लिए एक विधान मंडल की स्थापना की गई। इसके द्वारा कंपनी के डायरेक्टरों से नियुक्ति संबंधी अधिकार वापस ले लिए गए।

**1858 का भारत शासन अधिनियम** : 1857 की क्रांति के बाद अंग्रेजों को अपने शासन संबंधी नीति के मूल्यांकन पर मजबूर होना पड़ा। इस मूल्यांकन के अंतर्गत बड़े-बड़े नीतिगत परिवर्तन किए गए। 1858 का अधिनियम इन्हीं परिवर्तनों को दृष्टिगत करता है। पामर्स्टन, स्टैनली आदि के प्रयास से 1858 ई. को भारत शासन अधिनियम पारित हुआ और सत्ता कम्पनी से क्राउन के पास चली गई। प्रशासनिक एवं सैन्य संगठन में भारी परिवर्तन किए गए और उन्हें ब्रिटिश सत्ता के ज्यादा अनुकूल बनाया गया। इंग्लैंड के प्रमुख राज्य मंत्री को भारत सचिव बनाकर 15 सदस्यीय भारत परिषद् के सहयोग से उसे भारतीय शासन का उत्तरदायित्व सौंप दिया गया। नियंत्रण मंडल एवं निदेशक मंडल समाप्त कर दिए गए। गवर्नर-जनरल एवं गवर्नरों की नियुक्ति का अधिकार क्राउन के हाथों में चला गया। भारत में सम्पूर्ण प्रशासनिक शक्तियाँ गवर्नर-जनरल के पास आ गई जो अब वायसराय कहलाने लगा। भारतीय परिषद् के निर्णय बहुमत के आधार पर लिए जाने थे, लेकिन भारत सचिव अपनी काँसिल के बहुमत के विरुद्ध भी निर्णय ले सकता था। भारत सचिव एवं उसकी काँसिल का खर्च भारतीय राजकोष पर डाल दिया गया।

इस अधिनियम के लागू होने से 1784 के पिट्स इंडिया एक्ट द्वारा स्थापित द्वैध शासन व्यवस्था पूरी तरह खत्म हो गई। देशी राजाओं का क्राउन के साथ प्रत्यक्ष संबंध स्थापित हो गया और डलहौजी की हड़प नीति निष्प्रभावी हो गई।

**1861 का भारतीय परिषद् अधिनियम** : 1858 के अधिनियम के द्वारा भारत में ब्रिटिश साम्राज्य का सीधा शासन स्थापित हो गया, लेकिन भारत की आंतरिक शासन व्यवस्था लगभग उसी प्रकार की थी। साथ ही केंद्रीय विधान परिषद् में भी अनेक दोष थे, उसका संगठन न तो संतोषजनक था और न ही उसकी शक्तियाँ निश्चित थी। ब्रिटिश सरकार एवं गवर्नर-जनरल के बीच पत्र-व्यवहार भी बहुत बढ़ गया था। इन सभी कारणों को ध्यान में रखते हुए 1861 में भारतीय परिषद् अधिनियम बनाया गया जिसके प्रावधान निम्न थे-

इस अधिनियम द्वारा गवर्नर-जनरल की कार्यकारिणी परिषद् के सदस्यों की संख्या 4 से बढ़ाकर 6 कर दी गई। लॉर्ड कैनिंग ने इस अधिनियम के तहत कार्य प्रणाली में सुविधा के लिए 'विभागीय प्रणाली' (पोर्टफोलियो सिस्टम) शुरू की। गवर्नर-जनरल को परिषद् के किसी भी प्रस्ताव को अस्वीकृत करने का अनन्य अधिकार (वीटो) था। गवर्नर-जनरल सिर्फ भारत सचिव के प्रति उत्तरदायी था। इस अधिनियम के तहत 1862 ई. में बंगाल में, 1882 ई. में उत्तर-पश्चिमी प्रांत में तथा 1897 ई. में पंजाब में विधान परिषदों का गठन किया गया। इस अधिनियम द्वारा गवर्नर-जनरल को संकट कालीन स्थिति में परिषद् की सलाह के बिना अध्यादेश जारी करने का अधिकार मिला। ये अध्यादेश केवल 6 महीने तक लागू रह सकते

थे। मद्रास एवं बम्बई के गवर्नर एवं उप-गवर्नर को असाधारण तथा अतिरिक्त सदस्यों के रूप में सर्वोच्च विधान परिषद की स्थानीय बैठकों में भाग लेने का अधिकार मिला। इस अधिनियम की सबसे बड़ी विशेषता यह थी कि इसके द्वारा विकेंद्रीकरण की नीति को प्रोत्साहन मिला। भारतीय इसकी मांग काफी समय से करते आ रहे थे। इसने भावी विकास एवं संवैधानिक प्रगति का मार्ग प्रशस्त किया।

**1892 का भारतीय परिषद् अधिनियम** : कांग्रेस की स्थापना के पश्चात् ब्रिटिश सरकार द्वारा किया गया यह पहला संवैधानिक सुधार था जिसके अंतर्गत निम्न महत्वपूर्ण बिंदु थे-इस अधिनियम द्वारा गवर्नर-जनरल की परिषद् तथा प्रान्तीय गवर्नरों के परिषदों में गैर सरकारी सदस्यों की संख्या में वृद्धि कर दी गई। इस अधिनियम के द्वारा सदस्यों को वार्षिक बजट पर बहस करने तथा प्रश्नों द्वारा सूचनाएँ प्राप्त करने का अधिकार मिला। अप्रत्यक्ष रूप से यह अधिनियम निर्वाचन-सिद्धांत को स्वीकार करता था और विधान परिषद् को कार्यकारिणी पर कुछ नियंत्रण प्रदान कर इसने भारत में प्रतिनिधि सरकार की स्थापना का मार्ग प्रशस्त किया। इस अधिनियम के द्वारा वित्तीय विकेन्द्रीकरण पर भी जोर दिया गया। राष्ट्रीय कांग्रेस के उदारवादी सदस्य इससे संतुष्ट थे और यह दावा करते थे कि कांग्रेस के लिए यह एक महत्वपूर्ण उपलब्धि है। परंतु उग्रवादी सदस्य इससे असंतुष्ट थे। उन्होंने इसकी कटु आलोचना की।

परिषद् के अतिरिक्त सदस्यों में से 2/5 सदस्य गैर-सरकारी होते थे। ये सदस्य भारतीय समाज के विभिन्न वर्गों, जातियों व विशिष्ट हितों के आधार पर नियुक्त किए गए। यह परंपरा कालांतर में भारतीय राष्ट्रीय एकता के विकास में बाधक बनी।

**1909 का मार्ले-मिंटो सुधार** : 1892 के पश्चात् संवैधानिक सुधार की दिशा में अगला प्रयास 1909 में मार्ले-मिंटो सुधार के रूप में आया। ब्रिटिश शासन की 'फूट डालो और राज करो' की नीति का खुला चिट्ठा इस अधिनियम द्वारा लोगों के सामने आया जिसके महत्वपूर्ण बिंदु निम्न थे : इस अधिनियम के द्वारा भारतीयों को विधि निर्माण एवं प्रशासन दोनों में प्रतिनिधित्व दिया गया। सर्वोच्च विधान परिषद् तथा प्रान्तीय विधान परिषद् की सदस्य संख्या में वृद्धि की गई एवं गवर्नर-जनरल की कार्यकारी परिषद् में एक भारतीय सदस्य को शामिल किया गया। भारत में पहली बार निर्वाचन सिद्धांत को मान्यता मिली। मुसलमानों को पृथक् प्रतिनिधित्व दिया गया। कुछ प्रतिनिधि प्रान्तीय विधान परिषदों द्वारा, कुछ बड़े-बड़े जमींदारों द्वारा और कुछ मंडल द्वारा चुने जाते थे। 'बजट' पर विचार करने एवं उस पर प्रस्ताव रखने का अधिकार मिला। पूरक प्रश्न पूछने का अधिकार दिया गया। सार्वजनिक महत्व के विषयों पर भी प्रस्ताव प्रस्तुत करने का अधिकार मिला।

1909 ई. के वार्षिक अधिवेशन में कांग्रेस ने इस अधिनियम के प्रति घोर असंतोष व्यक्त किया। सुरेन्द्रनाथ बनर्जी, मदन मोहन मालवीय, विलियम वेडरबर्न आदि नेताओं ने इस अधिनियम की तीखी आलोचना की। इनकी आलोचना का सबसे बड़ा कारण पृथक् निर्वाचन

मंडल की घोषणा था। पृथक् निर्वाचन की व्यवस्था ने भारत में सांप्रदायिकता का बीज बो दिया जो कालांतर में भारत विभाजन का आधार बना।

**1919 का मांटेग्यू-चेम्सफोर्ड सुधार** : 1917 ई. की मांटेग्यू घोषणा के आधार पर भारत में स्वशासन स्थापित करने के लिए ब्रिटिश संसद ने 1919 ई. का भारत सरकार अधिनियम पारित किया जिसके महत्वपूर्ण बिंदु निम्न थे-

इस अधिनियम द्वारा ब्रिटिश सरकार ने 'उत्तरदायी सरकार' की स्थापना की ओर प्रयास शुरू किया। इस अधिनियम में गृह-सरकार के लिए भी कुछ उपबन्ध थे, जिसके तहत भारत-सचिव के भारतीय शासन पर नियंत्रण को शिथिल कर दिया गया और भारत के लिए ब्रिटेन में एक उच्चायुक्त की नियुक्ति की गई। गवर्नर- जनरल की कार्यकारिणी में भारतीय सदस्यों की संख्या बढ़ाकर तीन कर दी गई। इस अधिनियम द्वारा साम्प्रदायिकता को और बढ़ावा दिया गया। इसके द्वारा मुसलमानों के साथ-साथ सिक्खों को भी साम्प्रदायिक प्रतिनिधित्व दिया गया। विषयों को पहली बार केन्द्रीय और प्रांतीय दो भागों में बांटा गया। राष्ट्रीय महत्व के विषय पर गवर्नर-जनरल अपनी परिषद् की सहायता से कानून बना सकता था। यह केन्द्रीय सूची का विषय था। प्रांतीय महत्व के विषयों पर गवर्नर कार्यकारिणी तथा विधान मंडल की सहमति से कानून बनाता था। केन्द्र में द्विसदनीय व्यवस्था लागू की गई। पहला सदन राज्य परिषद् था, दूसरा केन्द्रीय विधान सभा। केन्द्रीय विधान सभा का कार्यकाल तीन वर्ष का था, जिसे गवर्नर-जनरल बढ़ा भी सकता था। प्रांतों में द्वैध शासन लागू किया गया। इसके तहत् प्रांतीय विषयों को दो भागों में बांट दिया गया-आरक्षित एवं हस्तांतरित। आरक्षित विषयों का प्रशासन गवर्नर अपने द्वारा मनोनीत पार्षदों द्वारा करता था। हस्तांतरित विषयों का प्रशासन उन मंत्रियों की सहायता से गवर्नर करता था, जो विधान मंडल के निर्वाचित सदस्य थे।

कांग्रेस ने 1919 के वार्षिक अधिवेशन में इन सुधारों को अपर्याप्त, असन्तोषजनक तथा अत्यन्त निराशाजनक कहकर इसकी निन्दा की। इन सुधारों का मुख्य तौर पर कांग्रेस के कुछ मध्यवर्गीय नेताओं ने स्वागत किया जिसके चलते कांग्रेस का विभाजन भी हुआ।

**1935 का भारत शासन अधिनियम** : 1919 ई. से 1935 ई. के बीच देश के राजनीतिक जीवन में महत्वपूर्ण परिवर्तन हुए। इस अवधि में कांग्रेस ने दो जन आन्दोलनों को चलाया। इसके अतिरिक्त 1923 ई. में स्वराज दल का गठन, 1928 ई. में सर्वदलीय सम्मेलन एवं साइमन कमीशन का आगमन आदि प्रयासों के बावजूद स्वशासन की प्राप्ति नहीं हो पाई और न भारतीय संविधान का कोई ढांचा बन सका। देश में राजनीतिक गतिरोध पूर्ववत बना रहा। इस गतिरोध को दूर करने के लिए ब्रिटिश सरकार ने 1935 ई. में भारत सरकार अधिनियम पारित किया जिसके महत्वपूर्ण प्रावधान निम्न थे :

इस अधिनियम में एक अखिल भारतीय परिसंघ की स्थापना का प्रस्ताव किया गया। इसमें रियासतों के प्रतिनिधि भी शामिल होने थे। केन्द्र एवं प्रान्तों के बीच विधायी शक्तियों का वितरण

तीन सूचियों-केन्द्रीय, प्रान्तीय एवं समवर्ती में किया गया था। अवशिष्ट शक्तियाँ गवर्नर-जनरल में निहित थीं। प्रान्तों में द्वैध शासन समाप्त कर दिया गया एवं उत्तरदायी सरकार की स्थापना की गई। अब केन्द्र में द्वैध शासन शुरू कर दिया गया। केन्द्रीय एवं प्रान्तीय विधान मंडलों के सदस्यों की संख्या बढ़ा दी गई थी, मतदाताओं की संख्या भी बढ़ गई थी। दलितों के लिए भी पृथक् निर्वाचन की व्यवस्था की गई। मूल, अपीलीय तथा परामर्शीय क्षेत्राधिकार वाले एक संघीय न्यायालय की स्थापना का प्रावधान किया गया। इसके निर्णयों की अपील लंदन में प्रिवी कॉंसिल में की जा सकती थी। अधिनियम में गवर्नरों को विशेषाधिकार तथा उत्तरदायित्व प्रदान किए गए। मंत्रियों के अधिकार और प्रांतीय स्वायत्ता पंगु बनकर रह गई। गवर्नर के पास विभिन्न प्रकार की विधायी शक्तियाँ भी थीं। नियंत्रक एवं महालेखाकार का एक नवीन पद सृजित किया गया। इस अधिनियम द्वारा लंदन स्थित भारतीय परिषद् को समाप्त कर दिया गया।

तमाम कमियों के बावजूद भारत शासन अधिनियम 1935 भारतीय शासन व्यवस्था का मुख्य आधार बना। स्वतंत्रता प्राप्ति तक भारत की शासन व्यवस्था इसी आधार पर संचालित की जाती रही। यहां तक कि स्वतंत्र भारत के संविधान में भी इसके कई प्रावधान शामिल कर लिए गए।

**1947 का भारतीय स्वतंत्रता अधिनियम** : भारत के संवैधानिक विकास में 1947 का भारतीय स्वतंत्रता अधिनियम अंतिम था। इस अधिनियम के प्रावधान निम्न थे :

इसमें भारतीय प्रायद्वीप को दो राष्ट्र भारतीय संघ तथा पाकिस्तान में बांट दिया गया। भारतीय संघ या हिन्दुस्तान में वे सभी भाग सम्मिलित किए जाने थे, सिवाय उस प्रदेश के जो अब पाकिस्तान कहलाता है। पाकिस्तान में सिन्ध, ब्रिटिश बलुचिस्तान, उत्तर-पश्चिमी सीमा प्रान्त, पश्चिमी पंजाब तथा पूर्वी बंगाल शामिल होने थे। इनमें अन्तिम दो प्रान्तों की सीमाओं का निर्धारण एक सीमा आयोग या जनमत संग्रह द्वारा किया जाना था।

15 अगस्त, 1947 के बाद भारत तथा पाकिस्तान पर अंग्रेजी संसद का क्षेत्राधिकार समाप्त हो जाएगा। भारत सरकार अधिनियम, 1935 तब तक यथासम्भव इन दोनों राज्यों का शासन चलाने में सहायता देगा, जब तक कि नया संविधान प्रत्येक राज्य द्वारा नहीं अपना लिया जाता। आवश्यकता पड़ने पर अधिनियम में परिवर्तन भी किया जा सकता था, जिसके लिए गवर्नर-जनरल की अनुमति आवश्यक थी। भारतीय रियासतों को यह अधिकार दिया गया कि वे अपनी इच्छानुसार भारत या पाकिस्तान किसी एक में विलय का निर्णय ले सकती हैं। जब तक दोनों अधिराज्यों में नए संविधान का निर्माण नहीं हो जाता, तब तक राज्यों की संविधान सभाओं को उनके लिए कानून बनाने का अधिकार होगा। दोनों अधिराज्यों के पास यह अधिकार सुरक्षित होगा कि वे अपनी इच्छानुसार राष्ट्रमंडल में बने रहें। ब्रिटेन में भारत मंत्री के पद को समाप्त कर दिया गया।

***

# 37

# गवर्नर-जनरल और उनकी नीतियाँ

**लॉर्ड क्लाइव (1765-1767)** : बंगाल में द्वैध शासन की स्थापना। मुगल सम्राट शाह आलम के साथ इलाहाबाद की द्वितीय संधि। श्वेत, विद्रोह, सोसाइटी फॉर ट्रेड की स्थापना।

**वारेन हेस्टिंग्स (1772-1785 ई.)** : बंगाल में द्वैध शासन समाप्त। कलकत्ता को बंगाल की राजधानी बनाया। कलकत्ता में एक 'सदर दीवानी अदालत' और एक 'सदर निजामत अदालत' की स्थापना। 'इलाहाबाद की संधि' के द्वारा मुगल बादशाह शाह आलम से इलाहाबाद एवं कड़ा प्राप्त कर उसे अवध के नवाब को दिया। वारेन हेस्टिंग्स बंगाल के नन्दकुमार की फांसी, बनारस के राजा चेत सिंह प्रकरण, अवध के बेगमों के साथ ज्यादती, मराठों से पराजय आदि के कारण काफी बदनाम हुआ। 1773 के एक्ट के तहत कलकत्ता में एक उच्चतम न्यायालय की स्थापना (1774 ई.)। भारत में पहले पंचवर्षीय तथा बाद में एकवर्षीय भू-व्यवस्था लागू। एशियाटिक सोसाइटी का संरक्षक भी बना। सरकारी टकसाल कलकत्ता में स्थापित। प्रथम आंग्ल-मराठा युद्ध (1775-82) तथा द्वितीय आंग्ल-मैसूर युद्ध (1780-84)।

**जॉन मैकफर्सन (1785-1786 ई.)** : वह फरवरी, 1785 से सितम्बर 1786 तक बंगाल का गवर्नर-जनरल रहा। उसका शासनकाल भ्रष्टाचार के कारण चर्चित रहा।

**लॉर्ड कॉर्नवालिस (1786-1793 ई.)** : उसे भारत में सिविल संस्थाओं का निर्माता कहा जाता है। उसने जॉर्ज बार्लो के द्वारा प्रशासनिक व्यवस्थाओं के लिए कॉर्नवालिस कोड बनवाया जो 1793 ई. में लागू हुआ। उसने भूमि बन्दोबस्त की इस्तमरारी प्रणाली शुरू की जो 1793 में बंगाल, बिहार, उड़ीसा में लागू हुई। तृतीय आंग्ल-मैसूर युद्ध (1790-92)। न्यायिक क्षेत्र में शक्ति के पृथक्करण का सिद्धांत लागू। रेवेन्यू बोर्ड की स्थापना।

**सर जॉन शोर (1793-1798 ई.)** : अवध में उत्तराधिकारी विवाद में हस्तक्षेप। इलाहाबाद को कम्पनी राज्य में मिला लिया। अहस्तक्षेप की नीति को अपनाया।

**लॉर्ड वेलेजली (1798-1805 ई.)** : वह अपने को बंगाल का शेर कहता था। चतुर्थ आंग्ल-मैसूर युद्ध (1799) के समय टीपू के राज्य को हस्तगत किया। उसने सहायक संधि की नीति शुरू की, जिसके तहत सबसे पहले हैदराबाद के निजाम ने 1798 में संधि की। उसने

मैसूर (1799), अवध (1801), तंजौर (1799), पेशवा (1802), भोंसले (1803) तथा सिंधिया को (1804) अधीन किया। फोर्ट विलियम कॉलेज की स्थापना।

**सर जॉर्ज बार्लो (1805-1807)** : रियासतों में अहस्तक्षेप की नीति का समर्थक। वेलोर में सिपाही विद्रोह, जिसमें टीपू सुल्तान के पुत्रों के शामिल होने का आरोप लगाया गया।

**लॉर्ड मिंटो प्रथम (1807-1813)** : रणजीत सिंह के साथ 1809 में 'अमृतसर की संधि' की।

**मार्क्विस ऑफ हेस्टिंग्स (1813-1823)** : पिण्डारियों का दमन। तृतीय आंग्ल-मराठा युद्ध (1817-19) द्वारा मराठा-संघ शक्तिहीन भोंसले, पेशवा, सिन्धिया एवं होल्कर को सहायक संधि के लिए बाध्य किया। मद्रास में रैयतवाड़ी बन्दोबस्त लागू। उसने कॉर्नवालिस द्वारा मैजिस्ट्रेट एवं कलक्टर के पदों को अलग रखने की व्यवस्था समाप्त कर उन्हें फिर से एक कर दिया। बंगाल में काश्तकारी अधिनियम (1822) लागू।

**लॉर्ड एमहर्स्ट (1823-1828 ई.)** : भरतपुर के उत्तराधिकारी संघर्ष में हस्तक्षेप (1826)। बैरकपुर की सैनिक छावनी में विद्रोह (1824)।

**लॉर्ड विलियम बेंटिक (1828-1835 ई.)** : 1829 में सती-प्रथा पर प्रतिबन्ध। 'स्लीमैन समिति' की रिपोर्ट के आधार पर ठगी प्रथा समाप्त। कन्या हत्या पर प्रतिबन्ध। नरबलि प्रथा का अंत। 1835 में कलकत्ता मेडिकल कॉलेज की स्थापना। सरकारी सेवाओं में किसी भी आधार पर भेदभाव समाप्त। भारत का प्रथम गवर्नर-जनरल। आंग्ल-प्राच्य शिक्षा विवाद जिसमें आंग्ल शिक्षा को प्रोत्साहन मिला। भारतीयों को भी उत्तरदायी पदों पर नियुक्त किया। 1835 में उसने शिक्षा का माध्यम अंग्रेजी को घोषित किया।

**चार्ल्स मेटकॉफ (1835-1836 ई.)** : 1835 में 'प्रेस एक्ट' द्वारा समाचार-पत्रों पर लगाई गई पाबन्दियाँ समाप्त। इसे समाचार-पत्रों का मुक्तिदाता कहा जाता है।

**लॉर्ड ऑकलैण्ड (1836-1842 ई.)** : प्रथम आंग्ल-अफगान युद्ध (1836-1842) हुआ जिसमें अंग्रेजों को भारी नुकसान हुआ और इसी वजह से उसे इंग्लैंड वापस बुला लिया गया। रणजीत सिंह तथा शाहशुजा के मध्य त्रिदलीय संधि की।

**लॉर्ड एलनबरो (1842-1844 ई.)** : सिन्ध का कम्पनी राज्य में विलय कर लिया गया। एलनबरो का कार्यकाल 'कुशल अकर्मण्यता की नीति' का काल कहा जाता है।

**लॉर्ड हार्डिंग (1844-1848 ई.)** : प्रथम सिक्ख युद्ध (1845-46) हुआ जिसमें अंग्रेज विजयी रहे। उसने भारत में रेल लाइन बिछाने की दिशा में प्रयास शुरू किए और नरबलि पर रोक लगाने का प्रयास किया।

**लॉर्ड डलहौजी (1848-1856)** : द्वितीय आंग्ल-सिक्ख युद्ध (1848-49) इसके बाद पंजाब कम्पनी राज्य में मिला लिया गया। बर्मा का द्वितीय युद्ध, उपरी बर्मा को कम्पनी राज्य में मिला लिया गया। 'व्यपगत सिद्धांत' के द्वारा उसने 1848 में सतारा, 1849 में जैतपुर तथा

संभलपुर, 1850 में बाघट, 1852 में उदयपुर, 1853 में झाँसी, 1854 में नागपुर, 1855 में करौली को कम्पनी राज्य में मिला लिया। उसने पेशवा की पेंशन भी 1853 में बन्द कर दी और 1856 में कुशासन का आरोप लगाकर अवध को कम्पनी राज्य में मिला लिया। उसी के कार्यकाल में 1853 में पहली बार बम्बई से थाने के बीच रेल चली। 1854 में कलकत्ता और रानीगंज के बीच दूसरी रेल चली। देश भर में डाक सेवा शुरू हुई। सार्वजनिक विभाग भी खोला। कलकत्ता तथा आगरा के बीच प्रथम बार बिजली से संचालित तार सेवा प्रारंभ (1852), शिमला ग्रीष्मकालीन राजधानी बनी, शिक्षा संबंधी वुड डिस्पैच 1854 में पारित, सिविल सेवा हेतु प्रथम बार प्रतियोगिता परीक्षा प्रारंभ (1853)। 1856 में हिन्दू विधवा पुनर्विवाह कानून लागू एवं धर्म परिवर्तन के बाद पैतृक सम्पत्ति पर से अधिकार समाप्ति संबंधी प्रावधान समाप्त।

**लॉर्ड कैनिंग (1856-1862 ई.)** : 1858 में क्राउन की उद्घोषणा के बाद भारत का पहला वायसराय बना। 1858 में भारतीय दंड विधान का निर्माण हुआ और 1862 में कलकत्ता, बम्बई एवं मद्रास में हाईकोर्ट स्थापित किए गए। 1861 में पहली बार आय कर लगाया गया। कलकत्ता, मद्रास एवं बम्बई में विश्वविद्यालयों की स्थापना। 10 मई, 1857 को प्रथम स्वतंत्रता आरंभ हुआ।

**लॉर्ड एल्गिन (1862-1863)** : 'अम्बेला अभियान' पश्चिमोत्तर सीमाप्रान्त से कबायलियों के विद्रोह के दमन के लिए किया गया। उनकी मृत्यु धर्मशाला (हिमाचल प्रदेश) में हुई, जहाँ उसकी कब्र बनी हुई है।

**जॉन लॉरेंस (1864-1869)** : अफगानिस्तान में अहस्तक्षेप की नीति, परन्तु भूटान द्वारा अंग्रेज दूत के साथ अभद्रता दिखाने पर उसके विरुद्ध अभियान। बड़ी मात्रा में रेलवे तथा नहरों का निर्माण, यूरोप के साथ संचार व्यवस्था स्थापित।

**लॉर्ड मेयो (1869-1872 ई.)** : वह महारानी विक्टोरिया का द्वितीय पुत्र था। 1870 में केन्द्र तथा प्रान्तों के बीच राजस्व के बँटवारे की नई प्रणाली शुरू की, जिससे वित्तीय व्यवस्था में सुधार हुआ। पृथक् वित्त विभाग और भारतीय सांख्यिकीय सर्वेक्षण की स्थापना। 1872 में पहली बार भारत की जनगणना शुरू। 1872 में पोर्टब्लेयर के दौरे पर एक पठान मोहम्मद शेर द्वारा चाकू मार कर हत्या।

**लॉर्ड नार्थ ब्रुक (1872-1876 ई.)** : कूका विद्रोह। ब्रिटिश प्रधानमंत्री डिजरैली द्वारा अफगान सरदार शेर अली से संधि वार्ता हेतु जोर दिए जाने के कारण पद से त्यागपत्र। 1874 में बिहार में भीषण अकाल पड़ा। 1875 में प्रिन्स ऑफ वेल्स की भारत यात्रा।

**लॉर्ड लिटन (1876-1880 ई.)** : 'दिल्ली दरबार' का आयोजन जिसमें विक्टोरिया को 'कैसर-ए-हिन्द' की उपाधि दी गई। स्ट्रैची की अध्यक्षता में अकाल आयोग गठित जिसने अकाल कोड का निर्माण किया। 1878 में 'वर्नाक्युलर प्रेस एक्ट' के द्वारा भारतीय प्रेस पर नियंत्रण। 1878 में 'आर्म्स एक्ट' पारित। अफगानिस्तान में सक्रिय हस्तक्षेप की नीति अपनाई,

द्वितीय अफगान युद्ध (1878–80)। वैधानिक जनपद सेवा में सम्मिलित होने वाले भारतीयों की आयु 21 से घटाकर 19 वर्ष कर दी गई।

**लॉर्ड रिपन (1880–1884 ई.)** : 'वर्नाक्युलर प्रेस एक्ट' वापस। 1881 में 'पहला फैक्ट्री अधिनियम' पारित। स्थानीय स्वशासन की दिशा में भी महत्वपूर्ण प्रयास (1882)। 'इल्बर्ट विधेयक' (1883) द्वारा भारतीयों को भी अंग्रेजों के मामले में सुनवाई का अधिकार। विलियम हंटर की अध्यक्षता में एक शिक्षा आयोग का गठन 1882 में, जिसमें प्राथमिक शिक्षा पर जोर दिया गया।

**लॉर्ड डफरिन (1884–1888 ई.)** : 1885 में भारतीय राष्ट्रीय कांग्रेस की स्थापना। बर्मा को ब्रिटिश राज्य में मिला लिया गया। बंगाल कृषक अधिनियम 1885 में पारित। 1887 में पंजाब काश्तकारी कानून पारित।

**लॉर्ड लैन्सडाउन (1888–1894 ई.)** : भारत एवं अफगानिस्तान के बीच डूरण्ड ने सीमारेखा निर्धारित की। मणिपुर एवं कश्मीर में हस्तक्षेप। सप्ताह में एक दिन छुट्टी हेतु 1891 में द्वितीय कारखाना अधिनियम। लड़कियों के विवाह की न्यूनतम आयु 10 से बढ़ाकर 12 वर्ष। भारत परिषद अधिनियम 1892 लागू।

**लॉर्ड एल्गिन द्वितीय (1894–1899 ई.)** : 1896–97 में देशव्यापी अकाल पड़ा। लॉयल कमीशन के नाम से अकाल आयोग गठित। चापेकर बंधुओं द्वारा पूना में दो अंग्रेज अधिकारियों की हत्या (1897)।

**लॉर्ड कर्जन (1899–1905 ई.)** : 1904 में ऐतिहासिक स्मारक संरक्षण कानून पारित। 'कलकत्ता म्युनिसिपल एक्ट' और 'विश्वविद्यालय अधिनियम' (1904) जैसे दमनकारी कानून बनाए। तिब्बत में यंगहस्बैण्ड के नेतृत्व में अभियान। 1901 में कृषि इंस्पेक्टर जनरल की नियुक्ति जो कृषि कार्यों की देखरेख करता था। उत्तर पश्चिम सीमा प्रांत का गठन। भारत लोक सेवा मण्डल का गठन (1905), सर डब्ल्यू. फ्रेजर की अध्यक्षता में 1902 में पुलिस आयोग का गठन। 1900 में सर एण्टनी मैकडॉनल की अध्यक्षता में अकाल आयोग का गठन। सर कॉलिन स्कॉट मानक्रीफ के नेतृत्व में सिंचाई आयोग (1901) का गठन। भारत स्वर्ण मानक के अंतर्गत शामिल।

**लॉर्ड मिंटो द्वितीय (1905–1910 ई.)** : खुदीराम बोस को फांसी तथा तिलक को 6 वर्ष का कारावास। सत्येन्द्र प्रसून्न सिन्हा को वायसराय की कार्यकारिणी में जगह (1909)। सूरत का कांग्रेस विभाजन 1907 में। 1906 में 'मुस्लिम लीग' की स्थापना।

**लॉर्ड हार्डिंग द्वितीय (1910–1916 ई.)** : ब्रिटेन के राजा जॉर्ज पंचम का भारत आगमन (1911)। बंगाल का विभाजन रद्द करने की घोषणा। दिल्ली को कलकत्ता की जगह राजधानी बनाया गया (1912)। गांधी जी दक्षिण अफ्रीका से वापस लौटे (1915)।

**लॉर्ड चेम्सफोर्ड (1916-1921 ई.)** : 1919 में दूसरा 'भारतीय शासन अधिनियम' पारित। 'रौलेट एक्ट' पारित जिसकी प्रतिक्रिया में जलियाँवाला बाग हत्या काण्ड। असहयोग एवं खिलाफत आंदोलन आरंभ। तिलक और एनी बेसेंट द्वारा होमरूल लीग की स्थापना। प्रथम महिला विश्वविद्यालय 1916 में स्थापित। शिक्षा से संबंधित सैडलर आयोग (1917) का गठन, अलीगढ़ मुस्लिम विश्वविद्यालय की स्थापना 1920 में।

**लॉर्ड रीडिंग (1921-1926 ई.)** : पंजाब का 'अकाली आंदोलन; मालाबार तट पर 'मोपला विद्रोह' (1921) जिसे निर्ममतापूर्वक दबा दिया गया। चौरी-चौरा हत्याकांड एवं गांधी जी द्वारा असहयोग आंदोलन का वापस लिया जाना (1922)। चितरंजन दास की अध्यक्षता में कांग्रेस-खिलाफत स्वराज पार्टी की स्थापना। काकोरी में ट्रेन डकैती।

**लॉर्ड इरविन (1926-1931 ई.)** : 'पब्लिक सेफ्टी बिल' के विरोध में असेम्बली में भगत सिंह एवं उनके साथियों ने बम फेंका। गांधी-इरविन समझौता 1931 में। साइमन कमीशन भारत आया। भारतीय संविधान के सिद्धान्तों के प्रतिपादन हेतु नेहरू रिपोर्ट प्रकाशित। सांडर्स की हत्या। शारदा विधेयक पारित (1929)। लाहौर के कांग्रेस अधिवेशन में पूर्ण स्वराज की घोषणा। गांधी जी का ऐतिहासिक दाण्डी मार्च 12 मार्च, 1930 को प्रारंभ। सविनय अवज्ञा आंदोलन शुरू।

**लॉर्ड विलिंगटन (1931-1936 ई.)** : ब्रिटिश प्रधानमंत्री मैकडोनाल्ड का साम्प्रदायिक घोषणापत्र (1932)। पूना समझौता (1932)। 1935 का भारतीय शासन-अधिनियम पारित। द्वितीय गोलमेल सम्मेलन 1931 में। तृतीय गोलमेज 1932 में प्रारंभ।

**लॉर्ड लिनलिथगो (1936-1943 ई.)** : 1937 में पहली बार प्रान्तों में आम चुनाव जिसमें कांग्रेस भारी मतों से विजयी। 1942 में भारत छोड़ो आंदोलन। कांग्रेस मंत्रिमंडल का सामूहिक त्यागपत्र, क्रिप्स मिशन भारत आया। व्यक्तिगत सत्याग्रह आंदोलन। हरिपुरा कांग्रेस अधिवेशन में सुभाषचन्द्र बोस अध्यक्ष निर्वाचित (19 फरवरी, 1938)। सुभाषचन्द्र बोस द्वारा फारवर्ड ब्लॉक की स्थापना। सुभाष चन्द्र का विदेश पलायन, मुस्लिम लीग के कराची अधिवेशन में विभाजन करो और जाओ का नारा दिया।

**लॉर्ड वैवेल (1943-1947 ई.)** : जून, 1945 में शिमला में मुस्लिम लीग एवं कांग्रेस के नेताओं का सम्मेलन। 1946 में कैबिनेट मिशन भारत आया। बम्बई में नौ सेना विद्रोह। 'प्रत्यक्ष कार्यवाही दिवस' (16 अगस्त, 1946)। 1 जुलाई, 1946 को संविधान सभा का चुनाव। नेहरू के नेतृत्व में अंतरिम मंत्रिमंडल का गठन। संविधान सभा की प्रथम बैठक 9 दिसम्बर, 1946 को। एटली द्वारा 3 जून, 1948 भारत को पूर्णतः स्वतंत्र करने की घोषणा। द्वितीय विश्वयुद्ध की समाप्ति।

**लॉर्ड माउण्टबेटन (1947-1948 ई.)** : जून थर्ड प्लान; भारत की आजादी के साथ उसके विभाजन की योजना पेश। 4 अगस्त 1947 को ब्रिटिश संसद द्वारा स्वतंत्रता अधिनियम पारित। भारत स्वतंत्र राष्ट्र बना।

***

# 38

# राष्ट्रवाद का उदय

राष्ट्रवाद एक आधुनिक संकल्पना है, जिसका विकास पुनर्जागरण के बाद यूरोप में राष्ट्रीय राज्यों के रूप में हुआ। यद्यपि राष्ट्र के प्रति लगाव या सम्मान की भावना प्राचीन काल से ही सभी राष्ट्र एवं उसके नागरिकों में पाई जाती है पर इसे सीमित राष्ट्रीयता का द्योतक ही माना जा सकता है। भारत में भी इस तरह की सीमित राष्ट्रीयता के प्रमाण मिलते हैं। वर्तमान समय में यह राष्ट्रवाद धीरे-धीरे सशक्त होता दिखाई दे रहा है।

भारतीय राष्ट्रवाद के बारे में एक रोचक तथ्य यह है कि इसका उद्‌भव अंग्रेजी शासन के दिनों में हुआ। अंग्रेजी शासकों ने अपने हित में भारतीय समाज के आर्थिक ढांचे की स्थापना की, आधुनिक शिक्षा पद्धति की नींव डाली, आवागमन के नए साधन एवं ऐसी नई संस्थाओं का गठन किया, जिसके फलस्वरूप नए सामाजिक वर्गों का उदय हुआ। इन सबके कारण नवीन सामाजिक शक्तियां उभर कर सामने आईं और राष्ट्रवाद का वाहक बनीं। इस तरह भारतीय राष्ट्रवाद एक जटिल और विशिष्ट सामाजिक पृष्ठभूमि में जन्मा और पला-बढ़ा।

## राष्ट्रवाद के उदय के कारण

**अंग्रेजी शिक्षा** : अंग्रेजी शासन में समस्त देश में एक सी शिक्षा पद्धति लागू होने से एकता और समान लक्ष्यों और आकांक्षाओं को प्रोत्साहन मिला। अंग्रेजी पढ़ा-लिखा वर्ग समस्त देश की जनसंख्या में अल्पमत से अधिक नहीं था लेकिन प्रभाव और नेतृत्व की दृष्टि से यह वर्ग उत्तरोत्तर प्रभावी होता गया। समाचार-पत्रों, शिक्षा संस्थाओं के संचालन और वकालत में इसी वर्ग का प्रभाव था। अन्य विचारधाराएं न तो इतनी व्यापक थीं और न ही संगठित।

मध्यकालीन तथा परंपरागत बंधनों को कम करने में पश्चिमी शिक्षा का योगदान उल्लेखनीय था। देश प्रेम तथा स्वतंत्रता की भावना अंग्रेजी शिक्षा की देन नहीं थी। ये लक्ष्य देश में पहले से व्याप्त थे। अंग्रेजी शिक्षा ने इन लक्ष्यों को प्राप्त करने में सिर्फ एक नई दिशा प्रदान की। यह दिशा संसदीय प्रणाली और इंग्लैंड में प्रचलित व्यवस्था को भारत में स्थापित करने की थी।

**समाचार-पत्रों का योगदान** : राजनीतिक जागरण पैदा करने में समाचार-पत्रों का महत्वपूर्ण योगदान रहा। समाचार-पत्रों के माध्यम से राजनीतिक अधिकार का ज्ञान सामान्य जनता में फैलाया जा सका। बंगाल में ऐसे अंग्रेजी समाचार-पत्र, जिनके स्वामी या संपादक भारतीय होते थे, की संख्या अधिक थी। पर पश्चिमी भारत (महाराष्ट्र) में भारतीय भाषायी समाचार-पत्रों की संख्या अधिक थी। इनमें सरकारी नीति की तीव्र आलोचना होती थी। अंग्रेजी प्रशासन के अन्याय, प्रजातीय विभेद, आर्थिक शोषण और प्रशासकीय सेवाओं से भारतीयों को वंचित रखने आदि विषयों पर पर्याप्त चर्चा इन समाचार-पत्रों में होती थी। भाषायी समाचार-पत्रों में यह मत भी व्यक्त किया जाता था कि अंग्रेजी साम्राज्य भारतीय जनता को नैतिक, आर्थिक और मानसिक पतन की ओर ले जा रहा है। 1878 ई. के पश्चात् प्रेस और समाचार-पत्रों को राजनीतिक जागरूकता फैलाने में उल्लेखनीय योगदान दिया।

**राजनीतिक संस्थाओं का योगदान** : न केवल कांग्रेस बल्कि कांग्रेस पूर्व की राजनीतिक संस्थाओं ने भी राष्ट्रीयता के विकास में योगदान दिया। बंग भाषा प्रकाशिका सभा एवं जमींदार एसोसिएशन जैसी संस्थाएं वर्ग हित पर आधारित थीं, परन्तु इंडियन लीग एवं इंडियन एसोसिएशन जैसी संस्थाओं ने अपने राजनीतिक उद्देश्यों को बहुत हद तक स्पष्ट कर दिया था। विशेषकर सुरेन्द्रनाथ बनर्जी एवं आनन्द मोहन बोस जैसे प्रबुद्ध लोगों ने कांग्रेस से पूर्व ही राष्ट्रवादी संगठन बनाने की आवश्यकता पर बल दिया था। वीर राघवाचारी एवं पी. आनन्द चार्लू जैसे नेताओं ने, जो मद्रास महाजन सभा से सम्बन्धित थे, कई बार सुरेन्द्र बनर्जी को पत्र लिखकर राष्ट्रवादी संगठन बनाने की बात उठाई थी। महाराष्ट्र में पूना सार्वजनिक सभा सांस्कृतिक राष्ट्रवाद को परिभाषित करने का महत्वपूर्ण कार्य कर रहा था। इसी प्रकार उदारवादी राजनीतिक दृष्टिकोण का उदय बम्बई प्रेसीडेन्सी एसोसिएशन के माध्यम से हुआ। ऑल इंडिया कॉन्फ्रेंस का आयोजन भी इस दिशा में किया गया एक महत्वपूर्ण प्रयास था।

**अंग्रेजी साम्राज्यवादी नीति** : साम्राज्यवादी नीति प्रजातीय विभेद तथा सरकार की उच्च सेवाओं में सभी स्थान अंग्रेजों के लिए आरक्षित रखने पर केंद्रित थी। 1858 ई. के पश्चात् अंग्रेज प्रशासक भारतीय सामंत वर्ग-जमींदार, राजा-महाराजा आदि का समर्थन प्राप्त करने को उत्सुक थे। शिक्षित वर्ग अपने आपको भारतीय जनता का प्रवक्ता समझता था। इसलिए वह लेजिस्लेटिव कौंसिलों में अधिक प्रतिनिधित्व चाहता था। वह लोक सेवाओं में अंग्रेजों के समान भारतीयों के लिए अधिकार चाहता था। अंग्रेज प्रशासक भारत को एक उपनिवेश मानते थे इसलिए प्रशासन का अधिकार अपने लिए सुरक्षित रखना चाहते थे।

घटनाओं का क्रम 1876 ई. के पश्चात् कुछ अधिक तेजी से बदला जिसके फलस्वरूप एक भारतीय संगठन की आवश्यकता उत्तरोत्तर अनुभव हुई। इन घटनाओं में लिटन की नीतियां प्रमुख थीं, जैसे—वर्नाक्युलर प्रेस एक्ट (1878 ई.), स्टेट्यूटरी सिविल सर्विस, आर्म्स

एक्ट तथा आई.सी.एस. की परीक्षा के लिए आयु की अधिकतम सीमा को घटा देना, द्वितीय अफगान युद्ध का खर्च भारतीय कोष पर डालना आदि। रिपन के शासनकाल में इल्बर्ट बिल को लेकर अंग्रेजों का विरोध प्रदर्शन अत्यधिक निर्णायक साबित हुआ। इसने भारतवासियों के समक्ष संगठित विरोध की उपयोगिता सिद्ध कर दी।

**धर्म सुधार आंदोलन** : 19वीं सदी में बंगाल, महाराष्ट्र और उत्तरी भारत में विभिन्न धर्म सुधार आंदोलन हुए, इनमें से कुछ अंग्रेजीकरण और ईसाई धर्म की ओर झुकाव के विरुद्ध थे। कुछ अन्य आंदोलन उस प्रहार के प्रत्युत्तर में हुए, जिसका अभिप्राय भारतीय संस्कृति अथवा धार्मिक व्यक्तित्व को समाप्त करना था।

बंगाल में अंग्रेजीकरण और ईसाई धर्म के प्रभाव को कम करने में ब्रह्म समाज को काफी सफलता मिली। लेकिन यह केवल अंग्रेजी पढ़े-लिखे व्यक्तियों तक ही सीमित था। आर्य समाज ने भारतीय परंपरा और महान भारत की कल्पना को अत्यधिक प्रोत्साहन दिया। स्वामी विवेकानंद ने पश्चिमी देशों की अपेक्षा भारत के आध्यात्मिक ज्ञान को अधिक विकसित बताया। विष्णुकृष्ण चिपलुंकर, वासुदेव फड़के जैसे सुधारकों ने ईसाई मिशनरियों तथा अंग्रेज शासकों की आलोचना की तथा सामाजिक बुराइयों की अपेक्षा विदेशी नियंत्रण को अधिक आपत्तिजनक बताया। धर्म सुधार आंदोलनों ने हिंदुओं में आत्मविश्वास तथा अपनी परंपरा के प्रति श्रद्धा जागृत की।

मैक्समूलर तथा मोनियर विलियम्स जैसे कुछ यूरोपीय विद्वानों ने भी यूरोपवासियों के समक्ष भारतीय संस्कृति तथा सभ्यता के गौरव तथा महत्व को रेखांकित कर धार्मिक पुनर्जागरण में सहयोग दिया। इन सुधारकों के प्रयत्नों के फलस्वरूप भारत में राष्ट्रीयता की लहर फैली। जनता में देशप्रेम और देशभक्ति की भावना का संचार हुआ।

**आर्थिक शोषण** : अंग्रेजों के आने से पूर्व भारत औद्योगिक एवं कृषि क्षेत्र में बहुत हद तक आत्मनिर्भर था। साथ ही भारतीयों की आर्थिक दशा संतोषजनक थी। अंग्रेज हिंदुस्तान में व्यापार करने आए थे पर वे शासक बन बैठे। उन्होंने भारत का शोषण आरंभ किया। इससे भारत दिनों-दिन गरीब होता गया। साथ ही अंग्रेजों ने-

- कुटीर उद्योग-धंधों को नष्ट कर दिया।
- भारत से कच्चा माल इंग्लैंड भेजना प्रारम्भ किया।
- इंग्लैंड में मशीनों से बने सामान भारत आने लगे जिससे भारत में बने सामान प्रतियोगिता से बाहर हो गए।
- खाद्य फसलों की जगह नकदी फसलों को उपजाने के लिए किसानों को बाध्य किया गया, जिससे खाद्य संकट की स्थिति उत्पन्न हो गई।
- उद्योग-धंधों में लगे भारतीय बड़ी संख्या में बेरोजगार हो गए। देश में गरीबी और भुखमरी बढ़ने लगी।

- सेवानिवृत्त अंग्रेज अधिकारियों के पेंशन व वेतन का भार भारतीय खजाने पर पड़ता था।

इन आर्थिक नीतियों के कारण भारतीयों के मन में अंग्रेजों के प्रति घृणा उत्पन्न हुई। भारतीयों को विश्वास हो गया कि भारत की बिगड़ी हुई आर्थिक दशा का कारण अंग्रेज हैं।

**यातायात तथा संचार के साधनों का विकास** : 1860 ई. के बाद ब्रिटिश सरकार ने भारत में तेजी से सड़क, रेल, डाकतार आदि का विकास किया, जिससे भारत में ब्रिटिश साम्राज्य को सुदृढ़ और स्थायी किया जा सके तथा भारत का कच्चा माल आसानी से बंदरगाहों तक पहुँचाया जा सके। यातायात तथा संचार के साधनों को विकसित होने से देश के सुदूर भागों में बसे भारतीय एक-दूसरे के निकट आए। लोग आसानी से देश के विभिन्न भागों में भ्रमण करने लगे। इससे देश में राष्ट्रीयता की भावना तेजी से बढ़ने लगी।

**मध्यवर्गीय बुद्धिजीवी वर्ग की भूमिका** : ब्रिटिश शासनकाल में बुद्धिजीवियों के एक नवीन वर्ग का विकास हुआ। वास्तव में यह नवीन मध्यम वर्ग एक संगठित अखिल भारतीय वर्ग था, जिसकी पृष्ठभूमि तो अलग-अलग थी, किंतु जिसका ज्ञान, विचार तथा मूल्यों की आधारभूमि समान था। इनमें उद्देश्य की एकता तथा आशा की भावना थी। इसी वर्ग ने आगे चलकर राष्ट्रीय आंदोलन को नेतृत्व प्रदान किया।

***

# 39

# भारतीय राष्ट्रीय कांग्रेस की स्थापना

1880 के दशक में ब्रिटिश सरकार ने यह व्यवस्था की कि भारतीय न्यायाधीशों की अदालतों में यूरोपीय लोगों के मुकदमें भी पेश किए जा सकें। अब तक भारत में यूरोपीय लोगों के मुकदमों का निर्णय यूरोपीय जज द्वारा ही किया जाता था। 1883 में एक बिल तैयार किया गया जिसके अनुसार भारतीय जज भी अंग्रेजों के मुकदमों का फैसला कर सकते थे। भारत में रह रहे यूरोपियनों के लिए यह असह्य था। उन्होंने इसके विरुद्ध आंदोलन शुरू कर दिया। भारत तथा इंग्लैंड में उस बिल के खिलाफ आंदोलन के लिए उन्होंने 'यूरोपियन डिफेंस एसोसिएशन' नामक संस्था गठित की। इस तरह के आंदोलन यूरोप के लिए सामान्य थे किन्तु भारत के लिए यह सर्वथा नया था। सरकार को अंततः इस बिल का विरोध करने वालों के सामने झुकना पड़ा।

आंदोलन की इस सफलता से भारतीयों ने राजनीतिक आंदोलन की शक्ति अनुभव की। उन्हें पता चला कि लोकमत की संगठित शक्ति की उपेक्षा कर पाना सरकार के लिए संभव नहीं होगा। भारतीय राष्ट्रीय कांग्रेस की स्थापना में इस अनुभूति का परिणाम शामिल था।

## कांग्रेस-पूर्व की राजनीतिक संस्थाएँ

भारत में स्थापित पहला राजनीतिक संगठन 'लैण्डहोल्डर्स सोसाइटी' था। वर्ष 1838 में गठित इस संस्था का उद्देश्य था-बिहार, बंगाल एवं उड़ीसा के जमींदारों के हितों की रक्षा करना। सच्चे अर्थों में प्रथम राष्ट्रवादी संगठन दादाभाई नौरोजी द्वारा वर्ष 1866 में लंदन में स्थापित 'ईस्ट इंडिया एसोसिएशन' था। यह संगठन भारतीय मामलों पर बहस करके ब्रिटिश जनमत पर प्रभाव डालने के लिए स्थापित किया गया था। 1870-80 के दशक से अनेक प्रान्तीय संगठन कलकत्ता, बम्बई एवं मद्रास प्रेसीडेन्सी में स्थापित हुए। इनमें प्रमुख थे-पूना सार्वजनिक सभा 1870, इंडियन एसोसिएशन 1876, मद्रास महाजन सभा 1884 तथा बम्बई प्रेसीडेंसी एसोसिएशन 1885। इन संगठनों में एस.एन. बनर्जी द्वारा 1876 में स्थापित 'इंडियन एसोसिएशन' ने सर्वप्रथम यह कोशिश की कि भारत के विभिन्न क्षेत्रों में सक्रिय राष्ट्रवादी

संगठनों को एकजुट किया जाए और एक राष्ट्रीय मंच तैयार किया जाए। इसी उद्देश्य से वर्ष 1883 एवं 1884 में दो अखिल भारतीय सम्मेलनों का आयोजन किया गया।

**आधुनिक भारत की राजनीतिक और राष्ट्रवादी संस्थाएँ**

| संस्था | संस्थापक | स्थान |
|---|---|---|
| लैंड होल्डर्स सोसाइटी, 1838 | द्वारिका नाथ टैगोर | कलकत्ता |
| ब्रिटिश इंडियन सोसाइटी, 1839 | विलियम एडम्स | लंदन |
| बंगाल ब्रिटिश एसोसिएशन, 1843 | द्वारिकानाथ टैगोर | कलकत्ता |
| ब्रिटिश इंडियन एसोसिएशन, 1851 | राजेन्द्रनाथ मित्र, राधाकान्तदेव, हरीश्चन्द्र मुखर्जी | कलकत्ता |
| मद्रास नेटिव एसोसिएशन, 1852 | | मद्रास |
| बॉम्बे एसोसिएशन, 1852 | जगन्नाथ शंकर | बम्बई |
| लंदन इंडिया कमेटी, 1862 | सी. पुरुषोत्तम मुदालियर | लंदन |
| ईस्ट इंडिया एसोसिएशन, 1866 | दादाभाई नौरोजी | लंदन |
| नेशनल इंडियन एसोसिएशन, 1867 | मेरी कारपेंटर | लंदन |
| इंडियन सोसाइटी, 1872 | आनंद मोहन बोस | लंदन |
| इंडियन एसोसिएशन, 1876 | आनंद मोहन बोस, एस.एन. बनर्जी | कलकत्ता |
| इंडियन नेशनल सोसाइटी, 1883 | | कलकत्ता |
| मद्रास महाजन सभा, 1884 | वी. राघवाचारी, एस. अय्यर आनंद चार्लू | मद्रास |
| बंबई प्रेसीडेंसी एसोसिएशन, 1885 | फिरोजशाह मेहता, के.टी. तैलंग, बदरुद्दीन तैयबजी | बम्बई |
| भारतीय राष्ट्रीय कांग्रेस, 1885 | ए.ओ. ह्यूम | बम्बई |
| यूनाइटेड इंडियन पैट्रियॉटिक एसोसिएशन, 1888 | सर सैयद अहमद खां | अलीगढ़ |
| सर्वेन्ट्स ऑफ इंडिया सोसाइटी, 1905 | गोपाल कृष्ण गोखले | बम्बई |
| होमरूल लीग, 1916 | एनी बेसेंट एवं बी.जी. तिलक | पुणे |
| नेशनल लिबरल फेडरेशन, 1918 | एस.एन. बनर्जी, मालवीय | कलकत्ता |
| कम्युनिस्ट पार्टी ऑफ इंडिया, 1920 | एम.एन.राय | ताशकंद |

| संस्था | संस्थापक | स्थान |
|---|---|---|
| कम्युनिस्ट ग्रुप ऑफ इंडिया, 1921 | नलिनी सेन गुप्ता | कलकत्ता |
| स्वराज्य पार्टी, 1923 | मोतीलाल नेहरू, सी.आर. दास | दिल्ली |
| अखिल भारतीय साम्यवादी दल, 1925 | सत्यभक्त | कानपुर |
| आर.एस.एस. 1925 | के.वी. हेडगेवार | नागपुर |
| वीमेंस इंडियन एसोसिएशन, 1927 | लेडी सदाशिव अय्यर | मद्रास |
| श्रमिक स्वराज्य पार्टी, 1927 | काजी नजरूल इस्लाम | |
| खुदाई खिदमतगार, 1929 | खान अब्दुल गफ्फार खां | पेशावर |
| कांग्रेस समाजवादी पार्टी, 1934 | नरेन्द्र देव, जय प्रकाश नारायण | पटना |
| अखिल भारतीय विद्यार्थी परिषद्, 1936 | मीनू मसानी, अशोक मेहता व डॉ. अशरफ | |
| फारवर्ड ब्लॉक, 1939 | सुभाष चन्द्र बोस | कलकत्ता |
| भारतीय बोल्शेविक पार्टी, 1939 | एन.डी. मजूमदार | कलकत्ता |
| रेडक्लिफ डेमोक्रेटिक दल, 1940 | एम.एन. राय | कलकत्ता |
| भारतीय बोल्शेविक लेनिन दल, 1941 | अजीत राय व इन्द्र सेन | कलकत्ता |
| क्रांतिकारी समाजवादी दल, 1942 | सौम्येन्द्र नाथ टैगोर | कलकत्ता |

## कांग्रेस का उदय

अखिल भारतीय कांग्रेस की स्थापना ए.ओ. ह्यूम नामक सेवा-निवृत्त ब्रिटिश अधिकारी द्वारा की गई। वर्ष 1885 में बम्बई में आयोजित एक सम्मेलन में वे उन 72 प्रतिनिधियों को एकजुट करने में सफल हुए जो देश के विभिन्न प्रान्तों और क्षेत्रों से आए थे। इस सम्मेलन की अध्यक्षता व्योमेश चन्द्र बनर्जी ने की। कहा जाता है कि कांग्रेस की स्थापना तत्कालीन वायसराय लॉर्ड डफरिन की मौन सहमति से हुई थी। अंग्रेजी शासन की दृष्टि में कांग्रेस एक 'सुरक्षा कपाट' थी जो भारतीयों में बढ़ रहे राजनीतिक असंतोष से ब्रिटिश शासन को सुरक्षित रखने के लिए 'डिजाइन' की गई थी। लेकिन उस काल की राजनीतिक गतिविधियों की पृष्ठभूमि में कांग्रेस जैसे किसी राजनीतिक संगठन का आरंभ वस्तुतः एक ऐतिहासिक अनिवार्यता थी। कांग्रेस तत्कालीन शिक्षित भारतीयों की राष्ट्रवादी चेतना के संघनित होने का परिणाम थी।

कांग्रेस का आविर्भाव प्रकटतः कुछ सरल प्रतीत होने वाले लक्ष्यों की प्राप्ति तक सीमित था, जिनमें प्रमुख थे-भारत के विभिन्न प्रान्तों के राजनीतिक कार्यकलापों के बीच मैत्रीपूर्ण सम्बन्धों का विकास, राष्ट्रीय एकता की भावना को प्रोत्साहन, सार्वजनिक माँगों को सूत्रबद्ध करके सरकार के समक्ष प्रस्तुत करना तथा देश में जनमत को प्रशिक्षित एवं संगठित करना

आदि। लेकिन जल्द ही यह संगठन अखिल भारतीय राष्ट्रीय चेतना का वाहक बन गया और राष्ट्रीय आंदोलनों का नेतृत्व संभाल लिया।

**कांग्रेस के सम्मेलन**

| सन् | स्थान | अध्यक्ष |
|---|---|---|
| 1885 | बम्बई | व्योमेश चन्द्र बनर्जी (आंग्ल-भारतीय) |
| 1886 | कलकत्ता | दादाभाई नौरोजी (पारसी) |
| 1887 | मद्रास | बदरूद्दीन तैयबजी (प्रथम मुस्लिम अध्यक्ष) |
| 1888 | इलाहाबाद | जॉर्ज यूल (प्रथम अंग्रेज अध्यक्ष) |
| 1889 | बम्बई | सर विलियम वेडरबर्न |
| 1890 | कलकत्ता | फिरोजशाह मेहता |
| 1891 | नागपुर | पी. आनन्द चार्लू (प्रथम हिंदू) |
| 1892 | इलाहाबाद | व्योमेशचन्द्र बनर्जी |
| 1893 | लाहौर | दादाभाई नौरोजी |
| 1894 | मद्रास | अल्फ्रेड वेब |
| 1895 | पूना | सुरेन्द्रनाथ बनर्जी |
| 1896 | कलकत्ता | रहीमतुल्ला सयानी (द्वितीय मुस्लिम) |
| 1897 | अमरावती | सी. शंकरन नायर |
| 1898 | मद्रास | आनन्द मोहन बोस |
| 1899 | लखनऊ | रमेशचन्द्र दत्त |
| 1900 | लाहौर | नारायण गणेश चन्द्रावरकर |
| 1901 | कलकत्ता | दीनशा वाचा |
| 1902 | अहमदाबाद | सुरेन्द्रनाथ बनर्जी |
| 1903 | मद्रास | लालमोहन घोष |
| 1904 | बम्बई | सर हेनरी कॉटन |
| 1905 | बनारस | गोपालकृष्ण गोखले (बंग-भंग की निंदा) |
| 1906 | कलकत्ता | दादाभाई नौरोजी (प्रथम बार स्वराज का प्रयोग) |
| 1907 | सूरत | रासबिहारी घोष (अधिवेशन भंग, कांग्रेस का विभाजन) |
| 1908 | मद्रास | रासबिहारी घोष (कांग्रेस के संविधान का निर्माण) |
| 1909 | लाहौर | मदनमोहन मालवीय |

| सन् | स्थान | अध्यक्ष |
|---|---|---|
| 1910 | इलाहाबाद | सर विलियम वेडरबर्न |
| 1911 | कलकत्ता | बिशन नारायण धर |
| 1912 | बांकीपुर (पटना) | आर.एन. माधोलकर |
| 1913 | कराची | नवाब सैयद मोहम्मद बहादुर |
| 1914 | मद्रास | भूपेन्द्रनाथ बसु |
| 1915 | बम्बई | सत्येन्द्र प्रसून सिन्हा |
| 1916 | लखनऊ | अम्बिकाचरण मजूमदार (मुस्लिम लीग से समझौता) |
| 1917 | कलकत्ता | श्रीमती एनी बेसेंट (प्रथम महिला अध्यक्ष) |
| 1918 | दिल्ली | मदन मोहन मालवीय |
| 1918 | बम्बई (विशेष) | सैयद हसन इमाम (नरमपंथियों का इस्तीफा) |
| 1919 | अमृतसर | पंडित मोतीलाल नेहरू |
| 1920 | कलकत्ता (विशेष) | लाला लाजपत राय (असहयोग) |
| 1920 | नागपुर | चक्रवर्ती विजयराघवाचार्य (कांग्रेस संविधान में परिवर्तन) |
| 1921 | अहमदाबाद | हकीम अजमल खाँ |
| 1922 | गया | चितरंजन दास (निर्वाचित अध्यक्ष जेल में थे) |
| 1923 | काकीनाडा | मौलाना मोहम्मद अली |
| 1923 | दिल्ली (विशेष) | अबुल कलाम आजाद (सबसे युवा अध्यक्ष) |
| 1924 | बेलगाम | मोहनदास करमचंद गाँधी |
| 1925 | कानपुर | श्रीमती सरोजिनी नायडू (प्रथम भारतीय महिला) |
| 1926 | गौहाटी | श्रीनिवास आयंगर |
| 1927 | मद्रास | डॉ. मुख्तार अहमद अन्सारी |
| 1928 | कलकत्ता | पंडित मोतीलाल नेहरू (युवा कांग्रेस की प्रथम बैठक) |
| 1929 | लाहौर | पंडित जवाहरलाल नेहरू (पूर्ण स्वराज) |
| 1930 | कोई अधिवेशन नहीं हुआ | |
| 1931 | कराची | बल्लभभाई पटेल (मौलिक अधिकार) |
| 1932 | दिल्ली | सेठ रणछोड़लाल दास अमृतलाल |
| 1933 | कलकत्ता | श्रीमती नेल्ली सेनगुप्त |
| 1934 | बम्बई | राजेन्द्र प्रसाद (कांग्रेस समाजवादी दल) |

| सन् | स्थान | अध्यक्ष |
|---|---|---|
| 1935 | कोई अधिवेशन नहीं हुआ | |
| 1936 | लखनऊ | पंडित जवाहरलाल नेहरू |
| 1937 | फैजपुर | पंडित जवाहरलाल नेहरू (प्रथम ग्रामीण सम्मेलन) |
| 1938 | हरीपुरा | सुभाषचंद्र बोस |
| 1939 | त्रिपुरी | सुभाषचंद्र बोस |
| 1940 | रामगढ़ | मौलाना अबुल कलाम आजाद |
| 1941–1945 | कोई अधिवेशन नहीं हुआ | |
| 1946 | मेरठ | जे.बी. कृपलानी |
| 1947 | दिल्ली | राजेन्द्र प्रसाद |
| 1948 | जयपुर | पट्टाभि सीतारमैया |
| 1951 | नई दिल्ली | पंडित जवाहरलाल नेहरू |
| 1956 | अमृतसर | उच्छडंराय नवलराय ढेबर (राज्य पुनर्गठन) |
| 1959 | नागपुर | श्रीमती इंदिरा गाँधी |
| 1964 | भुवनेश्वर | के. कामराज |

## कांग्रेस के प्रारम्भिक लक्ष्य

- देशवासियों में व्यक्तिगत घनिष्ठता और मैत्री को बढ़ावा देना।
- जाति, धर्म या प्रांतों से संबंधित सभी संभावित पूर्वाग्रहों का उन्मूलन।
- राष्ट्रीय एकता की भावनाओं को सुदृढ़ करना।
- समकालीन विकट समस्याओं के संबंध में शिक्षित वर्गों की सहमति प्राप्त करना।
- लोकहित में भावी कार्यक्रमों का निर्धारण।

***

# 40

# उदारवादी राजनीति का चरण

कांग्रेस के नेतृत्व में भारत में राष्ट्रीय आंदोलन का सूत्रपात हुआ। इसका उद्देश्य भारत को विदेशी शासन से मुक्त कराना था। कांग्रेस की स्थापना के साथ ही इस पर उदारवादी राष्ट्रीय नेताओं का वर्चस्व स्थापित हो गया। प्रारंभ में यह भारत के शिक्षित तथा अभिजात वर्ग के लोगों की एक संस्था थी। इसके सदस्य नरम राष्ट्रीयता के पोषक थे। ये सरकारी कार्यों की आलोचना कर उनमें सुधार के सुझाव देते थे। प्रारम्भ में कांग्रेस का उद्देश्य भारत को अंग्रेजी शासन से मुक्त कराना नहीं था। चूँकि सरकार से कांग्रेस का कोई विरोध नहीं था इसलिए भारतीय तथा अंग्रेज कर्मचारी भी इसके कार्यक्रमों में भाग लेते थे। लॉर्ड डफरिन तथा मद्रास के गवर्नर ने क्रमशः इसके दूसरे तथा तीसरे अधिवेशन में भाग लेने वाले प्रतिनिधियों को प्रीतिभोज दिया था।

## प्रमुख माँगे एवं रणनीति

नरम राष्ट्रवादियों की अंग्रेजों की न्यायप्रियता में दृढ़ आस्था थी। उनका प्रमुख ध्येय था-भारतीय शासन का प्रजातंत्रीकरण तथा विधानसभाओं में भारतीय प्रतिनिधियों की संख्या में वृद्धि। वे ब्रिटिश सम्राट के प्रति राजभक्ति दिखाते थे और राजनीतिक जागरण के लिए अपने को अंग्रेजों का कृतज्ञ मानते थे। वे वैधानिक आन्दोलन द्वारा ही अपनी माँगों की पूर्ति करने का प्रयास करते थे। उदारवादी युग में कांग्रेस द्वारा कई राजनीतिक माँग पेश की गईं :

- विधायी-सभा का विस्तार किया जाए एवं इसके सदस्य जनता द्वारा निर्वाचित हों।
- केन्द्रीय तथा प्रांतीय विधान-सभाओं में भारतीय सदस्यों की संख्या में वृद्धि की जाए।
- न्याय-व्यवस्था में जूरी का गठन हो।
- न्यायपालिका को कार्यपालिका से अलग किया जाए।
- आई.सी.एस. की परीक्षा इंग्लैंड और भारत में एक साथ आयोजित की जाए।
- सैनिक व्यय में कटौती की जाए।

- परिषद् में तथा उच्च नौकरियों में भारतीयों को स्थान मिले तथा भारतीयों को उच्च सैनिक शिक्षा दी जाए।
- शस्त्र कानून में संशोधन किया जाए।
- 1905 में गोखले ने ब्रिटिश साम्राज्य के अन्तर्गत स्वायत्त शासन की मांग की। 1906 में इसी मांग को दादाभाई नौरोजी ने दुहराया।

कांग्रेस ने सामाजिक और आर्थिक क्षेत्र में आवश्यक सुधार लाने के लिए भी कुछ मांगें रखीं-

- भूमि कर में कमी की जाए।
- सिंचाई की व्यवस्था का विस्तार किया जाए।
- भारतीय उद्योग-धंधों को प्रोत्साहित किया जाए एवं उसका आधुनिकीकरण किया जाए।
- भारत से बाहर अनाज के निर्यात पर प्रतिबंध लगाया जाए।
- शासन के व्यय में कमी की जाए।
- नमक-कर को समाप्त किया जाए।

1887 में दादाभाई नौरोजी ने इंग्लैंड में भारतीय सुधार समिति का गठन किया। 1889 में कांग्रेस की ब्रिटिश समिति बनी जिसने इंडिया नामक एक मासिक पत्रिका का प्रकाशन आरंभ किया। इसके माध्यम से इंग्लैंड के नागरिकों को भारत की स्थिति से परिचित कराया जाता था। कांग्रेस ने भारतीयों की समस्याओं के निवारण हेतु समय-समय पर अपने प्रतिनिधि मंडल ब्रिटेन भेजे। इन समस्त प्रयासों का प्रतिफल यह हुआ कि इंग्लैंड में भारतीय जनमानस की समस्याओं के प्रति सहानुभूति रखने वाले एक गुट का निर्माण हुआ।

आरम्भ में कांग्रेस की स्थापना को ब्रिटिश कूटनीति की महान विजय समझा जाता था परन्तु सरकार और कांग्रेस के बीच यह मधुर सम्बन्ध अधिक समय तक कायम नहीं रह सका। 1883 से सरकार की कांग्रेस संबंधी नीति में परिवर्तन हुआ। डफरिन ने एक भोज के अवसर पर कहा-अब कांग्रेस का झुकाव राजद्रोह की ओर हो गया है। यह शिक्षित भारतीयों का नाममात्र का प्रतिनिधित्व करती है। 1890 में सरकार ने एक विज्ञप्ति निकाली जिसमें सरकारी कर्मचारियों को इस संगठन में भाग लेने की मनाही की गई। मुसलमानों को भी कांग्रेस की गतिविधियों से अलग रखने की चेष्टा की जाने लगी। 1898 में एक कानून पारित हुआ जिसके अनुसार अंग्रेजी शासन की आलोचना करना अपराध माना गया। 1899 में कलकत्ता कॉरपोरेशन के भारतीय सदस्यों की संख्या को कम कर दिया गया। 1904 में प्रेस की स्वतंत्रता सीमित कर दी गई इससे उदारवादियों में असंतोष बढ़ा।

1905 ई. तक कांग्रेस पूर्णतः उदारवादियों तथा नरमदलीय नेताओं के प्रभाव में थी। दादाभाई नौरोजी, सुरेन्द्रनाथ बनर्जी, गोपालकृष्ण गोखले, फिरोजशाह मेहता, महादेव गोविन्द रानाडे आदि प्रमुख उदारवादी नेता थे।

## उदारवादी राजनीति की कमियां

उदारवादियों को अंग्रेजों पर विश्वास था और वे समझते थे कि अंग्रेजों की शासन प्रक्रिया ही सबसे अच्छी है। उन्होंने यह समझने में भूल की कि ब्रिटिश सरकार का मूल उद्देश्य भारत का आर्थिक शोषण और राजनीतिक पराधीनता है। कांग्रेस की स्थापना में शिक्षित भारतीयों ने मुख्य भूमिका निभाई। जनसाधारण के बीच उनकी पैठ नहीं थी। लाला लाजपत राय ने लिखा है-प्रारम्भ में कांग्रेस के आन्दोलन में राष्ट्रीय आन्दोलन के तत्वों की कमी थी। यह आन्दोलन न तो जनता द्वारा संयोजित था और न उसके द्वारा अनुप्राणित ही। जनता में पैठ न होना तथा जनता की शक्ति में आस्था न हो पाने के कारण ये जन-आंदोलनों को जन्म देने में असफल रहे।

## उदारवादी राजनीति की सफलताएँ

उन्हीं के प्रयास से औपनिवेशिक शासन तथा प्रशासनिक सुधार की मांग की गई। भारतीयों को राजनीतिक प्रशिक्षण दिलाने की दिशा में उनका योगदान सराहनीय था। इन्होंने राष्ट्रवादियों के हृदय में आत्मविश्वास तथा आत्मसम्मान की भावना जागृत की। भारतीय स्वतंत्रता संग्राम की नींव इन्हीं उदारवादियों के प्रयासों से डाली गई।

***

# 41

# उग्रवाद का चरण

बीसवीं शताब्दी के आरम्भ में भारतीय राष्ट्रीयता ने अपना शैशव छोड़कर तरुणाई में प्रवेश किया। कांग्रेस के युवा नेताओं में उदारवादियों की भिक्षा-वृत्ति नीति के प्रति आस्था नहीं रही। इस युग में एक ओर उग्रवादी तो दूसरी ओर क्रांतिकारी आन्दोलन आरंभ हुए। उग्रवादी शान्तिपूर्ण सक्रिय राजनीतिक आंदोलनों में विश्वास करते थे, वहीं क्रांतिकारी अंग्रेजों को भारत से भागने में शक्ति एवं हिंसा के उपयोग में विश्वास करते थे।

## उग्रवाद के उदय के कारण

**ब्रिटिश सरकार की प्रतिक्रियावादी नीति** : 1892 से 1906 तक इंग्लैंड में टोरी दल सत्तारूढ़ था। इस दल की नीति प्रतिक्रियावादी थी। सरकार ने इस अवधि में जो नीतियां अपनाई और जो सुधार किए उनसे भारतीय जनता क्षुब्ध हो उठी। 1892 के अधिनियम द्वारा जो सुधार किए गए वे अपर्याप्त और निराशाजनक थे। गैर-सरकारी सदस्य जनता द्वारा प्रत्यक्ष रूप से निर्वाचित नहीं होते थे और न ही विधान परिषदों को कोई उल्लेखनीय अधिकार दिए गए थे।

**कांग्रेस की मांग की उपेक्षा** : सरकार की प्रतिक्रियावादी नीति के बावजूद कांग्रेस अपनी मांगों को पूरा करवाने के लिए प्रयासरत रही। पर इसका कोई फायदा नहीं हुआ। परिणाम यह हुआ कि कांग्रेस के युवा वर्ग का वैधानिक आंदोलन में विश्वास नहीं रहा। इन नेताओं ने ब्रिटिश सरकार से अहिंसात्मक लड़ाई लड़ने, विदेशी कपड़ों का बहिष्कार करने और राष्ट्रीय शिक्षा द्वारा युवकों को संगठित करने के पक्ष में जोरदार आंदोलन प्रारम्भ किया।

**प्राकृतिक प्रकोप** : 1876 से 1900 के मध्य भारत करीब 18 बार अकाल की चपेट में आया जिससे धन-जन की काफी हानि हुई। 1897-98 में बम्बई में प्लेग एक लाख 75 हजार लोग मारे गए। सरकार ने इसे रोकने का कोई प्रयास नहीं किया बल्कि उलटे प्लेग की जांच के नाम पर लोगों के साथ अमानवीय व्यवहार किया गया।

**आर्थिक असंतोष** : अंग्रेजों की आर्थिक शोषण की नीति ने भारत में उग्रवाद को जन्म दिया। शिक्षित भारतीयों को रोजगार से दूर रखने की सरकार की नीति ने भी उग्रवाद को

बढ़ावा दिया। अंग्रेजों की व्यापार नीति भारत को नुकसान पहुँचाने वाली थी। भारतीय वस्त्र उद्योग और व्यापार को भारी नुकसान पहुँचा।

**हिंदू धर्म का पुनरुत्थान** : हिन्दू धर्म के पुनरुत्थान ने भी उग्रवाद के उदय में महत्वपूर्ण योगदान दिया। कांग्रेस के उदारवादी नेताओं ने पश्चिमी सभ्यता एवं संस्कृति में अपनी पूर्ण निष्ठा जताई, परंतु दूसरी ओर स्वामी विवेकानन्द, दयानंद सरस्वती, तिलक, लाला लाजपतराय, अरविंद घोष एवं विपिनचन्द्र पाल जैसे लोग भी थे जिन्होंने अपनी सभ्यता और संस्कृति को पाश्चात्य संस्कृति से श्रेष्ठ प्रमाणित किया। अरविंद घोष ने कहा, "स्वतंत्रता हमारे जीवन का उद्देश्य है और हिन्दू धर्म ही हमारे उद्देश्यों की पूर्ति करेगा। राष्ट्रीयता एक धर्म है और वह ईश्वर की देन है।" एनी बेसेंट ने कहा कि "सारी हिन्दू प्रणाली पश्चिमी सभ्यता से बढ़कर है।"

**लॉर्ड कर्जन का प्रतिगामी शासन** : कर्जन की प्रतिक्रियावादी नीतियों की भारतीय युवा मन में कड़ी प्रतिक्रिया हुई। कर्जन के 7 वर्ष के शासन काल को शिष्ट मंडलों, भूलों तथा आयोगों का काल कहा जाता है। कर्जन के प्रतिक्रियावादी कार्यों जैसे-कलकत्ता कॉरपोरेशन अधिनियम, विश्वविद्यालय अधिनियम एवं बंगाल विभाजन ने भारत में उग्रवाद को बढ़ाने में महत्वपूर्ण भूमिका निभाई।

**अंतर्राष्ट्रीय घटनाओं का प्रभाव** : मिस्र, फारस एवं तुर्की में सफल स्वतंत्रता संग्राम ने भारतीयों को काफी उत्साहित किया। 1896 में अफ्रीका के पिछड़े एवं छोटे राष्ट्र अबिसीनिया (इथियोपिया) ने इटली को पराजित किया और 1905 में जापान की रूस पर विजय से उग्र राष्ट्रवादी विचार को बढ़ावा मिला। गैरेट ने कहा-इटली की हार ने 1897 में तिलक के आन्दोलन को बड़ा बल प्रदान किया।

**ब्रिटिश उपनिवेशों में भारतीयों का अपमान** : ब्रिटिश उपनिवेशों में भारतीयों के साथ जो अपमानपूर्ण नीति अपनाई जाती थी उससे भी भारतीय बहुत क्षुब्ध थे, विशेषकर दक्षिण अफ्रीका में भारतीयों के साथ होने वाले वर्ताव से।

उग्रवाद की विचारधारा की अभिव्यक्ति सर्वप्रथम अरविन्द घोष के 'न्यूलैंप्स फॉर द ओल्ड' नामक लेख में हुई। कालान्तर में तिलक के मराठा एवं केसरी तथा बंगाल से प्रकाशित होने वाले संध्या एवं युगान्तर में भी इस विचार को पर्याप्त स्थान मिला। अरविन्द घोष का भवानी मंदिर तथा वंदे मातरम् नामक पत्र भी इस सशक्त विचार शक्ति का पोषण कर रहे थे। पंजाब में लाला लाजपतराय, महाराष्ट्र में तिलक एवं बंगाल में विपिनचंद्र पाल इस विचार पद्धति के प्रमुख उन्नायक थे।

## उग्रवादी आंदोलन का उद्देश्य

उग्र राष्ट्रवादी विचारकों का अंतिम लक्ष्य स्वतंत्रता की प्राप्ति था। वे ब्रिटिश सरकार से पूर्ण रूप से संबंध विच्छेद करने के पक्ष में थे तथा प्राचीन भारतीय संस्कृति एवं परंपराओं के अनुसार

शासन संस्थाओं की स्थापना करना चाहते थे। तिलक ने कहा, 'स्वराज्य मेरा जन्मसिद्ध अधिकार है और मैं इसे लेकर रहूँगा।'

## कार्य प्रणाली

उग्र राष्ट्रवादी, उदारवादियों की भांति संवैधानिक तरीकों में विश्वास नहीं करते थे। बाल गंगाधर तिलक ने उग्रवादी दृष्टिकोण को स्पष्ट करते हुए कहा कि 'हमारा आदर्श दया याचना नहीं आत्मनिर्भरता है।' उग्रवादियों का विश्वास था कि प्रार्थना पत्र देने, भाषणबाजी करने और प्रस्ताव पास करने में स्वराज्य की प्राप्ति नहीं हो सकती, इसके लिए वे जनता में राजनीतिक चेतना जागृत कर ब्रिटिश सरकार के विरुद्ध सशक्त आंदोलन चलाना चाहते थे। इन्होंने अपने कार्यक्रम में बहिष्कार, स्वदेशी एवं असहयोग की नीति को अपनाया। राष्ट्रीय शिक्षा पर भी उग्र राष्ट्रवादियों ने बहुत जोर दिया।

## उग्रवादी आंदोलन का विकास

उग्र राष्ट्रवादी आंदोलन का प्रारंभ महाराष्ट्र में तिलक के नेतृत्व में शुरू हुआ। तिलक ने 1881 ई. में 'केसरी' तथा 'मराठा' साप्ताहिक पत्रों का प्रकाशन शुरू किया। पत्रों के माध्यम से तिलक ने जनता में ब्रिटिश सरकार के शोषणकारी कार्यों का खुलासा कर देशभक्ति एवं देशप्रेम की शिक्षा दी। जनता में राजनीतिक चेतना जागृत करने के लिए तिलक ने 1893 ई. में 'गणपति उत्सव' तथा 1895 ई. में 'शिवाजी उत्सव' का प्रारंभ किया। तिलक ने महाराष्ट्र की जनता को एक नया जीवन दिया तथा लोगों में उग्र राष्ट्रीयता व देशभक्ति की भावना का संचार किया।

बंगाल में उग्र राष्ट्रवादी आंदोलन का प्रारंभ लॉर्ड कर्जन के बंगाल विभाजन की घोषणा से शुरू हुआ। बंगाल विभाजन का राष्ट्रवादियों ने घोर विरोध किया। उन्होंने महसूस किया कि ब्रिटिश सरकार इस विभाजन से हिन्दू और मुसलमानों में फूट डालने का प्रयास कर रही है। बंगाल विभाजन के विरुद्ध जन आंदोलन केवल बंगाल में नहीं बल्कि सारे राष्ट्र में फैल गया। 16 अक्टूबर, 1905 ई. को जब विभाजन को व्यावहारिक रूप दिया गया तो सारे बंगाल में राष्ट्रीय शोक मनाया गया। कलकत्ता में सार्वजनिक हड़ताल हुई। वन्दे मातरम् के नारों से शहर गूँज उठा। आनंद मोहन बोस ने जनता को संगठित होकर आंदोलन करने को कहा। आंदोलन के दौरान विदेशी वस्तुओं की होली जलाई गई। स्वदेशी वस्तुओं के प्रयोग पर अधिक जोर दिया गया।

1908 ई. में 'केसरी' में प्रकाशित लेखों के आधार पर तिलक तथा लाला लाजपतराय को काला पानी की सजा दी गई। इसका विरोध पूरे भारतवर्ष में किया गया। ब्रिटिश सरकार उग्रवादी आंदोलन को बलपूर्वक दबाने पर लगी हुई थी। सन् 1911 ई. के 'षड्यंत्रकारी सभा अधिनियम' द्वारा सरकार के विरुद्ध सभाएँ करने पर प्रतिबंध लगा दिया गया। उग्र राष्ट्रवादी

नेताओं को बिना मुकदमा चलाए या जबरदस्ती कैद में डाल दिया गया या उन्हें देश-निकाला दे दिया गया। तिलक 6 वर्षों की सजा काटकर 1914 ई. में मांडले जेल से लौटे तो इससे राष्ट्रीय संगठन में पुनः नई प्रेरणा एवं शक्ति का संचार हुआ। 1915 ई. में गोपालकृष्ण गोखले तथा फिरोजशाह मेहता की मृत्यु हो जाने से कांग्रेस नेतृत्वविहीन हो गई। ऐसी स्थिति में श्रीमती एनी बेसेंट ने मध्यस्थता का कार्य किया तथा 1916 ई. के लखनऊ अधिवेशन में दोनों दलों में समझौता हो गया। तिलक तथा एनी बेसेंट ने 1916 ई. में 'होमरूल आंदोलन' का श्रीगणेश किया। कांग्रेस ने भी होमरूल आंदोलन को स्वीकार किया और साथ मिलकर राष्ट्रीय आंदोलन चलाने का निर्णय लिया।

निष्कर्ष के रूप में हम कह सकते हैं कि उग्र राष्ट्रवादियों ने राष्ट्रीय आंदोलन को सक्रिय रूप प्रदान करने में महत्वपूर्ण भूमिका निभाई। इन्होंने भारतीय नवयुवकों को संगठित करने में, उनमें राजनीतिक चेतना जागृत करने में सराहनीय कार्य किया। उग्र राष्ट्रवादियों ने अपने उद्देश्य की पूर्ति के लिए जिन कार्यक्रमों को अपनाया, उनमें से बहुत से कार्यक्रमों को बाद में गाँधी जी ने भी अपनाया। इस समय भी राष्ट्रीय आंदोलन मध्यम वर्ग तक ही सीमित था जिसके परिणामस्वरूप उग्रराष्ट्रवादी आंदोलन जन आंदोलन का रूप धारण नहीं कर सका।

## बंग–भंग योजना

1905 में लॉर्ड कर्जन ने बंग-भंग योजना को कार्यान्वित करने का विचार रखा। उसका तर्क था कि बंगाल बहुत बड़ा प्रांत है और शासन की सुविधा के लिए उसका विभाजन आवश्यक है। बंग-भंग का विचार देने वाला पहला व्यक्ति था–सर विलियम वार्ड। विभाजन 16 अक्टूबर 1905 को लागू किया गया।

विभाजन के समय बंगाल की कुल जनसंख्या 7 करोड़ 85 लाख थी तथा इस समय बंगाल में वर्तमान बिहार, झारखंड, पश्चिमी बंगाल, उड़ीसा एवं बांग्लादेश शामिल थे। 1874 में असम, बंगाल से अलग हो गया था। कर्जन ने प्रशासनिक असुविधा को बंगाल विभाजन का कारण बताया परन्तु वास्तविक कारण राजनीतिक था। बंगाल उस समय राष्ट्रीय चेतना का केन्द्र था जिसे कुचलने के लिए कर्जन ने बंगाल विभाजन की योजना बनाई। उसने बांग्लाभाषी हिंदुओं को अल्पसंख्यक बनाना चाहा। लॉर्ड रेनॉल्ड्स ने लिखा है-'प्रांत के जागृत वर्ग के अनुसार इस विभाजन द्वारा बंगाली राष्ट्रीयता की बढ़ती हुई शक्ति पर आक्रमण किया गया था।' कर्जन ने पूर्वी बंगाल के मुसलमानों की एक सभा में भाषण देते हुए कहा–'यह विभाजन केवल शासन की सुविधा की दृष्टि से नहीं किया गया है, वरन् इसके द्वारा एक मुस्लिम प्रांत भी बनाया जा रहा है जिसमें इस्लाम और इसके अनुयायियों की प्रधानता होगी।'

सुरेन्द्रनाथ बनर्जी ने इसे महान राष्ट्रीय संकट की संज्ञा दी। किन्तु, व्यापक विरोध होने के बावजूद कर्जन की मूढ़तापूर्ण एवं कुटिल नीति ने लोगों के रोष को चरम सीमा पर ला दिया। इसके फलस्वरूप एक सुसंगठित आन्दोलन फूट पड़ा।

## स्वदेशी आंदोलन

1905 ई. के अंतिम महीनों में बंगाल में विभाजन के विरोध में आंदोलन शुरू हुआ जो शीघ्र ही सारे देश में फैल गया। ब्रिटिश वस्तुओं के बहिष्कार तथा स्वदेशी वस्तुओं के प्रयोग के प्रस्ताव पास हुए। सुरेन्द्रनाथ बनर्जी तथा विपिनचन्द्र पाल जैसे नेताओं ने स्वदेशी आंदोलन का प्रचार किया। 7 अगस्त, 1905 को कलकत्ता के टाउन हॉल में एक ऐतिहासिक सभा में स्वदेशी आंदोलन की विधिवत् घोषणा की गई। लोगों ने एक-दूसरे के हाथों पर राखियाँ बाँधी। घरों में चूल्हा नहीं जला। लोगों ने उपवास रखा तथा बहिष्कार की नीति को प्रथम बार अपनाया।

**नेतृत्व एवं प्रसार** : तिलक ने बम्बई और पुणे में, अजीत सिंह और लाला लाजपत राय ने पंजाब और उत्तर प्रदेश में इस आन्दोलन को पहुँचाया। सैयद हैदर रजा ने दिल्ली में इस आंदोलन का नेतृत्व किया। चिदम्बरम पिल्लै ने मद्रास प्रेसीडेंसी में इसका नेतृत्व किया। 1905 में गोखले की अध्यक्षता में हुए बनारस अधिवेशन में कांग्रेस ने बंगाल में स्वदेशी एवं बहिष्कार आंदोलन का समर्थन किया।

**आंदोलन की उपलब्धि** : स्वदेशी आंदोलन ने जनसाधारण के लिए स्वयंसेवी संगठनों की खूब मदद ली। इनमें सबसे महत्वपूर्ण संगठन था-स्वदेश बांधव समिति, जिसका नेतृत्व अश्विनी कुमार दत्त कर रहे थे। स्वदेशी आंदोलन की सबसे बड़ी विशेषता थी कि इसने आत्मनिर्भरता एवं आत्मशक्ति का नारा दिया। स्वावलंबन व आत्मनिर्भरता का प्रश्न राष्ट्रीय स्वाभिमान, आदर और आत्मविश्वास के साथ जुड़ गया। गाँवों की आर्थिक प्रगति व सामाजिक पुनरुत्थान के लिए रचनात्मक कार्य शुरू करने की जरूरत महसूस की गई। आत्मनिर्भरता के लिए स्वदेशी अथवा राष्ट्रीय शिक्षा की भी जरूरत बड़ी शिद्दत के साथ महसूस की गई। बंगाल नेशनल कॉलेज की स्थापना की गई, इसके प्राचार्य बने अरविंद घोष। अगस्त, 1906 में राष्ट्रीय शिक्षा परिषद् का गठन हुआ। तकनीकी शिक्षा के लिए बंगाल इंस्टीट्यूट की स्थापना की गई। स्वदेशी कल-कारखाने स्थापित होने लगे। बंगाल केमिकल्स फैक्ट्री की स्थापना बी. सी. राय ने की। स्वदेशी आंदोलन का सबसे अधिक प्रभाव पड़ा सांस्कृतिक क्षेत्र में। बांग्ला साहित्य, विशेषकर काव्य के लिए यह स्वर्णकाल था। कला के क्षेत्र में अवनीन्द्रनाथ एवं नंदलाल बोस ने प्राचीन भारतीय कला को पुनःस्थापित किया।

बंगाल का विभाजन कर कर्जन जिस उद्देश्य की पूर्ति करना चाहता था वह नहीं हो सका। सारे देश ने एक स्वर से इसका विरोध किया और इसके फलस्वरूप एक अनुशासित एवं सुसंगठित राष्ट्रीय आंदोलन का जन्म हुआ। 1911 में बंगाल-विभाजन को रद्द कर दिया।

## मुस्लिम लीग का गठन

ब्रिटिश साम्राज्यवादियों ने यह अनुभव किया कि हिंदुओं और मुसलमानों में फूट डालकर ही भारत में नव जागृत राष्ट्रवाद को रोका जा सकता है। अंग्रेजों के प्रयास से मुस्लिम समाज

में एक ऐसा वर्ग उत्पन्न हुआ जो कांग्रेस से अलग-थलग था और भारतीय राष्ट्रीय आंदोलन को हिंदुओं का आंदोलन बताता था। इसका बहुत कुछ श्रेय सैयद अहमद खाँ को जाता है। मुसलमानों को राष्ट्रीय आंदोलन से अलग रखने के उद्देश्य से उन्होंने पैट्रिओटिक एसोसिएशन एवं इंडियन मुहम्मडन एसोसिएशन आदि की स्थापना की।

1906 में लॉर्ड मिंटो के इशारे पर मुसलमानों के एक शिष्टमंडल ने आगा खाँ के नेतृत्व में शिमला में वायसराय से भेंट की और मुसलमानों के लिए पृथक् निर्वाचन-मंडल की मांग की। इस प्रस्ताव को स्वीकार कर लिया गया। 30 दिसम्बर, 1906 को ढाका में एक मुस्लिम शिक्षा सम्मेलन हुआ जिसमें उपस्थित प्रतिनिधियों ने अखिल भारतीय मुस्लिम लीग की नींव डाली। इसका प्रथम अधिवेशन अमृतसर में 1908 में हुआ। इसकी एक शाखा लंदन में स्थापित हुई जिसका अध्यक्ष सैय्यद अमीर अली बना।

शीघ्र ही दूरदर्शी मुसलमान यह अनुभव करने लगे कि ब्रिटिश सरकार ने भारतीयों की एकता नष्ट करने की चेष्टा की है और बड़ी चालाकी से मुसलमानों को राष्ट्रीय आंदोलन से अलग रखा है। प्रगतिशील मुसलमान यह अनुभव करने लगे कि हिंदुओं और मुसलमानों के हितों में कोई मौलिक भेद नहीं है। 1913 के कराची अधिवेशन में लीग ने एक प्रस्ताव पारित किया जिसके अनुसार लीग का उद्देश्य निश्चित हुआ-औपनिवेशिक स्वराज्य की प्राप्ति। इस वर्ष मुहम्मद अली जिन्ना लीग में शामिल हुए और उन्होंने राष्ट्रीय एकता कायम करने की चेष्टा की।

## सूरत की फूट

1906 ई. के कलकत्ता अधिवेशन में उभरा मतभेद समाप्त तो नहीं हुआ था पर दब अवश्य गया था जिसका परिणाम 1907 में सूरत के कांग्रेस अधिवेशन में दिखा। इस अधिवेशन में कांग्रेस दो स्पष्ट दलों में बंट गया–गरम दल एवं नरम दल। नरम दल के प्रमुख नेता गोखले, फिरोजशाह मेहता और सुरेन्द्रनाथ बनर्जी थे। ये भारत की उन्नति वैधानिक विकास द्वारा चाहते थे। गरम दल के लोगों को विश्वास था कि प्रार्थना एवं भिक्षा-वृत्ति से स्वतंत्रता नहीं मिल सकती। ये अंग्रेजों के खिलाफ शक्तिशाली आंदोलन के पक्ष में थे। इनके प्रमुख नेता थे–लाल, बाल और पाल।

स्वराज्य के अर्थ को लेकर भी दोनों दलों में मतभेद था। नरमदल के कांग्रेसियों ने इसका अर्थ लगाया वैधानिक तरीकों पर चलकर उत्तरदायी शासन की नींव डालना। गरम दल वालों ने इसका अर्थ पूर्ण स्वराज्य लगाया। इस बुनियादी भेद के कारण फूट अनिवार्य थी।

***

# 42

# क्रांतिकारी आंदोलन का चरण

कर्जन का प्रतिक्रियावादी शासन, बंगाल का विभाजन, उग्रवादियों का बलपूर्वक दमन तथा कांग्रेस के उदारवादियों की संवैधानिक राजनीति ने सचेत नवयुवकों को तथा समाचार-पत्रों को निराश, विफल और आतुर बना दिया। वे हिंसात्मक राजनीति की ओर आकर्षित हुए। 1905 ई. के बाद ब्रिटिश प्रशासन ने भारत में लोकतंत्र की पूर्ण उपेक्षा की। प्रेस तथा जन सभाओं पर प्रतिबंध लगा दिया गया और सैकड़ों राजनीतिक कार्यकर्ताओं को बंदी बनाया गया। ऐसी परिस्थितियों ने क्रांतिकारी आंदोलन की पृष्ठभूमि तैयार की।

विदेशी शिकंजे से जन्मभूमि को स्वतंत्र कराने की प्रेरणा उन्हें इस बात से भी मिली कि 1907 ई. में 1857 ई. के महान विद्रोह की अर्द्धशताब्दी थी। जनता को सशस्त्र विद्रोह के लिए प्रेरित करने के लिए समाचार पत्र तथा परचे बड़ी संख्या में बाँटे गए। बिहारी नामक अखबार के सम्पादक ने स्वतंत्रता प्राप्ति के लिए नवयुवकों को म्यान से तलवार निकालने के लिए ललकारा। कलकत्ता से प्रकाशित युगांतर ने लिखा कि गुलाम समाज की मुक्ति क्रान्ति में ही है और साथ ही वन्दे मातरम् का नारा बुलंद किया।

इन घटनाओं से ब्रिटिश प्रशासन आतंकित हो उठा और इसे रोकने के लिए कठोर कदम उठाए गए, परंतु आंदोलन जोर पकड़ता गया। सरकारी अफसरों की हत्या तथा बमकांड जैसी हिंसक घटनाएं बढ़ने लगी। बंगाल, पंजाब तथा महाराष्ट्र में एवं देश के बाहर भी कई गुप्त क्रांतिकारी संस्थाएँ स्थापित हुईं।

## क्रांतिकारी आंदोलन का प्रसार

**बंगाल** : बंगाल आतंकवादी आंदोलन का गढ़ था। बंगाल में क्रांतिकारी आंदोलन की शुरूआत भद्रलोक समाज ने की। यहाँ क्रांतिकारी विचारधारा को वारिन्द्र कुमार घोष एवं भूपेन्द्र नाथ दत्त ने फैलाया। 1906 में इन दोनों ने मिलकर युगांतर नामक समाचार पत्र का प्रकाशन आरंभ किया। इस समाचार पत्र ने क्रांति के प्रचार में सर्वाधिक योगदान दिया। वारिन्द्र घोष एवं भूपेन्द्र दत्त के सहयोग से ही 1907 में अनुशीलन समिति का गठन हुआ। 23 दिसम्बर, 1907 को ढाका के पूर्व जिलाधीश ऐलेन की पीठ पर गोली मारी गई। प्रफुल्ल चाकी और खुदीराम बोस ने

किंग्सफोर्ड को मारने का असफल प्रयास किया। प्रफुल्ल चाकी ने आत्महत्या कर ली और खुदीराम बोस को फाँसी दे दी गई।। इस घटना का भारतीय युवकों पर गहरा प्रभाव पड़ा।

**पंजाब** : अजित सिंह, भाई परमानंद, बालमुकुंद और लाला हरदयाल ने क्रांतिकारियों को संगठित किया। 1912 ई. में रास बिहारी बोस ने हार्डिंग पर गोली चलाई। 1915 में पंजाब में एक संगठित आंदोलन की रूपरेखा तैयार की गई जिसमें निश्चित किया गया कि 21 फरवरी, 1915 को संपूर्ण उत्तर भारत में एक साथ क्रांति का बिगुल बजाया जाए। पर इस योजना का पता सरकार को चल गया और नेताओं को पकड़कर उन्हें लाहौर षड्यंत्र केस में सजा दी गई। इन नेताओं में पृथ्वी सिंह, भाई परमानंद, करतार सिंह, विनायक, जगत सिंह आदि मुख्य थे।

**महाराष्ट्र** : महाराष्ट्र में क्रांतिकारी आंदोलन को उभारने का श्रेय तिलक के पत्र केसरी को जाता है। 1897 को प्लेग कमीश्नर रैंड एवं एमहर्स्ट की गोली मारकर हत्या कर दी गई। इसके लिए दामोदर चापेकर को मृत्युदंड दिया गया। 1904 में विनायक दामोदर सावरकर ने अभिनव भारत नामक एक गुप्त क्रांतिकारी संगठन की स्थापना की। महाराष्ट्र से महत्वपूर्ण क्रांतिकारी पत्र 'काल' का संपादन आरंभ हुआ। 1909 में गणेश सावरकर को आजीवन कारावास की सजा मिली। उसी वर्ष इस मुकदमे के जज को गोली से उड़ा दिया गया। इन घटनाओं से घबराकर सरकार ने जबरदस्त दमनकारी उपायों का सहारा लिया। सभाओं, संगठनों और समाचार-पत्रों पर प्रतिबंध लगाने के लिए तथा राष्ट्रीय आंदोलन को कुचलने के लिए कई दमनकारी कानून बनाए गए और उन्हें कठोरता से लागू किया गया, उदाहरण के लिए-सेडिशन मीटिंग्स एक्ट, न्यूजपेपर्स एक्ट, क्रिमिनल लॉ एमेंडमेंट एक्ट आदि। इन कानूनों की कठोरता को स्वयं भारत मंत्री लॉर्ड मार्ले ने अनुचित बताया।

## विदेशों में क्रांतिकारी गतिविधियाँ

1905 में लंदन में श्यामजी कृष्ण वर्मा के द्वारा 'इंडियन होमरूल सोसाइटी' की स्थापना की गई। इस संस्था के सदस्य मदनलाल धींगरा ने 1909 में इंडिया हाउस के राजनीतिक सहायक सर कर्जन वाइली की गोली मारकर हत्या कर दी। बाद में धींगरा को फाँसी दे दी गई। प्रथम विश्व युद्ध में जर्मनी एवं ब्रिटेन के आमने-सामने होने के कारण जर्मनी ने भारतीय क्रांतिकारियों को आर्थिक एवं अस्त्र-शस्त्र से सहयोग देने के लिए एक इंडियन इंडिपेंडेंस कमिटी गठित की। 1915 में राजा महेन्द्र प्रताप, बरकतुल्ला एवं मोहम्मद अब्दुल्ला ने काबुल में भारत की पहली समानान्तर सरकार का गठन किया।

**गदर आंदोलन** : 1 नवंबर, 1913 ई. को संयुक्त राज्य अमेरिका के सैन फ्रांसिस्को में 'हिंदुस्तान गदर पार्टी' की स्थापना की गई। लाला हरदयाल इस गदर आंदोलन के पथ प्रदर्शक थे। रामचंद्र एवं बरकतुल्ला ने इसमें उनकी सहायता की। सैन फ्रांसिस्को में ही

'युगान्तर आश्रम' स्थापित हुआ तथा 'गदर' नाम से एक साप्ताहिक पत्रिका का प्रकाशन आरंभ हुआ। लाला हरदयाल ने यह कहा कि ब्रिटिश शासन को केवल हथियारों के बल पर ही उखाड़ फेंका जा सकता है तथा इसके लिए बड़ी संख्या में प्रवासी भारतीय भारत की ओर कूच करें। उनका उद्देश्य था कि यह संदेश भारत की फौज और लोगों तक पहुँचाया जाए, जिससे इस कार्यवाही में जनता की भागीदारी बढ़ सके।

## क्रांतिकारी आंदोलन का दूसरा चरण

1922 ई. में असहयोग आंदोलन के स्थगन के चलते सारे देश में निराशा की लहर छा गई। यह क्रांतिकारी घटनाओं के लिए अनुकूल साबित हुई।

**हिंदुस्तान रिपब्लिकन एसोसिएशन** : अक्टूबर, 1924 में कानपुर में सभी क्रांतिकारी संगठनों का एक सम्मेलन हुआ। इस सम्मेलन में रामप्रसाद बिस्मिल, शचीन्द्रनाथ सान्याल, जगदीशचन्द्र चटर्जी जैसे क्रांतिकारियों के साथ-साथ भगतसिंह, चंद्रशेखर आजाद, शिव वर्मा, सुखदेव, भगवती चरण वोहरा आदि तरुण युवकों ने भाग लिया। इसमें 'हिंदुस्तान रिपब्लिकन एसोसिएशन' की स्थापना हुई। पंजाब, दिल्ली, मद्रास तथा उत्तर प्रदेश में इस एसोसिएशन की शाखाएँ स्थापित की गईं।

इस संस्था के निम्नलिखित उद्देश्य थे-

- गाँधीजी की अहिंसावादी नीति की निरर्थकता के प्रति जागृति पैदा करना।
- पूर्ण स्वतंत्रता प्राप्ति के लिए सीधी कार्यवाही करना तथा जनता को बताना कि बिना क्रांतिकारी आंदोलन के आजादी नहीं मिल सकती, तथा
- समाजवादी विचारधारा से प्रेरित होकर भारत में संघीय गणतंत्र की स्थापना करना।

**काकोरी षड्यंत्र** : क्रांतिकारियों ने अपने उद्देश्यों की प्राप्ति के लिए सबसे पहले धन एकत्र करना शुरू किया। इन्होंने सरकारी कोष को अपना निशाना बनाया। 9 अगस्त, 1925 को उत्तर प्रदेश के क्रांतिकारियों ने सहारनपुर-लखनऊ लाइन के काकोरी स्टेशन पर सरकारी खजाने वाली रेलगाड़ी को लूट लिया। सरकार ने सख्ती के साथ दमनपूर्ण कार्यवाही की। बड़ी संख्या में क्रांतिकारियों को गिरफ्तार कर उन पर काकोरी षड्यंत्र का मुकदमा (1925) चलाया गया। मुकदमे से संबंधित 17 क्रांतिकारियों को लंबी कारावास की सजा हुई। रामप्रसाद बिस्मिल, रोशनलाल, अशफाक उल्ला खां तथा राजेन्द्र लाहिड़ी को फांसी दे दी गई।

**हिन्दुस्तान सोशलिस्ट रिपब्लिकन एसोसिएशन** : 1928 ई. में चंद्रशेखर आजाद के नेतृत्व में हिन्दुस्तान रिपब्लिकन एसोसिएशन का नाम बदलकर 'हिन्दुस्तान सोशलिस्ट रिपब्लिकन एसोसिएशन' रखा गया, जिससे जनता के सामने समाजवादी आदर्श को सक्रिय रूप से रखा जा सके। क्रांतिकारी गतिविधियों का प्रबल प्रदर्शन भगतसिंह, चन्द्रशेखर आजाद और राजगुरु द्वारा लाहौर के सहायक पुलिस अधीक्षक सांडर्स की हत्या करके किया गया।

***

# 43

# लखनऊ समझौता एवं गांधी युग

1906 में मुस्लिम लीग की स्थापना के बाद पहली बार 1916 में लीग एवं कांग्रेस की बैठक साथ-साथ हुई। इस समय तक लीग एवं कांग्रेस के बीच नजदीकियां बढ़ने लगी थीं। ऐसा कई कारणों से संभव हुआ। 1911 में बंगाल विभाजन को रद्द कर दिया गया। इस कारण मुसलमानों में असंतोष था। बोस्निया युद्ध में ब्रिटेन की मुस्लिम विरोधी नीति तथा लीग के भीतर राष्ट्रीय नेतृत्व का पैदा होना–जैसे जिन्ना एवं अबुल कलाम। लखनऊ समझौते में जिन्ना ने लीग की ओर से महत्वपूर्ण भूमिका निभाई।

लखनऊ समझौते के दो भाग थे। एक मुसलमानों के अधिकारों और दूसरा सामान्य सुधारों के संबंध में था–जो भारतीय प्रशासन में किए जाने थे। मुसलमानों के अधिकारों के बारे में सांप्रदायिक निर्वाचन प्रणाली तथा उनके अधिक प्रतिनिधित्व की मांग को कांग्रेस ने स्वीकार कर लिया। विभिन्न प्रांतीय सभाओं में निर्वाचित भारतीय सदस्यों की संख्या का निश्चित भाग मुसलमानों के लिए आरक्षित कर दिया गया। पंजाब में 50 प्रतिशत, बंगाल में 40 प्रतिशत, संयुक्त प्रांत में 30 प्रतिशत तथा बिहार में 25 प्रतिशत। केंद्रीय सभा में निर्वाचित सदस्यों की संख्या का 1/3 भाग मुसलमानों के लिए आरक्षित किया गया।

दूसरे भाग की योजना पर सहज सहमति थी। यह भारत-सचिव की इंडिया कौंसिल को समाप्त करने, गवर्नर-जनरल की कार्यकारिणी के आधे सदस्य विधायी सभा के निर्वाचित सदस्यों द्वारा चुनने, केंद्रीय तथा प्रांतीय विधायी सभाओं के 80 प्रतिशत सदस्य निर्वाचित किए जाने तथा सैनिक एवं विदेश विभाग को छोड़कर समस्त विषयों पर कौंसिल का नियंत्रण समाप्त किए जाने के बारे में थी।

कांग्रेस के नेता तात्कालिक उपलब्धियों में इसके दूरगामी परिणाम पर विचार नहीं कर सके। मुसलमानों का प्रतिनिधि मुस्लिम लीग को मानकर कांग्रेस ने परोक्ष रूप से अपने को हिंदुओं का प्रतिनिधि बना लिया और अपने राष्ट्रीय होने के दावे को कमजोर कर दिया। कांग्रेस ने मुसलमानों की सांप्रदायिक निर्वाचन प्रणाली को स्वीकार कर भारतीय जनता में एकता के सिद्धांत को ही कमजोर कर दिया। कांग्रेस ने मुसलमानों के प्रति तुष्टिकरण की नीति अपनाई जिसका अंत देश के विभाजन के रूप में हुआ।

## होमरूल आंदोलन

भारत में होमरूल आंदोलन की प्रणेता श्रीमती एनी बेसेंट थीं। वे भारत में थियोसोफिकल सोसाइटी की संचालिका थीं। 1914 में वे भारतीय राजनीति में आईं। 1908 से 1914 तक वे आयरलैंड में रहीं। वहां प्रख्यात आयरिश नेता रेडमंड की होमरूल लीग से प्रेरणा लेकर उन्होंने 1916 में होमरूल लीग की स्थापना की। उनका उद्देश्य उग्र राष्ट्रवादियों को क्रांतिकारियों से मिलने से रोकना था। भारत में उन्होंने कॉमनवील तथा न्यू इंडिया नामक पत्रों का प्रकाशन शुरू किया और उनके माध्यम से भारतीय जनता में स्वतंत्रता तथा राजनीतिक अधिकारों का प्रचार किया। स्वतंत्रता से उनका अभिप्राय स्वशासन से था।

अप्रैल 1916 में ही तिलक ने इंडियन होमरूल लीग की स्थापना की। तिलक और एनी बेसेंट में पर्याप्त सहयोग था तथा दोनों का कार्यक्षेत्र भी अलग था। तिलक का कार्यक्षेत्र महाराष्ट्र तथा मध्य भारत तक था। शेष भारत में आंदोलन के संचालन का दायित्व एनी बेसेंट के पास था। बेसेंट के लीग की सर्वाधिक शाखाएँ मद्रास में थी। सर्वेंट ऑफ इंडिया सोसाइटी के सदस्यों को लीग में प्रवेश की अनुमति नहीं थी।

1917 में बेसेंट को गिरफ्तार कर लिया गया। उनकी गिरफ्तारी से सारे देश में क्षोभ व्याप्त हो गया। जगह–जगह विरोध सभाओं का आयोजन हुआ तथा देशभर में राजनीतिक वातावरण गरमा गया। इस गिरफ्तारी के विरोध में सर एस. सुब्रह्मण्यम अय्यर ने अपनी नाईट की उपाधि वापस कर दी। इसी बीच मांटेग्यू घोषणा हुई जिसका बेसेंट ने स्वागत किया। फलतः बेसेंट को रिहा कर दिया गया। रिहाई के बाद बेसेंट ने 1918 में आंदोलन को वापस ले लिया।

होमरूल आंदोलन कई कारणों से महत्वपूर्ण है–सबसे पहले तो इसने जनता में स्वशासन की भूख जगाई। कई नए क्षेत्र राष्ट्रीय आंदोलन से जुड़े जैसे–गुजरात, मद्रास आदि। साथ ही इसने भविष्य के लिए एक नवीन नेतृत्व वर्ग को पैदा किया जो बाद की राजनीति में अधिक सक्रिय हुए, जैसे–जवाहर लाल नेहरू, जिन्ना, अबुल कलाम, मुहम्मद अली एवं शौकत अली। इसने अंग्रेजी साम्राज्य के खिलाफ असंतोष को और भी बढ़ावा दिया तथा उसे वैधानिक सीमाओं के अंतर्गत रखा।

## गाँधी का राजनीतिक उदय और उनका नेतृत्व

भारतीय राजनीतिक मंच पर गाँधीजी का आगमन उस समय हुआ जब उदारपंथियों का संवैधानिक उदारवाद तथा गरमपंथियों की आक्रामक राजनीति, जनसाधारण को नियमित नेतृत्व देने में असफल हो चुकी थी। जिन परिस्थितियों ने गाँधीजी के राजनीतिक उदय में योगदान दिया उनमें प्रमुख थी-नेतृत्व शून्यता, जो पूर्ववर्ती प्रमुख नेताओं के निधन के कारण उत्पन्न हुई थी जैसे-मेहता, गोखले एवं तिलक की मृत्यु।

**प्रथम विश्वयुद्धकालीन परिस्थितियाँ** : प्रथम विश्वयुद्ध के दौरान एवं उसके पश्चात् उत्पन्न हुई आर्थिक कठिनाइयों ने भारत के जनजीवन को अस्त व्यस्त कर डाला था। इसके अतिरिक्त 'रौलेट एक्ट' जैसे दमनकारी कानून, जलियाँवाला बाग हत्याकांड तथा खिलाफत आंदोलन ने गाँधीजी के राजनीतिक उदय के लिए अनुकूल परिस्थितियाँ उत्पन्न कर दी। गाँधीजी के पक्ष में केवल यही बात नहीं थी कि भारतीय राजनीति में कोई पूर्वकालिक सक्रियता न होने के कारण वे कांग्रेस की राजनीति से सर्वथा ऊपर थे वरन् दक्षिण अफ्रीका से वे साम्राज्यवाद विरोध की सफल रणनीति और प्रसिद्धि हासिल करके लौटे थे। राष्ट्रवादियों की एक पीढ़ी, जो अंधकार में भटक रही थी, के लिए गाँधीजी आशा की किरण साबित हुए जिनके पास अहिंसा की एक नई विचारधारा थी जो संवैधानिक और अहिंसक होने के बावजूद आक्रामक थी।

**जनाधारित राजनीति में विश्वास** : गाँधीजी के नेतृत्व में कांग्रेस का जनाधार अत्यधिक विस्तृत होता गया–संगठनात्मक एवं विचार-दर्शन दोनों ही धरातल पर। गाँधीजी की 'अहिंसात्मक नीतियों ने कृषक समुदाय को आकर्षित किया और साथ ही साथ पूंजीपतियों को भी प्रेरित किया कि वे कांग्रेस को उदारता से दान दें। गाँधीजी द्वारा नेतृत्व संभालने के पश्चात् ब्रिटिश शासन को भी हिंसक विद्रोह के भय से मुक्ति मिली। भारतीय जनसाधारण में व्याप्त ब्रिटिश शासन के भय से मुक्ति दिलाने में भी गाँधीजी की भूमिका सर्वोपरि रही।

**नैतिक मूल्यों पर बल** : ब्रिटिश शासन के नैतिक आधार को ध्वस्त करने में गाँधीजी की भूमिका अन्य किसी भी भारतीय नेता के मुकाबले कहीं अधिक थी। साधारण भारतीय के लिए वे साधु परम्परा के व्यक्ति थे। उनके जीवन दर्शनों और धार्मिक-विचारों ने भारतीय जनता को बेहद आकर्षित किया। चंपारण के नील-किसानों को शोषण से मुक्ति दिलाने का उनका सत्याग्रह तथा अहमदाबाद के कपड़ा मिल मजदूरों के लिए उनके संघर्ष ने उन्हें तत्काल दलित-शोषित वर्ग के नेता की पहचान दी। 1920 के नागपुर अधिवेशन में कांग्रेस को पुनः संगठित करके उन्होंने बड़ी ही सफलतापूर्वक इसे जन-प्रेरक उपकरण में बदल दिया। अपनी पीढ़ी के अन्य किसी भी नेता से अधिक गाँधीजी ने राष्ट्रीय आंदोलन को व्यापक नेतृत्व प्रदान करने में सफलता पाई थी, जो अब तक कांग्रेस की सीमित राजनीति के मुकाबले एक सर्वथा नई उपलब्धि थी।

**एक महान संगठनकर्ता** : गाँधीजी महान संगठनकर्ता थे और उनमें जनप्रवृत्तियों को पहचानने की अपूर्व क्षमता थी। अपने दक्षिण अफ्रीका के आंदोलन के समय से ही गाँधीजी अनुशासित कार्यकर्ताओं के प्रशिक्षण पर बड़ी सूक्ष्म दृष्टि रखते थे। पारंपरिक एवं आधुनिक मान्यताओं के बीच गाँधीजी ने सेतु का कार्य किया। भारतीय परंपराओं में गाँधीजी के व्यक्तित्व की जड़ें बड़ी गहरी थीं। फलतः वे तत्कालीन सामाजिक बुराइयों एवं कुरीतियों पर निर्भीकता पूर्वक प्रहार करने में सफल हुए। साथ ही वे व्यापक जनसमस्याओं को अपनी विशिष्ट शैली द्वारा भारत की चमत्कारी प्रतीकात्मकता में व्यक्त कर देते थे जैसे-हरिजन उत्थान और नमक

कानून भंग करने के लिए डांडी यात्रा। उनके कार्यक्रमों में सामाजिक-क्रांति के साथ-साथ राजनीतिक स्वतंत्रता भी शामिल था।

**अद्‌भुत निर्णय क्षमता** : गाँधीजी के आंदोलन में विभिन्न अपेक्षाओं, हित एवं स्वार्थों वाले सामाजिक वर्ग जुड़ते गए। इसी कारण इन आंदोलनों का चरित्र विभिन्न शक्तियों के आपसी समझौते जैसा प्रतीत होता है। लेकिन गाँधीजी इन आंदोलनों का नेतृत्व अपनी शर्तों पर करते थे और आंदोलन के अधिकांश अवसरों पर क्या किया जाए इसके संदर्भ में निर्णय लेने और उसका पालन करने की अपनी स्वतंत्रता अक्षुण्ण रखते थे। गाँधीजी ने निश्चित रूप से राष्ट्रवादी आंदोलन को एक नया मोड़ दिया। कांग्रेस राजनीति से समय-समय पर विमुख हो जाने के बावजूद, वे राष्ट्रीय आंदोलन के निर्विवाद नेता बने रहे। विशेषकर तब, जब साम्राज्यवादी शासन से मुठभेड़ का निर्णायक क्षण आ खड़ा होता।

## रौलेट एक्ट आंदोलन

सर सिडनी रौलेट की संस्तुतियों ने फरवरी, 1919 में अधिनियम का रूप ग्रहण किया। यह आतंकी और अपराध अधिनियम कहलाया। रौलेट समिति की सिफारिशों के आधार पर सर विलियम बेसेंट ने दो विधेयकों का प्रस्ताव रखा। इन विधेयकों में यह व्यवस्था की गई थी कि जिस व्यक्ति पर राजद्रोह का संदेह हो उसकी गतिविधियों पर नियंत्रण रखा जाए, जिस व्यक्ति से शांति भंग की आशंका हो उसे गिरफ्तार कर लिया जाए एवं आपत्तिजनक सामग्री के प्रकाशन को दंडनीय अपराध माना जाए। परंतु एक्ट का सबसे आपत्तिजनक पहलू था-बगैर मुकदमा चलाए किसी व्यक्ति को गिरफ्तार करना एवं बंदी प्रत्यक्षीकरण कानून का उल्लंघन।

**उद्देश्य** : इसका उद्देश्य जनता की स्वतंत्रता का हनन करना तथा सरकारी कर्मचारियों के किसी भी न्यायोचित आंदोलन को कुचलना था। इस विधेयक को जनता ने काला कानून का नाम दिया।

**कांग्रेस की प्रतिक्रिया** : महात्मा गाँधी ने इसे अन्यायपूर्ण, स्वतंत्रता एवं न्याय के सिद्धांतों तथा व्यक्ति के मौलिक अधिकारों के लिए घातक बताया। उन्होंने इस एक्ट को वापस लेने की मांग की। सरकार द्वारा एक्ट को वापस न लिए जाने के कारण गाँधीजी ने रौलेट एक्ट के खिलाफ राष्ट्रव्यापी आंदोलन का आह्वान किया। गाँधीजी के नेतृत्व में यह पहला राष्ट्रव्यापी आंदोलन था। 6 अप्रैल को देशभर में सफल हड़ताल हुई। हड़ताल के दौरान दिल्ली में हिंसक घटनाएं घटीं। दिल्ली में हड़ताली भीड़ पर पुलिस के गोली चलाने से 8 व्यक्ति मारे गए। अहमदाबाद एवं पंजाब में भी हिंसक घटनाएं घटीं। जलियांवाला बाग घटना के बाद गाँधीजी ने आंदोलन वापस ले लिया।

**उपलब्धियां** : इस आंदोलन की कई (सकारात्मक पहलू) उपलब्धियां थीं। इसने गाँधीजी के नेतृत्व को राष्ट्रीय स्तर पर स्थापित कर दिया। गाँधीजी ने इसी आंदोलन में पहली बार अहिंसा का प्रयोग किया। भारत का स्वतंत्रता संघर्ष अब राष्ट्रीय रूप ग्रहण करने लगा।

## जलियाँवाला बाग हत्याकांड

डॉ. सत्यपाल और सैफुद्दीन किचलू जैसे पंजाब के लोकप्रिय नेताओं की गिरफ्तारी के विरोध में प्रदर्शन हेतु 10 अप्रैल को निकाले गए एक शांतिपूर्ण जुलूस पर पुलिस ने गोली चलाकर कुछ निहत्थे आंदोलनकारियों को मार दिया, जिससे स्थिति बेकाबू हो गई। परिणामस्वरूप 12 अप्रैल को सेना बुलाई गई। 13 अप्रैल, 1919 को (वैशाखी के दिन) अमृतसर के जलियाँवाला बाग में गोलीकांड और नेताओं (किचलू, सत्यपाल) की गिरफ्तारी के विरुद्ध एक शांतिपूर्ण सभा का आयोजन किया गया। सभास्थल पर उपस्थित अंग्रेज जनरल ओ डायर ने बिना कोई पूर्व सूचना के भीड़ पर गोली चलवा दी। गोलीबारी में करीब 379 व्यक्ति मारे गए और 1200 व्यक्ति घायल हुए।

**कांग्रेस एवं सरकार की प्रतिक्रिया** : इस हत्याकांड को दीनबंधु सी.एफ. एण्ड्रूज ने 'जानबूझकर की गई क्रूर हत्या' की संज्ञा दी। ब्रिटिश हाउस ऑफ कॉमन्स के एक सदस्य ने कहा कि ''ऐसी बर्बरता की मिसाल संसार में कहीं भी मिलना कठिन है।' रवीन्द्रनाथ टैगोर ने हत्याकांड के विरोध में 'नाईट' की उपाधि वापस कर दी, वायसराय की कार्यकारिणी के सदस्य शंकर नायर ने त्यागपत्र दे दिया। सरकार ने चारों ओर से दबाव बढ़ने पर इस हत्याकांड की जांच के लिए एक समिति गठित की जिसके अध्यक्ष थे-लॉर्ड हंटर। इसकी रिपोर्ट में डायर के काम को पूरी तरह गलत नहीं ठहराया गया। डायर को सजा के रूप में नौकरी से बर्खास्त किया गया किंतु ब्रिटेन की हाउस ऑफ लॉर्ड्स में डायर की प्रशंसा में भाषण दिए गए और उसे 'ब्रिटिश साम्राज्य का शेर' कहा गया। मदन मोहन मालवीय की अध्यक्षता में कांग्रेस ने जलियांवाला बाग हत्याकांड की जांच हेतु एक समिति गठित की। इसने अपनी रिपोर्ट में इस घटना की घोर निंदा की और डायर को दोषी माना।

## मांटेग्यू-चेम्सफोर्ड योजना

मांटेग्यू और चेम्सफोर्ड द्वारा तैयार की गई योजना 1919 में प्रकाशित की गई। इसी के आधार पर 1919 का भारत सरकार अधिनियम पारित हुआ। 1919 के अधिनियम से भारत में द्वैध शासन प्रणाली की स्थापना की गई। आंशिक उत्तरदायित्व तथा केंद्रीय और प्रांतीय विषयों का बंटवारा भी इसके अंतर्गत किया गया। रक्षा और वित्त आरक्षित विषय के अंतर्गत रखे गए और इन पर गवर्नर का सीधा नियंत्रण स्थापित किया गया। शिक्षा, स्वास्थ्य और पंचायतों पर मंत्रियों का नियंत्रण था, जो चुने हुए विधानमंडल के प्रति उत्तरदायी थे। गवर्नर के अधिकार पूर्ववत् बने हुए थे और वह मंत्रियों के विशेष प्रस्ताव को भी अस्वीकार कर सकता था। सही अर्थों में देखा जाए तो शासन के मूलभूत चरित्र में कोई बदलाव नहीं आया। अधिनियम के संवैधानिक सुधार 1921 में लागू हुए।

सरकार की यह सुधार योजना भारतीयों के लिए झगड़े की जड़ सिद्ध हुई। कांग्रेस के उदारवादी नेताओं ने इसे प्रथम विश्वयुद्ध में सरकार का साथ देने का पुरस्कार माना किंतु

अधिकांश नेताओं ने इसे अपर्याप्त बताया। कांग्रेस के उदारवादियों ने कांग्रेस से संबंध विच्छेद करके 1918 में लिबरल फेडरेशन की स्थापना की। 1919 में कांग्रेस ने इस अधिनियम की आलोचना के साथ यह प्रस्ताव पारित किया कि आत्मनिर्णय के सिद्धांत के अनुसार पूरी तौर पर उत्तरदायी सरकार कायम करने के लिए तत्काल कदम उठाए जाएं।

## खिलाफत आंदोलन

तुर्की का सुल्तान विशाल साम्राज्य का स्वामी था और मुस्लिम जगत का (खलीफा) धार्मिक गुरु भी। मुसलमान उसके संरक्षण में गौरव का अनुभव करते थे। भारत के मुसलमान खलीफा को बनाए रखने के लिए दृढ़ प्रतिज्ञ थे। प्रथम विश्वयुद्ध में भारतीय मुसलमानों का सहयोग प्राप्त करने के लिए ब्रिटिश प्रधानमंत्री लॉयड जॉर्ज ने वादा किया कि युद्ध समाप्त होने के बाद तुर्की के प्रति प्रतिशोध की भावना नहीं अपनाई जाएगी। तुर्की के खलीफा को बनाए रखा जाएगा तथा तुर्की की अखंडता और उसके अधीन एशियाई प्रदेशों पर उसका नियंत्रण पूर्ववत बना रहेगा। परंतु युद्ध समाप्त होने के बाद ब्रिटिश सरकार ने इस आश्वासन को पूरा नहीं किया। मित्र राष्ट्रों ने तुर्की के साथ सेवर्स की संधि कर तुर्की के साम्राज्य को छिन्न-भिन्न कर दिया। भारतीय मुसलमानों को ब्रिटिश सरकार के इस विश्वासघात से गहरा आघात लगा और उन्होंने देश में खिलाफत आंदोलन आरंभ कर दिया।

**खिलाफत आंदोलन का प्रारंभ** : अली बंधुओं, मौलाना आजाद, हकीम अजमल खाँ और हसरत मोहानी के नेतृत्व में एक खिलाफत कमिटी बनी और देशव्यापी आंदोलन का कार्यक्रम बना। कमिटी ने 24 नवम्बर, 1919 ई. को दिल्ली में गाँधी जी की अध्यक्षता में ऑल इंडिया खिलाफत कांफ्रेंस का आयोजन किया। इस सम्मेलन में यह निर्णय लिया गया कि जब तक सरकार उनकी माँगों को न मान ले तब तक सरकार के साथ वे किसी प्रकार का सहयोग नहीं करेंगे। बाल गंगाधर तिलक और गाँधीजी ने खिलाफत आंदोलन को हिंदू-मुस्लिम एकता को सुदृढ़ बनाने और बड़ी संख्या में मुसलमानों को राष्ट्रीय आंदोलन से जोड़ने का सुनहरा मौका समझा। गाँधीजी के परामर्श पर डॉ. अंसारी की अध्यक्षता में मुसलमानों का एक शिष्टमंडल वायसराय चेम्सफोर्ड से मिला, परन्तु वायसराय ने इस शिष्टमंडल को कोई संतोषजनक उत्तर नहीं दिया। मार्च, 1920 ई. में मौलाना मुहम्मद अली की अध्यक्षता में एक शिष्टमंडल लंदन जाकर प्रधानमंत्री लायड जॉर्ज से मिला किंतु कोई लाभ नहीं हुआ। शिष्टमंडल खाली हाथ भारत लौट आया। खिलाफत आंदोलन के समर्थन में कांग्रेस ने असहयोग आंदोलन शुरू किया। इस तरह खिलाफत आंदोलन असहयोग आंदोलन का एक हिस्सा बन गया।

**आंदोलन का परिणाम** : खिलाफत आंदोलन के कारण ब्रिटिश सरकार को अपनी नीति बदलनी पड़ी। उसने भविष्य में ब्रिटिश साम्राज्य की सुरक्षा के लिए फूट डालो और शासन करो की नीति को अपनाया। खिलाफत आंदोलन ने भारत में सांप्रदायिक एकता की नींव रखी,

परंतु यह एकता शीघ्र ही छिन्न-भिन्न हो गई। खिलाफत आंदोलन की विफलता ने हिंदू-मुस्लिम एकता के स्वप्न को भंग कर दिया। 1922 ई. में तुर्की के कमाल पाशा के नेतृत्व में गणतंत्र की स्थापना हुई और 1924 ई. में तुर्की संसद द्वारा खलीफा के पद की समाप्ति ने खिलाफत के प्रश्न को सदा के लिए समाप्त कर दिया।

## असहयोग आंदोलन

1918 में प्रथम विश्वयुद्ध का अंत हो गया। भारतीयों को यह आशा थी कि युद्धोत्तर ब्रिटिश सरकार उन्हें स्वशासन का अधिकार देगी। भारतीय शासन सुधार की जो योजना सरकार ने बनाई उससे भारतीय नेता संतुष्ट नहीं हुए। उस समय देश की स्थिति असंतोषजनक थी जिसके चलते क्रांतिकारी आंदोलन पुनः सक्रिय हो गया। महात्मा गाँधी को असहयोग आंदोलन चलाने के लिए रौलेट एक्ट ने प्रेरित किया। इसके द्वारा सरकार को यह अधिकार मिला कि वह नियमानुसार मुकदमा चलाए बिना ही किसी को नजरबंद कर सकती है। जनता में इसके खिलाफ असंतोष था। इसी समय अमृतसर के जलियांवाला बाग की घटना ने लोगों को उद्वेलित कर दिया। खिलाफत के प्रश्न पर भी देश की जनता एकजुट होने लगी थी। नवम्बर, 1919 में गाँधीजी ने हिंदू-मुस्लिम नेताओं का एक सम्मेलन दिल्ली में बुलाया। इस सम्मेलन में भी खिलाफत आंदोलन का समर्थन किया गया।

प्रथम विश्वयुद्ध ने आत्मनिर्णय के सिद्धांत का प्रतिपादन किया। इसी सिद्धांत के प्रभाव से चीन और मध्य-पूर्व में राष्ट्रीयता की लहर आई। भारत पर भी इसका प्रभाव पड़ा। प्रथम विश्वयुद्ध के कारण आवश्यक वस्तुओं का अभाव हो गया और मूल्यों में वृद्धि हुई। विभिन्न उपायों द्वारा सरकार ने जनता से युद्ध के लिए धन एकत्र किया। करों में वृद्धि कर दी गई। इन कारणों से जनता को आर्थिक संकट का सामना करना पड़ा।

मांट-फोर्ड योजना में भारतीय प्रशासन में किसी भी प्रकार के परिवर्तन का सुझाव नहीं था। केंद्र में सरकार अनुत्तरदायी थी और प्रांतों में भी उत्तरदायी शासन का अभाव था। इस योजना में स्थानीय स्वशासन के संबंध में कुछ आशाजनक सुझाव अवश्य थे, परंतु भारत सरकार के गृह विभाग का इस पर पूर्ण नियंत्रण था। कांग्रेस के 1919 के वार्षिक अधिवेशन में इस सुधार को असंतोषजनक और निराशापूर्ण कहकर इसकी भर्त्सना की गई।

**असहयोग आंदोलन के कार्यक्रम** : असहयोग आंदोलन के तीन आधारभूत सूत्र थे-कौंसिल का बहिष्कार, न्यायालयों का बहिष्कार और विद्यालयों का बहिष्कार।

**निषेधात्मक पक्ष** : सरकारी उपाधियों का त्याग और अवैतनिक पदों का बहिष्कार। अदालतों का बहिष्कार, व्यवस्थापिका सभाओं का सीमित बहिष्कार, विदेशी वस्तुओं का बहिष्कार।

**रचनात्मक पक्ष** : स्वदेशी वस्तुओं का प्रयोग और प्रचार, राष्ट्रीय स्कूल-कॉलेजों की स्थापना, पंचायतों का गठन, हिंदू-मुस्लिम एकता तथा अस्पृश्यता-निवारण का प्रयास।

**आंदोलन का आरंभ और प्रगति** : 1920 में इलाहाबाद में हुई हिंदू-मुस्लिम संयुक्त बैठक में कांग्रेस ने खिलाफत कमिटी के साथ मिलकर असहयोग आंदोलन चलाने का निश्चय किया। 1920 ई. के दिसम्बर में कांग्रेस के नागपुर अधिवेशन में इसे स्वीकृति दी गई। गाँधीजी ने अपनी उपाधि कैसर-ए-हिंद वायसराय को लौटा दी। जमनालाल बजाज ने अपनी राय बहादुर की उपाधि वापस कर दी। उन्होंने सारे देश का दौरा किया और इस कार्यक्रम का जनता के बीच प्रचार किया। आंदोलन आरंभ होते ही विद्यार्थियों ने सरकारी स्कूलों का बहिष्कार किया, सरकारी उपाधियों को लौटाने का सिलसिला प्रारंभ हो गया और हजारों वकीलों ने वकालत छोड़ दी, इनमें प्रमुख थे—चितरंजन दास, मोतीलाल नेहरू, लाला लाजपत राय, आसफ अली, वल्लभ भाई, राजेन्द्र प्रसाद, डॉ. प्रकाशम आदि। इस आंदोलन में मुस्लिम नेताओं की भी सक्रिय भागीदारी थी। प्रमुख मुस्लिम नेता थे—अलीबंधु, डॉ. अंसारी, मौलाना आजाद आदि। असहयोग में गिरफ्तार होने वाले पहले प्रमुख नेता मुहम्मद अली थे। कुछ ऐसे लोग भी थे जिन्होंने इस आंदोलन को नापसंद किया—ये थे जिन्ना, खापर्डे, विपिनचन्द्र पाल एवं एनी बेसेंट। इस आंदोलन के दौरान अनेक राष्ट्रीय संस्थानों की स्थापना हुई। विदेशी वस्तुओं का बहिष्कार शुरू हुआ और स्वदेशी वस्तुओं का प्रयोग होने लगा। मादक पदार्थों के विरुद्ध आंदोलन होने से सरकार को भारी आर्थिक क्षति उठानी पड़ी। कांग्रेस ने नवसुधार योजना के अंतर्गत गठित व्यवस्थापिका सभाओं का बहिष्कार किया। कांग्रेस ने प्रिंस ऑफ वेल्स के आगमन का बहिष्कार किया। इस आंदोलन को मजदूरों एवं किसानों ने भी अपना समर्थन दिया। असम के चाय बागान के मजदूरों ने हड़ताल की। मिदनापुर के किसानों ने कर देने से इंकार कर दिया।

सरकार ने आंदोलन को कुचलने के लिए दमनचक्र चलाया। राजद्रोह सभा अधिनियम को कठोरता से लागू किया गया। सार्वजनिक सभाओं पर सख्त पाबंदी लगा दी गई और राष्ट्रीय संस्थाओं को गैरकानूनी घोषित कर दिया गया। 5 फरवरी, 1922 को उत्तर प्रदेश के गोरखपुर जिलांतर्गत चौरी चौरा की घटना घटी। किसानों के एक जुलूस पर गोली चलाए जाने के कारण क्रुद्ध भीड़ ने थाने में आग लगा दी। इसमें थानेदार सहित 21 लोग मारे गए। गाँधीजी ने अनुभव किया कि आंदोलन अपना अहिंसात्मक रूप खोता जा रहा है। 12 फरवरी को उन्होंने आंदोलन को स्थगित कर दिया। इससे बहुत से नेता क्षुब्ध हो उठे। सुभाषचंद्र बोस ने कहा-जिस समय जनता का जोश अपने शिखर पर था उस समय पीछे लौट आना राष्ट्रीय दुर्घटना से किसी प्रकार कम न था। 18 मार्च, 1922 को गाँधीजी को गिरफ्तार कर यरवदा जेल भेज दिया गया। अहमदाबाद के सेशन जज ब्रूमफील्ड की अदालत में गाँधीजी पर मुकदमा चलाया गया और उन्हें 6 साल की सजा दी गई।

**मूल्यांकन** : कुछ लोगों का मानना है कि यह आंदोलन पूर्णतः असफल रहा। परंतु ऐसी धारणा भ्रामक है। इस आंदोलन ने सर्वप्रथम राष्ट्रव्यापी आंदोलन की नींव रखी। थोड़े समय के लिए ही सही हिंदू-मुस्लिम एकता कायम की। कांग्रेस ने हिंदी को राष्ट्रभाषा के रूप में स्वीकार किया। खादी कांग्रेसियों की नियमित पोशाक बन गई। देश के एक कोने से दूसरे कोने तक एक जैसे नारे लगाए जाने लगे और एक जैसी नीति और एक जैसी विचारधारा सर्वत्र दृष्टिगोचर होने लगी। इस आंदोलन के कारण गुजरात विद्यापीठ, बिहार विद्यापीठ, महाराष्ट्र विद्यापीठ, काशी विद्यापीठ, जामिया मिलिया इस्लामिया इत्यादि राष्ट्रीय शैक्षणिक संस्थाएँ स्थापित हुईं।

## स्वराजी आंदोलन

असहयोग आंदोलन की समाप्ति के बाद, वे लोग जो सिद्धांत रूप से पूर्ण असहयोग में विश्वास नहीं रखते थे, कांग्रेस के कार्यक्रम में परिवर्तन की मांग करने लगे। इनमें चित्तरंजन दास एवं मोतीलाल नेहरू प्रमुख थे। इन्हें परिवर्तनवादी कहा जाता था। इन नेताओं का विचार था कि केंद्रीय एवं प्रांतीय विधानमंडलों का बहिष्कार करना उचित नहीं है। बल्कि विधानमंडलों में प्रवेश करना चाहिए और उनके भीतर राजनीतिक लड़ाई लड़नी चाहिए। इस प्रकार विधानमंडलों के माध्यम से जनता की आवाज और मांगें सरकार तक पहुँचाई जा सकती हैं तथा सरकारी नीतियों की आलोचना कर सरकारी कार्यों में अवरोध उत्पन्न किया जा सकता है। साथ ही उनका मानना था कि असहयोग आंदोलन के असामयिक समाप्ति के पश्चात् उनका आंदोलन राष्ट्रवादी भावना को जगाए रखेगा। राजेंद्र प्रसाद, राजगोपालाचारी, बल्लभभाई पटेल, डॉ. अंसारी, एन. जी. रंगा, आयंगर आदि नेताओं ने परिषद् में प्रवेश की नीति का विरोध किया। ये लोग अपरिवर्तनवादी कहलाए।

दिसंबर 1922 में गया में कांग्रेस का अधिवेशन हुआ। इसमें कौंसिल में प्रवेश न करने का प्रस्ताव पारित हुआ। फलतः चितरंजन दास ने त्यागपत्र दे दिया। 1923 ई. में इलाहाबाद में चितरंजन दास एवं मोतीलाल नेहरू ने स्वराज दल का गठन किया। यह तय किया गया कि नई पार्टी कांग्रेस के भीतर रहकर कार्य करेगी। इसके अध्यक्ष सी.आर.दास एवं महासचिव मोतीलाल नेहरू बनाए गए। कांग्रेस ने भी विधानमंडल में प्रवेश के प्रस्ताव को स्वीकार कर लिया। 1923 के चुनाव में सेंट्रल असेंबली में इस पार्टी को 101 में से 42 सीटों पर जीत मिली। मध्य प्रांत में इसे स्पष्ट बहुमत मिला। बंगाल में ये सबसे बड़े दल के रूप में उभरे। बम्बई और उत्तर प्रदेश में इन्हें अच्छी सफलता मिली। इस दल के निम्न उद्देश्य थे-

- स्वराज अथवा औपनिवेशिक स्वशासन की प्राप्ति।
- विधानमंडलों के चुनाव में भाग लेना और अधिक से अधिक सदस्यों को चुनाव में जिताकर कौंसिल में भेजना ताकि सरकार के स्वेच्छाचारी तरीकों पर नियंत्रण स्थापित किया जा सके।

- इसके सदस्यों ने सरकारी पद स्वीकार नहीं करने, नगरपालिका चुनावों में भाग नहीं लेने की प्रतिज्ञा की।
- इसने विदेशी वस्तुओं के बहिष्कार और कांग्रेस के रचनात्मक कार्यों में सहयोग देने का भी निर्णय लिया।

## नेहरू रिपोर्ट

साइमन कमीशन की नियुक्ति के साथ ही भारत सचिव लॉर्ड बर्केनहेड ने भारतीय नेताओं को यह चुनौती दी कि यदि वे विभिन्न दलों तथा संप्रदायों की सहमति से एक संविधान तैयार कर सकें तो इंग्लैंड सरकार उस पर गंभीरता से विचार करेगी। भारतीय नेताओं ने इस चुनौती को स्वीकार किया। इसके लिए मोतीलाल नेहरू की अध्यक्षता में एक कमिटी का गठन किया गया, जिसका काम संविधान का प्रारूप तैयार करना था। इसके अन्य सदस्य थे–अली इमाम, शुएब कुरैशी, एम.एस. अत्रे, एम.आर. जयकर, मंगल सिंह, तेज बहादुर सप्रू, एन.एम. जोशी, जी.पी. प्रधान एवं सुभाष चंद्र बोस। लखनऊ में अगस्त, 1928 में एक सर्वदलीय सम्मेलन में इस रिपोर्ट के प्रारूप पर विचार किया गया। इसकी मुख्य विशेषताएँ निम्न थीं :

1. **भारत को एक डोमिनियन राज्य का दर्जा दिया जाए**-(i) केंद्र में द्विसदनात्मक प्रणाली स्थापित की जाए। (ii) कार्यकारिणी पूर्ण रूप से व्यवस्थापिका सभा के प्रति उत्तरदायी हो। (iii) समस्त दायित्व भारतीय प्रतिनिधियों को सौंपा जाए।
2. **भारत में संघीय प्रणाली की स्थापना की जाए**-(i) अवशिष्ट शक्ति केंद्र के पास रहे।
3. **सभी चुनाव क्षेत्रीय आधार पर हों**-(i) सांप्रदायिक प्रतिनिधित्व को समाप्त कर दिया जाए। (ii) निर्वाचन व्यस्क मताधिकार के आधार पर हो।

नेहरू रिपोर्ट का जिन्ना एवं मुस्लिम लीग के अन्य नेताओं ने विरोध किया। इसका मूल कारण यह था कि इसमें सांप्रदायिक आधार पर प्रतिनिधित्व का विरोध किया गया था। कांग्रेस का युवा नेतृत्व जिसका प्रतिनिधित्व जवाहरलाल नेहरू और सुभाषचंद्र बोस कर रहे थे, डोमिनियन स्टेट्स की बात से संतुष्ट नहीं थे। वे पूर्ण स्वराज की मांग को शामिल किए जाने पर बल दे रहे थे। भारत के लिए पूर्ण स्वतंत्रता की प्राप्ति हेतु नवंबर 1928 में उन्होंने ऑल इंडिया इंडिपेंडेंस लीग की स्थापना की। नेहरू रिपोर्ट सरकार के सामने प्रस्तुत की गई, पर सरकार ने इसे अस्वीकृत कर दिया। फलतः कांग्रेस ने पूर्ण स्वतंत्रता के आंदोलन की घोषणा कर दी।

## जिन्ना की 14 सूत्री माँग

आरंभ में जिन्ना ने नेहरू रिपोर्ट का समर्थन किया। परंतु जब इस रिपोर्ट की स्वीकृति के लिए सर्वदलीय बैठक बुलाई गई तो जिन्ना ने अपनी सहमति देने से इंकार करते हुए मार्च 1929

को अपनी 14 सूत्री माँग रखी। जिन्ना की यही '14 माँगें' बाद में गोलमेज सम्मेलन में मुस्लिम माँग का आधार बनीं। ये माँगे थीं-

1. भारत का संविधान संघात्मक हो जिसमें अवशिष्ट शक्तियाँ प्रान्तों में निहित हों।
2. सभी प्रान्तों को समान रूप से स्वायतता प्राप्त हो।
3. सभी विधानमंडलों और निर्वाचित निकायों में मुसलमानों को पर्याप्त प्रतिनिधित्व प्राप्त हो।
4. केंद्रीय विधानसभा में मुसलमानों का प्रतिनिधित्व कुल संख्या का 1/3 से कम न हो।
5. सांप्रदायिक वर्गों का प्रतिनिधित्व पृथक् निर्वाचन-व्यवस्था के अनुसार हो।
6. पंजाब, बंगाल और उत्तर-पश्चिमी सीमा प्रान्तों के पुनर्गठन के समय इस बात का ध्यान रखा जाए कि मुसलमान बहुमत में बने रहें।
7. सभी संप्रदायों को धार्मिक स्वतंत्रता प्रदान की जाए।
8. विधानसभा कोई ऐसा कानून या प्रस्ताव पास न करे जिसका विरोध किसी संप्रदाय के बहुमत द्वारा हो।
9. सिंध को बंबई प्रेसीडेंसी से अलग कर दिया जाए।
10. उत्तर-पश्चिमी सीमाप्रांत और बलुचिस्तान में सुधार योजनाएँ लागू हों।
11. सरकारी नौकरियों एवं अन्य स्वशासी इकाइयों में मुसलमानों को समुचित प्रतिनिधित्व दिलाने के लिए संवैधानिक व्यवस्था हो।
12. मुसलमानों की संस्कृति, शिक्षा, भाषा और धर्म की रक्षा की व्यवस्था की जाए।
13. केंद्रीय और प्रांतीय मंत्रिमंडलों में कम-से-कम 1/3 मुसलमान मंत्री हों।
14. प्रांतों की अनुमति के बिना केंद्रीय विधानसभा में संशोधन न करें।

## साइमन कमीशन

1919 के अधिनियम में इस बात की व्यवस्था की गई थी कि 10 वर्ष बाद सरकार एक कमीशन का गठन करेगी, जो अधिनियम में परिवर्तन की संभावनाओं पर विचार करेगा। इस व्यवस्था के अनुसार कमीशन का गठन 1929 में किया जाना था। किंतु भारत में बढ़ती राष्ट्रीय चेतना को ध्यान में रखते हुए कमीशन दो वर्ष पहले ही नियुक्त कर दिया गया। सर जॉन साइमन की अध्यक्षता में नियुक्त इस कमीशन के सभी 7 सदस्य अंग्रेज थे। कमीशन में किसी भारतीय को शामिल न किए जाने के कारण अधिकांश भारतीय नेताओं ने इसके बहिष्कार का फैसला किया। 1927 में मद्रास में कांग्रेस का अधिवेशन हुआ, जिसमें साइमन कमीशन के विरोध का निर्णय किया गया। साइमन कमीशन भारत में जहां भी गया इसके विरोध में हड़ताल, विरोध

सभाएँ एवं प्रदर्शनों का आयोजन किया गया। लाहौर में लाला लाजपतराय तथा लखनऊ में पंडित जवाहरलाल नेहरू और गोविंद वल्लभ पंत साइमन कमीशन के खिलाफ प्रदर्शन करते हुए पुलिस लाठी चार्ज में घायल हो गए।

साइमन कमीशन की रिपोर्ट जून, 1930 में प्रकाशित हुई। रिपोर्ट की मुख्य बातें निम्न थीं :

1. भारत के लिए एक संघीय संविधान की व्यवस्था हो।
2. केंद्र में भारतीयों को कोई उत्तरदायित्व न दिया जाए।
3. प्रांतों में पूर्ण स्वायत्तता लागू की जाए।
4. गवर्नर के अधिकार पूर्ववत बने रहें जबकि गवर्नर–जनरल के अधिकारों में वृद्धि की जाए।
5. भारतीय विषयों पर विचार विमर्श के लिए एक कौंसिल की स्थापना की जाए, जिसमें भारतीय राज्यों तथा ब्रिटिश भारत के प्रतिनिधि हों।
6. प्रांतीय विधानसभाओं के सदस्यों की संख्या में वृद्धि की जाए।
7. उच्च न्यायालय को भारत सरकार के अधीन कर दिया जाए।
8. प्रांतों में द्वैध शासन व्यवस्था समाप्त की जाए।
9. मुस्लिमों को विशेष प्रतिनिधित्व दिया जाए।
10. सेना का भारतीयकरण किया जाए।
11. भारत सचिव के कौंसिल के सदस्यों की संख्या तथा उसके अधिकारों में वृद्धि की जाए।
12. उड़ीसा को बिहार से अलग कर स्वतंत्र राज्य का दर्जा दिया जाए।
13. बर्मा को भारत से अलग किया जाए।
14. मताधिकार का विस्तार कर उसे कुल जनसंख्या का कम से कम 10 से 15 प्रतिशत तक लाया जाए।

रिपोर्ट प्रकाशन से पूर्व कमीशन ने उस पर विचार के लिए गोलमेज सम्मेलन बुलाने का सुझाव दिया। साइमन कमीशन की उपलब्धि यह रही कि इसके कारण भारतीय दलों के मतभेद कम हुए तथा राष्ट्रीय आंदोलन को गति मिली। संवैधानिक विकास की दृष्टि से इसका कोई खास महत्व नहीं है।

## लाहौर अधिवेशन, 1929

वर्ष 1927 के मद्रास अधिवेशन में ही जवाहरलाल नेहरू ने एक संक्षिप्त प्रस्ताव पेश किया जिसमें पूर्ण स्वराज को कांग्रेस का लक्ष्य मान लेने की बात उठाई गई थी। लेकिन यह कांग्रेस

नेतृत्व की पुरानी पीढ़ी का समर्थन प्राप्त नहीं कर सका। वर्ष 1928 में कांग्रेस ने माँग की कि यदि 1 वर्ष के अन्दर अधिशासी राज्य (डोमिनियन स्टेट्स) की स्थिति प्रदान करने में ब्रिटिश शासन असफल रही तो वे आन्दोलन को नया स्वरूप देने को बाध्य होंगे। जवाहरलाल नेहरू जिन्होंने पूर्ण स्वराज के मांग की जोरदार सिफारिश की थी, उन्हें ही 1929 के लाहौर अधिवेशन का अध्यक्ष बनाया गया। 26 जनवरी, 1930 को लाहौर में रावी के तट पर तिरंगे झंडे के नीचे स्वतंत्रता की शपथ ली गई एवं पूर्ण स्वतंत्रता की मांग बुलंद की गई। नेहरू जी ने घोषणा की-आज हमारा बस एक ही लक्ष्य है—स्वाधीनता का लक्ष्य। हमारे लिए स्वाधीनता का मायने है—ब्रिटिश साम्राज्यवाद से पूर्ण स्वतंत्रता।

## गाँधी की 11 सूत्री मांग

गाँधीजी ने अपने पत्र यंग इंडिया के माध्यम से वायसराय लॉर्ड इरविन एवं ब्रिटिश प्रधानमंत्री रैम्से मैकडोनाल्ड के सम्मुख 31 जनवरी, 1930 को अपनी 11 सूत्री मांगे रखीं। उन्होंने अपने ग्यारह सूत्री मांगों के द्वारा ब्रिटिश सरकार को एक अवसर दिया और साथ-साथ अपना अन्तिम निर्णय भी सुना दिया। ग्यारह सूत्री मांगों में लाहौर प्रस्ताव की मांग से कुछ असंगति प्रतीत होती है। उस समय ऐसा लगा जैसे एक क्रांतिकारी शुरूआत को गाँधीजी वापस ले रहे हैं। फिर भी इसने अनेक पूर्ववर्ती मांगों को ठोस रूप में प्रस्तुत किया। इन मांगों को स्वीकार कर लेने पर ब्रिटिश साम्राज्य की नींव हिल जाती। इन मांगों में प्रमुख थी-सेना के खर्च में 50 प्रतिशत कटौती, सम्पूर्ण शराबबन्दी, राजनीतिक बन्दियों की रिहाई, सी.आई.डी. में सुधार तथा अस्त्र-शस्त्र कानून में संशोधन, वस्त्र मजदूरों को संरक्षण, समुद्रवर्ती क्षेत्रों में भारतीयों को जहाजरानी के लिए पूर्ण अधिकार तथा मुद्रा विनिमय दर को कम करने जैसी मांगें।

## सविनय अवज्ञा आंदोलन

12 मार्च, 1930 को महात्मा गाँधी के नेतृत्व में सविनय अवज्ञा आंदोलन आरंभ हुआ। महात्मा गाँधी ने सविनय अवज्ञा आंदोलन का आरंभ नमक कानून का उल्लंघन कर किया। वे सेवाग्राम से 78 साथियों के साथ 375 किलोमीटर दूर स्थित दांडी की ओर चल पड़े। 1930 ई. के 12 मार्च को गाँधीजी ने दांडी के लिए प्रस्थान किया। 6 अप्रैल को प्रातः गाँधीजी दांडी पहुंचे और वहां उन्होंने नमक कानून तोड़ा। सुभाष चंद्र बोस ने दांडीमार्च की तुलना नेपोलियन के पेरिस मार्च एवं मुसोलिनी के रोम मार्च से की है। इसी प्रकार, देश के विभिन्न भागों में नमक कानून भंग करने का आंदोलन चल पड़ा। आम लोगों ने भी नमक कानून का उल्लंघन किया। किसानों ने भू-राजस्व देना बंद कर दिया। पूर्वी भारत में चौकीदारी टैक्स देना भी अस्वीकार कर दिया गया।

इस आंदोलन की विशेषता यह थी कि इसमें हजारों की संख्या में स्त्रियों ने भाग लिया। सरकार का दमन चक्र भी तेजी से चला। 6 मई की रात को गाँधीजी गिरफ्तार कर लिए गए।

उनकी गिरफ्तारी पर देशभर में प्रतिक्रिया हुई। बंबई में पचास हजार मजदूरों ने प्रदर्शन में भाग लिया। बंबई, कलकत्ता तथा अन्य महत्वपूर्ण स्थानों पर हड़तालें हुईं। व्यवसायी वर्ग ने छह दिनों तक हड़ताल रखी। शोलापुर में पुलिस चौकियां जला दी गईं। हावड़ा और पंचतल्ला में विरोध प्रदर्शन हुए। धरसाना में सत्याग्रहियों ने जबरदस्त धावा बोल दिया।

**सविनय अवज्ञा आंदोलन के कारण** : ब्रिटिश सरकार ने नेहरू रिपोर्ट को अस्वीकार कर दिया। अब भारतीयों के सामने आंदोलन के अलावा दूसरा कोई चारा नहीं था। विश्व में फैली आर्थिक मंदी से भारत अछूता नहीं रहा। इसके फलस्वरूप देश की आर्थिक स्थिति दयनीय हो गई थी। औद्योगिक एवं व्यावसायिक वर्ग के लोग सरकार की नीति से असंतुष्ट थे। कल-कारखानों में हड़ताल का तांता लग गया था। मजदूरों में बड़ी उत्तेजना फैली हुई थी। देश में असंतोष की लहर फैल रही थी और हिंसात्मक आंदोलन बढ़ रहा था।

**आंदोलन के कार्यक्रम** : नमक कानून तथा ब्रिटिश कानूनों का उल्लंघन। अदालतों, सरकारी विद्यालयों, महाविद्यालयों एवं सरकारी समारोहों का बहिष्कार। भू-राजस्व, लगान तथा अन्य करों की अदायगी पर रोक। शराब तथा अन्य मादक पदार्थों का विक्रय करने वाली दुकानों पर शांतिपूर्ण धरना। विदेशी वस्तुओं एवं कपड़ों का बहिष्कार। सरकारी नौकरियों का त्याग।

**आंदोलन की प्रगति** : मालाबार में नमक सत्याग्रह की शुरूआत-वायकोम सत्याग्रह के नेता के. केलप्पण ने कालीकट से पेन्नार तक नमक यात्रा की। उड़ीसा में नमक सत्याग्रह-गोपचन्द बंधु चौधरी के नेतृत्व में बालासोर, कटक और पुरी में नमक आंदोलन चलाया गया। मद्रास प्रांत में सी.राजगोपालाचारी ने आंदोलन का नेतृत्व किया। पश्चिमोत्तर सीमा प्रांत के मुसलमानों ने खान अब्दुल गफ्फार खां (सीमांत गाँधी) के नेतृत्व में सविनय अवज्ञा आंदोलन चलाया। खान अब्दुल गफ्फार खां के नेतृत्व में गठित 'खुदाई खिदमतगार' या लालकुर्ती ने आंदोलन में सक्रिय भूमिका निभाई। उत्तर पश्चिमी सीमा पर आंदोलनकारियों से निपटने में सरकार को अधिक परेशानियों का सामना करना पड़ा। आंदोलनकारियों को दबाने के लिए गढ़वाल रेजीमेंट की कुछ टुकड़ियां पेशावर भेजी गईं। चन्द्रसिंह गढ़वाली के नेतृत्व में गढ़वाल रेजीमेंट के सिपाहियों ने निहत्थे आंदोलनकारियों पर गोली चलाने से इंकार कर दिया। 25 अप्रैल से 4 मई तक पेशावर पर जनता का शासन रहा। पेशावर पर पुनः कब्जा करने के लिए सरकार को हवाई हमले का सहारा लेना पड़ा। 13 वर्षीय युवा नागा महिला गाडिनेल्यू ने भी अपने नागा साथियों के साथ आंदोलन को पूरा समर्थन दिया। कालान्तर में पं. नेहरू ने गाडिनेल्यू को 'रानी' की उपाधि से सम्मानित किया।

कर न अदायगी का आंदोलन मुख्य रूप से सविनय अवज्ञा आंदोलन के समय बिहार में चलाया गया। गुजरात के खेड़ा, सूरत जिले तथा बारदोली तहसील में भी 'कर न अदायगी' का आंदोलन चलाया गया। चौकीदारी कर न अदा करने का आंदोलन बिहार में चलाया गया,

यह आंदोलन मुंगेर, सारण तथा भागलपुर जिलों में काफी सफल रहा। 'वन सत्याग्रह' इसी समय मध्य प्रान्त, महाराष्ट्र और कर्नाटक में चलाया गया। सविनय अवज्ञा आंदोलन के समय ही बच्चों की 'वानरसेना' तथा लड़कियों की 'मांजरी सेना' का गठन किया गया। जून, 1930 को कांग्रेस और उससे सम्बद्ध संगठनों को गैर कानूनी घोषित कर दिया गया। धरसाणा (गुजरात) में 31 मई को सरकार के दमन-चक्र का सबसे भयानक रूप देखने को मिला जहां सरोजिनी नायडू, इमाम साहब और मणिलाल के द्वारा नेतृत्व प्रदान किया गया। अमेरिकी पत्रकार बेब मिलर ने सत्याग्रहियों पर नृशंस अत्याचार का सजीव वर्णन किया है।

**आंदोलन के परिणाम :** इस आंदोलन ने भारतीय जनता के हृदय में आत्मविश्वास पैदा किया और स्वतंत्रता के लिए मर-मिटने की भावना पैदा की। यह एक बड़ी उपलब्धि थी। भारतीय राष्ट्रीयता पूर्ण रूप से जागृत हुई। 1935 ई. का अधिनियम इसका परोक्ष परिणाम था।

## प्रथम गोलमेज सम्मेलन

ब्रिटिश सरकार ने तत्कालीन ब्रिटिश प्रधानमंत्री रैम्से मैकडोनाल्ड की अध्यक्षता में नवम्बर, 1930 में लंदन में प्रथम गोलमेज सम्मेलन का आयोजन किया। इसका उद्देश्य भारत में सुधारों से संबंधित साइमन कमीशन रिपोर्ट पर विचार करना था। इसमें ब्रिटिश भारत एवं देशी राज्यों के प्रतिनिधित्वों ने भाग लिया लेकिन कांग्रेस ने इसका बहिष्कार किया। सम्मेलन का आरंभ सेंट जेम्स पैलेस में हुआ। इसका उद्घाटन ब्रिटिश सम्राट जॉर्ज पंचम तथा इसकी अध्यक्षता ब्रिटिश प्रधानमंत्री रैम्से मैकडोनाल्ड ने की। देशी राज्यों के शासक एवं अन्य प्रतिनिधियों में तीन मुद्दों पर सहमति हुई-भारत के लिए संघीय सरकार। केंद्र के पास आंशिक उत्तरदायित्व। पूर्ण प्रांतीय स्वायत्तता। डॉ. अंबेदकर ने इस सम्मेलन में दलितों के लिए पृथक् निर्वाचन मंडल की मांग की। हिंदू प्रतिनिधियों ने इस मांग को अस्वीकार कर दिया। फलतः सम्मेलन असफल हो गया।

## गाँधी-इरविन समझौता

प्रथम गोलमेज सम्मेलन कांग्रेस के बिना महत्वहीन साबित हुआ। प्रधानमंत्री रैम्से मैकडोनाल्ड ने आशा जतायी कि कांग्रेस दूसरे गोलमेज सम्मेलन में भाग लेगी। महात्मा गाँधी को जेल से रिहा कर दिया गया। तेज बहादुर सप्रू और जयकर की मध्यस्थता में गाँधी के साथ समझौते के प्रयास किए गए। 5 मार्च, 1931 को गाँधी और इरविन के बीच एक समझौता हुआ। इसमें निम्न बातें शामिल थीं :

1. सभी राजनीतिक बंदियों को मुक्त करना।
2. राजनीतिक कार्यकर्ताओं के खिलाफ मुकदमें वापस लेना।
3. भारत में एक परिसंघ की स्थापना।
4. सत्ता हस्तांतरण भारतीयों के पक्ष में।

5. सविनय अवज्ञा आंदोलन वापस लेना।
6. कांग्रेस दूसरे गोलमेज सम्मेलन में भाग लेगी।
7. कांग्रेस ब्रिटिश वस्तुओं का बहिष्कार नहीं करेगी।
8. गाँधीजी पुलिस ज्यादतियों की जांच की मांग नहीं करेंगे।

गाँधी-इरविन समझौते की मुख्य बात यह थी कि इसमें पहली बार भारतीय नेताओं के साथ समानता के स्तर पर बात की गई। पर इस समझौते से कांग्रेस के कई नेता क्षुब्ध थे। जवाहर लाल एक वर्ष के प्रयास के बाद अब पूर्ण स्वराज्य का लक्ष्य व्यावहारिक रूप से छोड़ दिए जाने के कारण क्षुब्ध थे। महात्मा गाँधी ने तीन क्रांतिकारियों भगतसिंह, राजगुरु, सुखदेव को दिए गए मृत्युदंड के संदर्भ में कोई वार्ता नहीं की, इसलिए इस समझौते से युवा वर्ग असंतुष्ट था। इरविन की नीति से नौकरशाही असंतुष्ट थी। वह इस समझौते को अंग्रेजी सरकार की हार मानती थी।

## कराची अधिवेशन

दिल्ली समझौते (गाँधी-इरविन समझौता) को स्वीकृति प्रदान करने के लिए कांग्रेस का कराची अधिवेशन 29 मार्च, 1931 को वल्लभभाई पटेल की अध्यक्षता में आयोजित किया गया। इसी समय गाँधीजी ने कहा था-गाँधी मर सकता है गाँधीवाद नहीं। कराची में हुए कांग्रेस के अधिवेशन में गाँधी-इरविन समझौते को स्वीकार कर लिया गया। इस अधिवेशन में पूर्ण स्वराज्य के लक्ष्य को दोहराते हुए दो मुख्य प्रस्तावों को स्वीकार किया गया जिसमें पहला मौलिक अधिकार एवं दूसरा राष्ट्रीय आर्थिक कार्यक्रम से सम्बद्ध था। इसी अधिवेशन में कांग्रेस ने पहली बार पूर्ण स्वराज्य को परिभाषित किया और यह घोषित की कि जनता के क्षोभ को समाप्त करने के लिए राजनीतिक आजादी के साथ-साथ आर्थिक आजादी आवश्यक है। इस अधिवेशन द्वारा प्रस्तावित प्रमुख मुद्दे निम्न थे-

- लोकसम्मत मौलिक अधिकारों का आश्वासन।
- जनता के सभी वर्गों से जातीय और धार्मिक लाचारियों की समाप्ति।
- विभिन्न क्षेत्रों की राष्ट्रीय भाषाओं का विकास और भाषायी आधार पर भारत के प्रांतों का गठन।
- करों में कमी।
- देशी रियासतों और पिछड़े क्षेत्रों में प्रचलित बेगार की प्रथा की समाप्ति।
- नमक कर की समाप्ति।
- मजदूरों के विशेषाधिकारों की सुरक्षा, जैसे काम करने की स्वस्थ स्थितियाँ, न्यूनतम मजदूरी का निर्धारण, बेरोजगारी का बीमा, आठ घंटे प्रतिदिन का काम और छुट्टियों का वेतन।

## द्वितीय गोलमेज सम्मेलन

द्वितीय गोलमेज सम्मेलन लंदन में मैकडोनाल्ड की अध्यक्षता में सितम्बर, 1931 में शुरू हुआ। गाँधी-इरविन समझौते की शर्त के अनुसार कांग्रेस ने इसमें भाग लेने का निर्णय किया तथा गाँधीजी को अपने एकमात्र प्रतिनिधि के रूप में सम्मेलन में भाग लेने के लिए भेजा। कांग्रेस कार्यसमिति की एक और सदस्य सरोजिनी नायडू भी इसमें भाग लेने गईं। उन्होंने भारतीय महिलाओं का प्रतिनिधित्व किया। उनके साथ एनी बेसेंट भी गई थीं। मदन मोहन मालवीय राष्ट्रवादी दल के प्रतिनिधि के रूप में इसमें शामिल हुए। इस सम्मेलन की सबसे महत्वपूर्ण उपलब्धि दो उप-समितियों का गठन था। प्रथम समिति 'संघीय संरचना' एवं द्वितीय समिति 'अल्पसंख्यकों' से संबंधित थी। ब्रिटिश मंत्री एवं अनेक साम्प्रदायिक नेता साम्प्रदायिक समझौते पर विशेष जोर दे रहे थे, जबकि गाँधीजी ने संवैधानिक सुधारों को प्रमुखता दी। इस मुद्दे पर अल्पसंख्यकों से संबंधित समिति में गतिरोध उत्पन्न हो गया। ब्रिटिश सरकार आश्वस्त थी कि विभिन्न साम्प्रदायिक नेता साम्प्रदायिक प्रश्न का हल नहीं कर पाएंगे। गाँधीजी ने तर्कपूर्ण सुझाव दिया कि इसका समाधान स्वराज्य में हो सकता है। द्वितीय गोलमेज सम्मेलन के समय फ्रैंक मोरेस ने गाँधीजी के बारे में कहा-अर्द्ध नंगे फकीर की ब्रिटिश प्रधानमंत्री से वार्ता हेतु सेंट जेम्स पैलेस की सीढ़ियां चढ़ने का दृश्य अपने आप में अनोखा एवं दिव्य प्रभाव उत्पन्न करने वाला था।

अंततः 1931 में मैकडोनाल्ड ने प्रस्तावित भारत शासन अधिनियम की मुख्य बिंदुओं को स्पष्ट किया। इसमें मजबूत संघीय सरकार एवं सीमित स्वशासन के अधिकार वाली प्रांतीय स्वायत्तता की घोषणा की गई। संघ सरकार के महत्वपूर्ण क्षेत्र जैसे-वित्त, विदेशी संबंध (युद्ध की घोषणा सहित) एवं प्रतिरक्षा ब्रिटिश संसद एवं वायसराय के अधिकार में होंगे। वार्ता असफल हो गई एवं गाँधीजी खाली हाथ भारत लौट आए।

## मैकडोनाल्ड अवार्ड एवं पूना समझौता

द्वितीय गोलमेज सम्मेलन में विभिन्न सम्प्रदायों एवं दलित वर्गों के लिए पृथक् निर्वाचक-मंडल के विषय पर कोई सहमति नहीं हो सकी थी। अतः सम्मेलन ने इस समस्या के निदान के लिए ब्रिटिश प्रधानमंत्री रैम्से मैकडोनाल्ड को प्राधिकृत किया था। तदनुसार, 16 अगस्त, 1932 को रैम्से मैकडोनाल्ड ने अपने साम्प्रदायिक निर्णय की घोषणा की। इस अधिनियम के अनुसार मुसलमान, यूरोपीय तथा सिक्ख मतदाता अलग-अलग साम्प्रदायिक निर्वाचन-मंडलों में मतदान कर अपने उम्मीदवारों का चुनाव करते। दलित वर्ग के लिए भी पृथक् निर्वाचन मंडल का प्रावधान था। सरकारी तौर पर दलितों को अनुसूचित जाति के नाम से पृथक् सम्प्रदाय के रूप में स्वीकार किया गया। मैकडोनाल्ड ने हिंदुओं और दलित वर्गों में आपसी सहमति से तैयार की गई किसी वैकल्पिक योजना को स्वीकार करने का वचन दिया।

इस घोषणा के खिलाफ गांधीजी ने उपवास रखा। गाँधीजी के उपवास ने पूरे देश में बड़ी उत्तेजना एवं चिंता पैदा कर दी। पंडित मदनमोहन मालवीय के प्रयासों से दलित नेता डॉ. बी. आर. अम्बेदकर और गांधीजी के बीच 26 सितम्बर, 1932 को पूना में एक समझौता हुआ, जिसमें दो शर्तों के आधार पर सामान्य निर्वाचक-मंडल बनाए जाने के संबंध में सहमति हुई। ये दो शर्तें थीं : विभिन्न प्रांतीय विधानमंडलों में दलित वर्गों के लिए 148 सीटें आरक्षित करना जबकि सांप्रदायिक अधिनिर्णय में केवल 71 सीटों की ही व्यवस्था की गई थी। दूसरे, केंद्रीय विधानमंडल में 18 प्रतिशत सीटें दलित वर्गों के लिए आरक्षित करना।

## तृतीय गोलमेज सम्मेलन

तृतीय गोलमेज सम्मेलन नवम्बर, 1932 में आयोजित किया गया। इसके कुछ पहले ही सरकार ने पूना पैक्ट को स्वीकार कर लिया था। कांग्रेस ने सम्मेलन का बहिष्कार किया। सम्मेलन में ब्रिटिश भारत की संघीय संरचना पर विवाद हुआ। इस पर एक 'श्वेत पत्र' तैयार कर संसद की संयुक्त प्राक्कलन समिति को सौंपा गया। प्राक्कलन समिति की अनुशंसाओं के आधार पर एक विधेयक तैयार किया गया तथा उसे गवर्नमेंट ऑफ इंडिया एक्ट, 1935 के रूप में पारित किया गया। वास्तव में यह सम्मेलन एक खानापूर्ति मात्र था।

## प्रांतीय चुनाव

1937 के चुनाव में कांग्रेस को बड़ी सफलता मिली। उसे 1585 असेम्बली सीटों में 711 सीटों पर विजय प्राप्त हुई। 11 में से 5 प्रांतों मद्रास, बिहार, उड़ीसा, मध्य प्रांत और संयुक्त प्रांत में कांग्रेस को पूर्ण बहुमत मिला। बम्बई में लगभग बहुमत (175 में से 86) मिला। इन सभी प्रांतों में कांग्रेस ने सरकार बनाई। बाद में चलकर पश्चिमोत्तर सीमा प्रांत एवं असम में भी कांग्रेस ने सरकार बनाई। 1937 के प्रांतीय चुनाव के पश्चात् कांग्रेस जिन आठ राज्यों में सत्ता में आई थी, वहाँ उसने दो वर्ष से कुछ अधिक समय तक शासन किया।

संयुक्त प्रांत और बिहार में काश्तकारी बिल पारित किए गए। सभी कांग्रेस शासित प्रांतों में कृषकों को साहूकारों के शोषण से बचाने तथा सिंचाई सुविधाओं को बेहतर बनाने के प्रयास किए गए। बम्बई की कांग्रेस सरकार ने 1937 में एक कपड़ा जाँच समिति गठित की। इसने कर्मचारियों की वेतन वृद्धि, स्वास्थ्य तथा बीमा सुरक्षा की सिफारिश की। बम्बई सरकार ने हड़ताल और तालाबन्दी पर रोक लगाने के लिए नवम्बर, 1938 में औद्योगिक विवाद अधिनियम पेश किया। अन्य कांग्रेस शासित प्रांतों में भी श्रमिकों के कल्याण के लिए कई कानून पारित किए गए।

कांग्रेस सरकारों ने नागरिक स्वतंत्रता, राजनीतिक कैदियों की रिहाई तथा रचनात्मक क्षेत्र में भी काफी कार्य किए। पहले से प्रतिबंधित अनेक संगठन तथा समाचार-पत्र फिर से कार्य करने लगे। ग्रामीण उद्योगों के उत्थान, मद्य-निषेध, 'बुनियादी शिक्षा एवं प्राथमिक शिक्षा के संवर्द्धन, जनजातियों के कल्याण, जेल सुधार तथा अस्पृश्यता निवारण के लिए विशेष कार्यक्रम शुरू किए गए। इसी बीच द्वितीय विश्वयुद्ध में भारत के शामिल होने की ब्रिटिश सरकार की घोषणा के कारण कांग्रेस मंत्रिमंडल ने 15 नवंबर 1939 को त्यागपत्र दे दिया। लीग ने 22 दिसंबर 1939 को मुक्ति दिवस के रूप में मनाया।

## 1937 के चुनाव के बाद विभिन्न प्रांतों में बनी सरकार

| प्रांत | दल | नेतृत्व |
|---|---|---|
| बंगाल | कृषक प्रजा पार्टी एवं मुस्लिम लीग | फजलूल हक |
| सिंध | भारतीय राष्ट्रीय कांग्रेस | अल्लाबक्स |
| पंजाब | यूनियनिस्ट पार्टी एवं मुस्लिम लीग | सिकन्दर हयात खां |
| बिहार | भारतीय राष्ट्रीय कांग्रेस | श्री कृष्ण सिंह |
| संयुक्त प्रांत | भारतीय राष्ट्रीय कांग्रेस | गोविंद बल्लभ पंत |
| बंबई | भारतीय राष्ट्रीय कांग्रेस | बी.जी. खरे |
| मध्य प्रांत | भारतीय राष्ट्रीय कांग्रेस | एन.बी. खरे |
| पश्चिमी सीमा प्रांत | भारतीय राष्ट्रीय कांग्रेस | डॉ. खान साहेब |
| असम | भारतीय राष्ट्रीय कांग्रेस | सादुल्लाह, बाद में जी.सी. बारदोलोई |
| मद्रास | भारतीय राष्ट्रीय कांग्रेस | सी. राजगोपालाचारी |
| उड़ीसा | भारतीय राष्ट्रीय कांग्रेस | बी.एन. दास |

## सिकंदर–जिन्ना पैक्ट

1937 ई. में मुस्लिम लीग का वार्षिक अधिवेशन लखनऊ में हुआ। इसी अधिवेशन के दौरान जिन्ना और पंजाब के मुख्यमंत्री सिकंदर हयात खां के बीच एक समझौता हुआ जो सिकंदर-जिन्ना पैक्ट के नाम से विख्यात है। इस समझौते के अनुसार पंजाब में उनके दल (यूनियनिस्ट पार्टी) के सदस्यों को मुस्लिम लीग की सदस्यता दिलाने की व्यवस्था की गई, परंतु मंत्रिमंडल यूनियनिस्ट दल का ही कहा जाना था। यह कोई लिखित समझौता नहीं था, बल्कि मात्र एक घोषणा थी। दोनों के अपने-अपने स्वार्थ थे। सिकंदर हयात खां ऐसा कर मुस्लिम लीग के संभावित आक्रमण से अपनी रक्षा करना चाहते थे जबकि जिन्ना हयात खां के प्रभाव से पंजाब में मुस्लिम लीग की स्थिति सुदृढ़ करना चाहते थे।

## त्रिपुरी संकट

सुभाषचन्द्र बोस को 1938 में हरिपुरा कांग्रेस के वार्षिक अधिवेशन के लिए कांग्रेस का अध्यक्ष चुना गया। हरिपुरा में कांग्रेस अधिवेशन के समय सुभाषचन्द्र बोस ने पं. नेहरू की अध्यक्षता में एक 'राष्ट्रीय योजना समिति' बनाई जिसके सदस्यों में बिड़ला, लाला श्रीराम एवं विश्वैश्वरैया शामिल थे। सुभाषचन्द्र बोस 1939 में त्रिपुरी कांग्रेस के वार्षिक अधिवेशन में दूसरी बार अध्यक्ष पद के उम्मीदवार बने। वे गाँधीजी के पसन्द के उम्मीदवार पट्टाभि सीतारमैया को परास्त कर दूसरी बार अध्यक्ष चुन लिए गए। परंतु कुछ माह पश्चात् अपेक्षित सहयोग के अभाव में इस्तीफा दे दिया। सुभाषचन्द्र बोस के इस्तीफे के पश्चात् राजेन्द्र प्रसाद कांग्रेस के अध्यक्ष नियुक्त हुए। गाँधीजी ने पट्टाभि सीतारमैया की हार को अपनी हार बताया। 3 मई 1939 को सुभाष चंद्र बोस ने फारवर्ड ब्लॉक की स्थापना की।

## अगस्त प्रस्ताव

8 अगस्त, 1940 को वायसराय लिनलिथगो ने एक घोषणा की। इसे ही अगस्त प्रस्ताव के नाम से जाना जाता है। इसमें निम्न प्रावधान थे-अंग्रेज किसी ऐसी संस्था को शासन नहीं सौंपेंगे, जिसमें अल्पसंख्यकों का हित सुरक्षित न हो, युद्ध के बाद एक संविधान सभा का गठन, संविधान निर्माण का अधिकार भारतीयों को तथा एक युद्ध सलाहकार परिषद् का गठन जिसमें भारतीय भी शामिल होंगे। उक्त आधार पर भारतीय युद्ध में सरकार का सहयोग करेंगे।

एक तरह से अगस्त प्रस्ताव भारत की वैधानिक समस्या को सुलझाने की दिशा में एक सराहनीय प्रयास था। इस प्रस्ताव में युद्ध के बाद भारत को औपनिवेशिक स्वराज की स्थापना का वचन दिया गया था और इसके लिए संविधान बनाने की शक्ति भी भारतीयों को दिए जाने की बात कही गई थी। पर कई दृष्टि से ये प्रस्ताव असंतोषजनक थे। कांग्रेस की अस्थायी सरकार की स्थापना तथा उसे रक्षा एवं अन्य मामलों का नियंत्रण देने की मांग का इसमें जिक्र तक नहीं किया गया था। इसमें अल्पसंख्यकों को भविष्य में भारत के संवैधानिक विकास में रोक लगाने का पूरा अधिकार दे दिया गया था। इसमें बहुमत को अल्पमत की दया पर छोड़ दिया गया था। यह राष्ट्रीय हितों के प्रतिकूल था।

कांग्रेस ने अगस्त प्रस्ताव को अस्वीकार कर दिया, मुस्लिम लीग ने भी इसे स्वीकार नहीं किया क्योंकि इसमें संयुक्त भारत की ओर संकेत किया गया था। इसमें पाकिस्तान की स्थापना के लिए कोई प्रस्ताव नहीं था। वस्तुतः अगस्त प्रस्ताव भारत की वैधानिक समस्या को हल करने की बजाय उसे टालने, वैधानिक गतिरोध के लिए कांग्रेस को उत्तरदायी ठहराने और भारत की राजनीतिक समस्या को सांप्रदायिक समस्या का रूप देने का प्रयास था।

## पाकिस्तान प्रस्ताव

1940 को मुस्लिम लीग का अधिवेशन लाहौर में हुआ। इसकी अध्यक्षता जिन्ना ने की। इस अधिवेशन में भारत से अलग एक मुस्लिम राष्ट्र की मांग की गई। अलग मुस्लिम राष्ट्र के प्रस्ताव का प्रारूप सिकंदर हयात खां ने तैयार किया था। इसे फजलूल हक ने प्रस्तुत किया। खलीक उज्जमां ने इसका समर्थन किया। मुसलमानों में पृथकतावादी तत्व बहुत पहले से ही सक्रिय थे जो मुसलमानों के लिए अलग देश की मांग कर रहे थे। इस मांग को रखने वाले कैम्ब्रिज विश्वविद्यालय में शिक्षा प्राप्त कर रहे कुछ भारतीय मुसलमान थे जिनके अगुआ चौधरी रहमत अली थे। उनकी अध्यक्षता में पाकिस्तान नेशनल मूवमेंट लंदन में चलाया था।

## व्यक्तिगत सत्याग्रह आंदोलन

महात्मा गाँधी ब्रिटिश सरकार के विरुद्ध भारतीय भावनाओं को व्यक्त करना चाहते थे। किंतु इसके साथ ही वे ब्रिटिश सरकार के समक्ष उत्पन्न संकट की स्थिति से अनुचित लाभ उठाने के पक्ष में नहीं थे। इसलिए उन्होंने सामूहिक कार्रवाई के स्थान पर सीमित सत्याग्रह आंदोलन आरंभ किया। व्यक्तिगत सत्याग्रह केवल प्रतीकात्मक विरोध था और इसका उद्देश्य नैतिक विरोध की अभिव्यक्ति मात्र था। इस सत्याग्रह में अहिंसा पर विशेष बल दिया गया था। सामूहिक कार्रवाई को भी प्रत्येक रूप में निषिद्ध किया गया था। गाँधी के विश्वस्त अनुयायी विनोबा भावे को प्रथम सत्याग्रही के रूप में चुना गया। उनके द्वारा पवनार में 17 अक्टूबर, 1940 को यह आंदोलन आरंभ किया गया। उनके द्वारा इस आंदोलन को तीन कारणों से आवश्यक बताया गया–

1. कांग्रेस की राष्ट्रीय सरकार की मांग अस्वीकार कर दी गई।
2. युद्ध प्रयासों के विरुद्ध विचार व्यक्त करने की स्वतंत्रता का निषेध कर दिया गया।
3. ब्रिटिश शासक यह मानने के लिए तैयार नहीं थे कि भारत अपनी इच्छा से युद्ध में शामिल नहीं हुआ है।

विनोबा भावे के बाद दूसरे आंदोलनकर्ता नेहरू जबकि सैयद अब्बास जी तीसरे आंदोलनकर्ता थे। इस आंदोलन ने शीघ्र ही राष्ट्रव्यापी आकार ले लिया। मई, 1941 तक लगभग 14 हजार सत्याग्रही गिरफ्तार किए गए। व्यक्तिगत सत्याग्रह आंदोलन का उद्देश्य कांग्रेस सरकार के त्यागपत्र और युद्ध की स्थितियां के बीच भारतीय जनता को भावी आंदोलन के लिए तैयार करना था। यह एक प्रकार से भारतीय जनता की ब्रिटिश विरोधी भावना का परीक्षण भी था।

## क्रिप्स मिशन

युद्धकालीन स्थितियों के बीच मार्च 1942 में क्रिप्स मिशन भारत आया। इसके उद्देश्य कुछ रियायतों की घोषणा कर युद्ध में भारतीयों का सहयोग प्राप्त करना था। इसने अपने प्रस्ताव

पर भारतीय नेताओं से बातचीत की पर कोई समझौता नहीं हो सका। क्रिप्स द्वारा प्रस्तुत प्रस्ताव निम्न थे-

1. ब्रिटिश राष्ट्रमंडल के अंतर्गत भारत को पूर्ण औपनिवेशिक स्वराज का दर्जा दिया जाएगा। भारत को राष्ट्रमंडल से अलग होने का भी अधिकार होगा।
2. युद्ध के पश्चात् राज्य के विधानमंडलों के निम्न सदनों के द्वारा आनुपातिक प्रणाली के आधार पर एक संविधान सभा का गठन किया जाएगा। उस सभा में देशी रियासतों के प्रतिनिधि भी शामिल होंगे।
3. जो प्रांत उसे स्वीकार न करे वह अपनी यथावत् स्थिति में रह सकता है।
4. संविधान सभा और ब्रिटिश सरकार में अल्पसंख्यकों की सुरक्षा के लिए संधि की जाएगी।
5. जब तक संविधान सभा का गठन न हो, अंग्रेज ही भारत की सुरक्षा के लिए उत्तरदायी होंगे।

क्रिप्स मिशन के प्रस्ताव 1940 के प्रस्तावों की अपेक्षा अधिक निश्चित तथा ठोस थे। इसमें सभी पक्षों को संतुष्ट करने का प्रयास था। इसमें कांग्रेस के लिए पूर्ण अधिक्षेत्र प्रास्थिति और संविधान सभा, मुस्लिम लीग के लिए मुस्लिम बहुल प्रांतों के लिए नया संविधान एवं देशी रियासतों के लिए भारतीय परिसंघ में शामिल होने अथवा न होने की पूरी छूट थी। इसके बावजूद मिशन का प्रस्ताव सभी पक्षों को संतुष्ट नहीं कर सका। कांग्रेस ने इसे दिवालिये बैंक का चेक कहकर अस्वीकार कर दिया।

क्रिप्स प्रस्ताव अप्रत्यक्ष रूप से पाकिस्तान की मांग को स्वीकार करता था तथा इसमें भारत की रक्षा व्यवस्था कांग्रेस के अनुकूल नहीं थी। अतः कांग्रेस ने इसे अस्वीकार कर दिया। मुस्लिम लीग ने इसे इसलिए नहीं माना क्योंकि इसमें पाकिस्तान की मांग को स्पष्ट रूप से स्वीकार नहीं किया गया था।

## कांग्रेस का वर्धा प्रस्ताव

14 जुलाई, 1942 को कांग्रेस कार्य-समिति की बैठक वर्धा में हुई, जिसमें एक प्रस्ताव द्वारा यह मांग की गई कि अंग्रेज भारत छोड़कर चले जाएं। प्रस्ताव में यह भी कहा गया था कि जो परिस्थिति उत्पन्न हो गई है उसका समाधान केवल ब्रिटिश शासन के अंत होने से ही होगा। प्रस्ताव में कहा गया था कि इस उद्देश्य की पूर्ति के लिए कांग्रेस एक व्यापक संघर्ष चलाएगी। अगस्त, 1942 को इलाहाबाद में तिलक दिवस के अवसर पर जवाहरलाल नेहरू ने अपने भाषण में कहा, 'हम आग से खेलने जा रहे हैं, हम दुधारी तलवार प्रयुक्त करने जा रहे हैं, जिसकी चोट उलटे हमारे ऊपर भी पड़ सकती है, लेकिन हम विवश हैं।

## भारत छोड़ो आंदोलन

7 अगस्त को कांग्रेस कार्य समिति की बैठक बंबई में हुई। इसकी अध्यक्षता अबुल कलाम आजाद ने की। पंडित नेहरू ने भारत छोड़ो प्रस्ताव पेश किया जिसे बहुमत से स्वीकार कर लिया गया। प्रस्ताव पारित होने के बाद महात्मा गाँधी ने लगभग सत्तर मिनट तक भाषण दिया। उन्होंने कहा, "भारत में ब्रिटिश शासकों का रहना, जापान को भारत पर आक्रमण के लिए आमंत्रण देना है। उनके भारत छोड़ने से यह आक्रमण टल जाएगा। भारत को ईश्वर के हाथों में छोड़ दो। उन्होंने 'करो या मरो' संघर्ष के लिए राष्ट्र का आह्वान किया।

8 अगस्त की रात्रि को कांग्रेस के बड़े नेताओं को गिरफ्तार कर लिया गया। नेताओं की गिरफ्तारी से देश में जनविप्लव शुरू हो गया। सरकार विरोधी प्रदर्शन हुए। हड़तालें हुईं, सभाएँ हुईं और जुलूस निकले। सरकार के प्रति घृणा और रोष से उत्तेजित जनता ने हिंसात्मक मार्ग अपनाया। रेल की पटरियाँ उखाड़ दी गईं और अग्निकांड, हत्या, तोड़फोड़ आदि शुरू हुए। टेलीफोन और टेलीग्राफ की लाइनें काट दी गईं। सरकारी भवनों में आग लगा दी गई। जमशेदपुर, अहमदाबाद और बंबई में मजदूरों ने हड़ताल कर दी। स्कूल और कॉलेज बंद हो गए। रेलों का चलना बंद हो गया। इस समय आंदोलन की बागडोर अच्युत पटवर्द्धन, अरुणा आसफ अली, सुचेता कृपलानी, राममनोहर लोहिया, बीजू पटनायक एवं छोटूभाई खुड़ाणिक के हाथों में थी।

पूर्वी उत्तर प्रदेश में बलिया, बंगाल के मिदनापुर में स्थित तामलुक तथा महाराष्ट्र के सतारा में ब्रिटिश शासन का अंत हो गया और समानांतर सरकारें बनीं।

## भारत छोड़ो आंदोलन में गिरफ्तार नेता

| नेता | जेल |
|---|---|
| महात्मा गाँधी | आगा खाँ पैलेस |
| सरोजिनी नायडू | आगा खाँ पैलेस |
| जवाहरलाल नेहरू | अहमदनगर |
| गोविन्द वल्लभ पंत | अहमदनगर |
| आचार्य कृपलानी | अहमदनगर |
| राजेन्द्र प्रसाद | बांकीपुर (पटना) |
| जय प्रकाश नारायण | हजारीबाग |
| कस्तूरबा गाँधी | आगा खाँ पैलेस |
| अबुल कलाम आजाद | वाकुड़ा जेल |

पहली समानांतर सरकार बलिया में चितु पांडेय के नेतृत्व में बनी। इसका प्रभाव गाजीपुर क्षेत्र पर भी था। बंगाल के मिदनापुर जिले के तामलुक में गठित राष्ट्रीय सरकार 1944 तक चलती रही। यहाँ की सरकार को जातीय सरकार के नाम से जाना जाता है। यहाँ की किसान विधवा मातंगिनी हजारा ने गोली लग जाने के बाद भी राष्ट्रीय झंडे को ऊँचा रखा था। सतारा की राष्ट्रीय सरकार सबसे दीर्घजीवी थी। इसके नेता वाई.वी. चौहान थे। इस समय सबसे रोमांचकारी कार्य गुप्त रूप से कांग्रेस रेडियो का संचालन था। बंबई में इसका प्रारंभ उषा मेहता ने किया। राममनोहर लोहिया इस पर नियमित रूप से लोगों को संबोधित करते थे।

ब्रिटिश सरकार ने क्रांति के दमन की नीति अपनाई। जनता को मशीनगनों और गोलियों का शिकार बनाया गया। पुलिस एवं सैनिकों की गोली से हजारों व्यक्तियों की जानें गईं। गाँवों पर सामूहिक दंड लगाए गए। ब्रिटिश अधिकारियों का दमनचक्र अपने अंतिम बिंदु पर पहुँच गया था। सरकार के अमानुषिक व्यवहार तथा जनता के हिंसात्मक कार्यों से महात्मा गाँधी को हार्दिक क्लेश हुआ। उन्होंने 10 फरवरी, 1943 को इक्कीस दिनों का अनशन शुरू किया। सरकार ने गांधीजी को गिरफ्तार कर लिया। वायसराय की कार्यकारिणी परिषद् के कई सदस्यों ने त्यागपत्र दे दिया और सरकार से अपील की कि वह गाँधीजी को जेल से मुक्त कर दे। परंतु, इसका कोई परिणाम नहीं निकला। 2 मार्च, 1943 को गाँधीजी का अनशन समाप्त हुआ। सरकार ने 6 मई, 1944 को गाँधीजी को जेल से रिहा कर दिया।

**अगस्त क्रांति के परिणाम** : 1942 ई. की अगस्त क्रांति भारतीय राष्ट्रीयता के इतिहास में विशेष महत्व रखती है। सरकार के कठोर दमनचक्र और नेताओं की गिरफ्तारी के कारण आंदोलन समाप्त हो गया। किंतु, इससे क्रांति का महत्व कम नहीं होता। इसने यह प्रमाणित कर दिया कि अब अधिक दिनों तक भारत में ब्रिटिश शासन कायम नहीं रह सकता। 1942 ई. की क्रांति ने भारतीय स्वतंत्रता के लिए एक समुचित पृष्ठभूमि तैयार कर दी। क्रांति में भारतीय जनता ने अपूर्व साहस और धैर्य का परिचय दिया। लाखों युवक मातृभूमि की स्वतंत्रता हेतु मर मिटने को तैयार थे। राष्ट्रीयता की भावना अपनी पराकाष्ठा पर पहुँच चुकी थी और ऐसी स्थिति में ब्रिटिश शासन का कायम रहना संभव नहीं था।

## आजाद हिंद फौज

1939 में कांग्रेस से इस्तीफे के बाद सुभाष चंद्र बोस ने फारवर्ड ब्लॉक की स्थापना की। 1940 में उन्हें गिरफ्तार कर उनके घर में ही नजरबंद कर दिया गया। जनवरी, 1941 को एक पठान जियाउद्दीन के वेश में वे घर से फरार हो गए। वे कलकत्ता से पेशावर पहुँचे। भगत राम की सहायता से वे काबुल पहुँचे। काबुल से रूस होते हुए वे जर्मनी पहुँचे। वहाँ उन्होंने हिटलर से मुलाकात की। हिटलर ने उन्हें हरसंभव सहायता का वचन दिया। सुभाषचंद्र बोस ने इटली और जर्मनी में रह रहे सैनिकों को एकजुट कर मुक्ति सेना बनाई जिसका मुख्यालय ड्रेसडन

(जर्मनी) में स्थित था। सुभाषचंद्र बोस ने पहली बार जयहिंद का नारा दिया। जर्मनी की जनता ने उन्हें नेताजी के नाम से संबोधित किया।

भारत के प्रसिद्ध क्रांतिकारी रासबिहारी बोस ने बैंकाक में इंडियन इंडिपेंडेंस लीग की स्थापना की (23 जून, 1942)। कैप्टन मोहन सिंह ने जापान की सहायता से 15 दिसंबर, 1941 में आजाद हिंद फौज का गठन मलाया में किया। 5 जुलाई, 1943 को रासबिहारी बोस ने भारतीय स्वतंत्रता लीग की अध्यक्षता सुभाष चंद्र बोस को सौंप दी। अब वे नेता जी कहलाने लगे। 21 अक्टूबर, 1943 को सुभाषचंद्र बोस ने आजाद हिंद फौज के सर्वोच्च सेनापति की हैसियत से सिंगापुर में स्वतंत्र भारत की अस्थायी सरकार की स्थापना की। इसके मंत्रियों में एच.सी. चटर्जी (वित्त), एम.ए. अय्यर (प्रचार) तथ लक्ष्मी स्वामीनाथन (महिला विभाग) आदि शामिल थे। उन्होंने अस्थायी सरकार का मुख्यालय रंगून में बनाया। जर्मनी और जापान ने अस्थायी सरकार का समर्थन किया। सुभाषचंद्र बोस ने लक्ष्मीबाई के नाम पर रानी झांसी रेजिमेंट की स्थापना की। इस रेजिमेंट में केवल महिलाओं को शामिल किया जाता था। आजाद हिंद फौज के तीन अन्य ब्रिगेड थे–सुभाष ब्रिगेड, नेहरू ब्रिगेड एवं गाँधी ब्रिगेड।

सुभाषचंद्र बोस ने स्वयं को अस्थायी सरकार का प्रधानमंत्री एवं मुख्य सेनापति घोषित किया। अक्टूबर, 1943 में इस सरकार ने मित्र राष्ट्रों के खिलाफ युद्ध की घोषणा की। सुभाषचंद्र बोस ने सैनिकों का आह्वान करते हुए कहा–तुम मुझे खून दो मैं तुम्हें आजादी दूँगा। जापान ने अंडमान एवं निकोबार द्वीप पर अधिकार कर लिया एवं उसे सुभाषचंद्र बोस को सौंप दिया। सुभाषचंद्र बोस ने अंडमान का नाम शहीद द्वीप तथा निकोबार का नाम स्वराज द्वीप रखा। आजाद हिंद फौज की सेना असम में कोहिमा तक पहुँच गई। यहाँ पर आजाद हिंद फौज ने तिरंगा झंडा फहराया। 6 जुलाई 1944 को सुभाषचंद्र बोस ने आजाद हिंद रेडियो पर एक प्रसारण में महात्मा गांधी को राष्ट्रपिता के रूप में संबोधित करते हुए उनसे आजादी की इस आखिरी लड़ाई मे आशीर्वाद मांगा। द्वितीय विश्वयुद्ध में जापान की पराजय के बाद इन क्षेत्रों पर पुनः अंग्रेजों का अधिकार हो गया। अगस्त, 1945 में बैंकाक से टोकियो जाते वक्त विमान हादसे में सुभाष चंद्र बोस की मृत्यु हो गई।

## राजाजी फार्मूला

1944 ई. में राजगोपालाचारी ने एक योजना प्रस्तुत की। उसके अनुसार मुस्लिम लीग को भारत की स्वतंत्रता की माँग का समर्थन करना था तथा अंतरिम सरकार में कांग्रेस के साथ सहयोग करना था। युद्ध-समाप्ति के पश्चात् भारत के उत्तर-पश्चिम एवं उत्तर-पूर्व के उन क्षेत्रों में जहाँ मुसलमान बहुसंख्यक थे, एक आयोग द्वारा इन इलाकों को स्पष्ट किया जाना था। इन इलाकों में जनमत संग्रह द्वारा यह निश्चित किया जाना था कि वे भारत में रहना चाहते हैं या उससे अलग होना। बँटवारे की स्थिति में प्रतिरक्षा, संचार, आवागमन एवं जनसंख्या का आदान-प्रदान एक समझौते द्वारा तय किया जाना था। परंतु, ये सभी शर्तें तभी

लागू हो सकती थीं जब अंग्रेज भारत को सत्ता का हस्तांतरण कर देते। जिन्ना ने इस फार्मूले को अस्वीकार कर दिया। गाँधी और जिन्ना के बीच इस विषय पर लंबी वार्ता हुई पर जिन्ना पाकिस्तान की माँग पर अडिग रहे। पहली बार गाँधी ने जिन्ना को कायदे आजम कहकर उनका सम्मान बढ़ाया। कालांतर में इसी फार्मूले के आधार पर भारत का विभाजन हुआ।

## देसाई–लियाकत योजना

1945 में देसाई–लियाकत योजना के द्वारा साम्प्रदायिक गतिरोध को समाप्त करने का प्रयास किया गया। कांग्रेस पार्टी के भूलाभाई देसाई ने जो कांग्रेस विधायी दल के नेता थे, लियाकत अली खान के समक्ष एक प्रस्ताव रखा। इसमें निम्न बातें कही गई थीं–

- केन्द्र में एक अंतरिम सरकार का गठन। अंतरिम सरकार में कांग्रेस एवं लीग के सदस्यों की संख्या बराबर–बराबर होगी।
- अल्पसंख्यकों के प्रतिनिधियों एवं एक कमांडर–इन–चीफ को शामिल किया जाना था।
- सरकार वर्तमान गवर्नमेंट ऑफ इंडिया एक्ट के अनुसार कार्य करेगी एवं प्रांतीय सरकारों का गठन संविद सरकार के रूप में होगा।

इस पर भी कांग्रेस एवं लीग के बीच कोई समझौता नहीं हो सका। लियाकत अली को इसे नकारने के लिए बाध्य होना पड़ा। असल में, कांग्रेस और लीग को समान महत्व देने के प्रस्ताव के दूरगामी परिणाम हुए।

## वैवेल योजना/शिमला सम्मेलन

मार्च, 1945 ई. में लॉर्ड वैवेल इंग्लैंड गए। वे भारतीय समस्याओं पर विचार–विमर्श कर जून, 1945 ई. में भारत लौटे। वैवेल ने 14 जून, 1945 को भारतीय जनता के नाम एक योजना प्रस्तुत की। इसका उद्देश्य भारत में विद्यमान राजनीतिक गतिरोध को दूर करना, पूर्ण स्वशासन के लक्ष्य को आगे बढ़ाना एवं संवैधानिक समझौता करना था। इसके निम्न उद्देश्य थे–

- गवर्नर–जनरल की एक नई कार्यकारिणी कॉंसिल का गठन जिसमें सभी राजनीतिक विचारधारा का प्रतिनिधित्व हो।
- इस कॉंसिल में मुसलमानों और हिंदुओं (हरिजनों को छोड़कर) को समान प्रतिनिधित्व दिया जाएगा।
- गवर्नर–जनरल और सेनाध्यक्ष को छोड़कर शेष सभी सदस्य भारतीय होंगे।
- विदेश विभाग भारतीय सदस्यों को सौंप दिया जाएगा।
- इस कॉंसिल का कार्य युद्ध संचालन, प्रशासन तथा नए संविधान निर्माण के बारे में निर्णय करना होगा।

युद्ध समाप्ति के बाद भारतीय स्वयं अपना संविधान बना सकेंगे। इस प्रस्ताव पर विचार के लिए एक सम्मेलन का आयोजन शिमला में किया गया। पंडित नेहरू, जिन्ना, अबुल कलाम आजाद, सरदार पटेल, अब्दुल गफ्फार खाँ, तारा सिंह एवं इस्माइल खां ने इसमें भाग लिया। कांग्रेस प्रतिनिधि मंडल का नेतृत्व अबुल कलाम आजाद ने किया। यह सम्मेलन 25 जून से 14 जुलाई तक चला और अंततः असफल रहा। इसकी असफलता का मुख्य कारण जिन्ना का यह दावा था कि समस्त मुसलमान सदस्य लीग द्वारा ही मनोनीत होने चाहिए। इस आधार पर कांग्रेस अध्यक्ष मौलाना अबुल कलाम आजाद भी कॉंसिल के सदस्य नहीं हो सकते थे। अनुसूचित जाति के प्रतिनिधियों ने कांग्रेस द्वारा प्रस्तुत सदस्यों के नाम पर आपत्ति की और पृथक् नामांकन का अधिकार मांगा। इन मतभेदों के अतिरिक्त वैवेल ने विभिन्न दलों से नामों की एक सूची प्रस्तुत करने के लिए कहा और उसमें से निर्धारित संख्या में चयन का अधिकार अपने लिए सुरक्षित रखा। इस पर लीग सहमत नहीं हुई। सम्मेलन की असफलता के लिए जिन्ना की अपेक्षा वैवेल अधिक उत्तरदायी था।

## लालकिले का मुकदमा

द्वितीय विश्वयुद्ध में मित्र देशों की जीत के बाद आजाद हिंद फौज के कई सैनिक एवं अधिकारी गिरफ्तार कर लिए गए। इन सैनिकों एवं अधिकारियों पर अंग्रेज सरकार ने दिल्ली के लालकिले में नवंबर, 1945 में मुकदमे चलाए। इस मुकदमे में मुख्य अभियुक्त थे-मेजर शाहनवाज खां, कर्नल प्रेम सहगल एवं कर्नल गुरु दयाल सिंह ढिल्लो। इन सभी पर राजद्रोह का आरोप लगाया गया। इनके बचाव के लिए कांग्रेस ने आजाद हिंद फौज बचाव समिति का गठन किया। इसका नेतृत्व भूलाभाई देसाई ने किया। इसके अन्य सदस्य थे-तेज बहादूर सप्रू, कैलाशनाथ काटजू, अरुणा आसफ अली और पंडित जवाहरलाल नेहरू। फौजी अदालत द्वारा इन तीनों को फांसी की सजा दी गई। इस निर्णय के खिलाफ पूरे देश में कड़ी प्रतिक्रिया हुई। लॉर्ड वैवेल को विशेषाधिकार का प्रयोग करते हुए अंततः मृत्युदंड की सजा माफ करनी पड़ी।

## नौसैनिक विद्रोह

द्वितीय विश्वयुद्ध के बाद भारत में साम्राज्यवाद के खिलाफ राष्ट्रीय लहर तीव्र हो गई। युद्धकालीन विस्तार के फलस्वरूप शाही नौसेना का एक तरह से राष्ट्रीयकरण हो गया, जिसमें देश के सभी भागों से सैनिकों की भर्ती हुई थी। विदेशों में सेवा करने के क्रम में सैनिक विश्व घटनाक्रम से परिचित हुए। आजाद हिन्द फौज के मुकदमों और भारत में बढ़ते जनांदोलन के प्रभाव ने भी शाही नौसेना को प्रभावित किया। 18 फरवरी 1946 को नौसेना के एस.एम.आई.एस. तलवार के गैर कमीशन्ड अधिकारियों एवं सिपाहियों ने विद्रोह कर दिया। सिपाहियों की मुख्य माँगें थीं—बेहतर खाना, रंगभेद का अंत, समान वेतन, इनके साथ ही आजाद हिंद फौज एवं अन्य राजनीतिक कैदियों की रिहाई और इंडोनेशिया से भारतीय सैनिकों को वापस बुलाना।

सिपाहियों ने एक केन्द्रीय हड़ताल समिति का गठन किया जिसके प्रमुख 'एम.एस. खान' थे। सिपाहियों ने अधिकारियों की आज्ञा मानने से इंकार कर दिया। तलवार के 1100 सिपाहियों ने पूर्ण माँगों के अतिरिक्त नाविक वी.सी.दत्त की रिहाई की माँग को लेकर भूख हड़ताल कर दी। कम्युनिस्ट पार्टी ने उनके समर्थन में हड़ताल का आह्वान किया। इस पर मजदूरों ने कारखाने छोड़ दिए, जिसका समर्थन दुकानदारों, व्यापारियों, छात्रों और सार्वजनिक परिवहन के कर्मचारियों ने किया। बंबई की आम हड़ताल का समर्थन अरुणा आसफ अली और अच्युत पटवर्धन जैसे कांग्रेसी समाजवादियों ने भी किया। देश के शेष भागों ने भी एकजुटता का प्रदर्शन किया। छात्रों द्वारा कक्षाओं का बहिष्कार किया गया, जुलूस और प्रदर्शन के आयोजन किए गए। मद्रास, विशाखापट्टनम, कलकत्ता, दिल्ली, अंडमान और जामनगर में भी सांकेतिक हड़ताले हुईं।

सरकार ने इस बगावत को सैनिक शक्ति की सहायता से दबाने का प्रयास किया। सरकार ने एडमिरल गोल्फ्रेड को इसे दबाने के लिए भेजा। पर इससे भी सैनिकों का मनोबल नहीं टूटा। सरदार वल्लभभाई पटेल के आश्वासन पर 23 फरवरी, 1946 को नाविकों ने अपनी बगावत समाप्त कर दी और बैरकों तथा जहाजों पर लौट गए। नौसैनिकों की बगावत से ब्रिटिश सरकार को गहरा धक्का लगा।

## कैबिनेट मिशन योजना

कैबिनेट मिशन 24 मार्च, 1946 को भारत आया। इसके सदस्यों में शामिल थे-सर स्टेफोर्ड क्रिप्स, श्री ए.वी. अलेक्जेंडर तथा पैथिक लारेंस। इसका उ द्देश्य युद्ध बाद भारत के लिए कुछ सुधारों की घोषणा करना था। इसके निम्न सुझाव थे–भारत में एक संघ की स्थापना, जिसमें देशी नरेश भी शामिल होंगे। सांप्रदायिक प्रश्न उस संप्रदाय के सदस्यों द्वारा ही सुलझाए जाएं। प्रांत परस्पर मिलकर गुट बना सकेंगे। एक अंतरिम सरकार का गठन, जिसमें सभी राजनीतिक दल शामिल हों। संविधान सभा में कुल 292 सदस्य होने थे जिसका अप्रत्यक्ष निर्वाचन होना था। दस लाख की जनसंख्या पर एक प्रतिनिधि का चयन होना था। इसमें भारतीय रियासतों के लिए 93 सीटें निर्धारित थीं।

कैबिनेट मिशन योजना के अंतर्गत भारतीय एकता को सुरक्षित रखने का प्रयास किया गया था। मिशन ने पाकिस्तान की माँग को स्पष्ट रूप से अस्वीकार कर दिया। एकल राष्ट्रवाद के अनिवार्य सिद्धांत का बलिदान किए बिना विभिन्न तत्वों को संतुष्ट करने का यह सफल प्रयास था। भारतीय राज्यों की दृष्टि से भी योजना अनुकूल थी। प्रस्ताव में राज्यों की जनता को मान्यता दी गई थी।

**मूल्यांकन** : अनेक विशेषताओं के बावजूद योजना दोषमुक्त नहीं थी। भारत के विभाजन की मांग अस्वीकार करने के बाद भी परोक्ष रूप से पाकिस्तान की व्यवस्था थी। मुस्लिम लीग

की पृथक्करण की मांग को कांग्रेस की संयुक्त भारत की मांग के अनुरूप बनाने के प्रयास ने अखिल भारतीय परिसंघ के भीतर एक उपसंघ के विचार को जन्म दिया। प्रांतों के समूहीकरण से संबंधित मिशन के प्रस्ताव की अस्पष्ट भाषा ने कांग्रेस तथा लीग के बीच विवाद को जन्म दिया। कैबिनेट योजना के प्रस्तावों के अंतर्गत प्रांतों का अनिवार्य वर्गीकरण सिक्खों के हितों के विपरीत था। सिक्खों को मुसलमानों की दया पर छोड़ दिया गया था। भारतीय राज्यों से संबंधित व्यवस्था भारतीय एकता और अखंडता के विरुद्ध थी। भारतीय राज्य भारत संघ में शामिल होने अथवा पृथक् रहने के लिए स्वतंत्र थे।

## प्रत्यक्ष कार्रवाई दिवस

कैबिनेट मिशन योजना ने अंतरिम सरकार की व्यवस्था की, परंतु पाकिस्तान की मांग को ठुकरा दिया। अंतरिम सरकार में शामिल होने के प्रश्न पर एक समस्या खड़ी हो गई। पहले कांग्रेस ने इसमें शामिल होना स्वीकार नहीं किया। इसलिए, लीग ने दावा किया कि वह कांग्रेस के बिना भी सरकार बना सकती है, परंतु वायसराय कांग्रेस को अलग रखकर सरकार बनाने के पक्ष में नहीं थे। इसलिए लीग के दावे को ठुकरा दिया। इस पर लीग ने 27 जुलाई, 1946 को कैबिनेट मिशन योजना को अस्वीकार कर दिया एवं 16 अगस्त, 1946 को पाकिस्तान के लिए सीधी कार्रवाई करने का निश्चय किया।

16 अगस्त, 1946 को कलकत्ता में भयानक दंगे हुए। लीगियों ने नारा दिया 'लड़कर लेंगे पाकिस्तान'। इस सांप्रदायिक दंगे ने भीषण रुख अख्तियार किया जिसमें हजारों जानें गईं। सुहरावर्दी की सरकार ने दंगों को दबाने की कोशिश नहीं की बल्कि सांप्रदायिक तत्वों को बढ़ावा दिया। गाँधीजी ने सांप्रदायिक दंगों को रोकने के लिए नोआखली की यात्रा की। माउंटबेटन ने उन्हें वन मैन बांउड्री फोर्स की संज्ञा दी। दंगों को रोकने में गाँधीजी को काफी सफलता मिली।

## गाँधी–जिन्ना वार्ता

देश की सांप्रदायिक समस्या को हल करने के लिए गाँधीजी और जिन्ना में वार्ता आरंभ हुई, पर यह वार्ता असफल रही। गाँधीजी ने सी.आर. फार्मूला की भांति पंजाब और असम के विभाजन की बात कही जिसे जिन्ना ने स्वीकार नहीं किया। जिन्ना द्वारा मुसलमानों को पृथक् कौम (नेशन) होने की बात गाँधीजी ने नहीं मानी। गाँधीजी बंटवारे को स्वीकार करने के लिए तैयार थे लेकिन उसी भांति जैसे एक संयुक्त परिवार के सदस्य पारिवारिक संपत्ति का बंटवारा करा लेते हैं। दोनों नेताओं में इस बात पर भी मतभेद था कि बंटवारा स्वतंत्रता प्राप्ति के पूर्व हो अथवा बाद में। जिन्ना यह बंटवारा पहले चाहते थे गाँधीजी बाद में। गाँधीजी इस बात के इच्छुक थे कि दोनों राज्यों में कुछ सम्मिलित विषयों के प्रबंध की भी व्यवस्था हो। इस वार्ता के असफल होने से पूरा लाभ जिन्ना को मिला। जहाँ एक ओर देश विभाजन की समस्या अधिक

चर्चा का विषय बनी वहीं दूसरी ओर गाँधीजी के साथ वार्ता कर जिन्ना का कद अधिक बढ़ा। मुस्लिम बहुसंख्यक प्रांतों के नेताओं के समक्ष भी अब कोई विकल्प नहीं रहा और वे जिन्ना का नेतृत्व स्वीकार करने पर सहमत हो गए।

## अंतरिम सरकार का गठन

पंडित नेहरू के नेतृत्व में 24 अगस्त, 1946 को भारत की पहली अंतरिम राष्ट्रीय सरकार की घोषणा की गई जिसमें मुस्लिम लीग की भागीदारी नहीं थी। अंतरिम सरकार में सदस्य थे-पंडित नेहरू, सरदार वल्लभभाई पटेल, डॉ. राजेन्द्र प्रसाद, आसफ अली, राजगोपालाचारी, शरत चन्द्र बोस, डॉ. जॉन मथाई, सरदार बलदेव सिंह, सरफराज अहमद खां, नाजिक राम, सैयद अली जहीर और डी. एच. भाभा आदि। अंतरिम सरकार के अध्यक्ष वायसराय तथा उपाध्यक्ष नेहरू थे। 2 सितम्बर, 1946 को नेहरू ने अन्य सदस्यों के साथ शपथ ली। 15 अक्टूबर, 1946 को लीग ने सरकार में शामिल होने का फैसला लिया।

26 अक्टूबर को मुस्लिम लीग के 5 सदस्य जिसमें लियाकत अली एवं गजनफर अली भी शामिल थे। अंतरिम सरकार में शामिल हो गए। मुस्लिम लीग के अंतरिम सरकार में शामिल होने से तीन सदस्यों सैयद अली जहीर, शरतचंद्र बोस एवं सरफराज अहमद खां को पद से हटना पड़ा। इस अंतरिम सरकार में पंडित नेहरू को कार्यकारी परिषद् का उपाध्यक्ष या उपराष्ट्रपति बनाया गया था। अन्य मंत्री थे-

सरदार पटेल–गृह, सूचना एवं प्रसारण

सरदार बलदेव सिंह–रक्षा

राजेंद्र प्रसाद–खाद्य एवं कृषि

आसफ अली–रेलवे

राजगोपालाचारी–शिक्षा

लियाकत अली–वित्त

मुस्लिम लीग के शामिल होने से अंतरिम सरकार में सदस्यों की संख्या बढ़कर 14 हो गई। इसमें कांग्रेस के 6 एवं लीग के 5 सदस्य थे।

## एटली की घोषणा

20 फरवरी, 1947 को ब्रिटिश प्रधानमंत्री एटली ने हाउस ऑफ कॉमंस में एक ऐतिहासिक घोषणा करते हुए कहा कि अंग्रेज जून, 1948 के पहले ही उत्तरदायी लोगों को सत्ता हस्तांतरित करने के उपरान्त भारत छोड़ देंगे। एटली ने लॉर्ड वैवेल के स्थान पर लॉर्ड माउंटबेटन को भारत का वायसराय नियुक्त किया। वैवेल ने अपने वायसराय पद के अन्तिम दिनों में एक 'ब्रेक डाउन प्लान' के तहत 31 मार्च, 1947 तक अंग्रेजों को भारत छोड़ने का सुझाव दिया।

## बाल्कन योजना

माउंटबेटन ने कैबिनेट मिशन योजना के विकल्प के रूप में बाल्कन प्लान पेश की। इसमें यह प्रावधान किया गया था कि सत्ता हस्तांतरण से पहले यदि संघ का निर्माण हो जाता है तो उसे सत्ता का हस्तांतरण कर दिया जाएगा। इसके साथ ही बंगाल एवं पंजाब को भी यह विकल्प दिया गया कि वे अपने बंटवारे के लिए जनमत संग्रह का सहारा ले सकते हैं। इसी प्रकार इसमें देशी रियासतों को भी यह छूट प्रदान की गई थी कि वे भारत या पाकिस्तान किसी में शामिल हो सकते हैं, या अपना स्वतंत्र अस्तित्व बनाए रख सकते हैं। जवाहरलाल नेहरू ने इसका विरोध किया एवं इस पर तीखी प्रतिक्रिया व्यक्त की जिससे यह योजना त्याग दी गई।

## माउंटबेटन योजना और भारत का विभाजन

माउंटबेटन ने 3 जून, 1947 ई. को भारत विभाजन की योजना प्रकाशित की। उसी दिन एटली ने इस योजना को इंग्लैंड की संसद में प्रस्तुत किया। इस योजना को डिकी बर्ड प्लान के नाम से भी जाना जाता है। इस योजना की निम्न विशेषताएं थीं-

- हिन्दुस्तान को दो हिस्सों भारतीय संघ एवं पाकिस्तान में बांट दिया जाएगा।
- संविधान सभा द्वारा पारित संविधान भारत के उन भागों पर लागू नहीं किया जाएगा जो इसे मानने के लिए तैयार न हों।
- बंगाल और पंजाब में हिंदू तथा मुसलमान बहुल जिलों के प्रांतीय विधानसभा के सदस्यों की अलग-अलग बैठक बुलाई जाए। यदि कोई भी पक्ष प्रांत विभाजन चाहेगा तो विभाजन कर दिया जाएगा।
- उत्तर-पश्चिमी सीमा प्रांत में जनमत द्वारा द्वारा यह पता लगाया जाए कि वह भारत के किस भाग के साथ रहना चाहेगा।
- असम के सिलहट जिले में भी इसी प्रकार जनमत द्वारा निर्णय कराया जाएगा।
- भारतीय रजवाड़ों को यह निर्णय करने की स्वतत्रंता होगी कि वे भारत में मिलना चाहते हैं या पाकिस्तान में।

माउंटबेटन योजना को कांग्रेस कार्यसमिति ने 12 जून, 1947 की बैठक में स्वीकार कर लिया। कांग्रेस कार्यसमिति की बैठक में गोविंद वल्लभ पंत ने देश के विभाजन का प्रस्ताव (माउंट बेटन योजना) पेश किया। इस प्रस्ताव का समर्थन अबुल कलाम आजाद ने किया। पटेल और नेहरू ने भी इस प्रस्ताव का समर्थन किया। गाँधीजी ने इस प्रस्ताव को स्वीकार करने की सलाह दी। इस प्रस्ताव का विरोध करने वाले प्रमुख नेता थे-सिंध कांग्रेस के चौथ राम मोटवानी, पंजाब कांग्रेस के अध्यक्ष सैफुद्दीन किचलू, पुरुषोत्तम दास टंडन एवं मौलाना हफीजुर्रहमान। गाँधी, नेहरू एवं पटेल के समर्थन के बावजूद कांग्रेस कार्यसमिति का प्रस्ताव

अखिल भारतीय कांग्रेस समिति में सर्वसम्मति से पास नहीं हो सका। 108 सदस्यों ने या तो इसके खिलाफ वोट दिया या तटस्थ रहे।

उपरोक्त योजना के आधार पर एक विधेयक तैयार किया गया जिसे इंग्लैंड की संसद ने 18 जुलाई, 1947 ई. को पास कर दिया। इसके अनुसार 15 अगस्त, 1947 ई. को देश को दो डोमिनियनों–भारत और पाकिस्तान में बांट दिया गया। दोनों डोमिनियनों को पूरी स्वतंत्रता तथा प्रभुसत्ता सौंप दी गई।

***

# वस्तुनिष्ठ प्रश्न

**1.** सिंधु सभ्यता का पत्तननगर (बंदरगाह) कौन-सा था?

(*a*) कालीबंगा (*b*) लोथल

(*c*) रोपड़ (*d*) मोहनजोदड़ो *(UPPSC 1999)*

**2.** सूची-I को सूची-II से सुमेलित कीजिए-

| **सूची-I (स्थल)** | **सूची-II (नदी)** |
|---|---|
| A. हड़प्पा | 1. रावी |
| B. मोहनजोदड़ो | 2. सिंधु |
| C. लोथल | 3. भोगवा |
| D. कालीबंगा | 4. घग्घर |

**कूट :**

| | A | B | C | D |
|---|---|---|---|---|
| (*a*) | 1 | 2 | 3 | 4 |
| (*b*) | 2 | 1 | 4 | 3 |
| (*c*) | 4 | 3 | 2 | 1 |
| (*d*) | 1 | 2 | 4 | 3 |

**3.** सिंधु सभ्यता में बृहत स्नानागार पाया गया है-

(*a*) मोहनजोदड़ो में (*b*) हड़प्पा में

(*c*) लोथल में (*d*) कालीबंगा में

*(RRB कोलकाता ASM 2005)*

**4.** सूची-I को सूची-II से सुमेलित कीजिए-

| **सूची-I** | **सूची-II** |
|---|---|
| A. सिंधु सभ्यता की उत्तरी सीमा | 1. मांडा/जम्मू |
| B. सिंधु सभ्यता की दक्षिणी सीमा | 2. दैमाबाद/महाराष्ट्र |
| C. सिंधु सभ्यता की पूर्वी सीमा | 3. आलमगीरपुर/उत्तर प्रदेश |
| D. सिंधु सभ्यता की पश्चिमी सीमा | 4. सुत्कागेनडोर/बलुचिस्तान |

**कूट :**

| | A | B | C | D |
|---|---|---|---|---|
| (*a*) | 1 | 2 | 3 | 4 |
| (*b*) | 2 | 1 | 4 | 3 |
| (*c*) | 4 | 3 | 2 | 1 |
| (*d*) | 1 | 2 | 4 | 3 |

**5.** हड़प्पा में एक उन्नत जल-प्रबंधन प्रणाली का पता चलता है-

(*a*) धौलावीरा में (*b*) लोथल में

(*c*) कालीबंगा में (*d*) आलमगीरपुर में

*(46वीं BPSC 2004)*

**6.** सिंधु सभ्यता निम्नलिखित में से किस युग में पड़ता है?

(*a*) ऐतिहासिक काल (*b*) प्रागैतिहासिक काल

(*c*) उत्तर-प्रागैतिहासिक काल (*d*) आद्य-ऐतिहासिक काल

*(39वीं BPSC 1994)*

**7.** सूची-I को सूची-II से सुमेलित कीजिए और सूचियों के नीचे दिए गए कूट का प्रयोग कर सही उत्तर चुनिए-

| **सूची-I (प्राचीन स्थल)** | **सूची-II (पुरातत्वीय अवशेष)** |
|---|---|
| A. लोथल | 1. जुता हुआ खेत |
| B. कालीबंगा | 2. गोदीबाड़ा |
| C. धौलावीरा | 3. पकी मिट्टी की बनी हुई हल की प्रतिकृति |
| D. बनवाली | 4. हड़प्पाई लिपि के बड़े आकार के दस चिह्नों वाला एक शिलालेख |

**कूट :**

| | A | B | C | D |
|---|---|---|---|---|
| (*a*) | 1 | 2 | 3 | 4 |
| (*b*) | 2 | 1 | 4 | 3 |
| (*c*) | 1 | 2 | 4 | 3 |
| (*d*) | 2 | 1 | 3 | 4 |

*(UPSC 2003)*

**8.** हड़प्पावासी किस धातु से परिचित नहीं थे?

(*a*) सोना एवं चांदी (*b*) तांबा एवं कांसा

(*c*) टीन एवं सीसा (*d*) लोहा

**9.** निम्नलिखित में से किस हड़प्पाकालीन स्थल से युगल शवाधान का साक्ष्य मिला है?

(*a*) लोथल (*b*) कालीबंगा

(*c*) बनवाली (*d*) हड़प्पा

**10.** हड़प्पाकालीन मुहरें अधिकांशतः बनी हैं-
(*a*) सेलखड़ी से (*b*) काचली मिट्टी (Fiaence) से
(*c*) गोमेद एवं चर्ट से (*d*) मिट्टी एवं तांबे से

**11.** अफगानिस्तान स्थित सिंधु सभ्यता के स्थल हैं-
(*a*) मुंडीगाक (*b*) सुर्तोगोई
(*c*) देहमोरासीघुंडई (*d*) इनमें से सभी

**12.** मोहनजोदड़ो से प्राप्त पशुपति शिव/आद्य शिव मुहर में किन-किन जानवरों का अंकन हुआ है?
(*a*) व्याघ्र एवं हाथी (*b*) गैंडा एवं भैंसा
(*c*) हिरण (*d*) इनमें से सभी

**13.** किस हड़प्पाकालीन स्थल से 'नृत्य मुद्रा वाली स्त्री की कांस्य मूर्ति' प्राप्त हुई है?
(*a*) मोहनजोदड़ो से (*b*) कालीबंगा से
(*c*) हड़प्पा से (*d*) बनवाली से

**14.** स्वातंत्र्योत्तर भारत में सबसे अधिक संख्या में हड़प्पायुगीन स्थलों की खोज किस प्रांत में हुई है?
(*a*) गुजरात (*b*) राजस्थान
(*c*) पंजाब और हरियाणा (*d*) पश्चिमी उत्तर प्रदेश

**15.** निम्नलिखित में से कौन-सी फसल हड़प्पाकालीन लोगों द्वारा उत्पादित नहीं की जाती थी?
(*a*) जौ (*b*) दालें
(*c*) चावल (*d*) गेहूँ

**16.** निम्नलिखित में से उत्तर-वैदिक काल में लिखे गए ग्रंथों का सही क्रम कौन-सा है?
(*a*) वेद, ब्राह्मण, आरण्यक और उपनिषद् (*b*) वेद, उपनिषद्, ब्राह्मण और आरण्यक
(*c*) उपनिषद्, वेद, ब्राह्मण और आरण्यक (*d*) वेद, आरण्यक, ब्राह्मण और उपनिषद्

**17.** भारत के राजचिह्न में प्रयुक्त होने वाले शब्द 'सत्यमेव जयते' किस उपनिषद् से लिए गए हैं?
(*a*) मुण्डक उपनिषद् (*b*) कठ उपनिषद्
(*c*) ईश उपनिषद् (*d*) वृहदारण्यक उपनिषद्

*(Utt. PSC 2005)*

**18.** 'शुल्व सूत्र' किस विषय से संबंधित पुस्तक है?
(*a*) ज्यामिति (*b*) ज्योतिष
(*c*) गणित (*d*) खगोल

**19.** 'असतो मा सद्‌गमय' कहाँ से लिया गया है?

(*a*) ऋग्वेद (*b*) यजुर्वेद
(*c*) सामवेद (*d*) अथर्ववेद

**20.** सूची-I को सूची-II से सुमेलित कीजिए-

| **सूची-I (वेद)** | **सूची-II (यज्ञकर्ता)** |
|---|---|
| A. ऋग्वेद | 1. होता/होतृ |
| B. यजुर्वेद | 2. अध्वर्यु |
| C. सामवेद | 3. उद्‌गाता/उद्‌गातृ |
| D. अथर्ववेद | 4. ब्रह्मा |

**कूट :**

| | A | B | C | D |
|---|---|---|---|---|
| (*a*) | 1 | 2 | 3 | 4 |
| (*b*) | 2 | 1 | 3 | 4 |
| (*c*) | 1 | 2 | 4 | 3 |
| (*d*) | 4 | 3 | 2 | 1 |

**21.** वैशेषिक दर्शन के प्रतिपादक हैं-

(*a*) कपिल (*b*) गौतम
(*c*) कणाद (*d*) पतंजलि

**22.** ऋग्वेद का कौन-सा मंडल पूर्णतः सोम को समर्पित है?

(*a*) सातवाँ मंडल (*b*) आठवाँ मंडल
(*c*) नौवाँ मंडल (*d*) दसवाँ मंडल

*(42वीं BPSC 1998)*

**23.** प्रसिद्ध दस राजाओं का युद्ध–दाशराज्ञ युद्ध–किस नदी के तट पर लड़ा गया?

(*a*) गंगा (*b*) ब्रह्मपुत्र
(*c*) कावेरी (*d*) परुष्णी

*(42वीं BPSC 1998)*

**24.** एशिया माइनर स्थित बोगाजकोई का महत्व इसलिए है कि

(*a*) वहाँ जो अभिलेख प्राप्त हुए हैं, उनमें 4 वैदिक देवताओं–इन्द्र, वरुण, मित्र, नासत्य–का उल्लेख मिलता है
(*b*) मध्य एशिया व तिब्बत के बीच एक महत्वपूर्ण व्यापारिक केन्द्र था
(*c*) वेद के मूल ग्रंथ की रचना यहीं हुई थी
(*d*) इनमें से कोई नहीं *(39वीं BPSC 1994)*

**25.** न्यायदर्शन को प्रचारित किया था–

(*a*) चार्वाक ने (*b*) गौतम ने

(*c*) कपिल ने (*d*) जैमिनी ने *(RAS 2009)*

**26.** प्राचीन भारत में 'निष्क' का अभिप्राय था–

(*a*) स्वर्ण आभूषण (*b*) गायें

(*c*) ताँबे के सिक्के (*d*) चाँदी के सिक्के

*(UPPSC 2005)*

**27.** उपनिषद् काल के राजा अश्वपति शासक थे–

(*a*) काशी के (*b*) केकय के

(*c*) पांचाल के (*d*) विदेह के *(UPPSC 1999)*

**28.** भारत के किस स्थल की खुदाई से लौह धातु के प्रचलन के प्राचीनतम प्रमाण मिले हैं?

(*a*) तक्षशिला (*b*) अतरंजीखेड़ा

(*c*) कौशाम्बी (*d*) हस्तिनापुर *(UPPSC 1998)*

**29.** कर्म का सिद्धांत संबंधित है–

(*a*) न्याय से (*b*) मीमांसा से

(*c*) वेदांत से (*d*) वैशेषिक से

**30.** वैदिक युगीन 'सभा'–

(*a*) गाँवों के विशिष्ट लोगों की संस्था थी

(*b*) राजदरबार होता था

(*c*) मंत्रिपरिषद् थी

(*d*) राज्य के समस्त लोगों की एक राष्ट्रीय सभा थी *(RAS 1995)*

**31.** किस वेद में जादुई माया और वशीकरण (Magical charms and spells) का वर्णन है?

(*a*) ऋग्वेद (*b*) यजुर्वेद

(*c*) सामवेद (*d*) अथर्ववेद *(UPSC 2004)*

**32.** सुमेलित कीजिए–

A. ब्रह्म विवाह 1. समान वर्ण या जाति का विवाह

B. दैव विवाह 2. पुरोहित का पारिश्रमिक में मिले कन्या के साथ विवाह

C. आर्ष विवाह 3. कन्या मूल्य के रूप में एक जोड़ी गाय व बैल चुकाकर किया गया विवाह

D. प्रजापत्य विवाह 4. बिना दहेज का विवाह

**कूट :**

| | A | B | C | D |
|---|---|---|---|---|
| (*a*) | 1 | 2 | 3 | 4 |
| (*b*) | 1 | 2 | 4 | 3 |
| (*c*) | 2 | 1 | 3 | 4 |
| (*d*) | 4 | 2 | 3 | 1 |

**33.** ऋग्वैदिक काल से संबंधित मृद्भांड संस्कृति है–
(*a*) गेरुवर्णी मृद्भांड (OCP) संस्कृति (*b*) चित्रित धूसर मृद्भांड (PGW) संस्कृति
(*c*) (*a*) और (*b*) दोनों (*d*) इनमें से कोई नहीं

**34.** ऋग्वेद में 'अघन्या' (वध योग्य नहीं) शब्द का प्रयोग किसके लिए किया गया है?
(*a*) ब्राह्मण (*b*) गाय
(*c*) स्त्री (*d*) पुरोहित *(UPPSC 2008)*

**35.** 'मनुस्मृति' मुख्यतया संबंधित है–
(*a*) समाज व्यवस्था से (*b*) कानून से
(*c*) अर्थशास्त्र से (*d*) राज्य कार्य पद्धति से
*(UPPSC 2007)*

**36.** किस शासक ने गंगा एवं सोन नदियों के संगम पर पाटलिपुत्र नामक नगर की स्थापना की?
(*a*) अजातशत्रु (*b*) उदयन
(*c*) अशोक (*d*) घनानंद *(48वीं BPSC 2008)*

**37.** हाइडेस्पस या वितस्ता (आधुनिक नाम झेलम) का युद्ध (326 B.C.) किन-किन शासकों के बीच हुआ?
(*a*) सिकंदर एवं पोरस के मध्य (*b*) सैल्यूकस एवं चन्द्रगुप्त मौर्य के मध्य
(*c*) चंद्रगुप्त मौर्य एवं घनानंद के मध्य (*d*) सिकंदर एवं आम्भी के मध्य

**38.** सोलह महाजनपदों की सूची उपलब्ध है–
(*a*) महाभारत में (*b*) अंगुत्तर निकाय में
(*c*) छांदोग्य उपनिषद् में (*d*) संयुक्त निकाय में
*(46वीं BPSC 2004)*

**39.** सिकंदर की भारत में सफलता के निम्न कारण थे–
1. भारत में तब कोई केंद्रीय सत्ता नहीं थी
2. उसकी सेना श्रेष्ठ प्रकार की थी
3. उसे देशद्रोही भारतीय शासकों का सहयोग मिला
4. वह एक अच्छा प्रशासक था

(*a*) 1 और 2 (*b*) 1, 2 एवं 3
(*c*) 2, 3 एवं 4 (*d*) 1, 2, 3 एवं 4 *(UPPSC 2001)*

**40.** अभिलेखीय साक्ष्य से प्रकट होता है कि नंद राजा के आदेश से एक नहर खोदी गई थी-
(*a*) अंग में (*b*) बंग में
(*c*) कलिंग में (*d*) मगध में *(UPPSC 1999)*

**41.** पहला ईरानी शासक जिसने भारत के कुछ भाग को अपने अधीन किया था-
(*a*) साइरस (*b*) कोम्बिसिस
(*c*) डैरियस (*d*) जेरसिस *(RAS 1995)*

**42.** निम्न राजाओं पर विचार कीजिए-
1. अजातशत्रु, 2. बिन्दुसार, 3. प्रसेनजित
इनमें से कौन-कौन बुद्ध के समकालीन थे?
(*a*) केवल 1 (*b*) 2 और 3
(*c*) 1 और 3 (*d*) 1, 2 और 3 *(CDS 2003)*

**43.** मगध सम्राट बिम्बिसार ने अपने राजवैद्य जीवक को किस राज्य के राजा की चिकित्सा के लिए भेजा था?
(*a*) कोशल (*b*) अंग
(*c*) अवंति (*d*) वैशाली

**44.** निम्नलिखित में कौन-सा एक, ईसा पूर्व छठी सदी के प्रारंभ में भारत का सर्वाधिक शक्तिशाली नगर राज्य था?
(*a*) गांधार (*b*) कम्बोज
(*c*) काशी (*d*) मगध *(UPSC 1991)*

**45.** डैरियस (दारयबाहु)-I ने 516 B.C. में सिंधु के तटवर्ती भू-भाग को जीतकर उसे ईरान का 20वाँ क्षत्रपी (प्रांत) बनाया, उससे कितना राजस्व प्राप्त होता था?
(*a*) 360 टैलेन्ट (*b*) 370 टैलेन्ट
(*c*) 260 टैलेन्ट (*d*) 270 टैलेन्ट

**46.** सूची-I को सूची-II से सुमेलित कीजिए-

| **सूची-I** | **सूची-II** |
|---|---|
| A. अष्टकुलक | 1. परामर्शदायी संस्था |
| B. महामात्र | 2. उच्च कोटि के अधिकारी |
| C. बलिसाधक | 3. किसानों से कर वसूलने वाला अधिकारी |

D. शौल्किक/शुल्काध्यक्ष — 4. शिल्पियों व व्यापारियों से शुल्क या चुंगी वसूलनेवाला अधिकारी

| **कूट :** | A | B | C | D |
|---|---|---|---|---|
| (*a*) | 1 | 2 | 3 | 4 |
| (*b*) | 2 | 1 | 3 | 4 |
| (*c*) | 1 | 2 | 4 | 3 |
| (*d*) | 2 | 3 | 1 | 4 |

**47.** सारनाथ में बुद्ध का प्रथम प्रवचन कहलाता है-

(*a*) महाभिनिष्क्रमण (*b*) महापरिनिर्वाण

(*c*) महामस्तकाभिषेक (*d*) धर्मचक्रप्रवर्तन *(MPPSC 1999)*

**48.** गौतम बुद्ध द्वारा भिक्षुणी संघ की स्थापना कहाँ की गई थी?

(*a*) सारनाथ में (*b*) कपिलवस्तु में

(*c*) वैशाली में (*d*) गया में *(RRB 2005)*

**49.** सर्वप्रथम शून्यवाद (शून्यता का सिद्धान्त) का प्रतिपादन करनेवाले बौद्ध दार्शनिक का नाम है-

(*a*) असंग (*b*) वसुबंधु

(*c*) नागार्जुन (*d*) दिङ्नाग

**50.** जैन धर्म में 'पूर्ण ज्ञान' के लिए प्रयुक्त शब्द है?

(*a*) जिन (*b*) रत्न

(*c*) कैवल्य (*d*) निर्वाण

**51.** कनिष्क के शासनकाल में चतुर्थ बौद्ध संगीति/सभा किस नगर में आयोजित की गई थी?

(*a*) मगध (*b*) पाटलिपुत्र

(*c*) कुण्डलवन, कश्मीर (*d*) राजगृह *(47वीं BPSC 2005)*

**52.** निम्नलिखित में से कौन-सी बात बौद्ध धर्म तथा जैन धर्म में समान नहीं है?

(*a*) अहिंसा (*b*) वेदों के प्रति उदासीनता

(*c*) आत्मदमन (*d*) रीति-रिवाजों की अस्वीकृति

*(44वीं BPSC 2001)*

**53.** बुद्ध के जीवन की चार महत्वपूर्ण घटनाओं और उनसे संबद्ध चार स्थानों का नीचे उल्लेख है। यह दो सूचियों (I एवं II) में अंकित है। आपको इनका सुमेल करना है।

| सूची-I | | सूची-II | |
|---|---|---|---|
| A. | जन्म | 1. | सारनाथ |
| B. | ज्ञान प्राप्ति | 2. | बोधगया |
| C. | प्रथम प्रवचन | 3. | लुम्बिनी |
| D. | निधन | 4. | कुशीनगर |

| कूट : | A | B | C | D |
|---|---|---|---|---|
| (*a*) | 1 | 2 | 4 | 3 |
| (*b*) | 2 | 3 | 1 | 4 |
| (*c*) | 3 | 2 | 1 | 4 |

(*d*) इनमें से कोई नहीं

**54.** आजीवक संप्रदाय के संस्थापक कौन थे?

(*a*) उपालि
(*b*) आनंद
(*c*) स्थूलभद्र
(*d*) मक्खलि गोसाल

**55.** **कथन (A)** : कुशीनगर मल्ल गणराज्य की राजधानी थी।
**कारण (R)**: महात्मा बुद्ध का महापरिनिर्वाण कुशीनगर में हुआ था।
**कूट :**

(*a*) A और R दोनों सही हैं तथा R, A की व्याख्या करता है।
(*b*) A और R दोनों सही हैं तथा R, A की व्याख्या नहीं करता है।
(*c*) A सही है किन्तु R गलत है।
(*d*) A गलत है किन्तु R सही है। *(UPPSC 2003)*

**56.** निम्नलिखित में से कौन-सा स्थल पार्श्वनाथ से संबद्ध होने के कारण जैन सिद्ध-क्षेत्र माना जाता है-

(*a*) चम्पा
(*b*) पावा
(*c*) सम्मेद शिखर
(*d*) ऊर्जयन्त

**57.** हेलियोडोरस का बेसनगर अभिलेख संदर्भित है-

(*a*) प्रद्युम्न तथा वासुदेव से
(*b*) संकर्षण तथा प्रद्युम्न से
(*c*) संकर्षण, प्रद्युम्न तथा वासुदेव से
(*d*) संकर्षण तथा वासुदेव से

**58.** वासुदेव कृष्ण की पूजा सर्वप्रथम किसने प्रारंभ की?

(*a*) सात्वतों ने
(*b*) वैदिक आर्यों ने
(*c*) तमिलों ने
(*d*) आभीरों ने

**59.** स्यादवाद सिद्धांत है-

(*a*) लोकायत धर्म का
(*b*) शैव धर्म का
(*c*) जैन धर्म का
(*d*) वैष्णव धर्म का

**60.** निम्न में से किस ग्रंथ में सर्वप्रथम देवकी के पुत्र कृष्ण का वर्णन किया गया है?
(*a*) महाभारत (*b*) छांदोग्य उपनिषद्
(*c*) अष्टाध्यायी (*d*) भागवत पुराण

**61.** निम्नलिखित में से कौन-सा एक अन्य तीनों के समकालिक नहीं था?
(*a*) बिम्बिसार (*b*) गौतम बुद्ध
(*c*) मिलिंद (*d*) प्रसेनजित

**62.** **कथन (A)** : जैन धर्म के अहिंसा पर बल ने कृषकों को जैन धर्म अपनाने से रोका।
**कारण (R)** : कृषि में कीटों एवं कीड़ों की हत्या होना शामिल है।
**कूट** :
(*a*) A और R दोनों सही हैं तथा R, A की व्याख्या करता है।
(*b*) A और R दोनों सही हैं तथा R, A की व्याख्या नहीं करता है।
(*c*) A सही है किन्तु R गलत है।
(*d*) A गलत है किन्तु R सही है। *(UPSC 2000)*

**63.** 'मिलिंदपन्हो' (मिलिंद के प्रश्न) राजा मिलिंद और किस बौद्ध भिक्षु के मध्य संवाद के रूप में है?
(*a*) नागसेन (*b*) नागार्जुन
(*c*) नागभट्ट (*d*) कुमारिल भट्ट

**64.** महायान बौद्ध धर्म में बोधिसत्व अवलोकितेश्वर को और किस अन्य नाम से जानते हैं?
(*a*) वज्रपाणि (*b*) मंजुश्री
(*c*) पद्मपाणि (*d*) मैत्रेय *(UPSC 1997)*

**65.** सुमेलित कीजिए-
A. प्रथम बौद्ध संगीति 1. महाकस्सप
B. द्वितीय बौद्ध संगीति 2. सब्बकामि
C. तृतीय बौद्ध संगीति 3. मोग्गलिपुत्त तिस्स
D. चतुर्थ बौद्ध संगीति 4. वसुमित्र

| **कूट** : | A | B | C | D |
|---|---|---|---|---|
| (*a*) | 1 | 2 | 3 | 4 |
| (*b*) | 2 | 1 | 3 | 4 |
| (*c*) | 1 | 2 | 4 | 3 |
| (*d*) | 2 | 4 | 3 | 1 |

**66.** सूची-I को सूची-II से सुमेलित कीजिए-

| **सूची-I (महावीर के नाम)** | **सूची-II (अर्थ)** |
|---|---|
| A. केवलिन | 1. पूर्ण ज्ञानी |
| B. जिन | 2. इन्द्रियों को जीतने वाला |
| C. महावीर | 3. अपरिमित पराक्रमी |
| D. निर्ग्रंथ | 4. बंधन रहित |

| **कूट :** | A | B | C | D |
|---|---|---|---|---|
| (*a*) | 1 | 2 | 3 | 4 |
| (*b*) | 2 | 1 | 3 | 4 |
| (*c*) | 1 | 2 | 4 | 3 |
| (*d*) | 4 | 3 | 2 | 1 |

**67.** जैन तीर्थंकर पार्श्वनाथ द्वारा प्रतिपादित चार महाव्रतों में महावीर स्वामी ने पाँचवें महाव्रत के रूप में क्या जोड़ा?

(*a*) अहिंसा (*b*) अस्तेय
(*c*) अपरिग्रह (*d*) ब्रह्मचर्य

**68.** बुद्ध ने सर्वाधिक उपदेश कहाँ दिए?

(*a*) श्रावस्ती (*b*) पावा
(*c*) गांधार (*d*) उज्जैन

**69.** 'महाविभाष शास्त्र' के रचयिता हैं-

(*a*) वसुमित्र (*b*) असंग
(*c*) नागार्जुन (*d*) अश्वघोष

**70.** 'योगाचार' या 'विज्ञानवाद' के प्रतिपादक थे-

(*a*) नागार्जुन (*b*) मैत्रेयनाथ
(*c*) अश्वघोष (*d*) महाकस्सप

**71.** अनेकांतवाद निम्नलिखित में से किसका क्रोड़ (केंद्रीय) सिद्धांत एवं दर्शन है?

(*a*) बौद्ध मत (*b*) जैन मत
(*c*) सिक्ख मत (*d*) वैष्णव मत *(UPPSC 2009)*

**72.** निम्नलिखित किस शहर में अशोक के शिलालेख नहीं हैं?

(*a*) गिरनार (*b*) कन्धार
(*c*) पाटलिपुत्र (*d*) टोपरा *(NDA 2002)*

**73.** मौर्य काल में शिक्षा का सर्वाधिक प्रसिद्ध केन्द्र था-

(*a*) वैशाली (*b*) नालंदा
(*c*) तक्षशिला (*d*) उज्जैन *(47वीं BPSC 2005)*

**74.** अशोक के शिलालेखों में प्रयुक्त भाषा है–

(*a*) संस्कृत (*b*) प्राकृत

(*c*) पालि (*d*) हिन्दी

**75.** सूची-I को सूची-II से सुमेलित कीजिए तथा सूचियों के नीचे दिए गए कूट से सही उत्तर का चयन कीजिए–

| **सूची-I** | **सूची-II** |
|---|---|
| A. चन्द्रगुप्त | 1. पियदस्सी |
| B. बिन्दुसार | 2. सैण्ड्रोकोटस |
| C. अशोक | 3. अमित्रघात |
| D. चाणक्य | 4. विष्णुगुप्त |

| **कूट :** | A | B | C | D |
|---|---|---|---|---|
| (*a*) | 2 | 3 | 4 | 1 |
| (*b*) | 1 | 3 | 2 | 4 |
| (*c*) | 2 | 3 | 1 | 4 |
| (*d*) | 3 | 4 | 2 | 1 |

*(UPPSC 2003)*

**76.** **कथन (A)** : अशोक ने कलिंग को मौर्य साम्राज्य में शामिल कर लिया था।

**कारण (R)** : कलिंग दक्षिण भारत को जानेवाले स्थलीय एवं समुद्री मार्गों को नियंत्रित करता था।

**कूट** :

(*a*) A और R दोनों सही हैं तथा R, A की व्याख्या करता है।

(*b*) A और R दोनों सही हैं तथा R, A की व्याख्या नहीं करता है।

(*c*) A सही है किन्तु R गलत है।

(*d*) A गलत है किन्तु R सही है। *(UPSC 2000)*

**77.** **कथन (A)** : अशोक के राज्यादेशों के अनुसार धार्मिक निष्ठा की अपेक्षा जनता के मध्य सामाजिक समरसता अधिक महत्वपूर्ण थी।

**कारण (R)** : उसने धर्म संवर्धन के स्थान पर समता के विचारों का प्रसार किया।

**कूट** :

(*a*) A और R दोनों सही हैं तथा R, A की व्याख्या करता है।

(*b*) A और R दोनों सही हैं तथा R, A की व्याख्या नहीं करता है।

(*c*) A सही है किन्तु R गलत है।

(*d*) A गलत है किन्तु R सही है।

**78.** सूची-I को सूची-II से सुमेलित कीजिए–

| **सूची-I (प्रांत)** | **सूची-II (राजधानी)** |
|---|---|
| A. उत्तरापथ | 1. तक्षशिला |
| B. दक्षिणापथ | 2. सुवर्णगिरी |
| C. अवन्ति राष्ट्र | 3. उज्जयिनी |
| D. प्राची (पूर्वी प्रदेश) | 4. पाटलिपुत्र |

| **कूट :** | A | B | C | D |
|---|---|---|---|---|
| (*a*) | 1 | 2 | 3 | 4 |
| (*b*) | 2 | 1 | 3 | 4 |
| (*c*) | 4 | 3 | 2 | 1 |
| (*d*) | 1 | 2 | 4 | 3 |

**79.** किस शिलालेख में अशोक ने घोषणा की है कि 'सभी मनुष्य मेरे बच्चे हैं'?

(*a*) प्रथम पृथक् शिलालेख
(*b*) द्वितीय पृथक शिलालेख
(*c*) 5वाँ बृहत शिलालेख
(*d*) 13वाँ स्तम्भ अभिलेख

**80.** 'विष्टि' है–

(*a*) वैवाहिक अनुष्ठान
(*b*) बेगार
(*c*) प्रांत
(*d*) जिला

**81.** कहाँ से अशोक के द्विभाषी (ग्रीक और अरामाइक) अभिलेख प्राप्त हुए हैं?

(*a*) शर-ए-कुना/कंधार
(*b*) मानसेहरा
(*c*) कालसी
(*d*) कलिंग

**82.** कौटिल्य द्वारा रचित 'अर्थशास्त्र' कितने अधिकरणों में विभाजित है?

(*a*) 11
(*b*) 12
(*c*) 14
(*d*) 15

*(48वीं–52वीं BPSC 2008)*

**83.** भारत में सर्वप्रथम स्वर्ण मुद्राएँ किसने चलाई?

(*a*) कुषाण
(*b*) इण्डो-ग्रीक
(*c*) शक
(*d*) कुषाण

**84.** सातवाहन राज्य की राजधानी कहाँ थी?

(*a*) औरंगाबाद
(*b*) पैठन/प्रतिष्ठान
(*c*) मदुरा
(*d*) इनमें से कोई नहीं

**85.** निम्नलिखित राजवंशों पर विचार कीजिए-

1. सातवाहन 2. गुप्त 3. शुंग 4. चोल

इन राजवंशों का सही कालक्रम क्या है?

(*a*) 1, 2, 3, 4 (*b*) 4, 3 ,1 2

(*c*) 2, 1, 4, 3 (*d*) 3, 1, 2, 4 *(NDA 2003)*

**86.** सूची-I को सूची-II से सुमेलित कीजिए तथा सूचियों के नीचे दिए गए कूट का प्रयोग करते हुए सही उत्तर चुनिए-

| **सूची-I (शासक)** | **सूची-II (उपाधि)** |
|---|---|
| A. अशोक | 1. विक्रमादित्य |
| B. कनिष्क | 2. कलिंग-चक्रवर्ती |
| C. खारवेल | 3. महेंद्रादित्य |
| D. कुमारगुप्त | 4. देवपुत्र |
| | 5. प्रियदर्शी |

| **कूट :** | A | B | C | D |
|---|---|---|---|---|
| (*a*) | 1 | 2 | 3 | 4 |
| (*b*) | 5 | 4 | 2 | 1 |
| (*c*) | 2 | 1 | 4 | 3 |
| (*d*) | 5 | 4 | 2 | 3 |

*(CDS 2003)*

**87.** प्राचीन काल के भारत पर आक्रमणों के संबंध में कौन-सा सही कालानुक्रम है?

(*a*) यूनानी-शक-कुषाण (*b*) यूनानी-कुषाण-शक

(*c*) शक-यूनानी-कुषाण (*d*) शक-कुषाण-यूनानी

*(UPSC 2006)*

**88.** भारत में प्रथम बार सैनिक शासन व्यवहार में लाया गया-

(*a*) ग्रीकों द्वारा (*b*) शकों द्वारा

(*c*) पार्थियनों द्वारा (*d*) मुगलों द्वारा

**89.** ईसा पूर्व दूसरी सदी के प्रारंभ में उत्तरी अफगानिस्तान में स्थापित भारत-यूनानी राज्य था-

(*a*) बैक्ट्रिया (*b*) सीथिया

(*c*) जेडरेसिया (*d*) एरिया

**90.** मौर्योत्तरकालीन प्रमुख बंदरगाहों में कौन असत्य है?

(*a*) बारबैरिकम् (*b*) बेरीगाजा (भड़ौच)

(*c*) अरिकामेडु (*d*) कोचीन

**91.** निम्नलिखित में से किसका निर्माण शुंग काल में हुआ?
(*a*) भरहूत का स्तूप
(*b*) सांची स्तूप की वेदिका (रेलिंग) और तोरणद्वार
(*c*) भाजा स्तूप
(*d*) उपर्युक्त सभी

**92.** संगम युग में उरैयूर किसलिए विख्यात था?
(*a*) मसालों के व्यापार का महत्वपूर्ण केन्द्र
(*b*) कपास के व्यापार का महत्वपूर्ण केन्द्र
(*c*) विदेशी व्यापार का महत्वपूर्ण व्यापारिक केन्द्र
(*d*) आंतरिक व्यापार का महत्वपूर्ण व्यापारिक केन्द्र

**93.** 'तोलक्कपियम्' ग्रंथ संबंधित है-
(*a*) प्रशासन से
(*b*) विधि से
(*c*) व्याकरण और काव्य से
(*d*) उपर्युक्त सभी से *(UPPSC 1997)*

**94.** धार्मिक कविताओं का संकलन 'कुरल' किस भाषा में है?
(*a*) ग्रीक
(*b*) तमिल
(*c*) तेलगू
(*d*) पालि

**95.** सुमेलित कीजिए-

| **सूची-I (पुस्तक)** | **सूची-II (लेखक)** |
|---|---|
| A. तोलक्कप्पियम | 1. तोलकाप्पियर |
| B. शिल्पदिकारम् | 2. इलांगो आदिगल |
| C. मणिमेखलै | 3. सीतलै शतनार |
| D. जीवक चिन्तामणि | 4. तिरुत्तक्कदेवर |

| **कूट :** | A | B | C | D |
|---|---|---|---|---|
| (*a*) | 1 | 2 | 3 | 4 |
| (*b*) | 4 | 3 | 2 | 1 |
| (*c*) | 2 | 1 | 3 | 4 |
| (*d*) | 1 | 2 | 4 | 3 |

**96.** सुमेलित कीजिए-

| **सूची-I (क्षेत्र)** | **सूची-II (अर्थ)** |
|---|---|
| A. कुरिंजी | 1. पहाड़ी |
| B. पालै | 2. मरुभूमि / निर्जन स्थल |
| C. मूलैय | 3. जंगल |
| D. मरुदम | 4. कृषि भूमि |
| E. नेयतल | 5. तटीय प्रदेश |

| कूट : | A | B | C | D | E |
|---|---|---|---|---|---|
| (*a*) | 1 | 2 | 3 | 4 | 5 |
| (*b*) | 5 | 4 | 3 | 2 | 1 |
| (*c*) | 2 | 1 | 3 | 4 | 5 |
| (*d*) | 1 | 2 | 5 | 4 | 3 |

**97.** स्ट्रैबो के अनुसार संगम युग के किस वंश के शासक ने रोमन सम्राट ऑगस्टस के दरबार में 20 ई.पू. के लगभग अपना एक दूत भेजा?

(*a*) पांड्य नरेश ने (*b*) चोल नरेश ने
(*c*) चेर नरेश ने (*d*) इनमें से कोई नहीं

**98.** पुहार/कावेरीपट्टनम की स्थापना किसने की?

(*a*) करिकाल (*b*) शेनगुट्टवन
(*c*) नेंडुजेलियन (*d*) इनमें से कोई नहीं

**99.** मुशिरी किस राज्य का प्रमुख बंदरगाह था?

(*a*) चेर (*b*) चोल
(*c*) पांड्य (*d*) कदम्ब

**100.** संगम काल में गाय या अन्य वस्तुओं के लिए लड़ते-लड़ते मरनेवाले वीरों के सम्मान में खड़े किए जानेवाले वीर-प्रस्तर को कहा जाता था-

(*a*) वीरकल/नाडुकुल (*b*) को
(*c*) उल्गू (*d*) कडमई

**101.** सूची-I को सूची-II से सुमेलित कीजिए-

| **सूची-I** | **सूची-II** |
|---|---|
| A. प्रयाग/इलाहाबाद प्रशस्ति अभिलेख | 1. समुद्रगुप्त |
| B. भिलसड स्तंभ लेख | 2. कुमारगुप्त |
| C. भीतरी स्तंभ लेख | 3. स्कंदगुप्त |
| D. मंदसौर लेख | 4. बंधुवर्मन |

| कूट : | A | B | C | D |
|---|---|---|---|---|
| (*a*) | 1 | 2 | 3 | 4 |
| (*b*) | 2 | 1 | 4 | 3 |
| (*c*) | 3 | 4 | 2 | 1 |
| (*d*) | 4 | 3 | 2 | 1 |

**102.** गुप्त वंश का वह राजा कौन था जिसने हूणों को भारत पर आक्रमण करने से रोका?

(*a*) कुमारगुप्त (*b*) समुद्रगुप्त
(*c*) स्कंदगुप्त (*d*) चन्द्रगुप्त *(CPSC 2003)*

**103.** एरण अभिलेख का संबंध किस शासक से है?
(*a*) ब्रह्मगुप्त (*b*) चन्द्रगुप्त-I
(*c*) चन्द्रगुप्त-II (*d*) भानुगुप्त

**104.** फाहयान किसके शासनकाल में भारत आया था?
(*a*) चन्द्रगुप्त-I (*b*) अशोक
(*c*) हर्षवर्धन (*d*) चन्द्रगुप्त-II *(NDA 2003)*

**105.** मेहरौली (दिल्ली) स्थित लौह-स्तम्भ का निर्माण किस सदी में हुआ?
(*a*) चतुर्थ सदी ई. (*b*) सप्तम सदी ई.
(*c*) तृतीय सदी ई. (*d*) द्वितीय सदी ई.

**106.** सारनाथ के 'धमेख स्तूप' का निर्माण किस काल में हुआ?
(*a*) मौर्य (*b*) कुषाण
(*c*) शुंग (*d*) गुप्त

**107.** गुप्त काल की सोने की मुद्रा को कहा जाता था-
(*a*) दीनार (*b*) कार्षापण
(*c*) निष्क (*d*) काकिनी

**108.** नालंदा विश्वविद्यालय की स्थापना का युग है-
(*a*) मौर्य (*b*) कुषाण
(*c*) गुप्त (*d*) पाल

**109.** किस वंश के शासकों ने मंदिरों एवं ब्राह्मणों को सबसे अधिक ग्राम अनुदान में दिया था?
(*a*) गुप्त वंश (*b*) पाल वंश
(*c*) राष्ट्रकूट (*d*) प्रतिहार

**110.** दिल्ली के मेहरौली के कुव्वत-उल-इस्लाम मस्जिद के प्रांगण में स्थित प्रसिद्ध लौह स्तंभ किसकी स्मृति में है?
(*a*) अशोक (*b*) चन्द्र
(*c*) हर्ष (*d*) अनंगपाल

**111.** समुद्रगुप्त की सैनिक उपलब्धियों का वर्णन उसके किस अभिलेख में उपलब्ध है?
(*a*) एरण के (*b*) गया के
(*c*) नालंदा के (*d*) प्रयाग के

**112.** सोने के सर्वाधिक सिक्के किस काल में जारी किए गए?
(*a*) कुषाण काल में (*b*) गुप्त काल में
(*c*) मौर्य काल में (*d*) हिन्द-यवन काल में

**113.** गुप्तकालीन सिक्कों का सबसे बड़ा ढेर कहाँ से प्राप्त हुआ है?
(*a*) बयाना (भरतपुर) (*b*) देवगढ़ (झांसी)
(*c*) भूमरा (मध्य प्रदेश) (*d*) तिगवा (मध्य प्रदेश)

**114.** गुप्त काल में उत्तर भारतीय व्यापार निम्नलिखित किस एक पत्तन से संचालित होता था?
(*a*) ताम्रलिप्ति (*b*) भड़ौच
(*c*) कल्याण (*d*) कैम्बे

**115.** वर्तमान गणित में दशमलव प्रणाली आविष्कार का श्रेय निम्न में से किस युग को है?
(*a*) कुषाण युग (*b*) गुप्त युग
(*c*) मौर्य युग (*d*) वर्धन युग

**116.** निम्नलिखित में से किस गुप्त शासक ने अपने सिक्कों पर अपने को वीणा बजाते हुए आकृति में अंकित करवाया है?
(*a*) चन्द्रगुप्त I (*b*) समुद्रगुप्त
(*c*) चन्द्रगुप्त II (*d*) स्कंदगुप्त

**117.** गुप्तकालीन पुस्तक 'नवनीतकम्' का संबंध है-
(*a*) खगोल शास्त्र से (*b*) गणित से
(*c*) चिकित्सा से (*d*) धातु विज्ञान से

**118.** सुमेलित कीजिए-

| **सूची-I (मुद्रा के प्रकार)** | **सूची-II (शासक)** |
|---|---|
| A. कुमारदेवी प्रकार | 1. चन्द्रगुप्त I |
| B. वीणावादन प्रकार | 2. समुद्रगुप्त |
| C. चक्र-विक्रम प्रकार | 3. चन्द्रगुप्त II |
| D. कार्तिकेय प्रकार | 4. कुमारगुप्त I |

| **कूट :** | A | B | C | D |
|---|---|---|---|---|
| (*a*) | 1 | 2 | 3 | 4 |
| (*b*) | 2 | 1 | 3 | 4 |
| (*c*) | 1 | 2 | 4 | 3 |
| (*d*) | 4 | 3 | 2 | 1 |

**119.** सुदर्शन झील, जिसका निर्माण चन्द्रगुप्त मौर्य के सौराष्ट्र प्रांत के गवर्नर पुष्यगुप्त ने करवाया था, तथा जिसकी मरम्मत पहली बार शक शासक रुद्रदामन ने करवाई थी, की दूसरी बार मरम्मत किसने करवाई?
(*a*) समुद्रगुप्त (*b*) स्कंदगुप्त
(*c*) चन्द्रगुप्त I (*d*) कुमारगुप्त I

**120.** सुमेलित कीजिए-

| **सूची-I** | **सूची-II** |
|---|---|
| A. क्षेत्र भूमि | 1. कृषि योग्य भूमि |
| B. वास्तु भूमि | 2. निवास योग्य भूमि |
| C. अप्रहत भूमि | 3. जंगली भूमि |
| D. खिल भूमि | 4. कृषि के लिए अनुपयुक्त भूमि |

| **कूट :** | A | B | C | D |
|---|---|---|---|---|
| (*a*) | 1 | 2 | 3 | 4 |
| (*b*) | 2 | 1 | 3 | 4 |
| (*c*) | 1 | 2 | 4 | 3 |
| (*d*) | 4 | 3 | 2 | 1 |

**121.** सूची-I को सूची-II से सुमेलित कीजिए-

| **सूची-I** | **सूची-II** |
|---|---|
| A. श्रेष्ठि | 1. साहूकार |
| B. सार्थवाह | 2. व्यापारी |
| C. कुलिक | 3. शिल्पी/कारीगर |
| D. कायस्थ | 4. लेखक |

| **कूट :** | A | B | C | D |
|---|---|---|---|---|
| (*a*) | 1 | 2 | 3 | 4 |
| (*b*) | 2 | 1 | 3 | 4 |
| (*c*) | 1 | 2 | 4 | 3 |
| (*d*) | 4 | 3 | 2 | 1 |

**122.** गुप्त राजा जिसने 'विक्रमादित्य' की पदवी ग्रहण की थी-

(*a*) स्कंदगुप्त
(*b*) समुद्रगुप्त
(*c*) चन्द्रगुप्त
(*d*) कुमारगुप्त

**123.** सूची-I को सूची-II से सुमेलित कीजिए-

| **सूची-I (राज्य)** | **सूची-II (राजधानी)** |
|---|---|
| A. वर्धन | 1. थानेश्वर |
| B. मौखरी | 2. कन्नौज |
| C. वाकाटक | 3. दक्कन |
| D. मैत्रक | 4. वल्लभी |

| **कूट :** | A | B | C | D |
|---|---|---|---|---|
| (*a*) | 1 | 2 | 3 | 4 |
| (*b*) | 2 | 1 | 3 | 4 |

(*c*) 1 2 4 3
(*d*) 4 3 2 1

**124.** 'हर्षचरित' किसके द्वारा लिखी गई थी?
(*a*) कालिदास (*b*) बाणभट्ट
(*c*) बाल्मीकि (*d*) व्यास

**125.** हर्षवर्धन अपनी धार्मिक सभा कहाँ किया करता था?
(*a*) मथुरा (*b*) प्रयाग
(*c*) वाराणसी (*d*) पेशावर

**126.** ह्वेनसांग की भारत यात्रा के समय सूती कपड़ों के उत्पादन के लिए सबसे प्रसिद्ध नगर था-
(*a*) वाराणसी (*b*) मथुरा
(*c*) पाटलिपुत्र (*d*) कांची

**127.** सम्राट हर्षवर्धन ने दो महान् धार्मिक सम्मेलनों का आयोजन किया था-
(*a*) कन्नौज व प्रयाग में (*b*) प्रयाग व थानेश्वर में
(*c*) थानेश्वर व वल्लभी में (*d*) वल्लभी व प्रयाग में (UPPSC 2003)

**128.** किस चीनी यात्री को 'वर्तमान शाक्य मुनि' एवं 'यात्रियों का राजकुमार' कहा जाता है?
(*a*) फाह्यान (*b*) ह्वेनसांग
(*c*) इत्सिंग (*d*) इनमें से कोई नहीं

**129.** नर्मदा नदी पर सम्राट हर्ष के दक्षिणवर्ती अग्रगमन को रोका-
(*a*) पुलकेशिन-I ने (*b*) पुलकेशिन-II ने
(*c*) विक्रमादित्य-I ने (*d*) विक्रमादित्य-II ने *(UPSC 2003)*

**130.** 'अग्रहार' का अर्थ है-
(*a*) ब्राह्मणों को दिया जाने वाला कर-मुक्त भूमि अनुदान
(*b*) धर्मनिरपेक्ष अधिकारियों को दिया जाने वाला भू-अनुदान
(*c*) सैनिक अधिकारियों को दिया जाने वाला भू-अनुदान
(*d*) इनमें से कोई नहीं

**131.** 'घटी यंत्र' / 'तुला यंत्र' का प्रयोग होता था-
(*a*) खेत की जुताई के लिए (*b*) खेत की सिंचाई के लिए
(*c*) समय मापने में (*d*) इनमें से कोई नहीं

**132.** ईसा की प्रारंभिक सदियों में भारत तथा रोम के बीच घनिष्ठ व्यापारिक संबंधों की सूचना किस पुरास्थल की खुदाई से प्राप्त होती है?

(a) मदुरै
(b) ताम्रलिप्ति
(c) तोण्डी
(d) अरिकामेडु (UPPSC 2001)

**133.** काव्य शैली का प्राचीनतम नमूना किसके अभिलेख में मिलता है?
(a) रुद्रदामन के
(b) अशोक के
(c) राजेन्द्र-I के
(d) इनमें से कोई नहीं

**134.** भीमबेटका किसके लिए प्रसिद्ध है?
(a) गुफाओं के शैलचित्र
(b) खनिज
(c) बौद्ध प्रतिमाएँ
(d) सोन नदी का उद्‌गम स्थल
(MPPSC 2003)

**135.** 'मालती माधव' के लेखक थे-
(a) भास
(b) भवभूति
(c) शूद्रक
(d) हर्ष (RAS 2000)

**136.** निम्नलिखित अंग्रेजों में से कौन था जिसने सर्वप्रथम 'भगवद्‌गीता' का अंग्रेजी में अनुवाद किया?
(a) विलियम जोन्स
(b) चार्ल्स विल्किन्स
(c) एलेक्जेंडर कनिंघम
(d) जॉन मार्शल (UPSC 2001)

**137.** निम्नलिखित प्राचीन भारतीय अभिलेखों में कौन-सा एक खाद्यान्न को देश में संकटकाल में उपयोग हेतु सुरक्षित रखने के बारे में प्राचीनतम शाही आदेश है?
(a) सोहगौरा ताम्रपत्र
(b) अशोक का रुम्मिनदेई स्तम्भ लेख
(c) प्रयाग प्रशस्ति
(d) चंद्र का मेहरौली लौह स्तम्भ लेख
(UPSC 1998)

**138.** निम्नलिखित में से कौन-सा एक प्राचीन भारत में व्यापारियों का निगम था?
(a) चतुर्वेदीमंगलम्
(b) परिषद्
(c) अष्टदिग्गज
(d) मणिग्राम

**139.** सूची-I को सूची-II के साथ सुमेलित कीजिए और सूचियों के नीचे दिए गए कूट का प्रयोग करते हुए सही उत्तर का चयन कीजिए-

| **सूची-I** | **सूची-II** |
|---|---|
| A. गुप्त | 1. बादामी |
| B. चंदेल | 2. पनमलै |
| C. चालुक्य | 3. खजुराहो |
| D. पल्लव | 4. देवगढ़ |

| कूट : | A | B | C | D |
|---|---|---|---|---|
| (*a*) | 4 | 3 | 1 | 2 |
| (*b*) | 4 | 2 | 3 | 1 |
| (*c*) | 2 | 3 | 4 | 1 |
| (*d*) | 3 | 4 | 1 | 2 |

**140.** 'मुद्राराक्षस' नामक पुस्तक का लेखक कौन था?
(*a*) विशाखदत्त (*b*) कौटिल्य
(*c*) बाणभट्ट (*d*) कल्हण *(47वीं BPSC 2005)*

**141.** खजुराहो स्थित मंदिरों का निर्माण किसने किया था?
(*a*) होल्कर (*b*) सिंधिया
(*c*) बुंदेला राजपूत (*d*) चंदेल राजपूत

**142.** सुमेलित कीजिए–

| **सूची-I (राजवंश)** | **सूची-II (राज्य क्षेत्र)** |
|---|---|
| A. चंदेल | 1. जेजाकभुक्ति/बुंदेलखंड |
| B. कलचुरी | 2. चेदि |
| C. गढ़वाल/राठौर | 3. कन्नौज |
| D. गहलौत | 4. मेवाड़ |

| कूट : | A | B | C | D |
|---|---|---|---|---|
| (*a*) | 1 | 2 | 3 | 4 |
| (*b*) | 2 | 1 | 4 | 3 |
| (*c*) | 2 | 4 | 1 | 3 |
| (*d*) | 4 | 3 | 2 | 1 |

**143.** किस नाटक के कुछ अंश अढ़ाई दिन का झोंपड़ा मस्जिद की दीवारों पर अंकित हैं?
(*a*) हरिकेलि (*b*) नागानंद
(*c*) मालती माधव (*d*) इनमें से कोई नहीं

**144.** निम्नलिखित में से किस मंदिर परिसर में एक भारी-भरकम नन्दी की मूर्ति है जिसे भारत की विशालतम नन्दी मूर्ति माना जाता है?
(*a*) वृहदेश्वर मंदिर (*b*) लिंगराज मंदिर
(*c*) कंदरिया महादेव मंदिर (*d*) लेपाक्षी मंदिर

**145.** निम्नलिखित में से किसे एक नए संवत् चलाने का यश प्राप्त है–
(*a*) धर्मपाल (*b*) देवपाल
(*c*) विजयसेन (*d*) लक्ष्मण सेन *(UPPSC 1999)*

**146.** किसने सोमपुर महाविहार का निर्माण कराया था?

(*a*) कुमारगुप्त I (*b*) हर्ष
(*c*) धर्मपाल (*d*) विजयसेन

**147.** भोज परमार द्वारा रचित पुस्तकें हैं-

1. समरांगण सूत्रधार
2. सरस्वती कंठाभरण
3. योग सूत्रवृत्ति
4. आयुर्वेद सर्वस्व

(*a*) केवल 1 और 2 (*b*) केवल 1, 2 और 3
(*c*) 1, 2, 3 और 4 (*d*) केवल 1, 2 और 4

**148.** 'कर्पूरमंजरी' नाटक के रचयिता राजशेखर को किस प्रतिहार शासक ने संरक्षण दिया?

(*a*) नागभट्ट I (*b*) नागभट II
(*c*) महेन्द्रपाल I (*d*) मिहिरभोज

**149.** हिन्दू विधि की एक प्रसिद्ध पुस्तक 'दायभाग' के रचयिता थे-

(*a*) विज्ञानेश्वर (*b*) मनु
(*c*) जीमूतवाहन (*d*) इनमें से कोई नहीं

**150.** किसने 'कुलीन प्रथा' / 'कुलीनतावाद' का आरंभ किया?

(*a*) बल्लाल सेन (*b*) सामंत सेन
(*c*) विजय सेन (*d*) लक्ष्मण सेन

**151.** किसने स्मृति ग्रंथ 'दान सागर' एवं ज्योतिष ग्रंथ 'अद्भुत सागर' की रचना की?

(*a*) सामंत सेन (*b*) विजय सेन
(*c*) बल्लाल सेन (*d*) इनमें से कोई नहीं

**152.** कश्मीर पर लगभग 50 वर्ष तक शासन करने वाली रानी दिद्दा किस वंश की थी?

(*a*) कार्कोट वंश (*b*) उत्पल वंश
(*c*) लोहार वंश (*d*) इनमें से कोई नहीं

**153.** कायस्थों की एक जाति के रूप में प्रथम उल्लेख कहाँ मिलता है?

(*a*) याज्ञवल्क्य स्मृति (*b*) पराशर स्मृति
(*c*) ओशनम स्मृति (*d*) स्कंद पुराण

**154.** खजुराहो के मंदिरों का संबंध है-

(*a*) शैव संप्रदाय से (*b*) वैष्णव संप्रदाय से
(*c*) जैन सम्प्रदाय से (*d*) (*a*), (*b*) एवं (*c*) तीनों से

**155.** ऐहोल प्रशस्ति का रचयिता रविकीर्ति किस चालुक्य शासक का दरबारी कवि था?
(*a*) पुलकेशिन I (*b*) पुलकेशिन II
(*c*) विक्रमादित्य I (*d*) विक्रमादित्य II

**156.** मालव काल गणना निम्न में से किस संवत् से अभिन्न थी?
(*a*) विक्रम (*b*) शक
(*c*) गुप्त (*d*) कलि *(UGC/NET 2013)*

**157.** चालुक्य-पल्लव संघर्ष के दौरान किसने पुलकेशिन II की हत्या कर वातापी पर कब्जा कर लिया तथा 'वातापीकोण्ड' (वातापी का विजेता) की उपाधि धारण की?
(*a*) महेन्द्रवर्मन I (*b*) नरसिंहवर्मन I 'माम्मल'
(*c*) महेन्द्रवर्मन II (*d*) नरसिंहवर्मन II 'राजसिंह'
*(NDA 2003)*

**158.** निम्नलिखित में किसने तंजौर में वृहदेश्वर मंदिर का निर्माण कराया था?
(*a*) आदित्य I ने (*b*) राजराज I ने
(*c*) राजेन्द्र I ने (*d*) करिकाल ने

**159.** निम्नलिखित में से कौन-सा शहर चोल राजाओं की राजधानी था?
(*a*) सांची (*b*) तंजौर
(*c*) मदुरै (*d*) त्रिचिरापल्ली

**160.** चोल राजाओं ने किस धर्म को संरक्षण प्रदान किया?
(*a*) जैन धर्म (*b*) बौद्ध धर्म
(*c*) शैव धर्म (*d*) वैष्णव धर्म

**161.** प्रथम भारतीय शासक कौन था, जिसने अरब सागर में भारतीय नौसेना की सर्वोच्चता स्थापित की?
(*a*) राजराज I (*b*) राजेन्द्र I
(*c*) राजाधिराज (*d*) कुलोत्तुंग I (J&K PCS 2002)

**162.** 'मत्तविलास प्रहसन' नाटक का रचयिता था-
(*a*) महेन्द्रवर्मन I (*b*) महेन्द्रवर्मन II
(*c*) नरसिंहवर्मन I 'माम्मल' (*d*) नरसिंहवर्मन II 'राजसिंह'

**163.** मंदिर स्थापत्य कला की द्रविड़ शैली का आरंभ किस राजवंश के समय में हुआ?
(*a*) पल्लव (*b*) चोल
(*c*) राष्ट्रकूट (*d*) इनमें से कोई नहीं

**164.** सुमेलित कीजिए-

| **सूची-I (मंदिर निर्माण शैली)** | **सूची-II (प्रतिपादक)** |
|---|---|
| A. महेन्द्रवर्मन शैली | 1. महेन्द्रवर्मन I |
| B. माम्मल शैली | 2. नरसिंहवर्मन I |
| C. राजसिंह शैली | 3. नरसिंहवर्मन II |
| D. अपराजित शैली | 4. नंदिवर्मन |

| **कूट :** | A | B | C | D |
|---|---|---|---|---|
| (*a*) | 1 | 2 | 3 | 4 |
| (*b*) | 2 | 1 | 3 | 4 |
| (*c*) | 1 | 2 | 4 | 3 |
| (*d*) | 4 | 3 | 2 | 1 |

**165.** निम्नलिखित में से किस शासक के पास एक शक्तिशाली नौसेना थी?
(*a*) चोल (*b*) पांड्य
(*c*) चेर (*d*) पल्लव *(UPPSC 2004)*

**166.** प्रशासन के क्षेत्र में चोल राजवंश का मुख्य योगदान है-
(*a*) सुनियोजित राजस्व प्रशासन में (*b*) सुनियोजित राजस्व प्रणाली में
(*c*) सुसंगठित केन्द्रीय सरकार में (*d*) सुसंगठित स्थानीय स्वशासन में

**167.** निम्नांकित राजवंशों में से किसके शासक अपने शासनकाल में ही अपना उत्तराधिकारी घोषित कर देते थे?
(*a*) चालुक्य (*b*) चोल
(*c*) कदम्ब (*d*) कलचुरी

**168.** दक्षिणी भारत का 'तक्कोलम का युद्ध' हुआ था-
(*a*) चोल एवं उत्तर चालुक्यों के मध्य (*b*) चोल एवं राष्ट्रकूटों के मध्य
(*c*) चोल एवं होयसल के मध्य (*d*) चोल एवं पांड्यों के मध्य

**169.** द्रविड़ शैली के मंदिरों में 'गोपुरम' से तात्पर्य है-
(*a*) गर्भगृह से
(*b*) दीवारों पर की गई चित्रकारी से
(*c*) शिखर से
(*d*) तोरण के ऊपर बने अलंकृत एवं बहुमंजिला भवन से

**170.** एलोरा में गुफाओं व शैलकृत मंदिरों का संबंध है केवल-
(*a*) बौद्धों से (*b*) बौद्धों एवं जैनों से
(*c*) हिन्दुओं एवं जैनों से (*d*) हिन्दुओं, बौद्धों एवं जैनों से

**171.** एलोरा के प्रसिद्ध कैलाश मंदिर का निर्माण किसने कराया था?

(*a*) दन्तिदुर्ग (*b*) कृष्ण I

(*c*) ध्रुव (धारावर्ष) (*d*) गोविन्द III

**172.** किसने कन्नड़ काव्य-शास्त्र की प्राचीनतम कृति 'कविराजमार्ग' की रचना की?

(*a*) कृष्ण I (*b*) अमोघवर्ष

(*c*) ध्रुव (धारावर्ष) (*d*) गोविन्द III

**173.** होयसल स्मारक पाए जाते हैं-

(*a*) हंपी और हास्पेट में (*b*) हलेबिड और बेलूर में

(*c*) मैसूर और बंगलूर में (*d*) शृंगेरी और धारवाड़ में

**174.** चोल काल में निर्मित नटराज की कांस्य प्रतिमाओं में देवाकृति प्रायः-

(*a*) अष्टभुज है (*b*) षट्भुज है

(*c*) चतुर्भुज है (*d*) द्विभुज है

**175.** 'सुगन्दवृत्त' (करों को हटाने वाला) की उपाधि किस चोल शासक ने धारण की?

(*a*) राजराज I (*b*) राजेन्द्र I

(*c*) राजेन्द्र III (कुलोत्तुंग चोल I) (*d*) इनमें से कोई नहीं

**176.** सुमेलित कीजिए-

| **सूची-I (ग्रंथ)** | **सूची-II (ग्रंथकार)** |
|---|---|
| A. पेरियरपुराणम् | 1. शेक्किलार |
| B. वीरशोलियम | 2. बुद्धमित्र |
| C. कलिंगतुप्परणी | 3. जयगोन्दन |

| **कूट :** | A | B | C |
|---|---|---|---|
| (*a*) | 1 | 2 | 3 |
| (*b*) | 2 | 1 | 3 |
| (*c*) | 3 | 2 | 1 |
| (*d*) | 2 | 3 | 1 |

**177.** किस चोल शासक ने श्रीलंकाई शासक महेंद्र पंचम के समय में श्रीलंका पर आक्रमण कर उसकी राजधानी अनुराधापुर को नष्ट किया एवं उत्तरी श्रीलंका पर अधिकार कर लिया?

(*a*) राजराज I (*b*) राजेन्द्र I

(*c*) परांतक I (*d*) इनमें से कोई नहीं

**178.** किस चोल शासक ने 1000 ई. में भू-राजस्व के निर्धारण के लिए भूमि का सर्वेक्षण करवाया?

(*a*) राजराज I (*b*) राजेन्द्र I
(*c*) परांतक I (*d*) इनमें से कोई नहीं

**179.** किसने चिदम्बरम के निकट गंगैकोण्डचोलपुरम नगर बसाया और उसे अपनी राजधानी बनायी?
(*a*) राजराज I (*b*) राजेन्द्र I
(*c*) कुलोत्तुंग चोल I (*d*) इनमें से कोई नहीं

**180.** किसने 1077 ई. में 92 व्यापारियों का एक शिष्टमंडल चीन भेजा?
(*a*) राजेन्द्र II (*b*) परांतक I
(*c*) परांतक II (*d*) कुलोत्तुंग चोल I

**181.** चोल काल में 'कडिमै' का अर्थ था-
(*a*) भूराजस्व/लगान (*b*) गृह कर
(*c*) चारागाह कर (*d*) जलाशय कर

**182.** चोल काल में सोने के सिक्के कहलाते थे-
(*a*) कलंजु (*b*) काशु
(*c*) रूपक (*d*) दीनार

**183.** चोल काल में किसने हिरण्यगर्भ नामक त्यौहार का आयोजन किया था?
(*a*) लोकमहादेवी (*b*) कुंदवा
(*c*) अम्मनदेवी (*d*) मधुरान्तिका

**184.** 'नानादेशिनिगम' क्या था?
(*a*) दूर-दूर के प्रदेशों व विदेशों के साथ व्यापार करने वाले व्यापारियों का निगम
(*b*) नगर के व्यापारियों का निगम
(*c*) तेल का व्यापार करनेवालों का निगम
(*d*) इनमें से कोई नहीं

**185.** रुद्राम्बा किस राजवंश की प्रसिद्ध महिला शासक थी?
(*a*) काकातीय (*b*) यादव
(*c*) होयसल (*d*) पांड्य

**186.** महमूद गजनवी के भारत पर आक्रमण का उद्देश्य क्या था?
(*a*) इस्लाम का प्रचार
(*b*) गजनी साम्राज्य का विस्तार
(*c*) मूर्तियों को तोड़ना एवं मंदिरों को लूटना
(*d*) मध्य एशिया में एक बड़े साम्राज्य की स्थापना के लिए धन प्राप्त करना

**187.** कुव्वत-उल-इस्लाम मस्जिद का निर्माण किसके द्वारा किया गया था?
(*a*) कुतुबुद्दीन ऐबक (*b*) अलाउद्दीन खिलजी
(*c*) इल्तुतमिश (*d*) मोहम्मद आदिलशाह
*(SSC 2002)*

**188.** किसके शासनकाल में सबसे अधिक मंगोल आक्रमण हुए?
(*a*) बलवन (*b*) अलाउद्दीन खिलजी
(*c*) मुहम्मद-बिन-तुगलक (*d*) फिरोज तुगलक

**189.** तराईन के द्वितीय युद्ध में किसने किसको पराजित किया?
(*a*) पृथ्वीराज ने मुहम्मद गोरी को (*b*) महमूद गजनवी ने पृथ्वीराज को
(*c*) पृथ्वीराज ने महमूद गजनवी को (*d*) मुहम्मद गोरी ने पृथ्वीराज को

**190.** 'इनाम' भूमि किसे दिया जाता था?
(*a*) विद्वान और धार्मिक व्यक्ति (*b*) मनसबदार
(*c*) पैतृक राजस्व संग्राहक (*d*) कुलीन *(SSC 2000)*

**191.** यात्री इब्नबतूता कहाँ से आया था?
(*a*) मोरक्को (*b*) फारस
(*c*) तुर्की (*d*) मध्य एशिया *(ASM 2005)*

**192.** निम्नलिखित में से कौन अपने को 'बुतशिकन' (मूर्तिभंजक) कहता था?
(*a*) महमूद गजनवी (*b*) मुहम्मद गोरी
(*c*) कुतुबुद्दीन ऐबक (*d*) इनमें से कोई नहीं

**193.** हिन्दूशाही राज्य की राजधानी थी-
(*a*) उदभाण्डपुर/वैहिन्द (*b*) कालिंजर
(*c*) अजमेर (*d*) इनमें से कोई नहीं

**194.** किसने इक्तादारी प्रथा चलाई?
(*a*) फिरोज तुगलक (*b*) मुहम्मद-बिन-तुगलक
(*c*) इल्तुतमिश (*d*) गयासुद्दीन बलवन *(RRB 2005)*

**195.** दक्षिण अफ्रीकी यात्री इब्नबतूता किसके शासनकाल में भारत आया था?
(*a*) हुमायूं (*b*) अकबर
(*c*) मुहम्मद-बिन-तुगलक (*d*) अलाउद्दीन खिलजी

**196.** किसने अपने आप को 'खलीफा' घोषित किया था?
(*a*) इल्तुतमिश (*b*) अलाउद्दीन खिलजी
(*c*) महमूद गजनवी (*d*) मुबारकशाह खिलजी *(RRB 2004)*

**197.** भारतीय इतिहास में बाजार नियमों/मूल्य नियंत्रण पद्धति की शुरूआत किसने की थी?

(*a*) शेरशाह सूरी (*b*) मुहम्मद-बिन-तुगलक
(*c*) फिरोज तुगलक (*d*) अलाउद्दीन खिलजी *(UPPSC 1998)*

**198.** राज्य संबंधों में उलेमा के दखल का विरोध किस सुल्तान ने किया था?

(*a*) बलवन ने (*b*) अलाउद्दीन खिलजी ने
(*c*) फिरोजशाह तुगलक ने (*d*) इनमें से कोई नहीं

**199.** अल्बरूनी के अनुसार 'अंत्यज' (चतुःवर्ण के नीचे का वर्ग) में शामिल थे-

(*a*) धोबी, मोची, जादूगर, डालिया व ढाल बनानेवाले
(*b*) नाविक, मछुआ, व्याध, जुलाहा
(*c*) (*a*) और (*b*) दोनों
(*d*) न ही (*a*) और न ही (*b*)

**200.** वैहिन्द का युद्ध (1008-09) निम्नलिखित में किनके बीच लड़ा गया?

(*a*) महमूद गजनवी और आनंदपाल (*b*) महमूद गजनवी और जयपाल
(*c*) मुहम्मद गोरी और पृथ्वीराज चौहान (*d*) मुहम्मद गोरी और जयचंद
*(NDA 2003)*

**201.** दिल्ली सल्तनत का वह प्रथम सुल्तान कौन था, जिसने स्थायी सेना रखी?

(*a*) इल्तुतमिश (*b*) बलवन
(*c*) अलाउद्दीन खिलजी (*d*) मुहम्मद-बिन-तुगलक (NDA 1998)

**202.** दिल्ली के निम्नलिखित सुल्तानों में से किसने तैमूरी शासक मिर्जा शाहरूख के अधिराज्य में आना स्वीकार किया?

(*a*) फिरोज तुगलक (*b*) मुहम्मद तुगलक
(*c*) खिज्र खाँ सैयद (*d*) सिकंदर लोदी

**203.** निम्न में से कौन 'गुलरुखी' के उपनाम से कविताएं लिखा करता था?

(*a*) इब्नबतूता (*b*) जियाउद्दीन बरनी
(*c*) शम्स-ए-सिराज अफीफ (*d*) सिकंदर लोदी *(NDA 2001)*

**204.** निम्न में से कौन-सा कथन बलवन के संबंध में असत्य है?

(*a*) उसने 'चालीसा दल' (चहलगानी) से संबंधित सामंतों का दमन किया।
(*b*) कानून एवं व्यवस्था की बहाली के लिए उसने 'लौह एवं रक्त' की नीति अपनाई।
(*c*) उसने केन्द्रीय सैन्य विभाग 'दीवान-ए-अर्ज' की स्थापना की।
(*d*) इनमें से कोई नहीं *(CDS 1999)*

**205.** तुर्कों द्वारा राजपूतों को पराजित करने के निम्न में से कौन से कारण थे?

1. उनके समाज का पृथकतावादी एवं अनुदार होना
2. असमानता पर आधारित जाति व्यवस्था
3. विज्ञान एवं प्रौद्योगिकी की अवनति
4. भारतीयों की शांति एव अहिंसा की नीति

(*a*) 1 और 2 (*b*) 1, 3 और 4
(*c*) 1, 2 और 3 (*d*) 2 और 3

**206.** गुलाम वंश के आरंभिक शासकों का निम्न में से कौन-सा सही अनुक्रम है?

1. कुतुबुद्दीन ऐबक, 2. इल्तुतमिश, 3. रजिया सुल्तान, 4. आरामशाह

(*a*) 1, 2, 3, 4 (*b*) 1, 4, 2, 3
(*c*) 1, 3, 2, 4 (*d*) 4, 3, 2, 1 *(CDS 2001)*

**207.** अमीर खुसरो के संबंध में निम्न में से कौन-से कथन सत्य हैं?

1. वे सूफी संत शेख निजामुद्दीन औलिया के शिष्य थे।
2. वे जलालुद्दीन फिरोज खिलजी के दरबारी कवि थे।
3. उन्होंने भारतीय वाद्य-यंत्र वीणा एवं ईरानी वाद्ययंत्र तम्बूरा के मिश्रण से सितार का आविष्कार किया।
4. उन्होंने ख्याल गायकी का आविष्कार किया।

(*a*) 1, 2, 3, 4 (*b*) 1 एवं 4
(*c*) 1, 2 एवं 4 (*d*) 2, 3 एवं 4 *(AAO 2001)*

**208.** दिल्ली सल्तनत के पतन के लिए निम्न में से कौन-से कारण उत्तरदायी थे?

1. दुर्बल प्रशासन 2. तैमूर का आक्रमण
3. अधिग्रहण की स्पष्ट नीति का अभाव 4. मिश्रित संस्कृति का उदय

(*a*) 1, 2 एवं 3 (*b*) 2, 3 एवं 4
(*c*) 1 एवं 3 (*d*) केवल 2

**209.** भारत का वह पहला शासक कौन था जिसने मुहम्मद गोरी को पराजित किया?

(*a*) सोलंकी शासक भीम II (*b*) चौहान शासक पृथ्वीराज चौहान
(*c*) गढ़वाली शासक जयचंद (*d*) इनमें से कोई नहीं

**210.** अलाउद्दीन खिलजी के आक्रमण के समय देवगिरि का शासक कौन था?

(*a*) रामचन्द्र देव (*b*) प्रताप रुद्रदेव
(*c*) मलिक काफूर (*d*) राणा रतन सिंह

*(47वीं BPSC 2005)*

**211.** निम्नलिखित में से किस सुल्तान के दरबार में सबसे अधिक गुलाम थे?

(*a*) बलवन (*b*) अलाउद्दीन खिलजी

(*c*) मुहम्मद-बिन-तुगलक (*d*) फिरोज तुगलक

**212.** निम्नलिखित में से किस सुल्तान ने बेरोजगारों को रोजगार दिया?

(*a*) अलाउद्दीन खिलजी (*b*) मुहम्मद-बिन-तुगलक

(*c*) फिरोज तुगलक (*d*) शेरशाह सूरी

*(45वीं BPSC 2002)*

**213.** 'तबकात-ए-नासिरी' का लेखक कौन था?

(*a*) शेख जमालुद्दीन (*b*) अल्बरूनी

(*c*) मिन्हाज-उल-सिराज (*d*) जियाउद्दीन बरनी

**214.** अलाई दरवाजा का निर्माण किस सुल्तान ने करवाया?

(*a*) इल्तुतमिश (*b*) बलवन

(*c*) अलाउद्दीन खिलजी (*d*) फिरोज तुगलक

**215.** अलाउद्दीन खिलजी के प्रसिद्ध सेनापतियों में किसकी मंगोलों के विरुद्ध लड़ते हुए मृत्यु हुई?

(*a*) जफर खाँ (*b*) नुसरत खाँ

(*c*) अल्प खाँ (*d*) उलूग खाँ

**216.** 'तुगलकनामा' के रचनाकार का नाम है-

(*a*) बरनी (*b*) गुलबदन बेगम

(*c*) अमीर खुसरो (*d*) इसामी

**217.** भारत में मुहम्मद गोरी ने किसको प्रथम अक्ता प्रदान किया था?

(*a*) ताजुद्दीन यल्दौज (*b*) कुतुबुद्दीन ऐबक

(*c*) शम्सुद्दीन इल्तुतमिश (*d*) नासिरुद्दीन कुबाचा

**218.** सल्तनत काल के सिक्के-'टंका', 'शंशगानी' एवं 'जीतल'-किन धातुओं के बने थे?

(*a*) चाँदी, चाँदी, ताँबा (*b*) सोना, चाँदी, ताँबा

(*c*) चाँदी, जस्ता, ताँबा (*d*) सोना, जस्ता, ताँबा

**219.** 'दीवान-ए अमीर कोही' (कृषि विभाग) नामक एक नया विभाग किस सुल्तान द्वारा शुरू किया गया था?

(*a*) अलाउद्दीन खिलजी (*b*) फिरोज तुगलक

(*c*) मुहम्मद-बिन-तुगलक (*d*) सिकंदर लोदी

*(JPSC 2003)*

**220.** तैमूर लंग ने किसके शासनकाल में भारत पर आक्रमण किया?
(*a*) अलाउद्दीन खिलजी (*b*) बहलोल लोदी
(*c*) फिरोज तुगलक (*d*) नासिरुद्दीन महमूद तुगलक
*(UPPSC 2002)*

**221.** भारत में पोलो खेल का प्रचलन किया-
(*a*) यूनानियों ने (*b*) अंग्रेजों ने
(*c*) तुर्कों ने (*d*) मुगलों ने

**222.** किसने एक तरफ संस्कृत मुद्रालेख के साथ चाँदी के सिक्के निर्गत किए?
(*a*) मुहम्मद-बिन-कासिम (*b*) महमूद गजनवी
(*c*) शेरशाह (*d*) अकबर *(UPPSC 2000)*

**223.** 'जवाबित' थे-
(*a*) कृषि संबंधित कानून (*b*) राज्य कानून
(*c*) हिन्दुओं से संबंधित मामले (*d*) इनमें से कोई नहीं *(UPPSC 1997)*

**224.** निम्न में से किस राजवंश के अन्तर्गत विजारत का चरमोत्कर्ष हुआ?
(*a*) इल्बरी (*b*) खिलजी
(*c*) तुगलक (*d*) लोदी

**225.** **कथन (A)** : अलाउद्दीन के दक्षिणी अभियान धन प्राप्ति के अभियान थे।
**कारण (R)**: वह दक्षिणी राज्यों को कब्जे में करना चाहता था।
**कूट** :
(*a*) A और R दोनों सही हैं तथा R, A की सही व्याख्या करता है।
(*b*) A और R दोनों सही हैं तथा R, A की सही व्याख्या नहीं करता है।
(*c*) A सही है किन्तु R गलत है।
(*d*) A गलत है किन्तु R सही है।

**226.** सूची-I तथा सूची-II का सुमेलित कीजिए तथा नीचे दिए गए कूट से सही उत्तर चुनिए-

| **सूची-I (लेखक)** | **सूची-II (पुस्तक)** |
|---|---|
| A. जियाउद्दीन बरनी | 1. तारीख-ए-मुबारकशाही |
| B. हसन निजामी | 2. तबकात-ए-नासिरी |
| C. मिन्हाज-उल-सिराज | 3. ताजुल-मासिर |
| D. याहिया-बिन-अहमद सरहिंदी | 4. तारीख-ए-फिरोजशाही |
| | 5. तबकात-ए-अकबरी |

| कूट : | A | B | C | D |
|---|---|---|---|---|
| (*a*) | 4 | 3 | 2 | 1 |
| (*b*) | 3 | 4 | 2 | 1 |
| (*c*) | 1 | 2 | 3 | 4 |
| (*d*) | 3 | 4 | 5 | 1 |

**227.** तौल की सबसे छोटी इकाई कौन है?
(*a*) रत्ती (रक्तिका-संस्कृत) (*b*) माशा
(*c*) तोला (तोलक-संस्कृत) (*d*) द्रोण

**228.** दिल्ली के किस मुस्लिम शासक के निधन पर इतिहासकार बदायूंनी ने कहा, 'राजा को अपनी प्रजा से तथा प्रजा को अपने राजा से मुक्ति मिली?'
(*a*) बलवन (*b*) मुहम्मद-बिन-तुगलक
(*c*) अलाउद्दीन खिलजी (*d*) शेरशाह *(MPPSC 1997)*

**229.** कौन-सा सुल्तान नया धर्म चलाना चाहता था किन्तु उलेमाओं ने विरोध किया?
(*a*) बलवन (*b*) अलाउद्दीन खिलजी
(*c*) मुहम्मद-बिन-तुगलक (*d*) इल्तुतमिश

**230.** दिल्ली में कौन-सा ऐतिहासिक स्मारक भारतीय तथा फारसी वास्तुकला शैली का उदाहरण है?
(*a*) कुतुब मीनार (*b*) लोदी का मकबरा
(*c*) हुमायूं का मकबरा (*d*) लाल किला

**231.** दिल्ली का वह सुल्तान, जो दान-दक्षिणा के बारे में काफी ध्यान रखता था और इसके लिए एक विभाग 'दीवान-ए-खैरात' (दान-विभाग) स्थापित किया, वह था-
(*a*) इल्तुतमिश (*b*) फिरोज तुगलक
(*c*) गयासुद्दीन शाह (*d*) बहलोल लोदी

**232.** निम्न में से किस संगीत वाद्य को हिन्दू-मुस्लिम गान वाद्यों का सबसे श्रेष्ठ मिश्रण माना गया है?
(*a*) वीणा (*b*) ढोलक
(*c*) सारंगी (*d*) सितार

*(RAS 1999-2000)*

**233.** निम्नलिखित में किसने 'सिकन्दर-ए-सानी' (द्वितीय सिकंदर) की उपाधि धारण की?
(*a*) इल्तुतमिश (*b*) बलवन
(*c*) अलाउद्दीन खिलजी (*d*) इनमें से कोई नहीं

**234.** सिक्कों पर 'खलीफा का नायब' खुदवानेवाला भारत का प्रथम सुल्तान था-
(*a*) गयासुद्दीन तुगलक (*b*) मुहम्मद-बिन-तुगलक
(*c*) फिरोजशाह तुगलक (*d*) बहलोल लोदी

**235.** ढाई दिन का झोंपड़ा मस्जिद, अजमेर का निर्माण किसने करवाया था?
(*a*) इल्तुतमिश (*b*) कुतुबुद्दीन ऐबक
(*c*) बलवन (*d*) फिरोज तुगलक

**236.** निम्नलिखित में से किसे बगदाद के खलीफा ने 'मन्शूर' (स्वीकृति पत्र/मानाभिषेक पत्र) प्रदान किया?
(*a*) कुतुबुद्दीन ऐबक (*b*) इल्तुतमिश
(*c*) रजिया सुल्तान (*d*) इनमें से कोई नहीं

**237.** दिल्ली सल्तनत का पहला सुल्तान कौन था जिसने दोआब के आर्थिक महत्व को समझा?
(*a*) कुतुबुद्दीन ऐबक (*b*) इल्तुतमिश
(*c*) अलाउद्दीन खिलजी (*d*) मुहम्मद-बिन-तुगलक

**238.** दिल्ली सल्तनत के तुगलक राजवंश का अंतिम शासक कौन था?
(*a*) फिरोजशाह तुगलक (*b*) गयासुद्दीन तुगलक II
(*c*) नासिरुद्दीन महमूद (*d*) नुसरत शाह

**239.** मध्यकालीन भारतीय राजाओं के संदर्भ में निम्नलिखित में से कौन-सा कथन सही है?
(*a*) अलाउद्दीन खिलजी ने एक अलग विभाग 'दीवान-ए-अर्ज' स्थापित किया।
(*b*) बलवन ने अपनी सेना के घोड़ों को दागने की पद्धति शुरू की।
(*c*) मुहम्मद-बिन-तुगलक के बाद दिल्ली की गद्दी पर उसके चाचा बैठे।
(*d*) फिरोज तुगलक ने गुलामों का एक अलग विभाग 'दीवान-ए-बंदगान' स्थापित किया।

**240.** चंगेज खाँ के अधीन मंगोलों ने किसके शासनकाल में भारत पर आक्रमण किया?
(*a*) बलवन (*b*) फिरोज तुगलक
(*c*) इल्तुतमिश (*d*) मुहम्मद-बिन-तुगलक

**241.** निम्नलिखित युग्मों में कौन-सा सही रूप में सुमेलित है?
(*a*) दीवान-ए-बंदगान - तुगलक
(*b*) दीवान-ए-मुस्तखराज - बलवन
(*c*) दीवान-ए-अमीर कोही - अलाउद्दीन खिलजी
(*d*) दीवान-ए-अर्ज - मुहम्मद तुगलक

**242.** सल्तनत काल में 'फवाजिल' का अर्थ था-

(*a*) अभिजात वर्ग को दिया जानेवाला अतिरिक्त भुगतान
(*b*) वेतन के बदले में निर्धारित मालगुजारी
(*c*) इक्तादारों के द्वारा सरकारी खजाने में जमा की जानेवाली अधिशेष राशि
(*d*) कृषकों से की जानेवाली गैर-कानूनी जबरन वसूली *(UPSC 1998)*

**243.** दिल्ली का सुल्तान, जो भारत में नहरों के सबसे बड़े जाल का निर्माण करने के लिए प्रसिद्ध है, वह था-

(*a*) इल्तुतमिश (*b*) गयासुद्दीन तुगलक
(*c*) फिरोजशाह तुगलक (*d*) सिकंदर लोदी

**244.** किसने 40 तुर्की सरदारों को लेकर 'तुर्कान-ए-चिहलगानी' या 'चालीसा दल' का गठन किया?

(*a*) ऐबक (*b*) इल्तुतमिश
(*c*) बलवन (*d*) रजिया

**245.** किसने राजदरबार में 'सिजदा' (घुटनों पर बैठकर सिर नवाना) एवं 'पाबोस' (पांव को चूमना) की परिपाटी चलाई?

(*a*) इल्तुतमिश (*b*) बलवन
(*c*) अलाउद्दीन खिलजी (*d*) मुहम्मद-बिन-तुगलक

**246.** बलवन ने अपने को कुलीन साबित करने के लिए 'शाहनामा' में वर्णित किस प्रसिद्ध तुर्की योद्धा का वंशज होने का दावा किया?

(*a*) अफरासियाब (*b*) अमीर हम्जा
(*c*) तैमूर (*d*) इनमें से कोई नहीं

**247.** दक्षिणी अभियान के क्रम में किसने मलिक काफूर को विश्व प्रसिद्ध कोहिनूर हीरा प्रदान किया, मलिक काफूर ने यह हीरा सुल्तान अलाउद्दीन खिलजी को भेंट कर दिया?

(*a*) रामचन्द्र (*b*) प्रताप रुद्रदेव
(*c*) वीर बल्लाल (*d*) वीर पाण्डय

**248.** किसने सैन्य शासन के क्षेत्र में 'दाग' (घोड़ों पर दाग अर्थात् चिह्न लगाना) एवं 'हुलिया' (सैनिक के पहचान-चिह्न) का प्रचलन किया?

(*a*) बलवन (*b*) अलाउद्दीन खिलजी
(*c*) इल्तुतमिश (*d*) सिकंदर लोदी

**249.** किस सुल्तान ने सैनिकों को भू-अनुदान के स्थान पर नकद वेतन देने की प्रथा चलाई?

(*a*) अलाउद्दीन खिलजी (*b*) बलवन
(*c*) इल्तुतमिश (*d*) मुहम्मद-बिन-तुगलक

**250.** 'सराय-ए-अदल' निम्नलिखित में से किसका बाजार था?

(*a*) गल्ला का (*b*) वस्त्र एवं अन्य वस्तुओं का बाजार
(*c*) दासों, घोड़ों एवं मवेशियों का बाजार (*d*) छोटी-छोटी वस्तुओं का बाजार

**251.** किसने 'रस्म-ए-मियान' (बीच का रास्ता) व 'तरीक-ए-एल्दाल' (सुल्तान का तरीका) नाम से राजस्व सुधार की व्यावहारिक नीति अपनाई?

(*a*) गयासुद्दीन तुगलक (*b*) मुहम्मद-बिन-तुगलक
(*c*) अलाउद्दीन खिलजी (*d*) फिरोज तुगलक

**252.** राजशेखर एवं जिनप्रभा सूरि जैसे जैन विद्वानों को किस सुल्तान ने राजकीय संरक्षण दिया?

(*a*) गयासुद्दीन तुगलक (*b*) अलाउद्दीन खिलजी
(*c*) मुहम्मद-बिन-तुगलक (*d*) फिरोज तुगलक

**253.** किस सुल्तान ने 'हासिल-ए-शर्ब' / 'हक-ए-शर्ब' (सिंचाई कर) नामक एक नया कर लगाया?

(*a*) फिरोज तुगलक (*b*) गयासुद्दीन खिलजी
(*c*) मुहम्मद-बिन-तुगलक (*d*) अलाउद्दीन खिलजी

**254.** किस मुस्लिम शासक के सिक्कों पर देवी लक्ष्मी की आकृति बनी है?

(*a*) मुहम्मद गोरी (*b*) अलाउद्दीन खिलजी
(*c*) अकबर (*d*) इनमें से कोई नहीं *(Utt. PSC 2008)*

**255.** सूची-I को सूची-II से सुमेलित कीजिए-

| **सूची-I (विजयनगर का भ्रमण करने वाले यात्री)** | **सूची-II (तत्कालीन शासक)** |
|---|---|
| A. बारबोसा | 1. कृष्णदेव राय |
| B. पाएस | 2. कृष्णदेव राय |
| C. नूनिज | 3. अच्युतदेव राय |
| D. सीजर फ्रेडरिक | 4. सदाशिव राय |

| **कूट :** | A | B | C | D |
|---|---|---|---|---|
| (*a*) | 1 | 2 | 3 | 4 |
| (*b*) | 2 | 4 | 3 | 1 |
| (*c*) | 1 | 2 | 4 | 3 |
| (*d*) | 4 | 3 | 2 | 1 |

**256.** इतालवी यात्री निकोलो द कोण्टी (1420-21) ने किस विजयनगर सम्राट के शासनकाल में विजयनगर की यात्रा की?

(*a*) देवराय I (*b*) देवराय II

(*c*) कृष्णदेव राय (*d*) अच्युतदेव राय

**257.** कृष्णदेव राय ने निम्नलिखित में से किसके साथ मैत्रीपूर्ण संबंध रखे थे?

(*a*) फ्रेंच (*b*) ब्रिटिश

(*c*) पुर्तगाली (*d*) डच (हॉलैण्ड)

**258.** विजयनगर के महान् साम्राज्य के अवशेष कहाँ पाए जाते हैं?

(*a*) बीजापुर में (*b*) गोलकुंडा में

(*c*) हम्पी में (*d*) बड़ौदा में

**259.** विजयनगर का प्रथम शासक कौन था जिसने पुर्तगालियों के साथ संधि की?

(*a*) हरिहर (*b*) बुक्का

(*c*) देवराय II (*d*) कृष्णदेव राय

**260.** मीनाक्षी मंदिर कहाँ स्थित है?

(*a*) महाबलिपुरम (*b*) मदुरै

(*c*) चेन्नई (*d*) कोलकाता

**261.** किस संगमवंशी शासक को 'प्रौढ़ देवराय' भी कहा जाता था?

(*a*) हरिहर II (*b*) देवराय I

(*c*) देवराय II (*d*) मल्लिकार्जुन

**262.** मुस्लिमों को सेना में नियुक्त करनेवाला विजयनगर का प्रथम शासक था-

(*a*) देवराय I (*b*) देवराय II

(*c*) कृष्णदेव राय (*d*) सालुव नरसिंह

**263.** निम्नलिखित कौन-सा क्षेत्र विजयनगर के शासकों और बहमनी के सुल्तानों के मध्य विवाद का विषय नहीं था?

(*a*) कृष्णा-तुंगभद्रा का दोआब क्षेत्र (*b*) गोदावरी-कृष्णा का डेल्टा क्षेत्र

(*c*) मराठवाड़ा का कोंकण आदि क्षेत्र (*d*) वारंगल का क्षेत्र

*(NDA 2002)*

**264.** विजयनगर के उस पहले शासक की पहचान करें जिसने बहमनियों से गोआ को छीना?

(*a*) हरिहर I (*b*) हरिहर II

(*c*) बुक्का I (*d*) देवराय II

**265.** 'अठवण' का क्या मतलब है?

(*a*) भूराजस्व विभाग
(*b*) भूराजस्व
(*c*) आयात कर
(*d*) वाणिज्य कर *(JPSC 2002)*

**266.** कृष्णदेवराय के दरबार में 'अष्टदिग्गज' कौन थे?

(*a*) आठ मंत्री
(*b*) आठ तेलगू कवि
(*c*) आठ महान सेनापति
(*d*) आठ परामर्शदाता

**267.** शर्की सुल्तानों के शासनकाल में निम्न स्थानों में से किसे 'पूर्व का शीराज' या 'शीराज-ए-हिन्द' कहा जाता था?

(*a*) आगरा
(*b*) दिल्ली
(*c*) जौनपुर
(*d*) वाराणसी *(UPPSC 2008)*

**268.** कश्मीर का शासक, जो 'कश्मीर का अकबर' नाम से जाना जाता है, वह है-

(*a*) शम्सुद्दीन शाह
(*b*) सिकंदर बुतशिकन
(*c*) हैदरशाह
(*d*) जैनुल आबिदीन

**269.** कृष्णदेव राय का राजकवि था-

(*a*) पेद्दन्ना
(*b*) तिम्मया
(*c*) तेनाली रामकृष्ण
(*d*) इनमें से कोई नहीं

**270.** विजयनगर के किस शासक को 'आन्ध्र पितामह' भी कहा जाता है?

(*a*) देवराय I
(*b*) देवराय II
(*c*) कृष्णदेव राय
(*d*) इनमें से कोई नहीं

**271.** निम्नलिखित मुस्लिम शासकों में से किस एक को उसकी धर्मनिरपेक्षता में आस्था के कारण उसकी मुस्लिम प्रजा 'जगद्गुरु' कहकर पुकारती थी?

(*a*) हुसैनशाह
(*b*) जैन-उल-आबिदीन
(*c*) इब्राहिम आदिलशाह
(*d*) महमूद द्वितीय

**272.** कौन सुमेलित नहीं है?

(*a*) उबंलि भूमि - गाँव के कुछ विशेष सेवाओं के बदले में दी जाने वाली कर-मुक्त भूमि
(*b*) कुट्टगि - पट्टे पर ली गई भूमि
(*c*) कुदि - कृषक मजदूर
(*d*) मान्या भूमि - राज्य के सीधे नियंत्रणवाले ग्रामों की भूमि

**273.** महमूद बेगड़ा किस राज्य का प्रसिद्ध सुल्तान था?

(*a*) मालवा
(*b*) गुजरात
(*c*) खानदेश
(*d*) जौनपुर

**274.** किस बहमनी शासक ने प्रसिद्ध सूफी संत मुहम्मद गेसूदराज 'बंदानवाज' को भू-अनुदान दिया?

(*a*) अलाउद्दीन हसन (*b*) ताजुद्दीन फिरोज
(*c*) शिहाबुद्दीन अहमद I (*d*) इनमें से कोई नहीं

**275.** प्रसिद्ध विजय विट्ठल मंदिर जिसके 56 तक्षित स्तंभ संगीतमय स्वर निकालते हैं, कहाँ अवस्थित है?

(*a*) बेलूर (*b*) भद्राचलम
(*c*) हम्पी (*d*) श्रीरंगम

*(UPSC 2008)*

**276.** महाराष्ट्र में भक्ति संप्रदाय निम्नलिखित में से किसकी शिक्षाओं द्वारा फैला था?

(*a*) संत तुकाराम (*b*) संत ज्ञानेश्वर
(*c*) समर्थ गुरु रामदास (*d*) चैतन्य महाप्रभु

*(SSC 2002)*

**277.** चैतन्य महाप्रभु किस संप्रदाय से जुड़े थे?

(*a*) श्री संप्रदाय (*b*) वरकरी संप्रदाय
(*c*) गौड़ीय संप्रदाय (*d*) इनमें से कोई नहीं

**278.** पुष्टि मार्ग के दर्शन की स्थापना किसने की?

(*a*) चैतन्य ने (*b*) नानक ने
(*c*) सूरदास ने (*d*) वल्लभाचार्य ने

**279.** सभी भक्ति संतों के मध्य एक समान विशेषता थी कि उन्होंने-

(*a*) अपनी वाणी को उसी भाषा में लिखे, जिसे उनके भक्त समझते थे।
(*b*) पुरोहित वर्ग की सत्ता को नकारा।
(*c*) स्त्रियों को मंदिर जाने को प्रोत्साहित किए।
(*d*) मूर्ति पूजा को प्रोत्साहित किए। *(47वीं BPSC 2005)*

**280.** 'बीजक' का रचयिता कौन है?

(*a*) सूरदास (*b*) कबीर
(*c*) रैदास (*d*) पीपा *(MPPSC 2000)*

**281.** रामानुजाचार्य को किस कट्टर शैव मतावलम्बी चोल शासक के धमकी के कारण त्रिचनापल्ली छोड़कर मैसूर जाना पड़ा?

(*a*) राजराज I (*b*) राजेन्द्र I
(*c*) कुलोत्तुंग I (*d*) इनमें से कोई नहीं

**282.** किसने भक्ति के क्षेत्र में 'शूद्रों' को भगवत दर्शन व मोक्ष का अधिकार देकर उन्हें इस्लाम धर्म स्वीकार करने से रोका?

(*a*) रामानुजाचार्य (*b*) वल्लभाचार्य
(*c*) चैतन्य महाप्रभु (*d*) मध्वाचार्य

**283.** भक्त तुकाराम किस मुगल सम्राट के समकालीन थे?

(*a*) बाबर (*b*) अकबर
(*c*) जहाँगीर (*d*) औरंगजेब *(UPSC 2008)*

**284.** निम्नलिखित में से किस भक्ति संत ने अपने संदेश के प्रचार के लिए सबसे पहले हिन्दी का प्रयोग किया?

(*a*) दादू (*b*) कबीर
(*c*) रामानंद (*d*) तुलसीदास

**285.** 'दास बोध' के रचयिता थे-

(*a*) एकनाथ (*b*) तुकाराम
(*c*) रामदास (*d*) तुलसीदास

**286.** सूची-I को सूची-II से सुमेलित कीजिए-

| सूची-I | सूची-II |
|---|---|
| A. पीर/शेख | 1. शिष्य |
| B. मुरीद | 2. गुरु या मार्गदर्शक |
| C. खलीफा | 3. सूफी संतों का निवास-स्थल |
| D. खानकाह | 4. सूफी मत का अनुपालक |

| **कूट :** | A | B | C | D |
|---|---|---|---|---|
| (*a*) | 2 | 1 | 4 | 3 |
| (*b*) | 1 | 2 | 3 | 4 |
| (*c*) | 1 | 4 | 3 | 2 |
| (*d*) | 3 | 4 | 2 | 1 |

*(CDS 2002)*

**287.** दारा शिकोह ने किस शीर्षक से उपनिषदों का फारसी में अनुवाद किया था?

(*a*) अल-फिहरिश्त (*b*) किताब-उल-बयाँ
(*c*) मज्म-उल-बहरीन (*d*) सिर्र-ए-अकबर *(UPPSC 2000)*

**288.** प्रसिद्ध सूफी सलीम चिश्ती रहते थे-

(*a*) दिल्ली में (*b*) अजमेर में
(*c*) फतेहपुर सीकरी में (*d*) लाहौर में *(RAS 1999-2000)*

**289.** किस सूफी संत ने कहा था, 'हनोज दिल्ली दूर अस्त' (अभी दिल्ली दूर है)?

(*a*) शेख नासिरुद्दीन (*b*) शेख निजामुद्दीन औलिया
(*c*) सलीम चिश्ती (*d*) शेख फरीद

**290.** दिल्ली सल्तनत के सुल्तान इल्तुतमिश ने किसे 'शेख-उल-इस्लाम' की उपाधि दी?
(*a*) मुइनुद्दीन चिश्ती (*b*) शेख बहाउद्दीन जकारिया
(*c*) बाबा फरीद (*d*) सलीम चिश्ती

**291.** किसने संस्कृत के पंडितों की सहायता से 'भगवद्‌गीता' एवं योग वशिष्ठ' का अनुवाद फारसी में किया?
(*a*) सलीम चिश्ती (*b*) अमीर खुसरो
(*c*) दारा शिकोह (*d*) इनमें से कोई नहीं

**292.** बाबर ने प्रसिद्ध 'तुलुगमा नीति' का प्रयोग सर्वप्रथम किस युद्ध में किया?
(*a*) खानवा के युद्ध में (*b*) घाघरा के युद्ध में
(*c*) पानीपत के प्रथम युद्ध में (*d*) इनमें से कोई नहीं

**293.** भारत में ग्रांड ट्रंक रोड बनवाई थी?
(*a*) अशोक ने (*b*) शेरशाह सूरी ने
(*c*) अकबर ने (*d*) हुमायूं ने *(SSC 2002)*

**294.** मुगल प्रशासन व्यवस्था में मनसबदारी प्रणाली को किसने प्रारंभ किया?
(*a*) शाहजहाँ (*b*) अकबर
(*c*) जहाँगीर (*d*) बाबर *(RRB 2005)*

**295.** किस मुगल शासक ने भारत की वनस्पतियों और प्राणी जगत, ऋतुओं और फलों का विशद् विवरण अपनी दैनन्दिनी (डायरी) में दिया है?
(*a*) अकबर (*b*) जहाँगीर
(*c*) बाबर (*d*) औरंगजेब

**296.** अकबर के शासनकाल में 'महाभारत' का फारसी भाषा में अनुवाद किया गया था, वह किस नाम से जाना जाता है?
(*a*) इकबालनामा (*b*) रज्मनामा
(*c*) अकबरनामा (*d*) सकीनत-उल-औलिया
*(UPPSC 2002)*

**297.** अकबर के शासनकाल में भू-राजस्व सुधारों के लिए कौन उत्तरदायी था?
(*a*) बीरबल (*b*) टोडरमल
(*c*) जयसिंह (*d*) बिहारी

**298.** किस मुगल शासक का दो बार राज्याभिषेक हुआ?
(*a*) अकबर (*b*) जहाँगीर
(*c*) शाहजहाँ (*d*) औरंगजेब *(UPPSC 2009)*

**299.** शेरशाह सूरी का मकबरा कहाँ स्थित है?

(*a*) दिल्ली (*b*) आगरा
(*c*) सासाराम (*d*) लाहौर *(RRB 2005)*

**300.** सम्राट अकबर द्वारा किसको 'जरीकलम' की उपाधि से अलंकृत किया गया था?

(*a*) मोहम्मद हुसैन (*b*) मुहम्मद खाँ
(*c*) अब्दुस्समद (*d*) मीर सैयद अली

**301.** अकबर के शासनकाल में 'अमलगुजार' नामक अधिकारी का कार्य था-

(*a*) कानून और व्यवस्था संभालना
(*b*) भूमि राजस्व का मूल्यांकन और संग्रह करना
(*c*) राजघराने का प्रभारी होना
(*d*) शाही खजाने की देखभाल करना

**302.** शिवाजी ने मुगलों को किस संधि के द्वारा किलों को हस्तांतरित किया?

(*a*) चित्तौड़ (*b*) पूना
(*c*) पुरंदर (*d*) तोरण *(NDA 2000)*

**303.** निम्न में से कौन-सा मुगल बादशाह पहले तो अंग्रेजों का कैदी रहा और बाद में जीवनपर्यन्त मराठों का पेंशनभोगी रहा?

(*a*) शाहआलम II (*b*) बहादुरशाह II
(*c*) आलमगीर II (*d*) अकबर II *(CDS 2003)*

**304.** मुगल प्रशासन में 'मुहतसिब' था-

(*a*) सेना अधिकारी (*b*) विदेश विभाग का प्रमुख
(*c*) लोक आचरण अधिकारी (*d*) पत्र-व्यवहार विभाग का अधिकारी

*(47वीं BPSC 2005)*

**305.** 'दास्तान-ए-अमीर हम्जा' का चित्रांकन किसके द्वारा किया गया?

(*a*) अब्दुस् समद (*b*) मंसूर
(*c*) मीर सैयद अली (*d*) अबुल हसन

**306.** निम्नलिखित में से किस सुल्तान ने पहले 'हजरत-ए-आला' की उपाधि अपनाई और बाद में सुल्तान की?

(*a*) बहलोल लोदी (*b*) सिकंदर लोदी
(*c*) शेरशाह सूरी (*d*) इस्लामशाह सूरी

**307.** निम्नलिखित में से किस मुगल बादशाह को वजीर गाजीउद्दीन ने दिल्ली में दाखिल नहीं होने दिया?

(*a*) आलमगीर द्वितीय (*b*) शाह आलम द्वितीय
(*c*) अकबर द्वितीय (*d*) बहादुरशाह द्वितीय

**308.** 'जब्ती प्रणाली' किसकी उपज थी?
(*a*) गयासुद्दीन तुगलक (*b*) सिकंदर लोदी
(*c*) शेरशाह (*d*) अकबर

**309.** किसने सल्तनत काल में प्रचलित डाक व्यवस्था का विस्तृत विवरण दिया है?
(*a*) अमीर खुसरो (*b*) फरिश्ता
(*c*) इब्नबतूता (*d*) जियाउद्दीन बरनी

**310.** किस मुगल बादशाह को 'जिन्दा पीर' कहा जाता था?
(*a*) अकबर (*b*) औरंगजेब
(*c*) शाहजहाँ (*d*) जहाँगीर *(JPSC 2003)*

**311.** अकबर द्वारा बनाई गई कौन-सी इमारत का नक्शा बौद्ध विहार की तरह है?
(*a*) पंचमहल (*b*) दीवान-ए-खास
(*c*) जोधाबाई का महल (*d*) बुलंद दरवाजा

**312.** औरंगजेब ने दक्षिण में जिन दो राज्यों को विजित किया था, वे थे-
(*a*) अहमदनगर एवं बीजापुर (*b*) बीदर एवं बीजापुर
(*c*) बीजापुर एवं गोलकुंडा (*d*) गोलकुंडा एवं अहमदनगर

**313.** मुगलों ने नवरोज/नौरोज का त्यौहार लिया-
(*a*) पारसियों से (*b*) यहूदियों से
(*c*) मंगोलों से (*d*) तुर्कों से

**314.** किस बादशाह के अंतर्गत मुगल सेना में सर्वाधिक हिन्दू सेनापति थे?
(*a*) हुमायूँ (*b*) अकबर
(*c*) जहाँगीर (*d*) औरंगजेब *(UPPSC 2000)*

**315.** जहाँगीर के दरबार में पक्षियों का सबसे बड़ा चित्रकार था-
(*a*) ख्वाजा अब्दुस्समद (*b*) सैयद अली तबरीजी
(*c*) बसावन (*d*) मंसूर *(UPPSC 1998)*

**316.** निम्न में से किसने मुगलकाल का ऐतिहासिक विवरण लिखा?
(*a*) गुलबदन बेगम (*b*) नूरजहाँ बेगम
(*c*) जहाँआरा बेगम (*d*) जेबुन्निसा बेगम

**317.** अकबर के काल में महाभारत की फारसी अनुवाद जिसके निर्देशन में हुआ, वह है-

(*a*) उत्बी (*b*) नाजिरी

(*c*) अबुल फजल (*d*) फैजी *(RAS 2000)*

**318.** निम्नलिखित में से किसमें हिन्द तथा ईरानी वास्तुकला का सर्वप्रथम समन्वय देखने को मिलता है?

(*a*) ताजमहल में (*b*) लाल किला में

(*c*) पंचमहल में (*d*) शेरशाह के मकबरे में

**319.** **कथन (A)** : शाह आलम II ने सम्राट के रूप में प्रारंभिक वर्ष अपनी राजधानी से दूर व्यतीत किए।

**कारण (R)**: उत्तर-पश्चिम सीमांत से विदेशी आक्रमण का भय घात लगाए रहता था।

**कूट** :

(*a*) A और R दोनों सही हैं तथा R, A का सही स्पष्टीकरण है।

(*b*) A और R दोनों सही हैं तथा R, A का सही स्पष्टीकरण नहीं है।

(*c*) A सही है परन्तु R गलत है।

(*d*) A गलत है परन्तु R सही है। *(UPSC 2003)*

**320.** धरमत का युद्ध (अप्रैल, 1658) निम्न में से किनके बीच लड़ा गया?

(*a*) मुहम्मद गोरी और जयचंद (*b*) बाबर और अफगान

(*c*) औरंगजेब और दारा शिकोह (*d*) अहमदशाह दुर्रानी तथा मराठा

**321.** **कथन (A)** : खानवा का युद्ध निश्चय ही पानीपत के प्रथम युद्ध की अपेक्षा अधिक निर्णायक और महत्वपूर्ण था।

**कारण (R)**: राजपूत वीर राणा सांगा निश्चय ही इब्राहिम लोदी की अपेक्षा अधिक दुर्जेय शत्रु था।

**कूट** :

(*a*) A और R दोनों सही हैं तथा R, A का सही स्पष्टीकरण है।

(*b*) A और R दोनों सही हैं तथा R, A का सही स्पष्टीकरण नहीं है।

(*c*) A सही है परन्तु R गलत है।

(*d*) A गलत है परन्तु R सही है। *(UPSC 2001)*

**322.** मुगलकाल में निम्नलिखित बंदरगाहों में से किसको बाबुल मक्का (मक्का द्वार) कहा जाता था?

(*a*) कालीकट (*b*) भड़ौच

(*c*) खम्भात (*d*) सूरत

**323.** निम्नलिखित युग्मों में से कौन-सा एक सही सुमेलित नहीं है?

(*a*) जहाँगीर - विलियम हॉकिन्स

(*b*) अकबर - सर टॉमस रो

(*c*) शाहजहाँ - टैवर्नियर

(*d*) औरंगजेब - मनूची

**324. कथन (A)** : अकबर के काल में, हर दस घुड़सवार सैनिक के लिए मनसबदारों को बीस घोड़ों का रख-रखाव करना पड़ता था।

**कारण (R)** : घोड़ों को यात्रा में आराम देना होता था और युद्ध के समय उनको बदलना आवश्यक होता था।

**कूट** :

(*a*) A और R दोनों सही हैं तथा R, A का सही स्पष्टीकरण है।

(*b*) A और R दोनों सही हैं तथा R, A का सही स्पष्टीकरण नहीं है।

(*c*) A सही है परन्तु R गलत है।

(*d*) A गलत है परन्तु R सही है।

**325.** कंधार के निकल जाने से मुगल साम्राज्य को एक बड़ा धक्का पहुँचा-

(*a*) प्राकृतिक संसाधनों के दृष्टिकोण से

(*b*) मध्यवर्ती राज्यक्षेत्र (Buffer territory) के दृष्टिकोण से

(*c*) संचार व्यवस्था के दृष्टिकोण से

(*d*) सामरिक महत्व के केन्द्र के दृष्टिकोण से *(UPSC 1998)*

**326.** 'दहसाला बंदोबस्त' किससे संबंधित है?

(*a*) बीरबल (*b*) अबुल फजल

(*c*) टोडरमल (*d*) इनमें से कोई नहीं

**327.** दारा शिकोह एवं औरंगजेब के मध्य हुए उत्तराधिकार युद्धों में सबसे निर्णायक युद्ध कौन माना जाता है?

(*a*) धरमत का युद्ध (*b*) सामूगढ़ का युद्ध

(*c*) देवराई का युद्ध (*d*) इनमें से कोई नहीं

**328.** मनसबदारी व्यवस्था में 'दो अस्पा, सि अस्पा' का प्रचलन किसने किया?

(*a*) जहाँगीर (*b*) शाहजहाँ

(*c*) औरंगजेब (*d*) इनमें से कोई नहीं

**329.** मुगल स्थापत्य कला के संदर्भ में, 'पिट्रा ड्यूरा' (Pietra Dura) का अर्थ है-

(*a*) संगमरमर के पत्थर पर जवाहरात से की गई जड़ावट

(*b*) संगमरमर पर की गई चित्रकारी

(*c*) उद्यान निर्माण की कला
(*d*) इनमें से कोई नहीं

**330.** जहाँगीर ने किस चित्रकार को फारस के शाह एवं उसके अमीरों का छविचित्र (Portrait) बनाने के लिए फारस (ईरान) भेजा?
(*a*) बिशन दास (*b*) उस्ताद मंसूर
(*c*) अबुल हसन (*d*) इनमें से कोई नहीं

**331.** 'चौथ' क्या था?
(*a*) औरंगजेब द्वारा लगाया गया एक धार्मिक कर
(*b*) शिवाजी द्वारा लगाया गया एक मार्ग कर
(*c*) अकबर द्वारा वसूल किया जानेवाला सिंचाई कर
(*d*) पड़ोसी राज्यों पर शिवाजी द्वारा लगाया गया भूमि कर

**332.** 'मराठा राज्य का दूसरा संस्थापक' किसे कहा जाता है?
(*a*) राजाराम (*b*) बालाजी विश्वनाथ
(*c*) बाजीराव I (*d*) बालाजी बाजीराव

**333.** 'सरंजामी' प्रथा किससे संबंधित थी?
(*a*) मराठा भू-राजस्व व्यवस्था (*b*) तालुकदारी प्रथा
(*c*) कुतुबशाही प्रशासन (*d*) इनमें से कोई नहीं

**334.** शिवाजी मुगलों की कैद से भागने के समय किस नगर में कैद थे?
(*a*) ग्वालियर (*b*) आगरा
(*c*) दिल्ली (*d*) कानपुर

**335.** शिवाजी को 'राजा' की उपाधि किसने प्रदान की थी?
(*a*) बीजापुर के शासक ने (*b*) अहमदनगर के शासक ने
(*c*) औरंगजेब ने (*d*) महाराजा जयसिंह ने

**336.** वह पुर्तगाली कौन था जिसने गोआ पर अधिकार किया था?
(*a*) फ्रांसिस डी अल्मेडा (*b*) अल्फांसो डी अल्बुकर्क
(*c*) वास्को डी गामा (*d*) राबर्टो डी नोविली

**337.** भारत में ईस्ट इंडिया कंपनी का पहला गवर्नर-जनरल कौन था?
(*a*) रॉबर्ट क्लाइव (*b*) सर जॉन शोर
(*c*) वारेन हेस्टिंग्स (*d*) लॉर्ड हेस्टिंग्स

**338.** 1717 ई. में निम्नलिखित में कौन-से मुगल सम्राट ने अंग्रेजों की ईस्ट इंडिया कंपनी को भारत में व्यापार पर विशेषाधिकार प्रदान करने का फरमान जारी किया?

(*a*) शाह आलम II
(*b*) बहादुरशाह
(*c*) जहाँदार शाह
(*d*) फर्रुखसियर (CDS 2004)

**339.** अंग्रेजों के साथ बसीन की संधि निम्नलिखित पेशवाओं में से किसने की थी?
(*a*) माधवराव ने
(*b*) बालाजी विश्वनाथ ने
(*c*) बाजीराव I ने
(*d*) बाजीराव II ने

**340.** निम्नलिखित में से प्रथम कर्नाटक युद्ध का तात्कालिक कारण था?
(*a*) अंग्रेज और फ्रांसीसियों के बीच प्रतिद्वन्द्विता
(*b*) ऑस्ट्रिया की राजगद्दी की जंग
(*c*) कर्नाटक की राजगद्दी का मामला
(*d*) अंग्रेजों द्वारा फ्रांसीसी जहाजों का अधिग्रहण (44वीं BPSC 2001)

**341.** किसे जहाँगीर ने 'खान' की उपाधि से सम्मानित किया?
(*a*) हॉकिन्स
(*b*) सर टॉमस रो
(*c*) एडवर्ड टेरी
(*d*) इनमें से कोई नहीं

**342.** उस क्षेत्र की पहचान करें जहाँ से यूरोपवासियों को सर्वोत्तम शोरा और अफीम प्राप्त होता था-
(*a*) बिहार
(*b*) गुजरात
(*c*) बंगाल
(*d*) मद्रास (चेन्नई)

**343.** बंगाल की निम्नलिखित फैक्ट्रियों में से एक जो पुर्तगालियों द्वारा स्थापित की गई थी, वह था-
(*a*) बांदेल
(*b*) चिनसुरा
(*c*) हुगली
(*d*) श्रीरामपुर (UPPSC 2004)

**344.** भारत में तम्बाकू के प्रचलन का श्रेय किसे है?
(*a*) अंग्रेजों को
(*b*) पुर्तगालियों को
(*c*) डचों को
(*d*) फ्रांसीसियों को

**345.** 18वीं सदी में भारत में लड़े गए युद्धों का निम्नलिखित में सही कालानुक्रम कौन-सा है?
(*a*) वांडीवाश युद्ध-बक्सर युद्ध-अम्बेर युद्ध-प्लासी युद्ध
(*b*) अम्बेर युद्ध-प्लासी युद्ध-वांडीवाश युद्ध-बक्सर युद्ध
(*c*) वांडीवाश युद्ध-प्लासी युद्ध-अम्बेर युद्ध-बक्सर युद्ध
(*d*) अम्बेर युद्ध-बक्सर युद्ध-वांडीवाश युद्ध-प्लासी युद्ध (UPSC 2005)

**346.** भारत में यूरोपीय शक्तियों के प्रवेश के संदर्भ में से कौन-सा कथन सही नहीं है?
(*a*) पुर्तगालियों ने 1499 ई. में गोवा पर कब्जा किया था
(*b*) अंग्रेजों ने अपना पहला कारखाना दक्षिण में मसूलीपट्टनम में लगाया
(*c*) पूर्वी भारत में अंग्रेजी कंपनी ने 1633 ई. में उड़ीसा में पहला कारखाना लगाया
(*d*) डुप्ले के नेतृत्व में फ्रांसीसियों ने 1746 ई. में मद्रास पर कब्जा किया था

*(UPSC 2003)*

**347.** भारत में फ्रांसीसियों ने अपना सबसे पहला कारखाना निम्न स्थानों में से कहाँ लगाया?
(*a*) सूरत (*b*) पुलीकट
(*c*) कोचीन (*d*) कासिम बाजार

**348.** सीकरी और आगरा पहुँचनेवाला पहला अंग्रेज व्यापारी था-
(*a*) रॉल्फ फिच (*b*) जॉन मिल्डेन हौल
(*c*) विलियम हॉकिन्स (*d*) सर टॉमस रो

**349.** कौन इंग्लैंड के सम्राट जेम्स I का राजदूत बनकर 1615 ई. में मुगल बादशाह जहाँगीर के दरबार में अजमेर पहुँचा?
(*a*) रॉल्फ फिच (*b*) विलियम हॉकिन्स
(*c*) सर टॉमस रो (*d*) इनमें से कोई नहीं

**350.** 1632 ई. में गोलकुंडा के किस सुल्तान ने अंग्रेजों के नाम 'सुनहला फरमान' (Golden Farman) जारी कर 500 पैगोडा वार्षिक कर के एवज में उन्हें गोलकुंडा राज्य के बंदरगाहों में स्वतंत्रतापूर्वक व्यापार करने की अनुमति दी?
(*a*) अब्दुल्ला कुतुबशाह (*b*) कुली कुतुब शाह
(*c*) अली आदिल शाह (*d*) इनमें से कोई नहीं

**351.** अंग्रेजों को सुतानाती, कालिकता एवं गोविंदपुर नामक तीन गाँवों की जमींदारी खरीदने की अनुमति देनेवाला बंगाल का मुगल सूबेदार था-
(*a*) शाह शुजा (*b*) इब्राहिम खाँ
(*c*) शाइस्ता खाँ (*d*) अजीम-उश्-शान

**352.** निम्नलिखित में से कौन जहाँगीर के समय में भारत नहीं आया था?
(*a*) विलियम हॉकिन्स (*b*) सर टॉमस रो
(*c*) पादरी एडवर्ड टैरी (*d*) रॉल्फ फिच

**353.** फ्रांसीसियों को चन्द्रनगर बस्ती किसने भेंट की?
(*a*) शाह शुजा ने (*b*) शाइस्ता खाँ ने
(*c*) अजीम-उश्-शान ने (*d*) इनमें से कोई नहीं

**354.** फ्रांसीसियों के पतन का कारण था-

(*a*) अंग्रेजों की नौसैनिक श्रेष्ठता एवं भारत व भारत के बाहर अंग्रेजों से व्यापारिक प्रतिद्वन्द्विता
(*b*) फ्रांसीसी सरकार के समर्थन का अभाव
(*c*) फ्रांसीसी कंपनी का दुर्बल संगठन
(*d*) उपर्युक्त सभी

**355.** वांडीवाश के युद्ध (1760) में अंग्रेजों का नेतृत्व किसने किया?

(*a*) सर आयर कूट (*b*) टॉमस स्मिथ
(*c*) टॉमस रो (*d*) इनमें से कोई नहीं

**356.** सूची-I को सूची-II से सुमेलित कीजिए-

| **सूची-I (घटना)** | **सूची-II (बंगाल का तत्कालीन गवर्नर)** |
|---|---|
| A. प्लासी का युद्ध (1757) | 1. रोजर ड्रेक |
| B. द्वैध शासन लागू (1765) | 2. रॉबर्ट क्लाइव |
| C. बक्सर का युद्ध (1764) | 3. वेन्सीटार्ट |
| D. बंगाल अकाल (1770) | 4. कर्टियर |

| **कूट :** | A | B | C | D |
|---|---|---|---|---|
| (*a*) | 1 | 2 | 3 | 4 |
| (*b*) | 2 | 1 | 3 | 4 |
| (*c*) | 1 | 2 | 4 | 3 |
| (*d*) | 4 | 3 | 2 | 1 |

**357.** वर्ष 1798 ई. में लॉर्ड वेलेजली द्वारा प्रस्तावित सहायक संधि को स्वीकार करने वाला सबसे पहला भारतीय शासक था-

(*a*) अवध का नवाब (*b*) हैदराबाद का निजाम
(*c*) कर्नाटक का नवाब (*d*) मैसूर का राजा *(SSC 2002)*

**358.** तृतीय आंग्ल-मैसूर युद्ध को रोकने के लिए टीपू सुल्तान ने अंग्रेजों के साथ कौन-सी संधि की?

(*a*) मंगलौर की संधि (*b*) श्रीरंगपट्टनम की संधि
(*c*) मैसूर की संधि (*d*) बिदनूर की संधि

*(RRB/ASM 2003)*

**359.** किस सिक्ख गुरु ने फारसी में 'जफरनामा' लिखा था?

(*a*) गुरु हरिराय (*b*) गुरु हरिकिशन
(*c*) गुरु गोविंद सिंह (*d*) गुरु तेगबहादुर

**360.** ठगी प्रथा के उन्मूलन से संबद्ध गवर्नर-जनरल था-
(*a*) कॉर्नवालिस (*b*) बेंटिक
(*c*) डलहौजी (*d*) रिपन

**361.** द्वैध शासन नीति को किसने समाप्त किया था?
(*a*) लॉर्ड माउंटबेटन (*b*) कर्जन
(*c*) वारेन हेस्टिंग्स (*d*) लॉर्ड रिपन

**362.** अंग्रेजों का सर्वाधिक विरोध किसने किया था?
(*a*) राजपूतों ने (*b*) मुगलों ने
(*c*) सिक्खों ने (*d*) मराठों ने

**363.** भारत में आधुनिक शिक्षा प्रणाली की नींव किससे पड़ी?
(*a*) 1813 के चार्टर अधिनियम से (*b*) 1835 के मैकाले के मिन्ट से
(*c*) 1882 के हंटर आयोग से (*d*) 1854 के वुड के डिस्पैच से

**364.** निम्नलिखित का सही कालानुक्रम क्या होगा?
1. रॉबर्ट क्लाइव, 2. वेन्सीटार्ट, 3. वारेन हेस्टिंग्स, 4. कर्टियर
(*a*) 1, 2, 3, 4 (*b*) 1, 2, 4, 3
(*c*) 2, 1, 3, 4 (*d*) 3, 2, 1, 4

**365.** भारत में निम्न वायसरायों में से किसके काल में इंडियन पेनल कोड, सिविल प्रोसीजर कोड और क्रिमिनल प्रोसीजर कोड पारित किए गए?
(*a*) लॉर्ड मेयो (*b*) लॉर्ड डलहौजी
(*c*) लॉर्ड कैनिंग (*d*) लॉर्ड डफरिन

**366.** सती प्रथा का अन्त करने तथा ठगी को समाप्त करने का श्रेय किसको जाता है?
(*a*) लॉर्ड डलहौजी (*b*) लॉर्ड विलियम बेंटिक
(*c*) लॉर्ड ऑकलैंड (*d*) लॉर्ड कैनिंग *(NDA 2000)*

**367.** निम्नलिखित में से अवध के स्वायत्त राज्य का संस्थापक कौन था?
(*a*) शुजाउद्दौला (*b*) सआदत खां 'बुरहान-उल-मुल्क'
(*c*) सफदरजंग (*d*) शेर खां *(CDS 2004)*

**368.** निम्नलिखित में से किसने मीर कासिम तथा शुजाउद्दौला के साथ मिलकर अंग्रेजी ईस्ट इंडिया कंपनी के खिलाफ युद्ध घोषित किया और बाद में बक्सर के युद्ध में अंग्रेजों से पराजित हुआ?
(*a*) जहाँदार शाह (*b*) फर्रुखसियर
(*c*) मुहम्मद शाह (*d*) शाह आलम II

**369.** नवाब सिराजुद्दौला एवं ईस्ट इंडिया कंपनी के बीच संघर्ष का प्रमुख कारण था–
(*a*) अंग्रेजों ने सिराजुद्दौला के राज्यारोहण का विरोध किया
(*b*) अंग्रेजों ने व्यापार छूटों का दुरुपयोग किया
(*c*) अंग्रेजों ने बंगाल में फ्रांसीसियों के उपनिवेश चन्द्रनगर पर हमला किया
(*d*) काला कारावास (ब्लैक होल) की घटना का होना *(CDS 2004)*

**370.** 'सुरक्षा प्रकोष्ठ नीति' (Ring fence policy) संबंधित है–
(*a*) वारेन हेस्टिंग्स से (*b*) लॉर्ड डलहौजी से
(*c*) हेनरी लॉरेन्स से (*d*) लॉर्ड हेस्टिंग्स से
*(47वीं BPSC 2005)*

**371.** इलाहाबाद की संधि (1765) के बाद रॉबर्ट क्लाइव ने मुर्शिदाबाद का उपदीवान किसे बनाया था?
(*a*) मुहम्मद रजा खान (*b*) राजा शिताब राय
(*c*) राय दुर्लभ (*d*) सैयद गुलाम हुसैन

**372.** निम्नलिखित में से किस भारतीय को रॉबर्ट क्लाइव ने बिहार का नायब दीवान नियुक्त किया था?
(*a*) अमीचंद (*b*) मानिक चंद
(*c*) राय दुर्लभ (*d*) राजा शिताब राय

**373.** रणजीत सिंह ने सुप्रसिद्ध कोहिनूर हीरा प्राप्त किया था–
(*a*) शाह शुजा से (*b*) जमां शाह से
(*c*) दोस्त मुहम्मद से (*d*) शेर अली से

**374.** ब्रिटिश जनरल जिसने हैदर अली को पोर्टोनोवा के युद्ध में हराया–
(*a*) कैप्टन पौपहेम (*b*) सर आयरकूट
(*c*) सर हेक्टर मुनरो (*d*) जनरल गोडार्ड *(JPSC 2003)*

**375.** निम्नांकित में से कौन सुमेलित नहीं है?
(*a*) लॉर्ड कॉर्नवालिस - स्थायी बंदोबस्त
(*b*) लॉर्ड वेलेजली - सहायक संधि प्रणाली
(*c*) लॉर्ड हेस्टिंग्स - द्वितीय आंग्ल-मराठा युद्ध
(*d*) लॉर्ड बेंटिक - 1829 का 17वां रेग्युलेशन *(UPPSC 2003)*

**376.** किस सिक्ख गुरु ने विद्रोही राजकुमार खुसरो की सहायता धन एवं आशीर्वाद से की थी?
(*a*) गुरु हरगोविंद ने (*b*) गुरु गोविंद सिंह ने
(*c*) गुरु अर्जुनदेव ने (*d*) गुरु तेगबहादुर ने

**377.** 1 नवम्बर, 1858 को महारानी विक्टोरिया का घोषणा-पत्र इलाहाबाद में पढ़कर सुनाया था-

(*a*) लॉर्ड विलियम बेंटिक ने (*b*) लॉर्ड कैनिंग ने

(*c*) लॉर्ड बर्नहम ने (*d*) सर हारकोर्ट बटलर ने

**378.** किसने अपनी राजधानी मुर्शिदाबाद से मुंगेर स्थानान्तरित की?

(*a*) अलीवर्दी खाँ (*b*) सिराजुद्दौला

(*c*) मीर जाफर (*d*) मीर कासिम *(UPPSC 2004)*

**379.** किसके शासनकाल में 'ब्लैक होल' दुर्घटना घटित हुई थी?

(*a*) अलीवर्दी खाँ (*b*) मीर जाफर

(*c*) सिराजुद्दौला (*d*) मीर कासिम

**380.** सिक्खों के अंतिम गुरु कौन थे?

(*a*) गुरु अर्जुनदेव (*b*) गुरु गोविंद सिंह

(*c*) गुरु तेगबहादुर (*d*) इनमें से कोई नहीं

**381.** निम्नलिखित में से कौन-से युग्म सही सुमेलित हैं?

| | **सूची-I (अवधि)** | **सूची-II (युद्ध)** |
|---|---|---|
| 1. | 1767-69 | प्रथम आंग्ल-मराठा युद्ध |
| 2. | 1790-92 | तृतीय मैसूर युद्ध |
| 3. | 1824-26 | प्रथम आंग्ल-बर्मा युद्ध |
| 4. | 1845-46 | द्वितीय आंग्ल-सिक्ख युद्ध |

नीचे दिए गए कूट का प्रयोग कर सही उत्तर चुनिए-

(*a*) 2 और 4 (*b*) 3 और 4

(*c*) 1 और 2 (*d*) 2 और 3 *(UPSC 2004)*

**382.** भारत में ब्रिटिश शासन के दौरान निम्नलिखित रियासतों (Princely states) पर विचार कीजिए-

1. झाँसी, 2. सम्भलपुर, 3. सतारा

ब्रिटिश द्वारा इनके समामेलन (विलय) का सही कालानुक्रम है-

(*a*) 1-2-3 (*b*) 1-3-2

(*c*) 3-2-1 (*d*) 3-1-2 *(UPSC 2004)*

**383.** निम्नलिखित भारतीय शासकों में से कौन था जिसने विदेशों में आधुनिक पद्धति से दूतावास स्थापित किए थे?

(*a*) हैदर अली (*b*) मीर कासिम

(*c*) शाह आलम II (*d*) टीपू सुल्तान

**384.** सूची-I को सूची-II से सुमेलित कीजिए और सूचियों के नीचे दिए गए कूट का प्रयोग करते हुए सही उत्तर चुनिए-

| सूची-I | | सूची-II | |
|---|---|---|---|
| A. | 1775 | 1. | प्रथम आंग्ल-बर्मा युद्ध |
| B. | 1780 | 2. | प्रथम आंग्ल-अफगान युद्ध |
| C. | 1824 | 3. | प्रथम आंग्ल-मराठा युद्ध |
| D. | 1838 | 4. | द्वितीय आंग्ल-मैसूर युद्ध |

| कूट : | A | B | C | D |
|---|---|---|---|---|
| (*a*) | 4 | 3 | 2 | 1 |
| (*b*) | 4 | 3 | 1 | 2 |
| (*c*) | 3 | 4 | 1 | 2 |
| (*d*) | 3 | 4 | 2 | 1 |

**385.** ठगों के दमन से निम्नलिखित में से कौन संबद्ध था?

(*a*) जनरल हेनरी प्रेन्डरग्रान्ट (*b*) कर्नल स्लीमैन
(*c*) एलेक्जेंडर बर्न्स (*d*) कैप्टन रॉबर्ट पेम्बरटन

*(UPSC 1997)*

**386.** 'नृप निर्माता' (King maker) के रूप में किन्हें जाना जाता है?

(*a*) मीर जुमला (*b*) जुल्फिकार खां
(*c*) चिनकिलिच खां (*d*) सैयद बंधु

**387.** सैयद बंधुओं ने मराठों के सहयोग से किस मुगल सम्राट को सत्ताच्युत कर हत्या कर दी?

(*a*) जहांदार शाह (*b*) फर्रुखसियर
(*c*) रफी-उद्-दरजात (*d*) रफीउद्दौला

**388.** किस राज्य के शासक 'नवाब वजीर' कहलाते थे?

(*a*) अवध के नवाब (*b*) बंगाल के नवाब
(*c*) कर्नाटक के नवाब (*d*) इनमें से कोई नहीं

**389.** किसने ग्रामीण जाटों को एक सैनिक शक्ति के रूप में संगठित किया?

(*a*) गोकुल (*b*) राजाराम
(*c*) चूड़ामन (*d*) बदन सिंह

**390.** किसने मुर्शिदाबाद की स्थापना की तथा उसे ढाका के स्थान पर बंगाल की राजधानी बनायी?

(*a*) मुर्शिद कुली जाफर खां (*b*) शुजाउद्दीन
(*c*) अलीवर्दी खां (*d*) सिराजुद्दौला

**391.** बंगाल के किस नवाब ने यूरोपीय लोगों की तुलना 'मधुमक्खी के छत्ते से की जिसे यदि न छेड़ा जाए तो शहद देंगी, पर यदि छत्ते के साथ छेड़छाड़ की गई तो मधुमक्खियाँ काट-काटकर प्राण ले सकती हैं?

(*a*) अलीवर्दी खाँ
(*b*) सिराजुद्दौला
(*c*) मीर जाफर
(*d*) मीर कासिम

**392.** किसने फ्रांसीसी विशेषज्ञों की मदद से डिंडीगुल में एक आधुनिक शस्त्रागार स्थापित किया?

(*a*) इम्मादि चिक्क कृष्णराज
(*b*) हैदर अली
(*c*) टीपू सुल्तान
(*d*) इनमें से कोई नहीं

**393.** सुमेलित कीजिए-

| **सूची-I (युद्ध)** | **सूची-II (संधि)** |
|---|---|
| A. प्रथम आंग्ल-मैसूर युद्ध (1767-69) | 1. मद्रास की संधि |
| B. द्वितीय आंग्ल-मैसूर युद्ध (1780-84) | 2. मंगलौर की संधि |
| C. तृतीय आंग्ल-मैसूर युद्ध (1790-92) | 3. श्रीरंगपट्टनम की संधि |

| **कूट :** | A | B | C |
|---|---|---|---|
| (*a*) | 1 | 2 | 3 |
| (*b*) | 2 | 1 | 3 |
| (*c*) | 2 | 3 | 1 |
| (*d*) | 3 | 1 | 2 |

**394.** किसने कहा था : 'मैं अंग्रेजों के स्थल साधनों को तो समाप्त कर सकता हूँ परन्तु समुद्र को नहीं सुखा सकता'?

(*a*) हैदर अली ने
(*b*) टीपू सुल्तान ने
(*c*) सिराजुद्दौला ने
(*d*) मीर कासिम ने

**395.** रणजीत सिंह एवं अंग्रेजों के बीच हुए अमृतसर की संधि (1809 ई.) में किस नदी को दोनों के राज्य-क्षेत्रों के बीच की सीमा निर्धारित की गई?

(*a*) सिंधु
(*b*) झेलम
(*c*) रावी
(*d*) सतलज

**396.** रणजीत सिंह ने अपने राज्य प्रशासन, विशेषतः सैन्य प्रशासन में विभिन्न विदेशियों को भर्ती किया, जिसमें शामिल थे-

1. वन्तुरा, 2. आलार्ड, 3. कोर्ट एवं गार्डनर, 4. एविटेबल

(*a*) 1, 2 एवं 3
(*b*) 1, 3 एवं 4
(*c*) 1, 2, 3 एवं 4
(*d*) 2, 3 एवं 4

**397.** सूची-I को सूची-II से सुमेलित कीजिए-

| सूची-I | | सूची-II |
|---|---|---|
| A. | लाहौर की संधि | 1. 1846 ई. |
| B. | भैरोवाल की संधि | 2. 1846 ई. |
| C. | पंजाब का अंग्रेजी राज्य में विलय | 3. 1849 ई. |

| **कूट :** | A | B | C |
|---|---|---|---|
| (*a*) | 1 | 3 | 2 |
| (*b*) | 1 | 2 | 3 |
| (*c*) | 3 | 1 | 2 |

(*d*) इनमें से कोई नहीं

**398.** सिंध विजय का श्रेय किसे दिया जाता है?

(*a*) मैकाले
(*b*) अलेक्जेंडर बर्न्स
(*c*) आउट्रम
(*d*) सर चार्ल्स नेपियर

**399.** सूची-I को सूची-II से सुमेलित कीजिए-

| सूची-I | | सूची-II |
|---|---|---|
| A. | समाचार-पत्रों पर प्रतिबंध समाप्त | 1. लॉर्ड डलहौजी |
| B. | प्रथम आंग्ल-अफगान युद्ध | 2. लॉर्ड ऑकलैण्ड |
| C. | प्रथम आंग्ल-सिक्ख युद्ध | 3. लॉर्ड हार्डिंग |
| D. | हिन्दू विधवा पुनर्विवाह एक्ट | 4. चार्ल्स मेटकॉफ |

| **कूट :** | A | B | C | D |
|---|---|---|---|---|
| (*a*) | 1 | 2 | 3 | 4 |
| (*b*) | 4 | 2 | 3 | 1 |
| (*c*) | 4 | 3 | 2 | 1 |
| (*d*) | 4 | 3 | 1 | 2 |

**400.** भारत से ब्रिटेन की ओर 'सम्पत्ति के अपवहन' (Drain of Wealth) का सिद्धान्त किसने प्रतिपादित किया था?

(*a*) गोपाल कृष्ण गोखले
(*b*) दादाभाई नौरोजी
(*c*) सुरेन्द्रनाथ बनर्जी
(*d*) लाला लाजपत राय

**401.** वर्ष 1853 ई. में लॉर्ड डलहौजी ने जो पहली टेलीग्राफ लाइन शुरू की, वह किसके बीच थी?

(*a*) बंबई और थाणे
(*b*) कलकत्ता और मद्रास
(*c*) बंबई और आगरा
(*d*) कलकत्ता और आगरा

*(SSC 2000)*

**402.** किसके द्वारा बंगाल और बिहार का स्थायी बंदोबस्त/इस्तमरारी बंदोबस्त (Permanent Settlement) शुरू किया गया था?
(*a*) रॉबर्ट क्लाइव (*b*) वारेन हेस्टिंग्स
(*c*) लॉर्ड वेलेजली (*d*) लॉर्ड कॉर्नवालिस

**403.** अंग्रेजी शासनकाल में भारत का कौन-सा क्षेत्र अफीम उत्पादन के लिए प्रसिद्ध था?
(*a*) बिहार (*b*) दक्षिण भारत
(*c*) गुजरात (*d*) असम

*(47वीं BPSC 2005)*

**404.** 18वीं सदी में बंगाल में वस्त्र उद्योग के पतन के लिए उत्तरदायी कारण था-
(*a*) उत्पादन की गुणवत्ता में कमी
(*b*) कच्चे माल की अनुपलब्धता
(*c*) ब्रिटेन को निर्यात किए जाने वाले माल पर उच्च तटकर
(*d*) कारीगरों की अनुपलब्धता

**405.** नील कृषकों की दुर्दशा पर लिखी गई पुस्तक 'नील दर्पण' के लेखक कौन थे?
(*a*) बंकिमचन्द्र चटर्जी (*b*) दीनबन्धु मित्र
(*c*) शरतचन्द्र चटर्जी (*d*) रवीन्द्रनाथ ठाकुर

**406.** सर टॉमस मुनरो किस भू-राजस्व बंदोबस्त से संबंधित हैं-
(*a*) स्थायी बंदोबस्त (*b*) महालवाड़ी बंदोबस्त
(*c*) रैयतवाड़ी बंदोबस्त (*d*) इनमें से कोई नहीं

**407.** उत्तरी भारत में भूमिकर व्यवस्था का प्रवर्तक (The Father of Land Settlement in Northern India) किसे कहा जाता है?
(*a*) मार्टिन बर्ड (*b*) टॉमस मुनरो
(*c*) कैप्टन रीड (*d*) चार्ल्स ग्रान्ट

**408.** भारत में उपनिवेश काल में 'ह्विटली आयोग' (1929) का उद्देश्य था-
(*a*) राजनीतिक सुधारों के लिए भारत की क्षमता का परीक्षण
(*b*) श्रमिकों की मौजूदा परिस्थितियों पर प्रतिवेदन पर सिफारिशें प्रस्तुत करना
(*c*) भारत में वित्तीय सुधारों के लिए परियोजना तैयार करना
(*d*) भारत में प्रशासनिक सेवाओं के लिए विस्तृत पद्धति विकसित करना

**409.** भारत में उपनिवेशी शासन के संदर्भ में 1883 ई. में पारित 'इल्बर्ट बिल' का उद्देश्य था-
(*a*) जहाँ तक अदालतों की दांडिक अधिकारिता का संबंध था, भारतीय तथा यूरोपीय लोगों को बराबरी पर रोकना।

(*b*) देशी प्रेस की स्वतंत्रता पर कड़ा अंकुश लगाना क्योंकि उसे उपनिवेशी शासकों का विरोधी समझा जाता था।

(*c*) प्रशासनिक सेवा परीक्षाएँ भारत में करवाना ताकि देशी भारतीयों को उसमें बैठने के लिए प्रोत्साहित किया जा सके।

(*d*) आर्म्स एक्ट में संशोधन कर देशी भारतीयों को शस्त्र रखने की अनुमति देना।

*(UPSC 2003)*

**410.** यद्यपि भारत के व्यापार पर 1813 के चार्टर एक्ट द्वारा कंपनी के एकाधिकार को समाप्त कर दिया गया, परन्तु फिर भी किस वस्तु का व्यापार केवल कंपनी के लिए ही सुरक्षित रखा गया?

(*a*) कागज (*b*) जूट

(*c*) चाय (*d*) चीनी

**411.** सूची-I को सूची-II से सुमेलित कीजिए–

| | **सूची-I (काश्तकारी अधिनियम)** | **सूची-II (वर्ष)** |
|---|---|---|
| A. | बंगाल काश्तकारी अधिनियम | 1. 1885 |
| B. | अवध लगान अधिनियम एवं मद्रास काश्तकारी विधेयक | 2. 1886 |
| C. | दक्कन काश्तकारी अधिनियम | 3. 1879 |
| D. | मध्य प्रांत काश्तकारी विधेयक | 4. 1883 |

| **कूट :** | A | B | C | D |
|---|---|---|---|---|
| (*a*) | 1 | 2 | 3 | 4 |
| (*b*) | 2 | 1 | 3 | 4 |
| (*c*) | 1 | 2 | 4 | 3 |
| (*d*) | 4 | 3 | 2 | 1 |

**412.** भारतीय शिक्षा का मैग्नाकार्टा कहा जाता है?

(*a*) वुड के घोषणापत्र (Dispatch) 1854 को

(*b*) हण्टर आयोग (1882) के प्रतिवेदन को

(*c*) रैले आयोग (1902) के प्रतिवेदन को

(*d*) सैडलर आयोग (1917) के प्रतिवेदन को

**413.** शिक्षा से संबंधित आयोग/समिति की पहचान करें–

1. हार्टोग समिति (1929) 2. लिण्डसे आयोग (1929)

3. सप्रू समिति (1934) 4. सार्जेण्ट योजना (1944)

(*a*) 1, 2 एवं 3 (*b*) 1, 2 एवं 4

(*c*) 1, 3 एवं 4 (*d*) 1, 2, 3 एवं 4

**414.** भारतीय दस्तकारी उद्योग के पतन के कारण थे-

(*a*) अंग्रेजों द्वारा भारतीय बुनकरों के तैयार माल को कम-से-कम मूल्य पर खरीदना
(*b*) अंग्रेजों द्वारा कच्चे माल पर नियंत्रण
(*c*) इंग्लैंड में आयात की जानेवाली भारतीय वस्तुओं पर भारी आयात कर
(*d*) उपर्युक्त सभी

**415.** भारतीय बुनकरों की दयनीय हालत पर किस गवर्नर-जनरल ने टिप्पणी की: 'इनका दुख दर्द समूचे इतिहास में अतुलनीय है। कपड़ा बुनकरों की हड्डियों से भारत की धरती सफेद हो गई है'?

(*a*) लॉर्ड कॉर्नवालिस (*b*) विलियम बेंटिक
(*c*) लॉर्ड डलहौजी (*d*) लॉर्ड कैनिंग

**416.** किसने भारत में रेलवे की स्थापना को 'आधुनिक उद्योग का अग्रदूत/जननी' की संज्ञा दी?

(*a*) लॉर्ड डलहौजी (*b*) कार्ल मार्क्स
(*c*) दादाभाई नौरोजी (*d*) महात्मा गांधी

**417.** 'हमारी पद्धति बहुत कुछ स्पंज की तरह काम करती है, यह गंगा के तट से सभी अच्छी चीजों को सोख लेती है और टेम्स के तट पर उन्हें निचोड़कर गिरा देती है'-यह उक्ति किसकी है?

(*a*) कार्ल मार्क्स (*b*) दादाभाई नौरोजी
(*c*) आर.सी. दत्त (*d*) जॉन सुल्लिवान

**418.** कांग्रेस के किस अधिवेशन में पहली बार कांग्रेस द्वारा मौलिक अधिकारों और राष्ट्रीय आर्थिक कार्यक्रमों से संबंधित प्रस्ताव पारित किए गए?

(*a*) कराची अधिवेशन, 1931 (*b*) सूरत अधिवेशन, 1907
(*c*) लखनऊ अधिवेशन, 1916 (*d*) लाहौर अधिवेशन, 1929

**419.** सुमेलित कीजिए-

| **सूची-I (अकाल से संबंधित आयोग)** | **सूची-II (गवर्नर-जनरल)** |
|---|---|
| A. स्ट्रेची आयोग, 1880 | 1. लॉर्ड रिपन |
| B. लॉयल आयोग, 1897 | 2. लॉर्ड एल्गिन |
| C. मैकडोनल आयोग, 1900 | 3. लॉर्ड कर्जन |
| D. वुडहेड आयोग, 1943-44 | 4. लॉर्ड वैवेल |

| **कूट :** | A | B | C | D |
|---|---|---|---|---|
| (*a*) | 1 | 2 | 3 | 4 |
| (*b*) | 2 | 1 | 3 | 4 |

| | | | | |
|---|---|---|---|---|
| (*c*) | 1 | 2 | 4 | 3 |
| (*d*) | 4 | 3 | 2 | 1 |

**420.** 1938 ई. के अंत में भारतीय राष्ट्रीय कांग्रेस के अनुरोध पर जो राष्ट्रीय योजना समिति बनाई गई उसके अध्यक्ष थे?

(*a*) वी.के.आर.वी. राव (*b*) जवाहरलाल नेहरू
(*c*) सरदार पटेल (*d*) राजेन्द्र प्रसाद

**421.** भारत में विकेन्द्रीकरण का शुभारंभ किसके समय में हुआ?

(*a*) लॉर्ड डफरिन (*b*) लॉर्ड लिटन
(*c*) लॉर्ड रिपन (*d*) लॉर्ड मेयो

**422.** वर्ष 1829 ई. में सती प्रथा का उन्मूलन किसके द्वारा किया गया था?

(*a*) लॉर्ड कर्जन (*b*) लॉर्ड वेलेजली
(*c*) लॉर्ड लिटन (*d*) लॉर्ड विलियम बेंटिक

*(SSC 2002)*

**423.** भारत में अंग्रेजी शिक्षा किसके द्वारा लागू की गई थी?

(*a*) वारेन हेस्टिंग्स (*b*) लॉर्ड रिपन
(*c*) लॉर्ड डलहौजी (*d*) विलियम बेंटिक *(RRB 2005)*

**424.** 'महाराष्ट्र का सुकरात' किसे कहा जाता है?

(*a*) बाल गंगाधर तिलक (*b*) विपिनचन्द्र पाल
(*c*) फिरोजशाह मेहता (*d*) महादेव गोविंद राणाडे

**425.** 'संवाद कौमुदी' पत्र के संपादक थे?

(*a*) राजा राममोहन राय (*b*) ईश्वर चन्द्र विद्यासागर
(*c*) रवीन्द्रनाथ टैगोर (*d*) बंकिम चन्द्र चटर्जी

**426.** राजा राममोहन राय से संबंधित निम्नलिखित कथनों पर विचार कीजिए-

(*i*) उन्होंने विधवा पुनर्विवाह का समर्थन किया
(*ii*) उन्होंने सती प्रथा के उन्मूलन का जोरदार समर्थन किया
(*iii*) उन्होंने अंग्रेजी शिक्षा के प्रवर्तन का समर्थन किया

इनमें से कौन-सा/से कथन सही है/हैं?

(*a*) केवल (*i*) (*b*) (*i*) और (*ii*)
(*c*) (*ii*) और (*iii*) (*d*) (*i*), (*ii*) और (*iii*)

*(CPO 2003)*

**427.** देवबंद आंदोलन से जुड़े उस विद्वान का नाम बताइए जिन्होंने स्वतंत्रता आंदोलन में महत्वपूर्ण भूमिका निभाई?

(*a*) अबुल कलाम आजाद (*b*) मोहम्मद अली जिन्ना
(*c*) बदरुद्दीन तैयबजी (*d*) चिराग अली

**428.** कूका आंदोलन को किसने संगठित किया?

(*a*) गुरु रामदास (*b*) गुरु नानक
(*c*) गुरु राम सिंह (*d*) गुरु गोविंद सिंह

**429.** 19वीं सदी के उत्तरार्द्ध में 'नव हिन्दूवाद (Neo-Hinduism) के सर्वश्रेष्ठ प्रतिनिधि' थे-

(*a*) रामकृष्ण परमहंस (*b*) स्वामी विवेकानन्द
(*c*) बंकिमचन्द्र चटर्जी (*d*) राजा राममोहन राय

**430.** 1856 में निम्नलिखित कानून पारित हुआ-

1. धार्मिक अयोग्यता कानून
2. सती निषेध रेगुलेशन XVII
3. हिन्दू विधवा पुनर्विवाह कानून
4. राज्य हड़पने का सिद्धांत

उत्तर कूट में दें-

(*a*) 1 एवं 3 (*b*) 1 एवं 4
(*c*) 3 एवं 4 (*d*) 1, 2 एवं 4

**431.** महाराष्ट्र के किस सुधारक को 'लोकहितवादी' कहा जाता है?

(*a*) एम.जी. राणाडे (*b*) गोपालकृष्ण गोखले
(*c*) पंडित रमाबाई (*d*) गोपाल हरिदेशमुख

**432.** 'देव समाज' का संस्थापक निम्न में से कौन था?

(*a*) वल्लभ भाई पटेल (*b*) दादाभाई नौरोजी
(*c*) शिवनारायण अग्निहोत्री (*d*) रामकृष्ण परमहंस *(UPPSC 2002)*

**433.** बाल विवाह प्रथा को नियंत्रित करने हेतु 1872 के 'सिविल मैरिज एक्ट' ने लड़कियों के विवाह की न्यूनतम उम्र निर्धारित किया-

(*a*) 14 वर्ष (*b*) 16 वर्ष
(*c*) 18 वर्ष (*d*) इनमें से कोई नहीं

*(UPPSC 2000)*

**434.** निम्नलिखित में से कौन फरायजी विद्रोह का नेता था?

(*a*) आगा मुहम्मद रजा (*b*) दादू मियां
(*c*) शमशेर गाजी (*d*) वजीर अली

**435.** निम्नलिखित में से कौन-सा सुमेलित नहीं है?

(*a*) ए. पांडुरंग - प्रार्थना समाज
(*b*) दयानंद सरस्वती - आर्य समाज

(*c*) राजा राममोहन राय - आदि ब्रह्म समाज
(*d*) स्वामी विवेकानंद - रामकृष्ण मिशन

**436.** निम्न में से किसने कहा था : 'अच्छा स्वशासन का स्थानापन्न नहीं है'?
(*a*) लोकमान्य तिलक (*b*) स्वामी विवेकानन्द
(*c*) स्वामी दयानंद सरस्वती (*d*) रवीन्द्रनाथ टैगोर

**437.** 'वेदों की ओर लौटो'–यह नारा किसने दिया था?
(*a*) राजा राममोहन राय (*b*) दयानंद सरस्वती
(*c*) विवेकानंद (*d*) रामकृष्ण परमहंस

**438.** निम्न में से किस व्यक्ति ने सर्वप्रथम 'स्वराज्य' शब्द का प्रयोग किया और हिन्दी को राष्ट्रभाषा माना?
(*a*) राजा राममोहन राय (*b*) स्वामी दयानंद सरस्वती
(*c*) स्वामी विवेकानन्द (*d*) बाल गंगाधर तिलक
*(RAS 1999-2000)*

**439.** भारतीय राष्ट्रीय कांग्रेस का समर्थन एवं ब्रिटिश पक्षधर अलीगढ़ आंदोलन का विरोध करनेवाला आंदोलन था–
(*a*) देवबंद आंदोलन (*b*) अहल-ए-हदीस
(*c*) अहल-ए-कुरान (*d*) बरेलवी

**440.** सुमेलित कीजिए–

| **सूची-I (स्त्री उद्धार संबंधी अधिनियम)** | **सूची-II (महत्वपूर्ण भूमिका)** |
|---|---|
| A. विधवा पुनर्विवाह अधिनियम, 1856 | 1. ईश्वरचन्द्र विद्यासागर |
| B. सिविल मैरिज एक्ट, 1872 | 2. केशवचन्द्र सेन |
| C. सम्मति आयु अधिनियम, 1891 | 3. बी.एम. मालाबारी |
| D. बाल विवाह निरोधक अधिनियम, 1929 | 4. हरविलास शारदा |

| **कूट :** | A | B | C | D |
|---|---|---|---|---|
| (*a*) | 1 | 2 | 3 | 4 |
| (*b*) | 2 | 1 | 3 | 4 |
| (*c*) | 1 | 2 | 4 | 3 |
| (*d*) | 4 | 3 | 2 | 1 |

**441.** किसने नारा दिया : 'मानव के लिए एक धर्म, एक जाति व एक ईश्वर?'
(*a*) श्री नारायण गुरु (*b*) ई.वी. रामास्वामी नायकर
(*c*) ज्योतिबा फूले (*d*) महात्मा गाँधी

**442.** किस वायसराय के शासनकाल में पहला फैक्ट्री अधिनियम पारित किया गया?
(*a*) लॉर्ड कर्जन (*b*) लॉर्ड लिटन
(*c*) लॉर्ड रिपन (*d*) लॉर्ड कैनिंग *(SSC 2000)*

**443.** 'अखिल भारतीय किसान सभा' के प्रथम सत्र की अध्यक्षता किसने की?
(*a*) स्वामी सहजानंद (*b*) इन्दुलाल याज्ञिक
(*c*) एन.जी. रंगा (*d*) पी.सी. जोशी *(47वीं BPSC 2005)*

**444.** 1855 में संथालों ने किस अंग्रेज कमांडर को हराया?
(*a*) कैप्टन नेक फेविले (*b*) लेफ्टिनेंट बास्टीन
(*c*) मेजर बरो (*d*) कर्नल ह्वाइट

**445.** 1908 के 'छोटानागपुर काश्त अधिनियम' ने रोक लगाई-
(*a*) वन-उत्पाद के स्वतंत्र उपयोग पर (*b*) वनों को जलाने पर
(*c*) बेठबेगारी पर (*d*) खूंटकटी भूमि व्यवस्था पर

**446.** मानव बलि प्रथा का निषेध करने के कारण अंग्रेजों के विरुद्ध विरोध करने वाली जनजाति का नाम बताएँ-
(*a*) कूकी (*b*) खोंड
(*c*) उरांव (*d*) नायकदा

**447.** कम्युनिस्ट इंटरनेशनल का सदस्य बननेवाला पहला भारतीय कौन था?
(*a*) एम.एन. राय (*b*) मुजफ्फर अहमद
(*c*) एस.ए. डांगे (*d*) इनमें से कोई नहीं

**448.** अवध के 'एका आंदोलन' का उद्देश्य क्या था?
(*a*) सरकार को लगान देना बंद करना
(*b*) जमींदारों के अधिकारों की रक्षा करना
(*c*) सत्याग्रह की समाप्ति
(*d*) खरीफ और रबी के समय सरकार को लगान बराबर देना

**449.** 'गुलामगिरी' का लेखक कौन था?
(*a*) अंबेदकर (*b*) ज्योतिबा फूले
(*c*) महात्मा गाँधी (*d*) पेरियार *(UPPSC 2000)*

**450.** 1930 के दशक के विभिन्न भागों में भिन्न-भिन्न नेताओं द्वारा किसानं आंदोलन चलाए गए थे। उन्हें उनके प्रभाव क्षेत्र से सुमेलित कीजिए-
A. सहजानंद सरस्वती 1. हैदराबाद
B. खान अब्दुल गफ्फार खाँ 2. दक्षिणी असम

C. स्वामी रामानंद — 3. उत्तर-पश्चिम सीमा प्रांत

D. अब्दुल हमीद खां — 4. बिहार

| कूट : | A | B | C | D |
|---|---|---|---|---|
| (*a*) | 1 | 2 | 4 | 3 |
| (*b*) | 4 | 3 | 1 | 2 |
| (*c*) | 3 | 4 | 2 | 1 |
| (*d*) | 2 | 3 | 1 | 4 |

**451.** सूची-I को सूची-II से सुमेलित कीजिए–

| **सूची-I (संस्था)** | **सूची-II (संस्थापक)** |
|---|---|
| A. दलित वर्ग मिशन समाज, 1906 | 1. बी.आर. शिन्दे |
| B. बहुजन समाज, 1910 | 2. मुकुन्द राव पाटिल |
| C. दलित वर्ग कल्याण संस्थान, 1924 (बहिष्कृत हितकारी सभा) | 3. बी.आर. अंबेदकर |
| D. अखिल भारतीय अस्पृश्यता निवारक संघ, 1932 (हरिजन सेवक संघ) | 4. महात्मा गाँधी |

| कूट : | A | B | C | D |
|---|---|---|---|---|
| (*a*) | 1 | 2 | 3 | 4 |
| (*b*) | 2 | 1 | 3 | 4 |
| (*c*) | 1 | 2 | 4 | 3 |
| (*d*) | 4 | 3 | 2 | 1 |

**452.** **कथन (A)** : 1930 के दशक के आरंभ में भारतीय राष्ट्रवादी लहर में श्रमिक/मजदूर भागीदारी का प्रभाव कम था।

**कारण (R)** : श्रमिक नेता भारतीय राष्ट्रीय कांग्रेस की विचारधारा को बुर्जुआ और प्रतिक्रियावादी समझते थे।

**कूट** :

(*a*) A और R दोनों सही हैं तथा R, A का सही स्पष्टीकरण है।

(*b*) A और R दोनों सही हैं तथा R, A का सही स्पष्टीकरण नहीं है।

(*c*) A सही है परन्तु R गलत है।

(*d*) A गलत है परन्तु R सही है। *(UPSC 2002)*

**453.** सूची-I को सूची-II से सुमेलित कीजिए–

| **सूची-I (विद्रोह)** | **सूची-II (क्षेत्र)** |
|---|---|
| A. मोपला विद्रोह | 1. केरल |
| B. पाबना विद्रोह | 2. बिहार |

| | | | |
|---|---|---|---|
| C. | एका आंदोलन | 3. | बंगाल |
| D. | बिरसा मुंडा विद्रोह | 4. | अवध |

| कूट : | A | B | C | D |
|---|---|---|---|---|
| (*a*) | 1 | 3 | 4 | 2 |
| (*b*) | 2 | 3 | 4 | 1 |
| (*c*) | 1 | 2 | 3 | 4 |
| (*d*) | 3 | 4 | 1 | 2 |

**454.** बी. आर. अम्बेदकर ने किन-किन संस्थाओं की स्थापना की?

1. दलित वर्ग कल्याण संस्थान/बहिष्कृत हितकारी सभा, 1924
2. अखिल भारतीय दलित वर्ग एसोसिएशन, 1925
3. इण्डिपेण्डेंट लेबर पार्टी, 1936
4. अनुसूचित जातीय संघ, 1942

(*a*) 1, 2 और 3 (*b*) 1, 2 और 4
(*c*) 2, 3 और 4 (*d*) 1, 2, 3 और 4

**455.** अस्पृश्यता अपराध अधिनियम कब पारित हुआ?

(*a*) 1935 ई. में (*b*) 1945 ई. में
(*c*) 1955 ई. में (*d*) 1956 ई. में

**456.** सूची-I को सूची-II से सुमेलित कीजिए-

| | **सूची-I (जनजातीय/आदिवासी विद्रोह)** | **सूची-II (विद्रोह का नेता)** |
|---|---|---|
| A. | कोल विद्रोह (छोटानागपुर), 1820-27 | 1. बुद्धू भगत |
| B. | रामोसी विद्रोह, 1822-29 | 2. चित्तर सिंह |
| C. | भूमिज विद्रोह (मानभूमि), 1832-33 | 3. गंगा नारायण |
| D. | संथाल विद्रोह (राजमहल), 1855-56 | 4. सिद्धो व कान्हो |

| कूट : | A | B | C | D |
|---|---|---|---|---|
| (*a*) | 1 | 2 | 3 | 4 |
| (*b*) | 2 | 1 | 3 | 4 |
| (*c*) | 1 | 2 | 4 | 3 |
| (*d*) | 4 | 3 | 2 | 1 |

**457.** सूची-I को सूची-II से सुमेलित कीजिए-

| | **सूची-I (कृषक/किसान विद्रोह)** | | **सूची-II (विद्रोह का नेता)** |
|---|---|---|---|
| A. | फकीर विद्रोह, 1776-77 | 1. | मजनूशाह व चिराग अली शाह |
| B. | रंगपुर विद्रोह, 1783 | 2. | नुरुद्दीन व धीरज नारायण |
| C. | पालिगरों का विद्रोह, 1801-56 | 3. | वीर पं. काट्टावाम्मान |
| D. | पागलपंथी विद्रोह, 1825-33 | 4. | टीपू |

| **कूट :** | A | B | C | D |
|---|---|---|---|---|
| (*a*) | 1 | 2 | 3 | 4 |
| (*b*) | 2 | 1 | 3 | 4 |
| (*c*) | 1 | 2 | 4 | 3 |
| (*d*) | 2 | 1 | 4 | 3 |

**458.** सूची-I को सूची-II से सुमेलित कीजिए-

| **सूची-I (कृषक/किसान विद्रोह)** | **सूची-II (विद्रोह का नेता)** |
|---|---|
| A. नील आंदोलन, 1859-60 | 1. दिगम्बर विश्वास व विष्णु विश्वास |
| B. कूका आंदोलन, 1872-90 | 2. बाबा राम सिंह कूका |
| C. पाबना विद्रोह, 1873-76 | 3. ईशान चंद्र राय व शंभुपाल |
| D. ताना भगत आंदोलन, 1914-16 | 4. जात्रा भगत |

| **कूट :** | A | B | C | D |
|---|---|---|---|---|
| (*a*) | 1 | 2 | 3 | 4 |
| (*b*) | 2 | 1 | 3 | 4 |
| (*c*) | 1 | 2 | 4 | 3 |
| (*d*) | 2 | 1 | 4 | 3 |

**459.** सूची-I को सूची-II से सुमेलित कीजिए-

| **सूची-I (कृषक/किसान आंदोलन)** | **सूची-II (क्षेत्र)** |
|---|---|
| A. तेलंगाना आंदोलन, 1946-51 | 1. आंध्र प्रदेश |
| B. पुन्नप्रा-वायलार आंदोलन, 1946 | 2. त्रावणकोर |
| C. तेभागा आंदोलन, 1946-47 | 3. बंगाल |

| **कूट :** | A | B | C |
|---|---|---|---|
| (*a*) | 1 | 2 | 3 |
| (*b*) | 2 | 1 | 3 |
| (*c*) | 2 | 3 | 1 |
| (*d*) | 3 | 2 | 1 |

**460.** सूची-I को सूची-II से सुमेलित कीजिए-

| **सूची-I** | **सूची-II** |
|---|---|
| A. नील आयोग का गठन | 1. 1860 ई. |
| B. बंगाल टेनेंसी एक्ट पारित | 2. 1885 ई. |
| C. दक्कन कृषक राहत अधिनियम पारित | 3. 1879 ई. |
| D. अवध लगान अधिनियम पारित | 4. 1921 ई. |

| कूट : | A | B | C | D |
|---|---|---|---|---|
| (*a*) | 1 | 2 | 3 | 4 |
| (*b*) | 2 | 1 | 3 | 4 |
| (*c*) | 2 | 1 | 4 | 3 |
| (*d*) | 1 | 2 | 4 | 3 |

**461.** किस कृषक विद्रोह के नेताओं ने यह नारा दिया–'हम महारानी और सिर्फ महारानी की रैयत होना चाहते हैं'?
(*a*) पाबना विद्रोह (*b*) दक्कन उपद्रव
(*c*) चंपारण का नील सत्याग्रह (*d*) गुजरात का खेड़ा सत्याग्रह

**462.** पहली बार किस कारखाना अधिनियम में बच्चों की सुरक्षा के उपाय के प्रावधान किए गए?
(*a*) भारतीय कारखाना अधिनियम, 1881 (*b*) भारतीय कारखाना अधिनियम, 1891
(*c*) भारतीय कारखाना अधिनियम, 1911 (*d*) इनमें से कोई नहीं

**463.** 1857 के विद्रोह के समय भारत का गवर्नर-जनरल कौन था?
(*a*) लॉर्ड डलहौजी (*b*) लॉर्ड विलियम बेंटिक
(*c*) लॉर्ड कैनिंग (*d*) लॉर्ड लिटन *(UPSC 2006)*

**464.** इन कथनों पर विचार कीजिए-
1. 1857 की क्रांति की शुरूआत एक सैन्य विद्रोह के रूप में हुई।
2. कालांतर में इसका स्वरूप बदलकर ब्रिटिश सत्ता के विरुद्ध एक जनव्यापी विद्रोह के रूप में हो गया, जिसे भारत का पहला स्वतंत्रता संग्राम कहा गया।

उपर्युक्त कथनों में कौन-सा/से सही है/हैं?
(*a*) केवल 1 (*b*) केवल 2
(*c*) 1 और 2 दोनों (*d*) न ही 1 और न ही 2

**465.** **कथन (A)** : प्रारंभिक राष्ट्रीय आंदोलन की आधारभूत कमजोरी उसका सीमित सामाजिक आधार था।
**कारण (R)**: यह इसमें सम्मिलित होनेवाले सामाजिक समूहों के संकीर्ण हितों के लिए लड़ता था।
**कूट** :
(*a*) A और R दोनों सही हैं तथा R, A का सही स्पष्टीकरण है।
(*b*) A और R दोनों सही हैं तथा R, A का सही स्पष्टीकरण नहीं है।
(*c*) A सही है परन्तु R गलत है।
(*d*) A गलत है परन्तु R सही है। *(UPPSC 2000)*

**466.** सुमेलित कीजिए–

| **सूची-I (क्षेत्र)** | **सूची-II (नेतृत्व)** |
|---|---|
| A. ग्वालियर व काल्पी | 1. कुँवर सिंह |
| B. इलाहाबाद व बनारस | 2. लियाकत अली |
| C. फैजाबाद | 3. मौलवी अहमदुल्ला |
| D. जगदीशपुर | 4. तात्यां टोपे |

| **कूट :** | A | B | C | D |
|---|---|---|---|---|
| (*a*) | 4 | 2 | 3 | 1 |
| (*b*) | 1 | 2 | 3 | 4 |
| (*c*) | 4 | 3 | 2 | 1 |
| (*d*) | 2 | 1 | 4 | 3 |

**467.** सुमेलित कीजिए–

| **सूची-I (विद्रोह का स्थान)** | **सूची-II (दमन करनेवाला ब्रिटिश अधिकारी)** |
|---|---|
| A. दिल्ली | 1. निकलसन व हडसन |
| B. कानपुर व लखनऊ | 2. हैवलॉक व कैंपबेल |
| C. झांसी व ग्वालियर | 3. ह्यूरोज |
| D. इलाहाबाद | 4. कर्नल नील |

| **कूट :** | A | B | C | D |
|---|---|---|---|---|
| (*a*) | 1 | 2 | 3 | 4 |
| (*b*) | 2 | 1 | 3 | 4 |
| (*c*) | 2 | 1 | 4 | 3 |
| (*d*) | 4 | 3 | 2 | 1 |

**468.** सुमेलित कीजिए–

| **सूची-I (1857 की क्रांति के स्वरूप के संबंध में व्यक्त विचार)** | **सूची-II (विचारक)** |
|---|---|
| A. सैनिक विद्रोह | 1. सर जॉन लॉरेंस |
| B. राष्ट्रीय विद्रोह | 2. बेंजामिन डिजरायली |
| C. अंग्रेजों के विरुद्ध मुस्लिम-हिन्दू षड्यंत्र | 3. टेलर व आउट्रम |
| D. सामंती विद्रोह | 4. जवाहर लाल नेहरू |

| **कूट :** | A | B | C | D |
|---|---|---|---|---|
| (*a*) | 1 | 2 | 3 | 4 |
| (*b*) | 2 | 1 | 4 | 3 |
| (*c*) | 2 | 1 | 3 | 4 |
| (*d*) | 4 | 3 | 2 | 1 |

**469.** सूची-I को सूची-II से सुमेलित कीजिए-

| **सूची-I (पुस्तक)** | **सूची-II (लेखक)** |
|---|---|
| A. द फर्स्ट इंडियन वार ऑफ इंडिपेंडेंस : 1857-59 | 1. कार्ल मार्क्स |
| B. द कॉजेज ऑफ दि इंडियन रिवोल्ट | 2. सैयद अहमद खां |
| C. द फर्स्ट वार ऑफ इंडिपेंडेंस | 3. वी.डी. सावरकर |
| D. 1857 | 4. एस.एन. सेन |

| **कूट :** | A | B | C | D |
|---|---|---|---|---|
| (*a*) | 1 | 2 | 3 | 4 |
| (*b*) | 2 | 1 | 3 | 4 |
| (*c*) | 2 | 1 | 4 | 3 |
| (*d*) | 4 | 3 | 2 | 1 |

**470.** सुमेलित कीजिए-

| **सूची-I (अपदस्थ शासकों के आश्रितों का विद्रोह)** | **सूची-II (वर्ष)** |
|---|---|
| A. रामोसी विद्रोह | 1. 1822 व 25-26 |
| B. गडकरी विद्रोह | 2. 1844 |
| C. सावंतवाड़ी विद्रोह | 3. 1844 |

| **कूट :** | A | B | C |
|---|---|---|---|
| (*a*) | 1 | 2 | 3 |
| (*b*) | 3 | 2 | 1 |
| (*c*) | 2 | 3 | 1 |
| (*d*) | 3 | 1 | 2 |

**471.** 1857 के विद्रोह के बाद सरकार ने सिपाहियों का इन प्रांतों से चयन किया-

(*a*) उत्तर प्रदेश एवं बिहार के ब्राह्मण

(*b*) पूर्व से बंगाली एवं उड़िया

(*c*) गोरखा, सिक्ख एवं पंजाबी उत्तर प्रांत से

(*d*) मद्रास प्रेसीडेंसी एवं मराठा *(48वीं BPSC 2008)*

**472.** निम्नलिखित में से किन ब्रिटिश अधिकारियों ने लखनऊ में अपना जीवन खोया था?

1. जनरल जॉन निकलसन
2. जनरल नील
3. मेजर जनरल हैवलॉक
4. सर हेनरी लॉरेंस

(*a*) 1, 2 और 3 (*b*) 1, 3 और 4

(*c*) 2, 3 और 4 (*d*) इनमें सभी *(UPPSC 2008)*

**473.** आधुनिक इतिहासकार, जिसने 1857 के विद्रोह को 'स्वतंत्रता की पहली लड़ाई' कहा था-

(*a*) आर. सी. मजूमदार
(*b*) एस.एन. सेन
(*c*) वी. डी. सावरकर
(*d*) अशोक मेहता *(MPPSC 2009)*

**474.** वह कौन-सा प्रथम भारतीय था, जो ब्रिटिश संसद के लिए निर्वाचित हुआ?

(*a*) एस.एन. बनर्जी
(*b*) जी. के. गोखले
(*c*) दादाभाई नौरोजी
(*d*) फिरोजशाह मेहता *(CPO 2003)*

**475.** निम्नलिखित कथनों पर विचार कीजिए-

दादाभाई नौरोजी-

1. तीन बार राष्ट्रीय कांग्रेस के अध्यक्ष चुने गए।
2. 'पावर्टी एण्ड अनब्रिटिश रूल इन इंडिया' (Poverty and Un-British Rule in India) नामक पुस्तक की रचना की।
3. 'नेशनल सोशल कांफ्रेंस' की स्थापना की।

इन कथनों में से कौन-सा/से कथन सही है/हैं?

(*a*) केवल 1
(*b*) 1 और 2
(*c*) 2 और 3
(*d*) केवल 3

**476.** भारतीय राष्ट्रीय कांग्रेस का प्रथम अधिवेशन लगभग आखिरी समय पर पूना से बम्बई स्थानांतरित किया गया, क्योंकि-

(*a*) बंबई प्रेसीडेंसी संघ के नेतागण कांग्रेस के प्रथम अधिवेशन के पूना में सम्पन्न होने के विरोधी थे।
(*b*) बंबई के गवर्नर कांग्रेस के प्रथम अध्यक्ष बनने के लिए ए.ओ. ह्यूम के सुझाव से सहमत थे।
(*c*) प्रेसीडेंसी की राजधानी होने के कारण बंबई अधिवेशन में अधिक ध्यान आकर्षित करने में सहायक होता।
(*d*) पूना में हैजा फैलने के कारण संयोजक कांग्रेस के प्रथम अधिवेशन का स्थान पूना से बंबई बदलने पर विवश हुए थे। *(CDS 2004)*

**477.** 'ए नेशन इन द मेकिंग' नामक पुस्तक किसने लिखी?

(*a*) दीनबंधु मित्रा
(*b*) बाल गंगाधर तिलक
(*c*) सुरेन्द्रनाथ बनर्जी
(*d*) सुभाषचन्द्र बोस *(NDA 2002)*

**478.** भारतीय संघ (Indian Association) के संस्थापक कौन थे?

(*a*) दादाभाई नौरोजी
(*b*) बाल गंगाधर तिलक
(*c*) ए. ओ. ह्यूम
(*d*) सुरेन्द्रनाथ बनर्जी

**479.** भारतीय राष्ट्रीय कांग्रेस में निम्न में से किसको नरमदलीय नेता के तौर पर नहीं जाना जाता था?

(*a*) बाल गंगाधर तिलक (*b*) दादाभाई नौरोजी
(*c*) एम. जी. राणाडे (*d*) गोपाल कृष्ण गोखले

**480.** किसने कहा था : 'कांग्रेस पतन के लिए लड़खड़ा रही है, मेरी सबसे बड़ी अभिलाषा, जब तक मैं भारत में हूँ, कांग्रेस की शांतिपूर्ण समाप्ति में सहयोग करना है'–

(*a*) लॉर्ड हैमिल्टन (*b*) लॉर्ड कर्जन
(*c*) लॉर्ड डफरिन (*d*) लॉर्ड मिण्टो *(UPPSC 2002)*

**481.** भारत के पहले लोक संघ 'लैंड होल्डर्स' की स्थापना कब हुई थी?

(*a*) 1835 ई. (*b*) 1836 ई.
(*c*) 1837 ई. (*d*) 1838 ई.

**482.** निम्नलिखित कथनों पर विचार कीजिए–

1. भारतीय राष्ट्रीय कांग्रेस का प्रथम अधिवेशन कलकत्ता में हुआ।
2. भारतीय राष्ट्रीय कांग्रेस का दूसरा अधिवेशन दादाभाई नौरोजी की अध्यक्षता में हुआ।
3. भारतीय राष्ट्रीय कांग्रेस तथा मुस्लिम लीग, दोनों ने लखनऊ में 1916 में अधिवेशन किया तथा लखनऊ समझौता संपन्न हुआ।

उपर्युक्त कथनों में से कौन-सा/से सही है/हैं?

(*a*) 1 और 2 (*b*) केवल 2
(*c*) 2 और 3 (*d*) केवल 3 *(UPSC 2004)*

**483.** निम्नलिखित में से किस एक ने सन् 1875 में हाउस ऑफ कॉमन्स में एक याचिका प्रस्तुत करते हुए ब्रिटिश संसद में भारत के प्रत्यक्ष प्रतिनिधित्व की मांग की?

(*a*) दि दक्कन एसोसिएशन (*b*) दि इंडियन एसोसिएशन
(*c*) मद्रास महाजन सभा (*d*) पूना सार्वजनिक सभा

**484.** सूची-I को सूची-II से सुमेलित कीजिए–

| **सूची-I (संस्था)** | **सूची-II (स्थापना वर्ष)** |
|---|---|
| A. बंगाल ब्रिटिश इंडिया सोसाइटी | 1. 1843 |
| B. मद्रास नेटिव एसोसिएशन | 2. 1852 |
| C. पूना सार्वजनिक सभा | 3. 1870 |
| D. इंडियन एसोसिएशन | 4. 1876 |

| **कूट :** | A | B | C | D |
|---|---|---|---|---|
| (*a*) | 1 | 2 | 3 | 4 |

| | | | | |
|---|---|---|---|---|
| (*b*) | 4 | 3 | 2 | 1 |
| (*c*) | 2 | 1 | 3 | 4 |
| (*d*) | 1 | 2 | 4 | 3 |

**485.** इंडियन एसोसिएशन ने किस मुद्दे पर सर्वप्रथम आंदोलन शुरू किया?
(*a*) भारतीय प्रशासनिक सेवा के नियम में सुधार और परीक्षा में बैठने की अधिकतम उम्र बढ़ाने के लिए
(*b*) शस्त्र अधिनियम और भारतीय भाषा प्रेस अधिनियम
(*c*) जमींदारों द्वारा प्रताड़ित काश्तकारों के साथ सहयोग
(*d*) अंग्रेजों द्वारा चाय की खेती में लगाए गए मजदूरों की दयनीय स्थिति

**486.** निम्नलिखित में से कौन-कौन कांग्रेस के विरोधी थे?
1. सैयद अहमद खां
2. बनारस के राजा शिव प्रसाद
3. हैदराबाद के नवाब
4. दिनशा मानकजी पेटिट
(*a*) 1, 2 और 3
(*b*) 2, 3 और 4
(*c*) 1, 2 और 4
(*d*) 1, 2, 3 और 4

**487.** किसने कहा था : 'भारतवर्ष तलवार के बल पर जीता गया था और तलवार के बल पर ही उसे ब्रितानी कब्जे में रखा जाएगा'?
(*a*) डफरिन
(*b*) एल्गिन
(*c*) लैंसडाउन
(*d*) कर्जन

**488.** निम्नलिखित में से किसने इंडियन नेशनल कांग्रेस की नरमदलीय राजनीति की व्यवस्थित आलोचना 'न्यू लैंप्स फॉर ओल्ड' शीर्षक लेखों की श्रृंखला में की?
(*a*) अरविंद घोष
(*b*) आर. सी. दत्त
(*c*) वीर राघवाचार्य
(*d*) सैयद अहमद खान *(UPSC 2008)*

**489.** स्वदेशी आंदोलन शुरू किया गया था-
(*a*) बंगाल विभाजन के विरोध के रूप में
(*b*) भारतीय माल के उपयोग को प्रोत्साहित करने के लिए
(*c*) जलियांवाला बाग में भारतीयों की हत्या के विरोध में
(*d*) भारत में एक उत्तरदायी सरकार बना सकने में ब्रिटिश सरकार की असफलता के कारण

**490.** बंगाल विभाजन के विरुद्ध विद्रोह का नेतृत्व किसने किया था?
(*a*) सुरेन्द्रनाथ बनर्जी ने
(*b*) सी. आर. दास ने
(*c*) सुभाष चन्द्र बोस ने
(*d*) अरुणा आसफ अली ने

*(NDA 2003)*

**491.** कांग्रेस-लीग समझौता (लखनऊ समझौता, 1916) का दूरगामी परिणाम क्या हुआ?
(*a*) भारत का विभाजन तथा पाकिस्तान का निर्माण
(*b*) दोनों संस्थाओं ने मिलकर स्वतंत्रता के लिए प्रयास किया
(*c*) हिन्दू-मुस्लिम एकता को बल मिला
(*d*) ब्रिटिश सरकार की फूट डालो व राज करो की नीति असफल हुई

**492.** 'अनुशीलन समिति' थी-
(*a*) नारी उत्थान के प्रति समर्पित
(*b*) विधवा विवाह को प्रोत्साहित करने वाली
(*c*) मजदूरों के कल्याण में रुचि रखने वाली
(*d*) एक क्रांतिकारी संगठन *(47वीं BPSC 2005)*

**493.** 'निष्क्रिय विरोध (Passive Resistance) के सिद्धांत का प्रतिपादन किसने किया?
(*a*) महात्मा गांधी (*b*) विपिन चन्द्र पाल
(*c*) बाल गंगाधर तिलक (*d*) अरविन्द घोष

**494.** 1906 में मिण्टो से शिमला में मिले मुसलमानों के शिष्टमंडल ने प्रार्थना की-
(*a*) मुसलमानों के लिए पृथक् निर्वाचन वर्ग
(*b*) संयुक्त निर्वाचन वर्ग
(*c*) हिन्दुओं को अधिक प्रतिनिधित्व देने के लिए
(*d*) मुसलमानों को मनोनयन द्वारा विशेष प्रतिनिधित्व देने के लिए

**495.** होमरूल आंदोलन, भारत के स्वतंत्रता संग्राम के एक नए चरण के आरंभ का द्योतक था, क्योंकि-
(*a*) इसने देश के सामने स्वशासन (Self Government) की एक ठोस योजना रखी।
(*b*) आंदोलन का नेतृत्व गांधीजी के हाथ में आ गया।
(*c*) हिन्दुओं और मुसलमानों ने एक संयुक्त संघर्ष प्रारंभ किया।
(*d*) इसने अतिवादियों और उदारवादियों के बीच पुनर्मेल स्थापित किया।

**496.** निम्नलिखित में से एनी बेसेंट द्वारा निकाले जानेवाले दो अखबार कौन-से थे?
1. कॉमन वील 2. न्यू इंडिया
3. न्यू हिन्दू 4. दि आर्यन्स
(*a*) 1 एवं 2 (*b*) 1 एवं 3
(*c*) 2 एवं 4 (*d*) 3 एवं 4 *(UPPSC 2004)*

**497.** निम्नलिखित में से किसे भारतीय 'अशांति के जनक' के रूप में जाना जाता है?
(*a*) ए. ओ. ह्यूम (*b*) दादाभाई नौरोजी
(*c*) बाल गंगाधर तिलक (*d*) महात्मा गांधी

**498.** राष्ट्रीय आंदोलन की अवधि में जिस घटना ने मतभेद के बीज बोये एवं अन्ततः देश का विभाजन कराया, थी–
(*a*) वर्ष 1906 में मुस्लिम लीग की स्थापना
(*b*) वर्ष 1905 में बंगाल का विभाजन
(*c*) गांधीजी द्वारा खिलाफत आंदोलन को समर्थन
(*d*) विधानसभाओं में मुसलमानों के लिए पृथक् निर्वाचन क्षेत्रों व स्थानों का आरक्षण

**499.** कामागाटामारू :
(*a*) एक राजनैतिक दल जो ताइवान आधारित था
(*b*) चीन का एक साम्यवादी नेता था
(*c*) कनाडा की यात्रा पर निकला एक जहाज था
(*d*) चीन का गांव जहां से माओत्सेतुंग ने अपना लांग मार्च आरंभ किया था

**500.** सूची-I को सूची-II से सुमेलित कीजिए–

| **सूची-I (व्यक्ति)** | **सूची-II (जर्नल)** |
|---|---|
| A. श्यामजी कृष्ण वर्मा | 1. वन्दे मातरम् |
| B. भीकाजी कामा | 2. इंडियन सोशियोलॉजिस्ट |
| C. एनी बेसेंट | 3. द तलवार |
| D. अरविंद घोष | 4. कॉमन वील |

| **कूट :** | A | B | C | D |
|---|---|---|---|---|
| (*a*) | 2 | 3 | 4 | 1 |
| (*b*) | 3 | 2 | 1 | 4 |
| (*c*) | 2 | 3 | 1 | 4 |
| (*d*) | 3 | 2 | 4 | 1 |

**501.** निम्नलिखित घटनाओं का सही अनुक्रम क्या है?
1. तिलक का होमरूल लीग
2. कामागाटामारू प्रसंग
3. महात्मा गांधी का भारत आगमन

(*a*) 1, 2, 3
(*b*) 3, 2, 1
(*c*) 2, 1, 3
(*d*) 2, 3, 1

**502.** अखिल भारतीय राष्ट्रीय कांग्रेस की प्रथम महिला अध्यक्ष कौन थीं?
(*a*) श्रीमती एनी बेसेंट
(*b*) श्रीमती सरोजिनी नायडू
(*c*) श्रीमती नेली सेनगुप्ता
(*d*) अरुणा आसफ अली *(UPPSC 2007)*

**503.** अलीपुर बमकांड में अरविंद घोष का बचाव किस वकील ने किया था?
(*a*) बी. सी. पाल
(*b*) मोतीलाल नेहरू
(*c*) भूलाभाई देसाई
(*d*) सी. आर. दास *(UPPSC 2008)*

**504.** भारतीय स्वतंत्रता संग्राम के संदर्भ में 16 अक्टूबर, 1905 निम्नलिखित कारणों में से किसके लिए प्रसिद्ध है?

(*a*) कलकत्ता के टाउन हॉल में स्वदेशी आंदोलन की औपचारिक घोषणा की गई थी।

(*b*) इस दिन आधिकारिक रूप से बंग-भंग (बंगाल विभाजन) लागू हुआ।

(*c*) दादाभाई नौरोजी ने घोषणा की कि भारतीय राष्ट्रीय कांग्रेस का लक्ष्य स्वराज्य है।

(*d*) लोकमान्य तिलक ने पूना में बहिष्कार आंदोलन प्रारंभ किया। *(UPSC 2009)*

**505.** गांधी-इरविन समझौता (5 मार्च, 1931) किससे संबंधित है?

(*a*) भारत छोड़ो आंदोलन (*b*) सविनय अवज्ञा आंदोलन

(*c*) असहयोग-खिलाफत आंदोलन (*d*) रॉलेट आंदोलन

**506.** काकोरी ट्रेन डकैती कांड के नायक कौन थे?

(*a*) राम प्रसाद बिस्मिल (*b*) भगत सिंह

(*c*) बटुकेश्वर दत्त (*d*) बरकतुल्ला

**507.** महात्मा गांधी को सर्वप्रथम 'राष्ट्रपिता' किसने कहा?

(*a*) वल्लभ भाई पटेल (*b*) सी. राजगोपालाचारी

(*c*) सुभाष चन्द्र बोस (*d*) जे. एल. नेहरू

**508.** वर्ष 1919 में पंजाब में हुए क्रूर अत्याचारों के विरोधस्वरूप ब्रिटिश सरकार से प्राप्त 'सर' की उपाधि किसने लौटा दी?

(*a*) तेज बहादुर सप्रू (*b*) आशुतोष मुखर्जी

(*c*) रवीन्द्रनाथ टैगोर (*d*) सैयद अहमद खाँ

**509.** "Who Lives if India Dies" किसकी उक्ति है?

(*a*) महात्मा गांधी (*b*) राजेन्द्र प्रसाद

(*c*) जवाहर लाल नेहरू (*d*) इनमें से कोई नहीं

**510.** वर्ष 1932 में अखिल भारतीय हरिजन संघ के संस्थापक कौन थे?

(*a*) महात्मा गांधी (*b*) बी. आर. अम्बेदकर

(*c*) जगजीवन राम (*d*) विनोबा भावे *(CDS 2003)*

**511.** कहाँ 21 अक्टूबर, 1943 को स्वतंत्र भारत की आजाद हिन्द सरकार की घोषणा की गई थी?

(*a*) सिंगापुर (*b*) रंगून

(*c*) जकार्ता (*d*) बैंकाक

**512.** भारत के स्वतंत्रता संग्राम के संदर्भ में निम्न घटनाओं पर विचार कीजिए-

1. मेरठ षड्यंत्र केस
2. गांधी-इरविन समझौता
3. मैकडोनाल्ड का सांप्रदायिक पंचाट

इन घटनाओं का सही कालानुक्रम है-

(*a*) 1, 2, 3 (*b*) 2, 1, 3
(*c*) 2, 3, 1 (*d*) 1, 3, 2

**513.** भारतीय स्वतंत्रता संग्राम के दौरान साइमन कमीशन की नियुक्ति निम्न उद्देश्य के लिए हुई थी-

(*a*) 1919 के सुधारों की प्रगति की समीक्षा
(*b*) भारतीय राज्यों तथा ब्रिटिश सरकार के बीच संबंधों का निर्धारण
(*c*) रॉलेट अधिनियम के प्रावधानों का पुनरीक्षण
(*d*) भारत को डोमिनियन का दर्जा देने की संभावनाओं की तलाश करना

**514.** सूची-I को सूची-II से सुमेलित कीजिए-

| **सूची-I (पुस्तक)** | **सूची-II (रचयिता)** |
|---|---|
| A. द इंडियन स्ट्रगल | 1. वी. पी. मेनन |
| B. इंडिया इन ट्रांजिशन | 2. एम. एन. राय |
| C. वेक अप इंडिया | 3. एनी बेसेंट |
| D. ट्रांसफर ऑफ पावर इन इंडिया | 4. सुभाष चन्द्र बोस |

| **कूट :** | A | B | C | D |
|---|---|---|---|---|
| (*a*) | 1 | 2 | 3 | 4 |
| (*b*) | 1 | 3 | 2 | 4 |
| (*c*) | 4 | 3 | 2 | 1 |
| (*d*) | 4 | 2 | 3 | 1 |

*(CDS 2003)*

**515.** भारत छोड़ो आन्दोलन के समय इंग्लैंड का प्रधानमंत्री था-

(*a*) चैम्बरलेन (*b*) चर्चिल
(*c*) क्लिमेण्ट एटली (*d*) मैकडोनाल्ड

*(47वीं BPSC 2005)*

**516.** 1927 की बटलर कमिटी का उद्देश्य था-

(*a*) भारतीय सेना का आधुनिकीकरण करना
(*b*) भारतीय कृषि का आधुनिकीकरण करना
(*c*) भारतीय समाचार-पत्रों पर सेन्सर लागू करना
(*d*) भारतीय सरकार तथा देशी राज्यों के बीच संबंधों को सुधारना

**517.** निम्नलिखित में से किसने भारतीय राष्ट्रीय कांग्रेस के कराची अधिवेशन (1931 ई.) की अध्यक्षता की?

(*a*) जवाहर लाल नेहरू (*b*) जे.एम. सेनगुप्त

(*c*) एस. सी. बोस (*d*) वल्लभ भाई पटेल

*(UPPSC 2005)*

**518.** भारत में साइमन कमीशन के बहिष्कार का मुख्य कारण था-

(*a*) समय से पूर्व नियुक्ति

(*b*) सभी सदस्य अंग्रेज थे

(*c*) सभापति ब्रिटिश लिबरल पार्टी का था

(*d*) गांधी का असहयोग आंदोलन

**519.** भारत में द्वैध (Diarchy) शासन प्रारंभ किया गया-

(*a*) गवर्नमेण्ट ऑफ इंडिया एक्ट, 1935 से

(*b*) मार्ले-मिण्टो रिफॉर्म्स, 1909 से

(*c*) मॉण्टेग्यू-चेम्सफोर्ड रिफॉर्म्स, 1919 से

(*d*) साइमन कमीशन, 1928 से *(UPPSC 2004)*

**520.** सूची-I को सूची-II से सुमेलित कीजिए-

| **सूची-I** | **सूची-II** |
|---|---|
| A. अगस्त घोषणा | 1. लॉर्ड लिनलिथगो |
| B. अगस्त प्रस्ताव | 2. माण्टेग्यू |
| C. अगस्त संकल्प | 3. एम.ए. जिन्ना |
| D. प्रत्यक्ष कार्यवाही | 4. महात्मा गाँधी |

| **कूट :** | A | B | C | D |
|---|---|---|---|---|
| (*a*) | 1 | 2 | 4 | 3 |
| (*b*) | 1 | 2 | 3 | 4 |
| (*c*) | 2 | 1 | 3 | 4 |
| (*d*) | 4 | 1 | 2 | 3 |

**521.** भारत छोड़ो प्रस्ताव का आलेख तैयार किया था-

(*a*) जवाहर लाल नेहरू ने (*b*) महात्मा गांधी ने

(*c*) अबुल कलाम आजाद ने (*d*) सरोजिनी नायडू ने

**522.** मुस्लिम लीग ने 'मुक्ति दिवस' मनाया था-

(*a*) 1939 में (*b*) 1942 में

(*c*) 1946 में (*d*) 1947 में *(RAS 1999-2000)*

**523.** 1937 के चुनावों में कांग्रेस द्वारा बहुमत प्राप्त प्रांतों की संख्या थी-
(*a*) तीन (*b*) चार
(*c*) पांच (*d*) छः

**524.** 1946 में बनी अंतरिम सरकार में राजेन्द्र प्रसाद के पास कौन-सा विभाग था?
(*a*) रक्षा (*b*) विदेशी मामले व राष्ट्रमंडल संबंध
(*c*) खाद्य व कृषि (*d*) कोई भी नहीं

**525.** वर्ष 1946 में गठित अंतरिम कैबिनेट की अध्यक्षता किसने की?
(*a*) राजेन्द्र प्रसाद (*b*) जवाहरलाल नेहरू
(*c*) वल्लभभाई पटेल (*d*) सी. राजगोपालाचारी
*(UPSC 2003)*

**526.** हंटर आयोग की नियुक्ति की गई थी-
(*a*) काल कोठरी घटना के बाद (*b*) जलियांवाला बाग हत्याकांड के बाद
(*c*) 1857 के विद्रोह के बाद (*d*) बंगाल के विभाजन के बाद

**527.** भारत के विभाजन का बाल्कन प्लान उपज था-
(*a*) डब्ल्यू. चर्चिल के मस्तिष्क की (*b*) एम.ए. जिन्ना के मस्तिष्क की
(*c*) लॉर्ड माउंटबेटन के मस्तिष्क की (*d*) वी.पी. मेनन के मस्तिष्क की

**528.** किसने कहा था, 'मेरी पीठ पर किया जाने वाला प्रहार ब्रिटिश साम्राज्य के ताबूत में एक कील सिद्ध होगी'?
(*a*) लाला लाजपत राय (*b*) भगत सिंह
(*c*) चंद्रशेखर आजाद (*d*) बाल गंगाधर तिलक
*(UPPSC 2007)*

**529.** पुस्तक 'दि स्टोरी ऑफ दि इन्टीग्रेशन ऑफ द इंडियन स्टेट्स' किसने लिखी?
(*a*) वी. एन. राव (*b*) सी. राजगोपालाचारी
(*c*) कृष्ण मेनन (*d*) वी. पी. मेनन *(UPSC 2007)*

**530.** 1932 के पूना समझौते के साथ किसका सीधा संबंध था?
(*a*) भारतीय महिलाएँ (*b*) भारतीय मजदूर वर्ग
(*c*) भारतीय कृषक वर्ग (*d*) भारतीय दलित वर्ग

**531.** भारतीय स्वतंत्रता संघर्ष के दौरान निम्नलिखित में से किसने 'फ्री इंडियन लीजन' नामक सेना बनाई?
(*a*) लाला हरदयाल (*b*) रास बिहारी बोस
(*c*) सुभाष चंद्र बोस (*d*) वी. डी. सावरकर

**532.** ऑल इंडिया डिप्रेस्ड क्लास एसोसिएशन के प्रथम अध्यक्ष कौन थे?

(*a*) बी. आर. अंबेदकर (*b*) शाहु महाराज

(*c*) रामास्वामी नायकर (*d*) एम. सी. राजा

**533.** वर्ष 1946 में आजाद हिंद फौज के लाल किले, दिल्ली के मुकदमे की पैरवी निम्नलिखित में से किसने नहीं की थी?

(*a*) भूलाभाई देसाई (*b*) पं. जवाहरलाल नेहरू

(*c*) सरदार वल्लभ भाई पटेल (*d*) डॉ. कैलाशनाथ काटजू

**534.** ब्रिटिश सरकार ने महात्मा गाँधी को जो उपाधि दी थी, जिसे उन्होंने असहयोग आंदोलन में वापस कर दिया था, वह थी–

(*a*) हिन्द केसरी (*b*) कैसर–ए–हिन्द

(*c*) राय बहादुर (*d*) द राइट ऑनरेबल

**535.** निम्नलिखित को कालक्रमानुसार व्यवस्थित कीजिए और सही उत्तर का चयन नीचे दिए गए कूट से कीजिए :

1. असहयोग आंदोलन 2. सविनय अवज्ञा आंदोलन

3. खिलाफत आंदोलन 4. भारत छोड़ो आंदोलन

कूट :

(*a*) 1, 3, 2, 4 (*b*) 2, 3, 1, 4

(*c*) 3, 1, 2, 4 (*d*) 4, 2, 1, 3 *(UPPSC 2008)*

**536.** निम्नलिखित में से जेम्स ऑगस्टस हिक्की के सम्बन्ध में कौन–सा सही **नहीं** है?

(*a*) वह भारतीय पत्रकारिता का अग्रदूत था।

(*b*) वह 'बंगाल क्रोनिकल' का संस्थापक था।

(*c*) उसने सदैव प्रेस की स्वतन्त्रता के लिए कार्य किया।

(*d*) कम्पनी सरकार ने उसे निडर पत्रकार होने के कारण जेल भेजा।

**537.** भारतीय महिला संघ (वोमेन्स इंडियन एसोसिएशन) की स्थापना किस नगर में हुई?

(*a*) बम्बई (*b*) कलकत्ता

(*c*) मद्रास (*d*) जयपुर *(UGC/NET 2013)*

**538.** सूची-I को सूची-II से सुमेलित कीजिए और निम्न कूट में से सही उत्तर का चयन कीजिए :

| **सूची–I (आन्दोलन)** | **सूची–II (क्षेत्र)** |
|---|---|
| A. पाबना आन्दोलन | (*i*) महाराष्ट्र |
| B. मोपला विद्रोह | (*ii*) पूर्वी बंगाल |

C. दक्कन दंगे (*iii*) गुजरात
D. बारदोली आन्दोलन (*iv*) मालाबार

| **कूट :** | A | B | C | D |
|---|---|---|---|---|
| (*a*) | (*i*) | (*ii*) | (*iv*) | (*iii*) |
| (*b*) | (*ii*) | (*iv*) | (*i*) | (*iii*) |
| (*c*) | (*iii*) | (*iv*) | (*ii*) | (*i*) |
| (*d*) | (*iv*) | (*i*) | (*iii*) | (*ii*) |

**539.** पूना समझौते के परिणामस्वरूप सामान्य मतदाताओं की सीटों में से दलित वर्गों के लिए आरक्षित सीटों की गिनती☐
(*a*) घटी (*b*) बढ़ी
(*c*) यथावत रही (*d*) समाप्त कर दी गई

**540.** गांधीजी के नेतृत्व में गुजरात सभा ने मुख्य भूमिका निभाई☐
(*a*) अहमदाबाद मिल–वर्करों की हड़ताल में
(*b*) खेड़ा के किसान आन्दोलन में
(*c*) बारदोली आन्दोलन में
(*d*) नमक सत्याग्रह में *(UGC/NET 2013)*

**541.** निम्नलिखित में से किसने महिला शिक्षा में सुधार के लिए महिला आर्य समाज की स्थापना की?
(*a*) पण्डिता रमाबाई (*b*) सिस्टर निवेदिता
(*c*) डी.के. कर्वे (*d*) जी.एस. अगरकर

**542.** रानी गीडाल्यू जिसने अंग्रेजों के विरुद्ध लड़ाई लड़ी थी, वह थी☐
(*a*) त्रिपुरा से (*b*) असम से
(*c*) नगालैण्ड से (*d*) मणिपुर से

**543.** निम्नलिखित में से कौन आई.एन.ए. (इण्डियन नेशनल आर्मी) से सम्बन्धित नहीं था?
(*a*) रासबिहारी बोस (*b*) लक्ष्मी सहगल
(*c*) रासबिहारी घोष (*d*) जनरल मोहनसिंह
*(UGC/NET 2013)*

**544.** आई.एन.ए. के जनरल शाहनवाज, गुरदयाल सिंह ढिल्लो और प्रेम सहगल पूर्व में किस सेना में अधिकारी थे?
(*a*) ब्रिटिश भारतीय सेना (*b*) ब्रिटिश सेना
(*c*) कश्मीरी सेना (*d*) पंजाब सेना

**545.** मोपला दक्षिण मालाबार के निर्धन कृषक एवं कृषि श्रमिक होते थे। किन निम्न जातियों से उन्होंने धर्म परिवर्तन करके इस्लाम धर्म को ग्रहण किया था?
(*a*) तिया, चेरूमा (*b*) रामदासिया, मेहतर
(*c*) महर, माँग (*d*) माला, माडिगा

**546.** नीचे दो कथन दिए गए हैं जिनमें से प्रथम को कथन (A) और दूसरे को कारण (R) कहा गया है।
**कथन (A) :** बंगाल में दीवानी अधिकारों के ग्रहण करने के पश्चात् कम्पनी ने प्रत्यक्षतया स्वयं 'धन निकास' का आयोजन कर लिया।
**कारण (R) :** कम्पनी ने इंग्लैण्ड को बंगाल का राजस्व निवेश के नाम पर भेजना प्रारम्भ कर दिया।
उपरोक्त दो कथनों के सन्दर्भ में निम्नलिखित में से कौन–सा एक सही है?
कूट :
(*a*) (A) और (R) दोनों सही हैं तथा (R), (A) की सही व्याख्या है।
(*b*) (A) और (R) दोनों सही हैं, लेकिन (R), (A) की सही व्याख्या नहीं है।
(*c*) (A) सत्य है, लेकिन (R) असत्य है।
(*d*) (A) असत्य है, लेकिन (R) सत्य है। *(UGC/NET 2013)*

**547.** भारत में सबसे बड़ा ब्रिटिश पूँजी निवेश किसमें किया गया था?
(*a*) पटसन के कारखानों में (*b*) रेलवे, बैंकिंग, बीमा और नौ परिवहन में
(*c*) चाय एवं कॉफी के बागान में (*d*) नील बागान

**548.** देशीय लोगों को शिक्षित करना हमारा नैतिक कर्तव्य है। यह कथन किसका है?
(*a*) वारेन हेस्टिंग्स (*b*) वेलेजली
(*c*) विलियम बेंटिक (*d*) लॉर्ड मोयरा *(UGC/NET 2013)*

**549.** 1833 के पश्चात् ब्रिटेन के लिए भारतीय धन निकासी का एकल सर्वाधिक स्रोत था☐
(*a*) अफीम का निर्यात (*b*) नील का निर्यात
(*c*) भारत में ब्रिटिश पूँजी का निवेश (*d*) कपास का निर्यात

**550.** निम्नलिखित में से कौन–सा कारण ब्रिटिश भारत में साहूकारों के उत्थान का कारक **नहीं** था?
(*a*) नव राजस्व नीति (*b*) नव विधि प्रणाली
(*c*) नव शिक्षा प्रणाली (*d*) कृषि का व्यापारीकरण

**551.** निम्न में से वहाबी एवं कूका आन्दोलनों में कौन–सी समान विशेषता है?
(*a*) दोनों धार्मिक आन्दोलनों के रूप में प्रारम्भ हुए परन्तु दोनों ही धीरे–धीरे राजनीतिक आन्दोलन हो गए।

(*b*) दोनों ही राजनीतिक एवं आर्थिक आन्दोलन थे।
(*c*) दोनों ने ही अहिंसा का पालन किया।
(*d*) दोनों ही कुछ कमजोरियों, यथा साम्प्रदायिक भावनाओं, कट्टरता और संगठन में गुटबाजी से ग्रस्त नहीं थे। *(UGC/NET 2013)*

**552.** राजा राममोहन राय की जीवनी का लेखक कौन था?
(*a*) आर्मस्ट्रांग (*b*) मेरी कारपेंटर
(*c*) डेविड हवेल (*d*) लारेंस

**553.** लेक्सलोकी अधिनियम ने
(*a*) धर्म परिवर्तन करके ईसाई बनने वालों को पैतृक सम्पत्ति में कोई अधिकार नहीं दिया।
(*b*) धर्म–परिवर्तन करने से बने ईसाइयों को पैतृक सम्पत्ति में अधिकार दिया।
(*c*) बौद्ध धर्म से परिवर्तन करने वाले को पैतृक सम्पत्ति का अधिकारी नहीं माना गया।
(*d*) जैन धर्म से परिवर्तित होने वाले नवधर्मियों को पैतृक सम्पत्ति का अधिकार दिया गया।

**554.** 1891 में बाल–विवाह निषेधक अधिनियम किनके प्रयास से पारित हुआ?
(*a*) ईश्वरचन्द्र विद्यासागर और ज्योतिबा फूले
(*b*) महादेव गोविन्द रानाडे और ज्योतिबा फूले
(*c*) केशवचन्द्र सेन और बहरामजी मालाबारी
(*d*) केशवचन्द्र सेन और महादेव गोविन्द रानाडे *(UGC/NET 2013)*

**555.** सूची-I को सूची-II से सुमेलित कीजिए और निम्न कूट में से सही उत्तर का चयन कीजिए :

| **सूची–I (नाम)** | **सूची–II (पत्र–पत्रिका)** |
|---|---|
| A. अबुल कलाम आजाद | (*i*) बॉम्बे क्रोनिकल |
| B. फिरोजशाह मेहता | (*ii*) अल हिलाल |
| C. मिसेज एनी बेसेंट | (*iii*) यंग इंडिया |
| D. महात्मा गांधी | (*iv*) न्यू इंडिया |

| **कूट :** | A | B | C | D |
|---|---|---|---|---|
| (*a*) | (*ii*) | (*i*) | (*iv*) | (*iii*) |
| (*b*) | (*i*) | (*ii*) | (*iv*) | (*iii*) |
| (*c*) | (*ii*) | (*i*) | (*iii*) | (*iv*) |
| (*d*) | (*iv*) | (*i*) | (*ii*) | (*iii*) |

## उत्तरमाला

| 1 | 2 | 3 | 4 | 5 | 6 | 7 | 8 | 9 | 10 |
|---|---|---|---|---|---|---|---|---|---|
| (*b*) | (*a*) | (*a*) | (*a*) | (*a*) | (*d*) | (*b*) | (*d*) | (*a*) | (*a*) |
| **11** | **12** | **13** | **14** | **15** | **16** | **17** | **18** | **19** | **20** |
| (*d*) | (*d*) | (*a*) | (*a*) | (*b*) | (*a*) | (*a*) | (*a*) | (*a*) | (*a*) |
| **21** | **22** | **23** | **24** | **25** | **26** | **27** | **28** | **29** | **30** |
| (*c*) | (*c*) | (*d*) | (*a*) | (*b*) | (*a*) | (*b*) | (*b*) | (*b*) | (*a*) |
| **31** | **32** | **33** | **34** | **35** | **36** | **37** | **38** | **39** | **40** |
| (*d*) | (*a*) | (*a*) | (*b*) | (*a*) | (*b*) | (*a*) | (*b*) | (*d*) | (*c*) |
| **41** | **42** | **43** | **44** | **45** | **46** | **47** | **48** | **49** | **50** |
| (*c*) | (*c*) | (*c*) | (*d*) | (*a*) | (*a*) | (*d*) | (*b*) | (*c*) | (*c*) |
| **51** | **52** | **53** | **54** | **55** | **56** | **57** | **58** | **59** | **60** |
| (*c*) | (*a*) | (*c*) | (*d*) | (*b*) | (*c*) | (*d*) | (*a*) | (*c*) | (*b*) |
| **61** | **62** | **63** | **64** | **65** | **66** | **67** | **68** | **69** | **70** |
| (*c*) | (*a*) | (*a*) | (*c*) | (*a*) | (*a*) | (*d*) | (*a*) | (*a*) | (*b*) |
| **71** | **72** | **73** | **74** | **75** | **76** | **77** | **78** | **79** | **80** |
| (*b*) | (*c*) | (*c*) | (*b*) | (*c*) | (*a*) | (*a*) | (*a*) | (*a*) | (*b*) |
| **81** | **82** | **83** | **84** | **85** | **86** | **87** | **88** | **89** | **90** |
| (*a*) | (*d*) | (*b*) | (*b*) | (*d*) | (*d*) | (*a*) | (*a*) | (*a*) | (*d*) |
| **91** | **92** | **93** | **94** | **95** | **96** | **97** | **98** | **99** | **100** |
| (*d*) | (*b*) | (*c*) | (*b*) | (*a*) | (*a*) | (*a*) | (*a*) | (*a*) | (*a*) |
| **101** | **102** | **103** | **104** | **105** | **106** | **107** | **108** | **109** | **110** |
| (*a*) | (*c*) | (*d*) | (*d*) | (*a*) | (*d*) | (*a*) | (*c*) | (*a*) | (*b*) |
| **111** | **112** | **113** | **114** | **115** | **116** | **117** | **118** | **119** | **120** |
| (*d*) | (*b*) | (*a*) | (*a*) | (*b*) | (*b*) | (*c*) | (*a*) | (*b*) | (*a*) |
| **121** | **122** | **123** | **124** | **125** | **126** | **127** | **128** | **129** | **130** |
| (*a*) | (*c*) | (*b*) | (*b*) | (*b*) | (*c*) | (*d*) | (*b*) | (*b*) | (*b*) |
| **131** | **132** | **133** | **134** | **135** | **136** | **137** | **138** | **139** | **140** |
| (*b*) | (*d*) | (*a*) | (*a*) | (*b*) | (*b*) | (*a*) | (*d*) | (*a*) | (*a*) |
| **141** | **142** | **143** | **144** | **145** | **146** | **147** | **148** | **149** | **150** |
| (*d*) | (*a*) | (*a*) | (*c*) | (*d*) | (*c*) | (*c*) | (*c*) | (*c*) | (*a*) |
| **151** | **152** | **153** | **154** | **155** | **156** | **157** | **158** | **159** | **160** |
| (*c*) | (*c*) | (*c*) | (*a*) | (*b*) | (*a*) | (*b*) | (*b*) | (*b*) | (*c*) |
| **161** | **162** | **163** | **164** | **165** | **166** | **167** | **168** | **169** | **170** |

| (*a*) | (*a*) | (*a*) | (*a*) | (*a*) | (*d*) | (*b*) | (*b*) | (*d*) | (*d*) |
|---|---|---|---|---|---|---|---|---|---|
| **171** | **172** | **173** | **174** | **175** | **176** | **177** | **178** | **179** | **180** |
| (*b*) | (*b*) | (*b*) | (*c*) | (*c*) | (*a*) | (*a*) | (*a*) | (*b*) | (*d*) |
| **181** | **182** | **183** | **184** | **185** | **186** | **187** | **188** | **189** | **190** |
| (*a*) | (*b*) | (*a*) | (*a*) | (*a*) | (*d*) | (*a*) | (*b*) | (*d*) | (*a*) |
| **191** | **192** | **193** | **194** | **195** | **196** | **197** | **198** | **199** | **200** |
| (*a*) | (*a*) | (*a*) | (*c*) | (*c*) | (*d*) | (*d*) | (*b*) | (*c*) | (*a*) |
| **201** | **202** | **203** | **204** | **205** | **206** | **207** | **208** | **209** | **210** |
| (*c*) | (*c*) | (*d*) | (*d*) | (*c*) | (*b*) | (*a*) | (*a*) | (*a*) | (*a*) |
| **211** | **212** | **213** | **214** | **215** | **216** | **217** | **218** | **219** | **220** |
| (*d*) | (*c*) | (*c*) | (*c*) | (*a*) | (*c*) | (*b*) | (*a*) | (*c*) | (*d*) |
| **221** | **222** | **223** | **224** | **225** | **226** | **227** | **228** | **229** | **230** |
| (*c*) | (*b*) | (*b*) | (*c*) | (*c*) | (*a*) | (*a*) | (*b*) | (*b*) | (*c*) |
| **231** | **232** | **233** | **234** | **235** | **236** | **237** | **238** | **239** | **240** |
| (*b*) | (*d*) | (*c*) | (*c*) | (*b*) | (*b*) | (*b*) | (*c*) | (*d*) | (*c*) |
| **241** | **242** | **243** | **244** | **245** | **246** | **247** | **248** | **249** | **250** |
| (*a*) | (*c*) | (*c*) | (*b*) | (*b*) | (*a*) | (*b*) | (*b*) | (*a*) | (*b*) |
| **251** | **252** | **253** | **254** | **255** | **256** | **257** | **258** | **259** | **260** |
| (*a*) | (*c*) | (*a*) | (*a*) | (*a*) | (*a*) | (*c*) | (*c*) | (*d*) | (*b*) |
| **261** | **262** | **263** | **264** | **265** | **266** | **267** | **268** | **269** | **270** |
| (*c*) | (*a*) | (*d*) | (*b*) | (*a*) | (*b*) | (*c*) | (*d*) | (*a*) | (*c*) |
| **271** | **272** | **273** | **274** | **275** | **276** | **277** | **278** | **279** | **280** |
| (*c*) | (*d*) | (*b*) | (*b*) | (*c*) | (*b*) | (*c*) | (*d*) | (*a*) | (*b*) |
| **281** | **282** | **283** | **284** | **285** | **286** | **287** | **288** | **289** | **290** |
| (*c*) | (*a*) | (*c*) | (*c*) | (*c*) | (*a*) | (*d*) | (*c*) | (*b*) | (*b*) |
| **291** | **292** | **293** | **294** | **295** | **296** | **297** | **298** | **299** | **300** |
| (*c*) | (*c*) | (*b*) | (*b*) | (*c*) | (*b*) | (*b*) | (*d*) | (*c*) | (*a*) |
| **301** | **302** | **303** | **304** | **305** | **306** | **307** | **308** | **309** | **310** |
| (*b*) | (*c*) | (*a*) | (*c*) | (*a*) | (*c*) | (*b*) | (*c*) | (*a*) | (*b*) |
| **311** | **312** | **313** | **314** | **315** | **316** | **317** | **318** | **319** | **320** |
| (*a*) | (*c*) | (*a*) | (*d*) | (*d*) | (*a*) | (*d*) | (*d*) | (*b*) | (*c*) |
| **321** | **322** | **323** | **324** | **325** | **326** | **327** | **328** | **329** | **330** |
| (*a*) | (*d*) | (*b*) | (*d*) | (*d*) | (*c*) | (*b*) | (*a*) | (*a*) | (*a*) |
| **331** | **332** | **333** | **334** | **335** | **336** | **337** | **338** | **339** | **340** |
| (*d*) | (*b*) | (*a*) | (*b*) | (*c*) | (*b*) | (*c*) | (*d*) | (*d*) | (*d*) |

| 341 | 342 | 343 | 344 | 345 | 346 | 347 | 348 | 349 | 350 |
|---|---|---|---|---|---|---|---|---|---|
| (*a*) | (*a*) | (*c*) | (*b*) | (*b*) | (*a*) | (*a*) | (*a*) | (*c*) | (*a*) |
| **351** | **352** | **353** | **354** | **355** | **356** | **357** | **358** | **359** | **360** |
| (*d*) | (*d*) | (*b*) | (*d*) | (*a*) | (*a*) | (*b*) | (*b*) | (*c*) | (*b*) |
| **361** | **362** | **363** | **364** | **365** | **366** | **367** | **368** | **369** | **370** |
| (*c*) | (*d*) | (*b*) | (*b*) | (*c*) | (*b*) | (*b*) | (*d*) | (*b*) | (*a*) |
| **371** | **372** | **373** | **374** | **375** | **376** | **377** | **378** | **379** | **380** |
| (*a*) | (*d*) | (*a*) | (*b*) | (*c*) | (*c*) | (*b*) | (*d*) | (*c*) | (*b*) |
| **381** | **382** | **383** | **384** | **385** | **386** | **387** | **388** | **389** | **390** |
| (*d*) | (*c*) | (*d*) | (*c*) | (*b*) | (*d*) | (*b*) | (*a*) | (*c*) | (*a*) |
| **391** | **392** | **393** | **394** | **395** | **396** | **397** | **398** | **399** | **400** |
| (*a*) | (*b*) | (*a*) | (*b*) | (*d*) | (*c*) | (*b*) | (*d*) | (*b*) | (*b*) |
| **401** | **402** | **403** | **404** | **405** | **406** | **407** | **408** | **409** | **410** |
| (*d*) | (*d*) | (*a*) | (*c*) | (*b*) | (*c*) | (*a*) | (*b*) | (*a*) | (*c*) |
| **411** | **412** | **413** | **414** | **415** | **416** | **417** | **418** | **419** | **420** |
| (*a*) | (*a*) | (*d*) | (*d*) | (*b*) | (*b*) | (*d*) | (*a*) | (*a*) | (*b*) |
| **421** | **422** | **423** | **424** | **425** | **426** | **427** | **428** | **429** | **430** |
| (*d*) | (*d*) | (*d*) | (*d*) | (*a*) | (*d*) | (*a*) | (*c*) | (*b*) | (*a*) |
| **431** | **432** | **433** | **434** | **435** | **436** | **437** | **438** | **439** | **440** |
| (*d*) | (*c*) | (*a*) | (*b*) | (*c*) | (*c*) | (*b*) | (*b*) | (*a*) | (*a*) |
| **441** | **442** | **443** | **444** | **445** | **446** | **447** | **448** | **449** | **450** |
| (*a*) | (*c*) | (*a*) | (*c*) | (*c*) | (*b*) | (*a*) | (*a*) | (*b*) | (*b*) |
| **451** | **452** | **453** | **454** | **455** | **456** | **457** | **458** | **459** | **460** |
| (*a*) | (*a*) | (*a*) | (*d*) | (*c*) | (*a*) | (*a*) | (*a*) | (*a*) | (*a*) |
| **461** | **462** | **463** | **464** | **465** | **466** | **467** | **468** | **469** | **470** |
| (*a*) | (*a*) | (*c*) | (*c*) | (*c*) | (*a*) | (*a*) | (*a*) | (*a*) | (*a*) |
| **471** | **472** | **473** | **474** | **475** | **476** | **477** | **478** | **479** | **480** |
| (*c*) | (*c*) | (*c*) | (*c*) | (*b*) | (*d*) | (*c*) | (*d*) | (*a*) | (*b*) |
| **481** | **482** | **483** | **484** | **485** | **486** | **487** | **488** | **489** | **490** |
| (*d*) | (*c*) | (*a*) | (*a*) | (*a*) | (*d*) | (*b*) | (*a*) | (*a*) | (*a*) |
| **491** | **492** | **493** | **494** | **495** | **496** | **497** | **498** | **499** | **500** |
| (*a*) | (*d*) | (*d*) | (*a*) | (*a*) | (*a*) | (*c*) | (*d*) | (*c*) | (*a*) |
| **501** | **502** | **503** | **504** | **505** | **506** | **507** | **508** | **509** | **510** |
| (*d*) | (*a*) | (*d*) | (*b*) | (*b*) | (*a*) | (*c*) | (*c*) | (*c*) | (*a*) |

| 511 | 512 | 513 | 514 | 515 | 516 | 517 | 518 | 519 | 520 |
|---|---|---|---|---|---|---|---|---|---|
| (*a*) | (*a*) | (*a*) | (*d*) | (*b*) | (*d*) | (*d*) | (*b*) | (*c*) | (*a*) |
| **521** | **522** | **523** | **524** | **525** | **526** | **527** | **528** | **529** | **530** |
| (*b*) | (*a*) | (*d*) | (*c*) | (*b*) | (*b*) | (*c*) | (*a*) | (*d*) | (*d*) |
| **531** | **532** | **533** | **534** | **535** | **536** | **537** | **538** | **539** | **540** |
| (*c*) | (*d*) | (*c*) | (*b*) | (*c*) | (*b*) | (*c*) | (*b*) | (*b*) | (*b*) |
| **541** | **542** | **543** | **544** | **545** | **546** | **547** | **548** | **549** | **550** |
| (*a*) | (*c*) | (*c*) | (*a*) | (*a*) | (*a*) | (*b*) | (*d*) | (*c*) | (*c*) |
| **551** | **552** | **553** | **554** | **555** | | | | | |
| (*a*) | (*b*) | (*b*) | (*c*) | (*a*) | | | | | |

***

# संदर्भ-ग्रंथ


| | |
|---|---|
| प्राचीन भारत का राजनीतिक एवं सांस्कृतिक इतिहास | राधाकृष्ण चौधरी |
| प्राचीन भारत में राजनीतिक विचार एवं संस्थाएँ | प्रो. रामशरण शर्मा |
| प्रारम्भिक भारत का आर्थिक और सामाजिक इतिहास | प्रो. रामशरण शर्मा |
| अद्‌भुत भारत | ए. एल. बाशम |
| प्राचीन भारत का इतिहास | झा एवं श्रीमाली |
| प्राचीन भारत : एक रूपरेखा | डी. एन. झा. |
| अशोक और मौर्य साम्राज्य का पतन | रोमिला थापर |
| सिंधु सभ्यता | थपल्याल |
| सामंतवाद | राम शरण शर्मा |
| मध्यकालीन भारत (एक सर्वेक्षण) | इम्तियाज अहमद |
| मध्यकालीन भारत | सतीश चन्द्र |
| मध्यकालीन भारत | हरिश्चन्द्र वर्मा |
| मध्यकालीन भारत | ए. एल. श्रीवास्तव |
| मध्यकालीन भारत | इरफान हबीब |
| मध्यकालीन भारत | ए. बी. पांडेय |
| मध्यकालीन भारत | जे. एल. मेहता |
| दिल्ली सल्तनत | हबीब एवं निजामी |
| आधुनिक भारत का इतिहास | आर. एल. शुक्ल |
| भारत में राष्ट्रवाद | सत्या राय |
| भारत में उपनिवेशवाद | सत्या राय |
| स्वतंत्रता संग्राम | विपिन चन्द्र, अमलेश त्रिपाठी, वरूण डे |
| आधुनिक भारत का इतिहास | ग्रोवर एवं यशपाल |
| आधुनिक भारत का आर्थिक इतिहास | सब्यसाची भट्‌टाचार्य |
| आज का भारत | रजनी पाम दत्त |
| आधुनिक भारत | सुमित सरकार |